DISCURSOS
Y REPRESENTACIONES
EN LA EDAD MEDIA

(Actas de las *VI Jornadas Medievales*)

Editores:

Concepción Company
Aurelio González
Lillian von der Walde Moheno

UNIVERSIDAD NACIONAL AUTÓNOMA DE MÉXICO
EL COLEGIO DE MÉXICO
MÉXICO, 1999

1a. edición: 1999

DR © 1999. **Universidad Nacional Autónoma de México**
Ciudad Universitaria, 04510 México, D.F.
El Colegio de México
Camino al Ajusco 20, 01000, México, D.F.

INSTITUTO DE INVESTIGACIONES FILOLÓGICAS
DIRECCIÓN GENERAL DE ASUNTOS DEL PERSONAL ACADÉMICO

Impreso y hecho en México

ISBN 968-36-7862-9

ÍNDICE

PRÓLOGO

Los trabajos que se incluyen en este volumen son una selección, dictaminada, de las ponencias presentadas en el *Coloquio Internacional VI Jornadas Medievales*, que se llevó a cabo en la Facultad de Filosofía y Letras de la Universidad Nacional Autónoma de México del 23 al 27 de septiembre de 1996. La sexta edición de esta reunión multidisciplinaria sobre la cultura, el arte, la lengua y el pensamiento medievales puso en fructífero diálogo a investigadores de diversas instituciones de educación superior tanto nacionales como extranjeras, lo que corrobora la existencia en México de un espacio académico del medievalismo con reconocimiento internacional.

Para ordenar los diferentes trabajos leídos en el Coloquio recogemos, en un sentido amplio, el concepto del discurso; por tanto, nuestra agrupación da cuenta de varias representaciones de los discursos que generaron diversas perspectivas sociales, disciplinas y modelos culturales.

El libro inicia con las ponencias plenarias de Margit Frenk (Universidad Nacional Autónoma de México) y de Carlos Alvar (Universidad de Alcalá de Henares), sobre sendos temas de indudable interés para el medievalismo: el problema de la lectura y el planto por las ciudades. Siguen dos apartados constituidos por investigaciones que analizan, respectivamente, los recursos discursivos de distintos géneros literarios medievales y el discurso en sí mismo desde la filología. Conforma la siguiente sección un conjunto de estudios que revisan las características del discurso de la literatura tradicional, o bien, el empleo de elementos de ésta en otros modelos literarios. A continuación dos apartados tratan el discurso sobre el poder y el discurso que surge a partir de sectores o perspectivas subalternas (goliardos, cátaros, chistes). Temas relativos a los discursos sobre el caballero y sobre la mujer dan lugar a otras dos agrupaciones de artículos, los cuales abordan aspectos tales como el miedo, el deseo, la guerra, la paz, el engaño, el placer sexual, los ideales, los conflictos sociales, etc. Y dos más conjuntan los análisis de reflexiones concernientes a la percepción del mundo (físico o metafísico) que nos rodea, o de representaciones que de éste se dieron. Finaliza el volumen con una aproximación que muestra la pervivencia del discurso medieval, en la voz de un autor contemporáneo.

Reflejo de la investigación académica seria es la calidad de cada uno de los trabajos de esta colección, la cual pone de manifiesto el diálogo y el intercambio enriquecedores que propicia nuestro Coloquio. El proyecto *Medievalia*, así, ve nuevamente satisfecho su propósito de dar impulso y cauce a los estudios medievales multidisciplinarios. Para ello, ha contado con el apoyo de la Dirección General de Asuntos del Personal Académico (proyecto IN-400294) y del Instituto de Investigaciones Filológicas, pertenecientes ambos a la Universidad Nacional Autónoma de México. Para la realización del *Coloquio Internacional VI Jornadas Medievales* colaboraron, asimismo, la Facultad de Filosofía y Letras de dicha Universidad, sede de la reunión, El Colegio de México (Centro de Estudios Lingüísticos y Literarios), coeditor además de este volumen, y la Universidad Autónoma Metropolitana-Iztapalapa (División de Ciencias Sociales y Humanidades). No podemos sino externar nuestro sincero agradecimento a todas estas instituciones.

Queremos dejar constancia de nuestro reconocimiento a Ana Tsutsumi, quien con gran eficiencia nos ayudó en la organización del Coloquio; también a Astrid Velasco, por la preparación técnica y el cuidado editorial de este volumen, así como al Departamento de Publicaciones del Instituto de Investigaciones Filológicas, por el respaldo que siempre nos ha brindado.

CONCEPCIÓN COMPANY
AURELIO GONZÁLEZ
LILLIAN VON DER WALDE

CONFERENCIAS PLENARIAS

VISTA, OÍDO Y MEMORIA EN EL VOCABULARIO DE LA *LECTURA*: EDAD MEDIA Y RENACIMIENTO

Margit Frenk
Universidad Nacional Autónoma de México

Tendemos a pensar hoy en día que el concepto de 'leer' es bastante simple, que el *leer* consiste, como dice *El Pequeño Larousse*, en "recorrer con la vista lo escrito o impreso para enterarse de ello".[1] No parece haber mayor problema. Pero la verdad es que el término tiene una historia compleja, y por ello apasionante, que se corresponde con lo complejo de la historia misma de la lectura en la cultura occidental. De esta historia me interesa ahora, concretamente, lo que se refiere a los dos sentidos corporales que pueden estar involucrados en el fenómeno del leer: el oído y la vista; es el predominio sucesivo de uno de estos dos sentidos el que ha causado cambios profundos, no sólo en la manera de leer, sino también en la manera de concebir la lectura, y hasta la escritura misma.

Debo resumir muy brevemente tales transformaciones histórico-culturales para poder desarrollar mi tema.[2] En la Antigüedad y a lo largo de la Edad Media la mayoría de las lecturas se hacía en voz alta y ante grupos de oyentes, aunque también quienes leían a solas lo hacían casi siempre pronunciando.[3] La lectura oral y colectiva no perdió su vigen-

---

[1] Prescindo ahora de significados colaterales, como los de 'descifrar música', 'conocer por sus síntomas externos algo oculto' ("leo en tu cara tus intenciones"), 'interpretar' ("el decreto puede leerse de dos maneras"), etc.

[2] El presente trabajo recoge y en parte amplía ciertos elementos del libro *Entre la voz y el silencio* (Alcalá: Centro de Estudios Cervantinos, Universidad de Alcalá de Henares, 1997). Me concentro en los siglos XVI y XVII.

[3] Existe sobre esto una amplia bibliografía que podrá verse, por ejemplo, en el libro citado en la nota anterior. Para una presentación sumaria, ver Frenk, "Los espacios de la voz".

cia con el advenimiento de la imprenta —como se pensaba hasta hace poco—, sino que continuó durante nada menos que tres siglos, conviviendo ya, en grados variables, con la lectura solitaria y silenciosa que hoy practicamos. Como hábito definitivamente generalizado, la lectura silenciosa aparece apenas hacia fines del siglo XVIII y comienzos del XIX.

Las tres fases de esta historia quedan resumidos en sendos diccionarios españoles de importancia, uno del siglo XVII, otro del XVIII y otro del XX. En 1611, el *Tesoro de la lengua castellana* de Sebastián de Covarrubias define *leer* como "pronunciar con palabras lo que con letras está escrito". En 1732, el gran *Diccionario de autoridades* de la Real Academia Española comenzaba con "pronunciar lo que está escrito", pero luego añadía: "o repassarlo con los ojos". Finalmente, recordemos la definición del *Pequeño Larousse*, todavía en su edición de 1995: "recorrer con la vista lo escrito o impreso para enterarse de ello". La definición de Covarrubias simplifica la cuestión al atender sólo a la lectura en voz alta, cuando a comienzos del siglo XVII ya se leía también en silencio; la del *Larousse*, igualmente limitada, sólo toma en cuenta la lectura visual, cuando hoy solemos leer de viva voz; entre ambas, la del *Diccionario de autoridades* combina sabiamente las dos realidades.

La lectura en silencio existió, aunque en pequeña medida, desde la Antigüedad clásica, y su incremento se produjo en forma gradual desde el siglo XV. Parece que en el Renacimiento quienes leían mucho lo hacían ya sin pronunciar. Como observó recientemente James Iffland ("*Don Quijote*", 27-39), con toda justeza, en el *Quijote* todas las lecturas de textos "se llevan a cabo en compañía", o sea, oralmente, salvo las lecturas solitarias del propio don Quijote, gran lector, como sabemos; éste, dice Iffland, "representa el «nuevo» lector, característico de la «galaxia Gutenberg» [...], el que lee a solas y en silencio". Ahora sabemos que en la época de Cervantes ese nuevo lector estaba aún lejos de ser un fenómeno común.

Es evidente que Cervantes mismo leía como su protagonista, sin pronunciar; lo deduzco del hecho de que, para él, el verbo *leer*, sin añadidos, se refería casi siempre a la lectura silenciosa; cuando quería decir 'leer pronunciando', Cervantes usaba una fórmula del tipo "leedle de modo que seáis oído", o bien "se le pusieron a la redonda, y él, leyendo en voz clara...", "leyéndole alto, porque Sancho también lo oyese" (I, 14:

180; I, 23: 282),[4] etcétera. Pero todo parece indicar que lectores como Cervantes y su protagonista todavía entonces constituían la excepción. Se diría que su contemporáneo Lope de Vega, por ejemplo, leía frecuentemente en voz alta, a juzgar por sus usos del verbo *leer*.

LECTURA EN VOZ ALTA

Una de las muchas pruebas del predominio de la oralidad durante el extenso periodo a que he aludido, la constituye los tratados españoles de ortografía publicados entre los siglos XVI y XVII,[5] reflejo evidente de fenómenos que venían de muy atrás. Los tratados ortográficos son, sin excepción, tratados de pronunciación. Si para nosotros hoy la ortografía quiere enseñar a *escribir* bien, en aquella época quería, en cambio, enseñar a *leer* bien en voz alta.[6]

Los tratados abogaban por una ortografía fonética, y aun fonológica, para que la escritura facilitara lo más posible la pronunciación. Al comienzo de ese periodo, decía Antonio de Nebrija, haciéndose eco —por algo— de lo que había dicho Quintiliano, que "assí tenemos de escrivir como pronunciamos i pronunciar como escrivimos"; porque, añade, "no tienen otro uso las figuras de las letras sino representar aquellas bozes que en ellas depositamos", con el objeto de que luego "ni más ni menos tornen a dar de sí quanto dellas confiamos" (a r°, aiiij v°), esto es, para que vuelvan a convertirse en sonido, en el mismo sonido que se les entregó al escribirlas. La letra, se nos dice todavía en el siglo XVII, "se hizo para el servicio de la voz" (Bonet, *Reduction*, 38); es "esclava y sirviente de las palabras", o sea, de la palabra hablada (Rodrigues Lobo, *Corte*, 8v).

Corroboramos, pues, que todavía la escritura estaba encaminada hacia la voz, y ésta hacia quienes debían escucharla; que se escribía teniendo en mente a un lector que pronunciaba lo que leía y a muchos oyentes que querían entenderlo. Por si nos quedara alguna duda, escuchemos a Ambrosio de Morales, importante humanista del siglo XVI, quien dice:

[4] Los números remiten a la parte del libro, el capítulo y la página en la edición de Murillo (ver Bibliografía).

[5] Para un mayor desarrollo de este tema, ver Frenk, "La ortografía elocuente".

[6] Divierte ver lo que Francisco Robles dice en 1533 (*Cartilla*, clxxiij v°), encareciendo "quán necessaria sea [la ortografía] [...], no sólo para rectamente pronunciar, más aun para medianamente escrevir".

"tengamos [...] por mejor el escribir como pide el pronunciar [...], *pues se escribe para que se pronuncie lo que se halla escrito*" (La Viñaza 2:877-878, nota); y un ortógrafo del xvii dijo que "el leer principalmente es por los que oyen, porque [...] entiendan lo que el libro dize" (Sebastián, *Orthographia*, 65r).

El aspecto predominantemente oral-auditivo (*oral-aural*, en inglés) de la lectura traía consigo una concepción más amplia y más compleja que la actual del fenómeno de la lectura, concepción que, por lo pronto, queda de manifiesto cuando se examinan los contextos en que se nos presenta el verbo *leer* y se observan sus variaciones semánticas. Estas variaciones casi nunca aparecen registradas en los diccionarios, ni siquiera en el de *Autoridades*, tan sensible a los diversos matices de las palabras, y lo mismo cabe decir de los demás verbos que iremos viendo aquí.

LEER (1): 'LEER EN VOZ ALTA'

Esta acepción, que, como vimos, está en Covarrubias, es el sentido fundamental de la palabra, el que aparece por todas partes durante la Edad Media y hasta el siglo xvii por lo menos. Me limito a unas cuantas citas. Dice Juan de Valdés (*Diálogo*, 76): en las formas del verbo *haber* "no pongo la *h*, porque *leyendo* no la pronuncio"; un contemporáneo dice: "escreuimos *foemina* y leemos *femina*" (Francisco Robles, *Cartilla*, clxxxi vº). Según la *Rhetorica* de Miguel Salinas (239r), la ortografía latina que se aparta de la pronunciación "es impedimento a los que van *leyendo*". Y, ya en el siglo xvii, el protagonista del *Buscón* de Quevedo cuenta: "Si alguno venía a *leer* comedia, yo era el que la oía" (III 9, 261). En *La Dorotea* de Lope de Vega encontramos, entre muchas citas análogas: "Este papel es de mi letra. Versos son [...], quiero *leerlos*", y los lee en voz alta (I 5, 101). Ya hacia fines del siglo xvii, en el *Arte nuevo de enseñar a leer [...] principes y señores*, Diego Bueno relata: "leyeron en el libro de la ley de Dios clara y distintamente, para que entendiessen" (3). Como sinónimos de *leer*, en este sentido, se usaba *pronunciar* y también *hablar*, verbo sobre el que volveremos más adelante.

LEER (2): 'LEER EN SILENCIO'

Ya lo hemos visto: comúnmente, *leer*, a secas, era pronunciar lo leído; y cuando se quería aludir a una lectura silenciosa, se decía, por ejemplo "leer para sí", "leer en secreto". La tercera jornada de *La verdad sospechosa* de Juan Ruiz de Alarcón es una bonita prueba de ello. Lucrecia, según la acotación —cito por la edición facsimilar—, "saca un papel y ábrele y *lee en secreto*"; al poco, Jacinta le dice: "*Lee baxo*, que darás / mal exemplo", y Lucrecia: "*No me oyrás*; / toma, y *lee para ti*" (159). En seguida, dice la acotación que "*lee* Jacinta", lo cual implica una lectura en alta voz, puesto que el texto nos reproduce las palabras contenidas en el "papel".[7]

LEER (3): 'ESCUCHAR LO QUE SE LEE'

Por otra parte, en el *Quijote*, que es una verdadera mina para observaciones sobre la lectura, se dice (I: 32; 397) que los segadores entretienen el tiempo "leyendo" libros de caballerías. Sin embargo, sabemos que los campesinos no saben leer; lo que hacen es escuchar a uno que sí sabe y que les lee en voz alta. Para este sentido de *leer* como 'escuchar lo que otro lee en voz alta' tenemos más ejemplos. Así, en *El Caballero de Olmedo* de Lope de Vega, el caballero recibe de su criado la primera carta de la amada y ordena: "Hinca, Tello, la rodilla"; el criado le responde: "Sin leer, no me lo mandes..." (I, vv. 567-9); quiere decir 'sin que tú leas la carta y yo la oiga'.

Durante la Edad Media y los siglos subsiguientes, como vimos, también quienes leían a solas, para sí mismos, lo hacían las más veces pronunciando las palabras. O sea, que, de una manera u otra, la gente leía escuchando el texto; por eso, como sostiene un autor, "*legere* significa a la vez *audire*" (Leclercq, *The Love*, 89). Hay ejemplos bonitos de este uso; así, en la *Confessio amantis* del inglés John Gower (*ca.* 1390), vemos lo siguiente (vi: 875): "...For what I of here loves rede / min ere with the tale I fede"

---

[7] En algunas ediciones modernas, estos pasajes corresponden a las escenas 5 y 6 del acto III, versos 2423-2447, de *La verdad sospechosa*. En la misma obra, *leer* se usa también para 'leer en silencio' cuando el contexto mostraba a las claras ese sentido. Así, en la escena mencionada don García le ha dicho a Tristán que quiere llegar disimuladamente a ver "si posible fuere, *lea* / el papel que está *leyendo*", y luego: "Tú, si ves mejor que yo, / procura, Tristán *leer*"; obviamente, en estos casos tenía que tratarse de un leer sin pronunciar.

(Chaytor, *From Script*, 16), y hay que recordar a Dante (*Inferno* XXII, 118); "O tu che leggi, udirai nuovo ludo..." Tan estrecha asociación de la vista con el oído condujo también al frecuente uso, inverso, del verbo *oír* con el sentido de 'leer', como veremos más adelante.

LEER (4): 'RECITAR DE MEMORIA'

Pero no ganamos para sorpresas. La lectura estaba estrechamente asociada a otras manifestaciones que implicaban la presentación vocal de un texto, pero *sin* la presencia física de ese texto, en otras palabras, a la recitación, previa memorización. Y aquí entra la memoria, el tercer elemento de nuestro título. El verbo *leer* podía ser sinónimo de lo que hoy llamamos *recitar, recitar de memoria*. A fines del siglo XVI la Inquisición procesó a un morisco llamado Román Ramírez que sabía de memoria libros de caballerías enteros, porque juzgó que para hacerlo debía tener trato directo con el demonio; un testigo afirmó: "leerá tres meses sin tener papel ni cosa delante". En los papeles inquisitoriales aparece reiteradamente *leer* con ese sentido, y también *leer de memoria*: "este testigo ha oído muchas vezes *leer* al dicho Román Ramírez libros de cavallerías e capítulos dellos que le han pedido que *lea*, y el dicho Román Ramírez *lee de memoria...*" (Harvey, *Oral Composition*, 94, 97). En la *Dorotea* de Lope de Vega, Julio ha recitado de memoria unos versos, y Fernando lo elogia: "Con tanta acción has *leído*, Julio, essos versos, que [...]" (III:1, p. 208). Tal sentido de *legere*, verdaderamente exótico para nosotros, existió en toda Europa, antes y después de Gutenberg. En el siglo XIII aparece en Berceo: "Qui la vida quisiere de Sant Millán saber... / meta mientes en esto que yo quiero leer", "Un precioso miraclo vos querría leer"; y en el *Libro de Alexandre*: "Quiero leer un livro de un noble rey pagano".[8]

---

[8] Citas tomadas de Menéndez Pidal (*Cantar de Mio Cid*, I: 16), quien explica: "Con el verbo *leer* se designaba en el siglo XIII el recitado de los poemas de clerecía". Esta acepción no figura en los diccionarios que he consultado. En su extensísimo artículo sobre *lèggere*, el *Grande dizionario della lingua italiana* de Salvatore Battaglia, se registra esta acepción, pero con un sentido limitado: *leggere* podía ser 'recitare una formula di preghiera'. Ver a este propósito —*leer* 'decir una oración'— la anécdota que cuenta el *Chronicon Windeshemense* (1450?) de Johannes Busch, en Chaytor (*From Script*, 15). Es interesante, por cierto, el uso de la palabra *oración* para 'lectura en voz alta': "el que [...] lee alguna escritura no puede proseguir mucho rato la *oración o lición* sin tomar aire o mover" (Sebastián, *Orthographia*, 60r), donde *lición* también es 'lectura'.

El hecho, en realidad, no resulta tan difícil de explicar. Por grande que fuera la importancia de la escritura y, más tarde, de la letra impresa, se diría que en la mentalidad de entonces todavía no existía una gran diferencia entre la lectura de un texto registrado en el papel y la de uno guardado en la memoria. Es como con la música: en un concierto no nos importa mucho que el instrumentista toque de memoria o con la partitura delante.

Esta especie de igualación entre la escritura y el registro en la memoria traía consigo otro fenómeno que nos resulta extraño: hoy procuramos ser fieles al texto escrito, cuando lo leemos en voz alta o lo citamos de memoria. No era así antes: los textos variaban en cada lectura, en cada recitación. Más que sobre los textos, el peso recaía sobre su *performance* ante un público, en un lugar y un momento específicos, y las adaptaciones del texto a las circunstancias de ese momento, junto con otras variaciones debidas al olvido o al gusto, estaban a la orden del día. Esto se ve clarísimo en mucha de la poesía del Siglo de Oro español, pues en las varias versiones que se conservan de un soneto, un romance, unas décimas, por ejemplo, suelen proliferar las variantes, a veces casi tanto como en las canciones de la tradición oral.[9]

CUATRO ACEPCIONES DE LEER

Recapitulando, son, pues, cuatro las acepciones que, desde nuestro punto de vista actual, tenía el verbo *leer* todavía en el siglo XVII: 1) el sentido mayoritario de 'leer en voz alta'; 2) el muy frecuente de 'recitar de memoria'; 3) el de 'oír'; 4) el poco frecuente de 'leer en silencio'. El ámbito semántico del verbo *leer* daba cabida a fenómenos que para nosotros pertenecen a otros campos, como la audición y la memoria. Lo mismo ocurría, desde luego, con los sustantivos correspondientes, como veremos en seguida.

---

[9] La variación se da lo mismo en los textos impresos que en los manuscritos (Frenk, "La poesía oralizada").

LECTOR (1): EL QUE LEÍA EN VOZ ALTA

Era grande la importancia social del lector, que no constituía, como hoy, una persona que lee para sí misma y sólo con los ojos, sino un individuo que leía en voz alta ante un grupo de personas, actuando como puente entre el texto y los oyentes. La palabra *lector* designaba en general al que leía en voz alta; así, en su *Arte para aprender a leer y escreuir* (1533), Bernabé Busto dice que si no se enseña al niño a pronunciar bien el latín, "quedará siempre mal lector" (La Viñaza, 2:832).[10] En la Francia del siglo XVI el poeta Ronsard prologa la edición de un poema épico suyo diciendo: "Sólo te suplicaré, lector, que pronuncies bien mis versos".

LECTOR (2): EL QUE ESCUCHABA LEER

Pero la palabra *lector* designaba además al receptor mismo de esas "lecturas", al *oyente* o conjunto de oyentes. El "Prólogo al Lector" de muchos impresos tiene en mente a un oyente o "audiente", como lo llama Francisco Delicado en la Epístola del Autor que acompaña a la *Lozana Andaluza* (1528): "Yo lo escreví para enmendallo por poder dar solaçio y placer a letores y audientes" (430); aquí nos las habemos, sin duda, con palabras sinónimas, como en el *Cancionero* de Juan Alfonso de Baena la construcción *leyentes e oyentes*: "E porque la obra tan famosa deste dicho libro sea más agradable e mejor entendida a los leyentes e oyentes della...".[11] Si dudamos, basta ver un romance obsceno del siglo XVII que dice: "letor curioso, oye y calla" (*Cancionero de 1628*, 462-467, v. 147), y asomarnos a los muchos pasajes del *Guzmán de Alfarache* en que Mateo Alemán le pide a su lector implícito que oiga: "todo es fingido y vano. ¿Quiéreslo ver? Pues *oye*" (184), "¿Quieres *oírme* lo que sentí?" (192),[12]

---

[10] Cf. preliminares a Jiménez Patón, *El perfecto predicador*: "Mostráys el camino recto / a los errados *lectores*, / a nuevos predicadores / soys ángel para el camino..."

[11] Para estos usos, cf. Frenk, "Ver, oír, leer..."

[12] Todavía en el siglo XVIII los romances publicados en pliegos de cordel se dirigen al "curioso lector", pero luego le piden que "preste oídos" al texto. Y más allá: en la portada de la primera edición del *Periquillo Sarniento* (1816) de José Joaquín Fernández de Lizardi leemos: "escucha, pues, lector, que ya abre el pico". Y poco más adelante, en

o bien, ver en las *Cartas filológicas* de Cascales cosas como: "*Oigamos a Horacio*: [...] Oigamos también a Marcial [...]*" (1:147). El verbo podía alternar tranquilamente con *leer*: "Temor tengo de ser acusado y reprehendido de los que, auiendo *leído* este tratado y al principio me *oyeron* dezir que [...]. Y aunque [...] *oyendo* mi disculpa [...]" (Torquemada, 168).

LECTURA, LECCIÓN, LEYENDA, LETRADO

La palabra *lectura* apuntaba claramente a una lectura oral. Así en su *Gramática*, Villalón habla (76) de los nombres latinos con doble *ele* y dice que "el cuerdo castellano, si los hallare en su *letura*, los deve pronunciar con el sonido del latino [...], cada una por sí"; y en su *Arte de la lengua española castellana*, Gonzalo Correas dirá, hablando de las letras: "Darémoslas nombres convenientes a su sonido y letura [...]. Las seis antevokales[...] no tienen más de una letura i uso [...]" (119).[13] Lo mismo que con *lectura* ocurre con su sinónimo *lección*, o *lición*; así, en el siglo XVII, Juan de Palafox dice (1): si la escritura y letra no se puede leer bien y las palabras están "encadenadas", "esso dificulta la *lección*".[14] *Leyenda* es otra palabra de este grupo: el primer ventero del *Quijote* (I:3; 93), cuando finge armar caballero al ingenioso hidalgo, "leyendo en su ma-

Francia, vemos a Stendhal pidiéndole a su "benévolo lector" que "escuche". En ese mismo siglo XIX, un bonito cuento del mexicano Vicente Riva-Palacio nos muestra la concepción que el pueblo podía tener de la lectura: una sirvienta analfabeta recibe una carta de su novio; la patrona le ofrece leérsela, pero la chica no quiere que su ama se entere del contenido y para que *no oiga* lo que ella va a oír, le tapa las orejas...

[13] La "lectura" hablada sobrevive en la palabra inglesa *lecture* 'conferencia', así como sobrevive en inglés el término *audience* para lo que en español llamamos —o deberíamos llamar— "público" (*audiencia* es un anglicismo innecesario) y que también se ha llamado *auditorio*. Por otra parte, *lectura* se usaba mucho con el sentido de 'texto': Salinas 1563, 7v: "Trata este doto en esta letura de..." (en otros pasajes paralelos usa *escriptura*); en una ley de 1502 incluida en las *Pragmáticas y leyes* de Diego Pérez: "no sea ninguno osado de vender libro alguno ni otra lectura pequeña o grande de ninguna de las dichas facultades". En esta misma obra, la palabra aparece también con el sentido de 'disciplina académica' (cf. *leer* 'impartir cátedra').

[14] *Lección* como sinónimo de *lectura* parecería ser una innovación de la segunda mitad del siglo XVI, a juzgar por López de Velasco (*Orthographia*, 69): "quando se dice *lección*, que ya dizen muchos, por *lectura*".

nual —como quien decía alguna devota oración—, en mitad de su *leyenda* alzó la mano [...], siempre murmurando entre dientes";[15] el segundo ventero, por su parte, usa el término *letrado* con el mismo sentido: dice que "no hay mejor letrado en el mundo" que los libros de caballerías (1:32; 393).

RECITAR (1): 'RECITAR' Y 'LEER EN VOZ ALTA'

Otros verbos, además de *leer*, se usaron en la Edad Media y los siglos XVI y XVII para designar indistintamente las dos maneras de vocalizar un texto, con base en un papel escrito o impreso y con base en la memoria. Tomemos el propio verbo *recitar*. Significaba lo mismo que hoy, o sea, repetir de memoria; como cuando Jiménez Patón (*El perfecto predicador*, 26v) dice que "para retener lo leído, es necessaria gran memoria, y para *recitarlo* delante el auditorio". Pero además *recitar* quería decir 'leer en voz alta', con un texto delante. Para diferenciar este último sentido del otro, algunos decían *recitar en papel*; así, Pedro de Madariaga, a propósito de los oradores que de pronto olvidan el discurso que han "decorado" o aprendido de memoria: "Y por esso he visto yo fuera de España *recitar en papel*, y aun en esta Universidad de Valencia" (13v). También en otras latitudes *recitare* tenía los dos sentidos: en Inglaterra, el diccionario de Thomas Thomas (siglo XVI) registra *recito, -as*, como "To read out alowde something that other may heare and understand; to rehearse, to tell by hart or without booke, to recite" (s.v.). Del mismo modo, en la Francia medieval *réciter* podía significar "lire à haute voix", lo mismo que "dire de mémoire un texte" (FEW, s.v., III.1.a).

RECITAR (2): 'CONTAR UN SUCESO'

Ahora bien, *recitar* tenía además otro sentido, que nos desconcierta aún más porque no implica ni la presencia ni la existencia de un texto, sino que se refiere a un hecho de realidad: *recitar* podía ser sinónimo de 'con-

---

[15] Y cf. *Quijote* I:24 (297), sobre la afición de Luscinda a los libros de caballerías: "Si careciera del gusto de tan sabrosa leyenda". La primera acepción que da el *Diccionario de autoridades* de la palabra es precisamente "La acción de leer, y lo mismo que Lección".

tar un suceso'. "¿Oh tú, escudero mío", dice don Quijote a Sancho en
Sierra Morena (I: 25; 308), toma bien en la memoria lo que aquí me
verás hacer, para que lo cuentes y recites a la causa total de todo ello".
"Común y general costumbre", dice Mateo Alemán, "ha sido y es de los
hombres cuando les pedís reciten o refieran lo que oyeron o vieron [...]"
(Alemán, *Guzmán*, 110, 207).[16] O sea, que un suceso era comparable a
un *texto*, y viceversa: nuevo elemento para comparar nuestra concepción moderna del texto con la que se tenía hace algunos siglos.

REFERIR: 'CONTAR UN SUCESO' Y 'RECITAR UN TEXTO'

No nos extrañe, pues, que el verbo *referir* no significara sólo, como hoy,
'relatar' un suceso, sino que podía aludir a la recitación de un texto escrito y memorizado; así, en Juan Rufo leemos: "*Refería* un romance cierto
poeta, y llegando a un verso que decía [...]" (213, núm. 614), y también:
"Oyendo *referir* una fábula de Ovidio, donde dice que [...]" (194 s., núm.
556). En el mismo sentido habrá que interpretar, en el Prólogo que el
primer editor puso a los *Sueños y discursos* (1627) de Quevedo, la frase:
"así, de cuantos han leído algo de estos *Sueños y discursos* como de los
que han oído *referir* y celebrar algunas [...] de las innumerables agudezas que
contienen [...]" (69): sin duda, las agudezas se citaban textualmente. En
dos de sus acepciones eran, pues, sinónimos *recitar* y *referir*.

DECIR (1): 'LEER EN VOZ ALTA' Y 'RECITAR DE MEMORIA'

Otro caso notable es *decir*, verbo que, pese a la variedad actual de sus
usos, ha reducido bastante su ámbito semántico. También en Sierra
Morena, don Quijote le comenta a Sancho que quiere leerle la carta que
ha escrito a Dulcinea, "porque la tomase de memoria", y Sancho contesta: "*Dígamela* vuestra merced, que me holgaré mucho de oílla", o sea,
'léamela'. Pero luego el Cura y Sansón Carrasco le pedirán a Sancho
"que *dijese* la carta otras dos veces", o sea, que la recitase de memoria.

---

[16] Sin duda, no será difícil documentar más ampliamente este uso, también fuera de
España. Para la Inglaterra del siglo XIII, el *Revised Medieval Latin Word-List from British
and Irish Sources* de R. E. Latham, s.v. *recitabilis*, registra el sentido "fit to be told" (*ca.*
1250).

Ahí están, una vez más, los dos sentidos más frecuentes de *leer:* enunciar oralmente con o sin un texto delante. Aparte de ello, *decir* se usaba también, y muy a menudo, con el sentido de 'cantar' ("digamos otra letra y tono nuevo", Vélez de Guevara, *Reinar* I, vv. 13-14).[17] Y *decir* podía significar también 'componer versos'. Observo de pasada, una vez más, que, de todos esos sentidos de *decir*, sólo uno, el que conocemos hoy como sentido básico, figura en el *Diccionario de autoridades*.

DECIR (2): 'ESCRIBIR'

Pero *decir* nos depara aún otra sorpresa: se usaba abundantemente con el sentido de 'escribir', 'poner letras en un papel'. Así, vemos en la *Gramática* de Villalón ([73], [81]): "El sonido de la pronunçiación le enseñará con qué letra deua escriuir: *dirá* [= 'escribirá'] «jarro» y no «xarro»; [...] *dirá* «xabón» y no «jabón»", etc. "Esta vil letra —opinaría Juan de Robles, refiriéndose a la **x**— con la que *decimos* «xabón», «xáquima», «ximio» y otros vocablos semejantes, sin haber apenas uno noble que se escriba con ella" (*apud* Rosenblat, "Las ideas ortográficas", li). En su *Ortografía*, publicada en México en 1609, Mateo Alemán se refiere a la manera como los italianos y los portugueses escriben el sonido de la *eñe*: los toscanos "*dizen* «degno», «ognuno»"; los portugueses *dizen* «ingenho»".

El verbo *decir* podía aplicarse a la escritura porque, evidentemente, la escritura estaba tan anclada en la experiencia auditiva como la lectura misma; ello —por si hiciera falta— se deduce de los pasajes arriba citados de Nebrija y los ortógrafos. Pero más allá de lo que éstos nos informan, es obvio que quien escribe sabiendo que va a ser leído de viva voz, tiene su sensibilidad sintonizada con las sonoridades del habla, reproduce mentalmente los sonidos de lo que va escribiendo. Cabría afirmar que hoy tendemos a "escribir en silencio", mientras que en el siglo XVII todavía "se escribía en voz alta", que había una oralidad implícita en la escritura; ésta todavía *se decía*. Por eso, alguna vez encontramos el verbo *escribir* con el sentido, precisamente, de 'decir, recitar'; el pasaje está en el *Libro de Alexandre*, 2411: "...Quiero, si queredes atender e *oír*, / dexar de lo de fuera, del rreal *escreuir*".

---

[17] Cf. S. Reckert y Macedo (*Do cancioneiro*, 27), a propósito de la cantiga de amigo "Levad, amigo..." y de los versos paralelos "d'amor diziam, / d'amor cantavam": "De notar, aliás, que em linguagem corrente, *dizer* era rigorosamente sinónimo de *cantar*".

Es fácil imaginar las confusiones que podían surgir por la ambigüedad del verbo *decir*; así se entiende que surgieran expresiones como "decir escribiendo" y "decir y escribir", usadas por Cervantes en el *Quijote*, ambas, al parecer, con el sentido de 'poner por escrito': cuenta la princesa Micomicona (I:30; 376) que su padre "dejó *dicho y escrito* en letras caldeas o griegas, que yo no las sé leer..."; y en la Segunda parte: "Aquí exclamó Benengeli y *escribiendo dijo*: «¡Oh, pobreza, pobreza...!»" (2:44; 370). La contraparte de esa pareja era "leer y decir", expresión que encuentro, por ejemplo, en el proceso contra Román Ramírez, referida a la recitación que él practicaba: "lo que iba *leyendo y diciendo*" (Harvey, 96-97).

HABLAR (1): 'HABLAR' Y 'PONER POR ESCRITO'

Si la escritura "se decía", igualmente "se *hablaba*". En la Apología incluida en la *Lozana andaluza* se disculpa Delicado en esta forma: "Y si quisieren reprehender que por qué no van munchas palabras en perfeta lengua castellana, digo que siendo andaluz y no letrado y escriviendo para darme solaçio y passar mi fortuna [...], conformaba mi *hablar* al sonido de mis orejas, qu'es la lengua materna y su común *hablar* entre mugeres" (422-423). El contexto no deja lugar a dudas: el "hablar entre mugeres" es hablar con la voz, pero el primer *hablar* equivale a 'escribir', y comprueba justamente lo que antes decía yo de la oralidad implícita en la escritura de aquella época.

Selecciono algunos ejemplos más, de los muchos que podrían citarse, sobre el uso de *hablar* para 'escribir', 'estar escrito'. De la *Ortografía* de Alejo Vanegas (c vº): "...que viendo quán mal *habla* aquel libro, sacaremos aviso para saber cómo nosotros no es bien que *hablemos*". Un siglo después, criticando las innovaciones ortográficas de Gonzalo Correas, exclama Bravo Grajera: "¡i con una letra tan estravagante [...] quería que *hablássemos* comúnmente en España!" Y en el mismo año (1634) podía leerse en las *Cartas filológicas* de Cascales una crítica al estilo gongorino, donde en un lugar dice: "aquel modo de *escribir* intricado" (154), pero en otros, "y el modo de *hablar* peregrino" (154), "un perpetuo modo de *hablar* obscuro" (155). También Quevedo, al arremeter contra el estilo gongorino, dijo que "quien *habla* [o sea, escribe] lo que otros no entienden primero confiesa que no entiende lo que *habla*" (*Obras completas*, 466a). No hacen falta más pruebas, pero sí quiero citar un ejemplo que nos resulta casi increíble por su deliberada e inquietante mezcla de las dos acepciones del verbo; se encuentra nada menos que en *Los nombres de Cristo* de fray Luis de León, y dice:

> Y destos son los que dizen que *no hablo* en romance, porque *no hablo* desatadamente y sin orden [...]; porque piensan que *hablar* romance es *hablar como se habla en el vulgo* y no conoscen que *el bien hablar* no es común, sino negocio [...] que de las palabras *que todos hablan* elige las que convienen
>
> (3: 10-11).

Si al principio de esta cita *hablar* significa 'escribir', ya "hablar como se habla en el vulgo" y "las palabras que todos hablan" se refiere sin duda a la expresión vocal.

Como ocurría con el verbo *decir*, a veces, para evitar confusiones, la gente usaba expresiones como "*hablar* por letras" (Bernardo Aldrete, 1606)[18] o "*hablar* con la pluma" (Álvaro Ferreira de Vera, 1631); o bien, "*hablar* en escrito", frente a "*hablar* en voz" (Correas, *Arte*).[19] Pero generalmente, como hemos visto, ni ésta ni otras ambigüedades de las palabras referentes a la enunciación parecen haber preocupado a los contemporáneos. Ellos sabían muy bien que se encontraban en un terreno movedizo y circulaban por él a sus anchas.

RECITAR (3): 'ESCRIBIR, PONER POR ESCRITO'

Todo era posible en aquel tiempo, en el que incluso cabía *recitar* por escrito. Este uso está documentado para el latín medieval: "*recitatio*: written description, *c.* 1227" (Latham, *Latin Word-List*, s.v.), y para la Península Ibérica lo encuentro en el siglo XV: Bernat Metge: "lo qual *recita* Tul·li en lo libre *De Republica*", y Villena: "*recítalo* Francisco Petrarca en su *A'frica*" (*apud* Deyermond, *Petrarchan Sources*, 13, 16).

---

[18] La cita es: "como el escriuir sea hablar por letras al que no está presente" (Aldrete, 42). Por otra parte, Aldrete distingue entre *hablar* y *escribir*: "¿Quién habla oi en aquel romance puro i limpio en que escriue frai Luis de Granada? [...] ¿Qué digo «habla»? ¡Ni aun escriue!" (53). Cf. Alemán, *Ortografía*, 116: "...cuál fuese de mayor ecelencia, el hablar bien con la pluma o describir con la lengua".

[19] Correas, *Arte*, 132: "lo que se habla en boz o en escrito".

Así, al menos tres verbos que hoy se destinan a la elocución vocal —*decir, hablar, recitar*— podían usarse antaño para referirse a la escritura. De los dos primeros usos quedan reliquias hoy, puesto que afirmamos que un libro *habla* de tal cosa y que un artículo *dice* tal otra...

Hemos visto que la complejidad mencionada al principio de este trabajo va muchísimo más allá de las varias acepciones que tenía el verbo *leer*. Hemos visto asociarse por distintas vías otros verbos —*recitar, referir, decir, hablar*— y surgir una intrincada red de significantes y significados. Basándome en los materiales que he encontrado, trataré de resumir el panorama esquemáticamente:

En aquel tiempo tres verbos significaban a la vez 'leer en voz alta' y 'recitar de memoria': *leer, recitar, decir*. De éstos, *recitar* se usaba también en la acepción, ajena al verbo *leer*, de 'contar un suceso', en consonancia con *referir*, que, al parecer, podía conjuntar dos de los sentidos del verbo *recitar*: 'recitar' y 'contar un hecho'. Añadiendo una dimensión más, *recitar* y *decir* significaban también 'poner por escrito', acepción que no le conocemos a *leer*, pero, en cambio, sí, y mucho, al verbo *hablar*, que también se usaba en la acepción de 'leer en voz alta' y en la que le damos actualmente.

De todo este conglomerado, al parecer sólo el verbo *leer* se usó con el sentido de 'oír lo leído en voz alta'. A su vez, sólo *leer*, con o sin aditamentos —"leer para sí", etc.—, designó el acto de 'leer en silencio'.

Lo que en nuestro tiempo son conceptos aislados, separados unos de otros, en los siglos anteriores, cuando todavía, y abundantemente, la gente leía en voz alta y repetía textos de memoria, se conjuntaban en un solo ámbito. Es nuestra época, "escritocéntrica" y limitada por la hegemonía de la lectura silenciosa, la que ha venido a especializar las designaciones, creando fronteras que no existían y escindiendo un terreno antes unitario. Nos resulta inimaginable que *leer* pudiera significar 'recitar de memoria' y *recitar*, 'leer del papel', y más aún, que *recitar*, o *decir*, o *hablar* se aplicaran al acto de escribir...

Ahora vemos que hablar del "vocabulario de la *lectura*", como lo he hecho en el título de esta ponencia, resulta limitante para aquella época. Al abarcar la audición y la memoria y al hermanarse con *recitar, referir, decir, hablar*, el verbo *leer* no fue sino *uno* de los términos usados para designar ese fenómeno múltiple (para nosotros), que podría resumirse como "la enunciación (y recepción) de un texto", o, especificando más:

"la enunciación y recepción de un texto, escrito o no, memorizado o leído, ya en silencio ya en voz alta".

Al irse imponiendo la lectura en silencio e ir desapareciendo la multitud de asociaciones entrelazadas que hemos tratado de desenmarañar aquí, fue el verbo *leer* el que ganó la partida, acaso por haber sido el más usado desde la Antigüedad y el único empleado, desde el Renacimiento, para designar la lectura silenciosa. Quizá respiremos con alivio por habernos quedado, tras todas aquellas peripecias, con sólo esa palabrita entrañable: *LEER*.

BIBLIOGRAFÍA

ALDRETE, BERNARDO, *Del origen y principio de la lengva castellana o romance que oi se usa en España*, Roma: Carlo Wulliet, 1606.

ALEMÁN, MATEO, *Ortografía castellana*, ed. de J. Rojas Garcidueñas, introd. de T. Navarro, México: El Colegio de México, 1950 [México, 1609].

——, *Guzmán de Alfarache*, ed. de Francisco Rico, Barcelona: Planeta, 1983.

BAENA, JUAN ALFONSO DE, *Cancionero*, ed. de P. J. Pidal, Madrid: Rivadeneyra, 1851.

BATTAGLIA, SALVATORE, *Grande dizionario della lingua italiana*, Torino: Unione Tipografico-Editrice, 1961.

BELLO, ANDRÉS, *Obras completas. V. Estudios gramaticales*, pról. de Ángel Rosenblat, Caracas: Ministerio de Educación, 1951.

BONET, JUAN PABLO, *Reduction de las letras, y arte para enseñar a ablar a los mvdos*, Madrid: Francisco Abarca de Angulo, 1620.

BRAVO GRAJERA, GONZALO, *Breve discvrso en qve se modera la nueva orthographia de España*, Madrid: Francisco Martínez, 1634.

BUENO, DIEGO, *Arte nvevo de enseñar a leer, escrivir, y contar [...] principes y señores*, Zaragoza: Domingo Guzmán, 1690.

BUSTO, BERNABÉ, *Arte para aprender a leer y escreuir perfectamente en romance y latin* [¿Salamanca: 1553?].

Cancionero de 1628. Edición y estudio del Cancionero 250-2 de la Biblioteca Universitaria de Zaragoza, ed. de José Manuel Blecua, Madrid: CSIC, 1945 (Anejos de la *Revista de Filología Española*, 32).

CASCALES, FRANCISCO, *Cartas filológicas*, ed. de Justo García Soriano, 3 vols., Madrid: Espasa-Calpe, 1961-1969 (Clásicos Castellanos, 103, 117, 118) [Murcia, 1634].

CERVANTES, MIGUEL DE, *El ingenioso hidalgo don Quijote de la Mancha*, ed. de Luis Andrés Murillo, 2 vols., Madrid: Castalia, 1978 (Clásicos Castalia 77, 78).

CORREAS, GONZALO, *Arte de la lengua española castellana* [1625], ed. de Emilio Alarcos García, Madrid: CSIC, 1954 (Anejos de la *Revista de Filología Española*, 56).

CHAYTOR, H. J., *From Script to Print. An Introduction to Medieval Vernacular Literature*, 2ª ed., Cambridge: W. Heffer Sons, 1950. (Reimpr. New York: October House, 1967).

DELICADO, FRANCISCO, *Retrato de la loçana andaluza*, ed. de Bruno M. Damiani y Giovanni Allegra, Madrid: Porrúa Turanzas, 1975.

DEYERMOND, ALAN D., *The Petrarchan Sources of "La Celestina"*, Oxford: Oxford University Press, 1961.

FEW: WALTER VON WARTBURG, *Französisches etymologisches Wörterbuch*, Tübingen: J. B. C. Mohr, 1948.

FRENK, MARGIT, "Ver, oír, leer...", en *Homenaje a Ana María Barrenechea*, ed. de Lía Schwartz Lerner e Isaías Lerner, Madrid: Castalia, 1984, 235-240.

———, "La ortografía elocuente. Testimonios de lectura oral en el Siglo de Oro", en *Actas del VIII Congreso de la Asociación Internacional de Hispanistas*, ed. de A. David Kossoff *et al.*, Madrid: Istmo, 1986, 549-556.

———, "Los espacios de la voz", en *Amor y cultura en la Edad Media*, ed. de Concepción Company Company, México: Universidad Nacional Autónoma de México, 1991, 9-17.

———, "La poesía oralizada y sus mil variantes", *Anuario de Letras*, 29, 1991, 133-144.

———, *Entre la voz y el silencio*, Alcalá: Centro de Estudios Cervantinos, Universidad de Alcalá de Henares, 1997.

HARVEY, L. P., "Oral Composition and the Performance of Novels of Chivalry in Spain", en *Oral Literature, Seven Essays*, ed. de J. J. Duggan, Edimburgh-London: Scottish Academic Press, 1975, 84-110.

IFFLAND, JAMES, "*Don Quijote* dentro de la «Galaxia Gutenberg» (Reflexiones sobre Cervantes y la cultura tipográfica)", *Journal of Hispanic Philology*, 14, 1989, 23-41.

JIMÉNEZ PATÓN, BARTOLOMÉ, *El perfecto predicador*, Madrid: 1609.

LA VIÑAZA, CONDE DE, *Biblioteca histórica de la filología castellana* (1893), 3 vols., Madrid: Atlas, 1978 [Ed. facs.].

LATHAM, R. E., *Revised Medieval Latin Word-List from British and Irish Sources*, London: Oxford University Press, 1965.

LECLERCQ, JEAN, *The Love of Learning and the Desire for God: a Study of Monastic Culture*, trad. C. Misrahi, New York: Fordham University Press, 1961.

LEÓN, FRAY LUIS DE, *Los nombres de Cristo*, ed. de Federico de Onís., 3 vols., Madrid: La Lectura, 1914 (Clásicos Castellanos, 28, 33, 41).

LÓPEZ DE VELASCO, JUAN, *Orthographia y pronunciacion castellana*, Burgos: 1582.

MADARIAGA, PEDRO DE, *Libro subtilissimo intitulado Honrra de escriuanos*, Valencia: Juan de Mey, 1565.

MENÉNDEZ PIDAL, RAMÓN, *"Cantar de Mio Cid". Texto, gramática y vocabulario*, Madrid: Espasa Calpe, 1944.

NEBRIJA, ANTONIO DE, *Reglas de orthographia en lengua castellana*, Alcalá de Henares: Arnao Guillén de Brocar, 1517.

PALAFOX Y MENDOZA, JUAN DE, *Breve tratado de escrivir bien y de la perfecta ortographia*, Zaragoza: Herederos de Diego Dormer, 1679.

PÉREZ, DIEGO, *Pragmáticas y leyes hechas y recopiladas por mandado de [...] el Rey don Fernando y la Reyna doña Ysabel...*, Medina del Campo: 1549.

QUEVEDO, FRANCISCO DE, *La vida del Buscón llamado Pablos*, ed. de Domingo Ynduráin, Madrid: Cátedra, 1981 (Letras Hispánicas, 124).

——, *Obras completas. I. Poesía original*, ed. de José Manuel Blecua, 3ª ed., Barcelona: Planeta, 1971.

——, *Sueños y discursos de verdades descubridoras de abusos, vicios y engaños en todos los oficios y estados del mundo*, ed. de Felipe C. R. Maldonado, Madrid: Castalia, 1973 (Clásicos Castalia, 50).

RECKERT, STEPHEN Y HELDER MACEDO, *Do cancioneiro de amigo*, Lisboa: Assírio Alvim, 1976 (Documenta Poética, 3).

ROBLES, FRANCISCO, *Copia accentuum omnium fere dictionum...*, Alcalá: Miguel de Eguía, 1533.

ROBLES, JUAN DE, *Cartilla menor para enseñar a leer en romance, especialmente a personas de entendimiento...*, Alcalá: Andrés de Angulo, s.a.

RODRIGUES LOBO, FRANCISCO, *Corte na aldea e noites de inverno*, Lisboa: Pedro Craesbeeck, 1619.

RONSARD, PIERRE DE, *Oeuvres complètes*, ed. de P. Laumonier, 16 vols., Paris: Hachette, 1914-1950 (Société des Textes Français Modernes).

ROSENBLAT, ÁNGEL, "Las ideas ortográficas de Bello", en Bello, ix-cxxxix.

RUFO, JUAN, *Las seiscientas apotegmas y otras obras en verso* [Toledo, 1596], ed. de Alberto Blecua, Madrid: Espasa-Calpe, 1972 (Clásicos Castellanos, 170).

RUIZ DE ALARCÓN, JUAN, *Segunda parte de las obras completas [Obras completas*, t. 2], ed de A. V. Ebersole, Valencia: Castalia, 1966 (Estudios de Hispanófila, 5) [Ed. facs.].

SALINAS, MIGUEL, *Rhetorica en lengua castellana...* (1541), Alcalá: Joan de Brocar, 1563.

SEBASTIÁN, MIGUEL, *Orthographia y orthologia*, Zaragoza: Juan de Larumbe, 1619.

THOMAS, THOMAS, *Dictionarium Linguae Latinae et Anglicanae* [1587], Menston: Scolar Press, 1972 [Ed. facs.].

TORQUEMADA, ANTONIO DE, *Manual de escribientes* [ms., 1552], ed. de Mª Josefa C. de Zamora y A. Zamora Vicente, Madrid: Real Academia Española, 1970 (Anejos del *Boletín de la Real Academia Española*, 21).

VALDÉS, JUAN DE, *Diálogo de la lengua*, ed. de José F. Montesinos, Madrid: La Lectura, 1928 (Clásicos Castellanos, 86).

VANEGAS, ALEJO, *Tractado de orthographia y accentos en las tres lenguas principales...*, Toledo: Lázaro Salvago Ginoués, 1531.

VEGA, LOPE DE, *El Caballero de Olmedo*, ed. de Francisco Rico, 3ª ed., Madrid: Cátedra, 1981 (Letras Hispánicas, 147).

———, *La Dorotea*, ed. de Edwin S. Morby, Berkeley y Los Angeles: University of California Press, 1958.

VÉLEZ DE GUEVARA, LUIS, *Reinar después de morir y El diablo está en Cantillana*, ed. de Manuel Muñoz Cortés, Madrid: Espasa-Calpe, 1948.

VILLALÓN, LICENCIADO, *Gramática castellana* [Amberes, 1558], pról. Constantino García, Madrid: CSIC, 1971 [Ed. facs.].

EL PLANTO POR CIUDADES CAÍDAS EN MANOS ENEMIGAS

Carlos Alvar
Universidad de Alcalá de Henares

La poesía medieval conoce un género denominado "planto", con abundantes testimonios en provenzal y en otras lenguas romances. Los poetas gallego-portugueses posiblemente recibieron el modelo de los trovadores y así lo utilizaron para expresar el dolor por la desaparición de un gran señor.

La estructura de los plantos —tanto latinos como provenzales y franceses— presenta siempre una gran homogeneidad: invitación al lamento, linaje del difunto, enumeración de dominios afectados por la pérdida, alabanzas del desaparecido, solicitud de una oración por el descanso de su alma y descripción del dolor producido por la muerte.[1] Todos estos tópicos aparecen en el planto de Pero da Ponte a la muerte de Fernando III (31 de mayo de 1252).[2] Todo parece indicar que fue el propio Pero da Ponte el que intentó aclimatar el género, con escaso éxito, entre sus contemporáneos. Las causas que se han aducido para explicar este fracaso han sido múltiples; sin duda, desempeñaron un papel decisivo las prohibiciones regias y eclesiásticas.[3]

---

[1] Cohen, "Les éléments constitutifs de quelques planctus du xe et xie siècles", 83-86; Aston, "The provençal planh: I", 23-30 y "The provençal planh: II", 57-65; Rieger, "Das Klagelied (Planh)", 83-92.

[2] Filgueira Valverde, "El planto en la historia y en la literatura gallega", 7-116, en especial, 70 y ss. El planto de Pero da Ponte se encuentra en S. Panunzio, *Pero da Ponte. Poesie*, 136 y ss., y en C. Alvar y Beltrán, *Antología de la poesía gallego-portuguesa*, 161-162.

[3] Tavani, "La poesia lirica galego-portoghese", 134-136; Lanciani y Tavani, *As cantigas de escarnio*, 148-151.

Al lado de los plantos dedicados a la muerte de un amigo, de la amada o de algún gran señor, la literatura castellana conserva varias composiciones que tienen como núcleo temático el lamento por la caída de una ciudad. Este tipo de composiciones es ajeno —a lo que sabemos— a otras literaturas románicas:[4] bastará indicar que, al hacer la tipología del género, Thiry (*La plainte funèbre*, 7) alude al carácter ambiguo del término *planctus*, que lo mismo puede servir para designar composiciones en latín medieval que en lengua romance, y "que van desde el tratado filosófico y alegórico a la meditación religiosa o a la sátira política pasando por la lamentación sobre un muerto"; y las composiciones de este último grupo, las elegías fúnebres, pueden ser de carácter amoroso, satírico, religioso, moral y, naturalmente, fúnebre. Restringiendo más aún el campo de interés, el objeto de los lamentos fúnebres son héroes reales o legendarios de la Antigüedad pagana, figuras bíblicas, o personajes importantes contemporáneos del autor (se supone que la amada es importante por su propia situación social, y también por lo que representa para el poeta). Pero en ningún momento se cita a las ciudades entre los temas dignos de ser llorados. Y tampoco Schulze-Busacker ("La complainte des morts", 221-248) alude al tema al hablar de *planhs* moralizantes, de lamentos fúnebres y de plantos corteses.

Sin embargo, los plantos por ciudades podrían entroncar en cierto modo con la tradición de los panegíricos de localidades y países, de gran popularidad en la literatura latina clásica y post-clásica. Señala Curtius (*Literatura europea*, 228) que la teoría literaria de la tardía Antigüedad precisó minuciosamente los preceptos del panegírico de ciudades: había que alabar primero la situación de la ciudad y enumerar luego todas sus demás ventajas, sin descuidar su cultivo del arte y de la ciencia (que fue transformada en la Edad Media en su tradición eclesiástica y martiriológica).

A este género de alabanzas de ciudades corresponde el *Ordo urbium nobilium* (h. 338) de Décimo Magno Ausonio, colección de epigramas

---

[4] Aunque entre los poetas toscanos del siglo XIII no faltan recuerdos a la ciudad en manos del bando contrario, se trata generalmente de alusiones relacionadas con el alejamiento que el destierro ha provocado entre el poeta y la dama: así, Gianni Alfani IV y VI o Cino da Pistoia CXI, CXXX, etc. No conozco ninguna composición de sículo-toscanos o de sicilianos que esté dedicada a llorar la caída de Florencia o de cualquier otra ciudad toscana en manos enemigas.

dedicados a cada una de las más sobresalientes ciudades del Imperio Romano, en orden de importancia: Roma, Constantinopla, Cartago, Antioquía, Alejandría, Tréveris, Milán, Capua, Aquilea, Arles, Sevilla, Córdoba, Tarragona, Braga, Atenas, Catania, Siracusa, Tolosa, Narbona y, finalmente, Burdeos; y así, escribe de las ciudades peninsulares:

> Tras éstas recordaré a la ilustre Híspalis, nombre ibérico, a la que baña un río grande como un mar, ante quien Hispania entera baja sus fasces. Ni Córdoba, ni Tárraco, poderosa por su ciudadela, luchan contra ti, ni Brácara, que se jacta de ser rica por su ensenada marina.
>
> (Décimo Magno Ausonio, *Obras*, 128).

El ejemplo aportado por Ausonio no es único; en un *rythmus* longobardo (fin. s. VIII) sobre Milán se elogian:

1. La fértil llanura en que se asienta.
2. Sus murallas, torres y puertas.
3. Su foro, sus calles pavimentadas, sus baños.
4. Sus templos.
5. La piedad de sus moradores.
6. Los sepulcros de santos.
7. Los obispos que la han gobernado.
8. El esplendor que allí tienen las ciencias, las artes y la liturgia.
9. La riqueza y caridad de sus habitantes.
10. El reinado de Liutprando (+744).
11. El arzobispo Teodoro II (+735).
12. Las empresas de sus moradores contra los infieles.

Semejantes planteamientos se encuentran en otros muchos panegíricos en latín dedicados a ciudades desde el mismo siglo VIII (Curtius, *Literatura europea*, 128).

También para el panegírico de países había abundantes preceptos en la teoría y en la práctica de la Antigüedad. De gran importancia es la *Laus Hispaniae* con que san Isidoro de Sevilla inicia su crónica, pues es el punto de arranque de toda una tradición nacional. San Isidoro se inspiró en la antigua descripción e historia de los países, y a su vez vino a ser el modelo, no sólo de los historiadores, sino también de los juglares épicos (el *Poema de Fernán González* [estr. 145 y ss.] empieza tras el elogio de España y de Castilla).

La alabanza de ciudades o países lleva consigo una notable carga de personificación, y abre el camino —por tanto— a otros tratamientos, como será el planto por la destrucción o por la pérdida de una ciudad. No es necesario rebuscar demasiado en la literatura española medieval para encontrar los romances dedicados a Rodrigo y la pérdida de España —cargados frecuentemente de motivos folclóricos y narrativos— o, sobre todo, el romance que celebra la caída de Alhama (1482) y que comienza "Paseábase el rey moro", mucho más cercano a nuestro propósito que el ciclo dedicado al último rey godo.[5]

Pero además de estos testimonios, hay otros textos que merecen algún detenimiento: se trata, por una parte, del planto *Ay, Jherusalem,* en el que se lamenta la pérdida de la Ciudad Santa; y, por otra, de la elegía hebrea en que Abraham ibn Ezra (h. 1089-1164) canta la ruina de las comunidades judías en al-Andalus como consecuencia de la persecución almohade, y de la casida monorrima de Abu-l-Baqa de Ronda (1204-1286) por las principales ciudades andalusíes, máxima representante de la vertiente árabe del género, que sería ampliamente imitada en la segunda mitad del siglo XIII.

Abraham ibn Ezra (1089-1164), *Qinah*

La elegía de Abraham ibn Ezra relata la ruina de Sefarad y Ma'arab, España y todo el Occidente musulmán. De una estrofa a otra, nos da una completa definición del aniquilamiento, que Gerard Nahon ("La elegía de Abraham", 217-224) resume del modo siguiente:

1. En cada ciudad conquistada por el enemigo, la comunidad judía desaparece.
2. Sabios, ricos varones y tanto más la gente menuda murieron en la matanza general y sus niños fueron arrancados de sus familias y librados a la esclavitud.
3. Las jóvenes son capturadas y convertidas al islamismo.
4. Las ciudades son destruidas enteramente y la gente murió de hambre y de sed.

---

[5] En Di Stefano, *Romancero* se publican los romances "Don Rodrigo rey de España", "Amores trata Rodrigo", "Los vientos eran contrarios" y "Después qu'el rey don Rodrigo".

5. Ningún judío sale salvo.
6. Los fugitivos son perseguidos, atrapados y ejecutados.

¡Ay! sobre Sefarad ha caído del cielo la desgracia;
"mis ojos, mis ojos vierten aguas".

Mis ojos lloran, cual manantiales, por la ciudad de Lucena;
libre de tacha, sola, allí vivió la comunidad exiliada
sin cambio alguno durante mil setenta años.
Mas le llegó su día, huyó su población, se quedó viuda,
sin Ley, sin Escrituras, sellada la Misnah,
estéril el Talmud, perdió toda su gloria.
Sicarios y hombres violentos van de acá para allá;
el lugar de oración y de alabanzas se convirtió en casa de orgía.
Por eso lloro y golpeo las manos; en mi boca hay perpetua elegía.
Sin cesar repito: "¡oh si mi cabeza se tornara aguas!"

¡Ay! sobre Sefarad ha caído del cielo la desgracia;
"mis ojos, mis ojos vierten aguas".

Mi cabeza rasuraré y gemiré amargamente por la aljama de Sevilla,
por sus príncipes muertos y por sus hijos cautivos,
por sus delicadas hijas, a religión extraña entregadas.
¿Cómo fue abandonada Córdoba y convertida en desolado mar?
Allí sabios y poderosos murieron de hambre y sed.
Ningún judío, ni uno solo, ha quedado en Jaén ni en Almería,
ni en Mallorca ni en Málaga resta refrigerio alguno:
los judíos que sobrevivieron cruelmente fueron heridos.
Por eso me lamentaré amargamente, y mucho plañiré,
y mis gemidos a causa de mis dolores fluirán como aguas.

¡Ay! sobre Sefarad ha caído del cielo la desgracia;
"mis ojos, mis ojos vierten aguas".
            (Sáenz-Badillos, *Literatura hebrea en la España medieval*, 150).

Obviamente, en la traducción no se reconoce más que el estribillo, formado por un verso de ibn Ezra y por otro tomado del Antiguo Testamento, de las *Lamentaciones* (1:16), que se centran en la destrucción de Jerusalén; y lo que más sorprende es la estructura zejelesca, apoyada en una palabra que sirve de cierre a cada estrofa (sería, en definitiva, un

verso de vuelta) y de unión con el segundo verso del estribillo: "aguas".
El entronque autóctono no deja lugar a dudas, como tampoco lo deja el
arraigo en la tradición judía.

ABU-L-BAQA DE RONDA (1204-1286), *CASIDA*.

La elegía en recuerdo de diferentes localidades tiene también larga tradición en el mundo árabe, al menos desde Ibn Zaydun, con ejemplos tan
notables como Ar-Rusafi de Valencia (mediados del s. XII)[6] y Safwan ibn
Idris de Murcia (m. en 1202); el género exige un exordio movido por las
lágrimas de la nostalgia y, frecuentemente, la personificación de la ciudad en una bella dama (Rubiera Mata, *Literatura hispanoárabe*, 120 y ss.).
    La conquista cristiana de las tierras de al-Andalus y la caída de ciuda-
des como Valencia, Murcia, Sevilla y Córdoba, da lugar a impresionan-
tes elegías, de las que el ejemplo más relevante serían las casidas de Ibn
al-Abbar de Valencia (1199-1260), que recuerda insistentemente su ciudad natal como el paraíso perdido, idea que recoge también su compa-
ñero Ibn 'Amira de Alcira (s. XIII).
    Pero la más famosa elegía de esta época fue la de Abu-l-Baqa de Ronda
(1204-1286), en la que llora la pérdida de las grandes ciudades de al-
Andalus.

> Todo al llegar a su plenitud, disminuye;
> no se engañe, el hombre, con los bienes terrenales.
> Esta morada no perdura para nadie
> y no queda en su estado nada.
> El destino, inexorable, desgarra toda vestidura
> y vuelve romas a las espadas y a las lanzas.
> Toda espada se desgasta al matar:
> ¿Qué fue de Ibn Di Yazin y del palacio de Gumdan?
> ¿Dónde están los reyes Du-l-Tiyan del Yemen,
> dónde sus diademas y coronas?
> ¿Dónde está Sadaad de la Ciudad de las Columnas
> y las leyes de los reyes Sasánidas?
> ¿Dónde fue el oro de Qarun,
> dónde 'Ad, Saddad y Qahtan?
> Fue un asunto inevitable,

---

[6] Ar-Rusafi de Valencia. *Poemas*, la elegía por Valencia se encuentra en las pp. 90-93.

perecieron porque eran hombres;
fueron los reinos y los reyes
como visiones fantasmales;
el tiempo da vueltas y mata,
como a Cosroes y su pórtico.
Como dificultad que no tiene solución,
Salomón no consiguió dominar el mundo.
El destino tiene hambre de todo
y tanto alegrías como penas son temporales.
Hay a veces consuelo para las desgracias,
pero ahora el Islam no tiene consuelo,
por lo que le sucedió a la Península,
por lo que se abatió sobre ella, derrumbó montañas,
alcanzó al propio Islam y fue menoscabado,
al quedar, regiones y países, vacíos de él.
¡Preguntad a Valencia lo que le sucedió a Murcia!
¿Dónde están Játiva y Jaén?
¿Dónde está Córdoba, sede de las ciencias,
de la que el mundo se enorgullecía?
¿Dónde está Sevilla y los placeres que contenía,
su dulce río, desbordante y caudaloso?
Eran capitales columnas del país...[7]

La métrica ha cambiado por completo, con respecto a la elegía de ibn Ezra. No existe el estribillo, tampoco hay división estrófica, ni el más vago recuerdo zejelesco, como es lógico: la casida tiene como característica el número indeterminado de versos monorrimos divididos en dos hemistiquios, y cuyo contenido se distribuye, por lo general, en tres partes: introducción, descripción y panegírico; y aunque García Gómez ("Los textos y los problemas, 255-321) habla de casidas zejelescas, no es éste un caso híbrido semejante.

Quizás se pueda apreciar un lejano recuerdo del tema del *ubi sunt*, impuesto más por el tono elegíaco que por un origen occidental o latino.[8] Pero todo parece subrayar la independencia de los dos textos que

[7] Traducción del texto completo en Rubiera Mata, *Literatura hispanoárabe*, 125-127.
[8] La versión en coplas de pie quebrado que realizó de este texto J. Valera al traducir la *Poesía y arte de los árabes en España y Sicilia* de A. von Schack (Sevilla, 1881) aumentó la semejanza de la elegía de Abu-l-Baqa con algunos textos castellanos como las *Coplas de Jorge Manrique.*

hemos visto, pues ni la forma, ni el contenido pueden hacer pensar en la existencia de vínculos entre ambos.

EL PLANTO *AY, IHERUSALEM!*

Contemporáneo de la elegía de Abu-l-Baqa, este planto constituye un caso extraño en la poesía castellana medieval, tanto por su tema, como por su forma métrica. Los 110 versos de que consta se conservan en un manuscrito único (Archivo Histórico Nacional, Madrid, Diversos, miscelánea, cajón 12) de finales del siglo XIV o principios del XV, que debe ser copia de otro de mediados del siglo XIII.[9]

El contenido de este poema se reparte en 22 estrofas de 5 versos, dos dodecasílabos y tres pies quebrados de seis sílabas, el último de los cuales funciona como estribillo (o, si se prefiere, presenta siempre como palabra rima "Iherusalem"), en una estructura métrica que se puede considerar muy próxima a la de la retroencha francesa, aunque en el caso castellano hay vacilación de rimas consonantes y asonantes:

> A los que adoran en la Vera Cruz
> salud e gracia de la vera luz,
> que envió sin arte
> el maestre d'Acre
> a Iherusalem.
>
> Bien querría más convusco plañir,
> llorar noches e días, gemir e non dormir,
> que contarvos prosas
> de nuevas llorosas
> de Iherusalem.
>
> Creo que pecado me sería callar;
> lloros e sospiros non me dan vagar
> de escrebir el planto
> en el Concilio Santo
> de Iherusalem.

---

[9] Asensio, "*¡Ay Iherusalem!* Planto narrativo del siglo XIII", 251-270 y Pescador del Hoyo, "Tres nuevos poemas medievales", 242-250.

> De Iherusalem vos querría contar,
> del Sepulcro Santo que es allende el mar:
> moros lo cercaron
> e lo derribaron
> a Iherusalem.

Resulta llamativo el hecho de que las estrofas lleven un orden alfabé-
tico, según la primera letra: el texto que se acaba de reproducir corresponde a las estr. I-IV, y, por tanto, comienzan con las cuatro primeras
letras del abecedario, en una construcción semejante a la de las cuatro
primeras *Lamentaciones* de Jeremías, lo que pondría de relieve la cultura
y formación del anónimo autor del poema.[10]

El contenido no es otro que el de una canción de cruzada, con el
propósito de mover a los caballeros para que acudan a combatir en Tierra Santa y recuperen, de este modo, Jerusalén.

Durante el I Concilio de Lyon de 1245, el Occidente europeo recibió
la noticia de la toma de Jerusalén —ocurrida un año antes— mediante
una carta de Roberto, patriarca de la Ciudad Santa, y de Guillermo de
Chateauneuf, maestre de los Hospitalarios (es el "maestre d'Acre") apre-
sado por los turcos jarismíes. Inmediatamente se promulgó una cruzada
para recuperar los territorios perdidos. El 11 de mayo de 1246 el infante
D. Alfonso (futuro Alfonso X) otorgó su venia a Pelay Pérez Correa
—gran maestre de la Orden de Santiago, que había asistido al Concilio
de Lyon y había llevado a Castilla las noticias— para que fuera con sus
caballeros en auxilio del Imperio latino de Constantinopla. El 25 de
agosto de 1248 se hicieron a la mar en el sur de Francia las fuerzas cristianas reunidas por Luis IX.[11]

Y aunque es cierto que el papa Alejandro IV autorizó en 1255 la predicación de la cruzada por España y Gascuña para ir a combatir a los
árabes en el norte de África (los cruzados se pusieron en marcha en 1260
y tomaron la ciudad de Salé), no es menos cierto que la toma de Jerusalén en 1244 estaba ya algo lejos en el tiempo, y no parece ser justificación suficiente para ir a Marruecos en vez de dirigirse a Tierra Santa.

---

[10] Grieve, "Architectural and Biblical Building", 145-156.

[11] C. Alvar, "La cruzada de Jaén y la poesía gallego-portuguesa", 139-144 y Tato
García, "En torno al poema *¡Ay, Iherusalem!* y a sus vinculaciones con la literatura
galorrománica", 571-579.

Así, pienso que el planto *Ay, Iherusalem* debe situarse entre 1245 y 1248, posiblemente en el ámbito de la Orden de Santiago.

Este planto no es el único testimonio existente en la literatura hispánica de su momento del impacto de la caída de Jerusalén: poetas gallego-portugueses del séquito del infante don Alfonso, como Pedr'Amigo de Sevilha, Johan Baveca, Pero d'Ambroa, Gonçal'Eanes do Vinhal o Pero Gómez Barroso se hicieron eco de una Cruzada a Jerusalén, real o ficticia, iniciada en el zoco de Jaén, tras la conquista de esta ciudad (1246).[12]

Pero hay algo más. Este poema se ha conservado en el mismo manuscrito que el *Dio alto* y los *Diez mandamientos*, composiciones ambas que se ponen en relación con un autor judío o, más aún, converso, por lo que no debería sorprender el hecho de que también *Ay Jherusalem* tuviera ese mismo origen, lo que no quiere decir que no sea una canción de cruzada: podría tratarse de un texto escrito por un judío que lamenta la caída de Jerusalén y aprovecha para incitar a los cristianos a recuperar la Ciudad Santa.

Sea como fuere, no sorprende el tema, ni el juego de las iniciales, ni la tradición literaria en la que hunde sus raíces, y que indudablemente presenta algunos puntos de contacto con la elegía de ibn Ezra.

"Paseávase el rey moro"

Entre los romances denominados históricos de perspectiva morisca, uno alcanzó gran fama y su éxito se mantuvo aún hasta bien entrado el siglo XVI: se trata del romance que comienza "Paseávase el rey moro", y que se refiere al hecho de armas que dio comienzo a la guerra de Granada, la toma de Alhama en 1482.[13] El carácter elegíaco le viene dado —como en el caso anterior— por la presencia de un estribillo que repite en pie quebrado la exclamación "¡Ay de mi Alhama!":

> Passeávase el rey moro   por la ciudad de Granada,
> desde las puertas de Elvira   hasta las de Bivarrambla.
> ¡Ay de mi Alhama!

[12] C. Alvar, "Las poesías de Pero Garcia d'Ambroa", 5-112, especialmente 24 y ss.
[13] Sobre el romancero morisco, véase el estudio de M. Alvar en *El Romancero. Tradicionalidad y pervivencia*. Tomo el texto y algunos datos de la ed. de Di Stefano, *Romancero*, 304-306.

Cartas le fueron venidas   que Alhama era ganada.
Las cartas echó al fuego   y al mensagero matara.
¡Ay de mi Alhama!
Descavalga de una mula   y en un cavallo cavalga;
por el Zacatín arriba   subido se había la Alhambra.
¡Ay de mi Alhama!
Como en el Alhambra estuvo,   al mismo tiempo mandava
que se toquen sus trompetas,   los añafiles de plata,
¡Ay de mi Alhama!
y que las caxas de guerra   apriessa toquen alarma,
porque lo oigan sus moricos,   los de la Vega y Granada.
¡Ay de mi Alhama!
Los moros que el son oyeron   que al sangriento Marte llama,
uno a uno y dos a dos   juntádose ha gran batalla.
¡Ay de mi Alhama!
Allí habló un moro viejo,   d'esta manera hablava:
—¿Para qué nos llamas, rey?   ¿Para qué es esta llamada?—
¡Ay de mi Alhama!
—Avéis de saber, amigos,   una nueva desdichada:
que cristianos con braveza   ya nos han ganado a Alhama.—
¡Ay de mi Alhama!
Allí habló un alfaquí   de barba crecida y cana:
—Bien se te emplea, buen rey,   buen rey, bien se te empleava:
¡Ay de mi Alhama!
mataste los Bencerrajes,   que era la flor de Granada,
cogiste los tornadizos   de Córdova la nombrada.
¡Ay de mi Alhama!
Por esso mereces, rey,   una pena bien doblada:
que te pierdas tú y el reino   y que se pierda Granada.—

Antes de continuar, hay que advertir que el estribillo no aparece en ninguna de las versiones de este romance en las colecciones anteriores al siglo XVII, pero sí en los tratados de Luis de Narváez (*Delphín de Música*, 1538), Pisador (1552) y Venegas de Henestrosa (1557), por lo que no resulta fácil saber si es un estribillo antiguo o si fue incorporado con fines musicales.[14]

[14] Sage, "Early Spanish Ballad Music: Tradition or Metamorphosis?", 195-214, especialmente, 201.

Pérez de Hita, en sus *Guerras civiles de Granada* (1619), supone que "este romance se hizo en arábigo, en aquella ocasión de la pérdida de Alhama, el cual era en aquella lengua muy doloroso y triste, tanto que vino a vedarse en Granada, que no se cantase, porque cada vez que lo cantaban en cualquiera parte, provocaba a llanto y dolor", y añade que después se cantó en castellano, con asonancia en -éa, aunque hay que señalar que esta forma asonantada no es sino una refundición erudita del texto asonantado en -áa, pretendido trasunto del canto árabe. Y también Menéndez Pelayo (*Tratado sobre el Romancero*, 124-126), siguiendo al historiador de las guerras moriscas, acepta el vínculo con la tradición árabe de lamentos por la pérdida de ciudades.

La *Crónica de los Reyes Católicos* de Hernando del Pulgar, que narra los acontecimientos del reinado de Isabel y Fernando hasta 1490, incluye un llanto por Málaga:

> Los moros e moras que desampararon sus casas, esperando la muerte o el captiverio en las agenas, andando por las calles, torcían sus manos, e alzando sus ojos al cielo decían:
> "¡Oh Málaga, cibdad nombrada e muy fermosa, cómo te desamparan tus naturales. ¿Púdolos tu tierra criar en la vida, e no los pudo cobijar en la muerte? ¿Do está la fermosura de tus torres? No pudo la grandeza de tus muros defender sus moradores, porque tienen ayrado su Criador. ¿Qué farán tus viejos e tus matronas? ¿Qué farán las doncellas criadas en señorío delicado, cuando se vieren en dura servidumbre? ¿Podrán por ventura los christianos tus enemigos arrancar los niños de los brazos de sus madres, paratar los fijos de sus padres, los maridos de sus mujeres, sin que derramen lágrimas?"
> Estas palabras e otras semejantes decían con el dolor que sentían con ver cómo perdían su tierra e su libertad.

(147).

No parece que se trate de un planto auténtico, al menos en su forma, pasada por el tamiz retórico de Pulgar, pero no deja lugar a dudas el hecho de la pervivencia de tales lamentaciones en 1487. De la *Crónica* poco más se puede deducir sin entrar en el arriesgado terreno de las hipótesis; pero sí que querría hacer alguna reflexión más. Es casi seguro que Ginés Pérez de Hita fabula al recordar los orígenes del romance; tampoco hay motivos para pensar que los ciudadanos de Málaga lloraran en forma elegíaca la pérdida de su ciudad. Pero parece obvio que

Alhama y Málaga —y supongo que cada una de las ciudades recobradas por los cristianos—, igual que doscientos años antes Sevilla y Córdoba, dieron lugar a composiciones en las que se lamentaba la situación; así lo hacen pensar esos testimonios, todo lo indirectos que queramos, que han quedado reflejados en el romance y en la crónica. No me atrevo a ir más allá, pero queda abierta una doble vía: por una parte, que el romance fuera elaboración o imitación de un planto árabe, o que hubiera tomado ese modelo, con lo cual se abrirían nuevas perspectivas en la tradición de la maurofilia literaria; por otra, que el género del lamento por la caída de las ciudades no llegara nunca a arraigar en las letras hispanomedievales, y que los testimonios que se conservan sólo serían muestras creadas por autores pertenecientes a otra tradición literaria. Se trata de meras hipótesis, imposibles de probar, y como tales deben ser consideradas. Sin embargo, lo que sí es cierto es la vinculación del romance, de la crónica y de las noticias de Pérez de Hita al mundo árabe.

Conclusión

Hemos revisado cuatro lamentos por ciudades, pertenecientes a ámbitos lingüísticos distintos: uno hebreo, uno árabe y dos castellanos. La lista podría ampliarse con cierta facilidad en lo que respecta al mundo semítico, pero no ocurre lo mismo en el románico, pues apenas quedan otros testimonios que los espigados. El romancero del rey Rodrigo y la pérdida de España se centra más en los aspectos novelescos, narrativos, que en los propiamente elegíacos: los amores del último rey godo con la Cava, la derrota de Guadalete, la penitencia de Rodrigo...

A pesar de las diferencias notables existentes entre los textos que hemos leído, hay un punto en común, que es el tema; y el hecho más destacado —desde mi punto de vista— es la abundancia de testimonios en el mundo semítico, frente al desconocimiento de esta temática en la tradición occidental.

Otras similitudes pueden llevarnos a deducciones fáciles, tal vez erróneas: es el caso del estribillo que aparece en la elegía de Abraham ibn Ezra, en el poema a la caída de Jerusalén y en el romance por Alhama: nada podemos saber acerca de la forma original de este último; mientras que el famoso planto por la destrucción de las aljamas tiene una forma zejelesca que a primera vista podría llevarnos a relacionarlo con una tradición popularizante, pero no hay que olvidar que se trata, también, de una forma frecuentemente utilizada en poemas judíos de carácter litúrgico.[15]

Con frecuencia se ha hablado, se habla, de las tres culturas en la Castilla medieval, pero realmente son escasísimos los testimonios literarios que transmiten una idea de la relación existente entre judíos, musulmanes y cristianos: las traducciones científicas de la corte alfonsí —y de algún otro momento— y poca cosa más, como la tradición cuentística; se discutirá si el Arcipreste de Hita y don Juan Manuel sabían árabe, se conservarán algunos textos aljamiados (curiosamente muy tempranos o muy tardíos); y, naturalmente, no faltarán figuras como Pedro Alfonso o Santob de Carrión que dejen de manifiesto el conocimiento lingüístico de los judíos, capaces de escribir en hebreo o en latín y castellano. Luego, en el siglo XV, llegarán los conversos con toda la gama de matices, desde los García de Santa María, obispos de Burgos, hasta el muy sospechoso de criptojudaísmo Fernando de Rojas...

Pero muy pocas veces se ha hablado de permeabilidad literaria: son más que dudosas las relaciones que algunos estudiosos[16] intentan establecer entre el amor cortés de los trovadores y el mundo árabe. Del mismo modo, los esfuerzos que se están realizando para averiguar el grado de penetración de la cultura cristiana entre los escritores árabes y judíos, apenas da más que resultados tan esporádicos que no pueden considerarse relevantes: el modelo de los poetas hispanoárabes sigue en Bagdad, mientras que los escritores hebraicoespañoles se vinculan al pensamiento de Maimónides, a las enseñanzas de las sinagogas, a la tradición del Antiguo Testamento. Nada o muy poco, si se piensa en los muchos años de relaciones entre todos ellos.

En este panorama, los plantos por ciudades descubren una posible unión, o al menos, el inicio de un género que tímidamente asoma en castellano de la mano de un poeta judío o converso, que lamenta la caída de Jerusalén, y bajo el manto del rey moro de Granada, que llora por la pérdida de Alhama.

[15] Véase Cantera Burgos, en *Sefarad*, 112-114.
[16] Véase ahora A. Galmés de Fuentes, *El amor cortés en la lírica árabe y en la lírica provenzal*.

BIBLIOGRAFÍA

ALVAR, C., "La cruzada de Jaén y la poesía gallego-portuguesa", en *Actas del I Congreso de la Asociación Hispánica de Literatura Medieval*, Barcelona: PPU, 1988, 139-144.

——, "Las poesías de Pero Garcia d'Ambroa", *Studi Mediolatini e Volgari*, 32, 1986, 5-112.

ALVAR, M., *El Romancero. Tradicionalidad y pervivencia*, 2ª ed., Barcelona: Planeta, 1974.

AR-RUSAFI DE VALENCIA, *Poemas*, trad. de T. Garulo, Madrid: 1980.

ASENSIO, E., "*¡Ay Iherusalem!* Planto narrativo del siglo XIII", *Nueva Revista de Filología Española*, 14, 1960, 251-270 [reimp. en *Poética y realidad en el cancionero peninsular en la Edad Media*, 2ª ed., Madrid: Gredos, 1970, 263-292].

ASTON, S. C., "The Provençal Planh: I, The Lament for a Prince", en *Mélanges Jean Boutière*, I, y "The Provençal Planh: II, The Lament for a Lady", en *Mélanges Rita Lejeune*, I.

CANTERA BURGOS, J., *Sefarad*, 1953, 112-114.

COHEN, G., "Les éléments constitutifs de quelques planctus du XE et XIE siècles", *Cahiers de Civilisation Médiévale*, I, 1958, 83-86.

CURTIUS, E. R., *Literatura europea y Edad Media latina*, México: Fondo de Cultura Económica, 1955.

DÉCIMO MAGNO AUSONIO. *Obras*, trad. y notas de A. Alvar Ezquerra, t. 2, Madrid: 1990.

DI STEFANO, G., *Romancero*, Madrid: Taurus, 1993.

FILGUEIRA VALVERDE, J., "El planto en la historia y en la literatura gallega", en *Sobre lírica medieval gallega y sus perduraciones*. Valencia: Bello, 1977, 7-116 [antes en *Cuadernos de Estudios Gallegos*, I, 1945].

GALMÉS DE FUENTES, A., *El amor cortés en la lírica árabe y en la lírica provenzal*. Madrid: 1996.

GARCÍA GÓMEZ, E., "Los textos y problemas de la casida zejelesca", *Al-Andalus*, 26, 1961, 253-321.

GRIEVE, P. E., "Architectural and Biblical Building: The Poetic Structure of *¡Ay Jherusalem!*", *Forum for Modern Language Studies*, 22, 1986, 145-156.

LANCIANI G. y G. Tavani, *As cantigas de escarnio*, Vigo: 1995.

MENÉNDEZ PELAYO, M., *Tratado sobre el Romancero*, en *Antología de poetas líricos castellanos* (*Obras completas*, VII), Santander: Consejo Superior de Investigaciones Científicas: 1944.

NAHÓN, G., "La elegía de Abraham ibn Ezra sobre la persecución de los almohades. Nuevas perspectivas", en *Abraham ibn Ezra y su tiempo/Abraham ibn Ezra and his Age*, ed. de F. Díaz Esteban, Madrid: 1990, 217-224.

PANUNZIO, S., *Pero da Ponte. Poesie*, Bari: 1967 [Vigo: 1992], 136 y ss., y en C. Alvar y V. Beltrán, *Antología de la poesía gallego-portuguesa*. Madrid: 1985, 161-162.

PESCADOR DEL HOYO, Ma. C., "Tres nuevos poemas medievales", *Nueva Revista de Filología Hispánica*, 14, 1960, 242-250.

Poema de Fernán González, ed. de H. Salvador Martínez, Madrid: 1991.

PULGAR, H. DEL, *Crónica de los reyes católicos*, en *Crónicas de los reyes de Castilla*, ed. de C. Rosell, t. 3, Madrid: 1878 (Biblioteca de Autores Españoles, 70), 223-565.

RIEGER, D., "Das Klagelied (Planh)", *GRLMA*, II-4, Heidelberg: 1980, 83-92.

RUBIERA MATA, Ma. J., *Literatura hispanoárabe*, Madrid: MAPFRE, 1992.

SAÉNZ-BADILLOS, *Literatura hebrea en la España medieval*, Madrid: 1991.

SAGE, J., "Early Spanish Ballad Music: Tradition or Metamorphosis?", en *Medieval Hispanic Studies to Rita Hamilton*, Londres: 1976, 195-214.

SCHULZE-BUSACKER, E., "La complainte des morts dans la littérature occitane", en *Le sentiment de la mort au Moyen Age*, Montréal: 1979, 221-248.

TATO GARCÍA, Mª C., "En torno al poema *¡Ay, Iherusalem!* y a sus vinculaciones con la literatura galorrománica".

TAVANI, G., "La poesia lirica galego-portoghese", *GRLMA*, II-6, Heidelberg, 1980.

THIRY, Cl., *La plainte funèbre*, Turnhout: Brepols, 1978 (Typologie des sources du Moyen Age Occidental, 30).

LOS RECURSOS DISCURSIVOS

REVISITACIÓN AL *TRACTATUS [...] DE RELIQUIIS PRECIOSORUM MARTIRUM ALBINI ATQUE RUFINI* O *GARCINEIDA*: GÉNERO E INNOVACIÓN[1]

Alejandro Higashi
El Colegio de México

DETERMINACIÓN GENÉRICA Y EDAD MEDIA

El *repertorio genérico*[2] que nuestros autores mediolatinos compartieron —ya con sus contemporáneos, ya con modelos remotos— al redactar un nuevo texto no fue, con frecuencia, una decisión personal, sino el producto de un complejo contrato entre las tradiciones literarias vigentes y las necesidades impuestas por un marco de comunicación. El (o los) destinatario(s) de su texto, la intención en su escritura, una vasta tradición literaria —heredada tanto de la Roma pagana como de la cristiana— y muchos otros factores del sistema literario —y cultural— en uso, respaldaron la elección del repertorio. Los autores que alguna vez esbozaron un sistema genérico de la literatura medieval —el caso de Isidoro— no

---

[1] Este artículo es una versión revisada del presentado en las VI Jornadas Medievales y parte de mi *Tractatus [...] de reliquiis preciosorum martirum Albini atque Rufini* o *Garcineida*, intr., trad. y notas, en preparación. Mucho agradezco la cuidadosa lectura del dictaminador(a) anónimo(a) seleccionado(a) por el Proyecto Medievalia y sus valiosas sugerencias, con las que —estoy seguro— ha sido posible enriquecer la perspectiva original del análisis.

[2] Fowler lo define como "the whole range of potential points of resemblance that a genre may exhibit" (*Kinds*, 55). Véanse también, al respecto, los conceptos de "esfera de necesidades" ("todo lo que es decisivo para la esencia de un género, todo lo que lo distingue de los demás y lo hace reconocible en el transcurso de la comunicación literaria") y "esfera de posibilidades" de Glowinski ("Los géneros", 99-102).

llegaron a éste por sí mismos, "sondern als Teil einer ehrwürdigen Tradition ziemlich unhinterfragt übernommen" (Kindermann, "Gattungensysteme", 303).

Pero, por más que la tradición sea "a sequence of influence and imitation and inherited codes connecting works in the genre" (Fowler, *Kinds*, 42), resulta claro que no se trata de trazar con tiza una pura línea recta; la conservación y/o modificación de ciertos principios fundamentales del repertorio genérico no fue una excepción ni una rareza. Si ya en la Antigüedad Clásica los géneros fueron pocas veces patrones preceptivos incuestionables —sabemos bien que "the most esteemed ancient writers constantly alter the primary elements of genres in order to create [...] variants" (Cairns, *Generic Composition*, 127)—, sería disparatado exigir a nuestros autores mediolatinos fidelidad absoluta a repertorios anteriores que ya sólo podían ser *representacionales*, pero muy raramente *operacionales*.[3]

Los repertorios genéricos de los modelos latinos clásicos sólo sobrevivieron en la medida en que fueron adaptados a las necesidades y posibilidades comunicativas de una comunidad y de una cierta ideología. En distintos grupos y en épocas distintas, el repertorio del modelo épico por excelencia —la *Eneida*— se atomizó en "varias" épicas (una bíblica —Juvencio, Sedulio, Arito—; una alegórica —Prudencio y Allain de Lille—; una hagiográfica o martiriológica; las sagas islandesas, etc.; véase Ziolkovski, "Epic"), al suprimir elementos no funcionales (en muchos casos, la mitología pagana), introducir nuevos (como el sustrato cristiano) y refuncionalizar algunos otros (el paso del hexámetro métrico al rítmico, el tema del viaje como espejo de la pasión de Cristo, etc.). El largo camino que hay del teatro de Terencio y Plauto hasta los diálogos destinados a la lectura de Hrotsvitha y la comedia elegíaca —continuadores de la tradición textual del teatro que poco o nada entendieron del aparato espectacular que acompañaba sus modelos (véase Castro Caridad, *Introducción*, 48-57)— también ejemplifica este proceso de

---

[3] Un *modelo representacional* puede definirse como "lo que una cultura dice o piensa hacer [...], algo que se puede más o menos articular y que está encuadrado por una determinada visión del pasado"; correspondientemente, un *modelo operacional* es "aquello que en efecto se hace basándose en modelos que guían el comportamiento en situaciones determinadas, pero tienden a huir de la conciencia" (Emiliano, "Tradicionalidad", 515-516).

refuncionalización: lo que antes era teatro "para representar" se codifica como texto para la lectura.

Esta *tendencia homeostática* —en palabras de Antonio Emiliano, el "abandono o modificación de aspectos del pasado que han dejado de ser funcionales para el presente" ("Tradicionalidad", 515)— es un rasgo fundamental de los géneros mediolatinos. Redefinir el género de una obra medieval no puede ser sólo un ejercicio de rebautización y catalogación caprichosa (cf. Fowler, *Kinds*, 37; Glowinski, "Los géneros", 95); se trata más bien de repensar y comprender las razones por las que un género determinado volvió a cobrar importancia en un cierto momento con adaptaciones homeostáticas importantes; como escribe Kirk, "genre becomes important when one discovers why some form was appropriate for the persuasive or expository task at hand" (*Menippean*, xiii).

LOS CÓDICES

El *Tractatus [...] de reliquiis preciosorum martirum Albini atque Rufini* (en adelante, *De reliquiis martirum*) resultó seguramente, para sus primeros lectores, parte de una literatura genéricamente definida que, si bien no fue determinada de manera explícita en el cuerpo del texto, lo fue sí en las suscripciones con que los manuscritos conservados se nutrieron a lo largo de su historia textual por varios *scriptoria*. La falta de una suprascripción o *incipit* en el original apógrafo (sugerida por la disparidad que se observa en todos los testimonios conservados y por la costumbre de velar el contenido de los textos cuando podían ser merecedores de censura),[4] obligó a las copias de los siglos XII y XIII a una suprascripción improvisada, que diese cuenta del contenido general del documento que se copiaba. Sólo en el ms. B, más tardío que los otros y, por tanto, más lejano al hecho histórico, el copista habla ya sin ningún reparo de "libellus iste", designación que remite al breve tamaño del

---

[4] Frecuentemente, obras que por sus temas era preferible dejar en la clandestinidad, carecían de título o disfrazaban éste para no pecar por obviedad; los *Carmina amatoria* del Ms. 74 de Ripoll, por ejemplo, suelen consignar su título escrito al revés: "ECIMA SEDVAL" por "LAUDES AMICE", "MACIMADA" por "AD AMICAM", "EITNARF MASSI TI MOCDA" por "AD COMITISSAM FRANTIE", etc.; véanse los números 2, 3, 5, 6, 9, 11, 12, 13, 14, 15, 16 y 20 de la edición de José-Luis Moralejo, *Carmina riuipullense*.

opúsculo pero también, de forma definitiva, a las categorías de "libelo" e "invectiva" que las otras copias callaron. El libelo, importante desde muy antiguo como vía de una pugna personal, era ya el vehículo de injurias y reproches (*convicia*) que se le tributaban a Tiberio (Suetonio, *Tib.* LXVI);[5] el nombre con el que Marcial solía referirse a sus libros de epigramas ("in libellis meis", *Ep.* I, ["Epist. ad lec."]; IV, 89, 1 y 9; X, 19, 2, etc.); o el que Persio destinaba para sus obritas ("libelle", *Sat.* I, 120) y que, entre otros escritores medievales, repetía Walter de Châtillon ("discursus nostri farrago libelli", *apud* Kindermann, *Satyra*, 35).

El valor de esta categoría resultará seguramente relativo, dada la distancia entre el original y su copia tardía; es obvia, sin embargo, la orientación que se señala en la lectura de un copista del siglo XIII: literatura crítica con una fuerte tendencia a lo *ridículo* (en su sentido más etimológico de "aquello que mueve a risa o burla") y lo que, de forma natural, habría hecho pensar a sus lectores en una *sátira* o *invectiva*.[6]

LIBELO Y SÁTIRA

No será un abuso si empezamos a considerar nuestro *De reliquiis martirum* como una sátira —en esto suele coincidir una buena parte de la crítica—[7] y menos cuando, por aquellos mismos años (hacia 1080), Serlo von Bayeux había dado este mismo nombre a la composición que dedicaba "a los cónsules de Albino" y "a los cofrades de Orosio":

---

[5] También "famosos libellos" en Suetonio, *Aug.* LV.

[6] Ante las dificultades que presenta la rigurosa distinción de estos dos términos, los ocupo de manera indistinta; véanse algunos rasgos diferenciadores en Scholberg, *Sátira*, 11-12.

[7] Se trata de una sátira —sin ninguna otra especificación de lo que puede ser entendido como sátira para esos años— para, por ejemplo, Sackur ("Tractatus", 424-425); Lehmann (*Die Parodie*, 29-30); Manitius (*Geschichte* III, 46); María Rosa Lida ("La *Garcineida*", 247 *ss.*); Thomson (*Tractatus*, 5 *ss.*); Rico ("Letras latinas", 43), etc. Una buena parte de la crítica, sin embargo, se ha servido de categorías distintas y no siempre emparentadas: "género paródico-satírico" (Moralejo, "Literatura", 67-68); "comedia satírica" (Webber, "Comedy as Satire", 10-11); "sátira" pero también "pastiche" (Bajtin, *Cultura popular*, 261 y 315; 289 y 347 de la tr. francesa); "relación satírica en prosa" (Wright, *Latín tardío*, 321); "money cento" o "parodic cento" (Bayless, *Parody*, 135-153 y 220), etc.

Consulis Albini cultoribus atque Rufini
dignis condignam composui satyram
(*apud* Kindermann, *Satyra*, 16).

No se trataba, sin embargo, de la misma sátira que estamos acostumbrados a leer en las páginas de Horacio, Persio y Juvenal, y que ya sólo
en casos excepcionales se componía con muy escasa suerte.[8]
Muchos cambios se habían operado desde entonces; como había sucedido con otros géneros, "the relatively taut correspondence between
meter and content that held true in the classical period loosened
appreciably in the Middle Ages" (Ziolkovski, "Towards a History", 522).
No se trataba del *carmen maledicum,* escrito en hexámetros, que se servía de la diatriba —esa fingida confección de un interlocutor ficticio— y
que habían ensayado los cómicos "novi" (como Isidoro de Sevilla clasifi-
caba a Lucilio, Horacio, Juvenal o Persio).[9] Muchos eran los nuevos
tallos —microgéneros—[10] que habían nacido de lo que ya sólo era un
viejo *mode.*[11]
La sátira —el género más usual y el más romano según Quintiliano,
quien escribía "satira quidem tota nostra est" (Quint. X, 93)— cedía su
lugar a uno más ceñido, a la fantasiosa, pero frecuente, etimología medieval de la palabra *satyra*:[12] una *narratio* —comúnmente, una parodia

[8] La obra de Sextus Amarcius es un buen ejemplo de esta actitud y de su escasa
fortuna: escrita en hexámetros y con Horacio por modelo en tratamiento y temas, parece
haber sido desconocida por sus contemporáneos y la posteridad inmediata (véase
Jacobsen, "Sextus Amarcius").

[9] "Duo sunt autem genera comicorum, id est, veteres et novi. Veteres, qui et ioco
ridiculares extiterunt, ut Plautus, Accius, Terentius. Novi, qui et Satirici, a quibus
generaliter vitia carpuntur, ut Flaccus, Persius, Iuvenalis vel alii" (*Etym.* VIII, 7, 7).

[10] El microgénero es una categoría pragmático-histórica —lo que una comunidad en
un momento dado entiende que constituye un género— que no implica la existencia de
un sistema y ni siquiera de un nombre propio que lo designe. Molino lo define como
"[...] un ensemble limité de traits qui, à un moment et dans une culture donnés,
correspondent à peu près à ce que l'on considère comme les propriétés spécifiques du
genre: on peut alors parler de "répertoire générique", mais il faut prendre garde de n'y
faire entrer que les variables stratégiques reconnues par l'époque" ("Les genres", 11-12).

[11] Para Fowler, el *mode* es "a selection or abstraction from kind. It has few if any
external rules, but evokes a historical kind through samples of its internal repertoire"
(*Kinds,* 56).

[12] Para Isidoro, el nombre de *saturici* dado a los *comici novi* provenía de su hartazgo
de elocuencia, de la abundancia de sus temas, del recuerdo etimológico de aquel plato

de las *narrationes* evangélicas, donde podía o no estar presente la *sermocinatio*— en que se mezclaban, sin orden, parodias de distintos géneros eclesiásticos —hagiografías, *laudes martyrum*, sermones, oraciones, etc.—; es decir, una mixtura —o "ensalada"— genérica, paródica y prosaica.

En lo temático, había un fuerte tono de invectiva política, que podía ir desde un ataque personal —el propio *De reliquiis martirum*— hasta la chusca sanción a un grupo —el *Evangelio de san Marcos de plata*, por ejemplo—; textos como la *Passio ministrorum domini Edwardi regis Anglie secundum opera sua*; la *Passio Francorum secundum Flemingos*; la *Lectio actuum Scotorum infra librum iudicium*; la *Passio Judaeorum Pragensium secundum Johannem rusticum quadratum*, la *Passio domini Decii secundum Bachum* (dentro de una misa paródica); la *Sequencia leti euuangelii Luc < i > um*; la *Passio Pracmatice Sanxionis*[13] representan la vida medieval de un género que valdría la pena empezar a considerar en su singularidad.

A LA BÚSQUEDA DEL GÉNERO PERDIDO

Como ya lo ha hecho Bajtin (*Problemas*, 190-192), convendría repensar como un principio de singularización la presencia que tuvo la sátira menipea en estas obras paródicas que, con tan inusitada vitalidad florecieron a partir del siglo XI. Los vestigios y las pervivencias no habría que buscarlos, claro, en los aspectos formales —en la sátira de cuño horaciano rara vez se había recurrido al hexámetro, aprovechando otras formas: la prosa, el verso rítmico, el prosímetro e, incluso, formas pseudodramáticas (Kindermann, *Satyra*, 12-30)—; ni en lo que fue para Varrón —un texto prosimétrico en que los temas éticos se adobaban con humor (Cortés Tovar, "Varrón", 85-86)—; ni, mucho menos, en lo que hoy puede significar para nosotros —por ejemplo, en *Tres tristes tigres* de Cabrera Infan-

---

colmado de distintos frutos (*satura*) o de la evocación del sátiro, a quien lo dicho entre los vapores del alcohol siempre le fue perdonado ("Saturici autem dicti, sive quod pleni sint omni facundia, sive a saturitate et copia: de pluribus enim simul rebus loquuntur; seu ab illa lance quae diversis frugum vel pomorum generibus ad templa gentilium solebat deferri; aut a satyris nomen tractum, qui inulta habent ea quae per vinolentiam dicuntur", *Etym.* VIII, 7, 8); esta etimología se vuelve popular entre otros autores (véase Kindermann, *Satyra*, 31-36).

[13] Textos en Lehhmann, *Die Parodie*, núms. 1, 8, 9, 10, 11, 17, 20 y 23.

te, según Ardis L. Nelson (*Cabrera Infante*)—. De una a otra época, el género fue robusteciendo unas dominantes genéricas y empobreciendo otras, de acuerdo con el contexto histórico en que tuvo nacimiento; de modo que, aun cuando sea posible reconocer supervivencias, es necesario referirnos a distintos microgéneros en cada caso, por más que estén emparentados;[14] como escribe Kirk, "the history of Menippean satire reveals a great deal about the role of an author's cultural surround, in affecting what he chooses to emphasize in an 'imitation' of an earlier writer" (*Menippean*, ix).

La continuación de la menipea en la sátira mediolatina no fue preceptiva —al parecer, la única característica distintiva que Quintiliano le atribuyó tenía que ver con el uso del prosímetro,[15] aunque "konnte keine Übertragung auf mittelalterliche Werke vergleichbarer 'prosimetrischer' Form beobachtet werden" (Kindermann, *Satyra*, 30); tampoco se guió por la mediación de ciertos modelos —esto, por lo menos, no puede comprobarse con rigor—. Con todo y que algunos testimonios de la menipea latina más temprana, como la *Apocolocyntosis,* parecen haber sido bien conocidos durante los primeros años de formación y solidificación del microgénero mediolatino —tres de los mejores códices que se nos conservan de la *Apocolocyntosis* se copiaron entre finales del siglo IX y principios del siglo XII—, resulta muy difícil ver las pervivencias de una en otra. Mientras la función invectiva se ha mantenido, otros elementos del repertorio se han reforzado o, sencillamente, han desaparecido. Veamos este proceso.

[14] La misma historia de la menipea varroniana —lo poco que sabemos de ella: de las 150 sátiras menipeas escritas por Varrón, apenas se nos conservan algunos pocos fragmentos y un resumen de la titulada *Nescis quid vesper serus vehat* en Aulo Gellio, *Noct. Att.* XII, xi— resultó bastante accidentada: luego de Varrón, sólo tenemos noticia de la menipea de Séneca —la *Apocolocyntosis del divino Claudio*—, escrita un siglo después, y —con reparos de varios críticos sobre su pertenencia al género—, del *Satyricon* de Petronio. Las solas semejanzas que hay de una a otra obra son aspectos formales —el uso del prosímetro— y, especialmente en la *Apocolocyntosis* y el *Satirycon*, un ánimo paródico de los discursos oficiales. Como escribe Kirk con un poco de humor, "there never was "one kind" of Menippean satire, not even in the writings of Menippus himself" (*Menippean*, xiv).

[15] El rasgo dominante del microgénero había sido la mezcla de prosa y verso —con otras consecuencias que veremos más adelante—; Quintiliano se refería a ella como "alterum illud etiam prius satirae genus, sed non sola carminum varietate mixtum, condidit Terentius Varro, vir Romanorum eruditissimus" (*Quint.* X, 95).

TRADICIÓN E INNOVACIÓN DEL GÉNERO

Fruto de un ataque personal a Urbano y ridiculización de la investidura de los altos prelados cuando ésta era otorgada por el poder eclesiástico, nuestra sátira se acercaba más a la invectiva política de Lucilio —nuevamente puesta en circulación por Séneca (Cortés Tovar, "*Apocolocyntosis*", 562)—, incluso con lejanas semejanzas argumentales; la *Apocolocyntosis* y el *De reliquiis martirum* son ambas, después de todo, obras que censuran el otorgamiento inmerecido de dignidades religiosas.[16]

El repertorio más importante que ambas obras pudieron compartir, sin embargo, no es temático; tampoco formal. El prosímetro como matriz específica de la menipea sólo puede considerarse como una dominante del repertorio genérico en su etapa latina más temprana en la didáctica mediolatina —aunque no con muchas garantías: todas las obras prosimétricas de este periodo (la propia *Apocolocyntosis*, el *Satiricon*, el *De nuptiis Mercurii et Philologiae* y el *De consolatione philosophiae*; los datos de éstos y otros textos en Kirk, *Menippean*, 3-31) presentan serios problemas genéricos no resueltos todavía—. Aunque desde la particular perspectiva de Bajtin hay rasgos temáticos (el viaje, los diálogos en el umbral, sueños, visiones, etc.), ideológicos (por lo regular vinculados a lo carnavalesco, lo dialógico, el pensamiento utópico, etc.) y formales (la mezcla de verso y prosa, el uso de géneros intercalados, etc.) que permiten hablar de un género constituido (*Problemas*, 160-167), es obvio que muchas de estas categorías están orientadas a la comprobación de una tesis y a la creación de una genealogía que vaya desde Menipo de Gádara hasta Dovstoyevski. Kirk, por su parte, propone un repertorio genérico muy completo —lo que, siguiendo a Wittgenstein llama "family resemblances"— que, aunque define rasgos esenciales que comparten la mayoría de las obras consideradas dentro del género, no soluciona, en nuestro caso, el problema de la caracterización del género mediolatino.[17]

---

[16] Hay que recordar que la *Apocolocyntosis* es una farsa en torno a la deificación de Claudio, argumento que escarnece la costumbre romana de la deificación por capricho y los excesos del emperador, que llegó incluso a conceder a Livia, su abuela, el título de diosa (Suetonio, *Claud.* XI, 2; *Apocol.* IX, 5)

[17] Las "family resemblances" que enlista, sin embargo, resultan muy útiles para hacerse una idea del repertorio genérico esencial —que correspondería más a un *mode* que a un microgénero propiamente dicho—. Según Kirk, estos rasgos son: a) Un estilo no

Si, respecto al uso del prosímetro sólo se puede hablar de la "productividad de la forma" (Cortés Tovar, "Varrón", 89) y, en lo temático, de las notables diferencias entre todos estos textos, ¿cuál es entonces la dominante del repertorio genérico que une textos tan diferentes? Esta respuesta no es fácil pero, en mi opinión, una de las pistas más importantes para responder la da E. Courtney en 1962, al estudiar la parodia en varios textos de esta tradición. Intentando probar que el *Satyricon* fue una parodia de la novela griega, Courtney estudia la tradición de la menipea y revela el que podría ser un rasgo definitorio del repertorio genérico compartido tanto por Menipo y Varrón, como por Séneca y Petronio: la parodia.

En la menipea, como un subgénero derivado de la sátira y de la invectiva, los autores supieron aprovechar desde un principio la parodia de los discursos oficiales para expresar su incomodidad; Menipo de Gádara, por ejemplo, "chose to parody the established genres of philosophic discourse —the dialogue, symposium, epistle, treatise, testament, and cosmography— by exaggerating their fictions and arguments, pushing their logic to an absurd extreme simply by taking the sages completely literally [...] and by thrusting in verses, songs, iambics, curses, and other unexpected and rambunctious material upon the formal learned genres" (*Menippean*, xiv). En este sentido, se trata de un género intertextual (Blänsdorf, "Senecas"), paródico, donde la mezcla a la que Quintiliano se refería no puede limitarse ya a la prosa y el verso: la parodia de distintos discursos oficiales implicó también la intercalación de géneros distintos (Bajtin, *Problemas*, 166-167; Kirk, *Menippean*, xi). La frase de Quintiliano (véase *supra* nota 15) pudo querer sugerir la presencia de estos géneros intercalados: Terencio Varrón redactó un género de sátira no sólo distinto y anterior, sino con gran variedad de metros identificatorios de distintos géneros poéticos. ¿No pudo significar este "sola carmine varietate mixtum" la mezcla de parodia épica, *concilium deorum* paró-

convencional salpicado de neologismos, preciosismos, palabras vulgares, lenguajes mixtos, palabras sombrilla, etc. b) En cuanto a lo formal, se privilegia la mezcla de prosa y verso, aunque frecuentemente la composición puede volverse un "popurrí" de géneros cortos (cuento, canción, diálogo, oración, epístola, listados y otros). c) Entre los tópicos, distingue los del viaje a otros mundos, sueños, visiones y la distorsión de los argumentos. d) En lo temático, la menipea se ocupó siempre de caricaturizar o ridiculizar "some sham-intellectual or theological fraud" (*Menippean*, x-xi).

dico, las *laudes neronis* y la *nenia* paródicas que se encontrarían más tarde en la *Apocolocyntosis* de Seneca?

En todo caso —la respuesta a esta pregunta queda un tanto al margen— lo que uniría este tipo particular de sátira con nuestro *De reliquiis martirum* y otros muchos textos en una cadena diacrónica, sería el uso de la parodia. Desde esta perspectiva, la "capacidad protéica" del género entrevista por Bajtin (*Problemas*, 190-193) puede representar, más que el rasgo esencial del género, una consecuencia de las fluctuaciones en el sistema genérico de los discursos paradigmáticos que se parodiaban. Si en la sátira la "diversity of form is paradoxically the 'fixed' form of satire" (Fowler, *Kinds*, 110), es obvio que en la menipea, más que en ningún otro género, esta "forma" se tomaba de los modelos oficiales de cada época.

Esto explica, al menos en parte, que menipeas como el *De reliquiis martirum*, las varias *passiones* paródico-políticas, los *Evangelia* de san Marcos de Plata, etc., que se escribieron después del siglo X no sean prosimétricas: en la literatura cristiana, los géneros oficiales más valorizados no eran los poéticos —con excepción de los Salmos—, sino los prosísticos: los cuatro Evangelios, las relaciones hagiográficas o martirológicas, la literatura homilética, etc. Son éstos, más bien, los que nuestro autor anónimo se propone parodiar —claro, sin perder de vista el motivo de su molestia: las libertades que Urbano se toma en la elección de sus legados.

Del mismo modo que Menipo parodió géneros bien establecidos del discurso filosófico y de Séneca, los discursos oficiosos de la decadencia,[18] el

---

[18] Si la prosa de la *Apolocyntosis* recuerda, por el estilo y algunos datos de chocante precisión (por ejemplo, "ante diem III idus Octobris anno novo", I, 1) al género histórico, los hexámetros del II, 1 recuerdan la poesía heroica de los poetas oficiales, sobrecargada de los motivos mitológicos y el adorno rococó de la poesía de la decadencia, para luego en fresca prosa repetir el contenido, no sin aclarar: "puto magis intellegi, si dixero" (II, 2). Los hexámetros del cap. IV recuerdan el fragmento en que Catulo hace actuar a las Parcas, en su carmen LXIV, poema extenso y heroico diferente de sus habituales *nugae*, que de nueva cuenta trae a mientes el poema serio y grandilocuente de Ennio o Virgilio. En VIII, 2, Hércules "tragicus fit" y acomete el discurso en un grupo de senarios yámbicos (trímetros en estilo trágico), el metro particular de la tragedia y en el XII, 3 se canta una nenia en anapestos, canto fúnebre, también de gran solemnidad por la forma, pero jocoso por las exageraciones a las que recurre en un falso ánimo apologético (para éstas y otras parodias en la sátira menipea, véase Courtney, "Literary Allusion"; también Blänsdorf, "Senecas").

autor anónimo del *De reliquiis martirum* parodiaba los que más próximos le fueron. Ahora, diez siglos después, los géneros de alto precio no eran ya los cardinales de la filosofía cínica ni los de la decadencia romana, sino los de la iglesia de Cristo: Gregorio de Pavía da lectura en II, 14-56[19] a lo que en varias ocasiones se nombra como una "sententia" (II, 13, 14; III, 1; IV, 93, 94) y lo que en realidad es una "sequentia" (la lectura del Evangelio previa a la *oblatio*) a caballo entre los *laudes sanctorum* (Rico, "Letras latinas", 44), el sermón y la *narratio* evangélica; más adelante, cuando Urbano ha recibido la *oblatio* del prelado de Toledo, emite otra "sententia" (III, 14-42; IV, 1), también de corte paródico donde, inclinada a la liberalidad retórica de la exhortación, y teniendo por público el corro de sus cardenales, el estilo un poco más rígido del sermón se diluye.

Sin que podamos adscribir de manera tajante ninguna de estas dos "*sententiae*" a algún género específico de la predicación cristiana, es evidente que recuerdan una cierta manera de hablar (una *elocutio*) frecuente en los elogios de los mártires, en oraciones, sermones conmemorativos, actas, versiones literarias de estas actas, oraciones del rito mozárabe, etc. El uso abundante de superlativos, las interjecciones al principio del periodo, los grupos terciarios de distinta amplitud, recursos anafóricos, el juego entablado sobre los nombres de los mártires, las abundantes enumeraciones exhaustivas, en ocasiones de índole casi litánica, el uso abusivo de *argumenta ab auctoritate*, etc. son estrategias estilísticas y retóricas que han estado desde muy temprano en el ánimo de los Santos Padres y de la literatura cristiana.

El "Albinus uincit!, Albinus regnat! [...] Rufinus imperat" (II, 55), junto con el "Sancte Platine, ora pro nobis... Sancte Rufine, ora pro nobis..." (III, 3) y el "Feliciter, feliciter, feliciter" (III, 13) que recitan los cardenales unas líneas más adelante, son secuencias paródicas de una misma letanía. En las *Litaniae veteres* de la Galia belga, según Drogo Bellovaquense (muerto hacia 1058), esta *commendatio* se iniciaba con el "Christus vincit, Christus regnat, Christus imperat", luego seguía la re-

---

[19] Remito siempre al número de capítulo (en números romanos) y de periodo (números arábigos), según aparecen numerados en la traducción que preparo. Quien maneje la edición de Sackur o Thomson, creo, no tendrá dificultad para encontrar los *loci* que señalo, dada la brevedad del opúsculo.

comendación a los Santos (el equivalente al "ora pro nobis" en esta oración era el "Tu illum adjuva") y se concluía con "feliciter, feliciter, feliciter; tempora bona habeant, tempora bona habeant, tempora bona habeant, multos annos; amen" (*Litaniae veteres*, 865-866).

El capítulo IV, salvo algunas pocas intervenciones del narrador escrito casi en su totalidad en discurso directo, rememora para muchos el teatro clásico de Terencio (por ejemplo, María Rosa Lida, "La *Garcineida*", 255-256, Webber, "Comedy as Satire", 10-11 y Thomson, "Introduction", 8), aunque no puede escapársenos la proximidad entre este diálogo y aquéllos de los martirologios, lugar común del género en su versión más tardía y literaria (la que Delehaye denomina "pasiones épicas"). Si no por el tema, sí por la forma y el sentido del humor, los discursos e interrogatorios de los martirologios se rememoran en este diálogo de frases rápidas y cortas, preguntas y respuestas o ágiles intervenciones que alientan, escarnecen, trastocan citas bíblicas, critican o se convierten simplemente en fragmentos de erudición cristiana o pagana, que dan un tono chusco a la conversación por el contexto en el que se les sitúa.[20]

---

[20] Aunque las coincidencias temáticas de este diálogo con los de los martirologios son nulas (los temas fundamentales de estos últimos, se recordará, son la disuasión por parte de los perseguidores, la afirmación cristiana del mártir, la negación del dolor, fragmentos de erudición cristiana con miras a la edificación, etc.), las formales son suficientes, en cambio, para hablar de una extensión del género: el ágil intercambio de preguntas y respuestas (Delehaye, *Les passions*, 256) y el doble sentido de la farsa, que seguido sirve a los mártires para burlarse de sus perseguidores (*Les passions*, 263-264), son artificios comunes. Por ejemplo, en el "Martirio de los santos escilitanos": "Saturninus procunsul dixit: Nolite huius dementiae ense participes. Cittinus dixit: Non habemus, quem timeamus, nisi dominum nostrum, qui est in caelis. Donata dixit: Honorem Caesari quasi Caesari, timorem autem deo. Vestia dixit: Christiana sum. Secunda dixit: Quod sum, ipsum uolo esse" (*apud Actas*, 353-354); los mecanismos son evidentemente los mismos que en los rápidos intercambios de IV, 28-98, donde cada uno de los personajes expresa su sentir con frases breves y, a las veces, fragmentarias; tampoco faltan ejemplos del diálogo que García y Urbano sostienen en IV, 2-27: véase por ejemplo, lo bien que naturalidad y agilidad mental se unen en este diálogo de Perpétua con su padre: "«Pater, inquam, uides, uerbi gratia, uas hoc iacens, urceolum siue aliud?» Et dixit: «Video». Et ego dixi ei: «Numquid alio nomine uocari potest, quam quod est?» Et ait: «Non». «Sic et ego aliud me dicere non possum, nisi quod sum, Christiana»" (*apud Actas*, 421). De modo claro, hay un recuerdo de Terencio en estos diálogos, pero quizá habría que empezar a considerar con más ánimo la presencia de los interrogatorios y discusiones de los martirologios pues, después de todo, en relación con la obra terenciana tampoco es posible hablar de ningún nexo temático entre ésta y nuestra obra satírica del siglo XI.

La parodia en este tipo de invectiva —como en toda la sátira menipea— no fue, sin embargo, un fin en sí misma, ni mucho menos un ornato más. Lejos de ser un recurso tópico o estético, una forma de monólogo entablado con fragmentos de antiguas tradiciones, se trata de un diálogo evidente —aludiendo unas veces, censurando abiertamente otras— con la misma tradición polémica en que había nacido: la lucha de las investiduras; como escribe Kirk, la menipea "was also imitated because of its historical associations with abuse, with disrespect for incompetent authority, or with adherence to some theological or academic position maintained in the genre previously" (*Menippean*, xiii). El "auidissimus pontifes", que se nos representa concediendo una legación por los méritos de la embriaguez, era la imagen que sus enemigos —quizá sólo algunos monjes descontentos por esa aparente tibieza con que Urbano había combatido la simonía—[21] le impusieron; los excesos de Roma, sus abusos, aquel tema —delicado por aquellos días— de dejar en manos de la

---

[21] Como escribe Fliche, "on note donc un certain fléchissement dans l'application de la législation réformatrice entre 1088 et 1093 et une tendance évidente à absoudre ceux qui sont dénoncés pour infraction aux décrets de Grégoire VII" (*La Réforme*, 214). La ratificación ordinaria de distintos cargos concedidos por el poder laico (varios descritos en Fliche, *La Réforme*, 213); la rápida absolución de casos de simonía probados (también varios ejemplos en *La Réforme*, 213-214); la necesidad de interpretar muchas de las disposiciones de Gregorio, significarían para unos acciones oportunistas y para otros "les tracas d'un pontife soucieux tout à la fois de se conformer à la discipline jusque-là observée et de ne pas priver l'Église des pasteurs nécessaires à l'évangelisation des fidèles" (*La Réforme*, 216). En defensa de Urbano, hay que decir que, delante de ciertas personas y en ciertas circunstancias, la interpretación de los cánones le resultaba totalmente lícita, tanto como a algunos de sus defensores. Bernoldo de Constanza, por ejemplo, luego de una revisión exhaustiva de fuentes pastorales y jurídicas, escribía al final de su "De excommunicatis vitandis, de reconciliatione lapsorum et de fontibus iuris ecclesiastici": "no dudamos que, como los santos Padres lo enseñaron, esta facultad para moderar o modificar lo más esencial de los cánones inviste al pontífice romano. [...]. No os admiréis si a los pontífices romanos se hubiese reservado este poder para dispensar los cánones según los tiempos, siendo ellos mismos autores de algunos cánones y habiéndose concedido siempre este privilegio a la santa sede para que cualquier cosa que atare o desatare fuese atada o desatada" ("Hanc autem facultatem temperandorum sive mutandorum canonum Romano pontifici potissimum adiacere non dubitamus, ut sancti patres docuerunt. [...] Nec mireris, si Romani pontifices hanc semper peculiariter habuerint potestatem, ut canones pro tempore dispensarent. Ipsi enim sunt auctores canonum et illa sedes semper habuit hoc privilegium, ut ligatum vel solutum sit, quicquid ipsa ligaverit vel solverit", *Opusc.* X, 58).

Iglesia la investidura. Era con esto que dialogaba nuestro autor, aun en los detalles más insignificantes de la sátira. Y también, de lo que se reía.

Cuando el autor anónimo parodia, por ejemplo, un sermón, no olvida añadir los *argumenta* que sostienen cada afirmación —elemento imprescindible de todo buen sermón—. En algunos casos, basta con trastocar un poco el *argumentum ab auctoritate* —siempre versículos antiguo o neotestamentarios— para sacudir a su lector con alguna carcajada.[22] Las más de las veces sin embargo, el estímulo para la risa consistió en tomar en préstamo algunos versículos antiguo y neotestamentarios bien identificados entre los textos de los impugnadores de la simonía. Así, los *argumenta* de quienes censuraban este vicio se volvían punto de apoyo para justificar la avidez del mismo grupo criticado. Para quien viera en Urbano un hipócrita censor, un ejemplo del "hagan lo que digo y no lo que hago", revertir los *argumenta* del canon forjado por los propios censores en favor de la ambición y sus excesos sería una divertida manera de mofarse y reprobar al mismo tiempo la doble moral de estos grupos eclesiásticos.

Cuando Gregorio de Pavía dice, por ejemplo, de Orosio y de Platino:

> Éstos son los mártires preciosos, potestades de la tierra, triunfadores del mundo; éstos son los mártires preciosos *que cierran y nadie abre, que abren y nadie cierra*. Pues en verdad poseen *la autoridad para unir y desatar* —y más hoy, en los días del papa Urbano.[23]

No se trata sólo de un elogio hiperbólico. En esta *recapitulatio* final se recupera el tema general de la autoridad de los mártires que cierra con una cita travestida, Apoc. 3, 7 ("Esto dice el Santo, el verdadero, el que tiene la llave de David *que abre y nadie cierra, y cierra y nadie abre*") y

---

[22] Así, el conocido "Pedid, y se os dará; buscad, y hallaréis; llamad, y se os abrirá" de Mt. 7,7, se convierte en "Pedid *por Platino* y se os dará, buscad *por Orosio* y hallaréis; llamad *por cualquiera de los dos mártires* y se os abrirá" (II, 19). Este mecanismo, que siguiendo a Genette podría llamarse *cita travestida* (*i.e.*, una transformación satírica de la cita real; véase *Palimpsestos*, 16 y 146 *ss.*) era ya, desde la retórica ciceroniana, una de las estrategias señaladas para producir la risa ("Saepe etiam versus facete interponitur, vel ut est, vel paululum immutatus, aut aliqua pars versus", *De or.* II, 64).

[23] "Hii sunt martires preciosi, potestates terrarum, triumphatores orbis; hii sunt martires preciosi, qui claudunt et nemo aperit, aperiunt et nemo claudit. Habent enim potestatem ligandi atque soluendi et maxime in diebus Vrbani papae", II, 28-29.

una alusión clara a Mt. 16, 19 ("Yo te daré las llaves del reino de los cielos, *y cuanto atares en la tierra será atado en los cielos, y cuanto desatares en la tierra será desatado en los cielos*"); ambas, como una confirmación del poder absoluto del oro y de la plata "para unir y desatar" aquí en la tierra. El trasfondo es evidente: con el versículo de Mt. 16, 19 se afirmaba el absoluto predominio de la Iglesia católica sobre cualquier otro cisma de carácter herético —ya en los primeros años del cristianismo,[24] pero con singular vitalidad durante el siglo XI—.[25] Quienes estaban en contra de la intervención del poder laico eran quizá quienes con más asidua convicción se servían de estos *argumenta*; así, el continuador de Anselmo de Lucca defendía a Gregorio VII, escribiendo que "se lee que Dios dijo a los pontífices —y no a los emperadores— "cuanto atares en la tierra será atado en los cielos, etc."[26] y no por casualidad, fue en este mismo sentido y con este mismo *argumentum* con el que, por ejemplo, Gregorio VII expresaba su poder y autoridad para deponer a Enrique IV de sus funciones como Emperador en 1077:

> ¡Bienaventurado Pedro: Como representante tuyo he recibido de Dios *el poder de atar y desatar en el Cielo y en la Tierra*. Por el honor y defensa de

[24] Puede verse ya en Cipriano, en este mismo sentido: "Qualis uero error sit et quanta caecitas eius, qui remissionem peccatorum dicit apud synagogas haereticorum dari posse nec permanet in fundamento unius ecclesiae, quae semel a Christo super petram solidata est, hinc intellegi potest quod soli Petro Christus dixerit: «Quaecumque ligaueris super terram, erunt ligata et in caelis, et quaecuamque solueris super terram, erunt soluta et in caelis [Matt. 16-19]»", *Epist.* LXXV, 16, 1.

[25] La autoridad de la Iglesia "para unir y desatar" (*potestas ligandi atque solvendi*) es uno de sus principios fundamentales como institución; son el primero y segundo cánones del *Decretorum libri XX* de Burchard ("Quod Novo Testamento post Christum Dominum nostrum a Petro sacerdotalis coeperit ordo" y "De privilegio beato Petro Domini vice solummodo commisso, et discretione potestatis, quae inter aposotolos fuit", *Decretorum libri XX* I, 1 y 2) y una fórmula frecuente en la cancillería de muchos papas. La que sigue, por ejemplo, podía encontrarse *verbatim* en distintas epístolas de Urbano enviadas a diversos destinatarios y escritas en diferentes fechas: "Potestatem ligandi atque solvendi in coelis et in terra beato Petro ejusque successoribus, auctore Deo, principaliter traditam, illis Ecclesia verbis agnoscit, quibus Petrum est Dominus allocutus: *Quaecumque ligaveris super terram erunt ligata in coelis, et quaecumque solveris super terram erunt soluta et in coelis* [...]" (Urbano, *Epist.* 27; también véanse 28, 38, 58, 60, 145, 224, etc.).

[26] "Pontificibus enim, non imperatoribus, legitur Deus dixisse: "Quaecunque alligaveritis super terram, erunt ligata et in coelis, etc.", *Contr. Wib. cont.*, 469.

tu Iglesia, en el nombre del Dios Todopoderoso, Padre, Hijo y Espíritu Santo, por tu Poder y autoridad, prohíbo al Rey Enrique, que se ha rebelado con inaudito orgullo contra tu Iglesia, que gobierne Alemania e Italia.[27]

¡Cuánto contento daría a los opositores de Urbano este "potestas ligandi atque solvendi" como virtud de los mártires preciosos, Orosio y Platino, capaces efectivamente de "atar y desatar" aquí en la tierra.

Cuando Urbano confirma a Grimoardo la investidura como legado apostólico de la Iglesia Aquitana, García por lo bajo murmura: "mi señor no entra por la puerta: ése es ladrón y salteador. ¡Y éste mismo compró la legación!".[28] No era éste un comentario inocente. Se trata de Jn. 10, 1 ("En verdad, en verdad os digo que el que no entra por la puerta en el aprisco de las ovejas, sino que sube por otra parte, ése es ladrón y salteador"), versículo comúnmente traído a colación para referirse a los sacerdotes simoníacos[29] y que, con más o menos variantes, servía para distinguir al buen pastor de aquellos que "no por elección canónica, sino por la propia ambición y el favor del potentado secular [...] han entrado furtivamente en el aprisco del señor".[30] Grimoardo quedaba incluido en esta genealogía de *ladrones y salteadores* conocidos en la Iglesia por la violencia insistente con que se habían abierto paso hasta las más altas jerarquías, "haciendo de su fortuna una escalera o cualquier otro

---

[27] "Beate Petre apostolorum princeps [...] pro vita tua mihi commissa, et mihi tua gratia est potestas a Deo data ligandi atque solvendi in coelo et in terra. Hac itaque fiducia fretus pro Ecclesiae tuae honore et defensione, ex parte omnipotentis Dei Patris et Filii et Spiritus sancti, per tuam potestatem et auctoritatem, Henrico Regi filio Henrici imperatoris, qui contra tuam Ecclesiam inaudita superbia insurrexit, totius regni Teutonicorum et Italiae gubernacula contradico, et omnes Christianos a vinculo juramenti, quod sibi fecere vel facient, absolvo, et ut nullus ei sicut regi serviat, interdico", *Conc. rom.* III, 790.

[28] "[...] dominus meus non intrat per ostium. Fur est et latro; ipse enim emit legationem", IV, 80-81.

[29] Lo hacen, por ejemplo, Pedro Damián (*Epist. libr. VIII* I, 20, 244; *Liber grat.* 9); el autor anónimo de opúsculo *De ordenando pontifice* (*MGH Lib de lit* t. I, 11); Humberto de Silva Candida (*Adu. sim* III, 34-40); Anselmo de Lucca (*Contr. Wib.*, 521 y 522); Manegoldo (*Manegoldi ad Geb.* 53), etc.

[30] "Scriptum est: *Qui non intrat per ostium in ovile ovium, sed ascendit aliunde, ille fur est et latro. Omnes autem aliunde ascendunt, qui non per canonicam electionem, sed per propiam ambitionem et secularium vel potentum favorem, qui illis vel sanguinis proximitate adherescunt vel servicio eorum deliniti sunt, vel* [quos] *premiis conduxerunt, in ovile dominicum irrepserunt*", *Manegoldi ad Geb.* 53.

artefacto", "ora reptando, ora subiendo, arrojándose ora contra el muro del señor".[31]

En otras ocasiones, sin embargo, algunos versículos bíblicos citados podrían sólo aludir tangencialmente a la polémica documental sobre las investiduras y más directamente al bagaje cultural de un público eclesiástico instruido. Cuando el Papa y sus cardenales han comprobado los talentos potatorios de Grimoardo —"Señor, he aquí un buen borracho", le testifica Gregorio de Pavía (IV, 71)—, recuerda Urbano que "cada árbol se conoce por sus frutos" (IV, 74), alusión clara al versículo neotestamentario de Lc. 6, 44. Aunque este versículo (junto con Mt. 7, 16 y 7, 20, "por sus frutos los conoceréis") fue ordinario en el combate contra los simoníacos, cuando se quería explicar la manera en que podían ser reconocidos estos "falsos profetas",[32] creo que las palabras de Urbano podrían estarse refiriendo a la interpretación agustiniana del *locus,* que hacía el hiponense al criticar los excesos en el vino y la comida durante la celebración del nacimiento de Leoncio mártir en la Iglesia de Tagasta:

> Recuerdo también un pasaje del Evangelio [...] donde se habla del falso profeta: *Ex fructibus eorum cognoscitur eos.* En seguida recordé que aquel "frutos" sólo podía significar "las obras" y procuré saber si entre los frutos podría contarse la ebriedad; recordé entonces aquello de la Epístola a los gálatas: "las obras de la carne son manifiestas, a saber: [...] embriagueces, orgías y otras como éstas, de las cuales os prevengo, como antes lo dije, de que quienes tales cosas hacen no heredarán el reino de Dios" [Gal. 5, 19-21]. Luego de dichas palabras, les pregunté de qué modo podría el Señor

[31] "Nimirum et ipsi, contemto hostio Christo et hostiario ipsius Spiritu sancto, aliunde ascendunt, dum sua pecunia velut scalis et machinis dominicum parietem, unanimem scilicet populi Dei consensum et soliditatem, expugnaturi adoriuntur et eum aut reptando transiliunt aut subigendo vel certe impingendo irrumpunt", *Adu. sim* III, 40.

[32] Humberto de Silva Candida, por ejemplo, escribía: "[...] el mismo Dios nos dio un indicio por el que habían de conocerse todos estos falsos profetas, cuando dijo: "por sus frutos los conoceréis" (Mt. 7, 16). Así, de quienes se muestran públicamente inflados por la avaricia —tanto que no dudan poner en venta los dones del Espíritu Santo— consta que son falsos profetas; porque según sea el germen oculto del árbol profano, tal será el sabor de su fruto pestífero" ("[...] ipse Dominus in euangelio monens a falsis prophetis attendendum, indicium cognoscendi mox addidit, dicens: *A fructibus eorum cognoscetis eos.* Unde quorum avaritia videtur palam sic saevire, ut non dubitent Spiritum sanctum venalem proponere, constat eos falsos prophetas esse, quia velut prophanae arboris occultum germen quale sit, sapor pestiferi fructus prodit", *Adu. sim.* II, 11). Véase también *Manegoldi ad Geb.* I ("Quod arbor bona non possit fructus malos facere").

estar contento si a los cristianos se les conoce por sus frutos, y nosotros somos conocidos por el fruto de la ebriedad [...].[33]

La parodia de los discursos oficiales, la cita descomedida de autoridades —otra forma de parodia—, el elemento polémico, son constantes que habían sido utilizadas antes con éxito en la sátira menipea; no es aquí donde podemos encontrar los aportes mediolatinos al género. Obras como el *De reliquiis martirum* sólo se independizaron de la menipea de la decadencia romana cuando los autores medievales empezaron a servirse de una herramienta que la Roma de Nerón no había conocido: el doble sentido de la alegoría.

SÁTIRA Y DOBLE SENTIDO

Por más sorprendente que parezca, el empleo del doble sentido como recurso *ad risum mouendum* no es clásico: en la menipea romana los juegos de sentido resultan más bien ingenuos y raros cuando se les compara con los que recorren nuestra menipea mediolatina;[34] el privilegio

---

[33] "Commemoravi etiam evangelii capitulum [...] ubi de pseudoprophetis dictum est: *Ex fructibus eorum cognoscetis eos.* Deinde in memoriam revocavi fructus eo loco non appellatos nisi opera. Tum quaesivi inter quos fructus nominata esset ebrietas, et recitavit illud ad Galatas: *Manifiesta autem sunt opera carnis, quae sunt fornicationes, inmunditiae, luxuriae, idolorum servitus, veneficia, inimicitiae, contentiones, aemulationes, animositates, disensiones, haereses, invidia, ebrietates, comissationes et his similia; quae praedico vobis, sicut praedixi, quoniam qui talia agunt, regnum dei non possidebunt.* Post quae verba interrogavi quo modo de fructu ebrietatis agnosceremur christiani, quos de fructibus agnosci dominus iussit", *Epist.* XXIX, 6.

[34] Con verdadera dificultad podrán entresacarse algunos pocos ejemplos de la *Apocolocyntosis* que se ciñan a estos juegos de doble sentido; en Petronio, especialmente en la cena de Trimalción, hay algunos ejemplos claros de juegos de doble sentido, aunque muy ingenuos todavía —por lo regular, siempre deben explicarse al lector—: en *Sat.* 36, Trimalción se deleita repitiendo la orden de "Corta, corta" ("Carpe, Carpe"), juego que un comensal invitado explica: "la persona que corta la carne se llama Corta; así, con decir varias veces "¡Corta!", nombra y ordena con la misma palabra" ("qui obsonium carpit: Carpus vocatur. Ita quotienscumque dicit 'Carpe', eodem uerbo et uocat et imperat"); en *Sat.* 41, Trimalción juega con el nombre de su esclavo ("Dyonisus") y aparentemente le da la libertad ("liber esto"), cuando lo que hace es nombrar con el sobrenombre por el que también era conocido Dionisio: "Liber"; en *Sat.* 50, Trimalción se vanagloria de ser el único en poseer auténticos objetos de Corinto: su broncista se llama Corinto y, como él mismo afirma con lógica irrebatible, "¿No se llama 'corínteo' lo que sale de Corinto?" ("Quid est autem Corintheum, nisi quis Corinthum habeat?"); etc.

del uso y desarrollo de estos juegos conceptuales corresponde con mayor justicia a la literatura cristiana que, tradicionalmente obligada a la conciliación de lo bajo y lo sublime como trasunto de esa mágica expresión de lo intangible en lo mundano, debe conformar un continuo diccionario de conceptos alegóricos que, bajo un mismo término, rinda cuentas de estas dos distintas realidades.

Desde muy temprano, estos juegos son ya perceptibles y cardinales en el desarrollo de la misma fe: las más de cuarenta parábolas importantes de Jesús que se narran en los evangelios sinópticos, resultaban un sistema idóneo de enseñanza basado en la transmisión de "una lección moral o religiosa mediante una analogía con la experiencia común" (Murphy, *La retórica*, 284), es decir, un tejido de conceptos y dobles significados que ceñían siempre al sentido mundano el supramundano. En la sucesión de parábolas de Mt 13. 24-52, sólo por citar un ejemplo, Jesús ensaya distintos conceptos para explicar el reino de los cielos como una culminación del proceso de selección entre los buenos y los malos: la semilla buena, el grano de mostaza, el fermento, el tesoro escondido en el campo, las perlas preciosas, la red del pescador, son elementos mundanos que, sin perder sus propiedades semánticas habituales, configuran un doble sentido trascendental en el que, como escribe Flores, el "allegorical or parabolic understanding is linked with the possibility of spiritual meaning and new levels of life" (*Allegory*, 10; véanse los ejemplos que presenta en 11-12).

De forma práctica, esta sobreinterpretación alegórica pasó irremisiblemente a la literatura martiriológica: la primera mitad del Himno dedicado por Prudencio a san Lorenzo (*Perist*. II, 45-312) no es sino una divertida alegoría desarrollada: el doble sentido de la palabra "tesoros". Aquí, un equívoco entre los "tesoros de la Iglesia" y los "tesoros" que el prefecto de la villa demanda a san Lorenzo hace que este último reúna en el lapso de tres días todos los bienes preciosos que oculta la Iglesia; cumplido el plazo, el mártir invita al prefecto para que contemple las riquezas de Dios con estas palabras: "Desearía que asistáis y admiréis, públicamente expuestas, las riquezas que nuestro acaudalado Dios conserva en sus santuarios. Veréis el amplio atrio resplandecer con los vasos de oro, y por los largos pórticos, ordenadas filas de talentos".[35] Lo que el

---

[35] "Adsistas uelim / coramque dispositas opes / mirere, quas noster Deus / praediues in sanctis habet. // Videbis ingens atrium / fulgere uasis aureis / et per patentes porticus / structos talentis ordines" *Perist*. II, 169-176.

prefecto tiene la oportunidad de admirar es una larga fila de ciegos de nacimiento, enfermos, cojos, mancos, ulcerados, indigentes, implorando caridad a gritos. Este es el oro de Dios, declara luego san Lorenzo en un elocuente discurso que le vale el martirio.[36]

Dentro del sistema hermenéutico medieval, la alegoría tenía un papel más importante del que hoy estaríamos dispuestos a otorgarle. Confundida en un principio con la tipología (Irvine, "Interpretation", 42-60; Madsen, *Rereading*, 43-56), integrada luego de san Agustín en un sutil pero complejo sistema de interpretación —los cuatro sentidos de la Escritura—, que al mismo tiempo hacía de ella tropo e interpretación del tropo en un comentario;[37] estos cuatro sentidos de la Escritura (histórico, alegórico, tropológico y anagógico) son progresivamente abandonados, después de Rabano Mauro, para retomar las categorías de una triple distinción que había estado presente en Orígenes y en san Jerónimo: el sentido literal, el alegórico (una alegoría especulativa "qui substitue au sens littéral une signification métaphysique") y el tropológico (una alegoría normativa "qui substitue au sens littéral un précepte moral") (Zink,

---

[36] En el mismo *Perist.*, otros ejemplos del uso del doble sentido son abundantes: la muerte por la espada del perseguidor abre una herida que es a la vez una noble puerta a los ojos del justo (I, 28-29); Eulalia, mártir de doce años, se viste de púrpura —privilegio reservado para los más altos potentados— con la sangre que escurre luego que los dos verdugos han desgarrado con uñas de acero su pecho, débil como un junco (III, 139-140). Durante el martirio de Casiano —doscientos de sus alumnos se vengan del celoso maestro golpeándolo con sus tablillas de cera y lacerando sus carnes con agudos estiletes—, uno de los alumnos que rinde el suplicio, le espeta: "¿Por qué lloras? [...] si tú mismo fuiste, maestro, quien nos dio este infierno y armaste nuestras manos; [...] no puede molestarte lo que ahora hacemos, pues que escribimos: tú mismo juzgabas necesario no dejar nunca inactiva nuestra diestra con el estilete [...] lícito es que corrijas nuestros largos renglones de caligrafía, por si alguna mano llena de faltas hubiese errado; ejerce tu autoridad, tienes el derecho de castigar la culpa si alguno de tus alumnos ha escrito sobre ti sin energía" ("Quid gemis? [...] tute ipse magister / istud dedisti ferrum et armasti manus [...]. Non potes irasci quod scribimus; ipse iubebas / nunquam quietum dextera ut ferret stilum. [...]. Emendes licet inspectos longos ordine uersus, / mendosa forte si quid errrauit manus; / exerce imperium; ius est tibi plectere culpam, / si quis tourum te notauit segnius", *Perist.* IX, 69-82).

[37] "In the terms of post-Agustinian Christian exegesis, a biblical text may have three 'levels' of allegory, one of which was called allegory, and the sign-functions of biblical allegory were accounted for in terms of the grammatical trope. The trope and the discourse substituted for the trope (the interpretation) could both be called allegory", Irvine, "Interpretation", 33.

La prédication, 280). No es raro, sin embargo, que muchos de los sermones anteriores a 1300 tengan una "tendance à ne distinguer que deux sens, un sens littéral et un sens spirituel non différencié" (*La prédication*, 281).

En su acepción gramatical, la mayor parte de las fuentes revela una noción menos fluctuante, ceñida por lo regular a dos planos (literal y espiritual): "in allegory one can distinguish the level of expression (a 'proper' or 'ordinary' meaning) from the level of content or additional signification" (Irvine, "Interpretation", 38). Las tempranas definiciones —Tryphon, Charisio, Donato, Pompeyo, san Agustín (todas citadas en Irvine, "Interpretation", 38-39)— confirman esta dicotomía; incluso en autores un poco más tardíos como Isidoro, la alegoría podía concebirse en este doble plano como "la expresión de un concepto distinto: se dice una cosa cuando es preciso entender otra".[38] Esta es la misma definición que, *mutatis mutandis*, encontraremos más tarde en santo Tomás[39] y en un *Compendium rhetorice* escrito en París en 1332.[40]

Este avanzado sistema de interpretación binaria fue el que alentó el uso de ciertas fórmulas de estilo. La tendencia de los predicadores a "materializar" las cosas del espíritu (Zink, *La prédication*, 291) permitió la superposición de dos universos opuestos, pero coherentes en su simultaneidad. La identificación entre mártires y metales o gemas preciosas, por ejemplo, no es sino una enorme analogía —posible para el pensamiento alegórico— que descansa sobre un principio que puede parecer fútil: mártires y metales eran probados por el fuego. Desde Plinio, lo que hacía del oro un objeto estimable no era su brillo, ni su densidad, ni su maleabilidad, sino el ser "una de las cosas que nada pierde sometida al fuego, y hasta libre de temor [ha de sometérsele a] los incendios y las hogueras fúnebres";[41] a esta misma prueba de fuego se sometía la fe de

---

[38] "Allegoria est alieniloquium. Aliud enim sonat, et aliud intellegitur", *Etym.* I, 37, 22.

[39] "Illa ergo prima significatio, qua voces significant res, pertinet ad primum sensum, qui est sensus historicus vel litteralis. Illa vero significatio qua res significatae per voces, iterum res alias significant, dicitur sensus spiritualis; qui super litteralem fundatur, et eum supponit", *Sum. theo.* I, 1, 10.

[40] "Allegoria (permutatio) est tropis quo aliud in verbi et aliud in sentencia demonstratur", *apud* Murphy, *La retórica*, 245, nota 88.

[41] "[...] sed quia rerum uni nihil deperit, tuto etiam in incendiis reogisque", *Nat. hist.*, XXXIII, xix, 58-60.

los mártires, siguiendo los preceptos de "sicut in fornace probatur aurum
et argentum" (Prov. 17,3 y 27, 21; Eclo. 27, 6): en el "Martirio de san
Fructuoso, obispo de Tarragona, y de Eulogio y Augurio, diáconos", se
les alaba con un "¡Oh, bienaventurados mártires, que fueron como el oro
precioso probados por el fuego!";[42] en la versión antiguolatina del "Martirio de san Policarpio", cuando el mártir es condenado a morir en el fuego,
la hoguera se curva como un arco y respeta su cuerpo, en tanto el cuerpo
mismo aparece descrito como "grato pan cociéndose o fundición de oro
y plata que brilla con hermoso color";[43] más adelante, se le compara con
oro y gemas preciosas ("Nos collegimus ut aurum gemmamque
pretiosam, et sepulturae ossa mana dauimus" *apud Actas*, 277). San
Cipriano, queriendo animar a los mártires que se encuentran trabajan-
do en las minas africanas, relaciona esta estancia con aquella que la plata
y el oro deben sufrir antes de ser convertidos en efectos de arte ("¡Qué
había de sorprendernos si [siendo] vasos de oro y plata habéis sido con-
finados a las minas, lugar de residencia del oro y la plata!");[44] los mártires de Tarragona eran, en Prudencio, "tres gemas" que la ciudad ofrecía
a Dios engastadas en una diadema (*Perist.* IV, 21-28); los nombres de los
mártires se graban seguido en oro (*Perist.* I, 1-2; IV, 165-166). Para san
Agustín, en una estrecha olla podía encontrarse esta fina alegoría del
mundo: en ella, el oro representa al justo probado por el fuego, y la paja
al impío, vuelta nada sino cenizas.[45]

Para el siglo XI, estas significativas correspondencias no estaban ol-
vidadas; en los *Sermones* de tema hagiográfico o martiriológico de Pedro
Damián, los mártires siguen siendo "micantes gemmae" y "rutilantes

---

[42] "Oh beati martyres, qui igni probati sunt ut aurum pretiosum", *apud Actas*, 794.

[43] "[...] ut panis grata decoctio uel argenti et auri, qui conflato pulcro colore
resplendens singulorum iuuabat aspectum", *apud Actas*, 275.

[44] La cita completa es: "Quid uero mirum si uasa aurea et argentea in metallum, id est
auri et argenti domicilium, dati estis, nisi quod nunc metallorum natura conuersa est, loca
quae aurum et argentum dare ante consueuerant accipere coeperunt", *Epist.* LXXVI, ii, 2.

[45] "In angusto caccabo tres res sunt: ignis, aurum, et palea. Et ibi uides imaginem
totius mundi: est ibi palea, est ibi aurum, est ibi ignis; palea comburitur, ignis ardet,
aurum probatur. Sic et in isto toto modo sunt iusti, sunt impii, est tribulatio: mundus
tamquam fornax est aurificis, iusti tamquam aurum, impii tamquam palea, tribulatio
sicut ignis. Numquid aurum purgaretur, nisi palea ureretur? [...] Ibi aurum purgatum (iusti,
qui tolerabiliter ferunt omnes moletias huius mundi, et in suis tribulationibus deum laudant)
aurum purgatum redigitur in thesauros dei", san Agustín, *Serm.*, CXIII A, 11.

margaritae" (*Serm.* XXII, 626) y sus restos mortuorios, tesoro inigualable custodiado en "santa y acaudalada veta".[46] La ciudad de Ravenna, depositaria de las reliquias de varios mártires está, para Pedro Damián, "ataviada de púrpura con la sangre preciosa de tanto mártir"[47] pues, para nuestro autor, "el color púrpura, que mucho recuerda el color de la sangre, qué significa por símbolo sino la pasión de Cristo".[48] El mismo Pedro Damián juega incluso con el sentido alegórico del nombre del mártir Aritio, como después haría nuestro autor anónimo con los nombres cristianos de *Albinus* y *Rufinus*:

> Un tesoro grande guardas que sólo indignamente al oro se compara y con ninguna otra suma vale equiparar. Por ello, no más serás llamado Aritio, como de costumbre (nombre que consta te fue atribuido por la aridez de la tierra), sino más bien *Auritio*, a causa del oro preciosísimo de tus santos restos, que se prueba yace oculto en tus entrañas.[49]

Este estilo apologético y celebratorio de los discursos eclesiásticos —en su mayoría, homiléticos— abasteció notablemente los ataques contra quienes, partidarios de una ideología pauperizante, disfrutaban de una economía estática y acumulativa. El estilo ampuloso de nuestra sátira se nutría del que abundaba en los discursos oficiales; bastaba sólo una conmutación de sentidos —el literal en vez del alegórico, que era el usual— para convertir un discurso convencional en una crítica rotunda e ingeniosa. Para el monje simoníaco, los mártires Platino y Orosio —la plata y el oro, según un sutil juego de correspondencias establecido entre los colores de los metales (blanco y rojo) y dos nombres latinocristianos con estos mismos significados (Albinus y Rufinus)— eran "preciosi" tanto

---

[46] "Beata igitur et dives terrae vena, quae quasi superno regi facta depositaria, illud recondit talentum suis finibus creditum, quod in die restitutionis coelestibus est gazophylaciis inferendum, ubi vivi lapides et igniti perpetuo rutilant, ubi triclina auro radiantia vernantes margaritae luculenter exornant", *Serm.* XXXVIII, 710.

[47] "[...] tantorum martyrum pretioso sanguine purpurata", *Serm.* XVII, 590.

[48] "Purpureos vero color, quia sanguinis habet speciem, quid per mysterium, nisi dominicam innuit passionem", *Test. Cant. cant.* 23, 1132.

[49] "Thesaurum servas, cui non aurum digne conferri, non ulla quarumlibet opum summa valet aequari. Unde non jam Aritium ex more dicaris, quod ab ariditate terrae tibi constat nomen impositum, sed tu Auritium potius a pretiosissimo scilicet sacri cadaveris auro, quod in tuis visceribus probatur occultum", *Serm.* XXXVIII, 710.

como lo eran las gemas y los metales; efectivos valedores en la absolución de los pecados (los mártires intercediendo ante Dios; el oro y la plata sobornando a los prelados);[50] como los mártires vencieron a las potestades del mundo terrenal, el oro y la plata vencían a éstas y otras potestades —especialmente las eclesiásticas—;[51] sin límite Roma los veneraba y se

[50] "¡Oh, cuán preciosos resultan los mártires Platino y Orosio!; ¡oh, cómo se han de celebrar y, oh, cuánto han de ser alabados! Continuamente son absueltos los pecadores que conservan sus reliquias, mudados de simples terrestres en seres celestiales y convertidos en hombres inocentes luego de haber sido los más impíos. Vemos, vemos simoníacos, sacrílegos y obispos devastadores de sus iglesias venir al Papa, estos que a causa de las reliquias de los señalados mártires son perdonados con la bendición apostólica; ningún crimen los abraza, nada hospedan de lo antiguo y nuevos —como recién nacidos— vuelven a los suyos. Así, pues, todo aquel corrupto por la mancha del adulterio, todo aquel deudor de un homicidio, todo aquel contaminado por el crimen de la fornicación, todo aquel que palidece por la peste de la envidia, todo aquel que se destaca por la infamia del perjurio y, en fin, todos aquellos sacrílegos, detractores, borrachos, ladrones, avaros, orgullosos, inhumanos, traidores, buscapleitos, delatores, impíos, embusteros, malintencionados, ¿y para qué gastar más palabras?... todos los detestables, los proscritos, los infames, los reos, los exiliados, los condenados; todos aquellos que con la mano, la lengua o la boca ofendieron a Dios, amparándose con las reliquias de los mártires preciosos no dudéis en postraros delante del papa soberano, pues de todo quedaréis absueltos amparandoos con las reliquias de los mártires preciosos... porque de otro modo, sin su intercesión, toda súplica se habrá hecho en vano" ("O quam preciosi martires Albinus atque Rufinus, O quam praedicandi, O quam laudabiles, quorum qui habent reliquias, continuo ex peccatoribus iustificantur, ex terrenis coelestes fiunt, ex impiis uertuntur in innocentes. Vidimus, uidimus simoniales, sacrilegos et suarum dissipatores ecclesiarum ad papam uenire pontifices, qui ob praedictorum reliquias martirum apostolica purgati benedictione, nullo irretiti crimine, nihil uetustatis habentes, noui et tamquam renati ad propria rediere. Quisquis ergo adulterii infectus labe, quisquis homicidii reus, quisquis fornicationis pollutus crimine, quisquis inuidiae pallescit tabo, quisquis periurii notatur infamia, et denique omnes sacrilegi, detractores, ebriosi, fures, auari, contumaces, efferi, proditores, contentiosi, delatores, impii, mendaces, maliuoli (quid plura?) omnes detestabiles, proscripti, infames, rei, exules, damnati, postremo omnes qui manu, lingua, ore Deum offenderunt, preciosorum martirum portantes reliquias, ad dominum papam uenire ne cunctentur, de omnibus absoluendi; aliter frustra erit eorum petitio", II, 13-16).
[51] "Son estos los dos mártires que han vencido sin descanso a reyes, a emperadores, a duques, a tetrarcas, a príncipes y a otras potestades del mundo terrenal; son estos los dos mártires que han dominado triunfalmente a obispos, cardenales, arzobispos, abades, deanes, priores, levitas, sacerdotes, diáconos, subdiáconos y —como a pocos pueda yo absolver— incluso al mismo Pontífice romano. Son estos los dos mártires poderosos en concilios, escuchados en sinagogas, triunfadores en las plazas; estos son los mártires preciosos por quienes Guiberto, pontífice romano, fue derribado; sometido Enrique,

abrazaba a ellos.[52] El autor aprovecha una serie de términos codificados en el discurso oficial en su sentido alegórico y los somete a una lectura literal. ¿Qué podría causar más risa que la propia alegoría expuesta así, en su *sensus litteralis* más estricto?

Esta misma inversión de valores por la restitución del sentido literal —digamos, el más mundano— podía servir para banalizar las citas antiguo y neotestamentarias que ya tenían un valor alegórico codificado como *argumenta ab auctoritate*. El procedimiento era el mismo: la sobreinterpretación literal de estos *argumenta* les devolvía un sentido que podía no ser precisamente edificante. En poemas, epístolas y sermones martiriológicos, por ejemplo, solía citarse II Tim. 2, 5 y II Tim. 4, 7 —respectivamente "quienquiera que compite en el estadio no es coronado si no compite legítimamente" y "He combatido el buen combate [...]"—, llenando con un sentido trascendente —la lucha del mártir a semejanza de la pasión de Cristo— actividades mundanas como la competencia y el combate; desde san Cipriano (*Epist.* X, 4, 3) y hasta Pedro Damián (*Serm.* 17, 592; 17bis, 601 y 22, 676), era la *interpretación espiritual* que se daba a estos versículos. En el *De reliquiis martirum* este "certamen" se degra-

---

contenido el senado, ocupada la república; estos son los mártires preciosos por quienes enérgicamente irrumpió el pontífice romano en la Casa de Crescenzio, por fuerza alzó las trancas de las casas tarpellas, ascendió hasta el Capitolio y abrió tranquilamente el Arca de san Pedro; éstos son los mártires preciosos a quienes Roma especialmente venera, a quienes Lacio primordialmente se abraza, a quienes Italia protege sobre todo".

("Hii sunt martires duo, qui reges, imperatores, duces, tetrarchas, principes et ceteras potestates mundi uiriliter expugnauerunt; hii sunt martires duo, qui episcopus, cardinales, archiepiscopos, abbates, decanos, priores, leuitas, sacerdotes, diaconos, subdiaconos et, ut paucis absoluam, ipsum Romanum pontificem triumphaliter edomuerunt. Hii sunt martires duo praepotentes in conciliis, exaudibiles in synagogis, triumphatores in theatris; hii sunt martires preciosi, per quos Romanus pontifex Guibertum strauit, Henricum edomuit, senatum compescuit, rempublicam occupauit; hii sunt martires preciosi, per quos Romanus pontifex Crescentii domum uiriliter irrupit, Tarpeias sedes potenter reclusit, Capitolia conscendit, archam Sancti Petri confidenter reserauit; hii sun martires preciosi, quibus Roma specialiter studet, quos Latium praecipue amplexatur, quibus apprime fauet Italia", II, 25-26).

52 "¡Oh; mártires nunca buscados a nuestra entera satisfacción, nunca encontrados del todo; por quienes nunca se sacia la compunción romana, pues cuanto más adquiere Roma de estos mártires, cuanto más los abraza y cuanto más oculta de éstos, mayormente los codicia, más ávida está de ellos, mayormente los desea" (O martires nunquam satis quaesiti, nunquam omnino inuenti, quibus nunquam satiatur Romana compunctio! Quanto magis enim hos Roma martires assequitur, hos artat, hos recondit, eo plus inhiat, plus sitit, plus desiderat", II, 49-50).

da, al considerarlo una vulgar carrera —carrera que la riqueza puede
acortar— por llegar a la gracia de Urbano (II, 21-23).

Muchas fueron las veces, sin embargo, en que no bastó con una interpretación literal y se acudió a una sobreinterpretación más incisiva, atri-
buyendo nuevos sentidos —hasta llegar incluso al contrapunto— a palabras, frases y citas que, dentro de la tradición documental, tenían ya
sentidos alegóricos asignados. Esta actitud, a la vez crítica y jocosa, no
debía sorprender a nadie: la propia vida simoniaca estaba considerada
por algunos autores un continuo contrapunto entre lo que se hacía y
decía para los ojos carnales, y esto mismo a la luz del sentido espiritual.
Para el Pseudo Ambrosio, por ejemplo, cuando los indoctos proclama-
ban al obispo simoniaco "digno y justo", su conciencia lo reclamaba
"indigno e injusto"; cuando con ojos carnales se le admiraba como
"episcopus magnus", los ojos del espíritu no veían a otro sino al "leprosus
magnus" que éste era; cuando con carnal poder se dominaba al pueblo,
sojuzgada estaba el alma con servicios al demonio.[53]

Semejante sobreinterpretación es la que toca a García cuando con
petulancia inconveniente, comienza Urbano a recitar aquel pasaje de Jn.
10, 14, *argumentum ab auctoritate* codificado dentro de la tópica del
pastor bonus:

> —Hermano García, "yo soy el buen pastor..."
> —Buen pastor sin duda (y para sí mismo: ¡Pues sabéis dar inmejorables
> pastos a tu gula!)
> [...]
> —Hermano García, "...bien conozco a mis ovejas..."
> —¡Muy a fondo las conoces! (y para sí mismo: Hasta el fondo habéis hur-
> gado en sus bolsillos!)
> [...]
> —Hermano García, "...y las mías me conocen a mí..."
> —Te conocen, confirmo (y para sí mismo: ¡Como ladrón talentoso y des-
> valijador de riquezas!).[54]

[53] "[...] et nescii homines et indocti in ordinationibus eorum [del sacerdote simoniaco]
proclamant et dicunt: 'Dignus es et iustus es', et conscientia misera: 'Indignus es et
iniustus es', dicit. [...] Oculis quidem carnalibus videtur quasi episcopus magnus, et
divinis obtutibus inspicitur leprosus magnus. [...] Caro dominatur populis et anima
servit daemoni", *apud Adu. sim* I, 16.

[54] "—Frater Garsia, ego sum Pastor bonus. / Garsias: / —Vere pastor bonus (et secum:
quia bene pascis gulam tuam). / [...] / Papa: / -Frater Garsia, ego cognosco oues meas. /

¿Y quién era el *pastor bonus*? Indudablemente, eran *boni pastores* todos aquellos que no escapaban ante la proximidad del lobo, todos aquellos que habían sido elegidos y promovidos por méritos propios, sin intervención alguna de los mártires "Platino" u "Orosio", todos aquellos que se cuidaban de recibir contribuciones temporales y se contentaban con llevar el mensaje espiritual a su rebaño.[55] La autoproclamación de Urbano pierde todo su efecto, sin embargo, cuando García interpreta y resemantiza la "letra" del *buen pastor*; sin duda, el personaje que mejor acomodaría a Urbano es el del *mercenario*: el que sólo "se interesa por lo que ha de lucrar con las ovejas".[56] Mercenarios como el Urbano de esta sátira eran quienes, bajo el nombre de pastores regían la iglesia de Cristo buscando, más que a Cristo, su propio beneficio.[57] Esta especie de *dramatis personae* se completaba con la encarnación del "fur et latro" (Grimoardo), reconocido salteador que ganó la legación aquitanense (véase *supra*).

El uso del latín típicamente evangélico para describir las obras de la gula y simonía es otro caudal de sobreinterpretaciones: el verbo *sepelire*, frecuente en el Nuevo Testamento con el sentido de "rendir exequias a un cuerpo",[58] sirve independientemente para "celebrar las exequias" de los capitales que Urbano se lleva a las bolsas (I, 1; III, 12), así como para "celebrar las exequias" del diario salmón que Grimoardo "sepultaba" en cada almuerzo en su vientre pontificio (I, 5). La *compunctio* —entendida

---

Garsias: / -Vere cognoscis (et secum: nihil enim relinquis in marsupiis earum). / [...] / Papa: / -Frater Garsia, et cognoscunt me meae. / Garsias: / -Cognoscunt, inquam (et secum: latronem magnum et emunctorem boni talenti)", IV, 10-19.

[55] "Quo maxime indicio cognoscuntur boni pastores esse, quia non fugiunt videntes lupum venire. Tales nimirum intrant in ovile per ostium Christum, gratis electi et promoti ad hoc ministerium, gratis et sincere vocibus et moribus evangelizantes Christum. Neque enim accipiunt temporalia stipendia ab ovibus, quia euangelizant, sed ut euangelizare sufficiant, nec ut temporaliter ditescant aut nitescant, sed ut suae temporali necessitati ad ovium Christi perpetuam salutem consulant", Humberto de Silva Candida, *Adu. sim.* III, 35; véase también Gregorio Magno, *XL hom.* XIV, 1.

[56] "[...] neque enim pertinet ad eum de ovibus, quarum nec vitam nec bonam valitudinem, sed solam pastionis mercedem lucratum iri quaerit", *Adu. sim.* III, 35; véase también lo que dice Gregorio Magno, *XL hom.* XIV, 2.

[57] "Tales procul dubio sunt omnes, qui sub nomine pastoris super cathedram pastoralem sedentes ecclesiam Christi regunt et sua tantum, non Christi quaerunt", *Adu. sim.* III, 36.

[58] Mt 8. 21-22; 14, 12; 26, 12; Lc. 9, 59-60; Jn. 19, 40; Act 5. 9; 5, 10, etc.

como el conocimiento y aceptación del pecado, pero también como el amor desmedido, la ambición y el deseo por las cosas de Dios que despierta en nuestras almas esta "pena", este "aguijonazo" que es la *compunctio*—[59] se reinterpreta en el *De reliquiis martirum* como "el amor desmedido, la ambición y el deseo" despertados por las cosas materiales (I, 2; II, 9; II, 38; II, 49); el "ardor", la "sed", el "ansia", frecuentes alegorías en martirologios y hagiografías con que el mártir o el santo externan su amor ilimitado a Dios,[60] se transforman en el "ardor" y el "deseo" de fortuna de los cuales Roma y el pontífice romano "están sedientos" (II, 33; II, 37; II, 40; II, 50), cuando no en la "sed" natural que produce la salmuera del pescado (II, 6).

En algunas ocasiones, este doble sentido se deja entrever más fácilmente por el uso de aclaraciones rápidas (cláusulas explicativas, adjetivos, etc.) que convierten ciertas afirmaciones en verdaderas *antifrasis* —otra forma de la *allegoria*—.[61] Es así como, por ejemplo, hay que leer las "miserias y calamidades" a las que hubo de exponerse Urbano en los días de su voluntario exilio por las Galias como mártir:

> Su propio cuerpo sometió al martirio incendiado por el deseo y el ardor de los más preciosos mártires Platino y Orosio, expuesto a las miserias, sujeto a todas las calamidades, dado a las tribulaciones, vestido de manera despreciable (pues se rodeó de púrpura regia, de pieles preciosas, del mejor y más potente vino —falerno y massico—, de vino puro, de vasos tracios, de acre pimienta, de ardiente salmuera, de la pasión de los tragos y de la purificación de las bebidas, de baños frecuentes, de almohadas de seda, de

---

[59] Como escribe Leclercq, "S. Grégoire, plus que d'autres, a mis l'accent sur ce dernier aspect: possession obscure, dont la conscience ne dure pas, et dont, par conséquent, naissent le regret de la voir disparâitre et le désir de la retrouver [...]. La componction est une action de Dieu en nous, un acte par lequel Dieu nous réveille, un choc, une coup, une "piqûre", une sorte de brûlure. Dieu nous excite comme par un aiguillon: il nous "point" avec insistance (*cumpungere*), comme pour nous transpercer. L'amour du monde nous endort; mais comme par un coup de tonnerre, l'âme est rappelée à l'attention à Dieu" (*L'amour*, 34-35).

[60] Para referir el amor a Dios de los mártires Protasio y Gervasio, Pedro Damián recurre a frases como: "in superno desiderio", "in tali ardore cruciarentur", etc. (*Serm.* 17, 589). Camarero Cuñado cita otros ejemplos en la liturgia hispánica: "illo [...] charitatis tue ardore", "tanto tue dilectionis calore succensum", por ejemplo (*La figura*, 162).

[61] "Antiphrasis est sermo e contrario intellegendus, ut 'lucus', quia caret lucem per nimiam nemorum umbrans [...]", *Etym.* I, 37, 24.

ambulantes palafrenes, de un carro áureo, de perfumes, de riquezas y pompa, de orgullo, de grandilocuencia, de triunfos, de collares, del hartazgo del vientre, de decoro, de gloria). Con que con estas piedras de molino fue lapidado el Pontífice romano, por estas espadas fue atravesado, por estos espíritus malignos, tentado; con estos letales golpes, aniquilado; viéndose continuamente en peligros de lampreas, en peligros de salmones, en peligros de carpas, en peligros de abundancia, en peligros de ebriedad —y esto, sin hablar de otras cosas: de sus cuidados de cada día, de la preocupación del romano Pontífice por satisfacer todas sus ambiciones.[62]

Nuestro autor anónimo convierte así el viaje pastoral de Urbano por las Galias en un exilio voluntario en busca de una buena provisión de "reliquias". Y quizá no sea esto lo único sorprendente: como el exilio no fue un castigo para Urbano, tampoco lo había sido para otros padres de la Iglesia. En la biografía de san Cipriano escrita por su diácono Poncio, cuando al mártir de Cartago se le castiga con el exilio, Poncio se esfuerza en una larga digresión para demostrar que el exilio nunca es un castigo para el buen cristiano, puesto que "Christiano totus hic mundus una domus est"; convencido de que donde unos ven la sanción, los cristianos sólo advierten premios, termina Poncio aclarando que el exilio "non est poena, quia gloria est" ("Vida y martirio de san Cecilio Cipriano, obispo y mártir de Cartago escrita por su diácono Poncio" *apud Actas*, 738-739). San Cipriano en su exilio gozoso anticipa —basta una lectura literal de la inversión que provoca Poncio— las glorias de este Urbano *auidissimus* en su viaje por las Galias. La poca reverencia de la comparación haría ya desternillar de risa a los lectores de esta a veces no muy sutil invectiva.

[62] "[...] miseriis expositus, omnibus calamitatibus obnoxius, aerumnis deditus, contemptui habitus. Circuiuit enim in purpura regia, in pellibus preciosis, in uino forti et optimo, in Falerno, in Massico, in meraco, in Treitia amistide, in piperatis acribus, in salsamentis ardentibus, in passionibus potionum, in purificationibus solutionum, in balneis frequentibus, in puluinaribus sericis, in palefridis ambulantibus, in curru aureo, in odoribus, in diuitiis, in pompa, in fastu, in sublimitate, in triumphis, in ceruicibus, in saturitate uentris, in decore, in gloria. Hiis ergo molaribus lapidatus est pontifex Romanus, hiis gladiis sectus est, hiis malignis spiritibus temptatus est, hiis occisionibus interemptus est, periculis lampredarum, periculis salmonum, periculis barrorum, periculis ex saturitate, periculis ex ebrietatibus, praeter illa, quae intrinsecus sunt instantia, Romani pontificis cotidiana sollicitudo omnium cupiditatum", II, 33-35.

FINAL

Es claro que, como prácticas discursivas, la parodia, la sobreinterpretación literal, la manipulación jocosa de citas bíblicas como novedosos e inconvenientes *argumenta ab auctoritate*, giraban en torno a un eje común: el humor. La invectiva política —en esa tradición insólita y mudable que resultó la sátira menipea—fue prioritariamente humorística, como lo fueron los Evangelios de san Marcos de Plata, las *Passiones* políticas y mucha de la producción paródica cristiana de aquellos años. No se trató, sin embargo, del humor carnavalesco de Bajtin o grotesco de Gurevich,[63] sino de un humor nacido a la sombra —antiquísima y espesa— de la institución eclesiástica.

Como extensión de una religión que fundaba la comprensión de sus textos canónicos y de su misma fe en un juego de dobles sentidos contrapunteados —trascendente *vs.* mundano, espiritual *vs.* corpóreo, inmaterial *vs.* material, etc.— las bromas, las risas jocosas solían ser puntuales émulas de tales prácticas; bastaba con invertir el sentido de los textos. Son éstas las mismas conclusiones a las que llega Martha Bayless en un importante estudio sobre varios textos paródicos mediolatinos: la inversión y sustitución de registros, la sustitución de los valores espirituales por los mundanos fueron características del humor eclesiástico (*Parody*, 196-198) y no por accidente: "this is the type of humor that might be most easily countenanced by the church" (208). En efecto; cuando "the religious archetype of inversion was the Bible, which expresses the dissimilarity between the temporal world and the heavenly kingdom by describing each as an inversion of the other" (198), recurrir a la inversión de la inversión como principio de la mofa no podía ser más fácil.

Parodia y mixtura genérica, humor "cristiano", caricaturización crítica de abusos y excesos fueron marcas genéricas que, de manera satisfactoria servirían para explicar la unión de *tradición* menipea e *innovación* en este texto ejemplar de nuestras letras mediolatinas. El género entendido no como etiqueta, sino como el vaso que al llenar supo amoldarse perfectamente a la figura del líquido vertido.

---

[63] Bayless revisa y critica éstos y otros enfoques contemporáneos sobre el humor medieval en *Parody*, 177-196.

BIBLIOGRAFÍA*

1. EDICIONES

Ed. de J. von Pflugh-Harttung, *Iter Italicum*, 45, 1883, 439-452 [no he podido consultar esta edición].

"*Tractatus Tholetani canonici de Albino et Rufino (Garsuinis)*", ed. de Ernst Sackur, *MGH Lib de lit*, II, 423-435.

Tractatus Garsiae or The Translation of the Relics of SS. Gold and Silver, ed. de Rodney M. Thomson, Leiden: E. J. Brill, 1973 (Textus Minores, XLVI).

2. REFERENCIAS BIBLIOGRÁFICAS Y FORMA DE CITA

Actas de los mártires, intr., notas y versión española por Daniel Ruiz Bueno, Madrid: Biblioteca de Autores Cristianos, 1987 [Actas].

AGUSTÍN, SAN, *Select Letters with an English Translation by James Houston Baxter*, London: William Heinemann / Cambridge, Mass.: Harvard University Press, 1980 [Epist.].

——, *Obras completas de san Agustín, X, Sermones (2o.), 51-116, Sobre los Evangelios Sinópticos*, trad. de Lope Cilleruelo, Moisés Ma. Campelo, Carlos Morán y Pío de Luis, Madrid: Biblioteca de Autores Cristianos, 1983 [Serm.].

ANSELMO DE LUCCA, *Anselmi Lucensis episcopi liber contra Wibertum*, ed. de Ernest Berheim, en *MGH lib de lit* I, 517-528 [lo que arbitrariamente he llamado *Contr. Wib. cont[inuatio]*. Está editado en *Contra Guibertum antipapam pro defensione Gregorii VII legitimi pontificis romani libri duo*, *PL* 149, 455-476; sobre los problemas de autoría, véase la introducción de Berheim en *MGH lib de lit* I, 517-519] [Contr. Wib.].

Apocolocyntosis with an English Translation by W. H. D. Rouse, London: William Heinemann / Cambridge, Mass.: Harvard University Press, 1987.

AULO GELLIO, *The Attics Nigths of Aulus Gellius with an English Translation by John C. Rolfe*, London: William Heinemann / Cambridge, Mass.: Harvard University Press, 1960 [Noct. Attic.].

BAJTIN, MIJAIL M., *La cultura popular en la Edad Media y en el Renacimiento*, trad. de Julio Forcat y César Conroy, Madrid: Alianza Universidad, 1987.

——, *L'oeuvre de François Rabelais et la culture populaire au Moyen Âge et sous la Renaissance*, tr. de Andrée Robel, Paris: Gallimard, 1970.

* Los textos clásicos están citados de acuerdo con la notación convencional (libro, capítulo y párrafo o verso); sólo se consignan volumen y número de página o columna en la bibliografía y, en el cuerpo del artículo, cuando la notación convencional por capítulos y párrafos o versos no ha sido establecida por el editor.

BAJTIN, MIJAIL M., *Problemas de la poética de Dostoievski*, trad. de Tatiana Bubnova, México: Fondo de Cultura Económica, 1988.

BAYLESS, MARTHA, *Parody in the Middle Ages. The Latin Tradition*, Michigan: The University of Michigan Press, 1996.

BERNOLDO DE CONTANZA *Opusc.* = *Libelli Bernaldi presbyteri monachi*, ed. de Fridericus Thaner, en *MGH lib de lit* II, 1-168.

BLÄNSDORF, J., "Senecas *Apocolocyntosis* und die Intertextualitätstheorie", *Poetica*, 18, 1986, 1-26.

BURCHARD, *Decretorum libri XX = Burchardi wormaciensis ecclesiae episcopi decretorum libri viginti*, en *PL* 140, 537-1058.

CAIRNS, FRANCIS, *Generic Composition in Greek and Roman Poetry*, Edinburgh: Edinburgh University Press, 1972.

CAMARERO CUÑADO, JESÚS, *La figura del santo en la liturgia hispánica*, Salamanca-Madrid: Instituto Superior de Pastoral, 1982.

Carmina riuipullense, ed. de José-Luis Moralejo, Barcelona: Bosh, 1986.

CASTRO CARIDAD, EVA, *Introducción al teatro latino medieval*, Santiago de Compostela: Universidade, 1996.

CICERÓN, *"De Oratore" in Two Volumes with an English Translation by E. W. Sutton*, London: William Heinemann / Cambridge, Mass.: Harvard University Press, 1959 [De or.].

CIPRIANO, SAN, *Correspondance*, 2 ts., texte établi et traduit par le Chanoine Bayard, Paris: Les Belles Lettres, 1961-62 [Epist.].

CORTÉS TOVAR, ROSARIO, "Varrón, escritor de sátiras: las «saturae menippeae»", en Carmen Codoñer (ed.), *Historia de la literatura latina*, Madrid: Cátedra, 1997, 85-90.

——, *"Apocolocyntosis"*, en Carmen Codoñer (ed.), *Historia de la literatura latina*, Madrid: Cátedra, 1997, 557-565.

COURTNEY, E., "Parody and Literary Allusion in Menippean Satire", *Philologus*, 106, 1962, 86-100.

DELEHAYE, HIPPOLYTE, *Les passions des Martyrs et les genres littéraires*, Bruxelles: Bureaux de la Societé des Bollandistes, 1921.

DROGO BELLOVAQUENSE, *Litaniae veteres ecclesiae bellovaquensis*, en *PL* 143, 865-866 [Litaniae veteres].

EMILIANO, ANTONIO, "Tradicionalidad y exigencias de realismo en la lengua notarial hispánica (hasta el siglo XIII)", en Maurilio Pérez González (ed.), *Actas I Congreso Nacional de Latín Medieval (León, 1-4 diciembre de 1993)*, León: Universidad de León, 1995, 511-518.

FLICHE, AGUSTIN, *La Réforme Grégorienne et la Reconquête chrétienne (1057-1123)*, Saint-Dizier: Bloud & Gay, 1940.

FLORES, RALPH, *A Study of Allegory in its Historical Context and Relationship to Contemporary Theory*, Lewiston-Queenston-Lampeter: The Edwin Mellen Press, 1996.

FOWLER, ALASTAIR, *Kinds or Literature*, Cambridge, Mass.: Harvard University Press, 1982.

GENETTE, GÉRARD, *Palimpsestos*, trad. de Celia Fernández Prieto, Madrid: Taurus, 1989.

GLOWINSKI, MICHAL, "Los géneros literarios", en *Teoría literaria*, bajo la dirección de Mark Angenot, Jean Bessière, Dovwe Fokkema, Eva Kushner, trad. de Isabel Vericat, México: Siglo XXI, 1993, 93-109.

GREGORIO MAGNO, SAN, *Sancti Gregorii Magni XL Homiliarum in Evangelia libri duo*, edidit et commentaris auxit H. Hurter, Oeniponte: Libraria Academica Wagneriana, 1892 [XL hom.].

GREGORIO VII, *Sancti Gregorii VII pontificis romani operum pars tertia, Concilia romana*, en *PL* 148, 749-824 [Conc. rom.].

HUMBERTO DE SILVA CANDIDA, *Humberti Cardinalis libri III aduersus simoniacos*, ed. de Fridericus Thaner, en *MGH lib de lit* I, 95-253 [Adu. sim.].

IRVINE, MARTIN, "Interpretation and the Semiotics of Allegory in Clement of Alexandria, Origen, and Augustine", *Semiotica*, 63, 1987, 33-71.

ISIDORO DE SEVILLA, SAN, San Isidoro de Sevilla, *Etimologías*, 2 ts., ed. bilingüe preparada por José Oroz Reta y Manuel-A. Marcos Casquero, intr. general por Manuel C. Díaz y Díaz, Madrid: Biblioteca de Autores Cristianos, 1993 [Etym.].

KINDERMANN, UDO, *Satyra, die Theorie der Satire im Mittellateinischen*, Nürnberg: Verlag Hans Carl, 1978.

———, "Gattungensysteme im Mittelalter", en *Kontinuität und Transformation der Antike im Mittelalter*, ed. de Willi Erzgräber, Sigmaringen: Jan Thorbecke Verlag, 1989, 303-313.

KIRK, EUGENE P., *Menippean Satire, An Annotated Catalogue of Texts and Criticism*, New York-London: Garland, 1980.

LECLERCQ, DOM JEAN, *L'amour des lettres et le désir de Dieu*, Paris: Les Éditions du Cerf, 1957.

LEHMANN, PAUL, *Die Parodie im Mittelalter*, 2ª ed., Sttutgart: Anton Hiersemann, 1963.

LIDA DE MALKIEL, MARÍA ROSA, "La *Garcineida* de García de Toledo", *Nueva Revista de Filología Hispánica*, 7, 1953, 246-58 (reimpr. en *Estudios de literatura española y comparada*, Buenos Aires: EUDEBA, 1969, 1-13).

MADSEN, DEBORAH L., *Rereading Allegory. A Narrative Approach to Genre*, New York: St. Martin's Press, 1994.

MANEGOLDO, *Manegoldi ad Gebehardum liber*, ed. de Kuno Francke, en *MGH lib de lit* I, 300-430 [Manegoldi ad Geb.].

MANITIUS, MAX, *Geschichte der lateinischen Literatur des Mittelalters*, 3 ts., München: C. H. Beck'sche, 1931.

MARCIAL, *Martial. Epigrams with an English Translation by Walter C. A. Ker*, 2 ts., London: William Heinemann / New York: G. P. Putnam, 1925-1927 [*Ep.*].

Monumenta Germaniae Historica, Libelli de lite imperatorum et pontificum saeculis XI et XII conscripti, 3 ts., Hannover: Societas Aperiendis Fontibus Rerum Germanicarum Medii Aevi, 1891-1897 [MGH lib de lit.].

MOLINO, JEAN, "Les genres littéraires", *Poétique*, 93, 1993, 3-28.

MORALEJO, JOSÉ-LUIS, "Literatura Hispano-Latina (siglos V-XVI)", en J. M. Díez Borque (ed.), *Historia de las literaturas hispánicas no castellanas*, Madrid: Taurus, 1980, 13-137.

MURPHY, JAMES J., *La retórica en la Edad Media*, trad. de Guillermo Hirata Vaquera, México: Fondo de Cultura Económica, 1986.

NELSON, ARDIS L., *Cabrera Infante in the Menippean Tradition*, Newark: Juan de la Cuesta, 1983.

Novum Testamentum Latine secundum editionem Sancti Hieronymi, recensuerunt Iohannes Wordsworth et Henricus I. White, London: The Bristish and Foreign Bible Society, 1982.

PEDRO DAMIÁN, *S. Petri Damiani S. R. E. cardinalis epistolarum libri octo*, en *PL* 144, 205-502 [Epist. libr. VIII].

——, *Petri Damiani liber gratissimus*, ed. de L. de Heinemann, en *MGH lib de lit* I, 15-75 [Liber grat.].

——, *B. Petri Damiani sanctae romanae ecclesiae cardinalis [...] sermones, ordine mensium servato*, en *PL* 144, 505-924 [Serm.].

——, *Incipiunt testimonia de Canticis canticorum*, en *PL* 145, 1143-1154 [Test. Cant. cant.].

PETRONIO, *Le Satiricon*, texte établi et traduit par Alfred Ernout, Paris: Les Belles Lettres, 1974 [Sat.].

PERSIO, *Juvenal and Persius with an English Translation by G. G. Ramsay*, London: William Heinemann / Cambridge, Mass.: Harvard University Press, 1940 [Sat.].

MIGNE, J.P. (ed.), *Patrologiae cursus completus sive bibliotheca universalis [...] omnium ss. patrum, Series latina*, 222 vol., Paris: J.-P. Migne, 1841-1864 [PL.].

PLINIO, Pliny, *Natural History with an English Translation in Ten Volumes by H. Rackmann*, London: William Heinemann / Cambridge, Mass.: Harvard University Press, 1961 [Nat. hist.].

PRUDENCIO, Prudence, *Le livre des couronnes*, ed. de M. Lavarenne, Paris: Les Belles Lettres, 1951 [Perist.].

QUINTILIANO, *The "Institutio Oratoria" of Quintilian with an English Translation by H. E. Butler*, London: William Heinemann / Cambridge, Mass.: Harvard University Press, 1961 [Quint.].

RICO, FRANCISCO, "Las letras latinas del siglo XII en Galicia, León y Castilla", *Ábaco*, 2, 1969, 9-91.

SCHOLBERG, KENNETH, *Sátira e invectiva en la España medieval*, Madrid: Gredos, 1971.

SUETONIO, *Suetonius with an English Translation by J. C. Rolfe*, 2 ts., London: William Heinemann / Cambridge, Mass.: Harvard University Press, 1935 [Suetonio].

TOMÁS, SANTO, *Suma teológica de santo Tomás de Aquino, texto latino de la edición crítica leonina*, trad. y anotaciones por una comisión de PP. dominicos presidida por fr. Francisco Barbado Viejo, Madrid: Biblioteca de Autores Cristianos, 1964 [Sum. theo.].

URBANO, *Beati Urbani II pontificis romani epistolae et privilegia*, en *PL* 151, 283-558 [Epist.].

WEBBER, E. J., "Comedy as Satire in Hispano-Arabic Spain", *Hispanic Review*, 26, 1958, 1-11.

WRIGHT, R., *Latín tardío y romance temprano*, trad. de Rosa Lalor, Madrid: Gredos, 1989.

ZINK, MICHEL, *La prédication en langue romane*, Paris: Honoré Champion, 1982.

ZIOLKOWSKI, JAN M., "Towards a History of Medieval Latin Literature", en F. A. C. Mantello y A. G. Rigg (eds.), *Medieval Latin. An Introduction and Bibliographical Guide*, Washington, D. C.: The Catholic University of America Press, 1996, 505-536.

——, "Epic", en F. A. C. Mantello y A. G. Rigg (eds.), *Medieval Latin. An Introduction and Bibliographical Guide*, Washington, D.C.: The Catholic University of America Press, 1996, 547-555.

PALIMPSESTOS DE DON ÍÑIGO: LOS "SONETOS AL ITÁLICO MODO" DESDE SUS SUBTEXTOS

ALICIA COLOMBÍ DE MONGUIÓ
State University of New York

Se suele definir como petrarquista todo texto, por lo general poético, que de alguna manera muestra la influencia directa o indirecta de Petrarca y en particular la de su *Canzoniere*. Sin que tal enunciado contenga una sola palabra errada ha llevado con frecuencia a sobrado error. En materia dada tan por sentado parecerá temerario intentar restringir el significado y alcance de la imitación petrarquista, pero creo que urge hacerlo, tanto por la importancia de la cuestión cuanto por la reincidencia en el malentendido. Dada la naturaleza de un fenómeno tan difuso y omnicomprensivo como lo fue el petrarquismo, se pensaría prudente caracterizarlo del modo más amplio posible, pero tal ventaja resulta engañosa cuando se trata de una definición tan elástica que abarca más de lo que aprieta. Más que restringir los términos, me parece necesario precisar qué es lo que se entiende por imitación de Petrarca. Su poesía ofrece los más variados materiales, y nada tan fácil como entrar a saco de sus vistosas metáforas, imágenes, símbolos y alegorías, y sobre todo esos 'opósitos', cuyos oxímoros sedujeron las plumas de medio mundo y por cierto de toda España, desde Jordi de Sant Jordi a Santillana, desde Lope hasta Quevedo. Sin embargo, no toda apropiación implica necesariamente petrarquismo. De ahí que la definición al uso, justamente por lo amplia y por lo elástica, ha llevado inconscientemente a un generalizar sin discriminar, cuando de discriminación se trata, porque sin ella, se atiende heterogéneamente a partes del texto sin percibirse el todo de una realidad supremamente homogénea, y así la crítica se desperdiga superficialmente en lo superficial. Pero baste ya de apriorismos para ir al meollo.

Si por petrarquismo ha de entenderse cualquier influencia del Petrarca vernáculo, las literaturas hispánicas lo conocieron particularmente en Cataluña —que en esto tiene prioridad temporal—, casi sin retraso respecto a la italiana, la cual, aparte del caso único de Boccaccio, también hubo de esperar hasta casi mediados del xv para que floreciera en plumas tan varias como las de Aquilano y Lorenzo de Medicis, Poliziano y Cariteo, el ítalo-catalán. La figura preeminente de lo que se ha llamado nuestro "primer petrarquismo" es sin duda la del Marqués de Santillana, quien envió a Doña Violante de Prades "algunos Sonetos que agora nuevamente he començado de façer al itálico modo" (Lapesa, *La obra literaria*, 179), de los cuales el más antiguo que puede fecharse, como lo ha hecho don Rafael Lapesa, data de 1438. No había mediado el siglo, y ya el *Canzoniere* incide en nuestra poesía, como aun antes lo hicieron los *Trionfi*. No andaríamos muy a la zaga de Italia si en verdad se tratase de petrarquismo, pero ¿cómo y hasta qué punto éste lo es auténticamente?

Para aquilatar la calidad de la mencionada definición de petrarquismo, veamos qué ocurre con el soneto de Santillana que, a juzgar por las *Anotaciones a Garcilaso* de Herrera, debía ser el que mejor se conocía en el Siglo de Oro. Me refiero a "Lexos de vos y cerca de cuidado", cuyo tema es esencialmente el de los opósitos del amor. Más que nada y desde muy temprano —recuérdese el "Cantus Troili" de Chaucer— las antítesis del *Canzoniere* habían admirado a innúmeros ingenios con lo más vistoso y fácil de una poesía percibida apenas en su relumbre superficial. Tal vez nadie se hubiese asombrado más de tanto entusiasmo como el mismísimo Petrarca, quien —siendo tan egocéntrico como era— acaso se hubiese picado bastante, pues al fin de cuentas él no había inventado los tan meneados opósitos. Ya mucho antes habían cundido por la lírica provenzal, para de ahí pasar a la italiana y a la francesa —nada menos que a libro tan leído como el *Roman de la Rose*— hasta llegar a los versos de los *Trionfi* y del *Canzoniere* donde hallaron paradigma final en dos de sus sonetos más prolíficos, "Pace non trovo e non ho da far guerra" (CXXXIV) y "S'amor non è, che dunque è quel qu'io sento?" (CXXXII), por siglos modélicos del oxímoron erótico.

Las antítesis del soneto de Santillana, sin embargo, no provienen de ningún texto de Petrarca, sino —como demostró Joseph Seronde ("A Study", 76-77)— de una balada de Guillaume de Machaut, mientras que su primer terceto depende del *Lay Mortel* del mismo. En los dos casos se trata de derivación directa, como se comprueba sin más que una simple confrontación textual:

Santillana

Lexos de vos é çerca de cuydado,
pobre de *goço* é rico de tristeza,
fallido de reposo e *abastado*
de *mortal pena*, congoxa é graveza;

desnudo d'esperança e abrigado
d'inmensa cuyta, e visto de aspereza,
la mi vida me fuye, mal mi grado,
e muerte me persigue sin pereza.

Nin son bastantes a *satisfazer*
la *sed ardiente de mi grand desseo*
Tajo al pressente, nin me socorrer

la enferma Guadiana, nin lo creo;
sólo Guadalquivir tiene poder
de me guarir é sólo aquél desseo.
                                   (Kerkhof y Tuin, *Los sonetos*, soneto XIX, 81).[1]

Guillaume de Machaut

loing de mercy...
Riches d'amour et mendians d'amie,
povres d'espoir
[v. 5: *de esperança*] *pleins de doleur* et diseteus d'aÿe.
nus de tout ce que me peut *resjoir* [v.2: *gozo*]
sui per amer [...]

C'est la fontaine douce et clere
qui peut du tout *assassier*
l'ardente soif de mon desirier.

Siendo la fuente directa Machaut, e indirecta la literatura francoprovenzal, las antítesis del Marqués no derivan de Petrarca directa ni indi-

---

[1] Todos los sonetos se citan por esta edición.

rectamente, por lo cual, de juzgarse por la definición que estamos examinando, no serían petrarquistas. Falaz conclusión.

Habían admirado a don Íñigo las recurrentes antítesis de "Pace non trovo" que su amigo Jordi de Sant Jordi parafraseara por primera vez en la Península en un poema que, no por casualidad, Santillana eligió para elogiarlo en su "Proemio e carta": "una canción de opósitos que comienza: "Tos jons aprench e desaprench ensems" (Durán, *Marqués de Santillana*, 213). Naturalmente el Marqués conocía los oxímoros de esos *Trionfi* que había imitado, y los de las *Rime*, a cuyos "muchos sonetos" hace alusión. De modo que no sería difícil que, al componer los cuartetos del suyo desde el subtexto de Machaut, Santillana tuviera en mientes a Petrarca; y, de hecho, lo tuvo. Quien lea su poema con cuidado ha de entender que mi certidumbre no se arriesga en conjeturas. De seguro puede decirse que al usar el texto francés don Íñigo estaba pensando en el *Canzoniere* porque cuando, en la mitad el segundo cuarteto, pone fin a la serie antitética, hace que toda ella desemboque en dos versos, no por azar en privilegiada posición de cierre: "la mi vida me fuye, mal mi grado,/ e muerte me persigue sin pereza". Versos definitorios. No gracias a lo más vistoso, sino a lo más genuino del *Canzoniere*: "La vita fugge e non s'arresta un'ora/e la morte vien dietro a gran giornate" (CCLXXII). Aquí el Marqués no ha trastabillado ni siquiera en el ritmo de sus endecasílabos, que en tantas otras ocasiones le fue tan difícil de domesticar. En el primer terceto parece abandonar a Petrarca para regresar a Machaut, pero habiendo suscitado ya la clara presencia del vate de Valclusa, ¿cómo no oír corrèr al Sorga por este Guadalquivir? Santillana no ha compuesto meras variantes de una balada francesa: la ha petrarquizado. Por todo lo cual resulta que a pesar de que la inmensa mayoría de sus versos derivan de un texto y de una tradición independiente del *Canzoniere*, este poema es quizá lo más genuinamente petrarquista de toda nuestra lírica hasta llegar a Boscán y Garcilaso después de 1526. Teniendo esto en cuenta, podemos concluir que en lo que atañe a este soneto, la definición de petrarquismo no reconocería como petrarquista un poema por su mayor parte derivado directamente de textos no petrarquistas. El peligro de todo esto puede calibrarse cuando vemos que un crítico tan fino como Lapesa (*La obra literaria*) no supo escuchar esos versos definitorios que, a mi juicio, rigen el soneto, encauzan los opósitos y determinan la naturaleza del poe-

ma todo. [2] Siguiendo la pista de las consabidas antítesis, consideremos
otro soneto del Marqués, no menos oximorónico, al cual, para facilitar
el cotejo, transcribo aquí junto a su conocida fuente:

> *Eneida* XI, 476-80: "Dirígese la reina
> llevando ofrendas, a lo alto del templo
> de Palas, a su lado va la virgen Lavinia
> clavados en tierra los bellos ojos [...]

***

> Qual se mostrava la gentil Lavina
> en los honrados templos de Laurençia,
> quando solempnizavan á Heritina[3]
> las gentes della, con toda femençia;
>
> e qual paresçe flor de clavellina
> en los frescos jardines de Florençia,
> vieron mis ojos en forma divina
> la vuestra imájen e /diva:deal/ presençia;
>
> quando la llaga o mortal ferida
> llagó mi pecho con dardo amoroso:
> la qual me mata en prompto e da vida
>
> me faze ledo, contento e quexoso,
> alegre passo la pena indevida;
> ardiendo en fuego, me fallo en reposo.
>
> (*Los Sonetos*, III, 63).

Evidentemente con estos tercetos hemos entrado en tierras del *Canzoniere* a través de una serie de clisés, que van de la mortal llaga y la
infalible flecha amorosa, hasta una rápida sucesión de los consabidos
opósitos. Justamente por ser clisés me es imposible precisar un subtexto
determinado de Petrarca; incluso los arquetípicos sonetos oximorónicos

---

[2] Lapesa, en su análisis de este soneto, no menciona más fuente directa que Machaut.

[3] La identificación que hacen estos críticos de Heritina = Ericina = Venus me parece
del todo convincente; además, poéticamente es la más acertada, pues en el soneto se
alaba la belleza de la amada.

(CXXXII y CXXXIV) no contienen un solo verso que pueda reconocerse como fuente directa de los del Marqués, si bien la influencia de las
Rime es, por lo obvia, indiscutible. De acudirse a la definición a prueba,
no podría menos que afirmar el petrarquismo del poema; y sin embargo, nada tan ajeno al verdadero petrarquismo como este soneto de
Santillana.

Es fácil entender que para un petrarquista una fuente de Virgilio es
cosa muy distinta y de muy otro alcance que una de Machaut, simplemente porque el mantuano fue, y muy a las claras, el poeta que más
imitó Petrarca tanto en sus versos latinos como en los vernáculos. De
modo tal que el virgilianismo en la poesía humanista puede muy bien
ser pauta del más auténtico petrarquismo, como lo es en la "Égloga Primera" de Garcilaso. A pesar del repetido intento crítico de ver en ella
un recién nacido clasicismo con implicada mengua del influjo
petrarquista, es el más auténtico Petrarca quien, desde su propio clasicismo, está determinando profundamente el poema del toledano al infor-
marlo desde el meollo de su poética. Si Virgilio funcionase en el soneto
de Santillana como lo hace en la obra de Boscán y de Garcilaso, tendríamos en su primer cuarteto una notable muestra de petrarquismo, la cual
se podría hacer caber en la definición, sea como imitación indirecta de
Petrarca a través de un subtexto de su modelo favorito, sea como imitación directa del procedimiento imitativo del mismo Petrarca.

Atendamos, por tanto, al alcance de la fuente virgiliana en el soneto
del Marqués. Sus cuatro versos tan sólo transmiten abreviadamente la
acción que narran los de la *Eneida*, nada más que su argumento, y así no
son prosificación, paráfrasis, ni imitación de Virgilio en modo, estilo o
en simple traslado de frase o palabra. Para escribir este cuarteto no se
necesitaba ningún conocimiento directo de la épica virgiliana, que como
es sabido le estaba vedado a nuestro poeta sin latines. De ahí que ningún
verso de este soneto transparente en lo más mínimo uno solo de Virgilio.
No se trata pues de imitación: la *Eneida* no funciona aquí de verdadero
subtexto literario, se queda en mera fuente informativa; por eso esta
alusión clásica no indica ningún petrarquismo, por no ser imitación de
un subtexto virgiliano ni virgiliano-petrarquista, ni mucho menos del
procedimiento imitativo de Petrarca.

En el segundo cuarteto, ya abandonado el templo pagano de la gentil
Lavinia, sin transición alguna nos vemos en jardines florentinos en la

presencia de una *donna angelicata*, allegada a estos versos, mucho más que por auras petrarquianas, por muy claro soplo stilnovista. Santillana ha yuxtapuesto al escenario del Lacio clásico el de la *Vita Nuova*, y al desdibujado perfil de la doncella romana la opaca sombra de Beatriz. El segundo cuarteto del Marqués no requiere ningún petrarquismo, ni aun de segunda mano; nuestra poesía había sabido de tales stilnovismos desde Imperial. En suma, excepto en la forma soneto, este poema está impregnado por entero de ese medievalismo que homogeneizando las realidades más heterogéneas las situaba en siempre anacrónica simultaneidad. Ni Virgilio, ni Dante, ni Petrarca son aquí presencias vivas, tan sólo *auctores* en muy medieval amalgama, si bien dentro de un canon actualizado para incluir los toscanos a la última moda.

Caso semejante, aunque más sencillo, se da en otro soneto cuya fuente ha apuntado Lapesa (*La obra literaria*, 190) en el *Canzoniere*:

> Venció Anibal el conflicto de Canas
> e non dubdava Livio, si quisiera
> qu'en pocos días o pocas semanas
> a Rroma con Ytalia posseyera.
>
> (XXX, 93).

> Vinse Anibàl, e non seppe usar poi
> ben la vittoriosa sua ventura.
> Però, signor mio caro, aggiate cura
> Che similmente non avegna a voi.
>
> (CIII).

Tanto el poema de Santillana como su modelo tienen el mismo tema, aconsejar al noble destinatario de sus versos —victorioso en el campo de batalla— que persevere en la guerra. Aun más, don Íñigo en el mismísimo arranque del primer verso repite literalmente el de Petrarca: *Venció Anibál-Vinse Anibàl*.[4] ¿Prueba fehaciente de petrarquismo? Así parece pensarlo Lapesa, puesto que da el poema como ejemplo de que "petrarquismo hay también en sus sonetos políticos". Una vez más está en funciones la definición al uso. Engañosamente, porque pasadas las primeras dos palabras, las cosas cobran color muy diferente. Ya la se-

---

[4] Acertada acentuación aguda por razones rítmicas: *Anibál*. Véase Manuel Durán, *Marqués de Santillana*, 326; y Solá Solé, *Los Sonetos "Al Itálico Modo"*, 65.

gunda parte del verso se extiende en un dato erudito —"el conflicto de
Canas"— que viene a amplificarse aun más en el segundo con la alusión
libresca al historiador romano, continuada en el tercero y el cuarto con
mayor abundancia de información histórica. Curiosamente ni en este
cuarteto, ni en el siguiente —dedicado por entero al elogio del rey— ni
en los tercetos exhortativos de perseverar en la guerra, Santillana completa el pensamiento básico para el cual Petrarca había traído a cuentas
la suerte del cartaginés, 'Señor, no te ocurra a ti lo que le pasó a Aníbal,
que no supo usar de su victoria'. Don Íñigo, en pleno despliegue de
erudición en ningún momento ata el caso a las circunstancias de Juan II,
sin prestar atención a que su modelo lo hace de inmediato en el tercer
verso. Posiblemente llevado de fervor exhibicionista, se olvidó que
Aníbal sólo cabe en función ejemplar. En efecto, "Petrarca, valiéndose
del ejemplo de Aníbal, que por inconstante dejó malograr sus victorias
sobre los romanos, incita a Stéfano Colonna para que continúe la lucha
contra los Orsini", pero no es cierto que "el Marqués utiliza la misma
lección de la historia para espolear a Juan II contra el condestable" (Lapesa,
La obra literaria, 190). Justamente lo más notable de este soneto es que
habiendo comenzado espejando exactamente el modelo ilustre se aparte
tanto del mismo que ni siquiera utiliza la figura de Aníbal como *exemplum
ex contrario*, dejando el primer cuarteto sin ninguna atadura con el resto
del poema. De ser petrarquista cualquier texto que derive del *Canzoniere*,
este soneto lo sería... por dos palabras. Dos palabras que en realidad no
hacen más que subrayar lo lejos que está el poema de Santillana del de
Petrarca.

   Algo muy parecido pasa con un soneto moral del Marqués:

> Non es a nos de limitar *el año*,
> el mes, nin la semana, nin el día,
> *la hora, el punto*; sea tal engaño
> lexos de nos e fugya toda vía.
>
> Quando menos dubdamos nuestro daño,
> la grand baylessa de nuestra baylía
> corta la tela del humanal paño;
> non suenan trompas nin nos desafía.
>
>   (XXII, 85).

Basta la más somera familiaridad con las *Rime* para reconocer que desde el final del primer verso hasta la mitad del tercero, Santillana está recordando el comienzo de un poema famoso "Benedetto sia 'l giorno e l' mese e l' anno/ e la stagione e 'l tempo e l'ora e 'l punto," en que Petrarca celebra haber visto a su amada por primera vez (LXI), de modo semejante a como lo hizo en el XIII. Ya en dos sonetos amorosos (el I y el IX) don Íñigo había poetizado la cronometría del *Canzoniere*:

> Quando *veo* la gentil criatura
> qu'l çielo acorde con naturaleza
> formaron, *loo mi buena ventura,*
>
> *el punto e hora que tanta belleza*
> *me demostraron* e su fermosura [...]
>
> (Son. I, 60).

> *I' bendico* il loco e *'l tempo e l' ora*
> *che si alto miraron* gli occhi mei.
>
> (XIII).

> v.9 *Loo* mi lengua maguer sea indigna
> *aquel buen punto que primero vi*
> la vuestra ymagen e forma divina.
>
> (Son. IX, 71).

Como puede verse, en ambos poemas Santillana ha seguido bastante de cerca el modelo de las *Rime*, y —salvo por el primer terceto del I— estos sonetos junto con "Lexos de vos é çerca de cuydado" son de lo más genuinamente petrarquista de su poesía. Muy otro es el caso con el soneto moral. La cronometría que Petrarca usó sola y exclusivamente en sentido amoroso aquí no es más que bella cobertura en un poema derivado esencialmente de los Evangelios.

No es dado al hombre decidir cuánto tiempo ha de vivir, "quién de vosotros puede, por más que se preocupe, añadir un solo codo a la medida de su vida?" (*Mt.* 6: 27). Tampoco es posible saber en qué momento llegará nuestro fin: "Velad, pues, porque no sabéis *el día ni la hora*" (*Mt.* 25:13); "Mas de *aquel día y hora*, nadie sabe nada"(*Mt.* 24: 36; *Mc.* 13: 32). La muerte llega cuando menos se piensa, como en la parábola del rico que ante la muy abundante cosecha se preparaba a construir nuevos

graneros, descansar, comer, beber y banquetear, cuando "Dios le dijo:
Necio, esta misma noche te reclamarán el alma" (*Lc.* 12:16-20). En efecto, "la muerte individual, a diferencia de lo que ocurrirá en el Juicio
Final, no llega acompañada de avisos sobrenaturales ni son de trompetas" (Durán, *Poesías completas* I, n. al v. 4, 325). Acertadísima nota de
Manuel Durán, quien —aunque tácitamente— ha debido vislumbrar tras
el verso de Santillana el escenario apocalíptico. Se trata a no dudar del siguiente intertexto escatológico: "el sol se oscurecerá, la luna no dará su
resplandor [...]. Él enviará a sus ángeles con sonora trompeta" (*Mt.* 24
29-31). La escatología novotestamentaria yace, escondida tras la cobertura petrarquiana, desde los primeros versos hasta el cierre de los cuartetos. La secuencia cronométrica del *Canzoniere* disfraza ese repetido 'día
y hora' que desde los Sinópticos informa el poema.

Santillana gustaba de amplificaciones como la que prosaicamente destruye la promesa de verdadero petrarquismo en el soneto XXV:

> Alégrome de ver aquella tierra,
> *non menos la çibdad e la morada,*
> *sean planiçies o campos o sierra,*
> donde vos vi yo la primer jornada.

(88).

Algo parecido, aunque poéticamente mucho más afortunado, pasó con
"Non es a nos de limitar el año". A diferencia de los sonetos I y IX, el
tema no pudo llevarlo directamente‑hacia la cronometría erótica de las
Rime. Pero hasta allí llegó; a mi juicio, indirectamente desde 'el día y la
hora' de los evangelistas. Es decir Santillana, partiendo probablemente
de la parábola del rico no prevenido para la muerte en el Evangelio según
san Lucas se encuentra casi de inmediato con el consejo: "También vosotros estad preparados, porque en el momento que no penséis, vendrá el
Hijo del Hombre" (*Lc.* 12:40). Ya en tal contexto debieron acumulársele
en la memoria los versículos más conocidos sobre el ignorado momento
escatológico y los aplica, muy naturalmente, al de la muerte individual.
Fueron los tales versículos con su fórmula del impenetrable 'día y hora'
que, gracias al entusiasmo amplificatorio de nuestro poeta, lo llevaron a
la secuencia del *Canzoniere*, "l giorno e l' mese e l' anno/ e la stagione e 'l
tempo e l'ora e 'l punto," en su "el año, el mes, *nin* la semana, *nin* el día, la
hora, el punto". Los versos del Marqués siguen fielmente los del soneto LXI

de las *Rime*, con una sola variante de importancia, esos *nin* que delatan el texto de san Mateo ("el día *ni* la hora", 25:13). En una palabra, aquí su tan obvio petrarquismo apenas si es adorno retórico al servicio de muy otro y primordial subtexto. Los tercetos del poema continúan la prédica evangélica:

> Pues non sirvamos a quien non devemos,
> nin es servida con mil servidores
> naturaleza, si bien lo entendemos;
>
> de poco es farta, nin procura honores.
> Iove se sirva e a Çeres dexemos,
> nin piense alguno servir dos señores.

El verso final declara abiertamente la clave de todo el soneto: "Nadie puede servir a dos señores, porque aborrecerá a uno y amará al otro, o bien se entregará a uno y despreciará al otro" (*Mt.* 6:24; *Lc.* 16:13.). Sirvamos a Dios sobrenatural, y no a la Naturaleza, a Jove y no a Ceres. Podría resultar peregrina la alusión a una deidad por lo general considerada virtuosa y benigna en vez, por ejemplo, de Venus, la lúbrica. En este caso, sin embargo, la erudición de Santillana no desborda su debido cauce. Esta maternal diosa de la tierra en plenitud cereal es adecuadísima figura de la Madre Naturaleza. Además me parece probable que la mencionada parábola en el Evangelio según san Lucas suscitase la imagen de Ceres: "Los campos de cierto hombre rico dieron mucho fruto". Campos en espiga: "edificaré otros [graneros] más grandes, y reuniré allí todo mi trigo". El hombre desprevenido de la parábola ha elegido a Ceres, y olvidado al Dios supremo, único señor del futuro —Jove de las alturas— que le reclamará de súbito su alma (*Lc.* 12: 16-20). De ahí la disyuntiva entre Júpiter, el Señor de quien debemos ser servidores, y Ceres, la Señora de la tierra fecunda, Madre del trigo, Madre Naturaleza, de quien no hemos de serlo porque, en palabra evangélica "nadie puede servir a dos señores," y en palabras del poeta "nin piense alguno servir dos señores". En lo que a su soneto respecta Santillana, habiendo abandonado muy presto el de Petrarca, sigue tan sólo el señorío escriturario.

Por todo lo cual concluyo que el alcance discriminatorio de la definición al uso de petrarquismo es de sobra insuficiente, porque si en el primer caso ("Qual se mostrava la gentil Lavina") ha resultado en exceso

restrictiva para definir el, aunque inmaduro, cierto petrarquismo del
poema, en los casos subsiguientes resulta tan amplia que categorizaría
como petrarquistas composiciones que en realidad no lo son.

Como es sabido la poesía de Santillana perdura por mucho tiempo en
los cancioneros castellanos; y así el fantasma de Petrarca comienza a
frecuentar sus páginas desde los poemas del Marqués; se lo presiente en
el *De Estúñiga* —en la "Nao de Amor" de Juan de Dueñas— hasta que en el
Cancionero general de 1511 se lo vislumbra en algunos versos sueltos, y
en el de 1514 en mención explícita, traducción directa y hasta en la
estructura entera de una canción. Así y todo no es más que un fantasma.
La sombra y no la presencia de Petrarca.

El petrarquismo no es sólo cuestión de fuentes. Implica y exige una
poética. La poesía petrarquista implica mucho más que una temática
erótica, mucho más que la incorporación de imágenes visuales, mucho
más que símiles, metáforas, oxímoros y clisés en abundancia. Petrarca
había introducido la poética de la sabia *imitatio* humanista, y fue esta
poética en *imitatio Petrarcae* la que el Cardenal Bembo haría triunfar
orbi et urbe en 1525 desde sus *Prose della volgar lingua*, muy poco tiempo
antes de aquellos consejos seminales del gran humanista veneciano a
Boscán. Petrarquista es quien ha asimilado la poética de Petrarca, la de
la *imitatio* humanista (Colombí Monguió, "Boscán y Garcilaso", 143-
168). Ésta, y no otra, es la definición que propongo. No conozco ninguna más sencilla ni de mayor capacidad discriminatoria: petrarquismo es
la poesía y la poética del humanismo (especial, pero no exclusivamente,
en lenguas vernáculas).

Después de aquella conversación auroral de Navagero con Boscán en los
jardines del Generalife las cosas cambiaron radicalmente. Lo que desde entonces habría de intentarse sería nada menos que dar a luz una literatura
fecundada en el despertar a una concepción del quehacer del poeta dentro
de una poética que exigía una visión hasta ese momento inédita en España.
Desde mediado el siglo Petrarca transcurre por nuestros cancioneros, no ya
sombra descarnada, sino íntima y familiar presencia. Para entonces se había
aprendido, laboriosamente, que no porque se leyera el *Canzoniere*, se citara
el nombre de su autor o se glosasen sus versos, era posible aproximarse a
algo más concreto que a un fantasma. En verdad sólo el poeta humanista
hubo de resucitar la viva voz antigua para así, taumaturgo y necromántico,
levantar la propia voz a ella debida.

BIBLIOGRAFÍA

COLOMBÍ MONGUIÓ, ALICIA DE,"Boscán y Garcilaso frente a Navagero: el naci-
miento de la conciencia humanista en la poesía española", *Nueva Revista de
Filología Hispánica* (Homenaje a Antonio Alatorre), 40-41, 1992, 143-168.
DURÁN, MANUEL, *Marqués de Santillana. Poesías Completas,* ts. 1 y 2, Madrid:
Castalia, 1975 y1986.
KERKHOF , MAXIM P. A. M. y DIRK TUIN, *Los Sonetos "Al Itálico Modo" de Íñigo
López de Mendoza, Marqués de Santillana,* Madison: The Hispanic Seminary
of Medieval Studies, 1985.
LAPESA, RAFAEL, *La obra literaria del Marqués de Santillana,* Madrid: Ínsula, 1957.
SERONDE, JOSEPH, "A Study of the Relations of Some Leading French Poets of
the XIVth and XVth Centuries to the Marqués de Santillana", *Romanic Review,*
6, 1915, 76-77.
SOLÁ SOLÉ, JOSEP, *Los Sonetos "Al Itálico Modo" del Marqués de Santillana,* Barcelona: Puvill, 1980.

LA ESTRUCTURA RETÓRICA DE
LA FICCIÓN SENTIMENTAL

LILLIAN VON DER WALDE MOHENO
Universidad Autónoma Metropolitana-Iztapalapa

La estructura de buen número de ficciones sentimentales está constituida por una secuencia de "segmentos retóricos" —según los denomino—, los cuales son fácilmente identificables puesto que cada uno va precedido por una cabeza que indica la voz que se habrá de leer o escuchar. Los segmentos (uno, por lo menos) mediante los que se desarrolla un pequeño tema o punto argumental conforman lo que llamo "unidad temática", y es frecuente que ésta se halle construida dialógicamente, esto es, con segmentos que pertenecen a dos voces diferentes con ocasionales engarces narrativos —que son un tipo específico de segmentos.

En lo que respecta a las formas que adoptan los segmentos retóricos, éstas tienen su origen tanto en la *inventio* como en diversas "artes" discursivas de la Edad Media. Para dar cuenta de estas pequeñas estructuras, ordeno mi exposición en cinco apartados.

I. SEGMENTOS NARRATIVOS

Los segmentos narrativos en el género sentimental cumplen, entre otras, la función de engarce interunidades. En éstos, por un lado se hace referencia a la unidad precedente y se la completa; por el otro, se explica lo que sucede después en la historia, con lo que se da pie a la siguiente unidad. Son pocos los segmentos narrativos dentro de las unidades; la función, sin embargo, no varía: se encadenan dos discursos. En pocas palabras, uno de los cometidos de los segmentos narrativos —a excepción, obviamente, de los que cierran las obras— es el de ser *transitus*.

Hay narraciones con una extensión sumamente pequeña, aunque son infrecuentes, de ahí que quizá convenga llamarlos simplemente *transitus*. Lo que efectivamente predomina es una *narratio* con una longitud semejante a la de los otros segmentos retóricos. Cabe señalar que una narración muy extensa, cuando la hay, no se presenta de corrido, sino que se corta en trozos que no exceden el tamaño usual de los segmentos. Este hecho demuestra la pretensión de no alterar del todo la preceptiva retórica, pues en ésta se recomienda que sea breve la exposición narrativa.

Los segmentos narrativos están construidos con base, exclusivamente, en la segunda parte de la *inventio*: la *narratio*, que es "una exposición de sucesos ocurridos o que se suponen ocurridos" (Murphy, *La retórica*, 26).[1]

En las narraciones recae generalmente el avance de las ficciones. Por lo común, en lo que concierne al desarrollo de la historia, las unidades son bastante estáticas; en éstas, como lo he indicado, es frecuente la contraposición de dos puntos de vista. En conclusión, usualmente la resolución de cada unidad la da la voz narrativa, que también señala otras circunstancias sucedidas y ofrece nuevas perspectivas de acción. El narrador, igualmente, es quien presenta el ambiente y los personajes, lo que cumple con la normatividad retórica.[2]

II. Segmentos exordiales

Las ficciones sentimentales presentan diversidad de segmentos exordiales, que denomino así precisamente porque en éstos se destaca la reglamentación sugerida para la primera de las *partes orationis*. No es raro que dichos segmentos adquieran la forma de dedicatoria, incluso la de carta-dedicatoria. Además, todos cumplen con los cometidos retóricos: *docere*, *delectare* y *movere*. Desde luego, fundamentalmente se busca ganar la docilidad, la benevolencia y la simpatía de los posibles receptores, según recomendaba la preceptiva. La afinidad del público se asegura con el empleo constante de una serie de fórmulas, como las de "falsa modestia" (Curtius, *Literatura*, 127-131) —por citar sólo una. En otras palabras,

---

[1] La cita es según el *De inventione* de Cicerón.

[2] En efecto, la relación de tiempo, lugar, etc., así como la de las particularidades de las personas, por lo general se reservaba para la *narratio* (Salinas, "Retórica", 73-84).

para el *exordium* hay alrededor de diez o quince lugares comunes que se refieren al escritor (*ab nostra persona*), al público (*ad iudicum persona*) o al tema de la obra (*a causa*). De entre éstos —y para seguir con mi ejemplo—, se elige principalmente uno de los de *ab nostra persona*: el de la humildad con la propia creación. Esta frecuente selección, obviamente, es significativa: revela el interés por destacar que el trabajo es valioso. En efecto, en cuanto tópico, el relativo menosprecio a lo realizado implica la consecución de una suficiente dignidad literaria, la cual se ha de esconder para evitar ser tachado de arrogante.

III. SEGMENTOS APOSTRÓFICOS

Estas construcciones se caracterizan por contener una serie de recursos de pensamiento y de palabra dirigidos fundamentalmente a la excitación del *pathos*, o en otras palabras, están al servicio del *movere* —forma del *persuadere*— que sucede cuando "the souls of the audience are moved to emotion [*pathos*]" (Kennedy, *Classical Rhetoric*, 68).[3] Para alcanzar el *pathos*, el orador efectúa una exposición en la que principalmente emplea figuras propias de la técnica de la *amplificatio*, con el objeto de lograr que "los ánimos de los oidores" se inclinen a "misericordia [...], amor, odio, tristeza o alegría, o a cualquier otra pasión o afecto" (Salinas, "Retórica", 148).[4]

En los segmentos apostróficos se hallan presentes muchas de las figuras amplificadoras, pero domina absolutamente la *apostrophe* —de ahí el nombre que les he dado. Esta figura, para los retóricos de la Antigüedad, "consiste en "apartarse" del público normal [...] y dirigir la palabra a otro público" (Lausberg, *Manual*, II, 192-193); además, es "un paso desesperado por parte del orador, impulsado por el *pathos*" (193). Es posible encontrar, en las ficciones sentimentales, juegos en los que se varía explícitamente el destinatario del discurso. Este "movimiento apostrófico" sirve para mostrar el abatimiento, la desesperación de quien habla; es, pues, un encarecimiento ya de la ira, ya del dolor, ya del amor del ser humano.

---

[3] *Vid.*, asimismo, Murphy, *La retórica*, 18 y Lausberg, *Manual*, I, 228 y 231.

[4] "Afecto" es, de acuerdo con Salinas, "una perturbación, movimiento o inclinación del ánimo" (156).

Los recursos elocutivos aparecen, en los segmentos apostróficos, en función de la figura que les da nombre. Si hago esta última aseveración es porque en la Edad Media la *apostrophe* era considerada como una forma de tratamiento específica que, adornada con ciertas figuras, tenía un propósito amplificador. La *apostrophe*, pues, pasó de ser una figura más a convertirse en una técnica, vale decir, un género. Y como tal se la emplea. Es apropiado recordar que la elaboración de trozos retóricos que contienen exclusivamente las doloridas quejas ante el infortunio de un sujeto que se dirige a una persona u objeto cualquiera, fue sumamente frecuente en la baja Edad Media. De hecho, se trataba de un "género menor cuyas reglas dictan las *artes poeticae*" (Whinnom, "Introducción", 58) que recibe el nombre de *planctus* y que "deriva de la figura *apostrophe* de los retóricos clásicos" (58).

IV. Segmentos epistolares

Según Kany (*The Beginnings*, 46) en las ficciones sentimentales "the speeches because of their form can sometimes only with difficulty be distinguished from letters: they are uninterrupted, and usually of the same length as the letters". En relación con esta afirmación cabe decir que, en efecto, los segmentos poseen una extensión similar a la de las cartas, pero ello se debe a que una longitud mayor provocaría *taedium* en el lector u oyente, y una menor implicaría no estar escribiendo a la manera de un "tractado" sentimental, sino a la de un drama. Con esto se aclara el hecho de que cada intervención sea, como dice Kany, ininterrumpida. De haber intervenciones rápidas que dieran la impresión del diálogo al que estamos acostumbrados, el autor estaría apropiándose de la normatividad propia del drama, cosa que sería inusual en el género. De hecho, en las ficciones existen segmentos, como los que llamo "apostróficos", que poseen las dos características que aduce Kany y no por ello se confunden con las epístolas; lo mismo puede decirse para los segmentos narrativos y para un buen número de los argumentativos. En todos éstos la atención se pone o bien en uno de los modos de la *amplificatio* (la *apostrophe*), o bien en alguna de las partes de la *inventio* (*narratio* o *argumentatio*). El conocimiento de estos elementos de la retórica permite distinguir, con facilidad, un determinado segmento de otro que sea una carta. No sucede lo mismo, sin embargo, con aquellos segmentos que, sin haber sido señalados como "cartas" por los autores, están redactados con la forma epistolar. Es más, en varios ciertamente no hay diferencia, pues casi cumplen por completo con las tradicionales cinco partes de la carta: *salutatio* (poco frecuente), *captatio benevolentiae* o *exordium, narratio, petitio* y *conclusio*.[5]

No es de extrañar la semejanza entre un segmento epistolar y una carta, ya que en la Edad Media los dos géneros principales derivados de la retórica clásica fueron las epístolas y los sermones, y como estos últimos se consideraban "el equivalente de las oraciones forenses de los romanos y griegos, el discurso pequeño quedó sin reglas propias" (Whinnom, "Introducción", 53) y en muchas ocasiones obedeció a la normatividad propuesta por la *ars dictaminis*.

Resta señalar que hay segmentos que se apegan a la normatividad prescrita para las "cartas de batalla", misma que puede observarse en las colecciones de epístolas de combate a "todo trance" y de "carteles de desafiamiento" que ha publicado Martín de Riquer ("Las cartas", 31-145). En dichas cartas, antes de la sucinta exposición del agravio, pueden aparecer expresiones de vituperio al adversario. Aquí, de acuerdo con los manuales de retórica, se estaría ante un *proemium* en el cual se emplea el segundo *remedium* del *benevolum parare*; esto es, el *ad adversarium*, cuyo objetivo es quitarle al contrincante la simpatía del público —en el caso de la carta, de quienes leyeren o escucharen el documento. Las respuestas también corresponden a lo indicado por los tratadistas de los duelos (Riquer, 36).

V. SEGMENTOS ARGUMENTATIVOS

Llamo "argumentativos" a los segmentos en los que la tercera parte de la *inventio* (la *argumentatio*) destaca sobremanera. Las otras partes del discurso, como el *exordium* y la *narratio*, pueden no aparecer o encontrarse sumamente minimizadas debido a la utilización de un buen número de *probationes* para demostrar la verdad de un punto de vista. Ahora bien, si se considera que en bastantes parlamentos se defiende una deter-

---

[5] Para la mayoría de los tratadistas de la *ars dictaminis*, son cinco las partes de la carta; otros, no obstante, determinan sólo tres. (Para un visión general del desarrollo del arte epistolar en el Medioevo, *vid.* Murphy, *La retórica*, 202-274).

minada posición o pensamiento, entonces la denominación "segmentos argumentativos" es un tanto estrecha, pero tiene el propósito de hacer notar que no siempre se redacta un segmento a la manera de carta o discurso con todas sus secciones, sino que los escritores fijan su atención en una específica —la *argumentatio*—, imprimiéndole con ello un carácter independiente.

Los segmentos argumentativos constan, como es lógico, de *probationes* artísticas, esto es, que se obtienen por medio de la reflexión. La forma en que se presentan es racional y deductiva (*ratiocinatio*), lo que quiere decir que se trata de *argumenta*, los cuales desde luego se encuentran —como todas las pruebas del *genus artificiale*— al servicio del *docere*.

Los *argumenta* generalmente no se expresan a manera de un *syllogismus*, sino que se prefiere sobrentender una de las premisas y trastrocar el orden lógico. Así, pues, la *ratiocinatio* se expone con la forma de *enthymema*, tal como se recomendaba para la argumentación retórica. Muchos *argumenta* se reducen a los términos de proposición y razón, y por lo común se acompañan de *conclusio*.

Tomadas en conjunto, las diversas construcciones son las razones que dan soporte a la *conclusio* final del segmento —no pocas veces adornada con *cursus*.[6]

Los discursos básicamente argumentativos son bastante numerosos. En éstos, para señalar algunos recursos de pensamiento, se emplea lo que podría llamarse el ataque al *ethos* del adversario. Aparecen figuras como la *praeparatio*, que consiste "en el aseguramiento de la propia causa por medio de una anticipación [...] de ciertas partes [...] del razonamiento [...], con el fin de preparar la disposición anímica del público (los jueces)" (Lausberg, *Manual*, II, 259). Otra figura es la *conciliatio*, que afirma lo dicho por el contrario sólo para darle la vuelta. También se encuentra el *exemplum* y ocasionalmente la *occultatio*, que es cuando alguien parece negarse a decir lo que precisamente está diciendo. La norma es la utilización de *expolitio, commoratio* y *subnexio* (pensamiento

---

[6] Es común que se marque la conclusión del periodo —e igualmente la de algunos miembros— mediante un ritmo especial llamado *cursus*. Éste puede tener los modos de realización siguientes: *planus*, óo / oóo; *velox*, óoo / ooóo; *triespondiacus*, óo / ooóo, y *tardus*, a) óoo / óoo, b) óo / oóoo. (Para más datos sobre el *cursus*, *vid.*, entre otros, Faulhaber, "The *Summa dictaminis*", 101-103, y Lausberg, *Manual*, II, 341 y 371-372).

secundario, explicativo y fundamentador del capital). Igualmente aparecen la *similitudo* o comparación, la *ironia* y la *licentia*. La *evidentia* o descripción detallada es más o menos frecuente, y en algunas oportunidades se finge para efectos de caracterización, la manera como otros hablan o piensan (*sermocinatio*). En fin, es tal vez ocioso continuar enumerando los recursos de pensamiento presentes en las argumentaciones, basten los señalados para demostrar la variedad, el trabajo "artístico-semántico" de los escritores de ficción sentimental. Cabe indicar, por otro lado, que las *figurae elocutionis* no son un simple juego verbal; o adornan —destacan— una figura de pensamiento, o inciden en el nivel semántico de la parte del discurso que se trate.

En los segmentos argumentativos se encuentran tanto refutaciones a las argumentaciones del contrario, como *probationes* de la propia causa. (Hay algunos que son únicamente de prueba o de refutación). Varias veces los segmentos argumentativos de una unidad hacen que ésta adquiera la forma de un debate.

CABO

En lo que respecta a los segmentos retóricos en general, conviene indicar que uno de sus rasgos es la redundancia del mensaje. La reiteración de una actitud, de un punto de vista, caracteriza holgadamente a cada personaje, a la vez que contribuye a imprimir cierta lentitud a las obras. Estilísticamente, si bien aquí no me ocupé del asunto, no hay una variación significativa entre los segmentos; en consecuencia, a los personajes se les distingue por lo que dicen y no por cómo lo dicen.

Para concluir, subrayo la habilidad técnica de los autores de ficciones sentimentales, la cual no sólo se aprecia en la variación estructural de los segmentos, sino también en la cantidad e interesante aplicación de recursos de la *elocutio* que se emplean (*figurae sententiae* y *elocutionis*). Además, el desarrollo temático se realiza coherentemente (lo que no quiere decir que el tratamiento esté libre de ambigüedades), y hay una concatenación semántica precisa entre los segmentos. Así, pues, es posible aseverar que en el género sentimental se presenta una muy consciente preocupación por la *dispositio*.

BIBLIOGRAFÍA

CURTIUS, ERNST ROBERT, *Literatura europea y Edad Media latina* (1948), trad. de Margit Frenk y Antonio Alatorre, t. I, 1ª reimp., México: Fondo de Cultura Económica, 1975.

FAULHABER, CHARLES B., "The *Summa dictaminis* of Guido Faba", en *Medieval Eloquence. Studies in Theory and Practice of Medieval Rhetoric*, Berkeley: University of California Press, 1978, 85-111.

KANY, CHARLES E., *The Beginnings of the Epistolary Novel in France, Italy, and Spain*, Berkeley: University of California Press, 1937 (University of California Publications in Modern Philology, 21, 1).

KENNEDY, GEORGE A., *Classical Rhetoric and its Christian and Secular Tradition from Ancient to Modern Times*, London: Croom Helm, 1980.

LAUSBERG, HEINRICH, *Manual de retórica literaria. Fundamentos de una ciencia de la literatura*, trad. de José Pérez Riesco, ts. I y II, Madrid: Gredos, 1966 y 1967 [Ed. enalemón 1960].

MURPHY, JAMES J., *La retórica en la Edad Media. Historia de la teoría retórica desde san Agustín hasta el Renacimiento*, trad. de Guillermo Hirata Vaquera, México: Fondo de Cultura Económica, 1986.

RIQUER, MARTÍN DE, "Las cartas de batalla de Joanot Martorell", en Martín de Riquer y Mario Vargas Llosa, *El combate imaginario. Las cartas de batalla de Joanot Martorell*, Barcelona: Barral, 1972 (Breve Biblioteca de Respuesta, 36), 31-145.

SALINAS, MIGUEL DE, "Retórica en lengua castellana" (1541), en Elena Casas (comp.), *La retórica en España*, Madrid: Editora Nacional, 1980 (Biblioteca de Visionarios, Heterodoxos y Marginados. Segunda Serie, 10), 39-200.

WHINNOM, KEITH, "Introducción crítica", en Diego de San Pedro, *Obras completas, II: Cárcel de Amor*, Madrid: Castalia, 1971, 7-66.

DEL COMENTARIO MEDIEVAL AL DE LOS SIGLOS DE ORO. ALGUNAS ACTITUDES, RECURSOS Y CONVENCIONES DEL GÉNERO

ANA CASTAÑO NAVARRO
Universidad Nacional Autónoma de México

Referirse al "comentario" en general —aun limitándonos al comentario de obras literarias— no deja de ser problemático, y esto se debe, en buena medida, a que la historia del género está aún por escribirse. Es en el campo de la filología clásica, por la naturaleza misma de esta disciplina, así como por su milenaria tradición, donde más se ha trabajado en esa dirección,[1] aunque también en las áreas de la filología bíblica y del Humanismo se han hecho avances significativos.[2]

En el ámbito del comentario moderno, sin embargo, es muy poco lo que se ha trabajado en torno a un género que, prácticamente, ya ni si-

---

[1] Obviamente está fuera de mi alcance hacer una revisión de este aspecto, pero no quiero dejar de mencionar el interesantísimo trabajo de William G. Rutherford (véase la bibliografía) que, por otra parte, sirvió como hilo conductor a estas reflexiones. También J.E. Sandys, *A History*.

[2] Un importante punto de partida es el *Catalogus Translationum et Commentariorum*, editado por Paul Oskar Kristeller. Hay unos cuantos trabajos excelentes en esta dirección: las obras de Beryl Smalley (*The Study of the Bible*; *English Friars*, etc.) siguen siendo referencia obligada. Véanse también los trabajos de Minnis y Scott, así como los de Anthony Grafton (citados en la bibliografía). También L. Jenaro-MacLennan, *The Trecento Commentaries*; y A. Preminger, O.B. Hardison, y K. Kerrane (eds.), *Classical and Medieval Literary Criticism*. Para el campo de los comentarios en lenguas vernáculas, no traducidos del latín o del griego, hay todavía menos trabajo hecho. Un artículo útil a este respecto es el de Jean Céard, "Les transformations du genre du commentaire". Desgraciadamente no pude consultar el libro de Sandküller, y desconozco si ha sido traducido (*Die frühen Dantekommentare und ihr Verhältnis zur mittelalterlichen Kommentartradition*, Münchner Romanistische Arbeiten, XIX, Munich, 1967).

quiera se reconoce como tal. Son necesarios, por una parte, muchos análisis de comentarios individuales, y, por la otra, estudios sobre el género en su conjunto. Los escasos trabajos dedicados a la obra de comentaristas "modernos" de literarura (por ejemplo, los comentaristas gongorinos) están, en el mejor de los casos, orientados hacia la profundización del conocimiento del autor o la obra comentada, y no del comentario como tal. Menos aún se leen estos comentarios modernos desde una perspectiva que tome en cuenta su larguísima tradición, los métodos y recursos del género, sus procedimientos tópicos, etc.

Esta situación hace que, al menos por el momento, sea prematuro intentar precisiones taxonómicas entre tipos de comentarios, o bien diferenciaciones formales entre comentarios, escolios, glosas, anotaciones, paráfrasis, etc., como se ha hecho en el campo de la filología clásica.[3] Para mejorar nuestra comprensión y reconocimiento de las distintas manifestaciones de este género tal como han llegado hasta nosotros en diferentes obras de crítica —y de "creación"— literaria, no es el momento, creo, de marcar diferencias y señalar tipos diversos de comentarios. Por el contrario, se trata de identificar los rasgos comunes a las distintas formas, antiguas y modernas, de un género que a lo largo de muchos siglos conformó la producción y la recepción de la literatura y que, a su manera, sigue vivo, contribuyendo también a conformar la cultura literaria de nuestros días.

En efecto, desde que los primeros lectores reaccionaban a los poemas homéricos hasta el presente siglo, en que seguimos comentando a Homero y la Biblia (pero también a Góngora, a Shakespeare, a Mallarmé, a Vallejo), la historia del comentario no deja de tener una esencial continuidad, a pesar de las diversas modalidades que ha adoptado a lo largo de los siglos. En efecto, desde la *enarratio poetarum*, o "explicación de los autores [*auctores ueteres*]", hecha en las escuelas de Grecia y luego de Roma por los maestros o gramáticos, hasta el comentario de textos literarios (de autores clásicos o contemporáneos) que se hace hoy, puede trazarse una linea ininterrumpida —aunque no siempre manifiesta. Esta tradición recorre, por una parte, el inmenso corpus de exégesis bíblica (origi-

---

[3] Por ejemplo Zetzel, *Harvard Studies. Cfr.* A. Grafton, que hace la siguiente observación al respecto: "Could it be that the difference between scholia and formal commentaries has been too much stressed? ("On the Scholarship", 188, n.139).

nada, mucho antes de las primeras parábolas de Jesucristo, en la vieja tradición de exégesis judía representada por obras como el *Talmud* y el *Zohar* y continuada después en la práctica de la predicación católica y en la extensa producción escrita patrística). Por otra parte, la tradición del comentario recorre el extenso volumen de traducciones a lenguas vulgares y explicaciones de autores clásicos (que floreció de manera especial en el ámbito del humanismo); y, finalmente, comprende la exégesis de los "autores recientes" [*auctores moderni*], que escribían ya en lenguas romances, aunque en un estilo muy culto, como Dante o Juan de Mena y, siglos más tarde, Garcilaso y Góngora.

Todas estas modalidades del comentario literario, cultivadas en distintos ámbitos y dirigidas a públicos diferentes, comparten —y adaptan unas de otras— ciertas herramientas, recursos y actitudes a lo largo de los siglos.[4] Una de estas herramientas es la técnica del *accessus ad auctores* (o introducción a los comentarios sobre autores y obras específicas que hacían los maestros en las escuelas). Gracias a esta técnica, todas las obras de los *auctores* que se explicaban en las clases de gramática podían ser analizadas de una manera sistemática, siguiendo un esquema más o menos fijo, que incluía puntos como: la vida del autor (*vita auctoris*), el título de la obra (*titulus operis*), la intención del autor (*intentio scribentis*), el tema de que trataba (*materia operis*), la utilidad de la obra (*utilitas*) y la parte de la filosofía a que pertenecía(*cui parti philosophiae supponatur*).[5]

---

[4] En muchos casos no es fácil determinar con claridad si se trata simplemente de una "actitud"(como el "orgullo profesional"), de un método de interpretación propiamente dicho (como en el caso de la "multiple interpretación", ¿la "etimología"?, ¿o el recurrir al criterio de autoridad?) o de un tópico del género (el "docto comentarista", "la digresión"¿o acaso el "mimetismo", el mismo "orgullo profesional, el criterio de autoridad"?, etc.).Una vez más, pienso que por el momento sería apresurado querer precisar demasiado estos aspectos. Constatar su presencia servirá más que nada para señalar esa continuidad básica del género del comentario a la que me he referido. Será necesario el análisis de un corpus mucho mayor de comentarios para definir y clasificar mejor estos puntos.

[5] También la naturaleza del verso (*qualitas carminis*), el número y orden de los libros (*numerus librorum*, *ordo librorum*), la explicación del texto (*explanatio*). Existió otro tipo de *accessus* que constaba de tres puntos: *persona*, *locus*, *tempus*, inspirado en una simplificación de las *septem circumstantiae* de los retóricos (*persona*, *locus*, *tempus*, *res*, *causa*, *qualitas [modus]*, *facultas [materia]*) *Cfr.* Quain ("The Medieval", 215) y Hunt ("The Introductions", 126).

Como demostró Quain, los orígenes y la utilización del *accessus* rebasan el ámbito del comentario literario.[6] Indudablemente, también rebasan este ámbito algunas de las herramientas, actitudes y tópicos a que voy a referirme en estas notas. Y sin embargo no puedo analizar aquí esos otros campos del comentario que utilizaron ampliamente la técnica del *accessus* (como son el comentario filosófico, jurídico, "científico", etc.). Sólo quisiera señalar un hecho importante que podría servir, de paso, como justificación a estas páginas, y al que volveré un poco más adelante: el análisis de todas estas actitudes, recursos y convenciones de interpretación resulta de especial utilidad cuando queremos conocer mejor los hábitos y procesos de creación (literaria, pero también filosófica, jurídica, científica, etc.). Como señaló Quain: "The course of development of certain of these items in commentators in several fields has not been without its influence on the growth of a particular science, by way of suggesting certain theoretical questions" ("The Medieval", 216).

Finalmente, tal vez no esté fuera de lugar decir que, en esta investigación, la dirección que tomé fue exactamente al revés de la que señala el título. Empecé por los comentarios escritos en el Siglo de Oro español (específicamente los escritos a la obra de Góngora), lo cual me hizo plantearme algunas preguntas, en torno a métodos y convenciones, que me llevaron a leer comentarios anteriores. De esa manera, me di cuenta de que varios de los aspectos que me habían llamado la atención en los comentarios españoles del siglo XVII tienen mucho mayor *pedigree* —y consecuencias literarias— de lo que generalmente se supone. A continuación me propongo señalar algunos de estos aspectos y la manera como se han reflejado en la crítica y en la creación literarias posteriores.

---

[6] Esta técnica se originó al parecer en la práctica del comentario a obras filosóficas en la antigua Grecia, y fue durante la Edad Media utilizada por comentaristas de gramática, retórica, dialéctica, derecho canónico y derecho civil. En los siglos XII y XIII fue también utilizada en teología y en la exégesis escrituraria. Después de se encuentra por ejemplo en la epístola de Dante al Can Grande della Scalla (que es un autocomentario sobre la *Divina Comedia*) (Quain, "The Medieval", 247-248 y 261), o en comentarios a traducciones como las *Glosas a la "Eneida"*, de Enrique de Villena.

***

A principios de siglo, William G. Rutherford, uno de los más brillantes representantes de la filología clásica inglesa, se lamentaba de que la anotación y el comentario de textos hubieran degenerado tanto desde que empezaron a tomar forma entre los estudiosos alejandrinos (los gramáticos) en el siglo II de nuestra era. Asimismo, observaba que el sistema griego de interpretación surgió y fue cultivado bajo unas circunstancias muy específicas: la enseñanza de los poetas *griegos* a los jóvenes *griegos* en las escuelas de *Grecia* (donde más tarde se enseñó también retórica). Mientras estas circunstancias permanecieron, el arte de la gramática y el de la retórica tuvieron un desarrollo sano y natural. Pero cuando las circunstancias que habían dado nacimiento a ambas artes pasaron, dice Rutherford, "it would perhaps have been as well for mankind if their offspring had perished with them" (*A Chapter*, 6). A su modo de ver, ambas disciplinas fueron mantenidas como un sistema de educación sólo por inercia, sin una razón válida que justificara su existencia. En esas nuevas circunstancias, la gramática y la retórica apenas eran ya de provecho para los mismos griegos y resultaron de hecho dañinas cuando fueron impuestas a otros pueblos. Poco a poco fueron convirtiéndose en una verdadera parodia de la educación, que fomentaba la artificialidad, sofocando todo lo espontáneo y natural. El filólogo inglés concluye esa desalentadora página diciendo:

> In the many centuries during which this condition of things lasted —indeed the world is not entirely delivered from it yet— the original Greek conception of grammatikh, the art of interpretation or annotation, was overlaid by foreign notions of all sorts, and had to undergo one degradation after another. But perhaps nothing did so much to derange and impair it as infection caught from the art of rhetoric, an art which at first had nothing in common with interpretation, but merely undertook to train men for public speaking.
>
> (5-6).

Para una visión tan circunscrita como la que Rutherford tenía sobre lo que debería constituir el comentario de textos, resultaría seguramente absurdo el estudio de, precisamente, esas nociones ajenas, esas "degradaciones" y "contaminaciones" que, a lo largo de su evolución, fue sufriendo el género. Y sin embargo para nosotros tiene gran interés el análisis de esas nociones que él consideró ajenas al género del comentario, ya que fueron convirtiéndose en procedimientos tópicos a lo largo de los siglos, condicionando de esta manera nuestra forma de acercarnos a la obra literaria.

En efecto, es notable la vitalidad de ciertas actitudes y recursos de interpretación concebidos, aparentemente, por mentes "necias e indisciplinadas" (*A Chapter*, 388). Uno de ellos es el procedimiento de proponer múltiples interpretaciones para un mismo pasaje (considerado por Rutherford como una prueba de que los comentaristas de Aristófanes "inventaban"),[7] que sigue estando presente en algunas escuelas de crítica literaria y de crítica textual de nuestros días. Otro de los recursos de interpretación practicado ya por los escoliastas alejandrinos y que no ha dejado de dar frutos —aunque de muy diversa índole— es el de la etimología, considerada por el filólogo inglés como "maldición" que pesa sobre los glosadores de términos.[8] Más adelante volveré a referirme brevemente a estos y algunos otros recursos.

El análisis de estos diversos procedimientos y actitudes de interpretación no sólo es pertinente para la historia de la crítica; también es relevante para la historia de la creación poética, ya que los modos utilizados por los comentaristas en la interpretación de las obras literarias se reflejan de una u otra forma en los poetas a la hora de escribir sus obras. Es decir, como más de un estudioso ha señalado, los hábitos de interpretación suelen pasar a ser también hábitos de concepción (Moss, *Ovid*, 26,34, 43, 52; Vinaver, *The Rise*, 15 y ss; Spitzer, *Lingüística*, 105 y ss; y Rico, *Alfonso*, 167-168).

Un poeta donde puede verse con gran claridad esta convivencia de hábitos es Dante, quien, a cada paso de la *Commedia*, parece querer recordarnos que el proceso de creación artística es inseparable de un

---

[7] "But if there is one thing more than any other which makes it clear how much guessing was in fashion in *istorion apódosis*, it is the frequency with which a rich choice of explanations is proferred by the commentators" (*A Chapter*, 385).

[8] "As the curse of etymology rests upon the interpreters of *glossai*, so the curse of aetiology rests upon the expositors of *istoríai*. Not seldom *aitiología* itself is nothing but *etumología* under another name"(*A Chapter*, 384). [En realidad lamenta la explicación de la génesis de ritos y ceremonias cuando se basa en pura teoría y carece de testimonios abundantes. También habla de las "especulaciones monstruosas" que pasaban por etiología (*A Chapter*, 384 y 385 n.14)].

proceso de autoexégesis —y conste que no estamos hablando de sus autocomentarios como el *Convivio* o la *Vita Nuova*—. Es decir, el poeta no sólo no deja de tener presente la posibilidad de una glosa futura (como aquella a la que se refiere en Inf. XV, 88-90),[9] sino que frecuentemente se ve a sí mismo escribiendo, de manera simultánea al poema, su glosa (por ejemplo en Inf. XXIII, 4-9; o XXXII, 1-9, etc.).[10] Ya decía Enrique de Villena que los poetas escriben "figurativamente", entre otras cosas, para dar a los "exponedores" material para hacer su trabajo.[11]

Otro ejemplo interesante , más moderno, de este tipo de actitud es Góngora, algunos de cuyos poemas parecen concebidos de manera que responden *ex profeso* a toda una tradición de hábitos interpretativos, como previendo determinados comentarios y a la vez dialogando con ellos. En las primeras cuartetas de la "Fábula de Píramo y Tisbe", Góngora invoca la ayuda de la musa para que su historia sea digna "de las orejas del vulgo" ya que, confiesa, está buscando el aplauso popular y no el de los lectores cultos.[12] Y sin embargo es obvio que, al escribir este roman-

---

[9] "Ciò che narrate di mio corso scrivo,/ e serbolo a chiosar con altro testo/ a donna che saprà, s'a lei arrivo".

[10] "Volt'era in su la favola d'Isopo/ lo mio pensier per la presente rissa, /dov'el parlò della rana e del topo; / ché piú non si pareggia "mo" e "issa"/ che l'un con l'altro fa, se ben s'accoppia/ principio e fine con la mente fissa..." (XXIII, 4-9); "S'io avessi le rime aspre e chiocce, / come si converrebbe al tristo buco/ sovra 'l qual pontan tutte l'altre rocce,/ io premerei di mio concetto il suco/ piu pienamente; ma perch'io non l'abbo, / non sanza tema a dicer mi conduco; / ché non è impresa da pigliare a gabbo/ discriver fondo a tutto l'universo, / né da lingua che chiami mamma o babbo [...]" (XXXII 1-9).

[11] "[...] las razones porque los poethas escrivieron sus obras figuratyvamente fueron quatro: la primera, porque fuese común a todos, ansí que los moços lo oviesen por patraña e los de mayor hedat e non letrados, por ystoria; los letrados, por allegoría e, allende desto, secretos de natura e moralidades en ello especular podiesen. La segunda, por fablar breve; que pudiesen dezir en pocas palabras mucha sustançia. *La terçera, porque los exponedores oviesen materia general en que diversas fiziesen exposiçiones.* La quarta, por encubrir a los malos la materia de los viçios de que avien de tractar... (*Glosas a la Eneida*, 76, glosa 127). También María de Francia había dicho, en el prólogo a sus *laies*: "Custume fu as anciens,/ ceo testimoine Preciens,/ es livres que jadis faiseient/ assez oscurement diseient/ pur cels ki a venir esteient/ e ki aprendre les deveient,/ que peüssent gloser la letre/ e de lur sen le surplus metre [...]" (cit. por Spitzer, *Lingüística*, 105-106).

[12] "Citarista, dulce hija/ del archipoeta rubio,/ si al brazo de mi instrumento/ le solicitas el pulso/ digno sujeto será/ de las orejas del vulgo:/ popular aplauso quiero,/ perdónenme sus tribunos".

ce, el poeta estaba pensando no sólo en el aplauso de la mayoría sino, sobre todo, en el de los críticos ("tribunos"). Tal vez el poeta quiso aludir aquí, con un guiño irónico, a la recomendación que le había hecho su amigo, el humanista Pedro de Valencia: "[...] los buenos escritores han de querer agradar antes a los buenos que a los muchos".[13] Y entre esos "buenos" Góngora tenía en mente, quizá más que a nadie, al autor o los autores de probables comentarios, largos y eruditos, sobre ese "popular" romance. Téngase en cuenta, por otra parte, que el poeta le envió el manuscrito a don Cristóbal de Salazar Mardones —futuro autor del primero y más extenso comentario sobre ese poema— haciéndole saber que se trataba de su obra preferida.[14]

A propósito de esta actitud de Góngora (la de escribir teniendo a los lectores doctos en mente), y para justificar el hecho de que se hayan escrito "interpretaciones" a sus obras en vida del poeta, Martín Vázquez Siruela recuerda que Píndaro, ya en el momento de escribir sus versos, admitía que algunos necesitarían intérprete: "Aún no habían salido las flechas de la aljaba de Píndaro, esto es los versos de la pluma, que con este nombre los llama, y ya tenía puestos los ojos en los intérpretes, conociendo que necesitaba de su ilustración para ser entendido".[15]

---

[13] Unas líneas arriba Pedro de Valencia hablaba de "aplausos", y poco después de la linea citada se refiere a los antiguos censores (Pedro de Valencia, *Carta*, 1087).

[14] Véanse la dedicatoria de Salazar Mardones "A don Francisco de los Cobos y Riela" y el prólogo de don Antonio Cabreros Avendaño (Salazar Mardones, *Ilustración y defensa*, s/p). Otro comentarista de Góngora, don Joseph Pellicer, también se refirió a la preferencia del poeta por la "Fábula de Píramo y Tisbe". En la col. 775 de sus *Lecciones solemnes...* nos dice: "Entre las obras que más estimó en su vida don Luis de Góngora, según él me dijo muchas veces, fue la principal el romance de Píramo y Tisbe" (por otra parte, parece que el mismo Pellicer le había prometido a Góngora comentar sus obras, segun dice en el prólogo). Varios críticos han hecho alusión a esa supuesta preferencia de Góngora, y han observado, por otra parte, la complejidad de este romance gongorino. David Garrison (por sólo mencionar a uno de los más recientes) dice: "While it contains popular elements, the *Fábula* is a complex, labyrinthine work that has elicited lenghthy, erudite commentaries", y hace referencia a los estudiosos que se han ocupado de esta obra ("The self-conscious", 193-194).

[15] "Discurso sobre el estilo de don Luis de Góngora", que Vázquez Siruela escribió al comentario de Salcedo Coronel a las *Soledades* (Artigas, *Don Luis de Góngora...*, 392). Vázquez Siruela reproduce a continuación los vv. 91-97 de la *Olímpica III* de Píndaro. Un dato curioso: Rubén Bonifaz Nuño, dándole vuelta a las palabras de Píndaro (que traduce así: "[...] Muchos rápidos dardos bajo el codo,/dentro, en la aljaba, tengo/

A continuación señalaré algunos procedimientos, recurrentes en comentarios de poesía escritos en el Siglo de Oro español, que están presentes ya en los primeros comentaristas medievales en lenguas vernáculas, y que seguramente en muchos casos se remontan a la Antigüedad clásica. Varios de estos recursos son utilizados también por la poesía gracias a esa convivencia de hábitos, a la que me he referido más arriba, entre métodos de creación y métodos de interpretación; por ejemplo, el procedimiento de recurrir a la etimología, y el de la interpretación múltiple, que más adelante analizaremos brevemente.

1."ORGULLO PROFESIONAL" Y REIVINDICACIÓN DEL OFICIO DEL COMENTARISTA

A menudo los comentaristas incluyen en sus comentarios apologías más o menos explícitas del oficio que practican. Dante dice en el *Convivio* que "en cada ciencia, lo que escriben los estudiosos forma una estrella llena de luz que aclara o demuestra esa ciencia" (Minnis, *Medieval Literary...*,411). Y en la *Vita Nuova* critica a los versificadores que son incapaces de hacer un comentario satisfactorio de sus propias obras: "[...] gran vergüenza sería, para quien rimase con figuras y recursos retóricos que, al pedirle que desnudase sus palabras de tal vestidura para que fueran entendidas rectamente, no supiese hacerlo"(150-151). Don Enrique de Villena, en el siglo XV, dice que en la mitología clásica los dioses convierten a los héroes en constelaciones como una metáfora de lo que hacen con ellos los poetas y los comentaristas al "retorificar" e "historiar" ['ilustrar'] sus hazañas respectivamente (*Los doze trabajos*, 135). Y a cada paso, al leer por ejemplo sus *Glosas a la Eneida*, podemos encontrar las reflexiones de Villena sobre su propio quehacer, llenas de orgullo profesional. En las palabras introductorias a esta obra advierte Villena a los futuros copistas que no dejen de incluir las glosas en su transcripción, ya que con ellas resultará mas "plazible al entendimiento de los leedores", además de que harán llegar a ellos "los secretos ystoriales" y

hablantes para los perspicaces; para el vulgo,/de interpretadores requieren"), opina que "No podían los poemas de Píndaro ser difíciles para quienes los oían [...] Resultan difíciles y oscuros no para los lectores ingenuos sino para los eruditos y, desgraciadamente, para los traductores" (*Olímpicas*, introd., XXI). (Agradezco al Dr. Pedro Tapia su ayuda para localizar esta información).

los "integumentos poéthicos". Y al final de esta exhortación deja bien claro , para los que pudieran caer en la tentación de copiar su libro sin las glosas, "que les viene por temptaçión e subgeçión diabólica, queriendo desviar non llegue a notiçia de los leedores la fructuosa doctrina en las glosas contenida" (6).[16] De manera similar don Enrique se regodea dando instrucciones a los lectores sobre cómo leer su obra, dónde marcar las pausas, cuándo descansar, cómo interpretar las diversas señales tipográficas que él introdujo a fin de que "paresca claramente lo que la textual texedura contiene e se vea el artifiçio del ordenador reluzir con çierta regla scientífica e plazible" (68).

Guido de Pisa, que escribe un comentario sobre la *Commedia*, sugiere una analogía entre su oficio y el del profeta Daniel (Minnis, *Medieval Literary*, 448 y 469).

Para san Buenaventura, las *Sentencias* de Pedro Lombardo no son obra de un compilador, sino de un autor, a pesar de ser una recopilación de textos bíblicos. El santo encuentra una delicada gradación entre los conceptos de *scriptor, compilator, commentator y auctor*. El *scriptor* sólo copia las palabras de otro; el *compilator* también lo hace, pero únicamente para aclarar el argumento. Finalmente, el *auctor* escribe también las palabras de otros y las suyas propias, pero son éstas las que forman la parte principal, en tanto que las de otros se anexan simplemente a manera de confirmación. Siguiendo este criterio, no duda en incluir al Maestro de las Sentencias en esta última categoría (Minnis, *Medieval Literary*, 229). Con todas estas matizaciones, la argumentación de san Buenaventura implica la idea de que cuando el comentarista es excelente se convierte en autor.

El concepto en que se tenía el oficio del comentarista puede verse además reflejado en las polémicas entre comentaristas, en los panegíricos y defensas que del comentarista hacen sus amigos y patrocinadores, por lo general al principio de los comentarios, elogios que no por protocolarios dejan de ser sintomáticos de ciertas valoraciones y actitudes. Uno de tantos ejemplos: entre los epigramas que sirven como presentación a la *Ilustración y defensa de la "Fabula de Píramo y Tisbe" de don Luis de Góngora*, de Salazar Mardones, hay uno, escrito por un Francisco de

[16] A pesar de tan tremendas advertencias, el moderno "copista"(editor) de la traducción de Villena, Ramón Santiago Lacuesta , decidió editarla sin las glosas (ver bibliografía).

Losada, en que el autor se pregunta: ¿Cuál de los dos es mayor, el autor o el intérprete? En la dedicatoria de sus *Lecciones solemnes...* a don Fernando de Austria, Pellicer hace también su defensa del oficio:

> Los escritos deste insigne hombre [Góngora]tienen ganado el aplauso general (no el común) en todos, podrá ser que los desayude mi insuficiencia, los haya maleado mi ignorancia, o desatendiéndolos o interpretándolos a diferente luz de la que su autor quiso dalles. Riesgo es que le han padecido los más de los antiguos en poder de sus comentadores; pero también sucede que el escolio o la paraphrase les haya adelantado el conceto, y dado significación más honda al pensamiento, despertando misterio más delicado en lo que se dijo más acaso.

Una elocuente alabanza del oficio del intérprete la encontramos en el "Discurso" que Vázquez Siruela escribió al comentario de Salcedo Coronel a las *Soledades*. El hecho de que el mismo Platón haya adornado sus obras con muchas interpretaciones de Homero, colocándolas entre los misterios más altos de la filosofía, nos dice el crítico gongorino, "es gran crédito deste arte". Y se refiere después a la teoría, presente en el *Ión*, del impulso poético como una cadena magnética que tiene su centro natural en las musas, de ahí se imprime en el poeta, y éste, tocado de la misma virtud atrae al intérprete, que a su vez atrae al oyente "y así se va tejiendo una cadena con eslabones innumerables" ("Discurso", 393).

Otro ejemplo de orgullo profesional, no exento de autoritarismo pero muy sugerente, nos lo da George Sandys, traductor y comentarista de las *Metamorfosis*, en los versos finales de un poema que pone al comienzo de su obra: "This Course our Poet steeres: and those that faile, / By wandring stars, not by his Compasse, saile".

2. MIMETISMO DEL COMENTARISTA

El hecho de recurrir a un estilo que pretende imitar el del autor comentado parece estar relacionado con la idea que se hacían de su oficio los comentaristas. Pueden encontrarse, por ejemplo, influencias del estilo de Dante en algunos lugares del comentario de Boccaccio (Minnis, *Medieval*, 511), y sin duda los ejemplos podrán multiplicarse cuando se haya realizado un análisis cuidadoso de este aspecto que comience, cuando menos, desde los primeros comentarios de poesía escritos en lenguas vernáculas.

El crítico gongorino Vázquez Siruela sugiere, una vez más, una explicación platónica para este fenómeno. A propósito del ejemplo de las cadenas magnéticas, arriba mencionado, le dice al comentarista Salcedo Coronel que no sólo es intérprete de don Luis sino "valiente imitador", viniendo a constituir así el segundo anillo en esta cadena (el que corresponde al poeta). De esa manera, con su comentario —le dice— atraerá a muchos que, o nunca lo habían conocido, o vivían muy alejados del primer anillo (el de la musa, la "inspiración poética"). Es decir, gracias al intérprete-imitador llegará hasta todos estos lectores el impulso poético, y quedarán convertidos en dependientes suyos ("Discurso", 394). Tal vez sea, en el fondo, una creencia semejante a ésta la que que subyace a cierto mimetismo recurrente en el discurso crítico de todos los tiempos.

Entre los comentaristas de los poetas barrocos de lengua española son muy frecuentes los juegos de palabras de tipo culterano. A veces estas imitaciones del estilo del poeta son simples, casi involuntarios regodeos con el lenguaje; y otras veces son un guiño al lector. Salazar Mardones utiliza por ejemplo el acusativo griego al comentar a Góngora, tal vez en un afán por parecer elegante: "[...] Tisbe, saliendo de noche tapada el rostro" (16r°). En otro momento, tras citar un fragmento de fray Hortensio Félix Paravicino, se refiere a este autor como "el grande orador de nuestro siglo cuanto eruditísimo poeta fray Hortensio Feliz, que nació humano *Paravecino* del cielo" (157r°). Otro defensor de Góngora, el autor del "Opúsculo contra el *Antídoto* de Jáuregui",[17] le dice a éste, a propósito de su *Orfeo*, que un estudiante "y no de mucho nombre" hizo otro Orfeo: "estando mejor que el de vuestra merced como de blanco *a prieto*, y pues en éste lo han puesto a vuestra merced sus obras no trate de hacer más [...]". Un caso extremo, de los muchos que pueden hallarse en el comentario que hace Álvarez de Lugo, en el siglo XVII, al *Primero sueño*, de sor Juana Inés de la Cruz: dispuesto a analizar los dos versos en que sor Juana habla de los murciélagos ("segunda forman niebla/ ser vistas aun temiendo en la tiniebla"), dice el comentarista: "En este par de versos no tan de par en par está el acumen que lo penetre al vuelo

---

[17] En Artigas, *Don Luis*, 399. Gates ("Salazar Mardones") identificó a este autor como Vicuña, el primer editor de la poesía de Góngora.

quien pasare por ellos con aquella ligereza que vuelan estas aves de que nuestra poetisa habla en ellos" (Álvarez de Lugo, *Para leer*, 79).

Más sutil resulta don Francisco Fernández de Córdoba en su *Examen del Antídoto* cuando, a la acusación que le hace Jáuregui a Góngora de no sujetarse a ninguna ley en las *Soledades*, responde que muchos y muy graves autores han opinado lo contrario, y concluye: "Vuestra merced puede, atento a los nuevos autos, revocar su juicio en esta parte"(*Examen*, 460). De esa manera, Fernández de Córdoba aprovecha la oportunidad para hacer, medio en broma, referencia a la primera redacción de los versos 204-205 de las *Soledades*, donde el poeta describe el curso de un río haciendo una comparación implícita con un proceso legal (téngase en cuenta que Jáuregui había hablado de *leyes* poéticas).[18]

Este mimetismo de los comentaristas de poesía culta dio, en parte, ocasión a que algunas veces se les acusara de ser más oscuros que el mismo texto. De la glosa de Hernán Núñez al *Laberinto* de Mena dice Sánchez de Lima en su *Arte poética* (1587): "tiene necesidad de comento, para que se pueda entender, y según que a muchos paresce, está más escura que el mismo texto".[19]

3. LA TRADICIÓN DEL DOCTO COMENTARISTA

Esta idea se corresponde con el tópico clásico del *docto poeta*, al que se refirió Horacio.[20] Obedece a una concepción del poeta como versado en todo tipo de conocimientos (sobre religión, historia, geografía, genealogía, cosmología, historia natural, filosofía, etc.) que, por regla general, el comentarista tenía que señalar de manera explícita, aclarar y desarrollar (muchas veces en forma de digresiones científicas, geográficas, histó-

---

[18] Según el ms. de Rodríguez Moñino esa primera redacción de los vv. 204-205 es la siguiente: "derecho corre mientras no revoca/ los mismos autos el de sus cristales" (Dámaso Alonso, *Estudios*, 299-306). En su edición de las *Soledades*, Robert Jammes aclara así esta comparación gongorina del río con un proceso legal: "proceso que *corre derecho*, es decir, que sigue su curso normal, mientras una decisión del tribunal, un *auto*, no *revoca* los autos anteriores" (Jammes, 242).

[19] *El Arte poética*, 24 (cit. por M. R. Lida, *Juan de Mena*, 340, n.11).

[20] "De escribir bien, el saber es el principio y la fuente [...] Ordenaré observar el ejemplo de la vida y los usos/ al docto imitador y tomar de ahí vivas las voces" (vv. 309 y 317-318 del *Arte poética*).

ricas) en sus glosas y comentarios. A Homero, por ejemplo, se acudía, entre otras cosas, para aprender geografía, historia, genealogía, "etnología". Como alguien ha observado, Estrabón consagró todo el libro primero de su *Geografía* a demostrar que el autor de la *Ilíada* y la *Odisea* fue el padre de esa ciencia (Daiville, *La géographie*, 63).

A lo largo de la Edad Media, y después, de manera renovada, con el Humanismo y hasta bien pasado el Renacimiento, los poetas clásicos y también la Biblia siguieron siendo valiosas fuentes de información (muchas veces cifrada) que servían como puntos de partida autorizados para escribir sobre las más diversas disciplinas ("científicas" tanto como "sociales"). Los rudimientos de la geografía, por ejemplo, se introdujeron en los *curricula* de los *studia humanitatis* de las escuelas europeas, justamente a través de las glosas y comentarios que servían como explicación a los autores clásicos (latinos y griegos) o a los Libros Sagrados: "Elle [la geografía] pénètre sous le couvert de l´érudition" (Dainville, *La géographie*, 61, 63).[21] Lo mismo sucedió con la historia, desde las antiguas escuelas de Grecia y durante toda la Edad Media los niños la aprendían en los márgenes de los libros utilizados en las clases de gramática y retórica.[22]

De manera especial, las *Metamorfosis* de Ovidio se traducían y presentaban llenas de anotaciones y explicaciones de todo tipo. Así, acompañadas o no de comentario, fueron vistas como una especie de enciclopedia de todo el saber de los antiguos. En España, por ejemplo, Juan de Mena en su (auto)comentario a la *Coronación* ("ventana abierta al taller del poeta" —dice María Rosa Lida—) utiliza constantemente el *Ars amatoria* y sobre todo las *Metamorfosis* "como un diccionario o manual de antigüedades, y ya que no traduzca, como Alfonso, el *Ovide moralisé*, alegoriza minuciosamente varias fábulas del *Libro mayor*, como todavía lo llama" (María Rosa Lida, *Juan de Mena*, 533). En 1589, Pedro Sánchez

[21] En las escuelas jesuitas de principios del siglo XVII, las obras de dos geógrafos del siglo primero, Dionisio el Periegeta (Περιέγεσισ τῆσ οἰχουμένεσ) y Pomponio Mela (*De situ orbis*), cuyo estilo literario hizo que fueran muy apreciadas y editadas por los humanistas, fueron destinadas a los maestros y estudiantes de retórica como manuales de geografía (Dainville, *La géographie*, 66).

[22] *Cfr.* Beryl Smalley ("Sallust", 168): "Sallust was commonly listed in the section classified as *ars grammatica*. Boys learned their history in ancient and medieval classrooms alike in the margins of grammar and rhetoric: history and mythology guided them to understand the allusions in literary texts and supplied a quarry of *exempla* for the orator to draw upon".

de Viana publica las *Transformaciones de Ovidio traducidas en tercetos y octavas rimas... Con el comento y explicación de las fábulas, reduciéndolas a filosofía natural y moral y astrología e historia.* Según esta tradición, el papel que desempeñaba el comentarista (desentrañando alusiones, y exponiendo de manera clara y explícita todos los datos implícitos, extrayendo las más diversas enseñanzas de donde pudiera) resultaba de vital importancia. Esa misma concepción del papel del comentarista es la que anima la advertencia de don Enrique de Villena a los que quieran copiar su traducción de la *Eneida* y se sientan tentados a ahorrarse las glosas.

Más adelante, cuando se emprende la explicación de algunos poetas "modernos" que escribían en lenguas vulgares, el tópico del *docto poeta-docto comentarista* se pone al servicio, no sólo de la "defensa e ilustración" de la poesía (como vehículo privilegiado de conocimiento), sino de las lenguas vulgares frente a las lenguas clásicas.[23] Claro está que a este propósito se prestaban especialmente los poetas más cultistas, como es el caso de Juan de Mena (a cuyo autocomentario acabamos de aludir). En la dedicatoria de su comentario al *Laberinto de Fortuna*, Hernán Núñez compara a Juan de Mena con Homero, diciendo que, al igual que él, "encerró en su poesía la parte principal de la filosofía, tratando con brevedad todo aquel cerco de disciplinas que los griegos dicen Enciclopedia" (Núñez, *Todas las obras*, "Dedicatoria a Gonzalo Pérez", s.p.). Y, naturalmente, a lo largo de todo su comentario Núñez tiene buen cuidado de poner de manifiesto esa erudición —la del poeta tanto como la suya.

En defensa de la poesía se pronunciaron de manera explícita varios escritores del siglo XVI en Inglaterra, apoyados también en la erudición mitológica y alegórica que se atribuía a los poetas. En su *Arte of English Poesie* (1598), George Puttenham decía:

> Poets therefore are of great antiquity. Then forasmuch as they were the first that entended to the observation of nature and her works, and specially of the Celestial courses [...] they were the first that instituted sacrifices of placation [...] were the first Priests and ministers of the holy mysteries [...] the Poet was also the first Historiographer [...] they were the first Astronomers and Philosophists and Metaphysics.[24]

---

[23] Un ejemplo muy elocuente al respecto es el prólogo de Francisco de Medina a las *Anotaciones* de Herrera a la obra de Garcilaso.

[24] *Elizabetan Critical Essays*, Oxford, 1937, II, 6, 7, 9 (cit. por Rossi, *Francis Bacon*, 79).

Como ha observado Rossi, en la Inglaterra de fines del siglo XVI y del XVII, la idea de la poesía como fuente de conocimiento estaba asociada a una concepción de ésta y del mito como una especie de velo con que los sabios cubrieron las verdades sagradas, a fin de protegerlas del "vulgo". Bacon formula esta idea con diversos matices e influye decisivamente en los teóricos posteriores, sobre todo en los de la corriente alegorizante, por ejemplo Henry Reynold's, en su obra *Mythomistes* (*circa* 1633), expone una teoría alegórica de la poesía que atribuye a las fábulas clásicas no sólo un significado ético sino, ante todo, uno de tipo naturalista (Rossi, *Francis Bacon*, 77-80).

Esta idea del poeta —y de su intérprete— como depositario de una vasta doctrina está presente también, naturalmente, en la crítica literaria del Siglo de Oro español. El humanista Francisco Cascales, en una de sus cartas, escrita "En defensa de la Gramática", recuerda que el poeta consumado ha de tener tres cosas: arte, naturaleza y doctrina. Esta última es muy necesaria para él, ya que, por obligación de su oficio, imita y representa toda clase de cosas, y por lo tanto es necesario que sepa "y tenga larga noticia" de todas ellas (Cascales, *Cartas III*, 46-47).[25] Tras dejar esto bien sentado, Cascales procede a enumerar todas las áreas del conocimiento que ha de abarcar el gramático:

> Pues, si el poeta abraza tantas noticias de cosas, el gramático, que ha de explicar lo que él apuntó concisamente, o sean cosas tocantes al astrólogo, o al médico, o al jurisconsulto, o al teólogo, o al marinero, o al labrador, o al ciudadano, o al rey, o al pícaro, o al vivo, o al muerto, o a la tierra, o al cielo, o a los peces, o a las aves, o a los truenos, o a los relámpagos, o a los rayos, o a los gentiles, o a los cristianos, o a los sacrificios, o a los agüeros, o al diablo, o al ángel, el tal gramático, ¿qué cornucopia, qué cosecha de cosas habrá menester para cumplir con su oficio? Y [...]¿no le queda por explicar los preceptos del arte poética, que son muchos y de muchas maneras?
>
> (47-48).

A esta tradición se debe también, en parte, la fama de pedantes insoportables que tuvieron los comentaristas gongorinos. Ciertas reglas —relacionadas también con el didactismo del género del comentario desde

---

[25] Allí cita Cascales los dos versos de Horacio a que me referí más arriba.

sus inicios— los presionaban a hacer un despliegue de todos sus conocimientos (sin descontar los ajenos que hubieran podido allegarse, como en seguida veremos). Salazar Mardones parece tener muy presentes estas reglas. A lo largo de su comentario aprovecha casi cada oportunidad que se le ofrece para ilustrarnos sobre las más diversas disciplinas y cuestiones: astronomía, historia, medicina, derecho, historia natural, costumbres antiguas, actuales, etc. En el fo. 73r° advierte a sus lectores:

> [Es precio que] El que toma a su cargo la interpretación de los poetas, no sólo haya velado ['se haya quemado las pestañas'] al candil de Aristófanes, sino también al de Cleantes, y no sólo ha de tener vistas y conocidas las familias y sectas de los filósofos, sino también de los jurisconsultos y médicos, y de los dialécticos, y tener noticia de cualesquier doctrinas y ciencias que hacen aquel orbe y redondez encadenado, que llaman los griegos Enciclopedia, que quiere decir trabazón de ciencias. Y aún demás desto ha de tener noticia de la doctrina y libros de cualesquier hombres estudiosos y curiosos en noticia de lenguas, y no sólo ha de tener vistas y miradas estas cosas por de fuera, sino muy de dentro, ni (como se dice) las ha de saludar desde el umbral, o portal de fuera, sino buscarlas y visitarlas entrando hasta las últimas recámaras, teniendo con ellas familiaridad íntima.

Nos dice después que éstas son palabras de Poliziano (capítulo 4 de sus *Misceláneas*). Lo que no dice es que había tomado esta —y alguna otra— cita de Luis Carrillo y Sotomayor (*Libro de la erudición*, 45-46).[26] Y esto nos lleva a otra de las convenciones del género del comentario, los:

4. "PLAGIOS" ENTRE COMENTARISTAS

Algunos investigadores se han sorprendido al descubrir, en los comentarios de poesía del Siglo de Oro, pasajes copiados íntegramente de un comentarista a otro. Sin embargo, bien podemos considerar estos "calcos textuales", por la frecuencia y por las condiciones en que se daban, como una verdadera convención del género a lo largo de los siglos. Es un hecho sabido que los humanistas muy a menudo se limitaron a repe-

---

[26] Éste y otros lugares tomados por Salazar Mardones de Carrillo y Sotomayor fueron señalados por Thomas en 1909. Muchos años más tarde Gates ("Salazar Mardones'") indicó otros pasajes tomados del *Examen del Antídoto*, de Fernández de Córdoba.

tir lo que sus predecesores habían dicho; y que a su vez éstos (los escoliastas de la tardía Antigüedad) repitieron lo que habían dicho los primeros comentaristas (Grafton, "On the Scholarship", 152-153, y notas 9 y 10). Para comprender el papel que desempeñaba el plagio en estas obras hay que tomar en cuenta la función didáctica, que, de una u otra forma, comparten los diversos tipos de comentarios, y que determina, en gran medida, su carácter compilativo. Lo importante era acumular, por razones prácticas, la mayor cantidad de doctrina en un solo libro. La acumulación de materiales de muy diversas fuentes, así como el reunir gran cantidad de "autoridades", se valoraba muy por encima de la originalidad o la consistencia teórica. De ahí que muchos comentaristas "plagiaran" a muy diversos autores en un mismo comentario, sin sentir incomodidad ni necesidad de citar sus fuentes como lo hacemos hoy.[27]

5. MULTIPLICIDAD DE INTERPRETACIONES PARA UN MISMO PASAJE

Como se ha mencionado, este hábito era, para Rutherford, una prueba más de la poca confiabilidad de los escoliastas griegos. Sin embargo, la acumulación de interpretaciones para un mismo pasaje fue en muchos casos no sólo aceptable, sino incluso deseable en la práctica de diversos tipos de comentario, como por ejemplo el de textos sagrados. Fue, entre otras cosas, un aspecto fundamental, tanto de la metodología judía de interpretación de la Biblia (pensemos en obras como el *Talmud* y el *Zohar*), como de la exégesis bíblica cristiana. La múltiple interpretación fue utilizada por Jesucristo, san Pablo, Orígenes y otros predicadores, y más tarde objeto de reflexiones teóricas para san Gregorio, san Jerónimo, san Agustín, etc.[28] San Jerónimo, en un pasaje de *Contra Rufinum*

---

[27] Para un tratamiento un poco más detenido de este aspecto y algunos ejemplos de comentaristas gongorinos, véase Castaño, "Importancia".

[28] A finales del siglo XI, en el prefacio a un comentario sobre el *Génesis*, el monje benedictino Guiberto de Noguent se propone "buscar más riqueza de los sentidos diversos de la Sagrada Escritura", y justifica el método de la interpretación múltiple diciendo que el exégeta o el predicador se dirigen a un público mixto de ignorantes y cultos. En relación con este aspecto Guiberto resalta además la importancia de la experiencia personal del predicador y la necesidad de una predicación vívida. Como ha observado Murphy, la defensa que hace Guiberto del concepto de interpretación múltiple "muestra que tiene un papel muy claro en la interpretación" (Murphy, *La Retórica*, 307-310) (*Cfr.* Murphy, *La Retórica*, 284-287 y 307-310).

que será despúes citado por Beroaldo (*Cfr.* Grafton, "On the Scholarship", 187-188), decía:

> ¿Cuál es la función de los comentaristas? Explicar lo que otros han dicho; expresar en un lenguaje simple puntos de vista que otros han expresado en forma oscura; citar las opiniones de varios individuos, y decir: "algunos interpretan este pasaje en este sentido y otros en otro". De esta manera y con estos testimonios, intentan sustentar su comprensión del texto y su propia interpretación, a fin de que el prudente lector, después de leer las diferentes interpretaciones y de considerar cuáles debe aceptar y cuáles rechazar, juzgue por sí mismo cuál es la más correcta y, como un experto cambista, rechace la moneda falsamente acuñada.[29]

Frente a esta postura existió otra paralela, que se esforzaba por privilegiar una sola entre varias interpretaciones posibles: fue la adoptada por algunos humanistas y autores con gran conciencia de su oficio, como Calderini, Poliziano, Sabellico y Beroaldo, que cultivaron un nuevo estilo de comentario, escrito para especialistas y ya no para aprendices, que ya no glosaba palabra por palabra sino que seleccionaba pasajes difíciles o interesantes (*cfr.* Grafton, "On the Scholarship", 155-156). Como se trataba de demostrar precisamente la habilidad del comentarista para dar soluciones definitivas a problemas textuales, el nuevo estilo rechazaba el hábito de la interpretación múltiple.[30]

A este hábito se refirieron también, en tono crítico, algunos poetas y esritores renacentistas, y es precisamente a través de estos rasgos de individualidad como mejor puede apreciarse la convención subyacente con-

---

[29] Traduzco al español de la versión inglesa de Hritzu (Washington D.C., 1965), utilizada por Grafton.

[30] "When the members of this generation turned from the commentary to the collection of precise *Annotationes*, they did abandon one bad habit which had characterized their lectures. They no longer set out two alternate solutions of a given problem without choosing between them —a maddening habit which had characterized the classroom lecture since the Hellenistic period" (160-161). Grafton aduce dos razones para el origen de este hábito en los primeros comentaristas: que, en algunos casos, estaban proporcionando lecciones diferentes, lo que los llevaba a dar explicaciones diversas; y, en otros casos, se trataba de recoger escolios y anotaciones anteriores en un solo comentario (llamado *variorum*). Al parecer, según Grafton, los comentaristas del Renacimiento simplemente imitaron esta práctica, sin obedecer necesariamente a las anteriores razones.

tra la que se recortan. Dante, por ejemplo, en la *Vita Nuova* (XXIX), al explicar cierto simbolismo del número nueve, admite que: "Quizá persona más sutil hallaría en esto razón todavía más sutil"; y en seguida acota: "pero la apuntada es la que yo veo y la que me place más." Boccaccio, en el *Trattatello in laude di Dante*, da una explicación del origen de la palabra *poesía*, y también admite que otros pueden dar otras, tal vez buenas, aunque la suya es la que más le agrada.

Por otra parte, los comentaristas de Ovidio en el siglo XVI, especialmente los de tendencia alegorizante, extraían múltiples interpretaciones de las historias de las *Metamorfosis*, e incluso llegaban a sostener que todas habían estado presentes de manera simultánea en la mente del autor (Moss, *Ovid*, 50-51). También en el siglo XVII era corriente esta práctica: George Sandys, quien tradujo las *Metamorfosis* al inglés y después las acompañó de extensos comentarios (1632), escribió, una a continuación de otra, interpretaciones prácticamente opuestas. Al comentar, por ejemplo, la historia de Píramo y Tisbe adopta primero una clara postura en favor de los jóvenes enamorados, haciendo una elocuente defensa de la pureza de su amor y contrastándola con la mezquindad de los afectos e intereses de sus padres.[31] Y a renglón seguido hace una reflexión moralizante sobre el triste final de los amores clandestinos y sobre el deber de obediencia a los padres.[32] Aunque no es difícil darse cuenta de cuál de estas interpretaciones prefiere Sandys, lo importante es el hecho de que incluye ambas (además de ofrecernos datos sobre la existencia de moras negras y blancas, los gusanos de seda y el árbol de la morera).

---

[31] "[...] Pyramus and Thisbe: whose wretched ends upbraid those parents who measure their children by their owne out-worne and deaded affections, in forcing them to serve their avarice or ambition in their fatall mariages (aptly therefore compared to the tyranny of Mezentius, who bound the living to the dead till they perished by the stench) more cruell therein to their owne, then either the malice of foes or fortune: yet undoing are undone, and share in the generall calamity. Not considering that riches cannot purchase love; nor threats or violence either force or restraine it: which free by nature, as proceeding from the freedome of the will, disdaines compulsion; subduing all, unsubdued by any: and so generous that, whereas all other affections and actions aime at different rewards, love only is contented with love, holding nothing else a sufficient recompence" (Sandys, *Ovid's*, 156).

[32] "On the other side this exemplifies the sad successe of clandestine loves, and neglected parents, to whom obedience is due, and the disposure of that life which they gave them" (Sandys, *Ovid's*, 157).

Salazar Mardones da también interpretaciones múltiples a varios pasajes del romance de Góngora. Además, en este caso el comentarista tiene, en todo momento, la opción de atribuir casi cualquier cosa del poema a la intención cómica de Góngora. Después de explicar abundantemente cierta comparación, nos dice el comentarista: "A no cuadrar todo lo dicho podría pasar por jocosa [...]".

Por otra parte, la creación poética utiliza un procedimiento análogo a la interpretación múltiple cada vez que el poeta propone no una, sino dos imágenes casi simultáneas para referirse a un mismo objeto. Como resultado, hay una multiplicación de imágenes poéticas y de correlaciones a lo largo del poema.[33] En el *Polifemo*, por ejemplo, Góngora nos dice que el Lilibeo (promontorio de Sicilia) es, o la bóveda de la fragua del dios herrero, Vulcano, o la tumba de los huesos del gigante Tifeo (que fue vencido en su lucha contra los dioses y sigue arrojando fuego y piedras por boca del Etna). Esta duplicidad lleva a otra, con la que se encuentra en correlación: las cenizas que cubren los llanos al pie del volcán son también, en cierta manera, dobles: pueden ser señal, o de la "sacrílega" lucha del gigante o de la herrería de Vulcano: "pálidas señas, cenizoso, un llano / *cuando no* del sacrílego deseo / del duro oficio da [...] (Alonso, *Góngora, Polifemo* IV, 51-54). Otro ejemplo en el que Góngora propone diferentes versiones mitológicas para referirse a la misma cosa (esta vez con finalidad claramente humorísitica) se encuentra en la *Fábula de Píramo y Tisbe*: el poeta va a describirnos los pechos de la muchacha y, puesto a elegir entre comparar su belleza con la del ave Fénix o con las manzanas del jardín de Venus, opta por ofrecernos ambas cosas: "Las pechugas, si hubo Fénix,/ suyas son; si no le hubo,/ de los jardines de Venus/ pomos eran no maduros" (*Píramo y Tisbe*, cuarteta 18).[34] De esa manera, además, el poeta hace burla de esas discu-

---

[33] Hace ya muchos años que Dámaso Alonso analizó este aspecto de la poesía de Góngora y utilizó para describirlo la fórmula estilística *A, si no B* (*Si no B, A; A, ya que no B; A, cuando no B*, etc.), típicamente gongorina, por ejemplo: "si piedras no lucientes, luces duras" y observó que todas estas variantes de la fórmula se originan más o menos en el mismo proceso "no esencialmente distinto del que produce los varios tipos de dubitación retórica, tampoco infrecuentes en poesía gongorina" (*La lengua*, 138-156).

[34] Este procedimiento se repite en diferentes lugares del mismo poema, con algunas variantes pero con resultado también cómico: para describir "los bellos miembros de Tisbe" (cuarteta 102) el poeta finge dudar por un momento entre dos calificativos: "¿ebúrneos diré, o divinos?" para, en seguida, optar por los dos: "divinos digo, y ebúrneos".

siones de tipo erudito, casi siempre irrelevantes para la apreciación de la obra poética, a que tan afectos eran los comentaristas (¿Existió o no el ave Fénix? ¿Habían llegado a Roma los gusanos de seda en tiempos de Ovidio? ¿Quién fue el inventor de los templos?). En la misma línea están los primeros versos del romance: "La ciudad de Babilonia,/ famosa, *no* por sus muros/ —*fuesen* de tierra cocidos/ *o sean* de tierra crudos—"[35] en que Góngora alude festivamente al *coctilibus muris* de Ovidio y a tantos otros, poetas y comentaristas, que se habían referido a los ladrillos cocidos de la muralla de Babilonia.[36]

Cervantes usa el mismo procedimiento, en prosa y en verso, en el episodio de la cueva de Montesinos, con intención de ridiculizar la historia de Durandarte y Belerma, y, de paso, las sesudas "averiguaciones" de los críticos sobre detalles nimios: don Quijote se encuentra con Montesinos y le pregunta si fue verdad, como cuentan las historias, que le sacó el corazón del pecho con una pequeña daga a su amigo Durandarte y se lo llevó a su señora Belerma, tal como él se lo había pedido antes de morir, Montesinos le contesta "que en todo decían verdad, sino en la daga, porque no fue daga, ni pequeña, sino un puñal buído, más agudo que una lezna",[37] haciendo, con esta salvedad sobre un detalle sin importancia, que toda la situación adquiera un tinte cómico. Unas líneas más adelante Cervantes pone en boca del mismo Durandarte muerto un romance en el que le ruega a Montesinos: "que llevéis mi corazón/ adonde Belerma estaba,/ sacándomele del pecho,/ ya con puñal, ya con daga",[38]

[35] "[...] *sino* por los dos amantes,/ celebrados hijos suyos,"(en los que hay dos imágenes dobles: los muros, de ladrillos "cocidos" *o* "crudos" por una parte, y por la otra el motivo de la fama de Babilonia: *no* los muros, *sino* los amantes). Poco más adelante, en la cuarteta 5, refiriéndose a Ovidio: "el licenciado Nasón,/ *bien* romo *o bien* narigudo"; y en la cuarteta 7 se dice que el moral fue condenado "*si* del Tigris *no* en raíces,/ de los amantes en frutos", etc.

[36] Salazar Mardones se refiere a Sidonio Apolinar, Marcial, Propercio, Lucano, Juvenal y sus intérpretes y, entre los poetas españoles, a Juan de Mena.

[37] Para rematar, inteviene Sancho:"Debía de ser el tal puñal de Ramón de Hoces, el Sevillano". Don Quijote le responde: "No sé. Pero no sería dese puñalero, porque Ramón de Hoces fue ayer, y lo de Roncesvalles, donde aconteció esta desgracia, ha muchos años; y esta averiguación no es de importancia, ni turba ni altera la verdad y contexto de la historia" (cap. xxiii, 2a parte).

[38] Clemencín observó que Cervantes fundió dos romances antiguos sobre el mismo tema y cambió el final de uno de ellos (originalmente decía: "con esta pequeña daga") (*cfr.* Rodríguez Marín, ed., 95-96, n.20).

utilizando de nuevo, esta vez en poesía, el recurso de dar interpretaciones alternativas para un mismo pasaje.

6. Chistes y alusiones a realidades cotidianas para el comentarista

Éste, que podría parecernos un rasgo muy moderno, no lo es. Está directamente relacionado con el carácter didáctico del género y responde tal vez a la necesidad de amenizar. Se encuentra en algunos maestros de la escuela de Bizancio, en el siglo XII, como Juan Tzetzes o Eustacio, arzobispo de Tesalónica. Ambos hacen referencia en sus comentarios a la lengua viva de su tiempo, a sucesos y costumbres contemporáneas, y resultan a veces verdaderas minas de información sobre la lengua y el folclore de su época. La costumbre de dar equivalentes en lengua vernácula para palabras difíciles fue al parecer criticada por los colegas más conservadores de Tzetzes (Browning, "Byzantine", 15-16), lo cual puede indicarnos que no era, de todas formas, un hábito demasiado extendido.

En algunos comentaristas de Dante, como Giovanni del Virgilio, pueden encontrarse por ejemplo, entre las descripciones de dioses y diosas de la Antigüedad, anécdotas obscenas.[39] Al parecer, entre los humanistas empezó a cultivarse en general un estilo más personalizado, donde el autor del comentario se dejaba ver a veces a sí mismo tras sus observaciones gramaticales, científicas, históricas, etc. Como alguien ha observado, si queremos conocer los rasgos más secretos o más profundos del carácter de Erasmo, podemos recurrir a las *Annotationes in novum testamentum*; allí encontraremos tantas revelaciones sobre los usos y costumbres de aquel tiempo, y sobre las reacciones afectivas del humanista como en su vasta correspondencia.[40]

En España Hernán Núñez, al principio de su comentario al *Laberinto de Fortuna* de Juan de Mena, menciona el refrán "No hay miel sin hiel" (22),

[39] *Cfr.* Minnis (*Medieval Literature*, 323) añade: "Boccaccio himself, of course, never enforced a rigid separation between learned commentary and story-telling. Perhaps modern critics are sometimes more narrow-minded and convention-bound than their medieval counterparts".

[40] *Cfr.* Jean-Claude Margolin ("De la digression", 3). Más adelante se refiere al mismo aspecto en Guillaume Budé: "Parlant de sa vigne et des crus parisiens, ou de sa visite à un maître orfèvre, s'indignant des folles dépenses de quelques Romains ou des malheurs de la France, Budé reste parfaitement dans les lois d'un genre dont il faudrait sans doute écrire l'histoire" (21).

y en su explicación de la copla XI del *Laberinto* define el viento como "resuello de la tierra" (25). Después, los comentaristas del Siglo de Oro hacen constantes referencias a cosas como la moda, el precio de los libros, las costumbres sociales, o —como observó Antonio Alatorre ("Garcilaso, Herrera", 145-146)— citan con relativa frecuencia poemas o chistes de sus amigos o de poetas contemporáneos, e inclusive, en casos como el de Herrera, poemas suyos. Por su parte, a propósito de la cuarteta 111 de la *Fábula*, en que Tisbe va, sin saberlo, a encontrarse con su fatal destino ("Cual engañada avecilla/ de cautivo contrapunto,/ a implicarse desalada/ en la hermana del engrudo [...]"), Salazar Mardones señala que la "hermana del engrudo" es la liga (sustancia pegajosa que se utilizaba para cazar pájaros) y recuerda "la salada e ingeniosa pluma" de su condiscípulo Anastasio Pantaleón, que llamó a la liga "aparejo glutinoso"; y cita en seguida la cuarteta de su amigo: "Pues si no traigo oncejera,/ ni aparejo glutinoso,/ en el pozo, como dice/ el refrán, cayó mi gozo" (163v°). También acude a expresiones coloquiales o populares cuando explica que Píramo y Tisbe "eran vecinos, que decimos, de pared enmedio"; cuando, después de una larga digresión sobre los malos olores (a propósito del abrazo de la criada negra en la cuarteta 38) el comentarista dice: "bien puedes perdonarme la digresión, y el haberme pasado del sobaco a la boca [...]" (61r°); o cuando quiere reproducir las tonadas con que las amas les cantan a los niños pequeños para arrullarlos ("que ordinariamente suelen ser estas voces *la lla, la lla*" (22r°). Y ¿qué decir del Abad de Rute? Su *Examen del Antídoto*, lleno de agudezas y ocurrencias, está sembrado de expresiones de la lengua viva: "¿qué nos dirá V.m. a esto? Qué, aora lo veredes, dixo Agrajes"(450), "decimos que aporrea el sol como mazo"(407), "¿Al que vemos enojado, no decimos que está hecho un león, al armado, que lo está como un reloj [...]? (412), "que cada buhonero alabe sus agujas" (464), etc.

7. Uso de la etimología

Este recurso retórico, que es ante todo un recurso de interpretación, es uno de los que mejor ilustran la convivencia de hábitos de creación y hábitos de interpretación a que me refería al principio de estas páginas. El papel que desempeñó la etimología, tanto en el comentario de textos dentro de los más diversos campos (jurídico, literario, médico, bíblico, etc.) como en la poesía propiamente dicha, dependió, en buena medida, de una muy arraigada idea: la de que en las palabras con que nombramos las cosas reside su esencia y verdadero conocimiento. No haré aquí un análisis de este aspecto; diré únicamente que la etimología, mucho más cercana a lo que hoy conocemos como "etimología popular" que a la moderna ciencia de la etimología (*cfr.* Alatorre, *Los 1001 años*, 68) era tan utilizada por los "gramáticos" o intérpretes que ya Quintiliano, en el siglo I, advirtió que la falta de conocimientos (del griego, de la historia antigua, etc.) había hecho a los amantes de la etimología caer en los más absurdos errores. Esto no arredró a los "gramáticos" de los siglos que le sucedieron (por ejemplo en España, Pellicer, en sus extensos comentarios a la poesía de Góngora, no vacila a la hora de dar etimologías para cualquier palabra), aunque sí contribuyó a despertar entre algunos ciertas sanas reservas con respecto a su uso (por ejemplo el Brocense, *Minerva*, 469, Correas, *Arte de la lengua*, 26 y 336 y el mismo Salazar Mardones, *Ilustración*, 49v°).

En poesía, el procedimiento de recurrir a la etimología fue también muy utilizado, desde Homero y los poetas griegos hasta los del Humanismo, el Renacimiento y el Barroco, como ya observó Curtius.[41] Aquí habría que analizar y establecer diversos matices, desde la "figura etimológica", observada por María Rosa Lida en Juan de Mena (*Juan de Mena*, 186), y que podría definirse como la utilización, en la misma construcción, de palabras etimológicamente relacionadas (Dupriez, *Gradus*, 176-177) hasta lo que Robert Jammes (*Soledades*, 108n) ha llamado "etimologismo", y que consiste en una "vuelta erudita a la etimología de las palabras", característica de Góngora, "corriente desde Mallarmé y Valéry, y que se nota con frecuencia en las poesías de Jorge Guillén y Vicente Aleixandre".

***

Naturalmente, en estas notas me he referido sólo a algunos de los recursos típicamente utilizados y de las actitudes adoptadas en algunos comentarios de poesía escritos en lenguas vulgares desde la Edad Media

[41] ("La etimología", en *Literatura europea*, 692-699). Sobre el uso que hace Cervantes de la etimología en el *Quijote* véase Spitzer, *Lingüística*, 172-183. Spitzer habla incluso de una "manía etimologizadora de todos los grandes poetas medievales" (172).

hasta el siglo XVII. Todos estos tópicos han quedado apenas apuntados, especialmente el de la etimología. Otros recursos (como el de la digresión), y actitudes (por ejemplo las adoptadas frente al criterio de autoridad), no han sido siquiera mencionados, ambos merecen un tratamiento aparte y no es éste el lugar de detenernos en ellos. Valgan estas notas como una invitación a ampliar y sistematizar esta lista, y a enriquecerla con abundantes ejemplos —y no nos extrañe que, en la recolección de éstos, inadvertidamente nos adentremos en nuestro siglo. Sólo cuando hayamos avanzado en esa tarea estaremos en condiciones de hacer una apreciación más justa de ese género que, en efecto, fue hace ya muchos siglos irremisiblemente "infectado por el arte de la retórica".

BIBLIOGRAFÍA

ALATORRE, ANTONIO, "Garcilaso, Herrera, Prete Jacopín y don Tomás Tamayo de Vargas", *Modern Language Review* 78, 1963, 126-151.

——, *Los 1001 años de la lengua española*, México: El Colegio de México/Fondo de Cultura Económica, 1989.

ALIGHIERI, DANTE, *Comedia*, trad. en verso y notas de Ángel Crespo, Barcelona: Planeta, 1983 [Ed. bilingüe].

——, *La vida nueva. Vita nuova*, trad. de Francisco Almela y Vives, pról. de Francisco Montes de Oca, México: Universidad Nacional Autónoma de México, 1965 [Ed. bilingüe].

ALONSO, DÁMASO, *Estudios y ensayos gongorinos*, Madrid: Gredos, 1970.

——, *La lengua poética de Góngora*, Madrid: Consejo Superior deEstudios Científicos, 1950 (Anejos de la *Revista de Filología Española*, XX).

——, *Góngora y el Polifemo*, t. 2, Madrid: Gredos, 1961

ARTIGAS, MIGUEL, *Don Luis de Góngora. Biografía y estudio crítico*, Madrid: Tipografía de Archivos, 1925.

ÁLVAREZ DE LUGO, FRANCISCO, *Para leer "Primero sueño" de sor Juana Inés de la Cruz*, ed., pról. y notas de Andrés Sánchez Robayna, México: Fondo de Cultura Económica, 1991.

BROWNING, ROBERT, "Bizantine Scholarship", *Past and Present* 28, 1964, 3-20.

CARRILLO Y SOTOMAYOR, LUIS, *Libro de la erudición poética*, ed. de Manuel Cardenal Iracheta, Madrid: Consejo Superior de Investigaciones Científicas, 1946.

CASCALES, FRANCISCO, *Cartas filológicas* III, ed., introd. y notas de Justo García Soriano, Madrid: Espasa-Calpe, 1954 [Epístola 3, 40-71].

CASTAÑO, ANA, "Importancia de los plagios en la obra de Salazar Mardones", en *Actas del XII Congreso de la Asociación Internacional de Hispanistas* (en prensa).

CÉARD, JEAN, "Les transformations du genre du commentaire", en *L'Automne de la Renaissance 1580-1630* (Actes du XXII Colloque International d'Études Humanistes, Tours, juillet, 1979), Paris: 1981, 101-15.

CORREAS, GONZALO, *Arte de la lengua española castellana*, ed. y pról. Emilio Alarcos García, Madrid: Consejo Superior de Investigaciones Científicas, 1954.

CURTIUS, ERNST ROBERT, *Literatura europea y Edad Media latina*, trad. de Margit Frenk y Antonio Alatorre, México, Fondo de Cultura Económica, 1975.

DAINVILLE, FRANÇOIS DE, *La géographie des humanistes*, Paris: Beauchesne, 1940.

DUPRIEZ, BERNARD, *A Dictionary of Literary Devices. Gradus, A-Z*, trad. y adaptado por Albert W. Halsall, Toronto: University of Toronto Press, 1991.

FERNÁNDEZ DE CÓRDOBA, FRANCISCO, *Examen del "Antídoto"*, en Miguel Artigas, *Don Luis de Góngora. Biografía y estudio crítico*, Madrid: Tipografía de Archivos, 1925, 400-467.

GARRISON, David, "The Self-Conscious Intention of Góngora's *Fábula de Píramo y Tisbe*", *Journal of Hispanic Philology 7*, 1963, 191-200.

GATES, EUNICE JOINER, "Salazar Mardones' Defence of Góngora's Poetry", *Modern Language Review* 49, 1954, 23-28.

GÓNGORA Y ARGOTE, LUIS DE, *Obras completas*, ed. de Juan Millé y Giménez e Isable Millé y Giménez, Madrid: Aguilar, 1972.

——, *Soledades*, ed. de Robert Jammes, Madrid: Castalia, 1994.

GRAFTON, ANTHONY, "On the Scholarship of Politian and its Context", *Journal of the Warburg and Courtauld Institutes* 46, 1983, 150-188.

HUNT, RICHARD WILLIAM, "The Introductions to the «Artes» in the Twelfth Century", in G. L. Bursill-Hall (ed. e introd.), *The History of Grammar in the Middle Ages. Collected Papers*, Amsterdam: John Benjamins, 1980.

JENARO-MACLENNAN, L. *The Trecento Commentaries on the "Divina Commedia" and the "Epistle to Can Grande"*, Oxford: Oxford University Press, 1974.

KRISTELLER, PAUL OSKAR (ed.), *Catalogus Translationum et Commentariorum: Mediaeval and Renaissance Latin Translations and Commentaries: Annotated Lists and Guides*, ed.Paul Oskar Kristeller, Washington: 1960.

LIDA DE MALKIEL, MARÍA ROSA, *Juan de Mena, poeta del prerrenacimiento español*, México: El Colegio de México, 1984 [1ª ed. 1950].

MARGOLIN, JEAN-CLAUDE, "De la digression au commentaire: pour une lecture humaniste du *De asse* de Guillaume Budé", *Neo-Latin and the Vernacular in Renaissance France*, eds. G. Castos y T. Cave, Oxford: 1984.

MINNIS, A.J. Y A.B. SCOTT (eds.), *Medieval Literary Theory and Criticism c. 1100- c. 1375*, Oxford: Clarendon Press, 1988.

MOSS, ANN, *Ovid in Renaissance France: A Survey of the Latin Editions of Ovid and Commentaries Printed in France before 1600*, London: Warburg Institute, University of London, 1982.

MURPHY, JAMES J., *La retórica en la Edad Media*, México: Fondo de Cultura Económica, 1986.

NÚÑEZ, HERNÁN, *Compilación de todas las obras del famosíssimo poeta Juan de Mena: conviene a saber las ccc, con otras xxiiii coplas y su glosa, y la Coronación de las coplas de los siete pecados mortales con otras cartas y coplas y canciones suyas. Agora nuevamente añadidas y imprimidas*, 1540.

PELLICER DE SALAS Y TOVAR, JOSEPH, *Lecciones solemnes a las obras de don Luis de Góngora y Argote, Píndaro andaluz, príncipe de los pöetas líricos de España*, [Madrid, 1630], New York: Georg Olms Verlag, 1971 [Ed. facsímil de Guido Mancini].

PÍNDARO, *Olímpicas*, introd., versión y notas de Rubén Bonifaz Nuño, México: Universidad Nacional Autónoma de México, 1990.

PREMINGER, A., O.B. HARDISON, Y K. KERRANE (eds.), *Classical and Medieval Literary Criticism: Translations and Interpretations*, New York: 1974.

QUAIN, EDWIN A., "The Medieval *Accessus ad Auctores*", *Traditio* III (1945), 215-264.

QUINTILIANO, *Institutio Oratoria: Quintilian on the Teaching of Speaking and Writing*, ed. James J. Murphy, Southern Illinois University Press, 1987.

RICO, FRANCISCO, *Alfonso el Sabio y la "General estoria". Tres lecciones*, Barcelona: Ariel, 1984.

ROSES LOZANO, JOAQUÍN, *Una poética de la oscuridad. La recepción crítica de las "Soledades" en el siglo XVII*, Madrid: Támesis, 1994.

ROSSI, PAOLO, *Francis Bacon: From Magic to Science*, Chicago: University of Chicago Press, 1968.

RUTHERFORD, WILLIAM G., *A Chapter in the History of Annotation, Being Scholia Aristophanica, III*, New York: Garland, 1987 [London: Macmillan, 1905.].

SALAZAR MARDONES, CRISTÓBAL DE, *Ilustración y defensa de la "Fábula de Píramo y Tisbe"*, Madrid: 1636.

SÁNCHEZ DE LAS BROZAS, FRANCISCO (El Brocense), *Minerva o de la propiedad de la lengua latina*, introd y trad. Fernando Riveras Cárdenas, Madrid: Cátedra, 1976.

SÁNCHEZ DE VIANA, PEDRO, *Las Transformaciones de Ovidio: traduzidas del verso latino en tercetos y octavas rimas por el licenciado Viana en lengua vulgar castellana. Con el comento y explicación de las fábulas: reduciéndolas a filosofía natural, y moral, y astrología, e historia*, Valladolid: Diego Fernández de Córdoba, 1589.

SANDKÜLER, BRUNO, *Die frühen Dantekommentare und ihr Verhältnis zur mittelalterlichen Kommentartradition*, Munich: 1967 (Münchner Romanistische Arbeiten, XIX).

SANDYS, GEORGE, *Ovid's Metamorphoses Englished, Mythologiz'd, and Represented in Figures. An Essay to the Translation of Virgil's Aeneis* [Oxford: John Lichfield, 1632] New York: Garland, 1976 [Ed. facs.].

SANDYS, J.E. *A History of Classical Scholarship*, 3 ts. Cambridge: 1996.

SANTIAGO LACUESTA, RAMÓN (ed.), *La primera versión castellana de la "Eneida" de Virgilio*, Madrid: Real Academia Española, 1979 (Anejos del Boletín de la Real Academia Española, 38).

SMALLEY, BERYL, "Sallust in the Middle Ages", en R.R. BOLGAR, *Classical Influences on European Culture (A.D. 500-1500)*, Cambridge: Cambridge University Press, 1971, 165-175.

——, *The Study of the Bible in the Middle Ages*, Oxford, Basil Blackwell, 1952.

——, *English Friars and Antiquity in the Early Fourteenth Century*, Oxford: 1960.

SPITZER, LEO, *Lingüística e historia literaria*, Madrid: Gredos, 1955.

THOMAS, LUCIEN PAUL, *Le lyrisme et la préciosité cultistes en Espagne*, Paris: Halle, 1909.

VALENCIA, PEDRO DE, *Carta de Pedro de Valencia escrita a don Luis de Góngora en censura de sus poesías*, en Góngora y Argote, Luis de, *Obras completas*, ed. de Juan Millé y Giménez e Isable Millé y Giménez, Madrid: Aguilar, 1972, núm. 126bis, 1082-1091.

VÁZQUEZ SIRUELA, MARTÍN, "Discurso sobre el estilo de don Luis de Góngora y carácter legítimo de la poética. Discurso a Don García Coronel de Salcedo, Caballerizo de la Reina N.S. del hábito de Santiago", en Miguel Artigas, *Don Luis de Góngora. Biografía y estudio crítico*, Madrid: Tipografía de Archivos, 1925, pp. 380-394 (Apéndice V).

VILLENA, ENRIQUE, *Los doze trabajos de Hércules*, ed., pról. y notas de Margherita Morreale, Madrid: Real Academia Española, 1958.

——, *Glosas a la "Eneida"*, ed. y estudio de Pedro M. Cátedra, Salamanca: Diputación de Salamanca, 1989.

VINAVER, EUGENE, *The Rise of Romance*, Oxford: Oxford University Press, 1971.

ZETZEL, *Harvard Studies in Classical Philology*, 79, 1975, 337-339.

EL DISCURSO DESDE LA FILOLOGÍA

ALTERACIONES ESCRIBANILES Y
LA RECONSTRUCCIÓN DEL *LIBRO DE APOLONIO*

CHRISTOPHER DONAHUE
University of South Carolina

Un estudio detallado de las tendencias editoriales del *Libro de Apolonio* (contenido en el MS K.III.4, Biblioteca de El Escorial) hace constar que son esencialmente dos las actitudes críticas de los editores frente al texto. Hay, por un lado, los que creen en la posibilidad de recuperar —por medio del análisis de las otras obras coetáneas pertenecientes a la misma escuela literaria— una gran parte del lenguaje del poeta original, dejándonos así una visión más acorde con lo que era la cuaderna vía de la primera mitad del siglo XIII. Por otro lado, hay los que creen que el editor moderno, al introducir emiendas al texto, distorsiona el único testigo existente de la obra, el cual nos ha de interesar no sólo por lo que pudiera ser la versión original, sino también por las modificaciones que transformaron la obra, creando lo que conocemos hoy por hoy como el *Libro de Apolonio* (*Apo*).

Cuentan entre los que se esfuerzan por distinguir entre la obra del poeta original y lo que se puede atribuir a copistas posteriores, los estudios de Marden ("Notes", "Unos trozos"), Arnold ("A Reconsideration"), Hilty ("¿Es posible...?") y Bruno ("Tres nuevas emiendas"), y las ediciones del *Libro de Apolonio* de Marden, Cesare y Alvar.[1] La edición de Janer (*Libre de Apollonio*), cuyo propósito era corregir la edición de Pidal —la primera transcripción completa del *Apo*—, es la primera en insistir

---

[1] Sólo las de Marden, Cesare y Alvar son ediciones críticas del *Apo*. Las demás son estudios breves con un énfasis en la recuperación del lenguaje original.

en reproducir "paleográfica y fidelísimamente el códice" (283).[2] Corbella (*Estudio, Apo*) y Monedero (*Apo*)[3] también tienden a denunciar la intervención del editor que acaba alterando el lenguaje del manuscrito:

> He dado preferencia al texto que nos ha llegado [...] porque prefiero saborear un texto, deturpado sí, pero antiguo, que otro con hipotéticas restauraciones; [...] en definitiva, me parece más provechoso presentar al lector lo que realmente nos ha llegado: un texto del XIII copiado a finales del XIV.
> (Monedero, *Apo*, 39-40).

Más tarde, Corbella aclara que su intención es rendir "un texto lo más cercano posible a la lectura que ese manuscrito nos ofrecía, introduciendo en él sólo aquellas correcciones que podían aclarar el sentido del texto o que parecían fallos evidentes" (*Apo*, 47). Luego escribe, "pensamos que el intento, o la obsesión muchas veces de los medievalistas, de alcanzar la «versión primitiva», aunque no baldío, llega a ofrecer textos hipotéticos" (48).

Es probable que estas actitudes contrarias a la intención de emendar el texto se basen en las lecturas frecuentemente ambiguas, y no pocas veces contradictorias, de los únicos editores (Cesare y Alvar) que hasta la fecha han intentado una reconstrucción crítica de la obra. Vemos con los siguientes versos (*Apo* 5cd) que Monedero y Corbella no cuestionan las reconstrucciones descabelladamente:

MS 5cd:[4]   Ouo en este comedio tal cosa ha contir,
                     que es para en conçejo verguença de deçir.

---

[2] Vale la pena reproducir el juicio que Marden, en su edición de 1917 del *Apo*, hace de la edición de Janer: "While [the Janer] edition is a decided improvement on that of Pidal, it may be noted in passing that his errors of transcription are quite as numerous as those accredited to the earlier editor" (xi).

[3] Queda fuera del presente análisis la transcripción de Cruz-Sáenz (*Text and Concordances*), publicada por el Hispanic Seminary of Medieval Studies y luego incorporada (con ligeras modificaciones) a ADMYTE. Creo que con la transcripción de Cruz-Sáenz vemos uno de los pasos preliminares hacia lo que llegará en un futuro no muy lejano: una edición electrónica del *Apo* —asunto que merece un análisis aparte. Lo que sí se puede afirmar es que la transcripción de Cruz-Sáenz no entra en cuestiones de lenguaje y versificación originales.

[4] Se cita el manuscrito del *Apo* (*MS*) según la edición de Corbella.

La edición de Cesare ofrece:

> Ovo en est comedio tal cosa a contir
> qu'es pora en conçejo verguença de deçir.

Y la edición de Alvar:

> hobo en est' comedio tal cosa a contir,
> es pora en conçejo vergüença de decir.

Las diferencias de opinión en cuanto a la reproducción del lenguaje original son obvias. De ahí, creo, el desdén hacia las reconstrucciones por parte de las editoras más recientes de la obra. Dependen esas reconstrucciones demasiado, según Corbella, del "análisis intuitivo", el cual considera "casi siempre deficiente" (*Estudio*, I, 26).

No obstante la confusión que las lecturas citadas pudieran provocar en el lector, creo que nos equivocamos si reaccionamos contra el proceso de reconstruir el texto original. Si los intentos llevados a cabo hasta ahora han carecido de un método adecuado para convencer en todo momento al lector más crítico, podemos confirmar que, desde la fecha en que salieron a la luz las dos reconstrucciones, se ha desarrollado nuestra apreciación del arte de los primeros compositores de cuaderna vía. A continuación se presentan algunas de las áreas en las que, si saliera hoy una nueva edición, podríamos esperar refinamientos. Empezamos con un comentario breve sobre los versos 5cd, citados arriba, concentrándonos en lo que puede clasificarse, de acuerdo con las editoras más recientes, de texto hipotético.

La emienda *qu'es*, introducida por Cesare para acomodar el metro del alejandrino, no encuentra apoyo en las demás obras de cuaderna vía del siglo XIII.[5] Al contrario, esas obras nos indican que la elisión entre *que* y otra palabra (equivalente a sinalefa) está rechazada completamente por este grupo de escritores.[6] La emienda de Cesare, entonces, revela que el editor rechaza la versión del copista sólo para reemplazarla con un me-

[5] Me refiero a las obras netamente conectadas, cultural y cronológicamente, al *Apo*: el *Libro de Alexandre* (*Alex*) y las obras piadosas de Gonzalo de Berceo (*B*).

[6] Para una buena introducción a la cuestión de la sinalefa en las primeras obras de cuaderna vía, refiero al lector a Fitz-Gerald (*Versification*), Arnold ("A Reconsideration"), Hilty ("¿Es posible ...?") y Nelson (*Gonzalo de Berceo*).

taplasmo que nunca formó parte del lenguaje literario del poeta original.

Alvar, al emendar el mismo verso, no acude a un recurso no usado para eliminar la sílaba sobrante. Pero el editor falla cuando no identifica la preferencia de los poetas originales por la preposición *por* en lugar de *pora* (Nelson, *Gonzalo de Berceo*). Además, la combinación de *por en* la encontramos documentada en varios versos: entre otros, *San Lorenzo* 22a "era por en conçejos muy leal consejero" (Berceo, *Obras completas*) y *Apo* 578d "yo te diré qué fagas por en çierto andar" (Corbella, *Apo*).[7] Estos versos apoyan una emienda para *Apo* 5d que ninguno de los editores sugiere: "que es por en conçejo vergüença de deçir".

Al comentar estos mismos versos, cabe mencionar que el criterio adoptado por Alvar para emendar la ortografía del manuscrito (e. g., Alvar 5c *hobo* por *MS ouo*), entre otras cosas, es cuestionable. Su intención, nos dice, es "preparar una edición en la que el texto quedara fijado de acuerdo con lo que pudo ser la lengua del copista" (I, 81). Su edición no es, por tanto, una reconstrucción del texto original, sino una edición en la que, junto a los elementos atribuibles al poeta del siglo XIII y otros atribuibles al copista del siglo XIV, encontramos un número considerable de elementos atribuibles únicamente al editor del siglo XX.

A continuación indico otras tendencias escribaniles que los futuros editores del *Apo* deberán tomar en cuenta.

Los primeros poetas de cuaderna vía no se preocupaban siempre por la perfecta coordinación o subordinación (Nelson, *Libro de Alixandre*, §2.5s). Prescindían a veces de pronombres, conjunciones, preposiciones y artículos (muchas veces partículas de una sola sílaba)[8] si les facilitaba adherirse a las normas poéticas establecidas. Los siguientes modelos del *Alex* y de *B* nos ofrecen casos claros de cómo los poetas coetáneos al poeta del *Apo* manipulaban el asíndeton y la parataxis para acomodar el alejandrino:

[7] Las abreviaturas de las obras de Berceo (*B*) que se citan aquí son: *San Lorenzo = El martirio de san Lorenzo*; *santo Domingo = La vida de santo Domingo de Silos*; *Milagros = Los milagros de Nuestra Señora*; *Sacrificio = El sacrificio de la misa*; *san Millán = La vida de san Millán de la Cogolla*.

[8] Es de interés notar que con frecuencia el copista siente la ausencia de estas partículas y las introduce al texto, haciendo del alejandrino heptasilábico del siglo XIII un octasílabo típico del romance popular del siglo XIV. Arnold ("A Reconsideration") estudia más a fondo estas tendencias de prosificación en el *Apo*.

Alex 1722:   Mandó mover las huestes, las tiendas arrancar,
avié puesto de ir [Ecbatana] cercar,
la villa destruir, a Dario cativar:
desende adelante su guerra encerrar.
(*Libro de Alixandre*).

San Millán 192: Asmava esconderse en qualquier socarrena,
non fer ningún enojo a yantar nin a cena;
irié Millán su vía tener su qarentena,
prendrié despúes derecho, doblarlis yé la pena.
(Berceo, *Obras completas*).

La tendencia (o quizás el simple reflejo) del copista del *Apo*, sin embargo, era en estos casos convertir el alejandrino en un verso más cómodo de escuchar, según los gustos del público del siglo XIV. Observamos que al eliminar las añadiduras del copista (que se encuentran entre paréntesis), la siguiente estrofa se parece mucho a las que citamos arriba:

Apo 452:   Mandóles que mouiessen (τ que) pensasen de andar,
la carrera de Tiro penssasen de tomar;
(que) sus días eran pocos (τ) querrié allá finar
que entre sus parientes se querrié soterrar.

Otros ejemplos de esta tendencia escribanil de coordinar los hemistiquios son (las añadiduras se encuentran entre paréntesis):

MS 353c-d: maguer lazdraua mucho, cayóle en placer
ca preciáuase mucho (τ) querié algo valer
MS 384*d*:   enviól' su acorro (τ) oyó su petiçión
MS 389*a*:   tórnate al aldea (τ) piensa de tu lauor

Generalmente, Cesare y Alvar identifican sin problema estas alteraciones escribaniles. Pero se equivocan de vez en cuando al emendarlas. Veamos la emienda de *Apo* 385b:

MS 385b: asomaron ladrones que andauan por el mar

En este verso, el escriba añade el pronombre relativo y echa a perder la regularidad métrica del segundo hemistiquio. La emienda lógica

—por lo que venimos considerando— es restaurar la parataxis original, eliminando completamente el pronombre relativo:

> MS 385b: asomaron ladrones, andauan por el mar

Pero los editores optan por mantener el pronombre, y acomodan el metro equivocadamente mediante la sinalefa (las emiendas de los editores están subrayadas):

> Alvar: asomaron ladrones *qu'andaban* por el mar
> Cesare: asomaron ladrones *q'andaban* por el mar

Hay un número significativo de versos para los cuales los editores no tardan en acudir a la sinalefa. El último ejemplo de esto que quiero estudiar no tiene que ver con la sintaxis, sino con la variedad léxica del poeta:

> MS 369d: non podrié en otra guisa de la llaga sanar.
> Alvar: non *podrié'n* otra guisa de la llaga sanar.
> Cesare: non podrié *d'otra* guisa de la llaga sanar.

De nuevo, Alvar emienda el verso hipermétrico sin apreciar la aversión del poeta a la sinalefa. En cuanto a la emienda de Cesare, la elisión entre *de* + *otra* está documentada en otras obras coetáneas al *Apo* (Nelson, *Gonzalo de Berceo*, 39). Existe, sin embargo, evidencia a favor del uso de *otra guisa* (sin la preposición *en*) con el significado "de otra manera":

> San Millán 356d: mas quiso Dios la cosa otra guisa poner.
>   (Berceo, *Obras completas*).

> Alex 748b: que non lo podién omnes otra guisa matar.

Estos versos apoyan la siguiente emienda poco intrusiva que concuerda con las otras obras de cuaderna vía, y que respeta las normas de versificación del poeta:

> MS 369d: non podrié otra guisa de la llaga sanar.

Quizás el metaplasmo más reconocido en el lenguaje de las primeras obras de cuaderna vía es la apócope. Ésta, en el idioma del poeta, no era únicamente un metaplasmo al servicio del alejandrino; formaba además parte del lenguaje escrito en general (Lapesa, "La apócope"). Para el escriba del siglo XIV que copiaba el manuscrito que hoy tenemos, la apócope era un fenómeno mucho menos corriente. Por lo tanto el impulso era rellenar las formas que eran apocopadas originalmente. A veces parece fácil emendar un hemistiquio de ocho sílabas por medio de la restauración de alguna forma apocopada. Sin embargo, las normas que siguen los poetas al emplear la apócope en su obra no son arbitrarias. Al editor crítico le hace falta un conocimiento del sistema de las prioridades que el poeta tenía en mente cuando empleaba los metaplasmos. Gracias al meticuloso estudio de Nelson (*Gonzalo de Berceo*), podemos referirnos a una "ordenación de las reglas", o sea, un catálogo de la prioridad del uso de los metaplasmos utilizados por los primeros poetas de cuaderna vía. Este catálogo es de gran servicio al editor del *Apo*. Por ejemplo, una de las prioridades que establece Nelson es que en *B* y en *Alex* se evita la apócope del pronombre, si existe en el mismo hemistiquio la posibilidad de apocopar los adverbios *como* y *quando*. A continuación ofrecemos algunos ejemplos de la tendencia de mantener el pronombre a costa del adverbio en *B*:

San Millán 79b: el bispo quand lo vio // (apócope de *quando*, aféresis de *obispo*)

San Millán 156a: Sant Millan quand la vio //(apócope de *quando*)

San Millán 196a: // quand se vio cueytado (apócope de *quando*)

Veamos ahora los versos *Apo* 399c y 435a:

MS 399c: quando la houiesse comprada //

El primer hemistiquio de 399c cuenta con dos sílabas sobrantes. Cesare y Alvar toman caminos diferentes al eliminarlas.

Cesare 399c: quando l' hoviés comprada //
Alvar 399c: cuand' la hobiés' comprada //

Los dos concuerdan, correctamente, en restaurar la forma apocopada del verbo para eliminar una de las dos sílabas. Pero, ¿cuál debería ser la segunda emienda? Según las investigaciones de Nelson, es Alvar quien acierta en este caso cuando restaura la forma apocopada del adverbio, manteniendo intacto el pronombre.

> *MS* 435a: // quando lo vio entrar

De nuevo observamos adverbio y pronombre juntos en un hemistiquio hipermétrico. Cesare ignora el valor silábico de *vio* y no emienda el texto en este caso.[9] Alvar reconoce que hace falta una emienda para recuperar el metro del alejandrino. Pero ahora, al contrario de la emienda citada en el ejemplo anterior, en el cual el editor mantiene el pronombre (era consciente de que el pronombre *la* resistía la apócope), Alvar mantiene el adverbio a costa del pronombre.

> Alvar 435a: // cuando l' vio entrar

Por las mismas razones que se indicaron arriba (399c), sería mejor la emienda:

> // quand lo vio entrar

Las tendencias identificadas por Nelson nos han ayudado en estos casos a eliminar la inconsistencia patente en las emiendas implementadas por Cesare y Alvar, y nos dan una base sólida sobre la cual establecer una reconstrucción fidedigna del *Apo*.

Concluyo este estudio refiriéndome al sistema del poeta de utilizar formas dobles y triples de ciertas voces para acomodar el alejandrino.[10] Todas las primeras obras de cuaderna vía contienen por lo menos dos formas del verbo *hacer, Apo* contiene tres: *facer, far* y *fer*.[11] Estas versio-

---

[9] Hay que escindir con valor bisilábico la tercera persona singular del pretérito del verbo *veer*. Véanse Menéndez Pidal (*Manual de gramática*, 279); Nelson (*Gonzalo de Berceo*, 134-136).

[10] Para el uso poético de formas dobles y triples en *Alex* y *B*, véase Nelson (*Libro de Alixandre*, §2.32).

[11] Para estas formas en *Alex*, Nelson (*Libro de Alixandre*, §2.4).

nes distintas del mismo infinitivo sirven para acomodar la rima y el metro del alejandrino. En *B*, la forma bisílaba, *facer*, no compite con otro metaplasmo; el poeta siempre opta por el uso de *fer* (o *far* en posición de rima), para facilitar la introducción de otros vocablos.

> *Santo Domingo* 267a: En visïón li vino de fer un ministerio.
> *Milagros* 715d: fer tal electïón serié grand ceguedat.
> *Sacrificio* 146c: quando a fer oviessen la pascua cabdalera.
> (Berceo, Obras completas).

En estos tres versos se nota que el poeta escoge la forma abreviada del infinitivo antes de comprometer otra forma léxica preferida (*ministerio*, *electïón*, *quando*). Es así también en el *Apo*:

> *MS* 300a: Su cosa aguisada por fer la unción.
> *MS* 311c: començó mas a firmes de fer la maestría.

En estos versos el uso de *fer* (en vez de *fazer* —en *Apo*, como en *B*, *far* sólo se usa en posición de rima) permite que *uncïón* y *maëstría* se escindan con diéresis.[12]

> *MS* 375c: aguzó su cuchiello por fer mal ministerio.

Aquí, *fer* acomoda la forma tetrasílaba *ministerio*, escogida, como en *Santo Domingo* 267a, en lugar de las variantes *mester* y *menester* por cuestiones de rima. En *Apo* 477b, entonces:

> *MS* 477b: que te puede Dios façer aun gran piedat

podemos sugerir la sustitución de *façer* por *fer*:

> que te puede Dios fer //

---

[12] Para *uncïón*, véanse *Lo* 15b, *Hi (1)* 2d (Berceo, *Obras completas*). *Maestra/-o/-os* aparece en un total de 28 versos en *Apo*. De los 28, todos menos seis (para los que se encuentran enmiendas convincentes) se escinden con diéresis.

y rechazar la emienda de Cesare y Alvar:

que t' puede Dios facer //

La intención de este estudio ha sido referir algunos ejemplos que sirven para neutralizar las opiniones contrarias de Janer, Monedero y
Corbella —opiniones que están justificadas cuando se consideran en su
contexto histórico (esto es, la edición de Janer como reacción a la edición de Pidal; y las ediciones de Monedero y Corbella como reacciones
a las ediciones de Cesare y Alvar)— hacia la reconstrucción del *Apo*.
Varios de los estudiosos que se han enfocado en la reconstrucción del
texto (principalmente, Marden, Arnold, y Hilty) han acertado de una
manera convincente en sus investigaciones, y éstas merecen ser consideradas y aceptadas como contribuciones valiosas. El hecho de que las
únicas reconstrucciones del *Apo* que conocemos no nos hayan satisfecho del todo no quiere decir que nos debiéramos dar por vencidos. Los
detalles indicados en el presente estudio (de peso significativo cuando se
aplican al texto entero) sugieren que ha continuado el interés en la reconstrucción del lenguaje original, y que si nos alejamos de los prejui-
cios editoriales, que no hacen más que limitar los enfoques de las ediciones, ha de enriquecerse nuestro aprecio por el fascinante lenguaje poético
del *Libro de Apolonio*.

BIBLIOGRAFÍA

ADMYTE, *Archivo Digital de Manuscritos y Textos Españoles*, CD-ROM, vol.
    1, Madrid: Micronet, 1992.
ARNOLD, H. H., "A Reconsideration of the Metrical Form of *El Libro de
    Apolonio*", *Hispanic Review*, 6, 1938, 46-56.
BERCEO, GONZALO DE, *Obras completas*, ed. de Brian Dutton, London:
    Tamesis, 1967-1981.
BRUNO, GIOVANNI, "Tres nuevas emiendas al *Libro de Apolonio*", *Vox Roma-
    nica*, 52, 1993, 230-236.
CORBELLA, DOLORES, *Estudio del léxico del "Libro de Apolonio,"* 2 ts., La La-
    guna, Tenerife: Universidad de La Laguna, 1986.
CRUZ-SÁENZ, MICHELE S. DE (ed.), *Text and Concordances of Escorial MS K.III.4:
    "Libro de Apolonio", "Vida de santa María Egipciaqua", "Libre dels tres reys
    d'Orient"*, Madison: Hispanic Seminary of Medieval Studies, 1992.

FITZ-GERALD, JOHN D., *Versification of the cuaderna vía as found in Berceo's "Vida de santo Domingo de Silos"*, New York: The Columbia University Press, 1905.

HILTY, GEROLD, "¿Es posible recuperar la lengua del autor del *Libro de Apolonio* a través de la única copia conservada?", *Vox Romanica*, 48, 1989, 187-207.

LAPESA, RAFAEL, "La apócope de la vocal en castellano antiguo. Intento de explicación histórica", *Estudios dedicados a R. Menéndez Pidal, II*, Madrid: 1951.

MARDEN, C. CARROLL, "Notes on the Text of the *Libre d'Apolonio*", *Modern Language Notes*, 18:1, 1903, 18-20.

——, "Unos trozos oscuros del *Libro de Apolonio*", *Revista de Filología Española*, 3, 1916, 290-297.

MENÉNDEZ PIDAL, RAMÓN, *Manual de gramática histórica española*, Madrid: Espasa-Calpe, 1973.

NELSON, DANA A., *Gonzalo de Berceo y el "Alixandre": Vindicación de un estilo*, Madison: Hispanic Seminary of Medieval Studies, 1991.

Libro de Alixandre, ed. de Dana A. Nelson, Madrid: Gredos, 1979.

Libro de Apolonio, ed. de Manuel Alvar, 3 ts., Madrid: Fundación Juan March-Castalia, 1976.

——, ed. de Giovanni Battista de Cesare, Milano: Cisalpino-Goliardica, 1974.

——, ed. de Dolores Corbella, Madrid: Cátedra, 1992.

——, ed. de C. Carroll Marden, Baltimore: The John Hopkins Press, Paris: E. Champion, 1917-1922 (Elliot Monographs in the Romance Languages and Literatures).

——, ed. de Carmen Monedero, Madrid: Castalia, 1987.

"Libre d'Appolonio", ed. de Florencio Janer, en *Poetas castellanos anteriores al siglo XX*, Madrid: M. Rivadeneyra, 1864.

LA *CRÓNICA GENERAL DE ESPAÑA* Y SU TRADUCCIÓN GALLEGA

MARÍA XESÚS BELLO RIVAS
Universität Paderborn

I. INTRODUCCIÓN

La *Crónica general de España* de Alfonso X aparece —hacia finales del siglo XIV— traducida a la lengua en la que el rey sabio ya había escrito sus versos de loor a la Virgen María. Esta traducción es uno de los principales testimonios de prosa medieval gallega. Además, debemos tener en cuenta que la totalidad de la producción en prosa gallega medieval ha sido producto de traducciones: *Crónica general de España y de Castilla, Crónica troyana, General estoria,* etc. En las investigaciones sobre el gallego medieval, este hecho se da generalmente como sobreentendido, pero no ha llegado a ser objeto principal de la investigación. Los textos de la prosa medieval gallega suelen considerarse como testimonios de una tradición lingüística propia y más o menos independiente. Sin embargo, la aplicación de los conceptos de la teoría de la traducción y del llamado *principio de actualidad*, según el cual hay que establecer relaciones entre los fenómenos observables (con abundante material) en una situación presente, con los fenómenos comparables en el pasado, con menos datos disponibles, me llevaron a sospechar que probablemente estas "traducciones" a una lengua tan parecida a la de partida deberían ser investigadas no como textos independientes, sino cotejándolas con los textos originales y comprobando el grado de independencia o dependencia con respecto a éstos. No podemos, claro está, derivar directamente las condiciones de producción de los textos medievales de la situación actual, pero sí podemos observar en ésta fenómenos que probablemente hayan influido también en la creación de aquéllos.

La situación de contacto, dentro de la Galicia actual, de dos lenguas cooficiales, gallego y castellano, ha provocado el surgimiento de múltiples interferencias, tanto de tipo léxico, como morfosintáctico o fonético. Cuando hablamos de interferencias lingüísticas nos referimos, según la clásica definición de Weinreich, a:

> Los casos de desviación con respecto a las normas de cualquiera de las dos lenguas que ocurren en el habla de los individuos bilingües como resultado de su familiaridad con más de una lengua, es decir, como resultado de contactos, serán denominados fenómenos de *interferencia*
>
> (Weinreich, *Lenguas*, 17).

Si la meta del registro al que sometemos un texto se centra en la búsqueda de aquellas realizaciones no propias de la lengua en la que está elaborado, estaremos ante formas que han resultado de una interferencia a la que llamaremos de tipo *positivo*, esto es, una interferencia manifiesta a través de la presencia positiva de un elemento en el texto perteneciente a otra lengua.

Llevando la formulación teórica a la realidad de contacto lingüístico existente actualmente en Galicia, podemos observar que, del contacto con el castellano, resultan muchos casos de interferencias[1] en todos los campos de la lengua. Por ejemplo, son frecuentes en textos gallegos formas de tipo léxico como:[2] "corbata" en vez del gallego "gravata"; "conexo"[3] por "coello"; "sartén" por "tixola", etc. Igualmente encontramos ejemplos del influjo gallego en el castellano de Galicia: "reseso"[4] por "revenido"; "esmagar" por "aplastar", etc.

---

[1] "Todos estes serán exemplos da interferencia chamada de *transposición* (interferencia dunha lingua A en B): nun texto da lingua B aparecen elementos pertencentes á lingua A (-AB) inexistentes en B (+AB). Este tipo de interferencia é o máis descrito nos estudos e dáse no plano fonético, morfolóxico, sintáctico e léxico" (Kabatek, "Traducción").

[2] Ejemplos tomados del *Glosario de formas incorrectas* que aparece, a modo de apéndice, en el *Diccionario Xerais castelán-galego*, 833-844.

[3] Forma producto de la adaptación al sistema fonético del gallego, desconocedor del fonema velar fricativo /c/.

[4] Resulta curioso que esta forma tan frecuente como galleguismo en el castellano de Galicia, no se mencione en el *Diccionario Xerais castelán-galego* como equivalente al castellano "revenido, pasado" (por ejemplo, "el pan está revenido, es de ayer", apareciendo en su lugar, la palabra "correúdo".

Si, además, las lenguas A y B se encuentran muy próximas entre sí (como es el caso que aquí nos ocupa) tendrán en común muchos elementos, interfiriéndose mutuamente al estar siempre presentes de algún modo, con lo que se añade un problema más a la hora de la creación / emisión de un texto en una de esas lenguas. La proximidad facilita, por un lado, moverse en una especie de "zona común" de las dos lenguas en contacto y preferir aquellos elementos que existen en ambas;[5] o bien evitar lo común y optar por una mayor *marcación*[6] del texto, y para esto no tenemos más que escoger las formas no comunes o diferentes.[7] Estos dos tipos de interferencia fueron calificados por Coseriu ("Lo erróneo") como de carácter *negativo*, al ser resultado de la no realización de una u otra forma en la búsqueda, bien de neutralidad, bien de diferencialismo.[8] El término "interferencia negativa" podría llevar a confusiones, ya que no se trata de interferencias "que hagan daño", al contrario de las "provechosas", sino simplemente de interferencias que no consisten en la aparición "positiva" de un elemento de otra lengua en el texto producido. Alteran, en cambio, el texto *dentro de las posibilidades de realización* de la lengua-meta. Si, por ejemplo, un hablante del inglés, al hablar

---

[5] Por ejemplo, optar por las formas comunes al gallego y al castellano: "cerca" y derivados; "encontrar", "desde", "mercancía", "periodista", etc.

[6] En el sentido de mayor *autonomía* (= diferenciación) con respecto al castellano.

[7] Escogiendo, p.e. (*cfr.* nota 5), las formas divergentes: "preto", "atopar", "dende", "mercadoría", "xornalista".

[8] Esta separación dentro de las posibilidades de *interferencia negativa* descrita por Coseriu fue ampliamente desarrollada por Kabatek ("Traducción"), quien etiquetó y concretó estas dos vertientes: "*Interferencia de converxencia*: nun texto da lingua B aparecen sobre todo elementos da zona idéntica ou análoga AB, común ás dúas linguas; esta preferencia polos elementos de AB ten como contrapartida a non-realización (ou "realización negativa") de elementos da zona diverxente B (-AB). Este tipo de interferencia é máis difícil de describir e dáse, sobre todo, no plano morfolóxico-sintáctico e léxico porque se limita a casos onde hai máis dunha posibilidade, pero tamén se pode dar no plano fonético (cando p. e. na lingua de chegada hai variantes de pronunciación e se prefire a pronunciación concordante coa lingua de contacto). *Interferencia de diverxencia*: nun texto da lingua B dáse preferencia ós elementos non análogos ou idénticos B (-AB); a contrapartida desta preferencia por B (-AB) é a non-realización ou "realización negativa" de elementos da zona común AB. Igual có tipo anterior, contrario a este, a interferencia de diverxencia dáse sobre todo no léxico ou no plano morfolóxico-sintáctico, e pode darse no plano fonético coa escolla, de ser posible, de formas diverxentes".

español, da sistemáticamente la preferencia a la palabra *asunto* y evita la palabra *caso* por miedo de que sea una adaptación del inglés *case*, realiza negativamente la palabra *caso* (o sea, no la realiza). Si, en cambio, realiza en forma sistemática la palabra *caso* (por ejemplo, por desconocimiento de *asunto* o por la comodidad de realizar una forma con equivalente formalmente parecido en inglés), la palabra *asunto* se realiza negativamente. Pero en ambos casos, la fuente de interferencia, la presencia de la palabra inglesa *case* en la competencia del hablante, no aparece positivamente comprobable en el texto producido.

La frecuencia de interferencias que aparecen en un texto está condicionada por las condiciones pragmáticas de su producción, y varía según el grado de elaboración del mismo: a mayor grado de reflexión y planificación, mayores serán las posibilidades de selección consciente de elementos. Y un grado muy alto de estas posibilidades lo tenemos, sin duda, en el caso de la traducción.

Volviendo a la realidad del contacto lingüístico existente entre el gallego y el castellano, comprobamos cómo estas técnicas, bien de acercamiento, bien de diferencialismo, son de uso común entre los hablantes, llegando, la mayor parte de las veces, al abuso y a la incorrección. Pero es curioso cómo en Galicia (a pesar de ser un hecho conocido y del que todos —consciente o inconscientemente— echamos mano alguna vez) apenas es objeto de reflexión teórica. El artículo de Fernández Rei, "A lingua galega na prensa escrita", constituye una de las reflexiones más tempranas, al incluir un capítulo dedicado al diferencialismo frente al español y al apuntar lo siguiente:

> A influencia da lingua española pode facer que se altere o semantismo dunha forma galega para fuxir doutra galega idéntica á española, ou ben que se evite a forma galega tal, sustituíndoa por outra agalegada, por un dialectalismo que se cre que é a auténtica galega, por un arcaísmo ou por outro procedemento diferencialista. [...]. O descoñecemento do semantismo está a provocar un empobrecemento do léxico galego, como ocorre no uso de parellas cuase sinónimas como ceibe / libre, deica / ata, derradeiro / último, intre / momento, coidar / pensar e outras semellantes nas que o español pode ter unha única forma que recobre as dúas galegas. Hai quen utiliza só a palabra que é idéntica (ou próxima) ó español e tamén quen usa sistematicamente a diferencial do español, prescindindo dos semas que distinguen eses pares de formas (49-50).

II. LA *CRÓNICA GENERAL*

Una vez registrado el fenómeno a través de varios cotejos de traducciones actuales con sus originales, pensé en la posibilidad de aplicar lo observado a un texto medieval gallego producto de una traducción, como fue el caso de la *Crónica general de España*. Este cotejo nació como consecuencia de las abundantes consultas realizadas en torno a la traducción gallega del siglo XIV. A través de estas indagaciones de intención meramente contrastiva —lo que pretendía era investigar algunos puntos lingüísticos muy concretos—, me fui dando cuenta de que la cualidad de los ejemplos encontrados tras las primeras comparaciones, se ofrecía como un enorme e interesantísimo tesoro, sobre el que era necesario trabajar más a fondo.

La primera labor debía consistir en la preparación de un corpus, resultado del cotejo minucioso de cada uno de los 176 capítulos que componen la obra gallega (éste es el número de capítulos traducidos). A través de este lento trabajo de compilación de ejemplos,[9] fui observando algunas de las técnicas que empleó el traductor de forma más recurrente para elaborar la versión gallega. Lo que más destacaba era la tendencia diferencialista, el ánimo por la divergencia; por eso, cuando me introduje en el estudio analítico de la traducción escogí, entre las variadas posibilidades (problemas de grafía, aspectos concretos del sistema de cada lengua, etc.), el análisis de las técnicas de separación. Estos "mecanismos de separación" pueden agruparse en dos grandes apartados:

Mecanismos de carácter idiosincrásico

Entendemos por "mecanismos idiosincrásicos", aquellos que maneja cualquier versionador de una obra, con el fin de imprimirle un carácter de cierta novedad al texto de llegada. Los analizamos en un capítulo aparte, ya que todos ellos son externos a la lengua a la que se traduce, pudiendo ser empleados con igual fin diferencialista en un traslado dentro de la misma lengua. Citaré algunos ejemplos:

---

[9] Este trabajo constituyó mi tesis de licenciatura de título: *A traducción galega da "Crónica general de España", entre dependencia e innovación*, leída en la Universidad de Santiago en julio de 1995.

a) Desarrollo de las cifras romanas

Lo que persigue el traductor gallego en el campo de las referencias numéricas es, ante todo, la no coincidencia. Así, irá alternando a lo largo de todo el texto entre el desarrollo de las cantidades prescindiendo de la numeración romana (por ser ésta la preferida del autor castellano) y la aceptación, en cambio, esporádica, de las cifras romanas (normalmente como respuesta a una referencia numérica no cifrada en el original). Desarrolla las cantidades mediante una palabra o mediante un sistema mixto de cifras y palabras:[10]

CGC 359 b líneas 22-23	DCCC et LX annos
CGG cap. 2 línea 4	oytoçẽtos et sateenta ãnos
CGC 364 a línea4	DCCCXXVII
CGG cap. 11	línea oytoçẽtos LXXV ãnos
CGC 377 a línea 34	DCCC et XCIX annos
CGG cap. 31 línea 3	d'oytoçẽtos et noueenta ãnos

Frente a la elección unilateral de una cifra en los casos en que la referencia numérica aparece desarrollada mediante una (o varias) palabras en el texto de origen:

CGC 389 a línea 16	sexto
CGG cap. 56 línea 17	VIº
CGC 407 a línea 41	cinco
CGG cap. 56 línea 17	V
CGC 427 a línea 38	seys annos
CGG cap. 106 línea 13	vj ãnos

b) La fórmula temporal "andaua otrossi estonces" y otras referencias cronológicas

La construcción *andaua otrossi estonces* es la escogida por el autor castellano como introducción recurrente al relato de la ubicación cronoló-

---

[10] Las siglas *CGC* corresponden a la versión castellana, mientras que *CGG* se refiere al texto gallego.

gica de los hechos que adelante se muestren. Esta cláusula no es respetada, casi por sistema, en la traducción, adaptándola el trasladador con ciertas variantes (normalmente mediante la omisión de uno o más elementos), consiguiendo así, por una parte, apartar el texto gallego del original castellano y, por la otra, romper la monotonía que le imprime al texto el continuo recurso a esta secuencia como introducción capitular:

CGC 362 b líneas 46-47	andaua otrossi estonces
CGG cap. 8 línea 3	andaua entõçe
CGC 377 a líneas 34-35	andaua otrossi estonces
CGG cap. 31 línea 4	andaua otrossi

A través de los ejemplos anteriores podemos observar cómo juega también a veces el texto castellano, aunque en contadas ocasiones, a apartarse de esta monotonía de la que hablábamos, procurando variar el orden de los elementos pero casi nunca omitiendo uno de ellos, y curiosamente, cuando lo hace, enseguida aprovecha el trasladador gallego la circunstancia para reconstruir el estado inicial de las cosas, persiguiendo, una vez más, el diferencialismo:

CGC 431 a línea 38	andaua otrossi
CGG cap. 11 línea 3	andaua outrosy entõ

Entre otras cláusulas recurrentes de encuadramiento cronológico, podemos citar las siguientes:

CGC 448 b línea 40	andaua ell anno de la Encarnation
CGG cap. 129 línea 4	o ãno da encarnaçõ do Senor
CGC 469 b línea 17	la Encarnation del Sennor
CGG cap. 161 línea 4	a encarnaçõ

c) *Conjunción*

Llama la atención el uso y abuso del empleo de la conjunción *et* en el texto gallego como partícula introductora del enunciado:

CGC 382 b líneas 23-24	en este anno otrossi murio
CGG cap. 41 línea 18	et en este ãño finou outrossi

CGC 382 b línea 47	este rey
CGG cap. 42 línea 8	*et* este rey

suprimiéndola, sin embargo, muchas veces, cuando figura en el original castellano:

CGC 402 b línea 21	*et* fizieron como les el mando
CGG cap. 74 líneas 37-38	fezerõ como llj el mandou
CGC 406 b línea 8	et despues
CGG cap. 74 línea 16	depoys
CGC 433 b líneas 4-5	et assi
CGG cap. 112 línea 20	assy

d) Artículo y demostrativo

Otra posibilidad de desmarcación que se le ofrece al trasladador frente al original, es la del cambio de los elementos que funcionan de actualizadores del sustantivo, esto es, artículos y demostrativos. De nuevo un ejemplo de cambio prácticamente irrelevante en cuanto a la variación de contenido semántico, aprovechado con diligencia por el versionador gallego.

Cambio de un demostrativo por otro de distinta persona:

CGC 369 a línea 9	en *esse* anno
CGG cap. 21 línea 5	en *este* ano
CGC 475 b línea 20	*este* rey
CGG cap. 166 línea 74	*esse* rrey

Cambio de demostrativo por artículo y viceversa:

CGC 369 a líneas 42-43	mudaronle *aquel* nombre
CGG cap. 21 línea 24	mudarõlle *o* nume
CGC 369 b línea 8	el regnado *deste* rey
CGG cap. 22 línea 2	o rreynado *del* rey

*e) Opción de búsqueda de un nuevo vocablo, eludiendo
la confluencia de formas*

Siempre que se somete a comparación un texto resultado de una traslación cualquiera, sin que ésta sea por necesidad una traducción, lo que
primero llama la atención al investigador es el empleo de este método de
permuta de vocablos. Es éste un fenómeno que sólo se dará, por lógica,
al trabajar con dos lenguas emparentadas, y aparece de una forma directamente proporcional: a mayor proximidad entre las lenguas, mayor
recurrencia a este método, ya que el número de términos que coincidan
será más elevado. Y esto es lo que ocurre entre el gallego y el castellano
medievales. Dentro de la competencia del traductor, se le ofrece muchas
veces el castellano semejante en exceso, y de su deseo de variación y de
originalidad, surge este anhelo diferencialista:

CGC 365 a líneas 38-39	*pusoles* como uisquiessen en paz
CGG cap. 13 línea 11	*apostouos* como uiuesem en paz
CGC 365 b línea 18	sin grand *trabaio*
CGG cap. 14 línea 16	sen grã *gerra*
CGC 365 b línea 21	*dones*
CGG cap. 14 línea 18	*dineyros*
CGC 367 a línea 22	del *regnado*
CGG cap. 18 línea 7	do *rreyno*
CGC 367 b línea 24	*uuscarse* mucho mal unos a otros
CGG cap. 19 líneas 20-21	*fazerse* muyto mal ũus outros

Juega con esta posibilidad hasta el extremo de no aceptar por principio el término dado cuando existe otra variante próxima con la que se
pueda sustituir, llegando a extremos como los de los ejemplos siguientes
(obsérvese que se trata de fragmentos tomados de un mismo capítulo):

CGC 400 b línea 45	*leuantate*
CGG cap. 73 línea 4	*leuate*
CGC 401 a línea 17	*lieuate*
CGG cap. 73 línea 52	*leuantate*

f) *Cambio de lugar de elementos en la cláusula*

Al igual que todos los recursos hasta ahora ejemplificados, el cambio de elementos en el texto es una forma más mediante la cual se obtiene un leve cambio respecto al original. Este recurso es con mucho el favorito de nuestro traductor, ya que a través de estas alteraciones no se modifica la información previamente ofrecida por el texto original.

CGC 398 a línea 17	en grand yerro
CGG cap. 71 línea 16	en erro grande
CGC 401 b líneas 43-44	que fagades una postura entre uos
CGG cap. 73 línea 94	que façades ontre uos hũa postura entre uos

Estas mismas técnicas de alejamiento en busca de la originalidad se registran a lo largo de todo el texto, a través del cambio o supresión de: adverbios, adjetivos, personas verbales (siempre que no altere el significado), tiempos, recciones, etc.

Mecanismos internos de la lengua gallega

Figura bajo este apartado aquel tipo de variaciones existentes en el texto, que responden a una alternancia real en el sistema de la lengua gallega. El traductor aprovecha esta dualidad de formas para alejarse del texto castellano, incluso ahí donde éste también oscila entre dos soluciones, optando siempre el versionador por la forma diferente.

a) *Verbos reflexivos*

Los verbos reflexivos castellanos desconocidos en el gallego son traducidos casi siempre por la forma no reflexiva, sin pronombre, aunque aquí la alternancia es bastante elevada, como también lo era en el castellano. Lo que sí es curioso es que el traductor opte en la mayoría de los casos por la forma diferente; así, a una forma con pronombre reflexivo en castellano, le corresponderá una sin pronombre en el gallego y viceversa:

CGC 386 a línea 5	*fuesse* contra los moros
CGG cap. 49 línea 20	foy contra os mouros

CGC 401 b línea 8   *adormecime*
CGG cap. 73 línea 4   *adormeçi*

Frente a:

CGC 362 a línea 11   *arribaron*
CGG cap. 7 línea 2   *arribarõse*

Tenemos la certeza de este juego diferencialista en casos tan extremos como el de encontrar en el mismo capítulo formas opuestas:

CGC 435 b líneas 13-14   *fueronse* ell et don Rodrigo
CGG cap. 113 línea 72   *forõ* el et dom Rroy Valasquez

CGC 435 b línea 20   *fue* su uia
CGG cap. 113 línea 76   *foysse* sua via

b) Rección verbal

También se pueden apuntar los casos de verbos de rección preposicional inestable, inestabilidad con la que juega, una vez más, el escribano gallego en la búsqueda del diferencialismo:

CGC 388 b línea 46   *começo a* regnar
CGG cap. 56 línea 4   *começou de* rreynar

CGC 398b línea 5   puede *tornar en* el
CGG cap. 71 línea 35   pode *tornar a* el

CGC 402 b líneas 31-32   *começaron* todos *de* lidiar
CGG cap. 74 línea 43   *começarõ* todos *a* lidar

c) Colocación del pronombre átono

A través de la lectura de este texto, sabemos de la existencia de una inestabilidad de soluciones en cuanto a la colocación del pronombre átono con respecto al verbo. La época a la que pertenece este texto se distingue por ser un momento de transición, de fijación escrita, por lo que no es extraño encontrar soluciones diferentes en contextos sintácticos semejantes.

Pronombre antepuesto al verbo:

CGC 412 b líneas 14-15	tu *me semeias* duenna sin piadad
CGG cap. 85 líneas 38-39	tu *me semellas* a dona sem piedade

CGC 426 b línea 33	por el *se arranco* la fazienda
CGG cap. 85 línea 36	por el *sse arrãcou* toda fazenda

Pronombre pospuesto sin necesidad (cayendo en la incorrección):

CGC 476 b líneas 19-20	el *que* gano Toledo de moros et *la poblo* de cristianos
CGG cap. 168 línea 30	o *que* gãanou Toledo de mouros et *pobroa* de cristãos

Pronombre pospuesto según el sistema de la lengua gallega:

CGC 410 a línea 10	estonces *le dixo*
CGG cap. 84 línea 26	et entõ *dissollj*

Este juego de interpolación es muy frecuente, siendo uno de los rasgos que más separan estos dos textos entre sí. La interpolación pronominal era de uso común en el gallego medieval y también en el castellano medieval, aunque, como podemos observar en concreto en estas dos obras, es el gallego el que hace un uso casi sistemático, allá donde el texto castellano le ofrece la oportunidad. Si el traductor reacciona con tanta diligencia ante esta posibilidad que le ofrece la lengua gallega, podremos decir, por contraste, que los ejemplos anteriores de colocación casi arbitraria del pronombre en relación al verbo responden a una variación también asistemática dentro del sistema de la lengua del momento o, por lo menos, dentro del *idiolecto* de nuestro traductor:

CGC 360 b línea 8	por ayudarte
CGG cap. 3 línea 16	por te ajudar

CGC 362 b líneas 13-14	ues que a las naues no se podien acoger
CGG cap. 7 líneas 33-34	poys que se nõ podiam (a) acoler aas naues

d) *Posesivo con artículo*

Puede colegirse, tras la observación del texto que nos compete, el hecho de la existencia de una gran variedad en el uso del artículo como antecesor de un posesivo. Esta posibilidad de alternancia entre formas con o sin artículo, se nos ofrece mucho más amplia que en el presente de la lengua gallega. Pero llama la atención que sea precisamente el castellano, que con el tiempo perdió este uso, el que emplee con más incidencia el artículo. De esta situación de uso facultativo del artículo se desprende —al igual que en el resto de los ejemplos hasta el momento estudiados— un empleo alternante y de conveniencia por parte del versionador gallego. Y esta conveniencia, como ya sabemos, no es otra que la de la búsqueda de la originalidad, de la diferencia, con respecto al texto castellano.

Pronombre precedido por artículo en castellano y sin él en gallego:

CGC 381 a línea 18	rogamos nos mucho *al uuestro* amor
CGG 403 a línea 39	con *la su* uenida
CGC 406 b línea 9	*cercal so* palatio
CGG cap. 76 línea 17	çerca *de seu* paaço
CGC 413 a línea 43	en *la mi* mano
CGG cap. 86 líneas 33-34	en *mjña* mão
CGC 427 b líneas 13-14	la *su* muger
CGG cap. 107 línea 7	*sua* moller
CGC 428 a línea 21	en *las sus* manos
CGG cap. 107 línea 48	en *suas* mãos

Casos de pronombre sin artículo en castellano traducidos por pronombre con artículo en gallego:

CGC 398 a línea 27-28	*uuestra* grand cobdicia uos faze oluidar
CGG cap. 71 línea 23	*a uossa* grã cobjça nos faz oluidar
CGC 403 b línea 27	ante *sus* caras
CGG cap. 75 línea 26	ante *as suas* caras
CGC 405 a línea 44	*a sus* cristianos

CGG cap. 75 línea 119   *aos seus* cristãos
CGC 413 a línea 23   todo *mio coraçon*
CGG cap. 86 línea 20   todo *o meu coraçõ*

Como vemos, entre los ejemplos se encuentran casos de posesivo seguido de sustantivos de todo tipo, por lo que no se puede explicar la alternancia sujetándola a algún principio regular, y se constata además la dependencia "al revés" que el traductor mantiene frente al texto a trasladar, añadiendo y suprimiendo cuanto sea preciso para alejarse del original.

III. CONCLUSIONES

Tras este breve viaje a través del texto de la traducción gallega de la *Crónica general de España*, nos fuimos encontrando con una serie de elementos que nos confirmaron las sospechas a las que aludíamos en un principio: la existencia de un traductor que pretende, con una elevadísima recurrencia, encontrar una salida que lo lleve a la diferencia, a la originalidad respecto al texto de partida. Las razones que puedan justificar esta actitud se nos escapan de las manos, quedándonos sólo la posibilidad de aventurar hipótesis que quizás, y sólo quizás, se aproximen a los hechos. Una de las hipótesis más recurridas es la de intentar explicar este deseo diferencialista como consecuencia inmediata del hecho de estar ante dos lenguas muy próximas entre sí, proximidad que impelería al versionador hacia esa búsqueda de lo original.

Las consecuencias de este ánimo "separatista" que guía al traductor son claras: el texto resultante de esta versión es un ejemplo de la lengua escrita gallega que hay que observar siempre con mucho cuidado y teniendo en cuenta el modelo original del que está traducido y sus posibles influencias. Además de las interferencias que siempre existirán entre la lengua del texto traducido con respecto a la del texto original, están aquellas interferencias de tipo negativo, consecuencia de este propósito de alejamiento del texto de salida; la elección de aquellos recursos que como diferentes se le ofrecen en el sistema gallego, aunque este mismo sistema conozca formas coincidentes con el castellano. Por supuesto, son muchas también las semejanzas que se pueden rastrear a lo largo de toda la obra, las *interferencias negativas* que se constatan son tanto de tipo *convergente* como *divergente*, aunque aquí me he detenido más en concreto en el segundo de los casos.

IV. APÉNDICE

Crónica general (castellano) cap. 676   *Crónica general* (gallego) cap. 50

Pág./Lín.   Línea

386a			
26-2	el regnado del rey	o rreynado deste rrey	3
28-29	fue esto en la era de DCCCC et XXX annos	et foy na era noueçẽtos et XXX ãnos	4
29	et andaua otrossi	et andaua	4
30	DCCC et XCII	oytocẽtos et noueenta et dous ãnos	4-5
30-31	et el dell imperio	et o enperio	5
32-33	auiendo grand pesar por la malandança	avendo grãde pessar da maa andança	6
34-35	fuesse de cabo pora tierra de moros	ffoyse *para* terra de mouros	7
36-37	fizo grand astragamiento	ffez muy grãde astragam*ento*	8
37	una tierra que dizien Çitilia	hũa terra q*ue* dizẽ Çessilya	9
42-43	destruxo muchos otros logares, dellos a fuego, dellos a espada	estroyu muytos ou*tros* logares a ff[o]go et a espada	12
44-45	contar los nombres dellos	diz*er* os numes	12-13
48	pudiera llegar a ella en quanto es andadura	podera chegar a ela q*uanto* seeria andadura	14-15
50	con grand prez	cõ muy grã prez	15-16
50	et muy onrrado	et grã onrra	16
52	donna Munina Duenna	dõna Munjna	17
386b			
2	ell uno	hũu	18
4	ouiesse	ouuera	19
4-5	de la uictoria que Dios le diera	da uẽtura q*ue* ouuera	20
9-10	fizo el por ende buena penitencia	fez por ende bõa pedença	22
12-13	auie mucho de fablar con ellos	tinja muyto de ffallar cõ elles	24-25
14	yuntas	vistas	26
15	como dize otrossi	como diz	26
17	et ell uno dessos condes	et hũu destes condes	27
22-23	leuolos en cadenas a Leon	leuouos en cadeas para Leõ	30-31
23	echolos en la carcel	deytouos no ca[r]çer	31
24	do yoguieron penando algunos dias	et jouverõ y algũus dias	31
26-27	que menoscabo el rey	que nõ acabou el rrey	32-33
27	por ello	muyto por ello	33

BIBLIOGRAFÍA

BELLO RIVAS, M. X., *A traducción galega da "Crónica general", entre dependencia e innovación*, tesis de licenciatura, Santiago de Compostela: Universidade de Santiago, 1995.

COSERIU, E., "Lo erróneo y lo acertado en la teoría de la traducción", *El hombre y su lenguaje. Estudios de teoría y metodología lingüística*, Madrid: Gredos, 1977, 214-239.

KABATEK, J., "Traducción e interferencia", *Homenaxe ó profesor Ramón Lorenzo*, Vigo: Galaxia, 1995 (en prensa).

LORENZO, R. (ed.), *La traducción gallega de la "Crónica general" y de la "Crónica de Castilla"*, t. I, Ourense: Instituto de Estudios Orensanos "Padre Feijoo", 1975.

MENÉNDEZ PIDAL, R. (ed.), *Primera crónica general de España*, t. 2, Madrid: Gredos, 1955.

VV. AA., *Diccionario Xerais castelán-galego*, Vigo: Xerais, 1989.

WEINREICH, U., *Lenguas en contacto*, Caracas: Universidad Central de Venezuela, 1974.

SOBRE EL NACIMIENTO DEL CASTELLANO DESDE EL ESPÍRITU DE LA ORALIDAD (APUNTES ACERCA DE LOS TEXTOS JURÍDICOS CASTELLANOS DE LOS SIGLOS XII Y XIII)

JOHANNES KABATEK
Universität Paderborn

Desde hace unos años, los nuevos enfoques que han ofrecido a la lingüística los estudios sociolingüísticos y pragmáticos han llamado también a la puerta de la filología medieval. Ésta ha permanecido más bien recelosa a las nuevas tendencias de investigación lingüística, lo cual se debe, entre otras cosas, a su método bien establecido mantenido por las escuelas tradicionales. Pero, últimamente, este mundo tradicional e inmóvil se halla en "peligro" desde varios flancos: en los Estados Unidos, se proclama una "*new philology*" (*vid. Speculumm*, 65, 1990, sobre todo Nichols, "Introduction"), desde Francia se postula una "lingüística para el texto medieval" (*vid*. Cerquiglini *et al.*, L'objet «ancien français»"), en Alemania y en otros países existen proyectos para observar vestigios de "oralidad" en los textos medievales (*vid*. los proyectos de la Universidad de Friburgo, *Übergänge und Spannungsfelder zwischen Mündlichkeit und Schriftlichkeit*; sobre la alta Edad Media en particular, *vid*. Selig, *Le passage*, y Schäfer, *Schriftlichkeit*, y sobre el castellano, Neumann-Holzschuh, "Spuren"), y en varios centros se están integrando los métodos de la sociolingüística en la lingüística histórica, incluyendo los estudios medievales (*vid*. Romaine, *Socio-Historical Linguistics* o Gimeno Menéndez, *Sociolingüística*).

Uno de los enfoques más prometedores de esta "nueva filología" es la investigación sistemática de la supuesta "oralidad" de los textos medievales, investigación que intenta ocuparse de todas las consecuencias lingüísticas que acarrea el hecho de que en los primeros textos vernáculos medievales influyan, en mayor o menor medida, ciertos rasgos del lenguaje hablado y de que las lenguas no hayan pasado todavía por las selecciones normativas de los siglos posteriores. Evidentemente, el descubrimiento de esta "oralidad" no es nada nuevo, pero sí es nuevo su estudio detallado a todos los niveles, estudio que hay que emprender, sin embargo, con mucha cautela, teniendo en cuenta siempre las distintas tradiciones discursivas, las circunstancias de producción de los textos y el hecho de que, a pesar de la existencia de ciertos rasgos atribuibles al influjo del lenguaje oral, los textos escritos siempre serán producto de la elaboración realizada por una minoría formada y familiarizada con las tradiciones latinas. Para el español antiguo, el estudio pormenorizado de las tradiciones discursivas es algo que en gran parte está todavía por hacer, y habrá que emprenderlo tanto a través de trabajos completamente nuevos, como a través de la revisión y reinterpretación de estudios ya hechos y con base en las ediciones de textos ya existentes.[1] En cuanto a los rasgos de "oralidad" en los textos, es perfectamente válido para el español lo que dijo Suzanne Fleischman respecto al francés antiguo:

> The oral mental habits of all languages that have not grammaticalized writing necessarily leave their mark on linguistic structure. Orality played a crucial role in shaping the grammar (in the linguist's sense) of medieval vernaculars and, consequently, the linguistic structure of our texts. Yet in the extensive philological literature devoted to the Old French corpus, there has been relatively little productive analysis of orality. Not that medievalists have ignored the oral context in which medieval texts functioned, but simply that the implications of this orality —how it influences syntax, text structure, inscription, and the production of meaning in texts— do not carry forward into critical analysis.
>
> (Fleischman, "Philology", 22).

En las siguientes páginas se esbozarán algunas de las implicaciones que conlleva el estudio de las tradiciones discursivas en un campo con-

---

[1] Así por ejemplo, Heiner Böhmer (*Untersuchungen*) hizo un análisis exhaustivo de documentos publicados por Menéndez Pidal y Bastardas Parera, aplicando los conceptos de Koch y Oesterreicher (véase abajo) sobre medio y concepción y ciertos nuevos enfoques de teoría sintáctica, y discutiendo ampliamente los diversos procesos de gramaticalización observables.

creto: el de los textos jurídicos. Éstos parecen, debido a sus características particulares, menos apropiados para un estudio de este tipo que por ejemplo los textos de la tradición épica. Sin embargo, veremos cómo precisamente la importante base documental en el campo del derecho permite descubrir el modo en que se entrecruzan las tradiciones y se llega a la fijación de ciertas normas.

LA TEORÍA

En cuanto a la teoría, cabe preguntarse, en primer lugar, qué se entiende por "oralidad" y cuáles son sus implicaciones, y en segundo lugar, cuál es el significado de conceptos como "oralidad" y "literalidad" dentro de la lingüística variacional, su relación con las variedades lingüísticas y su relevancia en el dinamismo lingüístico.

Ante todo hay que distinguir, por un lado, entre la *concepción* de un texto o discurso y, por otro lado, el *medio* del mismo. El signo lingüístico se puede realizar en el medio fónico o gráfico. Pero si hablamos de "oralidad" y "literalidad" o de "lo hablado" y "lo escrito", nos referimos a menudo a características que van más allá del medio de realización. En la realidad histórico-empírica, no todos los tipos de texto se escriben, ni tampoco todos se realizan oralmente (Kabatek, *Wenn Einzelsprachen*). Las distintas circunstancias de realización y las distintas características de los medios llevan a la formación de tradiciones diferentes del hablar y del escribir, que se influyen mutuamente, pero que también mantienen una cierta independencia. Por ejemplo, la posibilidad de referirse a los contextos extraverbales condiciona que en las tradiciones orales estas referencias tengan más importancia que en las tradiciones escritas, donde generalmente falta esta posibilidad;[2] las altas posibilidades de elaboración de un texto escrito, en cambio, condicionan que en las tradiciones escritas sea más frecuente la existencia de técnicas sólo posibles (o de mayor facilidad) cuando existe un alto grado de reflexión. Sin embar

---

[2] Esta diferencia fundamental fue señalada por Coseriu ("Determinación", 51): "[...] la 'lengua escrita' no dispone en absoluto, o sólo dispone parcialmente, de ciertos entornos (como, por ejemplo, el ambiente, la situación inmediata, el contexto físico, el empírico y el práctico), y, por lo tanto, en la medida en que los necesita, debe *crearlos* mediante el contexto verbal". *Cfr.* también Iakubinski ("Sobre el discurso", 176 y ss.) y Goody y Watt ("The Consequences").

go, la relación entre medio y concepción no es directamente causal, sino producto de la historia particular de cada lengua.

En un trabajo en torno al francés hablado, Ludwig Söll llamó la atención sobre la diferencia entre el medio y la concepción de textos/discursos, que permite tanto hablar de textos escritos "de concepción oral" como de discursos hablados "de concepción escrita", según el siguiente esquema (de Söll, *Gesprochenes und geschriebenes Französisch*, 17):

Esquema 1
Medio y concepción de un texto/discurso

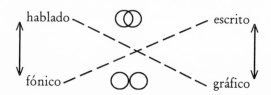

Las flechas continuas del esquema designan relaciones estrechas, las flechas interrumpidas relaciones débiles. Los círculos indican que entre los medios fónico y gráfico hay una relación discreta, un límite claro. Se excluyen mutuamente, mientras que entre la concepción oral y escrita puede haber formas de transición.

En los últimos años, Peter Koch y Wulf Oesterreicher ("Sprache der Nähe"), siguiendo en la línea de Söll, propusieron para las dos concepciones del hablar los términos de *lenguaje de inmediatez* o de *proximidad* ("Nähesprache") y *lenguaje de distancia* ("Distanzsprache"), definiendo las características de cada modalidad y hablando de un "continuo" entre las dos, correlacional con la realización en uno de los dos medios (esquema 2 de Koch/Oesterreicher, *Gesprochene Sprache*, 12).

Esquema 2
"Lenguaje de distancia" y "Lenguaje de inmediatez"

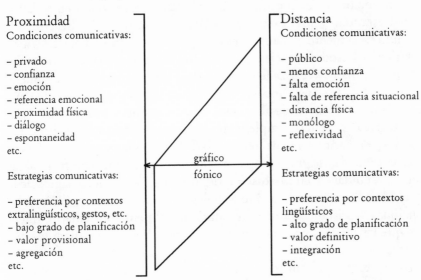

Proximidad
Condiciones comunicativas:

- privado
- confianza
- emoción
- referencia emocional
- proximidad física
- diálogo
- espontaneidad
etc.

Estrategias comunicativas:

- preferencia por contextos extralingüísticos, gestos, etc.
- bajo grado de planificación
- valor provisional
- agregación
etc.

gráfico
fónico

Distancia
Condiciones comunicativas:

- público
- menos confianza
- falta emoción
- falta de referencia situacional
- distancia física
- monólogo
- reflexividad
etc.

Estrategias comunicativas:

- preferencia por contextos lingüísticos
- alto grado de planificación
- valor definitivo
- integración
etc.

Entre los dos polos del continuo hay interminables posibilidades de transición, y ambos modos se pueden realizar tanto gráficamente como oralmente, pero el lenguaje de inmediatez tiende a asociarse con la oralidad y el de distancia con la literalidad.[3] Los triángulos en el esquema representan la frecuencia de realizaciones habitual en una sociedad literaria moderna o la tendencia de asociación con uno u otro medio. Pero si en el nivel universal del *hablar en general* (para los niveles del hablar, Coseriu, *Competencia*, 86 ss.), el lenguaje de proximidad y el lenguaje de distancia son los dos polos de un continuo de posibles realizaciones de un sistema lingüístico, en el nivel histórico de las lenguas como conjuntos de tradiciones de comunidades históricas, no todos los sistemas lingüísticos se suelen utilizar para la realización de todos los tipos de textos o discursos posibles. Existe, en la realidad histórico-empírica, una

---

[3] Los conceptos de Koch y Oesterreicher recuerdan la diferenciación hecha por Karl Bühler en los años veinte entre el "campo deíctico" y el "campo simbólico" (Bühler, *Sprachtheorie*, 79ss.) o la diferencia que hace Talmy Givón entre el "modo pragmático", *pragmatic mode*, y el "modo sintáctico", *syntactic mode* ("From discourse to syntax"). Véase también Neumann-Holzschuh, "Spuren", 54 ss.

correlación entre ciertas variedades de una lengua histórica (o de diversas lenguas históricas) y los diferentes modos de realización, las diferentes concepciones. En la actualidad, suele haber correlación entre la variedad estándar y los textos de concepción escrita (y realizaciones a menudo en el medio escrito), mientras que las variedades dialectales algo distantes del estándar suelen correlacionarse con los textos informales de "proximidad" y realizados generalmente en el medio oral. En Suiza, por ejemplo, *Mundart*, "forma oral", "dialecto", es la palabra con la que se designan las variedades habladas, mientras que *Schriftdeutsch*, "alemán escrito" se refiere simplemente al alemán estándar —escrito o hablado— y en varias zonas del territorio de habla alemana, *nach der Schrift sprechen*, "hablar según la lengua escrita", simplemente significa hablar alemán estándar. Y en la situación diglósica de los primeros siglos de la Edad Media románica (Gimeno Menéndez, *Sociolingüística*, 120 ss.), las funciones de distancia eran cumplidas normalmente por el latín, mientras que las lenguas romances se usaban, por el contrario, para los discursos "de inmediatez".

Ahora bien, si en un momento histórico determinado estas lenguas vernáculas, de concepción oral y realizadas en medio oral, penetran en el ámbito del medio escrito, se suelen producir dos fenómenos: por un lado, el cambio de medio de realización supone la entrada de las lenguas vernáculas (y, por lo tanto, su concepción "de proximidad") en el nivel de la lengua escrita. Pero sería ingenuo creer que el cambio de medio no tuviera más consecuencias y que se tratase de la mera fijación por escrito de discursos orales, ya que, por otro lado, las lenguas vernáculas también penetran en el ámbito de la *concepción* escrita, del lenguaje de distancia, donde se encuentran tanto con tradiciones de ciertos tipos de texto anteriormente sólo realizados en latín como con la lengua latina misma, y se producen numerosas interferencias de diversos tipos.[4]

En una "lingüística del texto medieval" es necesaria, por lo tanto, no sólo la aplicación de conceptos como "oralidad" y "literalidad" ya im-

---

[4] "Es ist z. B. möglich, daß eine Gemeinsprache in einer bestimmten Epoche ihrer Entwicklung überhaupt keine bzw. keine feste Tradition für bestimmte Textarten bzw. Textsorten (z. B. wissenschaftliche Sprache und hierin Linguistik, Literaturkritik usw.) kennt: In diesem Fall wird sie gerade auf diesen Gebieten für die sprachliche Interferenz (fremdsprachliche Beeinflussung) besonders durchlässig sein" (Coseriu "Sprachliche Interferenz" 93). Véase también Kabatek, *Die Sprecher*, 70–71.

plícitamente dados en muchos estudios, sino también la aplicación de los conceptos de la lingüística variacional, de la lingüística de contacto y de los estudios de lingüística pragmática. Hay que investigar la relación entre ciertas variedades lingüísticas o lenguas funcionales con los diversos tipos de textos producidos con base en ellas; hay que investigar las interferencias entre las diferentes variedades y las condiciones pragmáticas de la producción que hayan condicionado la apariencia de éste o de otro tipo de interferencia en un texto determinado (para los estudios de pragmática de las lenguas de contacto: Argente y Payrató, "Towards a Pragmatic"). La lingüística del texto medieval es también siempre *lingüística de contacto*, que llegará a la justa interpretación de muchos de los fenómenos observados sólo si sabe interpretarlos acertadamente como fenómenos de contacto, incluidos los no detectables a primera vista como la llamada "interferencia negativa".[5] Para ello hay que aplicar sistemáticamente los conceptos de dinamismo y cambio lingüístico comunes en algunas escuelas lingüísticas pero poco aplicados en otras.[6]

LA HISTORIA

Los estudios históricos nos permiten situar los textos en el espacio temporal y establecer relaciones entre los acontecimientos "externos" y los fenómenos lingüísticos que descubrimos en los textos. En una "filología

[5] El término fue introducido por Coseriu en 1977 y se refiere a un tipo de interferencia que influye en la selección de elementos y no produce "errores", sino alteraciones de la norma por causa de la "no-realización" de ciertos elementos. Hay dos tipos de "interferencia negativa", uno que consiste en la preferencia por elementos comunes entre dos lenguas y otro, contrario a éste, que consiste en la preferencia por elementos divergentes. El primero se puede dar, entre otras razones, por una estrategia de economía lingüística de los hablantes; el segundo, por ejemplo, por la inseguridad de remitir un elemento a uno u otro sistema. En Kabatek, *Die Sprecher*, donde presenté un estudio exhaustivo de éstas y de otras interferencias en una situación de contacto actual, llamamos al primer tipo *interferencia de convergencia* ("Überschneidungsinterferenz") y al segundo *interferencia de divergencia* ("Unterscheidungsinterferenz"). Bello Rivas ("A traducción galega") aplicó estos conceptos a una situación de contacto medieval y al caso concreto de textos alfonsíes traducidos.

[6] En los Estados Unidos, esta situación se produce en parte por causa de los dogmas chomskianos aún vigentes en ciertas escuelas. Para el cambio lingüístico véase Coseriu (*Sincronía, diacronía*); para un enfoque sociolingüístico y pragmático véase Schlieben-Lange (*Traditionem*).

nueva", el interés por los meros "acontecimientos" y datos históricos cede lugar a los estudios de la formación de las unidades discursivas en la historia y de los contextos de su formación, descartando, donde es posible, la construcción de los mitos, pero aprovechando al mismo tiempo la información disponible para la reconstrucción "arqueológica" del clima histórico y de la creación y tradición de los discursos (Foucault, *L'archéologie*, 9-26 y ss.).

Centrándonos en la relación entre "oralidad" y "literalidad" en los tiempos de formación de los dialectos neolatinos, el castellano no se distingue, en principio, de ninguno de los otros: es evidentemente un dialecto puramente *oral* y es precisamente la oralidad que lo forma, la convergencia entre los diversos modos de hablar de la región que a partir de principios del siglo IX se llama Castilla.

Pero ya en esta fase "prehistórica" y en los primeros siglos de historia de los romances, la evolución de los dialectos es bien diversa, y las diferentes zonas dialectales se distinguen por factores como la existencia o no de centros urbanos, continuidad o discontinuidad política, presencia o no de centros monásticos importantes, grado de comunicación con otras regiones, etc. y, de forma más general, continuidad o discontinuidad de centros de cultura escrita.

Este último factor le sirvió a Ramón Menéndez Pidal para explicar la diferencia entre León y Castilla en la época de los orígenes de las lenguas vernáculas y la marcada "personalidad" de Castilla y del dialecto castellano, apoyándose en datos histórico-jurídicos. Castilla rechaza, según la tradición —en la época en la que el dialecto castellano se empieza a independizar del leonés—, la legislación *escrita* del Fuero Juzgo y se rige por el derecho consuetudinario *oral*, diferenciándose así de los demás pueblos peninsulares:

> Castilla, al emanciparse así de la tradición de la corte visigoda tan seguida en León, al romper así con una norma común a toda España, surge como un pueblo innovador y de excepción. Retengamos esta característica que nos explicará la esencia del dialecto castellano.
>
> (Menéndez Pidal, *Orígenes*, 475).

Castilla aparece en la Historia rechazando el código visigótico vigente en toda la Península y desarrollando una legislación consuetudinaria local. Pues lo mismo sucede en el lenguaje. El dialecto castellano representa en todas esas características una nota diferencial frente a los demás dialectos de España, como una fuerza rebelde y discordante que surge en la Cantabria y regiones circunvecinas.

(*Orígenes*, 487).

Según Menéndez Pidal, se produce —como tantas veces en la historia— una evolución paralela en el avance del derecho y de la lengua, cuyo efecto lingüístico es demostrado sobre todo por medio de ejemplos fonéticos, según los cuales el castellano aparece, entre los dialectos peninsulares, como el dialecto más revolucionario con respecto al latín. En términos del antagonismo entre oralidad y literalidad, podríamos suponer que el castellano, como dialecto de esa especie de "salvaje oeste"[7] ("salvaje oeste" del reino de León), es también un dialecto más arraigado en tradiciones orales y más hostil frente a la cultura escrita de la monarquía leonesa, donde, en cambio, la organización jerárquica de la corte y la afluencia de mozárabes del sur crea y mantiene una cierta estabilidad de las tradiciones escritas.[8]

[7] "En esta zona no existían ni grandes latifundios agrícolas ni monasterios con grandes propiedades; y tampoco se instalaban en ella los artesanos ni los cultos sacerdotes mozárabes. La frontera militar de la España altomedieval era una especie de 'salvaje oeste' en miniatura, que ejercía una atracción sobre los aventureros, los hombres combativos que preferían vivir en medio del peligro y la incomodidad a someterse a las jerarquías establecidas" (Jackson, *España medieval*, 33). Manuel Márquez-Sterling (*Fernán González*, 34) relaciona, siguiendo en parte a Menéndez Pidal, estas particularidades con las características del castellano: "The language they spoke in *la tierra de nadie* was, in consequence, freer to break its ties with Latin and to avoid as well the influence of Visigothic Romance reintroduced in León by the Mozarabs. In the 10th century, Castilian, this new and vigorous language of the frontier, contrasted with conservative Leonese, the language of the court. Its rapidly developing spelling structure, its tendency toward neologism and new euphonic expressions, rapidly left behind the archaic Romance spoken by the old Visigoths and by the new Leonese". Véase también Gimeno Menéndez, *Sociolingüística*, 91.

[8] Hay una larga discusión sobre la veracidad de este antagonismo y sobre su datación. Parece que la suposición de un antagonismo acentuado entre León y Castilla ya en la época de Fernán González se debe a un mito creado en el siglo XIII. Sin embargo, es precisamente en este siglo y el anterior que el antagonismo realmente se da, ya no entre León y Castilla, sino entre Burgos y Toledo, sobre todo: "Le déclin du *Libro Juzgo* et le recours croissant à la fazaña, c'est à dire au libre arbitre du juge, caractérisent la pratique judiciaire castillane du XIIe siècle. La *fazaña* se transforme en *fuero* vers la fin du XIIe siècle et le début du XIIIe, avec l'intense activité des cortes et des rois et la réception des droits étrangers. Parallèlement, la *fazaña* diminue, et le créateur de la jurisprudence, le juge, devient simple exécutant. Très rares seront sous le règne d'Alfonso X les véritables *fazañas*, et le roi les condamne" (Cotrait, *Histoire et poésie*, 430, n. 78).

En Castilla se interrumpe entonces, en parte, la tradición del derecho escrito y, más acentuadamente que en otras regiones penisnulares, es aquí donde rige el derecho consuetudinario local: "Castilla, tierra sin leyes, es la patria de las fazañas, el país del derecho libre" (Sánchez, *Para la historia*, 263; Guilarte, *Castilla*). El "derecho libre" consuetudinario es un derecho no escrito que se orienta, según los historiadores del derecho, a la transmisión oral de costumbres y de casos concretos sin abstracción: las llamadas *fazañas* son, en la tradición jurídica, casos jurídicos que sirven como orientación pero que no presuponen necesariamente una norma jurídica abstracta ni llevan necesariamente a ella. Este derecho judicial no se da sólo en Castilla, pero es aquí donde más persiste (García Gallo, *Aportación*, 393-394). Las *fazañas* constituyen una de las bases para la creación de los fueros municipales.[9] Los fueros fijan por escrito el derecho consuetudinario, en ellos se encuentran normas abstractas de los casos concretos. Ocurre esto, con todo, aún en la época de predominio casi total del latín como medio de expresión de los textos escritos, y podría pensarse que sólo afecta a la historia del castellano en cuanto a las tradiciones textuales que después se trasladan a la lengua vernácula. Pero no toda la tradición oral se fija por escrito, y buena muestra de la pervivencia de la tradición oral castellana la encontramos en varias colecciones de *fazañas* romances de los siglos XII y XIII e, indirectamente, a través de las polémicas entre Alfonso X y los ricos hombres de Burgos y la repetida insistencia del Rey Sabio en la validez exclusiva del derecho escrito (Sánchez, *Para la historia*, 283, 316 y ss.). Pero el derecho alfonsí ya es producto de la plena recepción del derecho romano que empieza a penetrar en la Península Ibérica a partir de la segunda mitad del siglo XII y que junto al derecho canónico llega a su pleno florecimiento en Castilla a través de su adopción alfonsina.

El castellano jurídico de las grandes obras de la segunda mitad del siglo XIII no será de manera alguna producto de la oralidad inicial del dialecto castellano trasladada a la escritura. Aun así, hay dos cuestiones fundamentales para la historia de los textos jurídicos castellanos y de la lengua castellana de los siglos XII y XIII que resultan de estas observaciones históricas. Por un lado, cabe preguntarse si hay textos en los que se refleja la jurisdicción oral y en los que, en cierta medida, quizá se puedan encon-

---

[9] "[...] la fazaña se convierte en fuero" (Sánchez, *Para la historia*, 264; véase también García Gallo, *Aportación*, 394).

trar vestigios de la oralidad original del dialecto castellano; y por el otro lado, habrá que ocuparse de la penetración de las nuevas tradiciones discursivas dadas por la recepción del derecho común y canónico e investigar si éstas llevan a cambios no sólo textuales, sino también lingüísticos propiamente dichos.

Los textos

Veamos ahora, basándonos en algunos ejemplos, de qué forma se podría estudiar el supuesto antagonismo entre textos con un trasfondo de tradición oral (de derecho consuetudinario) y textos con trasfondo de tradición escrita.

En cuanto a la tradición del derecho consuetudinario, las fuentes más importantes que se han conservado son algunas colecciones de *fazañas* castellanas de los siglos XII y XIII. García Gallo publicó en 1934 una pequeña colección de ocho *fazañas* del siglo XII que se caracterizan por un lenguaje poco elaborado y por ciertos rasgos que, según las investigaciones actuales del lenguaje hablado, parecen ser característicos también de textos orales.[10]

> (1) De alia facañia de los ciel[er]os que moraban en palaçio et segabanse las mieses et levantodse con ello e foron epos ellos e çedaron los por medio el palacio e dando en ellos a piedras et a barallod esta voz de la derotella del Palacio Mio Cidez D. Gutier delzina et foron al Rey. Vino a Castro et non pagtaron nada.
>
> (García Gallo, "Una colección", Fazaña 5).

Llama la atención en este ejemplo (y en otros) sobre todo la falta de unidades largas así como de integración sintáctica. Evidentemente, la tendencia a formar cadenas paratácticas del tipo *a et b et c et d* etc. es característica de numerosos textos de la Edad Media (fue observada en varias lenguas romances y en diversos tipos de texto; Riehl, *Der narrative Diskurs*, 45; y Neumann-Holzschuh, *Spuren*, 60-61, con más bibliogra-

---

[10] Con todo, hay que tener siempre presente que esta "oralidad" es muy relativa. Por una parte, faltan en estos textos elementos de discursos hablados como los cambios de interlocutor, las señales de contacto, interrupciones, elementos paralingüísticos, etc., ya que a pesar de todo siempre estamos dentro del ámbito de los textos escritos.

fía). Pero las unidades son aquí extremadamente cortas, presentándose los elementos a modo de mosaico: hay una enumeración de partes que parecen ser apoyos a la memorización de un acontecimiento. No describen la _fazaña_ mediante recursos textuales que la hicieran comprensible sólo con base en la información textual. Esta información queda imprecisa y parece más bien tener la función de recordar un hecho todavía de todos conocido. La poca elaboración con medios textuales se permite por la presencia del contexto (del mismo modo que en el discurso oral, el texto puede ser poco preciso, ya que la explicación está en los entornos; Bühler, _Sprachtheorie_, 154 ss.). Además, estas unidades cortas caben debajo del esquema de lo que Chafe llamó _unidad de entonación_ ("intonation unit") (_Discourse_, 53 y ss.) y que define unidades conceptuales típicas del discurso oral: unidades con estructura de entonación unitaria, separables por pausas, con valor de frases y con una extensión máxima de unas siete palabras realizables en un tiempo aproximado de dos segundos: unidades que, según Chafe, corresponden a la capacidad de la memoria corta y cuyo contenido es abarcable por un hablante en un "single focus of consciousness" (un análisis rítmico de textos en italiano y francés medievales, basado en los conceptos de Chafe, en Riehl, _Der narrative Diskurs_, 45-49).

El testimonio más importante de las _fazañas_ castellanas se nos ha transmitido a través del manuscrito 431 de la Biblioteca Nacional de Madrid. La copia del manuscrito data del siglo XIV, pero cuenta con varias _fazañas_ de mediados del siglo XIII contenidas en el _Libro de los fueros de Castiella_[11] _y procedientes de la región de Burgos_. Para la historia del Derecho, estas _fazañas_ son un valioso testimonio del derecho consuetudinario local. Para la historia de la lengua, son una fuente importante de textos nacidos en una tradición oral y redactados muy probablemente directamente en castellano. En estos textos observamos las mismas tendencias que en las _fazañas_ del siglo XII, pero en un castellano —a excepción de ciertas fórmulas— ya independiente del latín.

---

[11] El mismo manuscrito contiene además una colección de fazañas posteriores en las que, sin embargo, se manifiestan las mismas características. Citamos el MS 431 a partir de la versión informatizada de ADMYTE, Vol. 0, _Fueros de Castilla_, CFR también _Libro de los fueros de Castiella_. Lo subrayado es nuestro.

(2) RUB. CC.xxvij. Esto es por faza < n > nya que *mataro* < *n* > la fija de ferrandode s < an > c < t > o domingo co < m > mo dizian *que la matara* don ferrando & su herma < n > na. Et leuaron le todo lo que tenya en casa. Et vna mug < er > dixo que tenya tres madexas de *aquella mug* < *er* > *que matara* < *n* > et Robaran & que las enpe < n > nara *aquella mug* < *er* > *que mataran* por din < er > os. Et los m < er > ynos querian la p < re > nder por la *muerte dela muger}* *que mataran* & Robaran por aquella que manifestara *que auya ella muerta.* Et el m < er > yno demandaua el omezidio al marido *dela mug* < *er* > *que mataran* por que la testiguara < n > *muerta* en su casa el alcalle & om < n > es bue < n > nos.

Este ejemplo presenta una alta frecuencia de repetición del tema del discurso (la mujer a la que mataron) frecuente en exposiciones orales de poca elaboración o planificación textual, con escasez de pronombres o demostrativos anafóricos y ambigüedad de referencia que sólo se aclara contextualmente. Lo mismo se ve en el siguiente ejemplo:

(3) [Fueros de Castiella] RUB. CC.v. sy vn om < n > e dela villa firiere de cuchiello o sacare cuchi-ello} en cal de Rey a vezino dela villa deuen le cortar la mano. Et sy muriere [¿quién?] deue pechar dozie < n > tos suel-dos [¿quién?]. & ser enemigo de sus parientes del muerto

Textos como éste cumplen con una función evidentemente local; es-tán destinados a lectores de los que probablemente se supone que cono-cen los casos descritos o las normas. La labor jurídica no consiste en su interpretación filológica, sino en la aplicación de las normas conocidas. En la macroestructura, estos textos se presentan en forma de una colec-ción sin orden fijo; y en su microestructura no se preocupan demasiado por el planteamiento sistemático y la presentación lineal de los hechos.

Todo lo contrario ocurre en la tradición del derecho romano justi-nianeo del *Corpus iuris civilis,* que vuelve a la luz a raíz de la labor de los primeros glosadores del *Studium generale* boloñés, de Irnereo y sus se-guidores, y pronto se esparce por toda Europa (Font-Rius, *La recepción*). Aquí la ley es ley escrita e inalterable, y la tarea principal del jurista es la de comentarla e interpretarla. Los textos legales no tienen función local sino universal, son válidos en todas partes y para todos los pueblos, *cunctos populos,* como dicen las primeras palabras del *Codex* de Justiniano. Para tener valor universal, no se pueden referir a la memoria de la co-munidad, tienen que ser inequívocos y claramente estructurados. Y el derecho tiene que ser abstracto para que sea aplicable a todos los casos concretos imaginables. En vez de colecciones poco sistemáticas, el derecho se presenta en un orden claro de doce (o nueve)[12] libros, títulos y leyes. Dentro del texto se intenta mantener una presentación jerárquica y un orden lineal de los hechos.

El derecho romano penetra en la Península a partir del siglo XII, primero en Cataluña y luego también en las otras regiones. Su plena recepción en Castilla ocurre en la época de Alfonso X, cuyo colaborador Maestro Jacobo de las Leyes parece haber estudiado en Boloña y haber aprendido allí las técnicas de los comentaristas jurídicos. Sus *Flores de Derecho* y otras obras escritas en romance son una de las fuentes más importantes de la recepción, penetrando partes de estos textos literalmente en la legislación alfonsí.[13]

Pero hay otro texto de tradición justinianea tal vez anterior a los textos en torno al Rey Sabio: se trata de la versión castellana de la *Summa codicis* provenzal del siglo XII, conocida bajo el título de *Lo Codi*. Los dos manuscritos castellanos de esta *Summa* (MS. 6416 y 10816 de la Biblioteca Nacional de Madrid), datan del siglo XIV, pero la traducción procede probablemente de la primera mitad del siglo XIII.[14] Este texto, cuya lengua está altamente marcada por la influencia provenzal, nos da un ejemplo de cómo penetran las nuevas tradiciones discursivas en el castellano. La versión original provenzal a su vez se basa en varias *Summae* latinas del siglo XII, entre las cuales destaca por su influjo primario la *Summa trecensis*. Si comparamos por ejemplo la escasez o ausencia de elementos de estructuración textual en los fueros o en las *fazañas* con el alto grado de elaboración del *Codi*, vemos que estamos ante un tipo de texto completamente diferente, de una estructura cuyo origen se remonta a los textos latinos de la Escuela de Boloña (como en el ejemplo siguiente *dictum est*, *dicendum est*, etc. se vuelve *dicho es de suso*, *agora digamos*).

---

[12] En la tradición medieval, el *Codex* se reduce de los doce libros justinianeos a los primeros nueve.

[13] La tradición de los textos está siendo estudiada actualmente de manera meticulosa por Jean Roudil ("Le vouloir dire") y nos permitirá valorar mejor el papel desempeñado por los colaboradores jurídicos de Alfonso X en la creación de este tipo de prosa.

[14] Tal parece ser la opinión de Antonio Quilis expresada después de haber examinado el texto. *Cfr. Lo Codi*, 39.

(4)

Summa Trecensis	**Lo Codi en provenzal**	**Lo Codi en castellano**
De uniuersitate petenda dictum est. nunc de ea inter coheredes diuidenda dicendum est (III, 14, 1).	dit es de sobre, en cal guisa deu esser demandada la heretaz ad aqueuz omes que la tenunt. ara digam, en cal mesura deu esser deuedida antre aquelz que sunt heres (III, 30,1).	Dicho es de suso en qual guisa puede ser demandada la heredat a aquellos que la tienen, agora digamos en qual guisa deve ser deveyda entre aquellos herederos que son (III, 32, 1).

No sabemos la fecha de traducción del *Codi* al castellano ni sabemos —si suponemos que se trata de una traducción anterior a los textos en torno a Alfonso X— en qué medida fue conocida o usada por los colaboradores del rey (sólo una comparación detallada de los textos permitirá aclarar este problema). Lo que sí parece evidente es que una posible influencia se limitará probablemente a elementos *textuales* y afectará menos a los elementos propiamente lingüísticos: el castellano de la segunda mitad del siglo XIII tiene ya demasiada personalidad propia como para adoptar la lengua de un texto con tan alta dependencia provenzal. Sin embargo, esto no significa que no sirviera como modelo para la estructuración de los textos, para la claridad de la presentación de la materia jurídica y la exactitud de las definiciones.

(5) Las polémicas entre Alfonso el Sabio y los burgaleses, de las que habla la crónica de este rey, muestran el antagonismo jurídico existente entre la vieja Castilla con sus *fazañas* y fueros y la Castilla toledana con su preferencia por el derecho imperial escrito. El dialecto castellano con su arraigo en la oralidad del que habla Menéndez Pidal se elabora sometiéndose bajo las corrientes culturales europeas. La prosa de finales del siglo XIII sigue presentando rasgos que se pueden interpretar como vestigios de esta oralidad (Neumann-Holzschuh, *Untersuchungen*), pero en realidad ya es una prosa altamente elaborada y con normas propias del lenguaje escrito.

Aquí sólo hemos podido esbozar unas líneas generales de un posible estudio. Habría que tener en cuenta también otros factores, como la tradición textual y lingüística del *Fuero Juzgo*, la presencia de la tradición escolástica y de otros textos didácticos, el influjo de los textos ára-

bes, la evolución en el campo de los documentos de aplicación del derecho, etc. Y habría que investigar además si las observaciones de tipo
textual y de contenido tienen correlatos más propiamente lingüísticos
(por ejemplo, en rasgos sintácticos o en el léxico empleado).

Se ha dicho repetidas veces que la lingüística histórica de finales de
nuestro siglo será en primer lugar lingüística de corpus —y de grandes
corpora— ya que las innovaciones tecnológicas ya permiten el tratamiento de enormes cantidades de datos. Sin embargo —y sobre todo en las
investigaciones de lingüística medieval— habrá que tener en cuenta toda
una serie de factores antes de poder proceder a un análisis cuantitativo.
Son necesarias buenas ediciones y una clara conciencia acerca de las tradiciones discursivas que representan, las posibles influencias de otros
textos y de otras lenguas que pudieron servir de modelo; y también es
menester tener en cuenta el lugar de cada texto en el continuo entre
proximidad y *distancia* para ver hasta qué punto ciertos cambios observados son realmente cambios del sistema lingüístico o si se trata más
bien de evoluciones textuales dadas por la creación de nuevas tradiciones discursivas. De todas formas, ambos fenómenos están estrechamente relacionados. En las lenguas vernáculas de la Edad Media, ciertos textos se nos presentan a menudo con estructuras de información sólo
parcialmente lineales, con repeticiones, preferencias por nombres propios y baja frecuencia de pronombres, con poca variación en los deícticos
y elementos polivalentes que sólo a lo largo de los siglos serían
"desambiguados" y pasarían de una determinación contextual a una determinación gramaticalizada.[15]

En cuanto a los textos jurídicos castellanos de los siglos XII y XIII,
parece prometedor estudiarlos bajo aspectos diferentes: la respectiva tradición discursiva, la dependencia o independencia de modelos escritos u
orales y la relación de su contenido (derecho consuetudinario castellano
vs. derecho romano), así como el lenguaje empleado, para ver en qué
grado el castellano de los textos jurídicos, después de su nacimiento desde las tradiciones orales norteñas, empieza a participar de los universos

---

[15] Véase Company Company, *La frase*, 139: "[...] ciertas funciones que en el español
de la Edad Media venían dadas contextualmente se señalan hoy preferentemente con
marcas formales. Parece tratarse de una matización progresiva en la marcación formal
de algunas formas sintácticas". Véase también Neumann-Holzschuh, *Spuren*, 68-69.

discursivos de la tradición clásica. De esta manera, probablemente se podrá observar cómo el dialecto "primitivo" en la Edad Media se desarrolla lentamente desde su origen en el *Zeigfeld* ("campo deíctico") a su progresiva elaboración del *Symbolfeld* ("campo simbólico") (Bülher, *Sprachtheorie*, 366 y ss.) y desde la variación medieval a la progresiva fijación.

BIBLIOGRAFÍA

ARGENTE, JOAN A. y LLUÍS PAYRATÓ, "Towards a Pragmatic Approach to the Study of Languages in Contact", *Pragmatics* 1, 1991, 465–480.

BADÍA MARGARIT, ANTONIO, "La frase de la *Primera Crónica General* en relación con sus fuentes latinas", *Revista de Filología Española*, 42, 1958-1959, 179–210.

BELLO RIVAS, MARÍA XESÚS, *A traducción galega da "Crónica General" entre dependencia e innovación*, tesis de licenciatura, Santiago: Universidad de Santiago de Compostela, 1995.

BÖHMER, HEINER, *Untersuchungen zur Morphosyntax des frühen Romanischen auf der Iberischen Halbinsel (800–1250)*, Freiburg: 1997.

BÜHLER, KARL, *Sprachtheorie. Die Darstellungsfunktion der Sprache*, Jena: Gustav Fischer, 1934 (trad. española por J. Marías, *Teoría del lenguaje*, Madrid: 1950).

CERQUIGLINI, BERNARD, JACQUELINE CERQUIGLINI, CHRISTIANE MARCHELLO-NIZIA y MICHÈLE PERRET-MINARD, "L'objet 'ancien français' et les conditions propres à sa description linguistique", en Jean Claude Chevalier y Maurice Gross (eds.), *Méthodes en grammaire française*, Paris: 1976, 185-200.

CHAFE, WALLACE, *Discourse, Consciousness and Time*, Chicago: The University of Chicago Press, 1994.

COMPANY COMPANY, CONCEPCIÓN, *La frase sustantiva en el español medieval. Cuatro cambios sintácticos*, México: Universidad Nacional Autónoma de México, 1992.

COSERIU, EUGENIO, "Determinación y entorno. Dos problemas de una lingüística del hablar", *Romanistisches Jahrbuch*, 7, 1955-1956, 29-54.

——, *Sincronía, diacronía e historia. El problema del cambio lingüístico*, 3ª ed., Madrid: Gredos, 1978 [1ª ed. Montevideo 1957].

——, "Sprachliche Interferenz bei Hochgebildeten", en Herbert Kolb y Hartmut Lauffer (eds.), *Sprachliche Interferenz: Festschrift für Werner Betz*, Tübingen: Niemeyer, 1977, 77–100.

——, *Competencia lingüística. Elementos de la teoría del hablar*, Madrid: Gredos, 1992.

COTRAIT, RENÉ, *Histoire et poésie: Le comte Fernan Gonzalez. Histoire et légende*, Grenoble: Allier, 1977.

FLEISCHMAN, SUZANNE, "Philology, Linguistics, and the Discourse of the Medieval Text", *Speculum* 65, 1990, 19–37.

FONT RIUS, JOSÉ MARÍA, "La recepción del Derecho Romano en la Península Ibérica durante la Edad Media", *Société d'Histoire du Droit et des Institutions des Anciens Pays du Droit Écrit. Recueil de Mémoires et Travaux*, Montpellier, 6, 1967, 85–104.

Fueros de Castilla, versión informática de ADMYTE, vol. 0.

FOUCAULT, MICHEL, *L'archéologie du savoir*, Paris: Gallimard, 1969.

GARCÍA-GALLO, ALFONSO, "Una colección de fazañas castellanas del siglo XII", *Anuario de Historia del Derecho Español*, 11, 1934, 522–531.

——, "Aportación al estudio de los fueros", *Anuario de Historia del Derecho Español*, 26, 1956, 387–446.

——, *Manual de historia del derecho español*, 2 vols.: 1.: *El origen y la evolución del derecho*, 2.: *Antología de fuentes del antiguo derecho*, 4ª ed., Madrid: Agesa, 1971.

GIMENO MENÉNDEZ, FRANCISCO, *Sociolingüística histórica (siglos X-XII)*, Madrid: Visor, 1995.

GIVÓN, TALMY, "From Discourse to Syntax: Grammar as a Processing Strategy", en Talmy Givón (ed.), *Discourse and Syntax*, New York: Academic Press, 1979.

GOODY, JACK e IAN WATT, "The Consequences of Literacy", en Jack Goody (ed.), *Literacy in Traditional Societies*, Cambridge: 1968, 27–68.

GUILARTE, ALFONSO M., *Castilla, país sin leyes*, Valladolid: Ámbito, 1989.

IAKUBINSKI, LEV, "Sobre el discurso dialógico", en EMIL VOLEK (ed.), *Antología del formalismo ruso y el grupo de Bajtin*, t. II, Madrid: Fundamentos, 1995, 171–188 [versión original en L. V. SHCHERBA, *Russkaia rech'*, Petrogrado, 1923].

JACKSON, GABRIEL, *Introducción a la España medieval*, Madrid: Alianza, 1974.

KABATEK, JOHANNES, "'Wenn Einzelsprachen verschriftet werden, ändern sie sich'. Gedanken zum Thema Mündlichkeit und Schriftlichkeit", en Gabriele Berkenbusch y Christine Bierbach (eds.), *Soziolinguistik und Sprachgeschichte: Querverbindungen. Brigitte Schlieben-Lange zum 50. Geburtstag von ihren Schülerinnen und Schülern überreicht*, Tübingen: Narr, 1994, 175–187.

——, *Die Sprecher als Linguisten. Interferenz- und Sprachwandelphänomene dargestellt am Galicischen der Gegenwart*, Tübingen: Niemeyer, 1996 (Beihefte zur Zeitschrift für Romanische Philologie, 4).

KOCH, PETER y WULF OESTERREICHER, "Sprache der Nähe —Sprache der Distanz. Mündlichkeit und Schriftlichkeit im Spannungsfeld von Sprachtheorie und Sprachgeschichte", *Romanistisches Jahrbuch* 36, 1985, 15–43.

——, *Gesprochene Sprache in der Romania: Französisch, Italienisch, Spanisch*, Tübingen: Niemeyer, 1990.

Libro de los fueros de Castilla, ed. de Galo Sánchez, Barcelona: El Albir, 1981 (Biblioteca de Historia Hispánica. Textos Medievales. Serie Minor, núm. 1).

"Lo Codi" en castellano. Según los manuscritos 6416 y 10816 de la Biblioteca Nacional, ed. y estudio preliminar de Juan Antonio Arias Bonet, Madrid: Universidad Complutense, 1984.

MÁRQUEZ-STERLING, MANUEL, *Fernán González, First Count of Castile: The Man and the Legend*, Mississippi: University of Mississippi, 1980.

MENÉNDEZ PIDAL, RAMÓN, *Orígenes del español. Estado lingüístico de la Península Ibérica hasta el siglo XI*, 10ª ed. (según la tercera muy corregida y adicionada de 1950), Madrid: Espasa Calpe, 1986 [1ª ed. Madrid 1926].

——, *Reliquias de la poesía épica española*, 2ª ed., Madrid: Gredos, 1980.

NEUMANN-HOLZSCHUH, INGRID, *Untersuchungen zur Konstituentenabfolge in altkastilischen Chroniken des 13., 14. und 15. Jahrhunderts unter besonderer Berücksichtigung der Subjekt-Verb-Anordnung*, Habilitationsschrift, Bamberg, 1993.

——, "Spuren von Mündlichkeit in der Syntax altkastilischer Texte", *Iberoamericana*, 2/54, 1994, 49–72.

NICHOLS, STEPHEN G., "Introduction: Philology in a Manuscript Culture", *Speculum* 65, 1990, 1–10.

OESTERREICHER, WULF, "El español en textos escritos por semicultos. Competencia escrita de impronta oral en la historiografía indiana", en Jens Lüdtke (ed.), *El español de América en el siglo XVI*, Frankfurt: Vervuert, 1994, 155-190.

RIEHL, CLAUDIA MARIA, "Der narrative Diskurs und die Verschriftlichung der Volkssprache", in Wolfgang Raible (ed.), *Kulturelle Prozesse auf Schrift und Schreibprozesse*, Tübingen: Narr, 1995, 37-63.

ROMAINE, SUZANNE, *Socio-Historical Linguistics: Its Status and Methodology*, Cambridge: Cambridge University Press, 1982.

ROUDIL, JEAN, "Le vouloir dire et le dit. Tradition partagée et originalité dans la littérature juridique espagnole du XIIIe siècle", *Cahiers de Linguistique Hispanique Médiévale* 18-19, 1993-1994a, 133-167.

SÁNCHEZ, GALO, "Para la historia del antiguo derecho territorial castellano", *Anuario de Historia del Derecho Español*, 6, 1929, 260-328.

SCHÄFER, URSULA (ed.), *Schriftlichkeit im frühen Mittelalter*, Tübingen: Narr, 1993.

SCHLIEBEN-LANGE, BRIGITTE, *Soziolinguistik. Eine Einführung*, Stuttgart: Kohlhammer, 1973.

——, *Traditionen des Sprechens. Elemente einer pragmatischen Sprachgeschichtsschreibung*, Stuttgart: Kohlhammer, 1983.

SELIG, MARIA (ed.), *Le passage à l'écrit des langues romanes*, Tübingen: Narr, 1993.

SÖLL, LUDWIG, *Gesprochenes und geschriebenes Französisch*, Berlin: Schmidt, 1974.

WENZEL, SIEGRFRIED, "Reflections on (New) Philology", *Speculum*, 65, 1990, 11–18.

EL DISCURSO DE LA LITERATURA TRADICIONAL

FÓRMULAS EN EL ROMANCERO.
CONSERVACIÓN Y VARIACIÓN

AURELIO GONZÁLEZ
El Colegio de México

Menéndez Pidal dijo en alguna ocasión que el texto tradicional vive en variantes y es obra de un autor legión,[1] y desde entonces todos lo hemos citado de una u otra manera. Esta literatura, obra de un "autor legión", que vive "en variantes" (Menéndez Pidal, Catalán y Galmés, *Cómo vive un romance*, Prólogo) rehaciéndose continuamente, es la que corresponde al gusto estético más profundo y permanente de una colectividad.

La cita anterior aún no ha sido desgastada por el uso y sigue siendo una gran verdad de una luminosa claridad sobre lo que es la literatura tradicional, concepto este último mucho más preciso y útil que otros como folclórico, oral o popular,[2] que también se emplean y que implican dificultades conceptuales, tanto cuando nos referimos a determinadas manifestaciones medievales, como a otras más modernas.

---

[1] Y define como poesía tradicional aquella "...que se rehace en cada repetición, que se refunde en cada una de sus variantes, las cuales viven y se propagan en ondas de carácter colectivo, a través de un grupo humano. [...] bien distinta de la otra meramente popular. La esencia de lo tradicional está, pues, más allá de la mera recepción o aceptación de una poesía por el pueblo [...]; está en la reelaboración de la poesía por medio de las variantes" (Menéndez Pidal, "Poesía popular", 74; véase también *Romancero hispánico*, I, 40 y ss.).

[2] Han sido de fundamental importancia las teorías y definiciones acuñadas por Menéndez Pidal, quien distingue acertadamente entre popular y tradicional, definiendo como popular: "Toda obra que tiene méritos especiales para agradar a todos en general, para ser repetida mucho y perdurar en el gusto público bastante tiempo [...]. El pueblo escucha o repite estas poesías sin alterarlas o rehacerlas; tiene conciencia de que son obra ajena, y como ajena hay que respetarla al repetirla" ("Poesía popular", 3).

Aceptando que la literatura tradicional es el resultado de un proceso de conservación y variación, en este trabajo me aproximaré a dos de sus unidades significativas en uno de sus géneros más importantes: el Romancero hispánico, el cual surge en el ámbito medieval y llega a nosotros a través de las publicaciones del siglo XVI.

Como es sabido, en 1421 un estudiante mallorquín en Italia, Jaume de Olesa, al transcribir en un cuaderno el romance de *La dama y el pastor* (Levi, "El romance florentino", 134-160, y Catalán *et al.*, *La dama y el pastor*) fija por primera ocasión, por lo que nosotros sabemos, un texto romancístico que hasta ese momento había vivido sólo en la memoria colectiva, en las múltiples variantes de tradición oral. Desde luego podemos suponer que alguien más, en cualquier otro momento, pudo haber puesto por escrito un romance, y casi no tener duda de que esto haya sucedido, pero el texto de Olesa es importante en cuanto representa documentalmente para nosotros por vez primera, el fenómeno de la fijación por escrito de una versión romancística tradicional. La ausencia de documentos nos permite suponer que el Romancero vive durante mucho tiempo como un texto casi exclusivamente de tradición oral, ya que no sería lógico suponer que el amplio corpus reunido después, y en el cual están incluidos textos que se refieren a acontecimientos históricos sucedidos dos o más siglos antes, fuera compuesto en el siglo XVI, época en que se reunían las primeras colecciones de romances, o por el contrario, suponer que tuviera una amplia transmisión escrita y que se hubieran perdido casi todos los documentos.

El romance es un texto tradicional y, como ya hemos dicho, el texto tradicional se caracteriza por vivir en variantes. En esas primeras colecciones romancísticas del siglo XVI, en varias ocasiones nos encontramos con distintas versiones de un mismo romance, cuyas variantes no podríamos explicar solamente con el trabajo de retoque de los impresores. Por lo tanto, podemos suponer que estas pocas variantes que conservamos son sólo una muestra reducida de un recurso ampliamente utilizado en lo que hoy llamamos Romancero viejo.

La potencia de la vida oral del romance en los siglos XV y XVI la atestiguan también las afirmaciones de los primeros editores de cancioneros, romanceros, silvas, etc., quienes "fijan" el texto al ponerlo por escrito (aunque muchos de los textos ya circulaban en pliegos sueltos), y reconocen la oralidad del mismo cuando dicen que lo han recogido de las

voces populares y que lo han modificado, como afirma el famoso editor
de Amberes, Martín Nucio, en su preámbulo a la edición del *Cancionero de romances* de 1550.[3] Podemos además decir, que lo que hacen estos
editores es fijar *su* texto, desde el momento en que sus versiones están
modificadas por su gusto personal que corresponde al de la época, ya
que hay un distanciamiento, tanto respecto a lo que recogen directamente de la tradición oral, como a lo que seleccionan de cartapacios
manuscritos. Estas versiones publicadas adquieren un prestigio mayor y
distinto (el que da la letra impresa) y tienen un vehículo de difusión
diferente (pliegos sueltos y cancioneros) que harán más difícil, a partir
de ese momento, en determinados ámbitos, el proceso de variación por
parte del posible receptor de esos textos.

Si con la aparición de la escritura, no sólo se modifica la manera de
conservar y transmitir los textos literarios, sino también la forma de "hacer" literatura, posteriormente, cuando aparece la cultura tipográfica, la
literatura escrita abarcará tanto la creación de literatura culta como de literatura popular, aunque ambas formas literarias escritas pueden seguir
transmitiéndose de manera oral.[4] Recíprocamente, los textos tradicionales, esto es, aquellos transmitidos —y sobre todo recreados oralmente— pueden ser preservados y difundidos por escrito.

Entre los romances viejos se conocen textos de origen notablemente
antiguo, originalmente juglarescos o incluso cultos, que se han transmitido de forma oral y que han llegando hasta nuestros días, creando un
lenguaje particular con el cual se reproducen en multitud de variantes
en cada *performance* o ejecución. Estos textos, "romances tradicionales"
de hoy, incluyen desde los romances que se muestran como clara super-
vivencia de textos épicos, como algunos sobre el Cid, hasta los muy

[3] Martín Nucio nos dice: "He querido tomar el trabajo de juntar en este cancionero
todos los romances que han venido a mi noticia [...] no niego que en los que aqui van
impressos aura alguna falta pero esta se deue imputar a los exemplares de adonde los
saque que estauan muy corruptos: y a la flaqueza de la memoria de algunos que me los
dictaron que no se podian acordar dellos perfectamente. Yo hize toda diligencia porque
vuiesse las menos faltas que fuesse possible y no me ha sido poco trabajo juntarlos y
enmendar y añadir algunos que estauan imperfectos [...]" (*Cancionero de romances*, 109).

[4] Margit Frenk ha demostrado ampliamente la importancia de la lectura en voz alta
como vehículo de transmisión de la poesía culta en los Siglos de Oro: "Los manuscritos
servían para fijar los textos y apoyar la lectura en voz alta, la memorización, el canto".
Véase "Lectores y oidores", I, 101-123, así como "Ver, oír, leer...", 235-240.

abundantes romances novelescos, pasando por los de temas carolingios, caballerescos, históricos, etc.

En el proceso de variación, el miembro de la comunidad escucha (sin excluir la posibilidad que el medio de transmisión pueda ser la lectura) un romance que, por sus características, le resulta familiar tanto en su lenguaje como en su contenido. Por lo tanto, no lo rechaza como algo ajeno o perteneciente a una forma cultural que, por consagrada, lo ha marginado.[5] Desde luego que el romance (o cualquier texto tradicional) debe además presentar algún interés para el escucha; esto es, tiene que ofrecer la posibilidad de ser referido a la situación social, real e ideológica, de la comunidad, ya que lo que se memoriza es una "lectura" comunitaria, y no individual, de los distintos segmentos narrativos. Esta posibilidad no está relacionada necesariamente con el tema del romance.

Por lo tanto, en esta primera parte del proceso tradicional, el receptor escucha un texto que reconoce como propio (tanto por el lenguaje como por el tema y el tratamiento), lo descodifica y memoriza el significado de las secuencias que lo componen, las cuales están en relación con un lenguaje (discurso) que él mismo posee y del que es hablante (y que por lo tanto podrá variar); y remite su significado a conceptos que puedan ilustrar de alguna manera su contexto social.

En este sentido, Diego Catalán afirma que los miembros de la comunidad reciben y aprehenden un romance

> [...] palabra por palabra, verso a verso, escena tras escena, y, al memorizarlo, lo han descodificado según su particular interés, nivel por nivel, hasta llegar a extraer de él la lección que les ha parecido más al caso. La tradición oral, es cierto, rara vez retiene modos individuales de entender una palabra, una frase, una fórmula, un indicio, una secuencia de la narración, etc., pero conserva y propaga modos colectivos (regionales, temporales, comunitarios, clasistas, etc.) de descodificar esos elementos en que se articula el romance y de reaccionar (ética, estética, social o políticamente) ante el mensaje.
>
> ("Los modos de producción", 261-262).

Sólo cuando el receptor se ha apropiado del romance es posible que pueda convertirse efectivamente en un transmisor.

[5] A este respecto puede verse la "función identificadora" de los primeros versos de un romance en Aurelio González, *Formas y funciones*, 82-84.

La otra parte fundamental en la etapa de transmisión del romance es la conservación, ya que sin ella el texto dejaría de ser el mismo, y estaríamos ante un fenómeno de libre improvisación sobre un tema por parte del transmisor oral, quien manejaría un lenguaje más o menos codificado, y más o menos tradicional, dependiendo de su apego a una estética colectiva. Los elementos que se conservan son aquellos que permiten a la comunidad reconocer un romance específico como tal. Por lo tanto, cada texto romancístico tradicional tiene unas posibilidades de variación que están determinadas por la relación entre los distintos niveles narratológicos (relaciones de significación).

En este proceso de conservación se pueden mantener estructuras formularias o temáticas aunque éstas se hayan desfuncionalizado. Probablemente éste sea el caso del romance sobre *La muerte del Maestre de Santiago*, que sobrevive actualmente en varias regiones españolas como canción de petición de aguinaldo, forma en la que se ha "fosilizado" el texto, mientras ha desaparecido la función informativa o propagandística que pudo tener este romance en sus orígenes, y por ende la posible significación real concreta en la estructura social de la comunidad que lo canta, más allá de la festividad ("hoy es día de los Reyes primera fiesta del año") a la que está unido.

Considerar la variación como simple falla de memoria, como lo han sugerido algunas veces los seguidores más obtusos de la teoría individualista, es casi infantil, pues un sencillo hemistiquio no tiene mayores problemas para recordarse exactamente,[6] y si no se reproduce igual es porque existe una voluntad de cambio y un verdadero trabajo de creación poética por parte de los transmisores, a través de variaciones que pueden parecer mínimas, pero en las cuales el énfasis y los matices se desplazan de acuerdo con una intención, consciente o automática, de reflejar mejor su propio contexto.

Sin embargo, esta variación, a pesar de su gama tan amplia, nunca es arbitraria, pues en primer lugar se ajusta a una misma historia, aunque las distintas "lecturas" o interpretaciones, generadas muchas veces por las mismas variaciones textuales, van haciendo que la historia no sea un modelo clausurado, sino abierto. En segundo lugar, la variación se man-

---

[6] Sobre las posibilidades de variación de un texto pueden verse los siguientes trabajos: Catalán, "Análisis electrónico, 157-194, Catalán, "Análisis electrónico del mecanismo", 55-77 y Petersen, *El mecanismo de la variación*.

tiene dentro de los márgenes de un "lenguaje" del Romancero que el transmisor conoce, aunque no necesariamente de manera completa y razonada. Sin este "lenguaje", el transmisor o sus escuchas no podrían reconocer el texto como parte de su patrimonio cultural.

Es claro que la variación en el vocabulario y la sintaxis de un romance estará condicionada por el propio sistema lingüístico en que se lleva a cabo la narración, pero, por lo dicho anteriormente, la peculiar tradición lingüística del género Romancero también condicionará la variación en este nivel de articulación del texto. Existe otro límite para la variación, y es la formación verbal específica de cada romance en particular. Contrariamente a los modernos juglares serbios que, según lo ha explicado Albert Lord en *The Singer of Tales*, recomponen sus textos acudiendo a un acervo de estructuras formulísticas intercambiables, en la tradición romancística las versiones "no surgen de la improvisación verbal de un sujeto cantor que conoce la historia relatada y que echa mano, para recomponerla, del acervo común lingüístico y formulaico a disposición de los romancistas" (Catalán, "Los modos de producción", 251; véase también Catalán, "El motivo y la variación", 149-182), sino que existe un vocabulario, determinadas estructuras sintácticas complejas y sintagmas, que definen a un romance determinado tanto como su intriga, y que el transmisor conserva en la memoria con suficiente precisión (véase Menéndez Pidal, "Los cantores épicos yugoslavos", 195-214).

Un elemento discursivo que el transmisor retiene en su memoria y que forma parte de ese lenguaje tradicional es la fórmula; sin embargo esta unidad "fija" es también una unidad abierta en cuanto acepta la variación, tanto en el nivel de la forma como, incluso, en el del significado. Veamos en principio una estructura formularia. Entiendo el término "fórmula" en el sentido de una serie de elementos que se repiten sin variación notable (tanto discursiva como significativamente) en distintos textos, y "estructura formularia" como aquella que presenta variables notables o una reestructuración de los elementos de la fórmula.[7]

Las menciones de la plata en el Romancero viejo se asocian frecuentemente con el oro.[8] Podemos considerar que esta relación, frecuente y

---

[7] A este respecto me remito a los trabajo clásicos sobre la fórmula de Lord, *The Singer of Tales* y de Webber, "Formulistic Diction", 175-278.

[8] Con respecto a los distintos usos del oro en el Romancero puede verse mi artículo "El oro en el Romancero viejo", 11-24.

unitaria en cuanto a significado, que constituye una estructura formularia. Fundamentalmente, la estructura formularia se establece ligando dos elementos que tienen relación con un todo: por ejemplo, estribo-espuela como componentes del arnés del caballero:

> ¡Cuánta de la espuela de oro! ¡Cuánta estribera de plata!
> > (*Reduán, Guerras civiles,*
> > *Primavera*, 197).[9]

Este tipo de enumeración admirativa de dos elementos es frecuente en el Romancero, y la atribución de su substancia al oro y a la plata para denotar lujo y esplendor es formulística. Esta estructura, apoyada en el oro y en la plata, puede tener también una realización más simple; esto es, perder la admiración y limitarse a enunciar, como en los elementos de la cama donde yace Espinelo:

> los bancos eran de oro,   las tablas de plata fina,
> los colchones en que duerme   son de una holanda fina,
> > (*Espinelo, Flor de enamorados*, 51v.,
> > Di Stefano, 219).

o el castillo de Rocafrida de la enamorada Rosaflorida:

> El pie tenía de oro   y almenas de plata fina
> > (*Rosaflorida, Cancionero s. a.*, 190,
> > *Cancionero de Romances 1550*, 201,
> > Di Stefano, 153).

En los dos ejemplos anteriores la adjetivación de la plata (como también en muchas ocasiones la del oro) es como *fina*, esto es pura.

La fórmula puede aparecer incluso donde su sentido puede ser difícil, y desplazarse de lo lujoso a lo maravilloso:

> Debaxo de un arvoredo   muy alto en maravilha,
> que el pie tenía de oro   y la rama de plata fina,
> > (*La Infantina, Amsterdam 1638*, 10v.,
> > Di Stefano, 408).

---

[9] La mayoría de los textos de romances citados está tomada de la *Primavera* de Wolf y Hofmann y del *Romancero* editado por Di Stefano. Indico, también, la fuente original del romance.

Este tipo de enumeración mínima, formada por dos elementos puede mantener una estructura formularia en unidades que abarcan dos hemistiquios en los que se incluyen más detalles:

> dentro de una rica tienda   de oro bien guarnecida.
> Trescientas cuerdas de plata   que la tienda sostenían
> > (*Visión del rey Rodrigo, Rosa española,*
> > *Primavera*, 5a).

En los ejemplos anteriores es claro que se conserva la misma estructura en el ordenamiento de los elementos, así como un mismo sentido o intención: destacar el lujo o la magnificencia del objeto de que se trate, ya sea éste un castillo, una cama, el arnés de un caballero o una tienda real.

Otra mención, también formularia, es la formada exclusivamente por dos elementos: oro y plata, plata y oro (o por su negación, ni oro-ni plata):

> los jaeces son azules   de plata y oro broslados;
> > (*Ya se salen de Jaén, Rosa española,*
> > *Primavera*, 82a).

> donde nace el fino oro   y la plata no faltaba
> > (*Venganza de don Julián, Cancionero de 1550,* 125,
> > *Primavera*, 4).

> Traigo un navío muy rico,   de plata y oro cargado;
> > (*Reina Elena, Pliegos de Praga,* XXIV,
> > Di Stefano, 237).

> Hijo mío, hijo mío,   ¿quién como vos se hallará?
> Nunca le oyeron mentira,   nunca por oro ni plata.
> > (*Pártese el moro Alicante, Silva de 1550,*
> > Di Stefano, 341).

Esta estructura binaria tiene una variante de tres elementos, que también es tradicional:[10]

---

[10] Sobre la estructura enumerativa 3+1 como elemento tópico en el Romancero tradicional, es muy importante el trabajo de Mercedes Díaz Roig, *El Romancero y la lírica popular moderna,* 125-166.

con trezientos cascaveles   alderedor del petral:
los ciento eran de oro   y los ciento de metal
y los ciento son de plata   por los sones concordar.

> *(Conde Claros, Pliegos de Praga*, V,
> *Cancionero de romances* 1550, 293,
> Di Stefano, 165).

Otra forma en que se relacionan formulísticamente estos dos elementos en el Romancero viejo, es la substitución que hace, o promete hacer, un personaje de un objeto de plata (aunque también puede ser otro metal) por otro de oro, para significar un aumento de calidad en la acción prometida:

No tenéis enojo, Alba,   d'esso no tenéis rancor,
que si de plata eran ellas,   de oro las haré y mejor

> *(El conde Grifos Lombardo, Flor de Enamorados*, 48v.,
> Di Stefano, 189).

Finalmente tenemos la simple presencia de los dos elementos oro y plata, pero sin apegarse a ninguna estructura formulística del Romancero:

un estandarte dorado   en el cual viene bordada
una muy hermosa cruz,   que más relumbra que plata

> *(Sitio de Granada, Guerras civiles,
> Primavera*, 92).

Otra estructura formulística y paralelística, también con la plata, es la siguiente:

que se toquen sus trompetas,   sus añafiles de plata

> *(Pérdida de Alhama, Guerras civiles*, 252,
> Di Stefano, 304).

Tóquense mis añafiles,   trompetas de plata fina

> *(De Antequera partió el moro, Cancionero s.a.*, 180v.,
> Di Stefano, 286).

Como se puede observar la variación obedece a una asonancia diferente, í-a en vez de á-a; las modificaciones no introducen elementos ajenos al lenguaje que hemos visto anteriormente. También la plata puede aparecer como elemento aislado, lo mismo que el oro, el marfil, el cristal, o telas como la seda, el terciopelo, etc., como un elemento identificador del lujo.

> Mandé hacer unas andas   de plata que non de al,
> cubiertas con terciopelo,   forradas en tafetán.
> > (*Inés de Castro,   Cancionero s.a.*, 169r.,
> > Di Stefano, 265).

Otra estructura formulística es la construida con la pareja noche y día. El primer caso establece una comparación:

> Tan clara estaba la noche   como el sol de mediodía
> cuando don Pedro Belarde   de las batallas salía.
> > (*Belardo y Valdovinos*)[11]

La comparación también puede hacerse con un elemento que representa la noche en este caso la luna. En ambos casos lo que se pone de manifiesto es la claridad de la noche.

> Atán alta va la luna   como el sol a mediodía
> > (*Conde Alemán, Cancionero de Romances 1550*, 205v.,
> > Di Stefano, 193).

La estructura formularia también se usa para otra comparación, ahora con un objeto extraordinario, en este caso un carbunclo, una piedra maravillosa.

> El pie tenía de oro   y almenas de plata fina
> entre almena y almena   está una piedra çafira
> tanto relumbra de noche   como el sol a medio día.
> > (*Rosaflorida, Cancionero s. a.*, 190,
> > *Cancionero de Romances 1550*, 201,
> > Di Stefano, 153).

---

[11] Linares (Ibias), Asturias. Concha Azcárate, 55 años. Encuesta Norte-80: Aurelio González, Francisco Mendoza, Isabel Rodríguez, Ana Vian. 1 de julio de 1980 (Archivo Sonoro del Romancero-Seminario Menéndez Pidal).

La pareja noche-día también se emplea en estructuras formularias como una ubicación temporal para indicar la hora nocturna en que tuvo lugar algún acontecimiento:

> Por aquí passó esta noche   dos horas antes del día;
> siete leones con él   y una leona parida.
>> (*El ciervo del pie blanco, Cancionero de romances 1550*, 242r.,
>> Di Stefano, 224).

Otra ubicación temporal, en este caso para indicar un lapso de tiempo, también emplea la pareja formulística noche-día:

> -Baldovinos, Baldovinos,   corazón y alma mía,
> nunca holgastes conmigo,   sino una noche y un día;
> sépalo el emperador,   que de vos quedo yo encinta.
>> (*Belardo y Valdovinos, Tercera parte de la Silva*, 21r.
>> *Silva de romances 1550-1551*).

Esta estructura también se emplea para concatenar causalmente dos acciones en un espacio temporal contiguo.

> Media noche era por filo,   los gallos querían cantar
> [...]
> Si yo os tuviesse esta noche,   señora, a mi mandar,
> otro día en la mañana   con cien moros pelear.
>> (*Conde Claros, Pliegos de Praga*, V,
>> Di Stefano, 165).

La apertura que pueden presentar las fórmulas y estructuras formularias romancísticas la encontramos también en un motivo muy abundante en el Romancero, como lo es la caza trágica, que puede expresarse en muchas formas y el mismo concepto de trágico que desde luego también tiene muchas posibilidades de realización.

> a caçar va el cavallero,   a caçar como solía
> Los perros lleva cansados,   el falcón perdido avía.
> Arrimárase a un roble,   alto es a maravilla.
>> (*La Infantina, Cancionero de Romances 1550*, 203r.,
>> Di Stefano, 142).

A caça ivan, a caça   los caçadores del rey:
no fallaban ellos caça   ni fallavan qué traer;
perdido avían los halcones,   mal los amenaza el rey.
Arrimáranse a un castillo   que se llamaba Mainés;
>   (*Rico Franco*, *Cancionero de Romances 1550*, 202r.,
>   Di Stefano, 184).

A caça es, señor, a caça   a los montes de León,
si a caça es ido, señora,   caigale mi maldición:
ravia le maten los perros,   aguilillas el falcón,
lançada de moro izquierdo   le traspasse el coraçón.
>   (*La adúltera*, *Flor de enamorados*, 48v.,
>   Di Stefano, 189).

Para ir a caça   de mañana ha madrugado.
Entró donde está la reina   sin la aver avisado;
por holgarse iva con ella, que no iva sobre pensado.
>   (*Landarico*, Pliegos de Praga, 38,
>   Di Stefano, 192).

Por los campos de Xerez   a caça va el rey don Pedro
En llegando a una laguna   allí quizo hazer un buelo;
vido bolar una garça,   disparóle un sacre nuevo,
remontárale un neblí   que a sus pies cayera muerto.
>   (*Rey don Pedro*, Pliego de El Escorial,
>   Di Stefano, 261).

A caçar va don Rodrigo   y aun don Rodrigo de Lara.
Con la gran siesta que haze arrimádose ha a una haya
maldiziendo a Mudarrillo,   hijo de la renegada
>   (*Venganza de Mudarra*, *Cancionero s.a.*, 165r.,
>   Di Stefano, 343).

Levantóse Bueso   lunes de mañana,
tomara sus armas   y a la caça iría,
En un prado verde   se sentó a almorzare;
vido estar al Huerco   las armas tomare.

>   (*La muerte ocultada*,
>   Bénichou, 187).

cuando el moro se iva a caça   quitávame la cadena
y echárame en su regaço   y espolgávame la cabeça.
>   (*Mi padre era de Aragón*, Pliego de París,
>   Di Stefano, 102).

En este último ejemplo lo trágico, desde luego, no está aplicado al cautivo sino que se refiere al moro ausente.

Estos elementos que hemos señalado no sólo son característicos del Romancero viejo, sino de toda la tradición romancística, pues la tradición oral moderna ha conservado estos mismos elementos del lenguaje tradicional en estructuras formulísticas, en las cuales el recurso de la variación ha seguido funcionando. Para constatar esto, basten los ejemplos que mencionamos a continuación:

> Déjeme el caballo blanco   para caminar de día;
> déjeme el caballo negro   para de noche la guía.
> > (*Belardo y Valdovinos*,[12]
> > Petersen, *Voces nuevas*, 1, 23-24).

> Déjeme el caballo negro   para navegar po'l día
> y déjeme el caballo blanco   para de noche la guía.
> > (*Belardo y Valdovinos*)[13]

> La tomba dels *Agustinos*   allí la van enterrí,
> sa caixa era de plata   y 'l cobertó d' un or fi;
> *cien* hatxas l'acompanyavan   cien leguas van resplandí.
> > (*La aparición de la amada difunta*,[14]
> > *Romancerillo catalán*, 113).

> Mal haya pa ti, Abelardo,   con toda tu valentía
> que mataste al mejor moro   que había en tierra de morería;
> él de plata me calzaba,   y él de seda me vestía.
> > (*¡Válgame Dios de los cielos,   válgame Santa María!*
> > *Belardo y Valdovinos*)[15]

---

[12] Salceda (Polaciones), Cantabria. Adela Gómez, 60 años. Encuesta Norte-77: Teresa Catarella, Ana Valenciano. 9 de julio de 1977 (en Tresabuela). Jesús Antonio Cid, Thomas Lewis, Madeline Sutherland, Jane Yokoyama. 10 de julio de 1977 (en Salceda). Archivo Sonoro del Romancero-Seminario Menéndez Pidal.

[13] Uznayo (Polaciones), Cantabria. Mariuca, 80 años. Diego Catalán y Álvaro Galmés. Agosto de 1948 (Archivo Menéndez Pidal).

[14] Manuel Milà i Fontanals, probablemente antes de 1853.

[15] Peranzanes (Peranzanes), León. Genoveva Fernández Lera, 63 años; Joaquina Ramón Alonso, 65 años; Manuel Ramón Yáñez, 76 años. Encuesta León-79: Jesús Antonio Cid, Bárbara Fernández, Margarita Pazmany, Ana Valenciano. 25 de septiembre de 1979 (Archivo Sonoro del Romancero-Seminario Menéndez Pidal).

Con esta rápida revisión de la variación que presentan, en un corpus hasta cierto punto reducido en número como es el caso del Romancero viejo, algunos de los elementos que habitualmente consideramos como más codificados y estables, es decir motivos, fórmulas y estructuras formularias, hemos tratado de mostrar la sorprendente creación poética que implica cada una de estas variantes, en las cuales se apoya la apertura del texto tradicional. El lenguaje tradicional es un infinito mosaico formado por módulos dinámicos que se adaptan a los requerimientos textuales y a la lectura (desde ideológica hasta lúdica) de cada transmisor, en un espacio y tiempo determinados.

Bibliografía

Armistead, Samuel G. y Joseph H. Silverman, "Three Hispano-Jewish Romances from Amsterdam", en *Medieval, Renaissance and Folklore Studies in Honor of John Esten Keller*, Newark: Juan de la Cuesta, 1986, 243-254.

Bénichou, Paul, *Romancero judeo español de Marruecos*, Madrid: Castalia, 1968.

Cancionero de romances (Anvers, 1550), ed. de Antonio Rodríguez Moñino, Madrid: Castalia, 1967.

Cancionero llamado Flor de enamorados, ed. de Antonio Rodríguez Moñino y Daniel Devoto, Valencia: Castalia, 1954.

Catalán, Diego, "Análisis electrónico del mecanismo reproductivo en un sistema abierto: el modelo «Romancero»", *Revista de la Universidad Complutense*, 25-102, 1976, 55-77.

——, "El motivo y la variación en la transmisión tradicional del Romancero", *Bulletin Hispanique*, 61, 1959, 149-182.

——, "Los modos de producción y «reproducción» del texto literario y la noción de apertura", en A. Carreira, J. A. Cid, M. Gutiérrez Esteve y R. Rubio (eds.), *Homenaje a Julio Caro Baroja*, Madrid: Centro de Investigaciones Sociológicas, 1978, 245-270.

—— et al., *La dama y el pastor: romance, villancico y glosas, Romancero tradicional de las lenguas hispánicas*, t. 10, Madrid: Seminario Menéndez Pidal-Gredos, 1977-1978.

Catalán, Diego, Suzanne Petersen, Teresa Catarella y Therese Meléndez, "Análisis electrónico de la creación poética oral. El programa Romancero en el Computer Center de UCSD", en *Homenaje a la memoria de Don Antonio Rodríguez Moñino (1910-1970)*, Madrid: Castalia, 1975, 157-194.

Di Stefano, Giuseppe, *Romancero*, Madrid: Taurus, 1993.

DÍAZ ROIG, MERCEDES, *El Romancero y la lírica popular moderna*, México: El Colegio de México, 1976.

FRENK, MARGIT, "Ver, oír, leer...", en *Homenaje a Ana María Barrenechea*, Madrid: Castalia, 1984, 235-240.

———, "«Lectores y oidores». La difusión oral de la literatura en el Siglo de Oro", en *Actas del VII Congreso de la Asociación Internacional de Hispanistas*", T. 1, Roma: Bulzoni, 1982, 101-123.

GONZÁLEZ, AURELIO, "El oro en el Romancero viejo", *Noesis* (Universidad Autónoma de Ciudad Juárez) 4:8, 1992, 11-24.

———, *Formas y funciones de los principios en el Romancero viejo*, México: Universidad Autónoma de México-Iztapalapa, 1984.

LEVI, EZIO, "El romance florentino de Jaume de Olesa", *Revista de Filología Española*, 14, 1927, 134-160.

LORD, ALBERT, *The Singer of Tales*, New York: Athenaeum, 1973 [1ª ed. Cambridge: Harvard University Press, 1960].

MENÉNDEZ PELAYO, MARCELINO, *Antología de poetas líricos castellanos*, t. IX, Santander: CSIC, 1945.

MENÉNDEZ PIDAL, RAMÓN, "Poesía popular y poesía tradicional en la literatura española" en *Los romances de América*, Madrid: Espasa-Calpe, 1932, 52-87.

———, *Romancero hispánico*, 2 ts., Madrid: Espasa-Calpe,1953.

———, "Los cantores épicos yugoslavos y los occidentales...", *Boletín de la Real Academia de Buenas Letras*, 31, 1965-1966, 195-214.

———, DIEGO CATALÁN Y ÁLVARO GALMÉS, *Cómo vive un romance. Dos ensayos sobre tradicionalidad*, Madrid: CSIC, 1954.

MILÀ I FONTANALS, MANUEL, *Romancerillo catalán*, 2ª ed., Barcelona: Álvaro Verdaguer, 1882.

PÉREZ DE HITA, GINÉS, *Guerras civiles de Granada*, ed. de Paula Blanchard-Demouge, Madrid: El Museo Universal, 1983 [1ª ed. Madrid: Centro de Estudios Históricos, 1913-1915]

PETERSEN, SUZANNE, *El mecanismo de la variación en la poesía de trasmisión oral: estudio de 612 versiones del romance de "La condesita" con la ayuda de un ordenador*, tesis doctoral, Universidad de Wisconsin-Madison, 1976.

———, *Voces nuevas del Romancero castellano-leonés. AIER*, 2 ts., Madrid: SMP-Gredos, 1982.

Pliegos poéticos españoles de la Universidad de Praga, 2 ts., Madrid: Joyas Bibliográficas, 1960.

Pliegos poéticos góticos de la Biblioteca Nacional de Madrid, introd. de J. A. García Noblejas, 6 ts., Madrid: Joyas Bibliográficas, 1957-1961.

Relaçôes, cantigas, adeuinhaçoes, e outras corisidades, trasladadas de papeis velhos e juntados neste caderno, Amsterdam: 1638.

Rosas de Romances, ed. de Antonio Rodríguez Moñino y Daniel Devoto, Valencia: Castalia, 1963.

Silva de romances (Zaragoza 1550-1551), ed. de Antonio Rodríguez Moñino, Zaragoza: Cátedra de Zaragoza, 1970.

Tercera parte de la Silva de varios romances, Esteban de Nájera, Zaragoza: 1551.

WEBBER, RUTH H., "Formulistic Diction in the Spanish Ballad", *University of California Publications in Modern Philology,* 34, 1951, 175-278.

WOLF, FERNANDO JOSÉ Y CONRADO HOFMANN, *Primavera y flor de romances o Colección de los más viejos y populares romances castellanos,* en Marcelino Menéndez Pelayo, *Antología de poetas líricos castellanos,* t. 8, Santander: CSIC, 1945 [1ª ed. Berlin: A. Asher, 1856].

ROMANCE DE LA INFANTINA:
POÉTICA Y HERMENÉUTICA

José Antonio Muciño Ruiz
Universidad Nacional Autónoma de México

INTRODUCCIÓN

Antonio Rodríguez-Moñino escribió en la introducción a su edición de la segunda reimpresión del *Cancionero de romances*, realizada en Amberes, en el año de 1550, las siguientes palabras:

> Cuando el impresor antuerpiense Martín Nucio recogió un haz de cuadernillos populares de romances y formó con ellos un tomillo de poco más de quinientas páginas, bien ajeno estaba, sin duda, a sospechar que abría los cimientos de una obra gigantesca: la de dar cuerpo a la colección del romancero viejo español
>
> (9).

También advierte el príncipe de los bibliófilos españoles:

> Hasta él [Martín Nucio], aproximadamente en 1547, los textos se hallaban en pliegos sueltos de apenas cuatro o seis hojas, destinados a surtir a un público poco exigente y menos acaudalado, con la sola excepción del *Libro de cincuenta romances*
>
> (9).

Pero al mismo tiempo que Martín Nucio revela y fija un proceso poético, de profundas raíces folclóricas, con el tiempo dará lugar a una serie de interrogantes que Samuel G. Armistead en el estudio preliminar a la edición del *Romancero* de Paloma Díaz-Mas señala:

> El proceso poético que es el romancero [...] abarca desde los comienzos del siglo XIV hasta la actualidad. ¿De dónde viene? ¿Qué origen tiene? ¿Cómo nace semejante caudalosa corriente poética? No lo sabemos a ciencia cierta [...]
>
> (IX).

Entre los múltiples problemas que estas preguntas plantean a los estudiosos del Romancero, están los de la poética y los de la hermenéutica, pero además por partida doble, porque los romances tienen una doble vía de transmisión: oral y escrita.

Desde esta dualidad podemos preguntarnos:

1° ¿Qué significa leer un romance? 2° ¿Qué significa cantar un romance? Ambas preguntas podrían a su vez plantear otras como: ¿Es lo mismo cantar un romance a partir de un texto escrito o cantarlo sin el texto? (lo que posibilita su recreación);[1] ¿su poética es la misma?, ¿su interpretación o hermenéutica varía al ser escrito o cantado? y ¿cómo afectan los cambios de contexto histórico-social su poética y su interpretación? Problemas que en su aparente simplicidad presentan una gran dificultad en su resolución tanto para la teoría literaria como para la crítica.

Enfocaremos esta problemática partiendo del romance de *La infantina*. Conviene en principio tener presente el romance tal como lo recoge Martín Nucio en c. 1548, N° 73, folio 192 (Rodríguez-Moñino, *Cancionero*, 254-255).

Romance de la Infantina

A caçar va el cauallero
a caçar como solia
los perros lleua cansados
el falcon perdido auia
arrimara se a vn roble
alto es a marauilla

---

[1] Samuel G. Armistead advierte: "El romancero existe desde hace siete siglos, pero para vivir, para seguir viviendo, tiene que renovarse constantemente, tiene que seguir siendo significativo para los que lo cantan. Y es por eso que en la vida de un romance oral, no hay «texto», sino más bien un proceso dinámico y creador, en que el romance se ajusta continuamente a los nuevos sistemas axiológicos de los que lo cantan [...]" ("Estudio", XXI).

en vna rama mas alta
vira estar vna infantina
cabellos de su cabeça
todo el roble cobrian
no te espantes cauallero
ni tengas tamaña grima
fija soy yo del buen rey,
y de la reyna de Castilla
siete fadas me fadaren
en braços de vna ama mia
que andasse los siete años
sola en esta montina
oy se cumplian los siete años
o mañana en aquel dia
por dios te ruego cauallero
lleues me en tu compañia
si quisieres por muger
sino sea por amiga
espereys me vos señora
fasta mañana aquel dia
yre yo tomar consejo
de vna madre que tenia
la niña le respondiera
y estas palabras dezia
o mal aya el cauallero
que sola dexa la niña
el se va a tomar consejo
y ella queda en la montina

En la primera edición, el romance sólo tenía estos 34 versos, pero en la segunda reimpresión del *Cancionero de romances* del propio Nucio, también en Amberes, en 1550, el impresor advierte: "nuevamente corregido, enmendado y añadido en muchas partes" (Rodríguez-Moñino, *Cancionero*, 25); resultado de ello es la adición de dieciséis versos al final, por la que el romance termina de la siguiente manera:

Aconsejo le su madre
que la tomasse por amiga
quando boluio el cauallero
no [la] hallara [en] la montina

> vido la que la lleuauan
> con muy grand caualleria.
> El cauallero desque la vido
> en el suelo se caya
> desque en si vuo tornado
> estas palabras dezia.
> Cauallero que tal pierde
> muy gran pena merescia
> yo mesmo sere el Alcalde
> yo me sere la justicia
> que le corten pies y manos
> y lo arrastren por la villa.[2]

Ante este hecho conviene señalar que el impresor Martín Nucio advierte en su *Cancionero de romances*:

He querido tomar el trabajo de iuntar en este cancionero todos los romances que an venido a mi noticia [...]. Puede ser que falten aqui algunos (aunque pocos) de los romances viejos/ los quales yo no puse o por/ que no an venido a mi noticia/ o porque y no niego que en los que aqui van impressos avra alguna falta/ pero esta se deve imputar a los exemplares de adonde los saque que estaban muy corruptos y a la flaqueza de la memoria de algunos que me los dictaron que no se podian acordar dellos perfectamente (42).

Advertimos con esta confesión de Nucio que, cuando lleva a cabo su cancionero, el proceso poético de los romances ya se ofrecía en textos

---

[2] En un manuscrito de la British Library (1683) realizado por un judío de Amsterdam, encontramos una versión castellana que agrega a partir del verso 6:
> [alto es a maravilla]
> el tronco tiene de oro
> las ramas de plata fina
> [cabellos de su cabeza
> todo el roble cobrían]
> y con la luz de sus ojos,
> todo el monte esclarecía.
> (Paloma Díaz-Mas, *Romancero*, 354).

Dentro de la tradición oral moderna hay versiones en portugués, catalán y sefardí, además su presencia se documenta en varios países hispanoamericanos. Comentarios a este romance en (ver hoja 9 del manuscrito) Menéndez Pidal, *Estudios*, 80; Debax, *El Romancero*, 408-411.

poéticos que gozaban de gran popularidad y que por lo tanto podían ser leídos, recitados o cantados, al mismo tiempo que se mantenían dentro de una tradición oral. La escritura fijó una poesía que no se mantuvo separada de la transmisión oral, pues un romance fijado en un texto escrito podía ser modificado por la versión oral y ésta a su vez podía recibir la influencia de la versión escrita.

En el caso del *Romance de la infantina,* Menéndez Pidal en su edición facsímil del *Cancionero* apunta como probable fuente de Nucio, un manuscrito del s. xv, y conforme a sus notas a los romances podemos advertir que las fuentes de los romances en su mayoría son escritas y muy pocas de fuente oral. Esto significa que la poesía romanceril para fines del s. xv tenía asegurada su transmisión escrita y una gran aceptación de público.

Martín Nucio enfrenta un fenómeno poético —el romance— ya consolidado por la escritura y vigente como tradición oral, aceptado por una minoría letrada y una mayoría iletrada, por lo que no tiene necesidad de precisar geográficamente la presencia de los romances, aunque en su viaje a España haya advertido esto.

Pero, ¿quién era este público que consumía los pliegos sueltos, los manuscritos y los cancioneros? Probablemente una población que había emigrado del campo a las zonas urbanas y mediante la escritura recuperaba un imaginario que tendía a perderse en los inicios de la modernidad, modernidad que hacía de lo popular una presencia necesaria con respecto a la cual se podía constatar un nuevo mundo de ideas.

De la misma manera que el impresor Nucio atendía a una clientela hispana muy variada que por diversas razones había tenido que desplazarse hacia las posesiones españolas en los Países Bajos, así el libro "de faldriquera" —de bolsillo diríamos ahora— asimilaba a una modernidad, apertura de las Españas al mundo, las raíces ancestrales de la población hispana.

Desde el s. xv la producción o elaboración de los romances implicó dos poéticas que desde la perspectiva de la retórica suponen una retórica para el discurso hablado y otra para el discurso escrito, ya presente en la épica castellana cuando el juglar advierte que Mio Cid "fabla bien e mesurado", es decir con medida, mientras que la retórica del discurso escrito implica, como advierte el mester de clerecía "fablar a sílabas contadas que es gran maestría" (Berceo, *Milagros*).

Desde el punto de vista de la poética de Roman Jakobson, esta distinción se establece en dos tipos de patrones: el fonosemántico y el morfosintáctico. Quien canta un romance se guía por el patrón fonosemántico y quien lo lee por el patrón morfosintáctico. Así, en los romances hay un entrecruzamiento de ambos patrones o propuestas retóricas que colocan al lector y a quien canta un romance a mantener un equilibrio entre la voz cantada y la voz escrita.[3]

En cuanto a la hermenéutica, como lo hemos advertido siguiendo a Samuel G. Armistead, el romance "se ajusta continuamente a los nuevos sistemas axiológicos de los que lo cantan, así va transformándose, sin cesar, de cantar en cantar, de aldea en aldea, de región en región"; esto supone que el romance se adapta a múltiples contextos y su hermenéutica va a estar en función de ellos; así una variante del *Romance de la infantina* que se canta en Cuba, por ejemplo, tendrá para el cantor un sentido que puede diferir del que tiene para el sefaradí de Marruecos que canta con otras variantes el romance (Armistead, *El Romancero hoy*, Debax, *El Romancero*).

Sin embargo, podemos advertir como hipótesis, que el *Romance de la infantina* tiene su origen en Galicia, pues en él están presentes elementos del imaginario popular gallego que han sido investidos o enmarcados con el elemento feudal, en un proceso similar al sincretismo religioso ocurrido durante la conquista de México, que hizo que los indígenas asimilaran sus deidades a las imágenes cristianas.

La infantina corresponde a una *moura*, mujer encantada que habitaba en los bosques, que tiene un gran poder sobre los hombres y ante quienes se presenta deben dominarla mediante el matrimonio, dominar su poder sexual, simbolizado por el cabello que cubre el árbol.

Debemos tener presente que la producción del romance se efectúa en un contexto cultural muy complejo, en el cual juega un papel muy importante un imaginario popular que tiene sus raíces en elementos precristianos, y, por lo tanto, la magia y el encantamiento son elementos que directamente se vinculan a la creación poética; tal es el caso de la infantina de este romance, pues su aparición y los ofrecimientos que

---

[3] Para algunos problemas en torno a la poética del *Romancero* puede verse: Sánchez Romeralo *et al.* (eds.), *El Romancero hoy*; Catalán *et al.* (eds.), *El Romancero hoy: Poética*; Armistead, *El Romancero hoy*; Catalán *et al.* (eds.), *El Romancero hoy. El Romancero en la tradición oral*.

hace implican poderes que por su carácter extraordinario y su vínculo con la sexualidad, desconciertan al caballero, y lo hacen temer sobre las consecuencias del ofrecimiento de relación de la infantina, ya dentro del matrimonio o fuera de él. Este distanciamiento con respecto a los valores de una cultura popular simbolizados por la infantina y los de la cultura oficial simbolizados por el caballero, se ponen de manifiesto en las oposiciones alto-bajo y naturaleza-cultura que el romance presenta. La infantina está relacionada con la naturaleza, y su lugar en el árbol (roble) confirma su poder, el caballero se acerca al árbol, pero los perros han dejado de ser útiles y el poder, simbolizado en el halcón, se ha perdido. El aspecto mágico es evidente, pues la misma infantina informa al caballero de su condición vinculada a un encantamiento y la posible sumisión mediante un vínculo erótico-sexual legal o ilegal, que sorprende al caballero y su reacción tardía implica un perder la posibilidad de dominio.[4] El caballero no logra el dominio y tiene que sufrir un castigo. En una versión como hemos advertido el mismo caballero dicta su sentencia: "que le corten pies y manos y lo arrastren por la villa".

La resonancia del tema y su difusión tanto en la Península como fuera de ella en territorio del imperio español puede deberse probablemente a que respondían a una problemática social en la vida española: la sexualidad que la situación religiosa, vía Inquisición, buscó controlar por diferentes medios, dando por resultado vías indirectas a su manifestación en el arte y complejas formas de comportamiento social. Es indudable que el romance tiene un carácter polisémico en función de los múltiples contextos en los que puede ser transmitido, pero si nos limitamos a su difusión en el siglo XVI y desde una perspectiva antropológica cultural que fundamenta nuestra interpretación, el *Romance de la infantina* expresa el conflicto de una tradición cultural precristiana asimilada a la cultura popular que se enfrenta a una cultura oficial controlada por la Iglesia y la monarquía que dará por resultado una tensión ideológica que se mantendrá durante los siglos XVI y XVII en España.[5]

[4] Véase Dinares, *Mouras...*, cap. IV, 77-93 y cap. IX, 137-158; Sacco, *Galicia mágica*, cap. 8, 101-109. El contexto ideológico del romance puede ser visto de manera amplia en el libro de Lisón Tolesana (*Brujería*).

[5] Probablemente en el romance se proyecta nuestro miedo a la sexualidad fuera del control religioso, de ahí su éxito a partir de su difusión en el siglo XIX mediante ediciones modernas, pero esta vinculación a problemas de sexualidad nos llevaría a una hermenéutica más vinculada al psicoanálisis que a la antropología cultural.

Podemos concluir señalando que las poéticas del Romancero no se bifurcan en una tradición oral y una tradición escrita, sino que hay unas relaciones muy complejas entre escritura y oralidad que difícilmente pueden separarse. En cuanto a su carácter hermenéutico, los romances pueden adaptarse a diferentes contextos axiológicos, probablemente porque el mundo hispánico comparte un imaginario popular muy complejo que tiene fundamento en una visión medieval del mundo que sobrevive hasta nuestros días y que por lo tanto permite la comunicación dentro de un ritual poético, ya sea que se lleve a cabo mediante la lectura del romance o mediante el canto.

BIBLIOGRAFÍA

ARMISTEAD, SAMUEL G., et al. (eds.), *El Romancero hoy: Historia, comparatismo, bibliografía crítica*, Madrid: Cátedra-Seminario Menéndez Pidal y Gredos, 1979 (Romancero y Poesía, IV).

DEBAX, MICHEL, *El Romancero*, Madrid: Alhambra, 1982.

CATALÁN, DIEGO et al. (eds.), *El Romancero hoy: Poética*, Madrid: Cátedra-"Seminario Menéndez Pidal"-Gredos, 1979 (Romancero y Poesía Oral, III).

——, *El Romancero hoy: El Romancero en la tradición oral moderna*, Madrid: Cátedra-"Seminario Menéndez Pidal"-Gredos, 1972 (Romancero y Poesía Oral, I).

DÍAZ-MAS, PALOMA, *Romancero*, Barcelona: Crítica, 1994.

DINARES, MARÍA DEL MAR, *Mouras, ánimas, demonios. El imaginario popular gallego*, Madrid: Akal, 1990.

LISÓN TOLESANA, CARMELO, *Brujería, estructura social y simbolismo en Galicia*, Madrid: Akal, 1987, 3ra. ed. (Antropología Cultural de Galicia, 2).

MENÉNDEZ PIDAL, RAMÓN, *Estudios sobre el Romancero*, Madrid: Espasa-Calpe, 1983.

——, *Cancionero*, Madrid: 1914.

Cancionero de romances, ed. de Antonio Rodríguez-Moñino, Madrid: Castalia, 1967.

SACCO, SANTIAGO LORENZO, *Galicia mágica. La herencia olvidada*, pról. de José Filgueira Valverde, Barcelona: Martínez Roca, 1991.

SÁNCHEZ ROMERALO, ANTONIO et al. (eds.), *El Romancero hoy: Nuevas fronteras*, Madrid: Cátedra-"Seminario Menéndez Pidal"-Gredos, 1979 (Romancero y Poesía Oral, II).

"QUE NON SÉ FILAR, NI ASPAR, NI DEVANAR": EROTISMO Y TRABAJO FEMENINO EN EL *CANCIONERO HISPÁNICO MEDIEVAL*

MARIANA MASERA
Universidad Nacional Autónoma de México

Hasta los que al mediodía conducen sus yuntas lo hacen cantando, templando las fatigas del camino con aquellas canciones. Y no sólo los caminantes, sino también los campesinos pisando la uva en el lagar, vendimiando o cultivando sus vides, haciendo cualquier faena, cantan a menudo. Y otro tal hacen los marineros mientras le dan a los remos; y las mujeres que tejen o desenmarañan los hilos de su rueca cantan frecuentemente, a veces por separado y a veces todas a una formando una sola melodía.

San Juan Crisóstomo, 397 (Dronke, *La lírica*, 17).

Uno de los rasgos que distingue la lírica popular medieval española es el gran número de canciones puestas en boca de mujer. Dentro de estos cantares de voz femenina existe un gran grupo donde la mujer relaciona su trabajo con sus sentimientos. En este artículo destacaré a dos personajes mencionados con frecuencia: la hilandera y la panadera.

En la Edad Media, las principales tareas de la mujer campesina eran mantener el fuego, acarrear el agua, lavar la ropa, hilar y hornear. Además existían otras labores, como vender vino, consideradas para mujeres de dudosa conducta sexual. Y finalmente, para aquellas mujeres que no tenían honor quedaban reservados los oficios de prostituta, hechicera y alcahueta. Lo anterior no excluye la participación de las mujeres en trabajos rurales como "esquilar ovejas, remover y es-

215

carbar la tierra del huerto, recoger el lúpulo o segar hierba [que] eran tareas remuneradas mediante jornal" (Opitz, "Vida cotidiana", 358).[1]

1.1 LA HILANDERA

Hilar es una tarea convencionalmente femenina que ha sido asociada a las diosas primordiales y a rituales mágicos. En diferentes tradiciones estas deidades hilaban las hebras del destino y tejían la red de la vida. Asimismo, otras actividades como trenzar y anudar eran consideradas como parte de la capacidad de la mujer para gobernar el destino. Las hebras se asocian con la generación de la vida, representada en el entre-cruzamiento de los hilos que simbolizan la unión sexual de los amantes (Neumann, *The Great Mother*, 227; véase Vríes, *Dictionary*, *s.v.* thread and weaving).[2]

Durante la Edad Media, hilar era la principal actividad femenina y tanto campesinas como mujeres nobles participaban en esta tarea. Se-gún Heath Dillard, los vecinos se reunían en las casas o patios para hilar y tejer (*Daughters*, 153). Existen testimonios de esta costumbre en otras partes de Europa, donde durante las largas noches de invier-no, las mujeres se reunían en una casa a hilar mientras un coro de

---

[1] Por ejemplo una selección de trabajos femeninos se puede ver en las *Cantigas de santa María* de Alfonso X, donde los lugares principales de la mujer son la casa y la iglesia. Otras actividades mencionadas en las *Cantigas* son la costurera (no. 117, v. 148), la matrona (no. 43, v. 118), la posadera (no. 23), la cocinera (no. 159), la alcahueta (no. 64), la tabernera (no. 72, v. 93), la plañidera (65) y aquellas encargadas de los gusanos de seda (no. 18) (Chico Picaza, "Valoración del protagonismo", 438).

[2] En *La Odisea* Circe aparece hilando: "So they stood in the gateway of the fair-tressed goddess, and within they heard Circe singing with sweet voice, as she went to and fro before a great imperishable web, such as in the handiwork of goddesses, finely woven and beautiful and glorius" (Homer, *The Odyssey*, X, 211).

En la mitología clásica, los mitos de las Parcas y el de Ariadne muestran el hilar y los hilos asociados al destino. Otros ejemplos de la literatura castellana donde el hilado se asocia a poderes mágicos es en la *Celestina*, como ha demostrado Alan Deyermond ("Hilado-cordón-cadena"). La doncella que hila es también un personaje favorito de los cuentos tradicionales. Algunas veces se asocia con las brujas (Thompson, *Motif-Index*, G201.1, G282, J51), otras hilar es una prueba impuesta a la prometida (Thompson, *Motif-Index*, H383.2). También hilar se relaciona con las sirenas y con otras deidades acuáticas (Almendral, "Existencia", 232).

mujeres o una solista cantaba (Ganz, "The «Cancionerillo mozárabe»", 307).[3]

Aún hoy, en los pueblos españoles, existe esta costumbre:

> Las hilanderas mesan el lino o lana de la rueca con los dedos de la mano izquierda, y entre los de la derecha danza el huso que retuerce el naciente hilo, y entonan cantos alusivos al hilado [y] las tejedoras cantan al compás de los golpes rítmicos del telar.
>
> (Llano Roza de Ampudia, *Esfoyaza*, xxviii).

El pasaje anterior ilustra la estrecha relación entre hilar y cantar. Estas reuniones permitían el cortejo de las jóvenes parejas en los países eslavos, bálticos y germánicos (Hatto, *Eos*, 62). También la importancia de la labor de hilar se refleja en algunas danzas, como la danza llamada de las *Hilanderas*, que es parte de la *Danza Prima*, donde los bailarines imitan con sus movimientos la acción de hilar (Pérez Vidal, "En torno a la danza").[4]

La pluralidad de las labores femeninas mencionadas en los antiguos estribillos españoles contrasta con aquellas descritas en las jarchas y las cantigas de amigo. En esas últimas aparece la mujer lavando o torciendo seda mientras lamenta su infortunio de amores:

> Sedia la fermosa seu sirgo torcendo
> sa voz manselinha fremoso dizendo
> cantigas d'amigo

> Sedia la fremosa seu sirgo lavando,
> sa voz manselinha fremoso cantando
> cantigas d'amigo

---

[3] Hilar y tejer son actividades que aparecen constantemente en las canciones medievales. Un ejemplo de ello es el preludio de la *Chanson de toile*, donde las mujeres de la corte tejen e hilan ricos vestidos. Además estas canciones eran cantadas por las mujeres mientras hacían sus labores (Jeanroy, *Les origines*, 225 y 217-232). Veáse también para el origen de estas canciones Bec, *La lyrique française*, 107-119.

[4] Hilar "was a task women could pick up at almost any time, and they wove perhaps small cloths that could be fabricated on portable devices or, more likely, helped one another on larger projects" (Dillard, *Daughters*, 153). Para hilar como tarea de la mujer noble, véase el estudio de Amt, *Women's Lives*, 165.

> Par Deus de Cruz, dona, sei eu que avedes
> amor mui coitado, que tam bem dizedes
> cantigas d'amigo;
>
> Par Deus de Cruz, dona, sei eu que andades
> d'amor mui coitada, que tam ben cantades
> cantigas d'amigo
> Avúitor comestes, que adevinhades!
>   (Reckert y Macedo, *Do cancioneiro de amigo*, no. 49).[5]

Las hilanderas aparecen con frecuencia en los antiguos estribillos tradicionales y son descritas de diferentes modos:

> Quien hila y tuerce
> al sol se le paresce.
>   (Frenk, *Corpus*, no. 1157).[6]

De acuerdo con Covarrubias, hilar se consideraba un "exercicio y ocupacion de mujeres caseras y hazendosas" y ejemplifica la definición con el cantar arriba mencionado (*Tesoro*, s.v. hilandera). Aún más, saber hilar se consideraba como una de las virtudes de una buena esposa (Vecchio, "La buena esposa"). El hilar asociado a la mujer virtuosa queda evidenciado en las palabras de la *Lozana andaluza*, cuando comenta su ineptitud para el arte de hilar:

> y después las [arracadas] vendió ella para vezar á las otras á labrar que yo
> ni sé labrar ni coser, y el filar se me ha olvidado.
>   (Delicado, *La lozana andaluza*, VII, 22).[7]

Sin embargo, más a menudo, la hilandera es descrita como floja, borracha y chismosa en canciones relativamente tardías —final del siglo

---

[5] Veáse ahí mismo el interesante estudio sobre la repetición de los sonidos hecha en esta cantiga. El buitre estaba asociado con diferentes ritos adivinatorios tanto griegos como romanos (Chevalier y Gheerbrant, *Dictionnaire des symboles*, s.v. vautour).

[6] Lo bueno asociado a la luz está presente en diferentes religiones solares (Vríes, *Dictionary*, s.v. Sun). Esta idea fue desarrollada por Platón en su obra la *República* (VII, 514a-517a)

[7] Agradezco a Tatiana Bubnova por haberme hecho notar esta sugerente coincidencia.

XVI, comienzo del XVII—. En estas composiciones la imagen negativa de la mujer refleja el tono misógino (Frenk, "La canción popular femenina", 140). Esto último se aprecia en las siguientes canciones:

> Hilandera era la aldeana:
> más come que gana.
> ¡Ay, que hilando está Gila:
> más bebe que hila!
> (Frenk, Corpus, no. 1193).

> Echámelo todo en vino
> marido mío,
> que no en lino.
> (Frenk, Corpus, no. 1583).

> Perdí la rueca
> y el huso no hallo:
> tres días ha
> que le ando en el rastro.
> (Frenk, Corpus, no. 1585A).

> Qué non sé filar
> ni aspar ni devanar.
> Y mercóme mi marido
> un arrova de lino,
> que los perros y los gatos
> en ellos fazían nido.
> Qué non sé filar
> ni aspar ni devanar.
> (Frenk, Corpus, no. 1907).

Por lo contrario, en aquellas canciones donde habla una mujer y prevalece el punto de vista femenino, ésta se queja de lo arduo del trabajo de hilar y lo relaciona con la amarga vida del matrimonio, como se puede apreciar en el siguiente cantar, recogido por Gonzalo Correas (*Vocabulario*, 546a):

> Madre, ¿qué cosa es casar?
> Hixa, hilar, parir y llorar.

La asociación de hilar con la tristeza de la mujer permanece en las coplas actuales, donde ella relaciona las largas horas de trabajo con la infructuosa espera de su amante:

> Jilando amanezco
> y jilando oscurezco,
> jilando me muero
> y allí te espero.
>
> (Trapero, *Lírica tradicional canaria*, 149).

Las consecuencias de hilar, como de otras tareas, se manifiestan en el cuerpo de la muchacha y afectan su belleza. A pesar de ello, la queja se hace en tono jocoso en algunas canciones de corte misógino:

> ¡O, qué trabaxo es hilar
> esta negra de la estopa,
> que pone negra la boca,
> que no se puede hablar!
>
> (Frenk, *Corpus*, no. 1908).

En otros textos de voz femenina, quizás la mayoría, la mujer manifiesta su disgusto por la tarea que realiza y lamenta la pérdida de su hermosura. Ello se puede apreciar claramente en las canciones tradicionales italianas actuales:

> Tucc me dissen che son nera
> e l'è el fumm de la caldera,
> el mio amor me lo diceva
> di no far quel brutt mestee.
>
> (Savona y Straniero, *Campagnola*, 184).[8]

La justificación de la muchacha por el color moreno como consecuencia del trabajo es frecuente en diferentes labores. El cambio de color de la tez también connota un significado erótico: la experiencia sexual de la mujer, como veremos más adelante.[9]

---

[8] "Todos me dicen que soy negra / del humo de la caldera / mi amor me lo decía / de no hacer este trabajo feo" (traducción mía).

[9] La piel morena como símbolo de la experiencia sexual de la muchacha ha sido estudiado en diferentes tradiciones europeas por Danckert (*Symbol, Metaphore, Allegorie*, I, 450), y en la lírica tradicional española por Paula Olinger (*Images of Transformation*, 119-169), Margit Frenk (*Symbolism in Old Spanish Folk Song*, 9), Stephen Reckert (*Beyond*

El retrato de la hilandera se puede completar con aquellas canciones donde el quehacer y el cortejo son asociados. En ellas, los implementos de trabajo obsequiados por el amante se convierten en prendas de amor, tanto en la lírica antigua como en la actual:

> Mira, Juan, lo que te dixe,
> no se te olvide.
> Mira, Juan, lo que te dixe
> en barrio ageno,
> que me cortes una rueca
> de aquel ciruelo.
> De aquel ciruelo te dixe,
> no se te olvide.
>
> (Frenk, *Corpus*, no. 424).

> Espadilla, granilla,
> pellejo y tajo:
> estas cuatro cosillas
> me dio mi majo.
> Estas cuatro cosillas
> me dio mi majo:
> espadilla, granilla,
> pellejo y tajo.
>
> (Llovet, *Magia y Milagro*, 261).

Si en los anteriores cantares se observa el valor sensual de las prendas, ahora veremos aquellos donde el trabajo de hilar y tejer tienen connotaciones francamente sexuales. Por ejemplo, aquellos en las que el cabello se denomina con un término textil:

> Madre mía no me riña
> q(ue) quiera gozarme io
> q(ue) ta(m)bién ella gozó
> sus madejas siendo niña.
>
> (BNM ms 3736, 249).[10]

Chrysanthemums, 56, n. 9) y Mariana Masera ("Symbolism and Some Other Aspects of Traditional Hispanic Lyrics", 264-281).

[10] Glosa: "Madre pues llego a gozar..." citado por José Manuel Pedrosa en "Flor de canciones inéditas". Existe otro refrán donde la palabra madexa también se asocia a la mujer: "Sabe vender sus madejas". Sobre éste explica Covarrubias (*Tesoro*, s.v. madexa): "Saber vender sus madejas, de los que no se dejan engañar; esto parece que alude a las viejas que andan vendiendo su hilado por las casas".

En los estribillos antiguos la hilandera se asocia a otros motivos eróticos, otorgándole a la canción una mayor sensualidad. La casa es el espacio
de la mujer y su inviolabilidad la honra de la misma (Vecchio, "La buena
esposa", 155). En el siguiente ejemplo se añade a la hilandera el motivo de
abrir la puerta:

> Hilandera de torno,
> ábreme que me torno.
>
> (Frenk, *Corpus*, no. 1671).[11]

Dentro de este contexto, frases cotidianas del trabajo como "Haréte
la güeca" —"que es la mueca espiral que se hace al huso, a la punta delga-
da, para que trabe en ella la hebra que se va hilando" (Alzieu, Jammes y
Lissorgues, *Floresta erótica*, no. 45; no. 188, 133)— se tornan alusiones
sexuales:

> Hilandera de rrueca,
> abréme, haréte la güeca.
>
> (Frenk, *Corpus*, no. 1709).

En otras ocasiones, el encargado de perforar el huso es el abad lujurioso, como describe la siguiente canción en tono jocoso:

> Quien tiene huso de alanbre
> i se le entuerta
> vaya luego a cas del abad,
> que le hi, que le he,
> que le haga la güeca.
>
> (Frenk, *Corpus*, no. 1836).[12]

Una vez que se ha entrado en el ámbito de la connotación directamente
sexual, no se puede dejar de mencionar a otro personaje estrechamente relacionado con la hilandera: la tejedora. Este personaje, al contrario de la hilandera, se caracteriza como una muchacha sensual:

---

[11] Abrir la puerta en la lírica tradicional como motivo erótico lo estudié en mi tesis
doctoral (*Symbolism and Some Other Aspects of Traditional Songs*, 311-321).
[12] El huso tiene connotaciones fálicas (Vríes, *Dictionary*, s.v. spindle).

Marikita, ¡i con un pie texes! -I kon el kulo a vezes.

(Correas, *Vocabulario*, 526a).

Algunas coplas en boca de hombre confirman que la imagen de la tejedora se ha preservado en las coplas actuales:

Tejedora, tejedora,
tejedora del buen lienzo,
debajo de tu telar
tengo yo mi pensamiento.

(Llano Roza de Ampudia, *Esfoyaza*, no. 909).

En resumen, hilar es una tarea femenina que ha sido asociada a rituales y a la magia. Desde las cantigas de amigo —donde la mujer aparece torciendo la seda mientras canta su mal de amores, hasta las escenas menos delicadas de las hilanderas de los estribillos antiguos—, el hilar o torcer seda se asocian con el desamor desde un punto de vista femenino. En tanto que en aquellas canciones de punto de vista masculino predominan las vetas sensual y jocosa. En esta última se condenan las flaquezas de la mujer: ebriedad, pereza y charlatanería. No sucede así con la tejedora quien, tanto desde el punto de vista femenino como masculino, se relaciona con el placer e incluso con la lujuria.

1.2 LA PANADERA

Las tareas de nutrición y preservación en la mayoría de las culturas se asocian con la mujer. La producción y distribución de pan en la Edad Media eran labores predominantemente femeninas (Dillard, *Daughters*, 159; Pipponier, "El universo de la mujer", 408). La mujer hacía la masa en casa y la horneaba en el horno de la comunidad o del señor feudal. Generalmente, el uso del horno se pagaba con un impuesto real o cierto número de barras; por ello el peso y la forma del pan eran regulados por la ley. Sin embargo, estas normas eran frecuentemente violadas por las panaderas.[13] Esto se puede apreciar en un antiguo estribillo usado como pregón de la panadera:

---

[13] Prueba de ello son los testimonios legales, como comenta Dillard: "numerous towns fined *panaderas* for selling insufficiently baked loaves or wheat bread adulterated with other kind of flour, but specially for underweight loaves" (*Daughters*, 154).

Galán
tomá de mi pan.

Tomalde en la mano,
veréis qué liviano;
bovelde el envés
i veréis que tal es;
si no os contentare,
bólvermele eis.

(Frenk, *Corpus*, no. 1165A).

La reputación de las panaderas era de tramposas, además eran consideradas mujeres de dudosa reputación, lascivas y alcahuetas (Combet,
"Lexicographie", 248, no. 43; Vasvári, "La semiología", 319). Ello podía
deberse a que se reunían alrededor del horno por ser un lugar público,
que era visto como peligroso para la honra de las mujeres. La fama del
oficio permanece aún hoy en España:

tiene la panadera
tres condiciones
embustera y borracha
y amiga de hombres.

(Schubarth y Santamarina, *Cancioneiro popular galego*, I.ii, no. 171a).

Lo anterior lo confirma el Arcipreste de Hita en las coplas de "Cruz
cruzada panadera", donde la protagonista es lasciva y alcahueta. Además el hambre y la comida tienen claras connotaciones sexuales.[14]

Las connotaciones sexuales del pan han sido señaladas por varios autores. Combet destaca que la palabra pan o *bollo* se entendía como el
órgano sexual femenino en el siglo XVI ("Lexicographie", 247). En esta

---

[14] De acuerdo con Burke ("Juan Ruiz", 13-35) la avidez sexual es descrita en el verso
"quien más de pan de trigo busca, sin seso anda" y la descripción de la relación sexual
consumada se resume en "comió el pan más duz". Otros estudios sobre las coplas de
"Cruz cruzada panadera" son: el de Zahareas, quien concluye que Juan Ruiz une los mundos del amor físico y espiritual (*"Troba cazurra"*); el de Combet quien señala las connotaciones sexuales del pan y la panadera ("Doña Cruz"); asimismo Michalski las señala
("Juan Ruiz").

misma línea, Louise Vasvári explica esta misma interpretación en la lírica tradicional actual ("La semiología", 321).[15]

Similares connotaciones sexuales de "comer" y "pan blanco" aparecen en la lírica tradicional. En los antiguos estribillos comer parece referirse al deseo sexual de la muchacha, cuando ella se queja de la prohibición impuesta por su madre:

> Diga mi madre
> lo que quisiere,
> que quien boca tiene
> comer quiere.
>
> (Frenk, *Corpus*, no. 148).[16]

La connotación sexual de comer pan queda explícita en una copla
mexicana actual:

> Mujeres, ¿pa dónde van,
> que aquí yo las voy siguiendo?
> ¡Ay, lástima de ese pan!
> ¿quién se lo estará comiendo?
>
> (Frenk, *Cancionero folklórico*, no. 5285).

---

[15] Otro ejemplo del erotismo de este motivo aparece en el romance de la *Dama y el pastor*, donde una de las ofertas hechas por la mujer es su pan blanco (Véase Catalán *et al.*, *La dama y el pastor*, 23-24. Además, el significado erótico de todo lo relacionado con hacer pan también ha sido estudiado por Margit Frenk, "Dos romancillos", quien cita (204, no. 26) dos artículos, que lamentablemente no pude consultar, el de Agustin Redondo, "De molinos, molineros, y molineras. Tradiciones folklóricas y literatura en la España del Siglo de Oro", en *Literatura y Folklore: problemas de intertextualidad*, Salamanca: Universidad de Salamanca, 1983, 101-115 [reimpr. en *Revista de Folklore*, 102, 1989, 183-191]; y el artículo de Francisco Marquéz de Villanueva, "Pan «Pudendum muliebris» y los españoles en Flandes" en *Hispanic Studies in Honor of Joseph Silverman*, Newark: Juan de la Cuesta, 1987.

[16] Comer como eufemismo del acto sexual también aparece en las canciones tradicionales francesas:

> Mon père avait un champ de pois,
> tous les jours m'envoyait y voir;
> je mangeai tant de ces bons pois
> que j'fus malade au lit neuf mois.
>
> (Puymaigre, *Chants populaires*, II, 167).

La concepción causada por la comida es también frecuente en los relatos tradicionales
(Thompson, *Motif-Index*, T511).

Las composiciones anteriores demuestran la estrecha relación que existe entre el pan y las connotaciones sexuales. De este modo, se observa
cómo diferentes elementos relacionados se empapan de erotismo, con-
taminándose unos a otros. Una vez entendido esto es posible comprender a un nivel más profundo la sensualidad de la panadera, como es
expresado en el siguiente cantar por la muchacha:

> Que yo, mi madre, yo,
> que la flor de la villa m'era yo.
>
> Ývame yo, mi madre,
> a vender pan a la villa,
> i todos me dezían:
> ¡Qué panadera tan garrida!
> Garrida m'era yo,
> que la flor de la villa m'era yo.
> Que yo, mi madre, yo,
> que la flor de la villa me so.

> (Frenk, *Corpus*, no. 120B).

La belleza y el atractivo de la panadera permanecen hasta la actualidad; pero, como ocurre con frecuencia, ahora es una voz masculina quien
nos lo hace notar:

> ¡Ay, qué panadera!
> ¡Ay, qué panaderilla,
> l'alma me lleva!
> Aquella panadera
> que va por allí,
> yo la llamo, la llamo,
> y no quiere venir.
> Aquella panadera
> del pan menudo,
> cuando va por la calle
> menea el culo.
> Aquella panadera
> del pan barato,
> yo la llamo, la llamo,
> no quiere trato.

> (Torner, *Lírica*, no. 46).

La conjunción de varios símbolos eróticos como el horno, el cabello y la tez morena recalcan el atractivo sexual de la panadera en las siguientes coplas. Baste recordar, como ya ha sido estudiado, que el cabello largo simboliza la virginidad y belleza de la mujer. En contraste, el cambio de color de la piel representa la experiencia sexual de la muchacha (véase nota 9):

> ¿Para que quiere el pelo
> la panadera,
> si a la boca del horno
> todo lo quema?
> (Manzano, *Cancionero leonés*, no. 307).[17]

> Eu namoroime de noite
> d'a mais branca panadeira,
> pero co-o fume d'o forno
> foise volvendo morena.
> (Pérez Ballesteros, *Cancionero popular*, no. 17).

Una vez más, en los textos se describe cómo el trabajo transforma la complexión física de la mujer, cómo afecta su belleza. En las anteriores coplas es el horno con su calor el que produce la pérdida del cabello y el oscurecimiento de la tez.

A juzgar por los ejemplos estudiados, el erotismo del hacer el pan permea todas las acciones y personajes asociados a este trabajo. Así se ve claramente en las adivinanzas, donde se compara la acción de amasar pan con el acto sexual:

> Mari-branca está estendida,
> métenlle dúas cuartas
> de carne viva;

---

[17] A la niña virgen se le decía "niña en cabellos" (Covarrubias, *Tesoro*, s.v. cabellos). Así se puede ver en la lírica tradicional antigua y actual como el cabello muestra el atractivo de la niña: "Son tan lindos mis cabellos / que a cien mil mato con ellos" (Frenk, *Corpus*, no. 126) y "Rapaciña, peina o pelo, / non te fagas priguiceira; / pelo largo é a honra / dunha rapaza solteira" (Rielo Carballo, *Cancioneiro da Terra Cha*, no. 988).

suda por baixo
e suda por riba.
(Gárfer y Fernández, *Adivinancero*, 167).[18]

En resumen, se observa que tanto en la antigua lírica popular como en la actual, el personaje de la panadera es contemplado como sensual e incluso lascivo, por la voz femenina y la masculina. Todos los motivos asociados a ella se empapan de erotismo, como hacer el pan, comer el pan blanco.

Finalmente, se desprende de los ejemplos analizados que en las canciones femeninas el trabajo se asocia con la conducta sexual. La hilandera lo asocia con el mal de amores, la penuria de la vida de la malcasada, en otras palabras, con la carencia de placer. Por lo contrario, la panadera relaciona su trabajo con el erotismo y la sensualidad. Este breve análisis de las canciones tradicionales nos lleva a adentrarnos en significados más profundos de esta poesía.

BIBLIOGRAFÍA

ALMENDRAL OPPERMANN, ANA ISABEL, "Existencia y poder de las figuras acuáticas femeninas en la cultura popular centroeuropea. Su significación mitológico-religiosa", *Revista de Dialectología y Tradiciones Populares*, 47, 1992, 217-240.

ALZIEU, PIERRE, YVAN LISSORGUES y ROBERT JAMMES (eds.), *Floresta de poesías eróticas del Siglo de Oro*, Toulouse: France-Ibérie Recherche, 1975.

AMT, EMILIE (ed.), *Women's Lives in Medieval Europe: A Sourcebook*, London: Routledge, 1993.

BEC, PIERRE, *La lyrique française au Moyen Âge (XII-XIII siècles): contribution a une typologie des genres poétiques médiévaux: études et textes*, 2 vols., Paris: Picard, 1977-1978.

——, "Quelques réflexions sur la poésie lyrique médiévale: problèmes et essai de caractérisation", en *Mélanges offerts à Rita Lejeune*, t. 2, Gembloux: J. Duculot, 1969, 1309-1329.

BURKE, JAMES, "Juan Ruiz, the *Serranas*, and the Rites of Spring", *Journal of Medieval and Renaissance Studies*, 5, 1975, 13-35.

---

[18] La solución es el pan en la masera.

CATALÁN, DIEGO et al. (eds.), *La dama y el pastor: romance, villancico y glosas, Romancero tradicional de las lenguas hispánicas (español-portugués-catalán-sefardí)*, t. 2, Madrid: Seminario Menéndez Pidal y Gredos, 1978.

CHEVALIER, JEAN Y ALAIN GHEERBRANT (eds.), *Dictionnaire des symboles*, Paris: Robert Laffont & Jupiter [reimpr. 1994].

CHICO PICAZA, MARIA VICTORIA, "Valoración del protagonismo femenino en la miniatura de las *Cantigas de santa María*", en Yves-René Fonquerne y Alfonso Esteban (eds.), *La condición de la mujer en la Edad Media: actas del Coloquio celebrado en la Casa de Velázquez del 5 al 7 de noviembre de 1984*, Madrid: Casa de Velázquez-Universidad Complutense, 1986, 431-442.

COMBET, LOUIS, "Lexicographie et sémantique: quelques remarques à propos de la réédition du *Vocabulario de refranes de Gonzalo Correas*", *Bulletin Hispanique*, 71, 1969, 231-254.

——, "Doña Cruz, la panadera del «buen amor»", *Ínsula*, 294, 1971, 14-15.

CORREAS, GONZALO, *Vocabulario de refranes y frases proverbiales*, ed. de Louis Combet, Bordeaux: Féret et Fils, 1967 (Bibliothèque des Hautes Études Hispaniques, 34).

COVARRUBIAS, SEBASTIÁN DE, *Tesoro de la lengua castellana*, ed. de Martín de Riquer, Barcelona: Horta, 1943.

DANCKERT, WERNER, *Symbol, Metaphor, Allegorie im Lied der Völker*, ed. de Hannelore Vogel, 4 vols., Bonn: Verlag für Systematische Musikwissenchaft, 1976.

DELICADO, FRANCISCO, *La lozana andaluza*, México: Premiá, 1985 (Los Brazos de Lucas, 37).

DEYERMOND, ALAN, "Hilado-cordón-cadena: Symbolic Equivalence in *La Celestina*", *Celestinesca* 1:1, 1977, 6-12.

DILLARD, HEATH, *Daughters of the Reconquest: Women in Castilian Town Society, 1100-1300*, Cambridge: Cambridge University Press, 1984.

DRONKE, PETER, *La lírica en la Edad Media*, trad. de Josep. M. Pujol, Barcelona: Seix Barral, 1978 (Serie Mayor, 8).

FRENK, MARGIT, *Corpus de la antigua lírica popular hispánica (siglos XV a XVII)*, Madrid: Castalia, 1987 (Biblioteca de Erudición y Crítica, I).

——, "Dos romancillos de Juan de Cigorondo", *Revista de Literatura Mexicana*, 1, 1990, 197-208.

——, "La canción popular femenina en el Siglo de Oro", en Alan Deyermond y Ralph Penny (eds.), *Actas del Primer Congreso Anglo-Hispano, II: Literatura*, Madrid: Castalia, 1993, 139-159.

——, *Symbolism in Old Spanish Folk Songs*, London: Queen Mary and Westfield College, 1993 (The Kate Elder Lecture, 4).

FRENK, MARGIT et al. (eds.), *Cancionero folklórico de México, II, Coplas del amor desdichado y otras coplas de amor*, México: El Colegio de México, 1977.

GANZ, P.F.,"The «Cancionerillo mozárabe» and the Origin of the Middle High German *Frauenlied*", *Modern Language Review*, 48, 1953, 301-309.

GÁRFER, JOSÉ LUIS Y CONCHA FERNÁNDEZ, *Adivinanceiro popular gallego*, Madrid: Taurus, 1984.

HOMER, *The Odyssey*, trad. de A. T. Murray, 2 ts., London: William Heinemann, 1960-1966 (Loeb Classical Library).

JEANROY, ALFRED, *Les origines de la poésie lyrique en France au Moyen Âge*, 2e ed., Paris: Honoré Champion, 1904.

LLANO ROZA DE AMPUDIA, AURELIO DE (ed.), *Esfoyaza de cantares asturianos*, Oviedo: Gráficas Summa, 1977.

LLOVET, ENRIQUE, *Magia y milagro de la poesía popular*, Madrid: Editora Nacional, 1956.

MASERA, MARIANA, *Symbolism and Some Other Aspects of Traditional Hispanic Lyrics: A Comparative Study of Late Medieval Lyric and Modern Popular Song* (tesis doctoral, London: Queen Mary and Westfield College, 1995).

MANZANO ALONSO, MIGUEL (ed.), *Cancionero leonés*, 5 vols., León: Diputación Provincial, 1990.

MICHALSKI, ANDRÉS S., "Juan Ruiz's *Troba cazurra*: «Cruz cruzada panadera»", *Romance Notes*, 11, 1969-1970, 434-438.

NEUMANN, ERICH, *The Great Mother: An Analysis of the Archetype*, trad. de Ralph Manheim, Princeton: Princeton University Press, 1970 (Bollingen Series, 47).

OLINGER, PAULA, *Images of Transformation in Traditional Hispanic Poetry*, Newark: Juan de la Cuesta, 1985.

OPITZ, CLAUDIA, "Vida cotidiana de las mujeres de la Baja Edad Media (1250-1500)", en Georges Duby y Michelle Perrot (eds.), *Historia de las mujeres en Occidente*, t. 2: Klapisch-Zuber, Christiane (ed.), *La Edad Media*, trad. de Marco Aurelio Galmarini y Cristina García, Madrid: Taurus, 1990-1992, 321-395.

PEDROSA, JOSÉ MANUEL, "Flor de canciones inéditas de los Siglos de Oro: el Cancionero de Barrionuevo (BNM MS 3736) y otros manuscritos madrileños", *Revista de Filología Románica*, 11-12, 1994-1995, 309-325.

PEREZ BALLESTEROS, JOSÉ (ed.), *Cancionero popular gallego y en particular de La Coruña*, Madrid, 1886 [reimpr. Vigo: Galaxia, 1979].

PÉREZ VIDAL, JOSÉ, "En torno a la danza prima", *Boletín del Instituto de Estudios Asturianos*, 10, 1956, 411-431.

PIPPONIER, FRANÇOISE, "El universo de la mujer: espacio y objetos", en Georges Duby y Michelle Perrot (eds.), *Historia de las mujeres en Occidente*, t. 2: Klapisch-Zuber, Christiane (ed.), *La Edad Media*, trad. de Marco Aurelio Galmarini y Cristina García, Madrid: Taurus, 1990-1992, 401-417.

PLATO, *The Republic*, trad. de Desmond Lee, London: Peguin Classics, 1986.

PUYMAIGRE, T.J. BOUDET, COMTE DE (ed.), *Chants populaires dans les Pays Messin*, Paris: Champion, 1881.

RECKERT, STEPHEN, *Beyond Chrysanthemums: Perspectives on Poetry East and West*, Oxford: Clarendon Press, 1993.

—— y HELDER MACEDO, *Do cancioneiro de amigo*, Lisboa: Assírio et Alvim, 1976 (Documenta Poética, 3).

RIELO CARBALLO, ISAAC (ed.), *Cancioneiro da Terra Cha (Pol)*, La Coruña: Ediciós do Castro, 1980 (Seminario de Estudios Cerámicos de Sargadelos, 35).

SAVONA, A. VIRGILIO Y MICHELE L. STRANIERO (eds.), *Campagnola*, Milano: Arnoldo Mondadori, 1989 (Oscar Manuali, 285).

THOMPSON, STITH, *Motif-Index of Folk-Literature: A Classification of Narrative Elements in Folktales, Ballads, Myths, Fables, Medieval Romances, Exempla, Fabliaux, Jest-Books, and Local Legends*, 6 vols., Bloomington: Indiana University Press/Copenhagen: Rosenkilde & Bagger, 1955-1958.

TORNER, EDUARDO, *Lírica hispánica: relaciones entre lo popular y lo culto*, Madrid: Castalia, 1966 (La Lupa y el Escalpelo, 5).

TRAPERO, MAXIMIANO (ed.), *Lírica tradicional canaria*, Islas Canarias: Viceconsejería de Cultura y Deporte, Gobierno de Gran Canarias, 1990 (Biblioteca Básica Canaria, 3).

SCHUBARTH, DOROTHÉ y ANTÓN SANTAMARINA (eds.), *Cancioneiro popular galego*, 2 vols., La Coruña: Fundación Pedro Barrié de la Maza, Conde de Fenosa, 1984.

VECCHIO, SILVIA, "La buena esposa", en Georges Duby y Michelle Perrot (eds.), *Historia de las mujeres*, t. 2: Klapisch-Zuber, Christiane (ed.), *La Edad Media*, trad. de Marco Aurelio Galmarini y Cristina García, Madrid: Taurus, 1992, 133-179.

VASVÁRI, LOUISE O., "La semiología de la connotación: lectura polisémica de «Cruz cruzada panadera»", *Nueva Revista de Filología Hispánica*, 32, 1983, 299-324.

VRÍES, AD DE, *Dictionary of Symbols and Imagery*, Amsterdam: North-Holland, 1976.

ZAHAREAS, ANTHONY, "*Troba cazurra*: An Example of Juan Ruiz's Art", *Romance Notes*, 5, 1963-1964, 207-211.

LAS FUNCIONES PAREMIOLÓGICAS
EN EL *CORBACHO*

ALMA MEJÍA GONZÁLEZ
El Colegio de México

Era el año de 1438 cuando Alfonso Martínez de Toledo, a los cuarenta años, finalizó la escritura de su libro más famoso, en cuyo colofón anotó: "Syn bautismo, sea por nonbre llamado *Arcipreste de Talavera*, dondequier que fuere levado" (40). La voluntad del autor no se cumplió, pues la obra fue más conocida como el *Corbacho*, por analogía con el famoso tratado misógino de Giovanni Boccaccio, *Il Corbaccio* o *Laberinto de amor*, y con frecuencia se le acompañó del subtítulo *Reprobación del amor mundano*.

El texto muestra la preocupación de su autor por la degradación de la moral, pues a su juicio, el pecado, la maldad y la corrupción se han adueñado a tal grado de la voluntad de los hombres, que "bien paresce que la fyn del mundo ya se demuestra de ser breve" (43). Ante perspectiva tan funesta, Martínez de Toledo no encuentra alternativa más adecuada que escribir un libro para mostrar los vicios y prevenir a los hombres en contra de éstos, "que sy el mal non fuese sentydo, el bien non sería conoscido" (45), y así propone la enseñanza mediante la negación: "Mal dezir del malo, loança es del bueno" (45).[1]

El Arcipreste escribe su texto para "aquellos que les pluguiere leerlo, e leýdo retenerlo, e retenido por obra ponerlo", pero sobre todo "para

---

[1] Algunos estudios sobre distintos aspectos temáticos y estilísticos del texto son: *Alfonso Martínez de Toledo*, "*Ars Praedicandi* and the Structure" y "Monólogo y diálogo" de Michael Gerli; *El infinitivo en el "Corbacho"* de Joaquín González Muela; "Contribución al estudio del vocabulario" de Arnald Steiger; *The "Arcipreste de Talavera"* de Christine Whitbourn.

algunos que non han follado el mundo, nin han bevido de sus amargos bevrages, nin han gustado de sus viandas amargas" (41). Consciente de que los sermones y las enseñanzas doctrinarias no eran suficientes para alejar a los hombres de "las cosas contrarias", se propone crear un texto atractivo, que logre captar la atención del público más necesitado de enseñanza, aquellos personajes en donde ve más peligro y que le sirven para crear las anécdotas que ilustran sus consejos. Si las prédicas y la doctrina no han logrado sus propósitos, quizá sea en el saber popular, allí donde se hallan los más variados pecados, donde también se encuentre la vacuna que provoque el efecto contrario.[2]

Sin embargo el clérigo de Talavera, hombre de formación clásica y de arraigada tradición moralizante, no se deja seducir por los atractivos de ese saber popular, anónimo y cambiante, sino que trata de mantener una distancia prudente, que no permita al lector confundir las reglas que él le dicta con las anécdotas, retratos y frases populares que, para reforzar las primeras, le presenta. Conviven en el *Corbacho* voces de distinta procedencia y existe el interés de hacer una clara diferencia entre ellas, de caracterizar a los personajes que se presentan, mediante los registros lingüísticos con los que se identifican, y además, distanciar todos esos usos populares de la voz con la que se identifica no sólo al narrador principal, sino al propio autor, pues no hay que olvidar que el texto lleva por nombre el título que pertenece a su creador: *Arcipreste de Talavera*.

Parece ser muy claro para Martínez de Toledo que existen muchas formas distintas de nombrar, describir y narrar los mismos hechos presentados y además que cada una de esas formas lingüísticas pertenece a un determinado grupo de personajes. Hablando a sus lectores de la conveniencia de no cometer adulterio y sólo tener hijos legítimos, apunta el arcipreste:

> E tus culpas, sy algunas cometyste, pueden por obras meritorias, por ty faziendo, los tales fyjos [los legítimos] relevar, lo que non fazen con tanto amor los fijos avidos de fornicación e dapñado cuyto, avortivos, e en derecho *espurios* llamados, e en romance *bastardos*, e en común bulgar de mal dezir, *fijos de mala puta*.
>
> (70).

---

[2] Raymond Willis y Erich von Richthofen en su artículo *"Sic et non"* estudian la estructura del *Corbacho,* poniendo de relieve su deuda con los sermones litúrgicos, pero no conceden importancia a los elementos ajenos a la tradición que el arcipreste introduce en su texto.

La distinción entre estos tres tipos de lenguaje se mantiene a lo largo de todo el texto, aunque muchas veces conviven en un mismo párrafo. Se presenta así el castellano culto (con una clara filiación, tanto léxica como sintáctica, con el griego y el latín clásicos); el romance (un castellano popular y mucho más usual) y el "común vulgar de mal dezir" según sus propias palabras, identificado con el lenguaje llano, burdo y callejero.

La contraposición de los distintos registros lingüísticos, mediante ciertas marcas textuales (tono mesurado y expositivo, razonamientos largos, recurrencia a las autoridades prestigiadas, para el culto; tono ligero y narrativo, predominancia de lo anecdótico y recurrencia a la experiencia diaria, para el romance popular; tono exaltado y exclamativo, oraciones breves yuxtapuestas y a veces entrecortadas, uso de palabras altisonantes, de giros coloquiales y de expresiones pintorescas, para el común vulgar), permite a Martínez de Toledo construir un discurso que siga los preceptos clásicos de un sermón sentencioso pero que, a la vez, pueda armonizar con gracia, buen humor y fluidez, el habla y las costumbres populares, para así moldear un discurso literario que trascienda la mera intención moralizante, aunque por supuesto, no se olvide nunca de ella.

Uno de los rasgos que diferencian las modalidades lingüísticas en el *Corbacho*, y que además constituye una de las marcas estilísticas más sobresalientes del texto, es la recurrencia a las formas paremiológicas. Proverbios y sentencias de tradición erudita y refinada para el estilo culto, refranes de gran difusión para el romance y el vulgar, se convierten en puntos clave de su discurso, que lo ayudan a dejar muy en claro su intención didáctica.[3] No en vano aconsejaban los tratados moralizantes y las artes de la memoria, tan preciados en la España medieval, que un razonamiento largo y denso, susceptible de olvidarse con facilidad, se acompañara de una anécdota ligera y graciosa, de un cantarcillo de rima y ritmo marcados, o de una frase breve y sucinta que concentrara el pensamiento antes expuesto. La estructura de las formas paremiológicas,

---

[3] Eleanor O'Kane, en su estudio *Refranes y frases proverbiales,* postula al *Corbacho* como el texto medieval español que más refranes contiene, superando, desde su perspectiva, a *El Libro de buen amor* y a la *Celestina.* Sin embargo, hay que tener cuidado con estas apreciaciones, pues no establecen una tipología paremiológica precisa y agrupan bajo un mismo rubro, en cuestiones que, a mi parecer, pertenecen a categorías distintas.

su naturaleza metafórica, su sonoridad y viveza lingüística, eran cualidades que se prestaban para fijar, con relativa facilidad, las enseñanzas doctrinarias que el Arcipreste de Talavera, igual que muchos otros escritores medievales, se empeñaba en sugerir a sus lectores.

Junto a las sentencias y proverbios, que con frecuencia se funden en el tono y la sintaxis del contexto en que estaban inmersos, los refranes resaltan de forma singular, pues representan un hito en el discurso, un momento de especial significación textual, contundente tanto en el significado, como en la forma. En el *Corbacho*, el refrán se convierte en autoridad por antonomasia, igualándolo a la que representan las formas paremiológicas cultas, provenientes de una autoridad conocida: Aristóteles, Cicerón, san Agustín, los Evangelios. La autoridad del refrán, en cambio, se sostiene en la experiencia, en el sentido común, anónimo y colectivo, del que nadie duda.

Si bien el refrán comparte con el proverbio la naturaleza sentenciosa y la preocupación moralizante, le lleva de ventaja el carácter humorístico y contradictorio, la cualidad de ser ambiguo e impreciso, lo cual le concede mayores posibilidades literarias, al otorgar al autor la ocasión para lograr una compenetración entre el refrán y el contexto en el que se encuentra, de manera que su expresión sea verdad irrefutable, aunque páginas adelante otro refrán nos exponga exactamente lo contrario. Muchas veces la viveza del refrán se hace evidente en el *Corbacho* por su cercanía a una expresión culta, lo que permite contraponer la naturaleza de las dos formas. Junto a la contundencia, gracia y brevedad de los refranes, las sentencias aparecen largas, densas y graves. Así, junto a una sentencia de Cicerón: "agua, fuego nin dinero non es al onbre tan nescesario comno amigo fiel, leal e verdadero", el arcipreste concluye: "el que es amigo verdadero en el tiempo de la nescesydad se prueva" (51).

Dice Louis Combet (*Recherches*), autor de uno de los trabajos más importantes sobre el refranero castellano, que el *Corbacho* marca un punto intermedio entre el *Libro de buen amor* y la *Celestina* respecto del uso de los refranes como significantes estéticos. Para el investigador francés, el Arcipreste de Talavera da al refrán el estatuto de forma artística privilegiada y representa la madurez literaria de esta forma lingüística, ambivalente y multifuncional: "La lecture du *Corbacho* plonge le lecteur dans un universe impregné d'un didactisme parémiologique d'une densité et d'un saveur populaire sans égale dans un ouvrage littéraire" (Combet, *Recherches,* 12).

El Arcipreste de Talavera, que con frecuencia intenta situarse en un registro medio, en un romance mesurado, que puede moverse hacia la gravedad del lenguaje culto y permitirse, de vez en vez, introducir alguna expresión vulgar, pronuncia refranes que no necesita adjudicar a ninguna otra voz. Muchas veces con ellos remata, como en una especie de moraleja sentenciosa, lo que ha contado en párrafos anteriores. Así, después de narrar varias historias sobre los hombres que han perdido el juicio por la pasión malsana que les despierta una mujer, el arcipreste concluye: "Pues, bien podemos tener e dezir que amor desordenado raýz es de todo pecado" (101).

Algunas veces, el refrán es el nexo entre la anécdota relatada y su conclusión; después de haber contado el famoso episodio de David, Betsabé y Urías, el arcipreste dice: "Que aquél que la fee quiebra, la fee non le deve ser guardada" (80). Pero no termina allí, sino que agrega: "mayormente en este caso que asý el señor comete mala fee a su vasallo, como el servidor en tal caso a su señor matase" (80). Hay que observar que el arcipreste siente necesario aclarar que el refrán puede ser utilizado en ambos sentidos (el que la fe quiebra puede ser tanto el señor como el vasallo) y explicar cómo lo está utilizando en el ejemplo específico para evitar ambigüedades.

El interés por mostrar las distintas realidades que corresponden a un mismo significado, el cual se refleja en el uso de sinónimos y en la acumulación de anécdotas que ilustran una misma enseñanza, también puede observarse en la conjunción de refranes equivalentes. Cuando el arcipreste caracteriza a la naturaleza femenina, dice que las mujeres: "aman más páxaro de mano que bueytre bolando, e asno que las lyeve que cavallo que las derrueque" (83) En otro caso, la unión de dos expresiones sirve para que el arcipreste concluya con una tercera, que las unifica de forma más general: "Dos cosas son de notar: nin nunca fenbra farta de byenes se vido, nin beúdo sodollo de vino; que quanto más se beve más ha sed" (86).

Si bien se pueden encontrar muchos ejemplos como los anteriores, en que el refrán se encuentra inmerso en el discurso del arcipreste y no existe distinción de voces, lo más frecuente es que su voz se distancie de la expresión pronunciada, sin que esa diferencia implique siempre un desacuerdo con lo apuntado; más bien parece una voluntad de dar un mayor realce a la frase, de crear una pausa que prepare su aparición. Hablando de los posibles engaños de las esposas con los amigos de sus maridos, afirma: "Como no sean los amigos todos de una masa nin boluntad —que en este caso do ay malos, eso mesmo ay buenos—, pero toda vía es dubdoso amigo moço do ay muger moça. E non digo más e cyngome esta falda: «perigroso está el fuego cabe la estopa»" (99).

Existe también el caso en donde los refranes son puestos en boca de un personaje que forma parte de una anécdota relatada por el arcipreste y al cual se le da voz propia; así, para criticar a quienes rechazan los consejos y quieren obrar sólo según su voluntad, apunta el parlamento de un jovencito a quien un amigo bienintencionado ha querido prevenir sobre la liviandad de su nueva amiga: "Curad de vuestros fechos, que yo sé qué pedaço de pan me abonda, que más sabe el loco en su casa quel cuerdo en el agena" (92).

En muchos ejemplos, el arcipreste separa los refranes de su discurso y los adjudica a una voz impersonal, lo que les otorga un carácter más popular y colectivo. Ya no se trata de un personaje determinado quien los pronuncia, como las sentencias y proverbios, o del narrador en primera persona (yo, el arcipreste de Talavera, te digo), sino de una voz indeterminada: "Por ende, se dise: «El ajo e el vino atriaca de los villanos»" (75). En este mismo sentido, el refrán, que la mayoría de las veces se denomina *enxiemplo*, se convierte en la autoridad que da validez a la enseñanza: "Piense pues, cada qual en sy, qué deve de sy fazer, que en el enxiemplo es: «Quando la barva de tu vezino vieres pelar, pon la tuya en remojo»" (81). La sabiduría que posee el refrán pertenece, por igual, a cualquiera que lo diga y a cualquiera que lo escuche, y no puede ser puesta en duda; es verdad irrefutable y certera: "El enxiemplo byen lo dize: «No se puede egualar synón ruyn con su par»" (138).

Dentro de la distinción entre registros lingüísticos que Martínez de Toledo mantiene en su texto, es fácil separar los proverbios y sentencias de los refranes, pero no lo es tanto cuando se trata de precisar cuáles de ellos pertenecen al romance estándar (por llamarlo de alguna forma) y cuáles al "común bulgar" (para utilizar la denominación del arcipreste). Sólo en un momento se hace explícita esta filiación: "Por eso dise el enxienplo bulgar: «Quien adelante non cata a atrás cae»" (142). Otras veces podemos intuir que, cuando los adjudica a personajes que son criticados severamente y a quienes caracteriza por su profesión o por su actitud (la alcahueta que vende afeites, la presuntuosa pobretona que critica a todo el que se le pone enfrente, la escandalosa mujer que grita porque ha perdido un huevo), los está colocando dentro de ese lenguaje vulgar que tanto reprueba, pero con el que tanto adorna su texto.

Y es que, dentro de esa gran crítica moralista, el arcipreste se regodea cuando, en una especie de juego descuidado, puede igualar los distintos lenguajes y por eso mismo dar a cada uno de ellos un realce especial. Aconsejando a sus lectores que cuando una mujer les prometa algo, no dejen pasar tiempo para exigir lo acordado, pues las mujeres son mudables por naturaleza, apunta: "Toma exenplo del proverbyo antiguo: «Perezo-so nin tardinero non seas en tomar; muchas cosas prometidas se pierden por vagar»" (145). Inmediatamente después, y sin ninguna marca que los separe, agrega: "Quando te dieren la cabrilla, acorre con la soguilla" (145). Y finaliza diciendo: "Quien algo te prometiere, luego tomando fiere" (145). No podemos suponer que las tres formas paremiológicas corres-pondan a lo que el arcipreste ha llamado "proverbio antiguo"; es evidente que se trata de poner en conjunción tres expresiones equivalentes que pertenecen a distintos registros lingüísticos; no importa, aunque sea sólo por un momento, la forma en la que el consejo sea enunciado, pues mien-tras más registros se incluyan, también será mayor el público al cual su texto pueda resultar comprensible y atractivo.

Como una última observación, hay que señalar que en algunos mo-mentos los refranes se integran al discurso narrativo con sorprendente fluidez, modificando en algo su forma original, al adaptarlos, a veces de for-ma inversa, al contexto de la frase y al párrafo que los contiene. Así, el fa-moso "No todo lo que luce es oro" se transforma en "dan a entender fuera que todo es oro lo que luze" (161), para criticar a las mujeres que usan baratijas como si fueran joyas valiosas. En otro punto, se presenta un refrán inconcluso y se espera que el lector pueda identificarlo y enten-der el sentido completo: "e sy algún hombre dello en sy algo syntiere, tome el enxienplo de «A ty lo digo, nuera»" (120). ¿Quién no podría terminar con un "entiéndelo tú, hija"?

Evidentemente, ambos recursos, la modificación de la expresión y el omitir una parte de ella, sólo pueden ser funcionales cuando los recepto-res del texto son capaces de reconocer las formas presentadas; por eso, estos juegos son privativos de los refranes y no ocurren con las sentencias. Los refranes en el *Corbacho* dejan de ser sólo un instrumento de doctrina y aprendizaje, para convertirse también en un significante estético, en adorno de un discurso que trata de llegar a un público muy amplio, a los más distintos receptores. Y así lo postula el arcipreste al decir: "Quien orejas tyene, oyga".

BIBLIOGRAFÍA

COMBET, LOUIS, *Recherches sur le "Refranero" castillan*, Paris: Les Belles Lettres, 1971 (Bibliothèque de la Faculté des Lettres de Lyon, 29).

GERLI, MICHAEL, *Alfonso Martínez de Toledo*, Boston: Twayne Publishers, 1976.

——, "*Ars Praedicandi* and the Structure of *Arcipreste de Talavera*, Part I". *Hispania*, 68, 1975, 430-441.

——, "Monólogo y diálogo en el Arcipreste de Talavera", *Revista de Literatura*. 72, 1969, 107-111.

GONZÁLEZ MUELA, JOAQUÍN, *El infinitivo en el "Corbacho" del Arcipreste de Talavera*, Granada: Universidad de Granada, 1954.

MARTÍNEZ DE TOLEDO, ALFONSO, *Arcipreste de Talavera o Corbacho*, ed., introd. y notas de Joaquín González Muela, 4ª ed., Madrid: Castalia, 1985 (Clásicos Castalia, 24).

O'KANE, ELEANOR, *Refranes y frases proverbiales españolas en la Edad Media*, Madrid: REAL ACADEMIA ESPAÑOLA, 1959 (Anejos del Boletín de la Real Academia Española, 2).

STEIGER, ARNALD, "Contribución al estudio del vocabulario del *Corbacho*", *Boletín de la Real Academia Española*, 9, 1922, 503-525.

WHITBOURN, CHRISTIN, *The "Arcipreste de Talavera" and the Literature of Love*, Hull: University of Hull, 1970 (Occasional Papers in Modern Languages, 7).

WILLIS, RAYMOND y ERICH VON RICHTHOFEN, "*Sic et non*: Logic and the Liturgical Tradition", en Colbert I. Nepaulsing (ed.), *Towards a History of Literary Composition in Medieval Spain*, Toronto: University of Toronto Press, 1986, 125-160.

THE BIRDS OF THE *SOUTH ENGLISH LEGENDARY*

MAERLE JONG
Rijksuniversiteit

When one enters the fascinating world of the Middle Ages one cannot help but be struck by the great amount of birds that seem to permeate every aspect of medieval life. They appear in areas as varied as the visual arts, literature and folkloric wisdom, but also in religion and science. In many cases these creatures have a function that goes beyond their mere physical presence. Thus the *dove* seen in the decoration of many a church and manuscript is not so much a little white bird but rather the personification of the Holy Spirit. In courtly love and its related literature the *turtle-dove* would be the epitome of everlasting faithfulness and commitment to the partner rather than a simple bird. In folkloric wisdom the black *crow* would be an ill omen and the erotic connotation of the *cock* was common knowledge, especially in the English language. The presence of these birds —and that of animals in general— provides the modern reader with an insight into the era's view of the animal kingdom and into the way medieval men and women acquired and disseminated knowledge.

In the Middle Ages the interest in birds and animals was nourished by means of the *bestiaries*, books which contained descriptions of the characteristics and qualities of animals which were related to a moral explanation. These bestiaries evolved from an earlier and at the time considered to be scientific work, the *Physiologus*. This work of animal lore shows how, similar to the way in which the *Biblia Pauperum* demonstrates that events from the Old Testament are not autonomous but prefigure events in the New Testament, the qualities and characteristics of birds and animals should be regarded in relation to the life of Christ

and the continuing struggle between good and evil, God and the devil
and other events which they exemplify. The elements which are discussed in the *Physiologus* and the bestiaries are hardly ever elements which
we nowadays would consider to be facts of natural history. Since there
was no clear separation between church and science in medieval times,
facts often stood in service of religion and information was readily ac-
cepted without verification if it could serve religion. Thus the *Physiologus*
(12-13) would relate the following, later adopted by the bestiaries, in a
combination of natural history and folkloric wisdom about the eagle:

> David says in Psalm 103:5 "Your youth will be renewed like the eagle's".
> Physiologus says of the eagle that, when he grows old, his wings grow
> heavy and his eyes grow dim. What does he do then? He seeks out a foun-
> tain and then flies up into the atmosphere of the sun, and he burns away
> his wings and the dimness of his eyes, and descends into the fountain and
> baths himself three times and is restored and made new again. Therefore,
> you also, if you have the old clothing and the eyes of your heart have
> grown dim, seek out the spiritual fountain who is the Lord. As you fly in
> to the height of the sun of justice, who is Christ as the Apostle says, he
> himself will burn off your old clothing which is the devil's. Be baptised in
> the everlasting fountain, putting off the old man and his actions and putting
> on the new.

A Biblical text is thus expanded upon by facts of natural history (or
qualities that were considered to be facts at the time) and consequently
explained by means of allegorical interpretations. Authors of medieval
patristic literature adopted this notion in which the world in general
and the animal world in particular is to be regarded as a mirror which
reflects the secrets of God in an allegorical way. In allegory many animals are, however, found to be liable to the plurality of interpretations
which is so characteristic of medieval symbolism. Thus in general symbolism the blackbird finds itself to be a representative of the devil, evil,
sins and death because of its black colour, but in general symbolism it is
also regarded to be a symbol of life, spirit and ascent of the soul to
heaven since it is a bird (Rowland, *Birds*, 10).

The fascination of the study of birds mentioned in medieval works
lies in the fact that a large amount of birds actually existed in the sur-
roundings of both the person writing about them as well as the people
hearing or reading those accounts. Of course there are birds like the

caladrius and the pelican whom were only known through literary references or illustrations, but many birds that would be mentioned in for instance folkloric literature did exist in the world of the "common man". Even though in this world the existence of the dragon was undoubtedly as little questioned as that of the griffin or a blackbird, there was a great amount of birds whose presence man could actually verify in the nature surrounding him. This becomes clear from bestiary illustrations which, as Brunsdon Yapp demonstrated, frequently show a remarkable resemblance between the real bird and its manuscript counterpart, something that cannot be said about most of the illuminations representing for instance lions and elephants (George and Yapp, *The Naming of the Beasts*, 8). This is remarkable for bestiaries were scientific handbooks which basically derived their information from other works and where animals are concerned, only seldomly seem to have verified their information against nature.

The *Physiologus* and the bestiaries were mainly used as scientific schooltexts (Theobald's *Physiologus* was very popular in the twelfth century) where both the elements of natural history and the allegory and moralisations were used for didactic purposes. In the thirteenth century parts of bestiaries and the *Physiologus* were adopted as *exempla* and collected in works in which these small explanatory stories were gathered and used by parish priests as an aid for writing their sermons (Schmidtke, *Geistliche Tierinterpretation*, 93). This religious use also becomes clear when we look at the owners of bestiaries, since quite a number were possessed by "religious houses or an inmate of one, while we can find no evidence that any bestiary was owned by a layman before the Reformation" (George and Yapp, *The Naming of the Beasts*, 8).

Apart from the animals that would enter Mass through the sermon of the preachers and Bible lectures, animals also occur in the lections for the feast days of the saints. In England one of the most well-known collection of saints' lives is the *South English Legendary*, a thirteenth century collection of legends written at a time that scientific interest in nature increased. It is most probably a *liber festivalis* a book of lections for the feast days of the liturgical year.[1] The legendary is a work of

---

[1] For a discussion of the function and purpose of the *South English Legendary* see among others M.Görlach, *The textual tradition*, and Jankofski, "*Legenda Aurea* materials", 81-93.

translation and adaptation, partly based on the *Legenda Aurea* by Jacobus the Voragine but generously amplified with legends from national British saints to give it more *couleur locale*. For where the *Legenda Aurea* was intended for scholars, people who knew Latin, the vernacular *South English Legendary* was meant to be used in parts for a basically illiterate English audience.

The purpose of this investigation is to have a closer look at the birds that are mentioned in the *South English Legendary* in order to discover facts of natural history that can be discerned from their descriptions, the symbolism attached (both on and under the surface) and finally, to see whether changes were made in the adaptation from Latin prose to Middle English verse.

The bird that appears most frequently in the *South English Legendary* is the dove, a bird common in the British Isles but in its white version a clear allegorical representation of the Holy Spirit. This function of the bird is illuminatingly illustrated in both the Middle English and the Latin version of the legend of saint Fabian. There it is related how the people pray to God night and day to have Him provide them with an indication whom would be chosen to be the new Pope

> Þo com þer out of heune a wi3t coluer fl[o] adoun
> And ali3te uppon sein Fabian
>
> > (*SEL*, 16/9-10).[2]

The white dove that descends from the heavens is an obvious repetition of John 1:29 where the Holy Spirit descends upon Christ in the river Jordan. In both cases a white dove points out the man who is to be God's representative on earth. In the legend of saint Margaret a white dove descends upon her in her cell to comfort her and to make her understand and accept her fate. After the consolation of the dove the saint dies in peace (*SEL*, 301/293-302/300). Here the dove does not represent the Holy Spirit but an angel who indicates the virtues of this woman: her faith and her virginity. Virtues which ultimately turned her into a saint.

---

[2] Then out of heaven, a white dove came flying down and descended upon saint Fabian. The translation is mine.

In other legends the dove is not so much a representation of the Holy Spirit or an angel as well as a symbol for the clean soul. Thus in the Middle English and Latin versions of the legends of saint Scholastica, saint Kenelm and saint Margaret their souls fly up to heaven in the shape of a pure white dove. The relation between the virtuous soul and the dove can be accounted for in reference to the bestiaries and the *Physiologus* (though it ultimately derives from *Leviticus*, 14:3-7), where the faithfulness of the turtle-dove in particular to her partner is always emphasised. Thus the turtle-dove is compared with the soul of the true Christian who is faithful to Christ and will fly up into heaven to join her spouse (Curley, *Physiologus*, 56-57). The whiteness stressed in all three legends is the whiteness of baptism (related to the dove as a representation of the Holy Spirit) when man is cleansed from the dirt of Original Sin. In two legends the dove appears in a function rather different from the general symbolism previously mentioned. In the legend of saint Katherina it is mentioned how

> A whyt coluere fram heuene com to hire eche dai
> & bro3te hire fram heuene mete as heo in prisoun lai
>
> (*SEL*, 539/175-176).[3]

and likewise in the legend of saint Edmund of Canterbury

> Þo þo3te him in his swoudringe þat a whit coluere com
> Fram heuene mid oure Louerdes flesch
>
> (*SEL*, 501/261-262).[4]

saint Edmund receives the meat from the heavens and this leaves him with new insights in the secrets of the Christian faith. Both saints are nurtured similarly to the way in which the faithful receive the consecrated wafer when celebrating the Eucharist. This is emphasised in the vision of saint Edmund, who witnesses the true transubstantiation when the meat begins to bleed in his mouth.[5] In these two cases of nourishing

---

[3] A white bird came to her from heaven each day and brought her food from heaven.
[4] Then in his dreams he thought a white dove came to him from the heavens with our Lord's flesh.
[5] A noteworthy thing in this respect is the fact that the doctrine of transubstantiation was widespread during the latter part of the twelfth century, but was not defined

doves, identically related in the Middle English and the Latin version, the whiteness of the bird emphasises the virginity of Katherina and the purity of faith of saint Edmund.

A very interesting case is the legend of saint Peter, where at first sight no bird is mentioned

> ac wanne [he] him ne seie
> So gret deol he made and mornynge þat he wep wiþ his ei3e
> Þer uore he bar inis bosom war so he bicome
> A cloþ to wipe awei þe teres for he wep so lome
> To oure Louerd he hadde triwest loue of al þat euere were
> And studefastost was of bileue
>
> (*SEL*, 247/25-30).[6]

The corresponding Latin episode mentions that one of Peter's surnames was *Bar-Jona* which means "son of the dove".

> Per quod datur intelligi, quod ipse habuit pulchritudinem morum, dona virtutu, abundantiam lacrymarum, quia columba habet gemitum pro cantu.
>
> (Voragine, *Legenda Aurea*, 369).[7]

When we investigate the characteristics linked to the dove in the bestiaries and in Hugh of Fouilloy's *Aviarium* (chapter XI), we learn that the dove's song is identified as a "mournful plaint". Other characteristics linked to the dove are simplicity, sadness and sorrow. Keeping in mind the previously discussed faithfulness and its lack of promiscuity, characteristics of the dove can be traced in the description of the life

---

as *de fide* until the Lateran Council of 1215. The elaboration of the doctrine was only achieved by the end of the thirteenth century, the time of the original version of the *SEL*. Thus it could be suggested that the emphasis placed on this element in the legend was meant to serve as propaganda to make the doctrine acceptable for the laity.

[6] But when he did not see him, he cried and mourned so loudly that he wept from his eyes. Therefore, for times like this when he was overcome, he carried a piece of cloth in his bosom. For he wept so dearly for our Lord whom he loved more than anything else, and he was steadfast in his believe.

[7] From here on *LgA*: "By this we are given to understand that Peter had beauty of conduct, gifts of virtue, and abundance of tears, the last because the dove's song is mournful". Cf. Ryan's translation, vol. 1, 340.

of saint Peter in the *South English Legendary* where at first glance a reference to the dove is nowhere made. The Middle English version, however, mentions the weeping and therefore the sorrow and sadness of the saint in combination with his faithfulness and true love of Christ. Thus symbolic qualities of the dove are indeed present in the English legendary. A similar thing occurs in the legend of saint Nicholas, where the *Legenda Aurea* mentions that the saint "columbina simplicitate plenus, inclinato capite".[8] The Middle English version describes the saint as follows:

> þis holi man Nicholas
> More boxom was & mylde þan he euere was
> Lute prute he hadde
>
> (*SEL*, 75/14-17).[9]

The characteristics patient, mild and little pride are all qualities of the dove which we can find in the bestiaries of the simple, faithful dove. However, tested against natural history, of all the characteristics described, only the colour white and the "mournful plaint" could be established as a fact, even though it is a matter of opinion whether to identify the cooing of the dove with a mournful cry.

A very clear indication of certain characteristics of birds speaks from comparisons. In the description of Patrick's Purgatory the *South English Legendary* relates how some people in Purgatory were grilled "as ges in spites of ire" (*SEL*, 96/320).[10] No more than a gory detail inserted for entertainment —it does not appear in the Latin version— and clearly not meant to be read in relation to any kind of symbolism. It was simply a comparison people would clearly identify with since geese appeared both wild and domestically in medieval England and the audience would be familiar with the image of the bird on a grill. After the reference to a domestic goose in the legend of saint Patrick a wild goose is referred to in the legend of saint Peter. The episode describes how Simon Magus is sustained by devils in an attempt to fly. When saint

---

[8] Filled with the simplicity of a dove, bowed his head.

[9] This holy man Nicholas was more patient and mild than ever and he had little pride.

[10] As geese on an iron spit.

Peter orders the devils to let go of the magician, Simon Magus falls down. The *South English Legendary* compares the tumbling down of the wizard with a "sire wilde gos",[11] tired from the long journey it made. This element does not appear in the *Legenda Aurea*. This may indicate that the compiler of the Middle English version added these comparisons to appeal to the audience by means of the provision of elements it was familiar with, which would enliven the story.

The mentioning of the hen in the story of Lent in the *South English Legendary* indicates how common it was to keep barnyard cocks and hens in captivity in the English Middle Ages. The Middle English version of Lent is exceptional in that it clearly describes the medieval practise of egg production and the consequent reaping of eggs with an explicit moral tale:

> For wanne henne leggeþ in hore nest eiren monyon
> & me comeþ and nimeþ al awei me wole euere beleue on
> Þat bileueþ as a nest ey þat þe hen move iwite
> ware he ssel efsone legge leste it were for3ute
>
> (*SEL*, 134/163-166).[12]

Then it is explained how the hen represents man. If man does not confess all his sins, the devil uses this one sin as a "nest egg" to find his way back and incite man to more evil deeds. This realistic description of the hen and her eggs indicates a clear observation of the hen's behaviour. Again, no further symbolic meaning should be attached to the bird. The story is only important for its natural historical account and its moral explanations.

The legend of saint John the Evangelist also provides a moralisation related to certain characteristics of a bird but in this case the qualities described are anything but real and are directly derived from the bestiaries. As an explanation for the attributes of the eagle to saint John the *South English Legendary* writes:

---

[11] A feeble wild goose.

[12] For when a hen lays many eggs in her nest, and man comes and takes them all away, he should always leave one there that is the "nest egg" so that the hen may know where she afterwards shall lay her eggs. For otherwise she may forget.

> Sein Oon is an ern iwrite for inis gospelle
> Of oure Louerdes godhede so deop he deþ telle
> And so heie flucþ in diuinite ouer ech mannes kunde
>
> (*SEL*, 442/85-88).[13]

And the compiler of the *South English Legendary* continues with a description of the bird which is a clear reminder of the description of the eagle as found in the *Physiologus* provided above:

> And þer nis best ene foul non þat so clerliche mai ise[o]
> He flucþ so heie & so nei þe firmament anhei
> Þat he forswelþ is feþeren and forbarnt him sulue ney
> And wanne he is so heie iflowe þat wonder it may be[o]
> ȝute he may here in þe gronde a smal worm isse[o]
> And a smal viss in þe se en be[o] him sulf so heie
> Þer nis quik þing en earþe non þat habbe so cler eiȝe.
>
> (*SEL*, 442/78-84).[14]

The eagle did live in the British Isles in the late Middle Ages (George and Yapp, *Naming of the Beasts*, 142) but considering the qualities attributed to the bird, only its soaring high in the skies and its keen eyesight seem to be based on reality. The statement that the eagle catches fish is broadly true, even though it depends on the kind of eagle that is described, but an eagle that burns its feathers and plunges into fountains is clearly to be regarded as fictitious.

Black birds are usually associated with evil, sins and the devil and in legends make frequent appearances. Thus, in the legend of saint Benedict the devil transforms himself into a blackbird in order to annoy the saint and keep him from praying by flying in front of his face (*SEL*, 122/19-20). In the legend of saint Edmund of Canterbury:

---

[13] Saint John was attributed an eagle for in his gospel he writes so deeply about our Lord's divinity and so high the eagle flies in its divinity over mankind.

[14] And there is no beast nor bird that so clearly sees. It flies so high and close to the heavens that its feathers melt but it does not burn itself. And after he has flown so high that it is almost a miracle, he may still see a small worm on the ground and a small fish in the sea even though he is so high up himself. And there is no living thing on earth that has such a clear eye.

> blake fowele he se3
> as hit crowen & cho3en were fleo bi þer anhe3
> A lute blac sac as þe3 it were among hem þis fowele bere
> Þat was a soule for his wickednisse þat he to helle bere
>   (*SEL*, 498/187-190).[15]

The birds are little devils carrying an evil soul to hell. Already in ancient times the crow was regarded to be a bird that indicated evil to come. Thus, Aelian wrote that "to hear a single crow is an evil omen at a wedding" (*De natura animalium*, III.9). It is one of the birds known in nature for eating unclean meat and the bestiaries describe it as greedy and lustful. The chough is not a friendly bird either. It is known to be a thieving bird, especially fond of bright things and this characteristic soon turned it into a symbol of theft (Rowland, *Birds*, 36). The crow and the chough with all their sinful connotations (and quite a few taken from daily life and true) were therefore the perfect personifications of devils who played with the soul of a wicked man.

The legend of saint Michael describes the dark side of the moon to be as "blac as a reuen" (*SEL*, 416/453).[16] The dark side in this comparison with a black raven implicitly refers to all the negative connotations of the colour black and since in the Middle Ages the words *corvus* (raven) and *cornix* (crow) were often confused, the raven also receives all the bad connotations of the crow as discussed above (George and Yapp, *Naming the Beasts*, 170). An interesting *vita* in this respect is the legend of saint Vincent which relates how the murderers of the saint dispose of his body in the wilderness so that it can be devoured by bird and beast, but

> Þo com þer vle[o] a reuene and adoun þerby ali3te
> Kene and steorne and dredfol al prest forto fi3te
> wanne þer com þuderward eny foul þat þios body sey

[15] Black birds he saw, crows and choughs, that were flying high and they bore between them something that looked like a little black sack. That was a soul that they were carrying to hell for its wickedness.

[16] Black as a raven.

Þis reuen smot to gronde anon nemoste þer come non nei
Ac reuene he drof hom awey þerward wanne y come
(*SEL*, 291/145-150).[17]

The *Legenda Aurea* talks in this context about a crow instead of a raven but as pointed out above, this is not relevant. The significant detail in this legend is the fact that the raven fights other creatures to keep the body of the saint for himself. This can be identified as a description of the natural characteristic of a bird which protects its prey. However, what is even more important is the fact that the bird, usually known to be a carrion eater, would here protect the body of the saint instead of feasting on it. This is clearly rather different behaviour from that of the raven sent out by Noah from the Arc. For even though Genesis vii:6-7 is not explicit, the Church Fathers all assumed the raven to have fed on the corpses that floated in the water, a great contrast to the dove which returned with an olive branch.[18] Whereas the *Legenda Aurea* describes how the corpse is protected by a band of angels which mesmerises the crow, in the *South English Legendary* it is purely to the virtue of the scavenger bird that the body of saint Vincent is not defouled. The bird goes against its own instincts to protect the corpse, which indicates the holy nature of the body it guards. The medieval audience, knowing the negative characteristics of the bird, would be deeply impressed by the raven's miraculous behaviour.

Some birds are not directly related to miracles in the lives of the saints, but appear in the context of the story. Thus a few birds appear in connection with a saint who goes hunting. saint Julian the Hospitaller is described as a person who "louede also inou of haukes & of honde" (*SEL*, 32/5)[19] and similarly saint Thomas á Becket is said to be fond of "Þat plei [...] of houndes and of haukes" (*SEL*, 616/191).[20] The leg-

---

[17] Then a raven came flying and sat down by the body. Brave and strong and dreadful and all ready to fight. Whenever a bird that saw the body would come close, this raven threw it to the ground, for no animal should come close. He drove them all away to where they came from.

[18] Schmidtke, *Geistliche Tierinterpretation*, s.v. "Rabe I: Der Rabe, den Noah aus der Arche aussandte und der sich auf Aas niederliess", 381. Cf. also Rowland, *Birds with Human Souls*, 146.

[19] Who also loved to go with hawks and hounds.

[20] That game of hounds and hawks.

end of saint Thomas adds that the saint mentions after his conversion
that

> Of hounde ich was and haukes wardein wiþ þe kyng
> And wardein am of soulen nou
>
> (*SEL*, 631/649-650).[21]

The saint here implies that to hunt will only provide worldly pleasure and is therefore sinful. This stands in great contrast to the auspi-
cious way in which saint John the Evangelist treats hunting. He walks
in the fields with a partridge on his arm. He is approached by a man
who wonders why a man so wise would play with a bird. In this respect
the symbolism usually attributed to the bird should be born in mind
for the bird was regarded to be a sinful and lecherous creature. Aelian
noticed that these birds are

> unrestrained in their indulgence. For that reason they destroy the eggs
> that have been laid, in order that the female birds may not be too busy
> with nursing their chicks to have time for sexual intercourse.
>
> (*De natura animalium*, III.5).

The reason why the saint bears this lecherous bird on his arm becomes
clear when the holy man continues with a comparison of man with a
bow. A bow needs to be unbent when not used since otherwise it will
loose its strength. Likewise he indicates with the partridge that man
should occasionally occupy himself with less serious things to be able to
lift up his soul to heaven afterwards even more vigorously. Thus man is
allowed to now and then indulge in lecherous activities as long as he
realises it is only temporarily and worldly pleasure and that it should be
followed upon by serious thoughts afterwards.[22]

Both partridge and hawk were birds that frequented the British Isles
but no further information is given about these birds in the legends to
be able to draw any conclusions concerning the reality of their performance.

---

[21] I was the king's keeper of hounds and hawks and now I am a keeper of souls.

[22] These are Middle English legends that are not based on a Latin original, so no
further comment can be made in this respect.

All the birds mentioned so far appear in the British Isles at the time the *South English Legendary* was written and the little grebe that is mentioned in the legend of saint Michael is no exception. In fact, the little grebes "are and probably were the commonest diving birds on inland waters" (George and Yapp, *Naming the Beasts*, 134) and thus a familiar sight to most people. When the saint is walking through the countryside

> He se3 douedoppe cacche fisch & swolewe hem anon
> Allas quaþ þis gode man þis is þe deueles manere
> Gulteles þing & unywar swolewe as he doþ here
> & þiung þat non harm nedoþ bote weneþ in pees to beo
> So awaiteþ þe deuel euere hid preye forto seo
>
> (*SEL*, 487/128-132).[23]

And the saint expels the creatures from the water and summons them never to return. The little grebe is here and in its Latin counterpart identified by the saint as a devilish creature simply because of the way it treats other animals and not because of underlying symbolism usually attached to the bird as was the case with the crow and the raven. Similar to the other aquatic bird (the duck) the little grebe did have some kind of a bad reputation in medieval times. The grebe's habit of going under water was turned into a symbol of people preoccupied with sex (Rowlands, *Birds*, 50). Thus the saint not only shows his power over animals through the banishment of the birds but implicitly denounces the capital sin of lust. Thus the story of the expulsion of the diving birds might very well contain a hidden symbolic meaning that needed no amplification in medieval times, thus enhancing its entertainment value for the audience. The compiler of the *South English Legendary* described a real characteristic of the animal, it does feed on fish and swallows them whole, and this made clear that even ordinary everyday creatures could be vehicles for the devil, showing the audience it should always be on its guard.

After the previous discussion it is clear that the translation or adaptation the author made from the Latin original contains hardly any im-

---

[23] He saw little grebe catch fish and swallow them in one piece. "Alas", this good man cried, "this is the devil's way, as he does here he swallows unaware creatures without guilt and a thing that has done no harm but just wants to be left in peace. Likewise the devil is always waiting to find a prey.

portant changes. The author remains faithful to the original legends in elements that cannot be adapted following tradition. Thus saint John needs to be mentioned in relation to the eagle and saint Fabian cannot be seen without a dove. In legends where the bird is not the central character of the "plot" the compiler only twice adopts the moral allegory of the dove without naming the bird itself whereas he does mention the dove in many other legends. The reason why can only be guessed at. Perhaps it involved a solution concerning rhyme and meter. The compiler only adds birds in expressions common to the English language and in comparisons. Only in a few cases does he not base himself on the Latin original and includes birds from another —unknown— source.

Surprisingly the birds that appear in the *South English Legendary* are all birds that could be seen in the British Isles and were no doubt familiar creatures for the audience. The author remained faithful to his original and resisted the temptation to even in legends about "foreign" saints include fantastic creatures. He did not increase the exotic elements of the legends by adding comparisons with unknown birds but instead returned to ordinary and familiar birds like the dove, hens, geese, crows, ravens and little grebes. And, moreover, he placed them in their natural habitat when they appear. Thus little grebes catch fish, the hen lays her eggs and the goose is roasted on a spit. The exceptional performance of birds occur when the creatures are related to a miracle in the life of the saint. Thus doves descend from heaven with food and a raven protects the body of a saint. The audience, familiar with these birds, would be struck by the fact that such familiar creatures would behave in such an exceptional manner.

Apart from the elements of natural history that creep into the legends, animal symbolism is frequently very relevant. Especially when birds appear in a miraculous context or in moralisations. Even though the performance of the animal may seem very realistic, the medieval compiler always had an underlying theme since the story needed to be primarily didactic. He needed to teach the audience about religion, faith and morals and did so by means of realistic elements. Thus the legends were used to make people understand that even small and familiar creatures could still be instruments of divine providence. And the audience would recognize elements from nature and have a new light shed on these. Ultimately they would hopefully learn their moral lesson by listening to the symbolism hiding under the surface of such familiar creatures.

REFERENCES

AELIAN, *De natura animalum*, trad. de E. F. Schofield, Cambridge, Mass.: Harvard University Press, 1971-1972.

FOUILLOY, HUGH OF, *Aviarium: the Medieval Book of Birds*, ed. y trad. de W. B.Clark, New York: 1992 (Medieval and Renaissance Texts and Studies, 80).

GEORGE W., YAPP, B., *The Naming of the Beasts*, London: 1991.

GÖRLACH, M., *The Textual Tradition of the South English Legendary*, Leeds: 1974.

JANKOFSKY, J.P.,"*Legenda Aurea* materials in the *South English Legendary*: translation, transformation, acculturation", in *Legenda Aurea: sept siècles de diffusion*, Montréal: 1983.

ROWLAND, B., *Birds with Human Souls*, Knoxville: 1978.

RYAN, W.G., *The Golden Legend: Readings on the Saints*, 2 ts., New York: 1992.

SCHMIDTKE, D., *Geistliche Tierinterpretation in der Deutsch Sprachigen Literatur des Mittelalters (1100-1500)*, Berlin: 1968.

The South English Legendary, ed. by D'Evelyn, C. and AJ. Mills, Oxford: 1956 (EETS 235, 236, 244).

THEOBALD, *The Physiologus*, ed. by M.J. Curley, London: 1974.

VORAGINE, JACOBUS, *Legenda Aurea*, ed. de Th.Graesse, 3a ed., Osnabrück: 1965.

EL DISCURSO DESDE EL PODER

LAS FÁBULAS DEL PODER: UNA LECTURA DE *EL CONDE LUCANOR*

ELOÍSA PALAFOX
Universidad de Washington

"—Si el poder es grand poder, el grand poder ha grand saber".
(Don Juan Manuel, *El conde Lucanor*, 3a. pte., 115).

"et Dios, por la su merçed et piadat, quiera que sea a ssu seruiçio
et a pro de los que lo leyeren et lo oyeren, et guarde a mi de
dezir cosa de que sea reprehendido".
(Don Juan Manuel, *El conde Lucanor*, Prólogo a la 2a. pte., 44-46).[1]

La sociedad con la que convivió don Juan Manuel era, en su mayor
parte, ajena al manejo de la escritura, por lo que casi toda la información, aun la que provenía de textos escritos, solía transmitirse en forma
oral. Los testimonios escritos que han llegado hasta nosotros sólo nos
permiten entrever la punta del *iceberg* de lo que fue el acervo de materiales
—muchos de ellos de origen folclórico—, que tuvieron a su alcance los
autores letrados. Este saber pasaba una y otra vez de los libros a la voz y
de la voz a los libros, donde se le recogía y utilizaba con diversos fines.
El hecho de que ciertos textos compartan algunos temas, motivos y
argumentos, no siempre es indicio de que hayan tenido los contactos que
a veces les adjudicamos, pues cabe también la posibilidad de que, lo que tienen en común, lo hayan tomado de una o más fuentes orales ahora perdidas. Por eso mismo, resulta imposible evaluar, en toda su magnitud, el
papel que desempeñó ese saber tradicional (tanto oral como escrito) en la

---

[1] La citas de *El conde Lucanor* están tomadas del volumen 2 de la edición de José
Manuel Blecua, *Obras Completas* (Madrid: Gredos, 1982-1983). Cito por parte o número
de 'exemplo' (en romano) y número de línea (en arábigo), de acuerdo con esta edición.

composición de *El conde Lucanor*. Pero una cosa es cierta: su autor conocía de primera mano la importancia que todo el mundo le daba y también
el gran respeto que inspiraban los hombres que lo transmitían.

Los principales vehículos por medio de los cuales se transmitía dicho
saber fueron los refranes, las sentencias y las narraciones basadas en hechos históricos o ficticios (o, lo que también era bastante común, en
diversas combinaciones de historia y ficción). El prestigio de estas últimas había llevado a la sociedad letrada a utilizarlas, ya desde antiguo,
como recurso retórico con propósitos ejemplares. Esta práctica llegó a
difundirse ampliamente, en especial en el exordio de los sermones que
iban dirigidos en forma oral al pueblo inculto. Los relatos usados de tal
manera recibieron, como es sabido, el nombre de *exempla* y su existencia quedó íntimamente ligada a los círculos del poder, tanto civil como
eclesiástico.

Es muy probable que haya sido precisamente su formación retórica
(aunada, por supuesto, a las oportunidades que tuvo de relacionarse con
otros textos de literatura ejemplar que circulaban en la corte castellana
desde los tiempos de Fernando III), la que llevó a don Juan Manuel a
darse cuenta de las posibilidades estratégicas del *exemplum* como instrumento idóneo para luchar discursivamente por el poder.[2] Pues, como
aquí veremos, es el carácter comunitario, anónimo y pretendidamente
oral de la información manejada, lo que le permite defender, de manera
encubierta, su derecho a gozar de la situación privilegiada que había
perdido en el plano político, a expresar sus opiniones y a criticar a sus
más poderosos enemigos. Su prestigio, universalmente aceptado, le pro-
porcionaba la autoridad necesaria para definir los parámetros morales
de lo que, según él, constituía el ejercicio legítimo del poder. Pues, según la lógica de esta obra, tal ejercicio debería estar respaldado no por el

---

[2] De acuerdo con Caldera ("Retórica", 28), don Juan Manuel no fue el único en su
tiempo que recurrió a las armas de la retórica para tratar de recuperar su influencia
política: "Da troppe parti, ormai, in Europa, lievitaba *un movimento a favore della
retorica* che volveva, appunto sulla scia della scuola di Chartres, sovvertire il precedente-
te rapporto di subordinazione, di marca scolastica, fra quest'arte e la dialettica;
*movimento in cui sono chiaramente ravvisabili anche gli influssi esercitati da quegli ambienti
aristocratici laici che aspiravano a riconquistare sul piano della cultura volgare le posizioni
perdute su quello politico-sociale.* Una categoria dunque cui Juan Manuel non solo è vicino
spiritualmente e socialmente, ma che [...] egli cerca, secondo le parole del prologo, di
appagare il più possibile nelle sue esigenze" (los subrayados son míos).

argumento de la nobleza de sangre (que ya don Juan Manuel había usado en otros textos),[3] sino por la posesión misma de ese saber, al que se presenta como síntoma de superioridad moral.

Una y otra vez, el saber aparece en *El conde Lucanor* como el instrumento ideal para reinstaurar el orden perdido a causa de los errores que cometen los malos gobernantes.[4] Lo cual, lleva a pensar que quienes lo

---

[3] Es de sobra conocido el pasaje del *Libro de las tres razones*, donde don Juan Manuel explica a su hijo cómo es que, debido a la altura de su linaje, que sólo es inferior al de los reyes, él no puede ser armado caballero como un lego cualquiera: "que me sería a mí muy grave de tomar cavallería de ninguno, si non en la manera que la toman los rreys" (*Cinco*, 101).

[4] Por eso creo que, lo que este texto propone en el fondo no es sólo una 'lectura inteligente' del mundo, como sugiere Diz (*Patronio*), sino *una manera inteligente de fabular*, que ha de servir para imponer el orden en un mundo caótico, afectado por los desórdenes de los poderosos (con la ventaja obvia que esta solución supone para los sabios fabuladores, como lo fue el propio don Juan Manuel). Como ya la crítica ha observado, el mundo que se presenta en *El conde Lucanor* es un mundo problemático y desordenado que parece estar perdiendo sus coordenadas. De acuerdo con Maravall ("Sociedad", 456): "En la obra didáctica y moralista del Infante se nos revela como en espejo la sociedad tradicional estática del Medioevo; pero advertimos ya en ella ondulaciones que alteran su superficie, empujada por el viento de una nueva época que amanece". Algo semejante propone también Dunn ("DJM: The World As Text", 238) en su artículo más reciente sobre la obra de don Juan Manuel: "The world of *El conde Lucanor* is not the ordered and stable universe to which the *cavallero anciano* has turned his inward eye [...], it is rather the chaotic, sublunary world of contingent relations, varied and variable, dangerously unstable, where the will does not marry *entendimiento* but elopes with desire and appetite. In later times, this state of affairs will be represented as 'the world upside down', *el mundo al revés*. If the world made for mankind according to God's original design had at its center the Tree of Knowledge, the world as reflected in the mirror of Don Juan Manuel has at its center the Tree of Falsehood, *el árbol de la mentira* (*Exemplo*, 26). From this reading we may trace two coordinates in the book in its double function, as text and as process. They are the recovery of truth in a labyrinth of falsehood (1, 26); and the discovery of virtue, in its classical sense of *virtus* (25, 50)". Esta idea de la obra como instancia ordenadora es defendida también por Seidenspinner ("On 'Dios y el mundo'", 262): "Juan Manuel is constantly struggling to impose order, to establish hierarchies, priorities, and rules". MacPherson ("'Dios y el mundo'", 27-28), por su parte, observa que la preocupación de don Juan Manuel es demostrar la posibilidad de una reconciliación entre objetivos mundanos y objetivos celestiales. La mayoría de los críticos (Lida de Malkiel, Maravall, MacPherson, Stefano, Caldera, Dunn, Burke, Seidenspinner) están de acuerdo en interpretar este deseo de ordenar el mundo como un síntoma de la ideología estamental de don Juan Manuel. Esto los lleva además, a pensar que el público al que iban dirigidos los relatos de don Juan Manuel era más bien un público culto. Pero hay también algunos críticos (como Sturm y Vàrvaro) que,

poseen son en realidad los dueños "legítimos" del poder. Es quizá este deseo de subrayar la superioridad de la nobleza del saber por sobre la nobleza de sangre, el que explica que los sabios de los 'exemplos' de don Juan Manuel rara vez pertenezcan a la aristocracia. Esta posición ventajosa que ocupa el saber se refleja, además, en el hecho de que los sabios siempre terminan superando a los poderosos, tanto en el terreno intelectual como en el plano de la acción. A veces, su intervención beneficia directa o indirectamente a los poderosos. Otras, en cambio, todo se resuelve para estos últimos en pérdidas y humillaciones, que funcionan como castigos por su ineptitud o por su inmoralidad, y que, en última instancia, están destinadas a servir como lecciones morales, no sólo para los mismos personajes que las reciben, sino también para los lectores de *El conde Lucanor*. Por lo menos once de los relatos (I, XI, XIX, XX, XXI, XXIV, XXVII, XXXII, XXXV, L y LI) tienen como protagonistas a sendos poderosos necios, ignorantes, ineptos e incluso soberbios: como si se quisiera probar y reiterar la idea de que son ellos los que necesitan las más grandes lecciones. El resultado de esta inversión es una ejemplaridad que toma explícitamente la forma de una "ética del saber", pero que funciona a la vez ocultamente como un instrumento discursivo de "lucha por el poder".

Como es bien sabido, en tanto que nieto de Fernando III, don Juan Manuel no sólo era, en su época, uno de los nobles castellanos de más alto rango, sino que ocupaba incluso un lugar bastante cercano en la línea de sucesión al trono.[5] Asimismo, resulta imposible pasar por alto que el libro de *El conde Lucanor* (terminado en 1335) fue escrito en el período más conflictivo de sus relaciones con Alfonso XI, quien en 1327

---

por distintos caminos, llegan a la conclusión de que el autor tenía en mente una intención puramente didáctica y un público mucho más amplio. Rey ("*El Libro de Patronio*"), por su parte, es quizás la única que ve en don Juan Manuel una intención puramente "exhibicionista". Mi lectura de la obra me lleva a pensar que, aun cuando los relatos podían ser disfrutados y aprovechados (en un sentido didáctico) por casi cualquier persona, debido a su calidad de saber tradicional y a la claridad del estilo del autor, muy pocos lectores eran capaces de verlos además como armas de lucha política, dentro del marco de un proyecto global de corte letrado.

[5] Esto es lo que lleva a Dunn ("Structures", 67) a proponer su lectura *El conde Lucanor* como producto del "mito del mesías desterrado": "Juan Manuel's private myth of the elect improperly deprived of power has accumulated public fictions which endlessly repeat a metaphorical reconstruction of itself".

cancela el compromiso de bodas con su hija y la encierra como rehén en el castillo de Toro.[6] Don Juan Manuel le declara entonces la guerra y se alía con el rey de Granada para luchar en su contra. Con ese rompimiento de hostilidades dio comienzo una época de desgracias y humillaciones políticas que no concluyó sino hasta 1337, con la capitulación incondicional de don Juan Manuel ante el monarca castellano (Giménez Soler, *Don Juan Manuel*, 79-118 y Sturcken, *Don Juan Manuel*, 33-46).

Uno de los rasgos más evidentes de *El conde Lucanor* es la casi total ausencia de menciones a lo que fueron sus fuentes escritas. Prácticamente, la única "fuente" de información que don Juan Manuel reconoce como tal es la voz de Patronio, cuya autoridad se va confirmando a medida que Lucanor aplica con éxito los consejos que se derivan de sus 'exemplos' para resolver los problemas que se le presentan. Esta aplicación exitosa, y no la relación de su texto con otros, es la que respalda el valor de la información manejada.

En las líneas finales de cada 'exemplo' hay una breve alusión al autor de la obra, que se atribuye indirectamente el papel de compilador, con una fórmula que presenta muy pocas variantes: "Et quando don Iohan fallo este exienplo, mandolo escriuir en este libro [...]". Lo único por lo que este "compilador" se atribuye indirectamente cierto crédito creativo son las moralejas en verso que se añaden en seguida, a manera de conclusión, precedidas por la fórmula: "et fizo estos viessos que dizen assi [...]". Sin embargo, la intervención de don Juan Manuel en la escritura y amplificación de los 'exemplos' fue mucho más allá de los límites de lo que podría considerarse como una mera transcripción.[7] Además, no hay que olvidar que, tanto en el prólogo general como en los prólogos a las partes primera y segunda del libro, este mismo "don Iohan" sí reconoce explícitamente sus labores de autor, y explica con bastante detalle el

[6] A esto vinieron a añadirse, en ese mismo año, las muertes de su esposa Constanza y del rey don Jaime de Aragón, su más importante aliado y protector.

[7] Los estudios indispensables de Lida de Malkiel ("La idea" y "Tres notas"), de Ayerbe-Chaux (*Materia tradicional*) y de Devoto (*Introducción* y "Cuatro notas"), quienes comparan los relatos de *El conde Lucanor* con otras versiones escritas de la época, resultan particularmente iluminadores a este respecto. Otros trabajos interesantes que tratan sobre las fuentes de los 'exemplos' narrados por don Juan Manuel son: las notas finales de la edición de la obra hecha por Knust y Birch-Hirschfeld, el libro de Gubern (*Sobre los orígenes*), el artículo de Wallhead ("Three Tales"), la *Cuentística medieval en España* de Lacarra y el "Prólogo" a su antología *Cuentos de la Edad Media*.

cómo y el porqué de su obra y de las decisiones que tomó con respecto al estilo en que escribiría sus distintas partes. Lo cual pone todavía más en evidencia el carácter estratégico del plano ficticio en el que se mueven Patronio y Lucanor.

Entre los múltiples usos a que se prestó, a lo largo de la Edad Media, el saber tradicional, y en especial la información en la cual los receptores podían percibir un origen oral (por lejano que éste fuera), sobresale este libro de don Juan Manuel, en el que las narraciones ejemplares son usadas para argumentar en favor de una ética basada en la idea de que sólo con el apoyo del saber es posible resolver los problemas relacionados con el ejercicio del poder. Aunque, como arriba se dijo, esta misma "ética" funciona a la vez, ocultamente, como un recurso de crítica y reivindicación política.

A fin de cuentas, lo que se deduce de esta ejemplaridad juanmanuelina es la necesidad que tienen los reinos de los sabios, que son los únicos capaces de asegurar su buen funcionamiento. Esto les confiere un derecho 'natural' (muy conveniente para el autor) para ocupar una posición privilegiada en las esferas del poder. Este razonamiento se va confirmando, a lo largo del texto, en los 'exemplos' que cuenta Patronio, muchos de los cuales giran en torno a las relaciones de personajes, animales y valores personificados que manejan algún tipo de saber, con los que ostentan algún tipo de poder.

No cabe duda, sobre todo después de leer el resto de su obra, que a don Juan Manuel le complacía pensar en el destacado lugar que le correspondía ocupar en las altas esferas de la aristocracia de su tiempo y que pasó, efectivamente, gran parte de su vida tratando de recobrarlo. Sin embargo, esto no debe oscurecer el hecho de que, por lo menos en *El conde Lucanor*, la nobleza de sangre aparece subordinada a la posesión de la sabiduría. Lo que aquí se propone, es que tal inversión es el producto de una estrategia discursiva de lucha por el poder, que parece estar en los orígenes del texto y que de ninguna manera va en contradicción con la ideología estamental de su autor. Es esta misma estrategia la que da su razón de ser a los 'exemplos' elegidos por don Juan Manuel y la que, en realidad, los hacía necesarios. De otro modo, una exposición sin tantos 'exemplos', como la que se hace en *El libro de los estados* (compuesto más o menos en la misma época y bajo las mismas circunstancias históricas que *El conde Lucanor*), tal vez habría bastado.

Es probable que el deseo de defender su derecho al poder, y la necesidad de hacerlo encubiertamente, hayan sido los factores que llevaron a don Juan Manuel a recurrir al uso del relato ejemplar, y a presentarlo además como la transcripción de una voz que se autoriza por medio de la experiencia y no de la escritura. Esto le permitía diluir convenientemente su responsabilidad por la autoría de todo lo que de "subversivo" podía haber en su texto, mucho más tal vez, en el fondo, de lo que a menudo tendemos a creer y podemos, incluso, entender.[8]

De hecho, como él mismo se encarga de insinuar, primero en su Prólogo y luego al comienzo de la Segunda parte, el libro de *El conde Lucanor* ha sido escrito teniendo en mente dos tipos distintos de lectores: los que aprecian y desean el saber (lo cual para el autor parece ser un indicio de su calidad moral), y los que no pueden o no desean aprender (indicio éste, en el marco de la ética juanmanuelina, de su carencia de valores morales).

El primer grupo, el de los lectores morales, aparece representado en el texto, en primer lugar por Lucanor y, en segundo por don Jaime de Xérica, amigo personal del autor, a quien se menciona al comienzo de la segunda parte. Pues, tal y como los describe don Juan Manuel, ellos son el tipo de lectores a los que se refiere cuando dice: "et los que lo leyeren si por su voluntad tomaren plazer de las cosas prouechosas que y fallaren, sera bien" (Pról. a *CL*, 49-50). Estos lectores "modelo" tienen pocos émulos al nivel de los 'exemplos', pues los únicos tres personajes poderosos que piden y aprovechan los consejos de un personaje cuya sabiduría respetan, constituyen, en cierto modo, tres excepciones a la regla: el privado del

---

[8] Uno de los beneficios indirectos de esta interpretación del discurso ejemplar de *El conde Lucanor* es que, con ella, viene a resolverse la aparente contradicción observada por Germán Orduna ("La autobiografía", 247) entre la "fisonomía humana" de don Juan Manuel, documentada históricamente, y la "personalidad moral" que se induce de sus obras. Sin llegar al extremo de pensar que este libro pudiera ser un *roman à clé* en el sentido moderno del término, valdría la pena preguntarse si algunos de sus relatos o de los personajes que en ellos aparecen, no habrán servido al autor, y a su círculo de amigos y colaboradores, para aludir veladamente o en tono paródico a ciertas situaciones de la política, o bien a ciertas personas que se movían en las esferas del poder. De ser así, más que tratar de revelar a sus lectores "the necessity of learning to judge the media so that one does not make terrible mistakes", como sugiere Burke ("Counterfeit", 210), lo que estaría haciendo don Juan Manuel es utilizar él mismo esos "media" (es decir el lenguaje —y en particular el "lenguaje" ejemplar) como instrumento para emitir, encubiertamente, un juicio moral.

primer 'exemplo', que está en un puesto de relativa subordinación con respecto al rey y que sabe, además, rechazar la tentación del poder y tomar el consejo del filósofo cautivo que tiene en su casa; el sultán Saladino del 'exemplo' L, que gracias a su amor por el saber se salva de incurrir en un abuso de poder y el conde de Provenza ('exemplo' XXV), que reconoce y pone en práctica, oportunamente, un buen consejo. La ironía, en este último caso, consiste en que quien aconseja al conde es un poderoso —Saladino—, que acaba sufriendo las consecuencias de sus malas acciones en aras de su propio buen consejo. A todos estos interlocutores "escogidos" que aparecen al nivel de los 'exemplos', así como a los lectores bienintencionados que describe don Juan Manuel en su prólogo, sus cualidades morales y sus buenas intenciones los hacen merecedores del respeto de la figura autorial y los libran, además, de convertirse en objetos de crítica.

En el segundo grupo, el de los lectores inmorales, están, por el contrario, aquellos a quienes su "ceguera moral" les impide reconocer, apreciar y aplicarse voluntariamente las recomendaciones y las críticas implícitas en los distintos relatos de la obra. De ellos habla don Juan Manuel cuando dice:

> et avn los que lo tan bien non entendieren, non podran escusar que, en leyendo el libro, por las palabras falagueras et apuestas que en el fallaran, que non ayan a leer las cosas aprouechosas que son y mezcladas, *et avn que ellos non lo deseen, aprouecharse an dellas* [...]."
>
> (Iniciado. a *CL*, 51-55; el subrayado es mío).

Este grupo, el de los "malos" lectores (en los dos sentidos del término), tiene sus émulos en la serie de personajes necios e inmorales de los relatos, que son incapaces de valorar el saber y de apreciar a sus portadores, y que poseen, en la mayoría de los casos, algún tipo de poder o están, por lo menos, en vías de obtenerlo.

Esta asociación entre la actitud de los "malos lectores" y la de los personajes poderosos de los 'exemplos', que presentan conductas reprobables, es la que posibilita la lectura del texto como un ataque encubierto a los enemigos políticos de don Juan Manuel, entre quienes se encontraba, en primer lugar, el rey de Castilla. Por eso, bien podría pensarse que la razón de fondo que estuvo detrás de la decisión del autor de utilizar en su texto las palabras más dulces y "falagueras" posibles, fue el deseo de evitarse problemas con sus enemigos políticos, ya que el "mal sabor" de su medicina textual no sólo se debía a su contenido moral, sino también a su carácter de crítica.

De la disolución de la responsabilidad autorial en la voz de Patronio y en el carácter tradicional de sus enseñanzas, se deriva, además, otra estrategia que aparece formando parte de la trama de numerosos relatos en el texto: el ocultamiento del estatuto mismo de la ficción por medio de la actuación. Ésta, al igual que las máscaras de la voz y de la tradición, permite a quienes la utilizan imponer el mensaje de su saber sobre quienes se muestran renuentes, o incluso impedidos, para escucharlo.

De entre todos los personajes que se sirven de algún modo de la ficción a lo largo de la primera parte de *El conde Lucanor*, Patronio es el único que puede sentarse tranquilamente a narrar una serie de historias que su interlocutor, el conde mismo, reconoce desde un principio como tales. La buena voluntad de su discípulo le facilita además la tarea de establecer, al final de cada 'exemplo', las analogías entre la narración recién contada y el problema planteado. En cambio, los demás "fabuladores" que aparecen en los relatos del consejero, difícilmente pueden ser identificados como narradores en el sentido más convencional del término, puesto que, dada la escasa calidad moral de sus distintos interlocutores, sus posibilidades de provocar en ellos un efecto ejemplar dependen enteramente de su habilidad para ocultar, por medio de la actuación, la presentación de sus ficciones.[9]

Es, por lo tanto, la incapacidad de reconocer una necesidad moral (o incluso la negativa a aceptarla), la que convierte a los interlocutores que aparecen en los distintos 'exemplos' en "víctimas" de la ficción, la cual, en la mayoría de estos casos, funciona como una especie de castigo o de trampa para poner fin a una forma reprobable de ejercer, o de ambicionar, algún tipo de poder. Se trata de un proceso muy semejante a aquél por el que han de pasar los "malos" lectores de don Juan Manuel, puesto que, al igual que los personajes fabuladores de sus relatos, también él, según dice en su prólogo, tiene la intención de obligarlos ("avn que ellos non lo deseen") a recibir una lección moral.

[9] De acuerdo con Diz (*Patronio*, 47), estas "ficciones segundas" que aparecen en el interior de los ejemplos, funcionan a manera de "lecciones intencionales" en las que, a semejanza de lo que sucede en el diálogo de Lucanor con Patronio, se "asigna al discípulo el papel de protagonista o de lector".

El poder que poseen, en acto o en potencia, la mayoría de esos personajes de los 'exemplos' que son "víctimas" de la ficción, hace que el
éxito logrado por los sabios al tratar de llevar a cabo su labor didáctica,
sea la máxima prueba de su superioridad y del "derecho" que tienen a
ejercer, o por lo menos a compartir, el poder. "Derecho" éste que, a su
vez, se apoya, por supuesto, en el argumento de la conveniencia, pues
¿qué puede 'convenir' más a un reino que tener a un sabio a cargo del
poder?

No sería raro que en el origen de esta subordinación del linaje al saber
haya estado la tormentosa relación de don Juan Manuel con Alfonso XI,
pues sólo así, en tanto que sabio y no en tanto que aristócrata, podía el
autor de *El conde Lucanor* situarse por encima del único hombre que lo
superaba en linaje en todo el reino, y que había provocado su exilio de
las esferas más altas del poder político. Pero lo conveniente de esta idea
de privilegiar la posesión del saber por sobre la nobleza de sangre, es que
no sólo lo situaba por encima del monarca enemigo, sino que le permitía además criticarlo veladamente, tanto a él como al resto de las personas que se habían interpuesto en el camino de sus ambiciones.

De este modo, el libro de *El conde Lucanor* —al igual que las ficciones
con que los sabios de sus 'exemplos' aleccionan a los poderosos—, funciona simultáneamente de dos modos distintos: en primer lugar, como
una herramienta pedagógica útil para la transmisión de una serie de enseñanzas morales que han de ser bien recibidas y aplicadas, y, en segundo, como un recurso discursivo destinado a criticar y "aleccionar" a los
enemigos políticos de su autor, y a reivindicar lo que éste consideraba
como su "derecho" legítimo al poder. Esta segunda función es la que
mejor explica la decisión de don Juan Manuel de utilizar el saber tradicional, las máscaras de la voz y (en algunos 'exemplos') la estrategia de la
actuación. Pues gracias a éstos, los lectores enemigos, contra los que se
perfilaba su condena difícilmente podrían reprocharle el haber usado
una información que, por lo menos en términos generales, "no era obra
suya".

Bibliografía

Aarne, Anti y Stith Thompson, *The Types of the Folktales*, Helsinki:
    Tredeakatemia, 1964 (FFC 184).

AYERBE-CHAUX, REINALDO, *"El conde Lucanor": materia tradicional y originalidad creadora*, Madrid: Porrúa Turanzas, 1975.

BURKE, JAMES F., "Counterfeit and the Curses of Mediacy in the *Libro de buen amor* and the *Conde Lucanor*", en Kevin Brownlee y Walter Stephens (eds.), *Discourses of Authority in Medieval and Renaissance Literature*, Hanover, NH: University Press of New England, 1989, 203-215.

——, "Frame and Structure in the *Conde Lucanor*", *Revista Canadiense de Estudios Hispánicos*, 8, 1983-1984, 263-274.

CALDERA, ERMANNO, "Retorica, narrativa e didattica nel *Conde Lucanor*", *Miscellanea di Studi Ispanici*, 14, 1966-1967, 5-120.

COVARRUBIAS, SEBASTIÁN DE, *Tesoro de la lengua castellana o española*, 1611, México: Turner, 1984.

DEVOTO, DANIEL, "Cuatro notas sobre la materia tradicional en don Juan Manuel", *Bulletin Hispanique*, 68, 1966, 187-215.

——, *Introducción al estudio de Don Juan Manuel y en particular de "El conde Lucanor": una bibliografía*, Madrid: Castalia, 1972.

DIZ, MARTA ANA, *Patronio y Lucanor: la lectura inteligente «en el tiempo que es turbio»*, Potomac, Maryland: Scripta Humanistica, 1984.

DUNN, PETER, "The Structures of Didacticism: Private Myths and Public Fictions", en *Juan Manuel Studies*, London: Tamesis, 1977, 53-67.

——, "Don Juan Manuel: The World As Text", *Modern Language Notes*, 106.2, 1991, 223-240.

GIMÉNEZ SOLER, ANDRÉS, *Don Juan Manuel. Biografía y estudio crítico*, Zaragoza: Academia Española, 1932.

GUBERN GARRIGA-NOGUÉS, SANTIAGO, *Sobre los orígenes de "El conde Lucanor" de don Juan Manuel*, México: Instituto de Estudios Iberoamericanos, 1972.

JUAN MANUEL, DON, *Cinco tratados: "Libro del cavallero et del escudero"; "Libro de las tres razones"; "Libro enfenido"; "Tractado de la asunçión de la Virgen"; "Libro de la caça"*, Madison: Hispanic Seminary of Medieval Studies, 1989.

——, *Obras completas*, ed. José Manuel Blecua, Madrid: Gredos, 1982-1983.

KNUST Y BIRCH-HIRCHFELD (eds.), *El libro de los enxiemplos del conde Lucanor et de Patronio*, Leipzig: Seele, 1900.

LACARRA DUCAY, MARÍA JESÚS, *Cuentística medieval en España: los orígenes*, Zaragoza: Universidad de Zaragoza, 1979 (Publicaciones del Departamento de Literatura Española, 1).

——, *Cuentos de la Edad Media*, Madrid: Castalia, 1986 (Odres Nuevos).

LIDA DE MALKIEL, MARÍA ROSA, *La idea de la fama en la Edad Media castellana*, 1952, México: Fondo de Cultura Económica, 1983 [1a.ed., 1952].

——, "Tres notas sobre Don Juan Manuel", *Romance Philology*, 4, 1950-1951, 155-194.

MACPHERSON, IAN, "«Dios y el mundo»: The Didacticism of _El conde Lucanor_", _Romance Philology_, 24, 1970-1971, 26-38.

——, "Don Juan Manuel: the Literary Process", _Studies in Philology_, 70, 1973, 1-18.

MARAVALL, JOSÉ ANTONIO, "La sociedad estamental castellana y la obra de don Juan Manuel", en _Estudios de historia del pensamiento español_, Madrid: Ediciones Cultura Hispánica, 1967, 451-472.

ORDUNA, GERMÁN, "La autobiografía literaria de don Juan Manuel", _Don Juan Manuel: VII Centenario_, Murcia: Universidad de Murcia y Academia Alfonso X el Sabio, 1982, 245-258.

REY, RAMONA, "El _Libro de Patronio_ como guía de vida", en _Estudios sobre Juan Manuel_, Santiago: Universidad de Chile, 1957.

SEIDENSPINNER-NUÑEZ, DAYLE, _The Allegory of Good Love: Parodic Perspectivism in the "Libro de buen amor"_, Berkeley: University of California Press, 1981 (University of California Publications in Modern Philology, 112).

STEFANO, LUCIANA DE, "Don Juan Manuel y el pensamiento medieval", en _Don Juan Manuel: VII Centenario_, Murcia: Universidad de Murcia y Academia Alfonso X el Sabio, 1982, 337-351.

STURCKEN, H. TRACY, _Don Juan Manuel_, New York: Twayne, 1974 (Twayne's World Authors Series, 303).

STURM, HARLAN, "The _Conde Lucanor_ the First Ejemplo", _Modern Language Notes_, 84, 1969, 286-292.

VÁRVARO, A., "La cornice del _Conde Lucanor_", en Carmelo Samonà (ed.), _Studi di letteratura spagnuola_, Roma: Università-Società Filologica Romana, 1964, 187-195.

WALLHEAD MUNUERA, CELIA, "Three Tales form _El conde Lucanor_ and their Arabic Counterparts", en _Juan Manuel Studies_, London: Tamesis, 1977, 101-117.

SABER Y PODER EN LA ÉPOCA DE JUAN II

LAURETTE GODINAS
El Colegio de México

Resulta interesante la conjunción de estos dos infinitivos, "saber" y "poder", aunque no represente nada nuevo a principios del siglo XV: casi dos siglos antes, Alfonso X y sus colaboradores habían ya planteado que los grandes gobernantes del pasado solían verse acompañados por lo menos de un sabio que les mostrara el camino de la ciencia. Así, Mítrides "siempre ovo consigo philosophos et omnes sabios" (*Primera crónica*, 66) y Trajano recibió las enseñanzas de un "gran filósofo" (142). Esta voluntad de formar monarcas sabios, que para Maravall ("Los «hombres de saber»", 362) es un punto esencial de la *Glosa castellana al regimiento de los príncipes* de fray Juan de Castrogeniz, se encuentra ya en un texto del siglo IX compuesto por la condesa visigoda Dhueda para la educación de su hijo primogénito Guillermo, en el que le augura felicidad si llega a ser *doctus* y *eruditus* ("Los «hombres de saber»", 357).

Si creemos a Fernán Pérez de Guzmán en su retrato de Juan II, el rey vivía, según las recomendaciones de sus predecesores, entre poetas y letrados (*Generaciones*, 38); lo que no logró este monarca fueron lo que, para Fernando del Pulgar en su *Letras: Glosa a las coplas de Mingo Revulgo* (173), eran las consecuencias normales de este sabio entorno: "cuanto mayores señores y hombres de scientia tiene en su corro, tanto más resplandece la autoridad del rey"; aunque las crónicas que abarcan el reinado de Juan II avalan el juicio de Pérez de Guzmán acerca del interés de aquél por las artes y la filosofía, los hechos descritos en ellas muestran cuánta razón tenía el autor de las *Generaciones y semblanzas* cuando decía que, por desgracia, este amor exclusivo por la ciencia había alejado al rey de cualquier interés por la política (*Generaciones*, 40). Un pasaje

271

de la *Refundición de la crónica del Halconero,* al que alude Maravall, parece incluso sugerir que, en la realidad, el poder descansaba en las manos de los letrados.[1] Y aun sin estar de acuerdo con la teoría de Maravall, cuyo propósito en el artículo "Los «hombres de saber» o letrados y la formación de su conciencia estamental" es mostrar cómo los letrados llegaron a formar un cuarto estamento a finales de la Edad Media, no se puede negar que desde la usurpación del poder por Enrique II de Trastámara —después del asesinato de Pedro el Cruel— la monarquía castellana tuvo como tarea, más que gobernar, legitimar su presencia en el trono, y que durante el reinado de Juan II, la suerte política de Castilla estaba alternando entre el bando de Álvaro de Luna y la oligarquía nobiliaria que estaba en su contra.[2]

Fueron numerosos los intentos de legitimación del poder usurpado. Desde la *Crónica de don Pedro* por Pero López de Ayala,[3] a finales del siglo XIV, hasta textos como la *Anacephaleosis* de Alonso de Cartagena, todos estos documentos nos muestran cómo esta capacidad de legitimación se encontró desde un principio en manos de los letrados. Han sido demostradas numerosas veces las conexiones que existen entre la

---

[1] Maravall habla de un caso de "desnaturalización de vasallos, típica herencia del derecho feudal, juzgado no por los pares, sino por letrados imbuidos de romanismo" ("Los «hombres de saber»", 379); este pasaje de la crónica cuenta cómo Juan II, ante las maniobras del infante y su séquito que "se enbiauan desnaturar del rey y el rreyno de Castilla", mandó a Alburquerque a Fernán Pérez de Guzmán y a Pedro González de Ávila, "para darles rrazón que su desnaturamiento de derecho non se podía fazer" (*Refundición*, 85). Para Maravall, este fragmento es fundamental porque considera además que la *Refundición* es obra de Barrientos; no le restamos ningún valor para demostrar la importancia del poder de los letrados, aunque creemos que Barrientos no fue el refundidor de la *Crónica del Halconero* (véase "A propósito", 230-231).

[2] Casi todos los historiadores y críticos comparten esta visión desoladora acerca del asunto; véase Penna, *Prosistas castellanos,* XI; Suárez Fernández, *Nobleza y monarquía,* 87-100); Hillgarth, *The Spanish Kingdoms,* t. 2, 303-304; Riu Riu, *Edad Media (711-1500),* 353. Añade a estas tensiones entre monarquía y nobleza el problema de la burguesía Rodríguez Puértolas en la introducción crítica de la *Poesía crítica* (19-21). En su *Juan de Mena,* María Rosa Lida —tratando de la muerte extremadamente violenta del condestable Álvaro de Luna y de la importancia de ésta en el *Laberinto de Fortuna*— no dudó en llamar a Juan II "el cómplice más culpable de su pérdida y de la desagregación feudal de Castilla" (110-111).

[3] Véase al respecto la reciente y completísima edición de esta crónica por Germán Orduna, en la que se destaca la labor de cronista de Ayala para narrar con suma prudencia la muerte de Pedro durante el reinado del nieto de quien lo mató.

historia y el poder, y cómo aquélla llegó muchas veces a servir a éste;[4] prueba de ello es, sin duda alguna, la *Anacephaleosis* de Alonso de Cartagena —dedicada originalmente a Juan II, pero conocida como "al cabildo de Burgos" porque el monarca murió antes de que el obispo de Burgos pudiera terminarla, y traducida por Juan de Villafuerte como *Genealogía de los reyes de España*. Esta obra tiene como propósito la afirmación de la identidad propia de Castilla y la descripción de su minuciosa preparación en el pasado para constituirse en un peón importante, tanto a nivel europeo como nacional, en el tablero de las naciones. En su *Anacephaleosis*, Cartagena vuelve a la *Historia Gothica* de Ximénez de Rada,[5] "dándole una forma mucho más impresionante para sus contemporáneos y sucesores" (Tate, "La *Anacephaleosis*", 56), es decir, centralizando los elementos de la *Historia Gothica* hacia su meta principal: demostrar que los actuales soberanos de Castilla descienden en línea directa de los reyes visigodos, y son, por lo tanto, superiores a los nobles y a sus validos.

Manipulaciones similares de los hechos habían permitido a Cartagena, durante el concilio de Basilea (1434-1439) —en el que, alentada por Francia, la querella entre castellanos e ingleses pasó a ser un antagonismo declarado en el debate sobre precedencia— establecer en su discurso la mayor antigüedad de la monarquía castellana. Una sabia revoltura de los hechos y mitos de la *Historia Gothica* y de otras copilaciones medievales, ayudó al obispo de Burgos a demostrar que, si el monstruo tricéfalo Gerión venció a Hércules en Hesperia o España, "la interpretación euhemerística de esta leyenda es que Gerión fue rey de España, dueño de tres provincias, Extremadura, Andalucía y Galicia, debiendo por ello ser conocido con más propiedad como el antiguo rey de Castilla" (Tate, "La *Anacephaleosis*", 62-63). Con las mismas artimañas, logró legitimar la posesión del trono por los Trastámara y su carácter de primer reino de la Península, propósito primero de esta genealogía:

> [El rey de Castilla] non ssolamente desciende de los reyes godos e de las cassas de castilla e leon, mas avn de linage de todos los reyes de España. E

---

[4] Excelente demostración de esto en Guenée, *Histoire et culture historique*, 332-356.

[5] Esta obra parece no haber tenido mayor importancia entre la segunda mitad del siglo XIV y la primera del XV, época marcada, según Tate, por su "historiografía de poca calidad" ("La *Anacephaleosis*", 56).

antes mas propiamente fablando, los reyes de España descienden de ssu casa.

(*Apud* Tate, "La *Anacephaleosis*", 70).

Cartagena fue sin duda, con Lope de Barrientos, quien más contribuyó a la formación del rey y a su defensa frente a la nobleza rebelde. Resulta interesante, sin embargo, ver en su *Epistula directa ad inclitum et magnificum virum dominum Petrum Fernandi de Velasco, comitem de Haro et dominum antique domus de Salas, serenissimi ac invictissimi nostri regis archicameranum*, escrita —como la mayoría de las obras de la época— en respuesta a una pregunta planteada por su destinatario,[6] cómo trata de la superioridad de los letrados, dedicados exclusivamente al estudio, frente a los hombres de armas y letras, grupo al que pertenece el rey por su origen noble. Se trata de uno de los documentos más importantes para el conocimiento de la educación espiritual del estamento nobiliario a finales de la Edad Media, dirigido al Conde de Haro[7] —Pedro Fernández de Velasco, camarero mayor de Juan II desde 1418 hasta la muerte del rey en 1454— como introducción a la *Cathoniana confectio*. Este texto, que el obispo confiesa haber encontrado en su biblioteca

[6] Aunque Kohut resalta el carácter un poco forzado de este planteamiento de "respuesta a pregunta precisa" que da Cartagena a sus escritos ("Der Beitrag der Theologie", 189) y Penna duda del hecho de que fueran verdaderos ruegos o preguntas el origen de estas obras (*Prosistas castellanos del siglo XV*, LIX-LX), Morrás Ruiz-Falcó lo considera altamente probable, teniendo en cuenta la reputación de sabio que tenía el obispo de Burgos: "El elogio de su sabiduría, unido casi siempre a sus virtudes y al peso de su autoridad, es una constante en las referencias que sus contemporáneos hacen de él. Es lógico, pues, que en los círculos de la corte se acudiera a Cartagena en busca de consejo o para que resolviera alguna pregunta sobre temas eruditos" (*Edición y estudio*, t. 1, 61-62). Considerando que Lope de Barrientos plantea de la misma manera la elaboración de los tres tratados que dedica a Juan II, creo que se puede considerar válida la hipótesis de que los escritos mencionados tengan como origen una preocupación previa del destinatario.

[7] Aunque el empeño que mostró Cartagena en la educación de Juan II se deduce de los tratados filosóficos que tradujo para él y del hecho de que era el monarca el destinatario original de la *Anacephaleosis*, también escribió para otros representantes de la nobleza: el *Memoriale virtutum* y la traducción de la ciceroniana *De inventione* fueron dedicados a don Duarte, heredero del trono de Portugal; el *Duodenarium* y el *Oracional* a Pérez de Guzmán; la *Cathoniana confectio* precedida de la *Epístula*, al conde de Haro; la *Qüestión sobre el acto de caballería*, a Santillana; el *Doctrinal de cavalleros*, a Diego Gómez de Sandoval, y a Juan Alonso de Zamora, las traducciones de las obras de Cicerón *De officiis* y *De senectute*.

(Menéndez y Pelayo, *Bibliografía*, I, 392), es una refundición en verso de los *Disticha catonis* y del *Contemptus mundi*. En la epístola encontramos una verdadera guía de lectura, donde se definen tres tipos de actitudes frente a esta actividad del espíritu: los que no leen, los *scholastici viri* y los representantes del *medium genus*, quienes, por su dedicación a las armas, sólo pueden reservar a las letras una parte de su tiempo, como el propio conde de Haro; después determina el autor los criterios de elección de los libros permitidos a este *medium genus*: deben ser sanos para el espíritu, es decir, basados en los dogmas de la fe católica

> Abstinendum itaque reor ab illis libris qui sententias erroneas et a fide aberrantes astruere conantur, ut sunt nonnulli libri gentilium qui de deis suis erronea multa confingunt
>
> (Lawrance, *Un tratado*, 47).

> [Así creo que el medium genus se debe apartar de aquellos libros que intentan edificar opiniones erróneas y que alejan de la fe, como lo son algunos libros de los gentiles que inventan muchas cosas equivocadas acerca de sus dioses].

Las obras heréticas, al contrario, deben ser reservadas exclusivamente al juicio de los profesionales de la lectura, los *scholastici viri*; su grado de salud moral debe ser tal que se condenan

> amatoria, bucolica, aliaque poetarum figmenta que, licet eloquenti stillo et acuta inventione composita sunt, magnamque ingenii elevationemque ostentent, [...] in nonnullis tamen eorum materia obscena et provocativa libidinum est
>
> (50).

> [la poesía erótica, la bucólica y las demás ficciones de los poetas en los que, aunque fueron compuestas con estilo elocuente y una gran fuerza de imaginación y manifiestan una gran elevación del ingenio, [...] se encuentra sin embargo materia de obscenidad e incitación a la lujuria].

Ni el *Cantar de los cantares* se salva de la prohibición. Concluye Cartagena diciendo que, al fin y al cabo, los libros tienen que adaptarse, ante todo, a la capacidad del lector; por ello las "incognitae res" deben dejarse exclusivamente a los *scholastici*:

Militares igitur viri persuadendi sunt, quod theologicas investigationes aut philisophicas sublimitates, licet fidei non obsint aut honestatem morum non tangant, [...] illis professoribus qui ingenio et exercicio valent totumque vite sue tempus seu temporis maiorem partem huiuscemodi laboribus dedicarunt tractandas ac investigandas dimittant

(56).

[Se debe persuadir a los que hacen de las armas una profesión, que las investigaciones teológicas y filosóficas de alto vuelo, aunque no vayan en contra de la fe ni afecten la honestidad de las costumbres, deben ser reservadas para aquellos doctos que, prevaleciéndose de su inteligencia y de su dedicación, dedicaron una gran parte de su vida para estas labores].

Cartagena pasa luego a proposiciones positivas y aconseja al *medium genus* la lectura de los clásicos que "licet fidem catholicam non receperunt in moribus tamen honeste loquuntur" (53) [aunque no conocieron la fe católica, hablan con honestidad de asuntos de filosofía moral]; aquí alude evidentemente a representantes de la ética antigua como Platón y Aristóteles; también recomienda la lectura de Cicerón y Séneca, con la restricción de que a veces eligieron el camino equivocado;[8] no descarta en su formación la importancia de las crónicas, advirtiendo sin embargo que tienen que ser "ille que tamen que vera, non que ficte composita narrant" (53-54) [aquellas que narran hechos verdaderos, y no conjuntos de mentiras], guardando las novelas de caballería en el mismo cajón prohibido que las "amatoria, bucolica" y demás.

Esta *Epistula*, además de evidenciar el gusto escolástico y, mediante las prohibiciones, el tono general de los estudios y gustos literarios del siglo XV —conviene destacar que la recensión del movimiento de traducción de los *auctores*[9] omite curiosamente los géneros más apreciados por

---

[8] "[...] licet nonnullis locis aliquantibus aberrarunt" (53). Hace notar Lawrance que "es de suponer que las obras censuradas sean *De natura deorum* y *De divinatione* de uno, y las tragedias del otro" ("Introducción", 13). Pienso que la condena se extiende a más *loci* de la obra, ya que incluso en los tratados morales de Séneca, Cartagena discute en las glosas los fragmentos donde disiente de la opinión del cordobés (véase *infra*).

[9] Acerca del significado y de la etimología de la palabra, véase Minnis (*Medieval Theories*, 10-11). En el caso de traducciones y compilaciones medievales, el empleo de este término permite oponer el *auctor* clásico (o bíblico o escolástico, o cualquiera que tenga cierta *auctoritas*) al autor de la traducción o de la compilación.

los antiguos: lírica, teatro y sátira—,[10] nos muestra también las limitaciones que imponían los *scholastici viri* a la formación del estamento nobiliario, incluido en él —aunque con un lugar preferencial—[11] el mismo rey. Y si los yerros políticos de Juan II, ya expuestos en el juicio de María Rosa Lida (véase nota 2), provocaron afirmaciones como las de Penna, quien dice de él y de su hijo que fueron

> dos de los soberanos más ineptos que haya conocido la historia de España: Don Juan II —el único para el cual la tradición ni siquiera logró forjar un adjetivo que le calificase— y Enrique IV, al que atribuyó el más triste para un hombre y para un rey, el de *Impotente* (*Prosistas castellanos*, XXIII),[12]

la formación del monarca parece haber planteado también ciertos problemas. Su conocimiento más o menos deficiente del latín puso en una situación embarazosa a Alonso de Cartagena, quien, luego de correr —tanto en Italia como en la Península— la fama de que Juan II era un rey "auténticamente latinista" (Russell, *Traducciones*, 16-17), se vio en la obligación de justificar su traducción de *De Providentia* de Séneca, de tal manera que no se pusieran en duda los conocimientos del rey:

[10] La mayoría de los traductores del siglo XV dejaron estos géneros a un lado para ocuparse fundamentalmente de textos que podían servir a sus afanes didácticos —libros de historia, como las *Décadas* de Tito, Livio traducidas por Pero López de Ayala, o de filosofía moral, como los *Proverbios* de Séneca, por el Marqués de Santillana, y las numerosas traducciones realizadas por Alonso de Cartagena, los dos libros de *De la providençia de Dios*, el *De la clemençia*, el *Libro de las siete artes liberales*, el *Libro de la vida bien aventurada* y el *Libro de los remedios contra fortuna*, a los que hay que sumar la traducción de una obra de Séneca el Viejo indebidamente atribuida a su hijo, el *Libro de las declamaciones*, y un par de apócrifos (véase Blüher, *Séneca*, 133-134)— y, al contrario de lo que se suele pensar, los italianos del Quatroccento tampoco estaban exentos de estas "didactic and moral readings of classical texts" (Lawrance, "On Fifteenth Century Humanism", 66). Sin embargo, no hay que olvidar que también son de la primera mitad del siglo XV la traducción de la *Eneida* de Enrique de Villena (véase *infra*, nota 19) y el *Omero romançado* de Juan de Mena, libros que —si bien no son propiamente líricos, ni satíricos, ni dramáticos— no contienen la potencia de enseñanza moral de los anteriormente citados.

[11] En el prólogo al *Tractado de caso e fortuna*, Barrientos concede al monarca que, por ser el rey le "pertenesçe saber mas altas e mas nobles cosas que a otra persona alguna" (f° 33 v°).

[12] Esta visión se apoya en los comentarios negativos sobre la política "de valido" de Juan II y Enrique IV, expresada entre otros por Fernando Pérez de Guzmán (*Generaciones*, 39) y Alfonso Fernández de Palencia (*Crónica*, 63).

e aun con esta razon, bien vos puedo mover otra, porque Seneca fue vues-
tro natural e nasçido en vuestros rregnos, e tenido seria sy beviese de vos
fazer omenaje; pues quatorze centenas de años que entre vos e el passaron
non le consitieron que por su persona vos pudiesse servir, sirvan vos agora sus escripturas. E aunque por vuestra enformaçion bastava leerlo como
lo el escrivio, pero quisistes aver algunos de sus notables dichos en v*uest*ro
castellano linguaje porque en v*uest*ra subdicta lengua se deleytase lo q*ue*
v*uest*ro subdicto en los tienpos antiguos conpuso. Ca non vos contentastes
de los vos entender, si por vos non lo entendiessen otros, muestra muy
çierta de exçelso e grant coraçon.

(*De la Providençia*, f° 51 v°).

También Lope de Barrientos, maestro del príncipe Enrique y confe-
sor de Juan II desde la tercera década del siglo XV, conoció algunos tropie-
zos en sus intentos de enseñanza espiritual: fueron innumerables las con-
versaciones entre Barrientos y el monarca acerca del "caso y fortuna", a
saber, si está todo inexorablemente predeterminado o si hay algo que se
escapa a este control. Pero parece que la argumentación sostenida por
Barrientos, aunque resultaba interesante al rey de Castilla, no la memori-
zaba nunca pues, además de estar basada en términos filosóficos que le
eran en su gran mayoría desconocidos, resultaba poco acorde con la visión preferida por don Juan y otros personajes que lo rodeaban;[13] como
consecuencia decidió poner por escrito sus razonamientos, para que el
rey no tuviera que recurrir a esta gente menos impregnada, según la opinión personal de Barrientos, de los conocimientos filosóficos necesarios
para la declaración de temas tan delicados:

E puesto que algunos de los poetas modernos[14] te ayan algunt tanto infor-
mado en estas materias, podria ser non lo saber ellos e, por consiguiente,
non lo poder declarar perfectamente por non aver leydo nin oydo la alta
materia philosophal en los libros originales, donde estas materias estan
fundadas por prinçipios naturales; e puesto que las leyesen, non aviendo
perfecto conosçimiento de los dichos prinçipios non podrian satisfazer de
rrazon a tu alteça.

(*De caso e fortuna*, f° 33 v°).

[13] Aunque Barrientos no los mencione directamente, los cronistas sí describen la influencia de otros personajes de la corte con respecto a estos temas (Pérez de Guzmán, *Generaciones*, 41; F. del Pulgar, *Claros varones*, 138; Alfonso Fernández de Palencia *Crónica*, 53-53).

[14] Se refiere, entre otros, a Juan de Mena, quien trata la fortuna en relación con Juan
II en las últimas estrofas autógrafas de su *Laberinto de Fortuna* (271-291).

No se le había olvidado a Barrientos aclarar que estimulaba a su destinatario, diciéndole que su deseo de saber era prueba de su condición real, ya
que a los reyes y príncipes "pertenesçe saber mas altas e mas nobles cosas
que a otra persona alguna" (f° 33 v°). Así el rey, cuyo interés parece haber
residido en los asuntos de la adivinación del porvenir —materia mencionada
al final del tratado *De caso e fortuna,* cuando Barrientos habla de la relación
entre los actos afortunados y las profecías y sueños— pidió al obispo de
Cuenca más detalles sobre ésta. Dicha explicación llegó con la compilación
del *Tractado del dormir e despertar e del soñar e de las adevinanças e agüeros e
profeçia,* cuyo propósito —como consta al final del prólogo— era dar al
regio lector una guía de conducta en temas de astrología,

> porque quando algunt astrologo fablare a tu señoria algunas cosas
> advenideras sepas si es posible de se saber, ca algunas cosas dizen ellos que
> los angeles, en tanto angeles, non las pueden saber.
>
> (f° 52 r°).

Barrientos rechaza la posibilidad de hacer juicios certeros sobre cosas
que dependen únicamente de la voluntad, porque, según él, éstos no se
pueden hacer con base en "la voluntad sola, la qual non sabe nin puede
saber sinon solo Dios, el qual la conosçe e inclina donde le plaza" (f° 94
v°), y condena a los que se atreven a emitir tales juicios:

> Por tanto, los que de tales cosas fazen juizios determinados non solo non
> deven ser creydos, mas deven ser penados, segunt en los derechos e las
> leyes deste rreino se contiene, por quanto presumen usurpar la presçiençia
> que a solo Dios nuestro señor pertenesçe.
>
> (f° 94 v°).

Con estas palabras remite Barrientos a la actitud que debe asumir el
máximo representante del poder como defensor de las leyes; el título 23
de la *Siete partidas* (VII, 23, 1-2) trata de los agoreros y demás adivinos.
La misma intención se repite en el último de los tratados dedicados a
Juan II, el *Tractado de la divinança e de sus espeçies del arte mágica.*[15] En el
tratado anterior, Barrientos se aproximó, sin profundizar, al tema de la

[15] Así en el ms. Egerton 1868; dada la existencia de una edición reciente del texto, la
de Paloma Cuenca, citaremos con referencia a ésta, cuyo título —basado en el ms. h-III-
13 de la Biblioteca Real de El Escorial— es *Tractado de la Divinança e sus espeçies, que son
las espeçies de las artes mágicas.*

adivinación, razón por la cual el rey pidió aclaraciones. Barrientos, aparte de loar su curiosidad, vuelve a insistir sobre el hondo conocimiento que se necesita de las materias para poder juzgar sobre ellas:

> en lo qual, commo dixe en el primero de *Caso e fortuna*, se muestra bien tu virtuosa condiçión e el real deseo en querer saber lo que a todo rey e prínçipe pertenesçe saber, ca, non lo sabiendo, non podrías por ty juzgar e determinar en los tales casos de arte mágica quando ante tu Alteza fuesen denunçiados. E por esta causa todos los prínçipes e perlados deven saber todas las espeçies e maneras de las artes mágicas, porque non les acaesca lo que soy çierto a otros acaesçió: condempnar los inoçentes e absolver los reos.
>
> (Cuenca, *El "Tractado de la Divinança"*, 136).

Pero a pesar de considerar al rey superior a los demás representantes del *medium genus* y digno de adquirir el saber que le permitirá juzgar con equidad, Barrientos termina su *Tratado del dormir* con un consejo que nos enseña que esta superioridad es relativa frente a la de los *scolastichi viri*:

> Por ende, Rey christianísimo, este capítulo debe estar sienpre promto en tu memoria, por el qual bien entendido podrás açeptar o desechar las cosas advenideras quando te fueren fabladas a tu señoría; la qual si en algunas cosas dubdare, preguntándolas a sabio perfecto soy çierto que te las fará entender por palabra biva. Ca por ser la materia de tan alta especulaçión, non puede por escriptura seer más declarada. E señaladamente dixe que se deve preguntar a sabio perfecto, ca non seyendo tal podría seer por non lo entender que en su declaraçión o rreprehendiese lo que es de loar o lo declarase en tal seso que non fiziese al propósito.
>
> (f° 95 r°).

Quien enseñó al joven monarca las virtudes de la filosofía moral fue Alonso de Cartagena. La lectura de las obras de Séneca le sirvió para su formación espiritual, razón por la cual el obispo de Burgos añadió a sus traducciones no sólo extensas acotaciones marginales, sino también prólogos críticos que demostraron su habilidad de *scholasticus vir*, al destacar en las obras que tradujo cierto valor desde la perspectiva teológica. Para Cartagena, Séneca es, más que un orador, un verdadero filósofo moral:

E aun que muchos leedes plaze vos escoger a las vezes a Seneca, e non syn rrazon. Ca commo quier que muchos son los que bien ovieron fablado, pero tan cordiales amonestamientos nin palabras que tanto fieran en el coraçon e asy traygan en menospreçio las cosas mundanas non las vi en otros de los autores gentiles. Ca aunque a Çiçeron todos los latinos rreconoscan el primado de eloquençia, mas segunt el mundo fablo en muchos logares, e non guaresçio sus libros de tan espesas doctrinas, mas seguio su larga manera de escrivir e sollepne, como aquel que con rrazon en fablar levo el prinçipado. Mas Seneca tan menudas e tan juntas puso las rreglas de la virtud en estillo eloquente, commo si bordava alguna rropa de argenteria bien obrada de sçiençia en el muy lindo paño de la eloquençia. Por ende non le devemos del todo llamar orador, ca mucho es mezclado con philosophia

(*De la Providençia*, ff° 51 r°-v°).

En la introducción que sigue a este prólogo, discute sobre la aceptación sin más de las doctrinas estoicas y peripatéticas: si bien éstas se acercan a la filosofía cristiana porque rechazan como ella la cosmología epicúrea del mundo como una *Physis* predeterminada por el acaso, pide que se trate con cautela el *fatum* estoico, sustituyéndolo mejor por el término de "Providençia"; justifica tales cambios, tanto en las glosas marginales, como en el texto de sus introducciones, como es el caso aquí:

E asy mesmo donde senty —perdoneme Seneca— alguna conclusion que contradixiese a los santos doctores contradixele luego porque non le dexasemos con ella passar, e el que lo leyese non fuese engañado. Ca en tanto es de dar favor a las escripturas de los gentiles en quanto de la catolica verdad non desvian.

(f° 55 r°).

Procede de manera similar en su traducción de *De clementia*, con el propósito de explicar a Juan II que

muchas cosas son [...] que fazen al rrey seer de los suyos bien quisto [...]. Ca por la justiçia son graçiosos sus fechos en los ojos de la gente; la franqueza acresçientale amor de sus cavalleros, la fortaleza en actos de guerra estiende su nombre por las estrañas naciones; mas entre todas una que mucho loor e general amor gana es la verdadera clemençia.

(*De clementia*, f° 1 r°).

Y así, mediante comentarios introductivos o glosados, Cartagena encaja esta obra antigua en los patrones escolásticos[16] y hace de ella un libro excelso para la formación de un príncipe cristiano.

Como acabamos de ver, Alonso de Cartagena y Lope de Barrientos,[17] las dos personas que más contribuyeron —cada uno a su manera y con todos los recursos que les permitía su arte— a apoyar al rey en sus andanzas por el poder y a saciar su curiosidad sobre los asuntos que le preocupaban, eran representantes del grupo de lectores determinado por Cartagena en la *Epistula* como *scholastici viri*. Esta presencia sumamente escolástica en la parte medular de la corte puede volver a plantear la cuestión de un (pre)humanismo castellano en el siglo xv.

Esta cuestión ha derramado ya mucha tinta y ha suscitado incluso, en algunos críticos, reflexiones sobre el eterno antagonismo de las armas y las letras.[18] Creo que a esto nos remite la clasificación establecida por Cartagena en su *Epistula* al conde de Haro. Según ésta, los únicos que tienen acceso a todas las *auctoritates* son los profesionales de las letras, los *scholastici viri*. Todos los que no entren en esta categoría, incluso el mismo rey —aunque Cartagena se abstenga de explicitarlo— ven su campo de lectura reducido a obras de filosofía moral (comentadas), tratados sobre caballería y crónicas de hechos verdaderos. Incluso Barrientos, que destaca por haber introducido al monarca en el mundo de la magia y de la adivinación, reduce su capacidad de juicio al aconsejarle, en última instancia, pedir siempre el consejo de un sabio (*Tratado del dormir*, f° 95 r°; véase *supra*). Esto divide el panorama de los escritores del siglo en dos bandos con fines distintos: los arriba mencionados y los repre-

---

[16] Supedita, por ejemplo, en el libro I, la *clemençia* a la *caridat*: "Asy quien mucho ama; neçesario es que mengue la penas; segun esta consideraçion, la clemençia desçende de la caridat que es madre de todos los castos amores" (f° 2 v°).

[17] Para un estudio completo de la personalidad política e histórica de Cartagena, véase Serrano, *Los conversos*; para Barrientos, Martínez Casado, *Lope de Barrientos*.

[18] Round, contrario a cualquier tipo de humanismo en la Península durante el siglo xv, emite la opinión de que todos los estudios clásicos en la corte de Juan II estaban subordinados a los estudios teológicos, y que el estudio de las letras era algo vergonzoso para un noble, hombre de armas por excelencia ("Renaissance Culture", 214). Lawrance, basándose en Curtius (*Literatura europea*, 257), afirma, por el contrario, que si la fusión entre vida artística y vida guerrera fue algo tan logrado en la España del Siglo de Oro, fue sin duda alguna porque el siglo xv preparó y anunció esta fusión armoniosa (*Fifteenth-Century Spanish Humanism*, 75).

sentantes del *medium genus*, entre los cuales, a pesar de las reticencias emitidas por Round (cf. n. 18), se destaca una serie de escritores, más o menos relacionados con los humanistas italianos y más o menos interesados en temas calificados por los *scholastici viri* como heréticos.[19]

La *Epistula* y su división tripartita de los lectores —donde sólo los *scholastici* tienen acceso a cualquier material escrito y deciden qué pueden leer los demás— arroja una luz nueva sobre el problema que plantea un momento "bisagra", como el siglo xv castellano. Entre los extremos que representan de un lado Di Camillo (*El humanismo* y "Humanism")[20] y Abellán (*Historia crítica*, 341-342), quienes plantean para este siglo la existencia evidente de un humanismo castellano *sui generis*, y del otro Francisco Rico (*Nebrija* y "Temas"), que excluye la existencia de cualquier tipo de humanismo que no sea filológico antes de Nebrija, o de Round, que habla de una "hostility and contempt for learning" en la nobleza castellana del siglo xv ("Renaissance culture", 206), creo en la necesidad de matices, como los que introducen Deyermond al hablar de "tendencias humanísticas" ("Prosa", 394), o María Rosa Lida en su estudio sobre Juan de Mena, donde demuestra las tendencias contrarias que definen la obra de este autor.[21]

La figura de Barrientos no parece incluida en esta disputa del humanismo castellano, seguramente porque sus obras se inscriben en el gusto medieval de la compilación y de la enciclopedia.[22] Me parece acertada la

[19] Es curioso, por ejemplo, que Villena no mencione nunca, en el prólogo que escribió para su traducción de la *Eneida,* la importancia moral que pueda tener este poema: su interés reside más bien en oponer la elegancia verbal de Virgilio al laconismo perenne de las crónicas ("Spero en la misericordia suya, vós, señor, seredes movedor desto desque viéredes la diferençia entre el dezir virgiliano por esta traslaçión e la susurraçión balbuciente de las crónicas ante memoradas", 28).

[20] Me atrevo a llamar "extrema" esta posición, apoyándome en el juicio de Deyermond, quien afirma que Di Camillo declara humanista a Alonso de Cartagena "a costa de trastrocar cuanto hoy se acepta sobre la noción de «humanismo»" ("Prosa", 395).

[21] María Rosa Lida define a Juan de Mena como "tardíamente medieval visto desde el humanismo italiano que ha tomado en Europa la iniciativa de la cultura en los albores de la Edad Media, prematuramente moderno considerado dentro de la historia de España" (*Juan de Mena,* 549).

[22] Compilaciones son, al fin y al cabo sus tres tratados dedicados a Juan II: en sus respectivas dedicatorias se refiere a su trabajo utilizando el verbo "copil[l]é"; su *Clavis sapientiae* es una enciclopedia medieval hecha con la recolección de *auctoritates*; la recopilación es el género bibliográfico más idóneo para la escolástica, que corresponde a la

definición que da Martínez Casado de la significación del obispo de
Cuenca en su época: "Fue Lope de Barrientos un lazo de unión entre la
Escolástica espléndida del siglo XIII, cuyas obras más sobresalientes conoce de primera mano, y la renovadora del siglo XVI, heredera del aprecio por la sinopsis teológica de Santo Tomás" (*Lope de Barrientos*, 167).
Alonso de Cartagena se vio, en cambio, arrojado desde temprano en la
problemática del siglo XV castellano. La tendencia vigente hasta los años
setenta fue considerarlo como un espléndido representante del humanismo
castellano del cuatrocientos, porque tradujo en su juventud un sinnúme-
ro de obras latinas e introdujo, mediante sus frecuentes contactos con
intelectuales de la península itálica, el humanismo italiano en Castilla.[23]
El primero en negar la veracidad de este retrato del obispo innovador
fue Penna, quien afirmó que, por su base medieval, Cartagena no pudo
asimilar las nuevas ideas del humanismo italiano con el que había entrado en contacto (*Prosistas*, XXXVIII-XXXIX). Si bien resulta difícil ver a
Cartagena como "defensor del escolasticismo tradicional" (Nader, *Los
Mendoza* 160) —definición perfecta, al contrario, para Lope de Barrientos— o pensar, como Kohut, en las traducciones de Cartagena como
"Fremdkörper" en su carrera literaria, creo como Bataillon (*Erasmo*, 91)
y Tate ("La *Anacephaleosis*", 66), que su acercamiento a los textos es
sumamente medieval.

Tanto para Rico ("Temas", 12) como para Morrás (*Edición*, t. 1, 91),
el deseo que habita en Cartagena de poner el saber de la Antigüedad a
disposición de la clase noble, es el que niega las inclinaciones humanísticas
del obispo. Podemos llegar entonces a una conclusión: el siglo XV puede
considerarse como un siglo donde afloran cada vez más textos clásicos,
pero no todos reciben un tratamiento "humanista" en el sentido en que
lo entendemos hoy:[24] no se puede hablar de un prerrenacimiento espa-

---

"concepción del saber como un depósito que se mantiene, pero que no se aumenta", de la
que trató Maravall ("La concepción", 227).

[23] Fue ésta la visión que del obispo de Burgos tuvieron Amador de los Ríos (*Historia*,
t. 6, 32-34) y Menéndez y Pelayo (*Antología*, t. 2, 21); siguió vigente en David Rubio
(*Classical Scholarship*, 24), Montoliu (*El alma*, 383), López Estrada ("La retórica", 318-
319), García Villoslada ("Renacimiento", 328) y Fernando Rubio ("Don Juan II", 63).

[24] Como ilustración, véase el juicio de Blüher: "Característico para el espíritu aún
falto de humanismo en el que emergieron estas traducciones, es el hecho de que Alonso
de Cartagena no haya ido primero directamente a las obras de Séneca, sino a la [...]
Tabulatio et Expositio Senecae de Luca Mannelli [...]" (*Séneca*, 135).

ñol, sino de algunos autores prerrenacentistas del siglo XV, representantes del *medium genus,* que aplican el "otium sine litteris mors est et hominis vivi sepultura". Pero en cuanto a la formación del soberano, quienes tienen el poder propedéutico no son éstos, sino los *scholastici viri,* poder que —si nos remitimos al desprecio con que Barrientos trata a los "poetas modernos", ineptos para la transmisión del saber (véase *supra)—* no estarán dispuestos a abandonar hasta mucho tiempo después.

BIBLIOGRAFÍA

1. MANUSCRITOS CITADOS

BARRIENTOS, FRAY LOPE DE, *Tractado de caso e fortuna,* British Library, Ms. Egerton 1868, ff° 33 v°-51 r°.

——, *Tractado del dormir e despertar e del soñar e de las adevinanças e agüeros e profeçia,* British Library, Ms. Egerton 1868, ff° 51 v°-95 v°.

——, *Tractado del divinar e de sus espeçies del arte mágica,* British Library, Ms. Egerton 1868, ff° 96 r°-143 v°.

SÉNECA, LUCIO ANNEO, *Libro de la Providençia de Dios,* Biblioteca Nacional de Madrid, Ms. 5568, ff° 50 r°-74 v°.

——, *Libros I y II de la clemençia,* Biblioteca Nacional de Madrid, Ms. 5568, ff° 1 r°-49 v°.

2. REFERENCIAS BIBLIOGRÁFICAS

ABELLÁN, JOSÉ LUIS, *Historia crítica del pensamiento español,* t. 1, Madrid: Espasa-Calpe, 1979.

ALFONSO X EL SABIO, *Las siete partidas,* Valladolid: Lex Nova, 1988, s/p [ed. facs. de la de Sevilla publicada en 1491 por Meynardo Ungut Alamano y Lançalo Polo, con las adiciones del Dr. Montalvo].

——, *Primera crónica general,* ed. de Ramón Menéndez Pidal, Madrid: Bailly-Baillière, 1906 (Nueva Biblioteca de Autores Españoles, 5).

AMADOR DE LOS RÍOS, JOSÉ, *Historia crítica de la literatura española,* 6 ts., Madrid: José Fernández Cancela, 1865.

BARRIENTOS, LOPE DE, *Refundición de la crónica del Halconero,* ed. de Juan Mata Carriazo, Madrid: Espasa-Calpe, 1946 (Colección de Crónicas Españolas, 9).

BATAILLON, MARCEL, *Erasmo y España,* trad. de Antonio Alatorre, México: Fondo de Cultura Económica, 1966.

BLÜHER, KARL, *Séneca en España. Investigación sobre la recepción de Séneca en España desde el siglo XIII hasta el siglo XVII*, Madrid: Gredos, 1983 (Biblioteca Románica Hispánica, II. Estudios y Ensayos, 329).

CARTAGENA, ALONSO DE, *Defensorium unitatis Christianae (Tratado en favor de los judíos conversos)*, ed. de P. Manuel Alonso, S.I., Madrid: CSIC-Instituto Arias Montano, 1943.

CUENCA MUÑOZ, PALOMA, *El "Tractado de la Divinança" de Lope de Barrientos. La magia medieval en la visión de un obispo de Cuenca*, Cuenca: Ayuntamiento de Cuenca-Instituto Juan de Valdés, 1994.

CURTIUS, ERNST ROBERT, *Literatura europea y Edad Media latina*, trad. de Margit Frenk y Antonio Alatorre, México: Fondo de Cultura Económica, 1955.

DEYERMOND, ALAN, "Prosa y actividad intelectual en el otoño de la Edad Media", en Alan Deyermond (ed.), *Historia y crítica de la literatura española*, t. 1: *Edad Media*, Barcelona: Crítica, 1980, 391-409.

DI CAMILLO, OTTAVIO, *El humanismo castellano del siglo XV*, Valencia: Fernando Torres Editor, 1986.

——, "Humanism in Spain", en Albert Rabil Jr. (ed.), *Foundations of Humanism*, t. 2, Philadelphia: University of Philadelphia Press, 1988, 54-108.

FERNÁNDEZ DE PALENCIA, ALFONSO, *Crónica de Enrique IV*, Madrid: Atlas, 1973 (Biblioteca de Autores Españoles, 257).

GARCÍA VILLOSLADA, R., "Renacimiento y humanismo", en Guillermo Díaz-Plaja, *Historia general de las literaturas hispánicas*, 2 ts., Barcelona: Vergara, 1968.

GODINAS, LAURETTE, "A propósito del *Tractado de la divinança* de Fray Lope de Barrientos (una edición reciente de Paloma Cuenca Muñoz)", *Incipit*, 16, 1996, 223-239.

GUENÉE, BERNARD, *Histoire et culture historique dans l'Occident médiéval*, Paris: Aubier Montaigne, 1980.

HILLGARTH, J. N., *The Spanish Kingdoms 1250-1516*, 2 ts., Oxford: Clarendon Press, 1978.

KOHUT, KARL, "Der Beitrag der Theologie zum Literaturbegriff in der Zeit Juan II. von Kastilien: Alonso de Cartagena (1384-1456) und Alfonso de Madrigal, genannt El Tostado (1400-1455)", *Romanische Forschungen*, 89, 1977, 183-226.

LAWRANCE, JEREMY N. H., *Un tratado de Alonso de Cartagena sobre la educación y los estudios literarios*, Bellaterra: Universidad Autónoma de Barcelona, 1979.

——, "On Fifteenth Century Vernacular Humanism", *Medieval and Renaissance Studies in Honour of Robert Brian Tate*, Oxford: The Dolphin Book, 1986, 63-79.

LIDA DE MALKIEL, MARÍA ROSA, *Juan de Mena, poeta del prerrenacimiento español*, México: El Colegio de México, 1950.

LÓPEZ DE AYALA, PERO, *Crónica del rey don Pedro y del rey don Enrique su hermano, hijos del rey don Alfonso onceno*, 2 ts., ed. de Germán Orduna, Buenos Aires: Seminario de Edición y Crítica Textual, 1997.

LÓPEZ ESTRADA, FRANCISCO, "La retórica en las *Generaciones y semblanzas* de Fernán Pérez de Guzmán", *Revista de Filología Española*, 30, 1946, 310-352.

MARAVALL, JOSÉ ANTONIO, "Los «hombres de saber» o letrados y la formación de su conciencia estamental", en *Estudios de historia del pensamiento español. Serie primera: Edad Media*, Madrid: Cultura Hispánica, 1973, 355-389.

——, "La concepción del saber en una sociedad tradicional", en *Estudios de historia del pensamiento español. Serie primera: Edad Media*, Madrid: Cultura Hispánica, 1973, 215-272.

MARTÍNEZ CASADO, ÁNGEL OP., *Lope de Barrientos. Un intelectual de la corte de Juan II*, Salamanca: San Esteban, 1994.

MENA, JUAN DE, *El laberinto de Fortuna o las Trescientas*, ed. de Carla Nigris, Barcelona: Crítica, 1994.

MENÉNDEZ Y PELAYO, MARCELINO, *Antología de poetas líricos castellanos*, 2 ts., Santander: Sánchez Reyes, 1942.

——, *Bibliografía hispano-latina clásica*, 10 ts., Santander: Aldus, 1950-1955.

MINNIS, A.J., *Scholastic Literary Actitudes in the Later Middle Ages*, London: Wildwood House, 1983.

MONTOLIU, MANUEL, *El alma de España y sus reflejos en la literatura del Siglo de oro*, Barcelona: Cervantes, 1942.

MORRÁS RUIZ-FALCÓ, MARÍA, *Edición y estudio de la traducción castellana de "De officiis" por Alonso de Cartagena*, 2 ts., Berkeley: University of California, 1990.

NADER, HELEN, *Los Mendoza en el Renacimiento español*, trad. de Jesús Valiente Malla, Guadalajara: Diputación Provincial, 1988.

PENNA, MARIO (ed.), *Prosistas castellanos del siglo XV*, t. I, Madrid: Atlas, 1959 (Biblioteca de Autores Españoles, 116).

PÉREZ DE GUZMÁN, FERNANDO, *Generaciones y semblanzas*, ed. de Robert B. Tate, London: Tamesis, 1965.

PULGAR, FERNANDO DEL, *Letras: glosa a las coplas de Mingo Revulgo*, Madrid: La Lectura, 1929 (Clásicos Castellanos, 99)

——, *Claros varones de Castilla*, Madrid: Espasa-Calpe, 1969.

RICO, FRANCISCO, *Nebrija frente a los bárbaros*, Salamanca: Diputación de Salamanca, 1978.

——, "Temas y problemas del Renacimiento español", en Francisco López Estrada (ed.), *Historia y crítica de la literatura española*, t. 2: *Siglos de Oro: Renacimiento*, Barcelona: Crítica, 1980.

RIU RIU, MANUEL, *Edad Media (711-1500)*, Madrid: Espasa-Calpe, 1989 (Manual de Historia de España, 2).

RODRÍGUEZ PUÉRTOLAS, JULIO (ed.), *Poesía crítica y satírica del siglo XV*, Madrid: Castalia, 1989.

ROUND, NICHOLAS G., "Renaissance Culture and his Opponents in Fifteenth Century Castile", *Modern Language Review*, 57, 1962, 204-215.

RUBIO, DAVID, *Classical Scholarship in Spain*, Washington: Catholic University of America, 1934.

RUBIO, FERNANDO, "Don Juan II y el movimiento humanístico de su reinado", *Ciudad de Dios*, 168, 1955, 55-104.

RUSSELL, PETER, *Traducciones y traductores en la Península Ibérica (1400-1550)*, Bellaterra: Universidad Autónoma de Barcelona, 1985.

SERRANO, LUIS, *Los conversos D. Pablo de Santa María y D. Alfonso de Cartagena*, Madrid: Escuela de Estudios Hebraicos, 1942.

SUÁREZ FERNÁNDEZ, LUIS, *Nobleza y monarquía. Puntos de vista sobre la historia política castellana del siglo XV*, Valladolid: Universidad de Valladolid, 1975 (Estudios y Documentos del Departamento de Historia Medieval, 15).

TATE, ROBERT B., "La *Anacephaleosis* de Alonso García de Santa María", en *Ensayos sobre la historiografía peninsular del siglo XV*, Madrid: Gredos, 1970 (Biblioteca Románica Hispánica, II Estudios y Ensayos, 145).

VILLENA, ENRIQUE DE, *Traducción y glosas de la "Eneida." Libro primero*, ed. de Pedro M. Cátedra, Salamanca: Diputación de Salamanca, 1989.

EL *LABERINTO*, DE MITO A SÍMBOLO EN LA CASTILLA DEL SIGLO XV. LA VISIÓN DE JUAN DE MENA

Julia Santibáñez Escobar
Universidad Nacional Autónoma de México

La poesía medieval con frecuencia utiliza símbolos diversos, en tanto la doble significación de los mismos potencia la riqueza de la obra de arte. La conjunción del nivel denotativo, inmediato, y del nivel connotativo de la significación indirecta hace que un texto se cargue de múltiples sentidos. Por ello, el estudio de los símbolos de una obra literaria medieval suele enriquecer enormemente su comprensión. El acercamiento semiológico como vía de análisis de un texto se ve aun más justificado si el poeta le dio tal peso a un determinado símbolo que lo incluyó en el título de su obra; en ese caso, es posible que el símbolo constituya una pauta de lectura importante que permita acceder al significado último de la obra.

El *Laberinto de Fortuna* (1444) del cordobés Juan de Mena ha sido abordado desde múltiples perspectivas. Se ha estudiado, entre otros elementos, su estructura, sus fuentes, sus características lingüísticas, las variantes entre los manuscritos en que se conserva.[1] En este trabajo, propongo un acercamiento al poema a partir del estudio de uno de los símbolos que conforman su título, es decir, *el laberinto*. Considero que en él se encierra la clave de interpretación del *Laberinto de Fortuna,* de ahí la insoslayable importancia de abocarse a su estudio.

---

[1] Para una bibliografía actualizada sobre los principales estudios sobre el poema véase Juan de Mena, *Laberinto de Fortuna*, ed. de Maxim P.A.M. Kerkhof, 87-89.

Un breve recorrido por la tradición ideológica del laberinto, entendido éste según la definición clásica de "construcción llena de rodeos y encrucijadas donde [es] muy difícil orientarse" (Corominas, *Diccionario*, s.v. laberinto), servirá para sentar las bases del análisis posterior.

EL LABERINTO OVIDIANO

Alrededor del siglo I a.C., Publio Ovidio Nasón ofrece el primer laberinto "literario" en el libro VIII de las *Metamorfosis*. Según lo muestra la pintura desde el siglo IV a.C., el laberinto y el Minotauro habían estado presentes en la imaginación colectiva desde muchos siglos antes, pero Ovidio es quien da a la historia una forma fija.

Conviene recordar el mito reelaborado en las *Metamorfosis*, pues Juan de Mena acudirá a él como la referencia más inmediata a un laberinto. Al reclamar el trono de Creta, Minos enfrenta la resistencia de sus hermanos, por lo que pide a los dioses un signo que ponga de manifiesto su derecho al mismo. Ofrece entonces un sacrificio a Poseidón, rogándole que como señal, haga salir un toro del mar; en gratitud, el aspirante al trono se compromete a sacrificar al animal. El dios concede la petición, con lo que el trono le es otorgado a Minos, pero éste falta a su promesa argumentando que el toro es un ejemplar magnífico. Como castigo, Poseidón inspira en Pasífae, esposa de Minos, una pasión irrefrenable por el animal. Desesperada por satisfacer sus deseos, la amante pide ayuda a Dédalo, artista y arquitecto, quien construye una ternera de madera para engañar al toro. Ocultándose Pasífae en el interior de ésta, se realiza el acto sexual en el que es concebido el Minotauro, un ser mitad hombre y mitad toro. Al enterarse de lo ocurrido, Minos encarga a Dédalo la construcción de una casa para ocultar al híbrido. El arquitecto cumple el cometido con creces: "turba las marcas, y con revuelta los ojos/ guía al error, con ambage de vías variadas/ [...] así Dédalo colma/ de error las innúmeras vías; retornar apenas él mismo/ pudo al umbral; tanta es la falacia del techo" (Ovidio, *Metamorfosis*, VIII: 160-168). El Minotauro es encerrado ahí.

Al paso del tiempo, Minos exige de los atenienses un tributo de siete jóvenes y siete doncellas. Las víctimas deben luchar contra el monstruo en el laberinto; si alguna consigue matarlo recibirá el perdón de la vida. Cuando Minos requiere el tributo por tercera vez, Teseo se encuentra entre los jóvenes llevados a Creta. Antes de ser recluido en el laberinto es visto por Ariadna, una de las hijas de Minos, quien se enamora de él. Según la versión ovidiana del mito, la muchacha le regala un ovillo de hilo que le ayuda a encontrar la salida. Otras versiones afirman que el obsequio de Ariadna consiste en una corona luminosa, gracias a la cual el joven no se pierde en los oscuros corredores. De cualquier modo Teseo mata al monstruo, sale del laberinto y escapa de Creta. Cuando el joven se acerca triunfante a las costas áticas un error hace que Egeo, su padre, se precipite al mar. Entonces Teseo asume el poder en Atenas.

Esta primera mención literaria del laberinto apunta a un edificio ideado para desorientar; por otro lado, en su cámara más oculta esconde un monstruo. Ingresar a él se convierte en una especie de rito de iniciación: si el iniciado logra desembrollar el secreto podrá salir transfigurado del edificio. Además, el laberinto ovidiano aparece como una doble metáfora del poder: por un lado, el Minotauro está relacionado con el otorgamiento del trono a Minos. Al mismo tiempo, una vez que Teseo vence al monstruo, obtiene la legitimidad para ejercer el poder en Atenas.

Es importante destacar que Ovidio retoma en las *Metamorfosis* elementos característicos de dos laberintos de la Antigüedad: el egipcio y el griego. El artificioso templo funerario del faraón Amenemhet III, visitado por Herodoto en el siglo v a.C., constaba de doce patios cubiertos y tres mil estancias, unas subterráneas y otras en un primer piso. Adicionalmente, "[...] los accesos [...] despertaban un desmedido asombro mientras se pasaba de un patio a las estancias, de las estancias a unos pórticos, de los pórticos a otras salas y de las estancias a otros patios" (Herodoto, *Historia*, II:147-148.) También Plinio escribió sobre el laberinto egipcio y comentó que, en las enormes galerías, "se ven [...] figuras de monstruos. Algunas estancias están organizadas de modo tal que, cuando se abre la puerta, surge del interior un bramido terrible" (Rivera Dorado, *Laberintos*, 54).

Otra construcción "laberíntica", tal vez la más célebre, es la cretense prisión del Minotauro. Para muchos críticos, el laberinto de la leyenda fue el palacio de Cnosos, en la costa norte de Creta. Construido hacia el año 2000 a.C., el palacio constaba de una estructura cuadrangular organizada en torno a un patio central; en su interior se distribuían los aposentos reales, la administración, la justicia y los almacenes, así como el santuario. Por todo ello, el palacio constituía el punto focal de la ciudad que se alzaba a su alrededor. Se ha sugerido que el mito del Minotauro pudo tener su origen en el número y complejidad de las habitaciones del palacio y en el hecho de que, en la iconografía de la época, el rey Minos suele estar simbolizado por un toro. Es probable que la conjunción de estos elementos haya dado origen al mito en que el Minotauro, *alter ego* del rey, habita en el centro de un palacio donde es muy fácil extraviarse (Rivera Dorado, *Laberintos*, 35-45).

Lo cierto es que el mito ovidiano está cargado de connotaciones ancestrales, que pueden incluso rastrearse a la prehistoria. Recuérdese que en algunas cuevas, lugares de acceso a otra dimensión, reservados para los elegidos de las tribus antiguas, se han encontrado grabados prehistóricos con representaciones de laberintos. Se cree que los artistas encarnaban en ellos el carácter iniciático y casi inexpugnable de las cavernas. Si a esto se añade el miedo reverente que debe haber producido en los guerreros tribales el riesgo de enfrentarse a una bestia escondida, resulta evidente que, desde los albores de la historia, el laberinto aparece relacionado con aquello cuya lógica es difícil de descifrar y que, además, alberga (o puede albergar) una bestia.

Así, el mito ovidiano presenta tres rasgos capitales del laberinto, heredados desde la Antigüedad:

1. Aparece como un lugar al que sólo pueden acceder los iniciados pues alberga tesoros relacionados con el poder. Por un lado, Teseo se muestra como un elegido al penetrar en el laberinto y salir indemne; en consecuencia, puede tomar las riendas del gobierno de Atenas. Por otro lado, la construcción egipcia guarda la presencia misma del faraón, poder personificado, mientras el laberinto griego es asiento de los poderes reales.
2. Un ser monstruoso habita en su interior. El Minotauro, híbrido intimidante, es personaje central del mito de Ovidio al tiempo que en las paredes del laberinto egipcio hay grabadas figuras de monstruos y al abrir ciertas puertas se escucha un "bramido terrible". Por su parte, en el laberinto de Cnosos habita el rey (monstruoso en tanto superior) simbolizado por un toro.
3. El laberinto guarda una intrínseca conexión con lo sagrado y con los misterios trascendentes. La construcción del laberinto mitológico es consecuencia directa de un juicio de Poseidón; en Egipto, el

laberinto es templo y tumba del faraón, mientras el laberinto griego contiene el santuario de la ciudad.[2]

EL LABERINTO EN LA EDAD MEDIA

En la Edad Media el símbolo sigue siendo funcional, aunque con la introducción del cristianismo se vea reelaborado, por ejemplo, en sus vínculos con lo divino. Así, en el piso de varias iglesias medievales se puede apreciar laberintos de múltiples formas, algunos de proporciones majestuosas. Son notables los diseños en el piso de las naves de las catedrales de Amiens, Reims, Chartres y Nôtre-Dame.

Estos laberintos sustituían simbólicamente los peregrinajes a Tierra Santa. Los fieles recorrían de rodillas las circunvoluciones hasta llegar al centro, donde se hallaba una representación del templo de Jerusalén. Con esto, el peregrino se hallaba en el corazón del mundo sin haberse desplazado físicamente hasta los Santos Lugares. En este caso, en el centro de la catedral, que es a su vez centro del mundo para el creyente, se encuentra un laberinto. Es decir, el laberinto se halla justo en el centro del mundo y es, por tanto, umbral de lo divino. Asimismo, unos laberintos en forma de cruz, que se conocen como "nudos de Salomón", aparecen frecuentemente en la decoración céltica, germánica y románica. En ellos se integra el doble simbolismo de la cruz y el laberinto, ambos emblemas de la inescrutabilidad divina.

En la literatura de la Edad Media, también está presente el símbolo. Entre otras obras, el arte retórica de Everardus Alemannus (siglo XIII) se

---

[2] Es interesante anotar que una construcción maya de Oxkintok, en Yucatán, México, recibió el nombre *Satunsat*, que significa "perdedero". El edificio funcionó como templo y tumba, y constaba de tres pisos (cada uno de planta laveríntica) que se comunicaban entre sí. Un mito maya que habla del Satunsat lo define como un edificio levantado por sacerdotes gigantes y menciona que en el centro del mismo estaba encerrado un monstruo. La función de la bestia era resguardar "la mesa de oro, tres sillones y el libro", símbolos de conocimiento en que los gigantes sustentaban su gobierno. Finalmente, la bestia, que se alimentaba de carne humana, fue muerta por un "hombre mediano", que logró descifrar el edificio y arrebató los objetos sagrados a los tiranos. La coincidencia con los tres laberintos europeos resulta significativa. Como posible explicación puede aducirse que a uno y otro lado del mar el laberinto fue símbolo eficaz que representaba principios similares: espacio de poder, habitación de un monstruo, nexo con lo sagrado.

titula *Laborintus*. Asimismo, Boccaccio titula *Labirinto d'amore* su obra también conocida como *Corbaccio*. Es interesante anotar que la primera documentación del término en la literatura castellana se tiene, justamente, en el título del poema de Mena, *Laberinto de Fortuna*, en 1444 (Corominas, *Diccionario*, s.v. laberinto).

Al analizar la trayectoria del laberinto se ha visto que lo que en la Antigüedad había surgido como un mito, para el siglo XV se había convertido en un símbolo rico en significaciones. Cabe precisar qué entiendo por ambos conceptos: Chevalier y Gheerbrant definen el mito como una

> narración que se refiere a un orden del mundo anterior al orden actual, y destinada no a explicar una particularidad local [...] sino una ley orgánica de la naturaleza de las cosas [...]
>
> (*Diccionario de los símbolos*, XV-XVII).

En efecto, el Minotauro en el laberinto explicaba, por traslado, la necesidad colectiva de ocultar los misterios; al mismo tiempo, representaba el carácter insondable de la vida.

Por otro lado, el símbolo designa un objeto genérico, no individual (Beristáin, *Diccionario de retórica*, 450-445). Esto ocurre en el Medioevo con el laberinto: ya ha dejado de referirse al edificio de Creta o Egipto y ahora alude a un laberinto general. Por ello, para los autores medievales no resultará importante justificar la existencia "física" del laberinto; de lo que se valdrán es de la idea general del mismo.

Por tanto, al llegar a la baja Edad Media, el laberinto representa múltiples conceptos, aunque básicamente se reducen a tres sus posibilidades de referencia:

1. Tiene nexos con lo divino.
2. Confunde a quien penetra en él y se convierte en tumba de quien no logra descifrarlo.
3. Esconde en su centro un monstruo al que sólo pueden vencer los iniciados.

EL LABERINTO EN EL *LABERINTO DE FORTUNA*

Habiendo rastreado cómo es que el laberinto deja de ser un mito y se convierte en un símbolo funcional en la Edad Media, es tiempo de aterrizar esta reflexión en el *Laberinto de Fortuna* de Juan de Mena. Como dije, Mena es el primer autor castellano en valerse literariamente de este vocablo. De este modo, al incluir al laberinto en el título de su obra, Mena lo destaca; ya en el interior del texto, retoma en él sus múltiples sentidos, haciendo del laberinto un elemento unificador.

Como se sabe, la parte narrativa del poema se compone de tres ruedas, cada una dividida en siete círculos concéntricos sometidos al influjo de cada uno de los siete planetas; en los círculos se encuentran personajes que representan virtudes o vicios. El primer pasaje en el que Mena deja entrever su alusión al laberinto se encuentra en el quinto círculo, el de Marte, que es uno de los más importantes del poema. Desde la primera copla del cerco, el autor anticipa el asunto sobre el que versará ese apartado:

> Ya reguardamos al çerco de Mares,
> do vimos los reyes en la justa guerra
> e los que quisieron morir por su tierra
> [...]
> e vimos debaxo, sufriendo pesares,
> los bellicosos en causas indignas
>
> > (*Laberinto*, 138).

Es decir, Mena va a hablar tanto de los héroes que participaron en las batallas gloriosas de la Reconquista, como de quienes se vieron envueltos en "la mancilla" de las guerras civiles.

Después de haber hecho referencia a las disputas de poder, Mena presenta al rey Juan II:

> Allí sobre todos Fortuna pusiera
> al muy prepotente don Juan el segundo;
> d'España no sola, mas de todo el mundo,
> rey se mostrava, segund su manera:
> [...]
> y él de una silla tan rica labrada
> como si Dédalo bien la fiziera.
>
> > (*Laberinto*, 142).

Ésta es una de las escasísimas alusiones del poema al laberinto ovidiano, y, por tanto, merece especial atención. Recuérdese que, además de arquitecto, Dédalo es conocido por su talento en trabajos de madera. En este caso, Mena sugiere que el grabado de la silla del rey parece obra del artista clásico. Conviene analizar este fragmento en detalle.

Desde la tradición bíblica, el trono es símbolo de poder, como en *Salmos* 47: 8 "Reinó Dios sobre las naciones; se sentó sobre su santo trono." También en el Medioevo el trono representa al reino, por ejemplo en el *Decir* de Juan de Baena, donde el reino aparece simbolizado como una silla: "Alto Rey muy soberano/ de los reynos de Castilla/ asentado en rica silla/ como noble palençiano". Además, considérese que la silla de Juan II tiene talladas las imágenes de los reyes castellanos. Es justamente ésta la acepción que Mena da a la silla real: la presenta como símbolo del reino. Si el trono está "ricamente labrado", como por Dédalo, el reino que dicho trono representa guarda relación con las demás creaciones del mismo personaje. Obviamente, la obra más famosa del artista griego es el laberinto. Tomando en cuenta esto y el título mismo del poema, Mena parece estar marcando una conexión entre el reino de Castilla y el laberinto de Creta: ambos son (o parecen ser) hechos por Dédalo. Así, la mención del arquitecto griego no debe menospreciarse, pues aporta un elemento de interpretación importante: el reino de Juan II remite al complicado y confuso laberinto. De hecho, Castilla misma sería el laberinto del poema de Mena. Recuérdense las primeras coplas del cerco de Marte: el abandono de los ideales de la Reconquista y las ininterrumpidas refriegas civiles parecen constituir, para el autor, los confusos pasillos de la situación castellana.[3]

A fin de confirmar la hipótesis de que Castilla es el laberinto a que alude el título, cabría esperar la aparición de los otros dos elementos propios de los laberintos antiguos y del laberinto literario arriba comentados: el elegido que debe descifrar el enigma y el monstruo que habita en el centro de los corredores.

Para comprender la función del "héroe" del poema, es imperativo recordar que bajo el reinado del débil Juan II, Castilla se encontraba sumida en un profundo desorden político y social. La época estuvo marcada por numerosas luchas intestinas entre facciones nobles. Además, el condestable Álvaro de Luna, hábil y con dones de gobernante, detentaba todo el poder, pues el rey nunca mostró interés en el regi-

---

[3] Para un desarrollo mayor, véase Santibáñez, *"El Laberinto de Fortuna", una alegoría.*

miento del reino y dejó todo en manos de Luna. Esta situación causaba todo tipo de conspiraciones en la corte.[4]

En cuanto al elegido o "nuevo Teseo" en la obra de Mena, considérese que el rey Juan II es no sólo el receptor primero del texto, sino también uno de sus personajes principales. El otro actor central, incluso de mayor peso que el propio rey, es el condestable. En estos dos personajes se encuentra la solución al enigma de Teseo. Mi hipótesis es que el poema *parece tener* como primera intención mover al rey para que tome las riendas del gobierno. A través de reiterados exhortos, Mena invita al soberano a que enderece la desordenada situación del reino. Pero esto es sólo aparente, pues en realidad el consejo de Mena es paradójico. Aunque retóricamente lo impulsa a actuar, entre líneas le insta para que apoye el proyecto político de Álvaro de Luna. En teoría el poema exalta al monarca, pero la figura más destacada es el condestable, único personaje a quien se dedica un círculo entero. Además, los vaticinios sobre la futura gloria real dependen de que se pongan en práctica las directrices apuntadas por Luna, es decir, fortalecer la figura monárquica y retomar el ideal de la Reconquista.

Mena exhorta a su rey para que muestre su carácter de elegido que desembrolla el laberinto de la política castellana. Sin embargo, en un giro paradójico y sorprendente, es Álvaro de Luna quien finalmente se muestra como la figura que restablece el orden en Castilla. Mena reelabora así el mito clásico donde Teseo es un solo personaje. En el poema, Juan II aparece como un "seudo Teseo", a quien su debilidad y múltiples carencias impiden representar el papel de elegido. En cambio, Álvaro de Luna se muestra como el "verdadero Teseo", aquel que descifra los complicados corredores y el único capaz de vencer al monstruo que habita en el centro. La paradoja radica en que Luna, héroe del poema, no vence en su propio nombre, sino como representante de la autoridad real, por lo

---

[4] Sobre el control superlativo de Luna en la corte, Fernán Pérez de Guzmán apunta: "Tanta e tan singular fue la fiança que el rey fizo del condestable e tan grande e tan exçesiva su potencia que [...] non solamente los ofiçios e estados e merçedes de que el rey podía prover, mas las dignidades e benefiçios eclesiásticos non eran en el reyno quien osase suplicar al papa ni aun aceptar su provisión si *proprio motu* lo fazía sin consentimiento del condestable, ansí que lo temporal e spiritual todo era en su mano. Toda abtoridad del rey era firmar las cartas, mas la ordenança e esecuçión dellas en el condestable era" (*Generaciones y semblanzas*, 44).

que la figura del rey no se ve disminuida. Es decir, de igual modo que los laberintos egipcio, griego y ovidiano, el laberinto ficcional de Mena funciona como una metáfora del poder, pues Castilla es el ámbito donde el nuevo Teseo (Luna) muestra su capacidad para gobernar y vencer los embates del nuevo Minotauro.

Este análisis se ha centrado en la tradición del laberinto y, a partir de ella, en la interpretación de Castilla como el laberinto del poema. Sin embargo, a fin de no dejar trunco el cuadro, resta apuntar que Fortuna, diosa clásica de la suerte y controladora de los destinos humanos, desempeña el papel de nuevo Minotauro. Desde la Roma antigua, la matrona se presenta como dual: junto con su contraparte masculino, *Fors*, representa una sola divinidad. Durante el Medioevo, Fortuna radicaliza sus características contradictorias: para Dante es ministra de Dios, mientras que para Petrarca es la enemiga perpetua del hombre, que, dato curioso, tiene tres cabezas "como el Cancerbero" (Petrarca, *De los remedios*, pról. al lib. primero). También se la representa con dos rostros, uno alegre y otro triste, o uno viendo al norte y otro al sur, y se dice que la mitad de su casa está cuajada de joyas, mientras la otra se cae a pedazos.

Siguiendo esta tradición, la Fortuna de Mena posee dos naturalezas opuestas: es alegre y enojosa, monstruosa pero también angelical. Así, este ser poseedor de dos esencias representa al nuevo Minotauro. Por otro lado, Álvaro de Luna la vence al final del poema: "Este cavalga sobre la Fortuna / e doma su cuello con ásperas riendas [...]" (*Laberinto*, 235), restableciendo así el orden en el reino.

Se ha visto que el laberinto se transforma de mito en símbolo y que Juan de Mena lo recupera con toda la carga ideológica que le antecede. Mena acude a él en su poema y hace funcionar los tres niveles de significación propios de los laberintos antiguos y del ovidiano: 1. actúa como metáfora del poder, pues Castilla es el laberinto confuso en donde el rey se muestra incapaz de gobernar y Luna hace gala de sus dotes de gobernante; 2. esconde a un monstruo, Fortuna, al que sólo pueden vencer los elegidos, en este caso Álvaro de Luna; 3. se relaciona con lo divino en tanto Fortuna es un personaje que pertenece, si bien contradictoriamente, a la categoría angélica.

En resumen, en el *Laberinto de Fortuna*, Mena alegoriza al reino castellano como un laberinto en cuyo centro acecha Fortuna, monstruo que al final será derrotado por Luna, nuevo Teseo. Este complejo tejido se construye a partir del laberinto, que en la Antigüedad fue un mito, luego se transformó en un símbolo y, en manos de Mena, se convirtió en riquísimo juego de conceptos.

BIBLIOGRAFÍA

BERISTÁIN, HELENA, *Diccionario de retórica y poética*, México: Porrúa, 1992.

CHEVALIER, JEAN y ALAIN GHEERBRANT, *Diccionario de los símbolos,* Barcelona: Herder, 1993.

COROMINAS, JOAN, *Diccionario crítico etimológico castellano e hispánico*, Madrid: Gredos, 1980.

HERODOTO, *Historia,* ed. de Carlos Schrader, Madrid: Gredos, 1984.

MENA, JUAN DE, *Laberinto de Fortuna*, ed. de Maxim P.A.M. Kerkhof, Madrid: Castalia, 1995 (Nueva Biblioteca de Erudición y Crítica, 9).

OVIDIO, *Metamorfosis*, ed. y trad. de Rubén Bonifaz Nuño, México: Secretaría de Educación Pública, 1985.

PÉREZ DE GUZMÁN, FERNÁN, *Generaciones y semblanzas*, Zaragoza: Ebro, 1970 (Clásicos Ebro, 14).

PETRARCA, FRANCISCO DE, *De los remedios contra próspera y adversa fortuna (De remediis utriusque fortunae), Obras I. Prosa,* trad. de Francisco de Madrid, Madrid: Alfaguara, 1978.

RIVERA DORADO, MIGUEL, *Laberintos de la Antigüedad,* Madrid: Alianza, 1995.

SANTIBÁÑEZ ESCOBAR, JULIA, *"El Laberinto de Fortuna", una alegoría política del siglo XV. Claves de lectura del poema de Juan de Mena,* México: JGH Editores, 1997.

EL DISCURSO SUBALTERNO

EL GOLIARDO, UN LETRADO NADA IDIOTA

Ángel Muñoz García
Universidad del Zulia

Una de las características típicas de la sociedad medieval fue su jerarqui-zación en tres órdenes: clero, nobleza militar y pueblo. Consciente de su pertenencia a uno de ellos, todo individuo debía mantenerse en su estado, sin poder aspirar a otro.

Si entre los griegos la condición de *bárbaro* era equivalente a la de *incivil*, entre los romanos pasó a designar pronto a todo el que no hablara latín. De alguna manera esto pervivió en el Oriente medieval, en donde los funcionarios del Imperio fueron laicos cultos. Los de Oc-cidente, en cambio, ocupados en las invasiones bárbaras, han de dedi-carse a las armas, con lo que la cultura queda pronto reducida a la Iglesia. El latín se convierte en la lengua de la enseñanza y del culto, vale decir de la Iglesia, mientras el pueblo y los caballeros se expresan en lengua vernácula. Así, *letrado* y *clérigo* designarían al instruido, al que habla latín; quienes hablan la lengua vulgar son los incultos o *iletrados*, los *idiotas* —no calificados y afincados en la tierra que culti-van—, los *rústicos*, lo que incluye a aquellos eclesiásticos —legos de monasterios y el bajo clero— que no saben latín. Incluso las mujeres que dominan el latín son consideradas clérigos. Por otra parte, desde la segunda mitad del siglo XI la corte papal se asemejaba cada vez más a cualquier corte laica estatal. Buscando supremacía e independencia de los poderes públicos, la Iglesia adopta estructura de poder teocrático, la curia se fortalece y adquiere la burocracia típica de cualquier corte; crece el número de cardenales y prelados, convertidos en cortesanos y administrativos. Esto supone un aumento del gasto y fisco eclesiásticos, imposición de diezmos y tasas, juicios a los insolventes y obtención de dinero por concesiones de indulgencias. Y surgen las críticas, incluso dentro de la misma Iglesia. Con esto, y junto con el renacimiento de las letras, el siglo XII verá también cómo Gregorio VII busca la vuelta de la Iglesia a los ideales de pobreza evangélica, condenando sobre todo los abusos del clero y la simonía. Seguirá buscando establecer su autonomía respecto del poder político, insistiendo en la superioridad de su autoridad sobre toda otra, en cuanto recibida directamente de Dios. Surgirán nuevos movimientos religiosos que, pretendiendo asimismo la reforma de costumbres, claman por ella y contra la mundanización y el poder monárquico de los papas: la Cartuja, el Cister y los Premonstratenses por un lado, y cátaros y valdenses por otro. Y en medio de ellos, el propio movimiento goliardo.

En 1179, el III Concilio de Letrán ordenaba que cada catedral tuviera su escuela. A pesar de ello, las asociaciones libres de maestros y estudiantes continuaron existiendo, resultando ahora más libres de la autoridad local, religiosa o laica. Y, ante el florecimiento de los estudios, surgirán dos frentes: el de quienes, como san Bernardo, verán en el estudio de las artes y cultura pagana un peligro espiritual para el cristiano, y el de quienes lo considerarán, como Abelardo, instrumento eficaz, incluso para el ulterior estudio de la teología. En estas circunstancias, el número de estudiantes aumenta. Todo esto produce el caldo de cultivo perfecto para que se desarrollara el movimiento goliardo.

Los goliardos

¿Quiénes eran estos goliardos? Si corrientemente de Abelardo no se sabe sino de sus amores con Eloísa y de su consecuente obligada castración, sin reparar en que fue uno de los mejores cerebros de toda la Edad Media, de los goliardos se conoce su afán por el buen vivir, pasando por alto su valiente postura de inconformismo ante el desastre social de la Iglesia y de la sociedad medieval. Si su existencia es un hecho indiscutible, ¿quiénes eran los goliardos? Un grupo aparentemente contradictorio. Clérigos de *status* y estudiantes de picaresca. Miembros oficialmente del primer *orden* y revolucionarios por sentimiento. Cultos por formación y populachos de corazón. Cultos e *idiotas* por conveniencia, según la ocasión.

Como toda escuela depende de la autoridad eclesiástica, el estudiante debe ser clérigo; no sacerdote o monje, pero sí tener las Órdenes Menores, o al menos el hábito y tonsura. Así resulta protegido por la autoridad eclesiástica, exento de tributos civiles y con privilegio de foro. Eso implicaba también abstenerse de trabajos físicos (lo que resultaba un privilegio y elevarse por sobre los trabajadores manuales y los mercaderes burgueses) y no portar armas (lo que les diferenciaba de los nobles y caballeros). Ser estudiante, pues, era pertenecer al orden superior.

Pero, no ser sacerdote o monje tenía otras ventajas. Gozando del prestigio y privilegios de su *estado*, los goliardos eran depositarios de toda la ciencia sagrada y profana. A la vez, estaban lo suficientemente desligados de sacerdotes y monjes como para declararse específicamente distintos y clamar contra la corrupción monástica y de la alta jerarquía. Dedicados por años al estudio, no por aspiraciones de prebendas sino por deseo de saber (casi como profesión), sin responsabilidades mayores, pudieron ser los intérpretes de su tiempo y estar abiertos a los cambios, con un raro espíritu de libertad que contrastaba con el estricto orden medieval.

Los goliardos son estudiantes que, como antes los peregrinos, llenan ahora las vías de comunicación. Siempre con el cosquilleo de la vida aventurera, se sentían movidos a frecuentes viajes y cambios de escuelas, atraídos también por la fama de los diferentes maestros. Clérigos, estudiantes y exmonjes, con el denominador común de un vivir errático, sin trabajo, sin dinero y con una marcada tendencia a los placeres de la cama, del buen comer y del buen beber: "Urbes et orbem solent circuire [...] quaerunt Parisiis artes liberales, Aurelianis auctores, Bononiae codices, Salerni pyxides, Toleti daemones et nusquam mores" [Suelen recorrer el mundo entero y estudian Artes Liberales en París, los autores clásicos en Orleans, Derecho en Bolonia, Medicina en Salerno, magia en Toledo y buenas costumbres en ningún lado] (Yarza-Moles, *Cantos*, 13). Ciertamente en París, por referirnos a la universidad paradigmática de toda la Edad Media, se podía encontrar de todo; por exagerada que parezca, sus motivos tendría la descripción que de su contingente estudiantil hacía Jacques de Vitry en su *Historia Occidentalis* (García Robles, *La Sorbona*, 18):

> los ingleses son amantes de la bebida y precavidos en sus afirmaciones; los franceses soberbios, dados a la molicie y acicalados como mujeres; los alemanes, iracundos; los normandos, vanidosos y fanfarrones; los de Padua, traidores; los de Borgoña, brutales y necios; los bretones, ligeros y veleidosos; los sicilianos, tiránicos; los del Bravante, incendiarios y ladro-

nes; los de Flandes, glotones y blandos como mantequilla; los lombardos, avaros, maliciosos; los romanos, sediciosos.

Se ubican a sí mismos entre el clero (*litterati*), a quien frecuentemente dirigen sus versos, y el pueblo (*laici*) que no los entiende (Hilka-Schumann-Bischoff, *Carmina*, 220):

> Saepe de miseria meae paupertatis
> conqueror in carmine viris litteratis;
> laici non capiunt ea quae sunt vatis.

[Me lamento a menudo de la miseria de mi pobreza en los cantos que dedico a los *litterati*; los laicos no captan a los poetas].

Pero, si como hombre sabio establece sus fundamentos en roca sólida, el goliardo —aun a riesgo de ser considerado estúpido por inconstante— presume de no estar arraigado a nada (Hilka-Schumann-Bischoff, *Carmina*, 191):

> Cum sit enim proprium viro sapienti
> supra petram ponere sedem fundamenti,
> stultus ego comparor fluvio labenti,
> sub eodem aëre numquam permanenti.

[Siendo propio del hombre sabio establecer sus fundamentos sobre roca sólida, soy considerado estúpido y comparado al río siempre en curso, que nunca permanece bajo el mismo cielo].

Son estudiantes que llevan vida de laicos, pero se hacen clérigos, conscientes de los privilegios de tal orden: "O sola felicia clericorum iura!" [Oh derechos —únicos felices— de los clérigos!]; su hábito y cabellos cortos muestran su superioridad (Hilka-Schumann-Bischoff, *Carmina*, 92):

> Non dicas opprobrium, si cognoscas morem,
> vestem nigram clerici, comam breviorem:
> habet ista clericus ad summum honorem,
> ut sese significet omnibus maiorem.
> Universa clerico constat esse prona,
> et signm imperii portat in corona;
> imperat militibus et largitur dona:
> famulante maior est imperans persona.

[Si conocieras su modo de ser, no juzgarías vergonzosa su vestidura negra y su tonsura: el clérigo las lleva como un gran honor, como signo de su superioridad sobre todos. Consta que todos se inclinan ante el clérigo y que en su tonsura lleva el signo de su imperio. Impera sobre los caballeros y concede gracias: quien gobierna es superior a quien obedece].

Superioridad que se manifiesta en su repugnancia al trabajo —"fodere non debeo, quia sum scholaris" [no debo cavar, pues soy "scholaris"] (Hilka-Schumann-Bischoff, *Carmina*, 220). Pero si le tachan de holgazán, es porque no comprenden que debe dedicarse a tareas más altas (92):

Otiosum clericum semper esse iuras:
viles spernit operas, fateor, et duras;
sed cum eius animus evolat ad curas,
coeli vias dividit et rerum naturas.

[Siempre sostienes que el clérigo es un ocioso: confieso que desprecio los trabajos viles y duros; pero cuando mi mente se eleva a sus menesteres, soy capaz de distinguir el camino del cielo y la naturaleza de las cosas].

Son clérigos que no dejan ni quieren dejar de serlo; por eso rezan: "Omnipotens sempiterne Deus, qui inter rusticos et clericos magnam discordiam seminasti, praesta, quaesumus, de laboribus eorum vivere, de mulieribus ipsorum uti et de morte dictorum semper gaudere" [Omnipotente y sempiterno Dios que sembraste gran discordia entre rústicos y clérigos; concédenos, te rogamos, vivir siempre de su trabajo, disfrutar de sus mujeres y alegrarnos siempre de su muerte] (Hilka-Schumann-Bischoff, *Carmina*, 215a); que desprecian al pueblo —"animae brutae; laicorum pecus bestiale; qui pecudes possunt appellari" [mentes brutas; rebaño bestial de los laicos; pueden llamarse bestias] (Curtius, *Literatura* I, 306)— porque no entienden sus poemas. Pero, a pesar de ello, componen una literatura clandestina que enarbola la bandera de la innovación y de la protesta social laica. Autores de una literatura marginal, pero compuesta *desde dentro*. Moralistas estrictos y gozones libertinos. Fiscales de la mundanización de la Iglesia y cantores del amor y la sensualidad. Perturbadores del orden, sin pretender trastocar los tres órdenes. Miembros del más bajo clero que, para demostrar que saben, componen en latín, pero a la vez —con el pueblo bajo— también en lengua vernácula. Son el puente por el que la cultura pasa de las manos clericales a las de los laicos. Proletarios culturales, iliteratos cultos, idiotas de conveniencia.

No es extraño, por todo esto, que la Iglesia clamara contra estos considerados libertinos. No sólo por boca de sus representantes —entre los que destacó san Bernardo— sino incluso en las ocasiones solemnes de concilios, universales y provinciales. En el de Sens, año 1140, el santo de Claraval clamaba contra Abelardo, nuevo Goliat, y sus seguidores los goliardos (Denzinger, 368). En 1215, el Lateranense IV prescribía: "Clerici officia vel commercia saecularia non exerceant, minime inhonesta. Mimis, ioculatoribus et histrionibus non intendant et tabernas prorsus evitent [...] ad aleas vel texillos non ludant" [No ejerzan los clérigos oficios o comercios seculares, en especial los deshonestos. No frecuenten mimos, juglares y comediantes, y eviten totalmente las tabernas [...] no jueguen juegos de azar o dados] (Waddel, 282). Poco después, en 1227, el Concilio de Tréveris: "Item praecipimus ut omnes sacerdotes non permittant trutannos et alios vagos scholares aut goliardos cantare versus super Sanctus et Agnus Dei aut alias in missis vel in divinis officiis" [Ordenamos igualmente que ningún sacerdote permita a los vagabundos y otros clérigos vagos o goliardos que canten sus versos en el "Sanctus" y el "Agnus Dei" o en otros momentos de la misa u oficio divino] (Waddel, 283). Los Concilios de Rouen y Chateau Gonthier (1231) prohíben la tonsura a los "clerici ribaudi, maxime [...] qui "goliardi" nuncupantur" [A los clérigos granujas, sobre todo [...] los llamados "goliardos"] (Yarza-Moles, 10). En 1291, el Concilio de Salzburgo denunciaba aún: "Publice nudi incedunt, in furnis iacent, tabernas, ludos et meretrices frequentant, peccatis suis victum sibi emunt; inveterati, sectam suam non deserunt sicut de eorum correctione nullus remaneat locus spei" [Caminan desnudos en público, se acuestan en los hornos, frecuentan las tabernas, juegos y meretrices, pagan su alimento con sus delitos; contumaces, no abandonan su secta, de modo que no hay lugar a esperar su enmienda] (Waddel, 290).

No se tome como exageración; el historiador Octave Gréard, por ejemplo, es explícito al respecto: "los estudiantes buscaban un refugio donde podían: en los sótanos, en los graneros, en las pocilgas que se construían para ellos" (García Robles, *La Sorbona*, 17). En verdad, Roberto de Sorbon tenía motivos más que sobrados, al fundar su colegio albergue, para querer mejorar la penosa situación de los estudiantes.

Autores

Hemos descrito el prototipo de los componentes del *Ordo Goliardorum*. Pero hay otros de mejor posición social, monjes, abades y obispos que —no siempre sólo como recurso literario— se hacen pasar en sus escritos por auténticos goliardos. He aquí algunos de los más famosos: Marbod de Rennes, nacido hacia 1035, enseñó en Angers. Fino escritor (Curtius, *Literatura* I, 117; II, 603, 690, 758), fue obispo de Rennes en 1096 y muere benedictino en 1123.

Contemporáneo con él fue Baudry de Meung-sur-Loire, o Baudry de Bourgueil, nacido hacia 1046 y muerto en 1130. Tras estudiar en Angers, ingresa en los benedictinos de Bourgueil, de cuyo monasterio fue abad por casi treinta años a partir de 1079. Con el apoyo de la reina pretendió frustradamente la mitra de Orleans, obteniendo, sin embargo, en 1107 la de Dol, que rigió por veintidós años hasta su muerte. Gran conocedor de los clásicos (Curtius, *Literatura* I, 111, 282, 445; II, 519), la poesía era para él filosofía (Curtius, *Literatura* I, 296). Sus versos se encuentran recogidos todos en el llamado *Manuscrito de la reina Cristina* que publicó Delisle.

Abelardo según parece fue considerado en su época como el adalid de los goliardos, siendo identificado incluso con *Golias* o *Goliat* (Santangelo, *Studio*, 34s.), mítico fundador del movimiento. Como tal lo acusaba su gran enemigo san Bernardo —quien ya había influido decisivamente en la condena previa de sus teorías trinitarias en el Concilio de Soissons (año 1121)— en el Concilio de Sens de 1140: "Procedit Golias procero corpore, nobili illo suo bellico apparatu circummunitus, antecedente quoque ipsum eius armigero Arnaldo de Brixia" [Avanza Goliat, de imponente humanidad, encastillado en su célebre armadura bélica, y precedido de su escudero Arnaldo de Brescia] (Walsh, "Golias", 5). Ciertamente fue de los primeros en escribir versos en lengua *bárbara* para Eloísa. Incluso con música, según se desprende de una carta de su amada:

Vos tenéis dos talentos particulares que podrían ganaros el corazón de todas las mujeres: el talento de la palabra y el del canto [...]. A estos méritos es debido el que, para dejar por un momento vuestros estudios filosó-

ficos, hayáis compuesto vuestras canciones de amor [...]. La dulzura de la
melodía obligaba a los más iletrados a acordarse de vuestros versos.
                                              (Migne, *Patrologia latina*, 178).

Por otro lado, el *modus operandi* de Abelardo no parece haberse alejado demasiado de la picaresca goliarda; en carta a un amigo, él mismo
relata su estrategia para conseguir a Eloísa: "Inflamado de amor, busqué
ocasión de acercarme a Eloísa [...]. Entregó [el canónigo Fulberto] la
corderilla al lobo carnicero [...] ignorando que así se encendían más mis
deseos" (Migne, *Patrologia latina*, 178).

Arnaldo de Brescia, a quien san Bernardo apodara "el escudero de
Abelardo", estudió en efecto con éste, sustituyéndole luego en su cátedra de santa Genoveva. Sin embargo, y a pesar de sus invectivas, el propio Bernardo reconocía las costumbres intachables de Arnaldo:
"Pluguiere a Dios que su doctrina fuera tan sana como su vida" (Migne,
Patrologia latina, 182). De regreso a su tierra, criticó fuertemente al cen-
tralismo pontificio, la simonía y la mundanización de la Iglesia, lo que
le procuró gran popularidad, llegando a formar en Brescia un partido en
contra de su obispo Manfredo. Éste le acusa en Letrán de enseñar dudosas teorías acerca del bautismo y la eucaristía, por lo que Arnaldo ha de
iniciar un largo periplo de huidas. A la muerte de Inocencio III en 1143,
se encuentra en Roma, donde el pueblo inicia una serie de acciones para
reinstaurar el antiguo imperio. Todo termina con Adriano IV, quien
exige que Arnaldo salga de la ciudad. Vuelve a ésta con Federico Barbarroja, pero terminará ajusticiado en 1155.

En la misma época vivía el canónigo Hugo de Orleans. Nacido hacia
1093, muy pronto fue maestro de gramática, continuando luego su enseñanza en París. Gran conocedor de los clásicos, su obra poética no sólo
le valió en vida el calificativo de "El Primado" (Hugo *Primas*), sino que
fue presentado posteriormente como modelo poético (Raby, *A History*,
171). Autor de sátiras mordaces, exaltó el ideal de vida goliardo
(Donough, *The Oxford*).

Pedro de Blois nace en esta ciudad hacia 1135. De familia noble, se
dedica a los estudios en Tours, París (donde es discípulo de Juan de
Salisbury) y Bolonia. Preceptor en Sicilia del joven rey Guillermo II.
Llamado a Inglaterra por Enrique II, es nombrado Canciller de Canterbury. Muere hacia 1204, siendo Archidiácono de Bath. Autor de poesía
amoroso-erótica y moral (Dronke, "Peter of Blois").

También hacia 1135 nace en Lille Gauthier de Chatillon, que estudia en París, Reims y Bolonia. Acogido en la corte de Enrique II de Inglaterra, hasta que la muerte de su amigo Samuel Becket le hace acusar al rey de asesino. Vuelto a Francia, abre escuela en Chatillon y es secretario del arzobispo de Reims, que lo nombra canónigo de Amiens, donde muere en 1204. Hombre de vasta cultura, conocedor de la literatura clásica y religiosa, renovador de la epopeya mitológica e histórica (Curtius, *Literatura* I, 178); autor de obras teológicas, un poema épico (la *Alejandríada* —de gran éxito en toda la Edad Media— en honor de Alejandro Magno), y poemas amorosos y satíricos en contra de la simonía y de la mundanización de la curia papal (Strecker, *Moralische-satirische*). Mientras por una parte considera a la poesía como parte de la gramática (Curtius, *Literatura* I, 74), por otra —como Baudry— la identifica con la filosofía (Curtius, *Literatura* I, 296). Autor de gran éxito, era leído —según el *Laberintus* de Eberardo el Alemán— en las escuelas de la Edad Media (Curtius, *Literatura* I, 82); su obra dejó escuela (Strecker, *Die Gedichte*; Kellegouarch, "Un poéte"; Ricco, "Un poema"; Pejenaute, "Las pastorelas").

En 1161 encontramos un autor bajo el patrocinio de Reinaldo de Dassel. Que éste fuera arzobispo de Colonia y archicanciller de Federico I Barbarroja pudo ocasionar que se denominara a nuestro autor como el *Archipoeta de Colonia*. Sin duda influyó no poco en el arzobispo, inspirador de la política antipapista del emperador. A la muerte de Dassel, hacia 1204, se pierde la pista del *Archipoeta*. Aunque influido por el *Primado*, representa la mayoría de edad de la poesía goliarda. Su principal obra —la *Confessio Goliae*— es una parodia de confesión ante su obispo, exaltación del ideal goliardo —vino, mujeres y juego— y loa a su protector Reinaldo (Cairns, "The Archipoet's"; Curtius, "Der Archipoeta").

Walter Map nace hacia 1143 y muere en 1209. Después de sus estudios en París, es introducido por Tomás Becket en la corte de Enrique II de Inglaterra, siendo juez ambulante de los condados del Oeste. Asistió al Concilio de Letrán de 1179. Fue nombrado archidiácono de Oxford. Se le atribuyen algunas novelas sobre el Grial y el Rey Arturo. Recogió una serie de máximas y anécdotas satíricas contra la Iglesia y el Estado, en su *De nugis curialium*, que recogió y editó Wright (1850). Asimismo — en contra de la vida monacal— nuevas sátiras (esta vez en verso) que tienen como protagonista a un fraile libertino de nombre *Golias* (Wright, *The Latin Poems*).

Citemos, finalmente, a Felipe el Canciller, nacido en París en el último cuarto del siglo XII, y que fuera archidiácono de Noyon y canciller de Notre-Dâme.

EL ARMA DEL GOLIARDO: LAS LETRAS

Los goliardos utilizan el arma que mejor dominan: la literatura: "Utar contra vitia carmine rebelli" [Me alzaré contra los vicios con mi canto rebelde] (Hilka-Schumann-Bischoff, *Carmina*, 42). Culta y conceptualmente rica por un lado, en cuanto conocedores de la cultura clásica y cristiana, pareciera destinada a un público erudito (Hilka-Schumann-Bischoff, *Carmina*, 191):

> Cum sit enim proprium viro sapienti
> supra petram ponere sedem fundamenti,
> stultus ego comparor fluvio labenti,
> sub eodem aëre numquam permanenti...

> [Siendo propio del hombre sabio establecer sus fundamentos en roca sólida, soy comparado al río siempre en curso, que nunca permanece bajo el mismo cielo]

(en abierta alusión al texto evangélico de *Mat.* 7:24 y a los clásicos Horacio y Heráclito). Popular y simple por otro, en cuanto producto de estudiantes y de la picaresca clerical. Alternando los clásicos con la taberna, es capaz de unir versos amétricos, rimados, de innumerables combinaciones métricas, con el clásico hexámetro o pentámetro, para formar lo que Curtius ha llamado "estrofa goliardesca" (*Literatura* I, 221; cfr. García Villoslada, *La poesía*). Y si bien es indudable que los goliardos adoptaron algunas estructuras rítmicas ya en uso, no es menos claro que influyeron en la poesía posterior. Nótese el paralelismo entre los dos siguientes fragmentos; el primero tomado del posiblemente más famoso canto goliardo (Hilka-Schumann-Bischoff, *Carmina*, 196), y producto quizá el segundo del deseo de santo Tomás, un siglo después, de sacralizar tales desvaríos (*Lauda Sion: Sequentia* para la misa del día de *Corpus Christi*):

> Bibit hera, bibit herus   "Sumit unus, sumunt mille
> bibit miles, bibit clerus   Quantum iste, tantum ille,

> bibit ille, bibit illa,   Nec sumptus consumitur.
> bibit servus cum ancilla   [...]
> bibit velox, bibit piger, Sumunt boni, sumunt mali,
> bibit albus, bibit niger   Sorte tamen inaequali,
> bibit constans, bibit vagus, Vitae vel interitus".
> bibit rudis, bibit magus.

La producción goliarda nos ha llegado fundamentalmente en cuatro antologías: los *Carmina Arundelliana*, de la Biblioteca Nacional de Londres (Donough, *The Oxford*); los más conocidos *Carmina Burana*, colección manuscrita de la Abadía *Benediktbeuren* de Baviera (Hilka-Schumann-Bischoff, *Carmina*; Yarza-Moles, *Cantos*); los *Carmina Cantabrigensia*, escritos en Renania y conservados en Cambridge (Strecker, *Carmina*); los *Carmina Rivipullensia*, del Monasterio de Ripoll, en Cataluña (Moralejo, *Carmina*).

Los goliardos cultivan, fundamentalmente, tres temas: la crítica social (fundamentalmente a la jerarquía eclesiástica), el canto al amor y el canto al vino.

a) La crítica social

Ante todo críticas por medio de la sátira, a imitación de los clásicos. Ovidio, Horacio, Juvenal y Marcial, leídos por entonces en las escuelas, ponen de moda el género epigramático, la sátira, el poema jocoso, expresados a veces en forma de himnos religiosos. No es extraño por eso que las críticas comenzaran ya desde las mismas aulas. Gerardo de Cambray ("Speculum", 82) "[...] in papam et in curiam romanam carmina famosa pluries et plurima, tam metrica quam rithmica non minus imprudenter quam impudenter evomuit" [vomitó frecuentemente infinidad de famosos cantos, tanto métricos cuanto rítmicos, contra el papa, la Curia Romana, de manera no menos imprudente que impudente]. Desde su Cátedra de santa Genoveva, Arnaldo de Brescia no sólo sostenía la condenación eterna de los monjes que tenían propiedades y de los obispos que pignoraban regalías, sino que satirizó agriamente —al decir de Juan de Salisbury, amigo de los goliardos— la degeneración de la Iglesia (Rossi, *Storia*, 109):

Ormai criticava apertamente i Cardinali, affermando che il loro Consesso per la superbia e l'avarizia, l'ipocresia e le molte nefandezze che lo macchiavano, non era la Chiesa di Dio, ma un mercato e una spelonca di ladri; tra il popolo cristiano essi avevano la funzione degli scribi e farisei. Nemmeno il Papa era ciò che si professava, uomo apostolico e pastore di anime, ma uomo sanguinario [...] e perciò non gli era docuta obbedienza. [Criticaba abiertamente a los cardenales, afirmando que su Colegio, por la soberbia y la avaricia, la hipocresía y múltiples infamias que lo caracterizaban, no era la Iglesia de Dios, sino un mercado y cueva de ladrones; en medio del pueblo cristiano, ellos desempeñaban las funciones de los escribas y fariseos. Tampoco el Papa era lo que se proclamaba, hombre apostólico y pastor de almas, sino hombre sanguinario [...] por lo que no se les debía obediencia].

Aunque las críticas no iban dirigidas en contra del orden social establecido, sino de la degeneración de las personas:

En la bella imagen que las mentes se forjan del Estado y de la sociedad, adjudicábase a cada uno de los estados su función, respondiendo, no a su probada utilidad, sino a su santidad o a su brillo exterior. Era pues posible lamentar la degeneración del clero o la decadencia de las virtudes caballerescas sin rebajar por ello lo más mínimo en la imagen ideal. Los pecados de los hombres pueden impedir la realización de este ideal; éste sigue siendo, empero, base y norma del pensamiento colectivo [...].

(Huizinga, *El Otoño*, 91).

Con una libertad más que sorprendente para la época, sólo explicable en parte por el hecho de pertenecer al orden superior de la sociedad, al que por nada abandonarían y al que pretenden renovar. Aprovechándose de las reformas impulsadas por el Papa Gregorio y fustigando la degeneración religiosa, en una crítica anticurial, pero no antieclesiástica (Hilka-Schumann-Bischoff, *Carmina*, 3):

Ecce torpet probitas,
virtus sepelitur;
fit iam parca largitas,
parcitas largitur
[...]
Omnes iura ledunt
et ad res illicitas
licite recedunt

[La honradez está muerta, la virtud sepultada; la generosidad se hace avara y la avaricia generosa [...]. Todos violan las leyes y se entregan lícitamente a lo ilícito].

Clamor contra las ambiciones políticas y temporales del papado; contra la venalidad de los cardenales y el alto clero (Hilka-Schumann-Bischoff, *Carmina*, 11):

> Nummo venalis favet ordo pontificalis.
> Nummus in abbatum cameris retinet dominatum.
> Nummus, ut est certum, stultum docet esse disertum.
> Nummus adoratur, quia virtutes operatur.
> Vidi cantantem Nummum, missam celebrantem

[La venal curia pontificia se interesa por el dinero. Domina en las celdas de los abades. Está probado que el dinero hace erudito al estúpido. Es adorado, pues obra milagros. He visto al Dinero cantar y celebrar misa]

contra la resistencia de los Cistercienses a toda innovación; contra la rivalidad de las órdenes monásticas; contra la simonía —sobre todo— que convertía la relación de la Iglesia con Cristo en adulterio, y a ésta de virgen en prostituta, de señora en esclava (Hilka-Schumann-Bischoff, *Carmina*, 8): "Sponsa Christi fit mercalis, / generosa generalis".

b) El erotismo

En segundo lugar, los cantos de amor. No tanto por escandalizar y llamar la atención; era tema floreciente en la época y siempre del gusto del pueblo. Por otro lado, el goliardo, clérigo-estudiante, estaba obligado a llevar tonsura, pero no al celibato; y vivía en contacto frecuente con ambientes considerados *non sancti*, hasta en las ocasiones de su actividad intelectual de las aulas; éstas, según el propio Jacques de Vitry, estaban ubicadas no pocas veces en lugares que hoy no parecerían muy adecuados: "En una misma casa, había arriba escuelas y abajo lugares de prostitución" (García Robles, *La Sorbona*, 16). Además, algunos autores parecían hacer ciertas concesiones: Bernardo Silvestre (mitad del siglo XII) ve en el hombre el microcosmos que refleja en su vitalidad física e intelectual la fuerza generatriz de la naturaleza; y hace

[...] un elogio de los órganos viriles de la generación, «cuyo empleo es agradable y cómodo, siempre que se haga cuando, como y cuanto es necesario»; [...] renuevan la naturaleza y propagan la especie; impiden el retorno del caos
(Curtius, *Literatura* I, 167).

Para exacerbar sus críticas a la Iglesia, el clero goliardo se constituye en su parodia. Su texto sagrado es Ovidio, cuya ciencia amatoria alardea conocer (Hilka-Schumann-Bischoff, *Carmina*, 105): "Artes amatoriae iam non instruuntur/a Nasone traditae, passim perventuntur" [Ya no se enseñan las artes amatorias que nos transmitió Ovidio; por todas partes se las pervierten], con el fondo del *Cantar de los Cantares*. Sustituye los ardores de la fe por los de la "veneración" al dios del amor, que impone su culto y sus ritos. Valiéndose de una poesía ágil y original, en latín y en lengua vulgar, para cultos e iletrados, cantan al amor, que sólo es prerrogativa de los clérigos, espíritus sensibles y educados, únicos que pueden penetrar su significado, y al que —por ciencia y por naturaleza— son más aptos que el caballero (Hilka-Schumann-Bischoff, *Carmina*, 92): "Secundum scientiam et secundum morem/ ad amorem clericum dicunt aptiorem".

En una sociedad en que el amor llegaba a ser sinónimo de lujuria y en el que ni el matrimonio escapaba a las sospechas, el goliardo proclama el amor a la virgen, a la doncella, a la no mancillada todavía por las lujurias de la sociedad, al amor dueño de los dioses, al amor por el amor, el que no envilece ni conoce pecado (Hilka-Schumann-Bischoff, *Carmina*, 88).

> Virgo cum virginibus [...]
> horreo corruptas, nihil timeatis!
> et cum meretricibus sum quasi custodia
> simul odi nuptas; fragilis aetatis,
> nam in istis talibus ne arcescant lilia
> turpis est voluptas suae castitatis.
> [...] Amoris solamine
> Gratus super omnia virgino cum virgine;
> ludus est puellae aro non in semine
> et eius praecordia pecco sine crimine.
> omni carent felle

[Virgen con las vírgenes, odio a las cortesanas, a las meretrices y a las casadas, pues en todas ellas no hay sino placer [...]. No hay nada más grato que juguetear con una muchacha: su corazón carece de maldad [...]. ¡Nada temáis!: soy el custodio de su fragilidad, para que no se marchiten los lirios de su castidad. En el solaz del amor, conservo mi virginidad con la virgen; aro sin sembrar, prevarico sin pecar].

Se trata del *amor puro* y no del *amor mixto*, distinción común en la literatura cortesana de la época, y que Andreas Cappellanus (*De amore*, 162s.) expone así:

Et purus quidem amor est, qui omnimodo dilectionis affectione duorum amantium corda coniungit [...]; procedit autem usque ad oris osculum lacertique amplexum et verecundum amantis nudae contactum, extremo praetermisso solatio; nam illud pure amare volentibus exercere non licet [...]. Mixtus vero amor dicitur ille, qui omni carnis delectationi suum praestat effectum et in extremo Veneris opere terminatür [...]. Hic enim cito deficit et parvo tempore durat, et eius saepe actus exercuisse poenituit.

[El amor puro es el que une los corazones de dos amantes con afecto total [...] llega hasta el beso en la boca, el abrazo y el contacto circunspecto de la amante desnuda, excluido el último solaz; pues éste no le está permitido a quien quiere amar con amor puro [...]. Amor mixto es el que lleva a efecto todo deleite carnal y culmina en el extremo placer de Venus [...]. Este amor desaparece pronto, dura poco y frecuentemente uno lamenta haberlo practicado].

En el fondo, se trata de la distinción del *De civitate* agustiniano (XIV, 9) entre *peccatum* y *crimen* (Morán, *Obras*, 945).

Mientras la dama de los caballeros es de orden social superior e inaccesible, la de los goliardos —pertenecientes, como clérigos, al orden más alto— es joven y adolescente, en la que buscan satisfacción erótica y amor libre (Hilka-Schumann-Bischoff, *Carmina*, 142): "Virgines cum clericis simul procedamus / per amorem Veneris ludum faciamus" [Vayamos juntos, doncellas y clérigos, y juguemos por amor a Venus].

Sólo si se trata de exasperar a los guardianes del orden, el goliardo es capaz de presentarse como el más desenfadado libertino y de ver a la mujer como la fuente de placer de estudiantes y jóvenes, exaltándola no como excelsa e intocable, sino como diosa sensual e invitación al juego (Hilka-Schumann-Bischoff, *Carmina*, 191):

Res est arduissima vincere naturam
in aspectu virginis mentem esse puram;
iuvenes non possumus legem sequi duram
leviumque corporum non habere curam.
Quis in igne positus igne non uratur?
[Es cosa dificilísima vencer la naturaleza y mantener pura la mente al ver
una doncella; los jóvenes no podemos seguir la dura ley de no ocuparnos
de cuerpos tan bellos. ¿Quién, puesto en el fuego, no se quemará?].

No se pueden desobedecer las agradables órdenes de la diosa Venus:
"Quidquid Venus imperat, labor est suavis" (Hilka-Schumann-Bischoff,
Carmina, 191). Así, la vida del goliardo ya no es *militia* cristiana, sino
militia amoris (Pejenaute, "La Militia") o, más bien, *mollities* de amores.

c) El vino

Y, por último, del brazo de Venus, Baco, el vino (y junto con él, la
comida y el juego); dioses ambos dignos de servicio, pues a ellos se debe
que el goliardo ame y sea un amor apetecible (Hilka-Schumann-Bischoff,
Carmina, 162):

Venus abdicans cognatum Neptunum,
venit applicans Bachum opportunum
[...]
His numinibus volo famulari!
[...]
quae dant excellenti populo scholari
ut amet et faciat amari

[Venus, abandonando a su pariente Neptuno, viene reclinándose al
encontradizo Baco [...]. ¡A estos dioses quiero servir! [...] ellos son propi-
cios a la insigne multitud escolar para que ame y se haga amar].

Quizá el aspecto más conocido, por llamativo, del goliardo; pero,
quizá también, se ha exagerado en esto. Sobre todo si se tienen en cuenta
dos aspectos de la vida medieval, muy comunes entonces y hoy no muy
conocidos: la gran cantidad de vino que normalmente bebía el ciudada-
no común y su bajo grado alcohólico (Fossier, *Historia*, 82s.): "un pas-
moso consumo de vino, por los niños y las mujeres incluso, que alcanza-

ba el litro y medio o los dos litros diarios. Aunque seguramente muy
poco alcohólicas, esas bebidas [...]".

Respetado —si no como miembro del clero, orden superior, sí como
portavoz de un pueblo que se rebela contra los abusos del poder— y
perseguido precisamente por los altos miembros de su mismo *orden*, el
goliardo —errante pertinaz y fugitivo de un mundo que le repugna— se
refugia en la hostería y la taberna ("statim dum surgimus, quaerimus
popinas" [en cuanto nos despertamos, vamos a la taberna]) (Hilka-
Schumann-Bischoff, *Carmina*, 219). Su interior es el lugar abierto a todos, clérigos y caballeros, damas y señores, siervos y patrones, obispos y
decanos. Lugar de adoración a Baco, parodia del Dios cristiano que iguala a todos, personificación de la alegría que rescata de la inferioridad,
libera del dolor y restituye al hombre su dignidad; hace correr al cojo,
ver al ciego, sanar al enfermo y hablar al mudo (Hilka-Schumann-
Bischoff, *Carmina*, 193):

> Claudus currit, caecus videt,
> aeger surgit, deflens ridet,
> per me mutus loquitur.

A él ofrece el goliardo sus bienes, en el rito sagrado de los dados y el
juego, hasta perderlo todo y quedar en auténtica desnudez y pobreza
evangélica, condición esta de su mejor producción espiritual (Hilka-
Schumann-Bischoff, *Carmina*, 191):

> sed cum ludus corpore me dimittit nudo
> [...]
> tunc versus et carmina meliora cudo
> [...]
> ego numquam potui scribere ieiunus,
> me ieiunum vincere posset puer unus;
> sitim et ieiunium odi tamquam funus
> [...]
> ego versus faciens bibo vinum bonum,
> et quod habent purius dolia cauponum;
> vinum tale generat copiam sermonum.
> Tales versus facio, quale vinum bibo,
> nihil possum facere nisi sumpto cibo;
> nihil valent penitus, quae ieiunus scribo.

[Cuando el juego me deja desnudo, produzco mis mejores versos y cánticos [...], nunca pude escribir en ayunas; un solo niño podría vencerme en tal estado; odio como a la muerte la sed y el hambre [...] cuando compongo versos, bebo buen vino, el más puro de las cubas de los taberneros; un vino así produce abundancia de palabras. Mis versos son tales cual el vino que bebo; nada puedo hacer sino tras haber comido].

DE COLOFÓN

Es indudable la influencia que la poesía goliarda ejerció sobre la literatura en general y, en concreto, en los tres temas típicos goliardos. La crítica social ha sido suficientemente estudiada ya (Thiolier-Mejean, *Les poésies*; Kindermann, *Satyra*; Wright, *The Anglo-Latin*). Asimismo el tema del amor y el erotismo. Precisamente este último no sólo pasó al dominio de los juglares, como era de esperar, sino también a las páginas del *mester de clerecía*. *Los milagros de Nuestra Señora* pueden ser un ejemplo, tanto los del español Berceo como los del francés Gauthier de Coincy, y se realizan no pocas veces en favor de clérigos pecadores, tan llenos de vicios como los seglares: así los de *El clérigo y la flor, El sacristán impúdico, El monje y san Pedro, El Prior y el sacristán, El clérigo embriagado, La Abadesa encinta, El milagro de Teófilo*.

Ni siquiera la peregrinación penitenciaria a Santiago de Compostela, una de las manifestaciones religiosas más representativas del fervor medieval, escapó a la picaresca del juglar, que narraba nuevos milagros, concedidos esta vez por el Apóstol Matamoros (Atienza, *Los peregrinos*, 121):

> Ils revenaient de Compostelle
> un sourd, un muet en compagnie;
> le muet jassait comme une pie.
> Le sourd pensait: "O bon grand saint:
> rebouche-moi les deux oreilles!
> O grand Saint Jacques, guérrisse-moi!".

[Volvían de Compostela en buena compañía un sordo y un mudo; el mudo charlaba como una cotorra. El sordo pensaba: "¡Buen Santo: vuélveme a tapar las dos orejas! ¡Oh gran Santiago, cúrame!"].

Tampoco aquí podía faltar el tema moroso, por más que encubierto con divertido eufemismo por el milagro (Atienza, *Los peregrinos*, 184):

Quand ils revient de Compostelle
Le mari qui n'a point d'enfant,
Pour peu qu'il soit resté longtemps
En trouve deux en arrivant

[Cuando el marido sin hijos regresa de Compostela, a poco que haya prolongado su ausencia, encuentra dos a su vuelta].

Pero también a este tema se han dedicado muchas páginas (Pejenaute, "La Militia"; Zink, *La pastourelle*; Dronke, *Medieval Latin*; Bate, "Ovid"; Brückmann-Couchmann, *L'erotisme*; Pittaluga, "Alano di Lilla"; Ziolkowski, *Alan of Lille's*).

Si era previsible que el tema del vino se instaurara también en la literatura (recordemos el verso de Berceo "bien valdrá, según creo, un vaso de bon vino") (*Vida*, 8), lo es también —con los antecedentes vistos— el que se colara en el ambiente clerical. En la vida misma de monasterios, colegios y universidades el vino parece haber tenido un lugar preferencial. En el Colegio de la Sorbona, por ejemplo, aquellos estudiantes o incluso maestros de cualquier modo negligentes en su obligación de participar en las *disputationes* escolares eran multados —según *Estatuto* del 14-11-1344— con privación de vino (Glorieux, *Aux origines*, 224ss.). Igual privación establecía san Benito en su *Regla* para los monjes impuntuales o que se negaran al trabajo de copistas (Colombás-Aranguren, *Regla*, 142); y el *Estatuto* de 1279 de la Cartuja: "Qui scribere scit, et potest, et noluerit, a vino abstineatur arbitrio Prioris" [Al que sabe y puede escribir y no quisiera hacerlo prívesele del vino, a juicio del Prior] (Roover, "The Scriptorium", 601). Entre los copistas son frecuentes los que, en los colofones y al modo de Berceo, solicitan como recompensa por su trabajo un vaso de buen vino: "Scripsi totum librum amore. Da mihi vinum" [Terminé con cariño el libro. Dame vino] (Ms. Paris, 121ra); "Explicit hoc totum; in fine, da mihi potum" [Terminé por completo; dame de beber] (Ms. Viena, 138r). Y hasta, volviendo al tema del erotismo, otros modifican su petición: "Detur pro poena (¿o quizá *penna*?) scriptori pulchra puella" [Dése al escritor por su fatiga (o quizá *por su escritura*) una muchacha hermosa] (Ms. Saint—Dié, 115; Ms. Perpignan,

22). Lo que concuerda mucho con la requisición del poeta: "Carmina composui: da mihi quod merui" [Compuse los versos: dame lo que merezco], y con la queja del *Archipoeta*, ya citado, "de que en casa de su mecenas, Reinaldo de Dassel, le pongan agua en el vino" (Curtius, *Literatura* II, 664). Algún monje o goliardo nos dejó su protesta, *graffitti* de la época, en las paredes de la bodega del Monasterio y en un ritmo netamente goliardo:

> Bonum vinum cum odore
> Bibit Abbas cum Priore;
> Datur aqua Fratribus

> [El buen vino, aromático, lo bebe el Abad con el Prior; a los Frailes les dan agua].

Los vinos producidos en los monasterios (de los que aún hoy día quedan excelentes representantes) llegaron incluso a constituir una clase enológica especial denominada como *vinos teológicos*. No en balde el propio salmista vincula al vino con la alegría del fiel a Yahve: "vinum, quod laetificat cor hominis" (Salmo 104, 15). Y hasta las crónicas hablan de la existencia en el siglo IX en el Condado de Ribagorza, al pie de los Pirineos de España, de un Monasterio llamado *San Pedro de Taberna*. Sin caer en suspicacias, no sería aventurado pensar que los privilegios que algún rey generoso le otorgó se debieran a la generosidad de los *espíritus* monacales: quizá para recompensar favores etílicos, y haciendo honor al tradicional buen beber de los navarros, su rey Sancho Garcés otorgó en 987 licencia para que los ganados del monasterio pudieran pastar donde quisieran (Serrano y Sanz, *Noticias*, 33-41, 493).

No ha de extrañar, a estas alturas, el hecho de que el vino se introdujera también en los escritos filosóficos. Al menos en los de lógica, la ciencia que busca la verdad. *In vino veritas*. No menos de nueve veces —por poner un caso— le sirve a Alberto de Sajonia en su *Perutilis logica* para ejemplificar (Muñoz García, *Alberto*, 513, 518, 587, 614, 789, 1164, 1419m 1573s.)

Por eso el goliardo, que debe elevar su mente a las cosas más altas, el único capaz de distinguir el camino del cielo y la naturaleza de las cosas —"cum eius animus evolat ad curas coeli vias dividit et rerum naturas" [cuando su mente se eleva a sus menesteres, analiza el camino del cielo y la naturaleza de las cosas] (Hilka-Scumann Bischoff, *Carmina*, 92)— hace decir al vino (Hilka-Scumann-Bischoff, *Carmina*, 193):

Non a falso potest verum
separare, ni qui merum
me potare nititur

[Quien no me bebe puro no puede diferenciar lo verdadero de lo falso].

BIBLIOGRAFÍA

ABELARDO, "Theologia christiana", en Migne, I., *Patrologia Latina* 178, Paris.

ALBERTO DE SAJONIA, *Perutilis logica*, ed. A. Muñoz García, México: 1988.

ANDREAS CAPPELLANUS, *De amore*, ed. Ruffini, Milano: 1980.

ATIENZA, J., *Los peregrinos del Camino de Santiago*, Madrid: 1993.

BATE, K., "Ovid, Medieval Latin, and the Pastourelle", *Reading Medieval Studies*, 60, 1983, 16-33.

BRÜCKMANN-COUCHMANN, *L'erotisme au Moyen Âge*, Paris: 1977.

CAIRNS, F., "The Archpoet's Confession: Source, Interpretation, and Historical Context", *Mittelateinisches Jahrbuch*, 15, 1980, 87-103.

COLOMBAS-ARANGUREN, *Regla de San Benito*, Madrid: 1979.

CURTIUS, E., "Der Archipoeta und der Stil Mittelateinischer Dichtung", *Romanische Forschungen*, 56, 1940, 105-164.

——, *Literatura europea y Edad Media latina*, México: 1955.

DENZINGER, H., *Enchiridion symbolorum*, Friburgo Br.: 1932.

DONOUGH, C., *The Oxford Poems of Hugh Primae and the Arundel Lyrics*, Toronto: 1984.

DRONKE, P., *Medieval Latin and the Rise of European Love-Lyric*, Oxford: 1968.

——, "Peter of Blois and Poetry at the Court of Henry II", *Mediaeval Studies*, 38, 1976, 185-235.

FOSSIER, R., *Historia del campesinado en el Occidente medieval*, Barcelona: 1985.

GARCÍA ROBLES, A., *La Sorbona, ayer y hoy*, México: 1943.

GARCÍA VILLOSLADA, R., *La poesía rítmica de los goliardos medievales*, Madrid, 1975.

GERARDO DE CAMBRAY, "Speculum Ecclesiae" IV, ed. A. Riggs, "Golias and other Pseudonyms", *Studi Medievali*, 41, 1930, 168-171.

GLORIEUX, P., *Aux origines de la Sorbonne*, I, Paris: 1966.

GONZALO DE BERCEO, *Vida de santo Domingo de Silos*.

HILKA-SCHUMANN-BISCHOFF, *Carmina Burana*, Heidelberg: 1930-1970.

HUIZINGA, J., *El otoño de la Edad Media*, Madrid: 1973.

JUAN DE IANUA, *Summa quae vocatur "Catholicon"*, 1286.

KELLEGOUARCH, J., "Un poéte latin du XIII siècle, Gauthier de Lille, dit Gauthier de Chatillon", *Bulletin de l'Association Guillaume Budé*, 1967, 95-117.

KINDERMANN, U., *Satyra. Die Theorie der Satire im Mittelateinischen*, Nuremberg: 1978.

MIGNE, I., *Patrologia Latina*, Paris.

MORALEJO, J., *Carmina Rivipullensia. Cancionero de Ripoll (Anónimo)* Barcelona: 1986.

MORÁN, J., *Obras de san Agustín*, vols. XVI-XVII: *De civitate*, Madrid: 1958.

MUÑOZ GARCÍA, A., *Alberto de Sajonia: "Perutilis Logica"*, México: 1988.

PARÍS, BN lat. 14721 (manuscrito).

PEJENAUTE, F., "Las pastorelas latinas de Gauthier de Chatillon", *Helmantica*, 47, 1996, 142-143, 199-236.

——, "La «Militia amoris» en algunas colecciones de poesía latina medieval", *Helmantica*, 29, 1978, 195-203.

PERPIGNAN, Munic. 22 (manuscrito).

PITTALUGA, S., "Alano di Lilla e la «rimula Veneris»", *Maia NS*, XXXI, 2, 1979, 147-150.

RABY, F., *A History of the Secular Latin Poetry in the Middle Ages* II, Oxford: 1934.

RICCO, F., "Un poema de Gauthier de Chatillon: fuente, forma y sentido de «Versa est in luctum»", *Etudes de Philologie Romane et d'Histoire Littéraire offerts á Jules Horrent*, Lieja: 1980, 365-378.

RIGGS, A., "Golias ant other Pseudonyms", *Studi Medievali*, 18, 1977.

ROOVER, F., "The Scriptorium", en J. Thompson, *The Medieval Library*, New York: 1957, 594-646.

ROOVER, P., *L'evolution de la lettre de change, XIV-XV siècles*, Paris: 1953.

ROSSI, P., *Storia sociale e culturale d'Italia* I, Busto Arsizio, 1988.

RUFFINI, G., *Andrea Cappellano: "De Amore"*, Milano: 1980.

SAINT-DIE, Munic. 63 (manuscrito).

SANTANGELO, S., *Studio sulla poesia goliardica*, Palermo: 1902.

SERRANO Y SANZ, M., *Noticias y documentos históricos del Condado de Ribagorza*, Madrid: 1912.

STRECKER, K., *Die gedichte Walters von Chatillon*, Berlin: 1925.

——, *Carmina Cantabrigensia (Die Cambridger Lieder)*, Berlin: 1926.

——, *Moralische-satirische Gedichte Walters von Chatillon*, Heidelberg: 1929.

THIOLIER-MEJEAN, *Los poésies satiriques et morales des troubadours du XII á la fin du XIII siècle*, Paris: 1978.

THOMPSON, J., *The Medieval Library*, New York: 1957.

VIENA, BN 4698 (manuscrito).

WADDEL, H., *The Wandering Scholars*, London: 1947.

WALSH, P., "Golias and Goliardic Poetry", *Medioevo*, 52, 1, 1983.

WEBB, C., *Iohannes Saresburensis "Polycraticus"*, Oxford: 1909.

WRIGHT, T., *The Latin Poems Commonly Attributed to Walter Mapes*, London: 1841.

——, *De nugis curialium*, London: 1850.

——, *The Anglo-Latin Satirical Poets and Epigrammatists of the Twelfth Century*, London: 1872.

YARZA- MOLES, *Cantos de Goliardo (Carmina Burana)*, Barcelona: 1978.

ZINK, M., *La pastourelle. Poésie et folklore au Moyen Âge*, Paris: 1972.

ZIOLKOWSKI, J., *Alan of Lille's "Grammar of Sexe". The Meaning of Grammar to a Twelfth-Century Intellectual*, Cambridge, Mass.: 1987.

EL CATARISMO EN EL *LIBRO DE LOS GATOS*

CARMEN ELENA ARMIJO
Universidad Nacional Autónoma de México

Entre mediados del XII y finales del XIII, el catarismo se manifestó por varias regiones europeas: Languedoc, Lombardía, Flandes, Champaña y Cataluña. Este movimiento se erigió como una auténtica Iglesia alternativa a la de Roma, con su propia organización secreta, su doctrina y sus ritos iniciáticos, que consideraban como la más auténtica expresión del mensaje de Cristo, aunque se trate en realidad de una herencia directa del maniqueísmo y gnosticismo orientales con su concepción radicalmente dualista de la existencia humana (Mestre Godes, *Los cátaros*, 113-114; Zambon, *El legado*, intr.).

La importancia que el movimiento cátaro[1] tuvo en Occidente a lo largo de dichos siglos[2] propició que numerosas obras medievales hicieran referencia a este pronunciamiento.

El catarismo generó una literatura que fue utilizada con el propósito de difundir el principio dualista del Bien y el Mal,[3] y también produjo

---

[1] Ellos se autodenominaban cristianos y a su agrupación la llamaban Iglesia de los Buenos Cristianos, la Iglesia de Dios, en muchos textos, la Iglesia de los *Bons Homes* (la más empleada) (Mestre Godes, *Los cátaros*, 113-114).

[2] Véase: Aceves, *Un largo camino*; Duvernoy, *La captura del cátaro Bélibaste*; Eimeric y Peña, *El Manual*; Julien, *La increíble*; Labal, *Los cátaros*; Lambert, *La herejía medieval*; Mestre Godes, *Los cátaros*; Nelli, *Los cátaros*; Niel, *Albigenses y cátaros*.

[3] Los libros propiamente cátaros descubiertos hasta la fecha pueden contarse con los dedos de la mano. En primer lugar tenemos *El libro de los dos principios* de Giovanni di Lugio, la más amplia e importante obra del catarismo llegada hasta nosotros; a continuación el *Ritual occitano* de Lyon, único ritual cátaro que se conserva íntegramente; los fragmentos del *Tratado cátaro* recogidos por Durán Huesca y el sorprendente *Comentario al Padre Nuestro*, uno de los raros ejemplos de gnosis esotérica que nos ha

una literatura del lado católico, ya que la Iglesia romana respondió con textos en contra del pensamiento cátaro.[4]

El catarismo, que es un cristianismo medieval que se inspira en el Nuevo Testamento y en buena parte en el Evangelio de San Juan, fue considerado por la Iglesia de Roma como una herejía. Al respecto Lambert (*La herejía*, 125) dice que

> [d]e las herejías del siglo XIII el catarismo parecía ser la más poderosa. La reacción en su contra por parte de los dirigentes eclesiásticos contribuyó a cambiar los esquemas de la vida religiosa. Los cátaros, más que cualquier otro grupo, inspiraron alarma y hostilidad y determinaron el nacimiento de la Inquisición.

Niel señala que "no parecía imposible que el catarismo pudiera un día suplantar definitivamente al catolicismo" (*Albigenses y cátaros*, 57). Consecuentemente, por el peligro que representaba la amplia difusión de su doctrina, Roma llevó a cabo no solamente varias cruzadas contra los cátaros —la primera a partir de 1180 y la quinta y última en 1244 (Julien, *La increíble*, 67-98)— sino que una vez iniciado el proceso contra los cátaros, la Inquisición destruyó la mayor parte de las obras literarias referentes al catarismo y las condenó a la hoguera.[5]

legado el Medioevo occidental. Francesco Zambon, *El legado secreto de los cátaros*, nos ofrece traducido lo esencial del corpus de los textos cátaros originales, lo cual nos permite acceder adecuadamente al conocimiento de una religión secreta que anteriormente sólo se conocía a través de los testimonios indirectos de las crónicas y escritos de sus oponentes católicos.

[4] La base de la doctrina cátara es siempre el problema del mal. Los cátaros creían que la Luz y las Tinieblas eran dos principios antagónicos y que una verdadera catástrofe cósmica había permitido que una parte de la sustancia luminosa quedara aprisionada en las Tinieblas. Este mundo estaba bajo el dominio de Satán y la humanidad era encarnación terrestre de espíritus a los que Satán hizo rebelarse y que fueron por ello arrojados del cielo (Pike, *Diccionario de religiones*, 95-96).

[5] El sucesor de Inocencio III (se podría decir que la Inquisición inicia en 1198 bajo su papado), Honorio III, menos resuelto y original, continuó, no obstante, impulsando una legislación antiherética garantizando que las leyes relativas a la obligación de los poderes laicos de reprimir la herejía y asistir a las autoridades eclesiásticas pasasen a formar parte de los códigos seculares. El emperador Federico II hizo que tales leyes se integrasen en la legislación imperial y estableció la hoguera como castigo para los recalcitrantes. Sin embargo, la principal innovación llegó con Gregorio IX, cuando, tras ensayar procedimientos varios y tras verificar las insuficiencias de las inquisiciones episcopales, recurrió a unos agentes especiales dotados de plenos poderes para perseguir

Sin embargo, paradójicamente, casi todo el conocimiento que tenemos de la doctrina cátara se debe a documentos de la Inquisición.

Si bien, ya hemos señalado que son contados los libros propiamente cátaros, la huella del catarismo la encontramos en varias obras literarias, por ejemplo: en el *Poema de Boecio*, libro de *Barlaam y Josafat*, la *Chanson de Roland*, *Perceval* y la poesía de los trovadores, entre otras (Julien, *La increíble*, 121-138, quien hace un estudio sobre el "Catarismo y la literatura").

En la poesía de los trovadores "[s]e ha visto un origen cátaro y, por tanto, gnóstico en la relación de amor cortés [...], concebida como una renuncia, una pérdida del ser amado y en todo caso como una relación puramente espiritual que excluye cualquier contacto sexual" (Eco, *Interpretación*, 40).

Por lo tanto, tendríamos la poesía de los trovadores,[6] como una muestra de la literatura del catarismo vista por el lado cátaro y *Los Milagros de Nuestra Señora* de Gonzalo de Berceo como un ejemplo de literatura contra el catarismo.

En el *Libro de los gatos*,[7] texto castellano compuesto de 66 *exempla* fechado hacia 1350-1400, encontramos también la huella del catarismo en un *exemplum*: el *exemplum VI*, titulado "Enxienplo del ereje con la mosca". Los demás *exempla* se ocupan sobre todo de los clérigos, se utiliza la predicación como pretexto para hacer una admonición a los malos clérigos (Armijo, "La predicación").

La inclusión del *exemplum* VI en el *Libro de los gatos* se podría interpretar de dos maneras:

a) El autor del *Libro de los gatos* incluye este *exemplum* para aparentar que no comparte las ideas cátaras, pero en el fondo sí está de acuerdo con su pensamiento. La mayoría de los *exempla* del *Libro de los gatos* se

---

a los herejes. Entre 1233 y 1234 adoptó las medidas necesarias para otorgar facultades en Languedoc a un grupo de tales agentes. Se mostraron mucho más eficaces que los obispos, de forma que su inquisición pasó a ser el medio habitual para extirpar la herejía. La inquisición episcopal, en la mayoría de los territorios afectados por la heterodoxia, quedó reducida a una función secundaria. Había nacido la Inquisición papal de la Edad Media (Lambert, *La herejía*, 119).

[6] *Vid*. Rougemont, *El amor y Occidente*, 77-129, para las relaciones y objeciones entre los trovadores y los cátaros.

[7] Sigo la edición de Bernard Darbord. Utilizo la abreviatura *LG* para referirme al *Libro de los gatos*.

refieren a los vicios de los malos clérigos, por lo que podríamos decir que el autor recogió las ideas cátaras en lo que se refiere a la crítica a la clerecía. La predicación del *Libro de los gatos* se puede comparar con el contenido de los sermones cátaros:

> La predicación pública debía tener dos objetivos principales: alejar de la influencia de la Iglesia a simpatizantes fortuitos, insistiendo en los pecados del clero frente al modelo de vida cristiana propuesto en los Evangelios y en las Epístolas, y recurriendo a una peculiar exégesis cátara de la Escritura junto a fenómenos naturales desagradables, para inculcar la idea de que el mundo visible era maligno
>
> (Lambert, *La herejía*, 137).

b) El autor del *Libro de los gatos* es un católico que está en contra del pensamiento cátaro de los dos Principios y también de la corrupción de la Iglesia de Roma.

Tomando en cuenta las palabras de Lambert (*La herejía*, 144), quien afirma que el catarismo "[d]e constituir la mayor alarma para la Iglesia a principios del siglo XIII, declinó hasta quedar reducido a una minoría exigua y perseguida y desapareció totalmente en el curso del siglo XIV", extraño nos puede parecer que en el *Libro de los gatos*, obra de fines del siglo XIV y principios del XV, se haga referencia a la herejía cátara, como se puede comprobar en el "Enxie*nplo* del ereje con la mosca" (VI): "Cuenta que en tierra de Tollossa un ereje [...]". Bernard Darbord lo afirma: "L'herétique est un Cathare. Selon la datation d'A.C. Friend, Odon aurait écrit la fable vers 1225, peu de temps aprés le Traité de Paris (1219) qui marqua la fin de la croisade prêchée par le Pape Innocent III" (*LG*, 62 n.1).

Por lo tanto, al interpretar este *exemplum* hay que considerar en primer lugar que el *Libro de los gatos* constituye una versión de las *Fabulae* o *Narrationes* escritas en el siglo XIII por el escritor anglo-latino Odo de Chériton y en segundo lugar, partir del *Libro de los gatos*, en donde la fábula VI menciona a un hereje cátaro situado en Tolosa.

A pesar de la caída de Montségur entre el 1 y 2 de marzo de 1244, donde doscientos herejes murieron en la hoguera, el catarismo no se extinguió de inmediato sino que continuó vivo y vigilante (Nelli, *Los cátaros*, 59-61). Lucienne Julien afirma que "[l]a caída de Montségur marca el fin de la Iglesia cátara organizada, aunque el catarismo no desaparece todavía" (*La increíble*, 98). Podemos decir que el pensamiento cátaro sobrevivió de manera oculta, subterránea en la sociedad europea. Se mantuvo el espíritu de esta Iglesia sobre todo en la poesía trovadoresca y en el arte (*La increíble*, 139-150).

"Enxienplo del ereje con la mosca"

Para entender esta fábula y el simbolismo tan enigmático de la mosca, hay que tomar en cuenta que el *exemplum* que habremos de analizar está situado en un momento muy específico donde se refleja el problema de los cátaros y su doctrina, entre otros aspectos, el problema del Mal, que va en contra del llamado Creacionismo que afirma que Dios hizo todo.

La discusión del *exemplum* es la siguiente:

> Cuenta que en tierra de Tollossa un ereje, el *qual* predico en plaça *delante* todo el pueblo, e dixo *que* Dios *ve*rdadero *non* fiçiera todo el mu*n*do, ni*n* las bestias, ni*n* las aves, ni*n* los cuerpos *que* en (el) era*n*. E la rreço*n* por *que* el llo deçia era esta *que* no*n* podria ser Dios ta*n* noble, e tan *ve*rdadero, *que* fiçiese ta*n* l(i)xosa animalia com*m*o la mosca
>
> (*LG*, VI).

En el "Exie*n*plo del ereje con la mosca" se presenta la doctrina cátara referida a la creación del mundo: si Dios es un ser perfecto no pudo haber hecho el mundo. El mundo material es obra de un principio maligno y el hombre tiene que superarlo para alcanzar el Reino de la Luz.

El *Libro de los dos principios* de los cátaros dice

> que existe un dios maligno —señor y creador—, que es la fuente y la causa de todos los males. Si no fuera así, les sería necesario confesar que es el verdadero Dios, el mismo que es la luz, que es bueno y santo; el que es la fuente viva y el origen de la dulzura, de la suavidad y la justicia, el que sería, a la vez, causa y principio de toda iniquidad y maldad, de toda amargura e injusticia; y que todo lo que es opuesto a este Dios, siendo su contrario, procedería, en realidad, de él mismo: cosa que ningún sabio sería tan necio de sostener
>
> (Cit. en Mestre Godes, *Los cátaros*, 93).

Contrariamente, el Creacionismo afirma que "[t]odo cuanto existe, existe por Dios" (Aquino, *Suma*, 128). El principal defensor del Creacionismo es Tomás de Aquino quien, en la *Suma contra gentiles*, libro II, capítulo XV, defiende que Dios ha creado todo y que nada existe fuera de él. En el punto siete del capítulo XV señala que

> [l]as cosas imperfectas tienen su origen en las perfectas, como el semen en el animal. Y Dios es el ser sumo y perfectísimo, y el sumo bien [...]. Por tanto él es la causa de la existencia de todas las cosas, especialmente porque ya se demostró que un ser de tal naturaleza no puede darse sino uno
>
> (129).

Santo Tomás indica que su doctrina halla su sostén en la Biblia, que nos dice: "Hizo el cielo y la tierra, el mar y cuanto hay en ellos (Ps. 145, 6). Y: "Todo fue hecho por él, y sin él nada ha sido hecho" (Jo. 1, 3). Y: "Aquél por el cual todo existe, sea dada la gloria por los siglos" (Rom. 11, 36).

Para comprender el *exemplum* que hemos venido tratando es importante precisar que los más grandes pensadores de la cristiandad romana se dedicaron, como es sabido, a incorporar la enseñanza aristotélica en el cuerpo de la ortodoxia cristiana.

Aristóteles, en la investigación filosófica que hace sobre los animales, habla de la generación y la corrupción y, sobre las *moscas*, dice que se desarrollan en el estiércol:

> Las moscas nacen de las larvas que se crían en el estiércol a medida que se va separando [...]. Al nacer las larvas son muy pequeñas. En efecto, primero son puntos rojos que aparecen en el estiércol y del estado inmóvil pasan a una fase de movimiento, como seres dotados de vida. Después sale una pequeña larva inmóvil y tras una nueva fase de movimiento, vuelve a quedarse quieta. Luego sale una mosca perfectamente constituida y empieza a moverse cuando se levanta aire caliente o hace sol...
>
> (Aristóteles, *Investigación*, libro V, 552a, 21).

Los hombres medievales creían en el saber de la época y así pensaban que la mosca surgía de manera espontánea, de la nada, y entonces hacen un entrelazamiento entre ciencia y teología. Hacen una lectura teológica de la propuesta científica de Aristóteles.

Sin embargo, a pesar de su significado negativo, en esta fábula, la *mosca* puede ser símbolo de la creación de Dios, así como Dios hizo las cosas de la nada, la mosca surge de la nada. La mosca es el vivo símbolo de que existe el Creacionismo, que va —como he dicho— en contra de la doctrina cátara.

En el "Enxie*nplo* del ereje con la mosca", una mosca prueba que Dios es el creador del mundo, la *narratio* termina de la siguiente manera:

> Estonçe vino una mosca con gra*n*d rroydo p*ara* lo ferir en el rrostro, e el defendiose con la mano della, e ella passose del ot*ro* cabo, e asentosele en el rrost*ro*. El tirola ot*ra* vez e q*uan*do la tirava de un cabo pasavasele del ot*ro*. T*an*to po*r*fiava en esta manera q*ue* la ovo ella de morder en tal mane-ra q*ue* cayo el en tiera amorteçido. Ansi la mosca p*ro*vo muy bie*n* que Dios la fiçiera
>
> (*LG*, VI, 62).

La picadura de la *mosca* puede ser mortal. El predicador que está en contra del Creacionismo es picado y así la *mosca*, Enviado Divino, afir-ma el Creacionismo. Vemos la visión científica de la "Formación de los insectos" de Aristóteles ligada a la teológica.[8]

El Creacionismo en la Edad Media se refiere a la idea que ellos tenían de que Dios había creado todo. Idea *exnihilo* de la Creación.

El simbolismo de la *mosca* en este *exemplum* no está ligado al simbolismo oriental, a la antigua divinidad siria, Belzebuth, cuyo nom-bre significa etimológicamente "el señor de las moscas", que llegó a ser el príncipe de los demonios. La tradición viene del lado griego, para éstos la mosca era un animal sagrado, al cual se refieren ciertos nombres de Zeus y Apolo (Chevalier y Gheerbrant, *Diccionario*, 729).

Los cátaros están en contra del Creacionismo, y en este *exemplum* el simbolismo del Creacionismo es la *mosca*. Para nosotros puede parecer muy ingenuo y forzado, pero para los hombres medievales era suficiente, de ahí la necesidad de tener en cuenta la visión del mundo que ellos te-nían.

A manera de conclusión podemos decir que el público de los *exempla* tenía un pensamiento mágico y simbólico que exigía para su instrucción los misterios más que el adoctrinamiento. En este caso, la "mosca" deja "amorteçido" al "ereje" y así prueba, atemorizando a los que no creen en los dogmas de la Iglesia católica, que Dios la había creado.

El propósito del *exemplum* es crear una conciencia religiosa para afir-mar la *fe* del creyente más que cuestionar y ampliar dogmas.

---

[8] En el texto latino sí se habla del castigo divino: *Ecce qualiter musca probauit quod Deus eam fecit et iniuriam creatoris sui uindicauit.* Odo de Chériton XII *"De heretico et musca".*

Más que el problema del Bien y el Mal, está el problema de la Creación, que dio lugar a un dilema evidente, pues, ¿cómo una divinidad absolutamente bondadosa, que había creado todo y a todos, podía incluir en su Creación a un adversario igualmente poderoso, que siempre estaba intentando derrocarla? "El resultado fue una paradójica tensión entre el concepto esencialmente monista de un único principio divino que precede al cosmos, y la idea dual de un principio separado para Dios y otro para el Diablo" (Godwin, *Angeles*, 79).

Los cristianos afirman que Dios creó todo y justifican la existencia del Diablo afirmando que

> El Diablo es, ante todo, un ser de naturaleza angélica. Ha sido creado por el mismo Dios. Y fue hecho bueno y hermoso [...]. Su pecado, su crimen, está en haberse rebelado contra el supremo Hacedor en un rasgo de soberbia. Y su castigo inmediato fue perder en absoluto la belleza, la bondad y la verdad
>
> (Urbano, *El diablo*, 23).

Por lo tanto, el Mal es carecer de la Gracia de Dios. El Diablo[9] fue arrojado de los cielos y precipitado en los abismos, fuera de la Tierra. Su nombre es muy significativo, cualquiera que sea, expresando siempre la idea de enemistad. Todos ellos: Diablo, Demonio, Lucifer, Belcebú, Mefistófeles.

En el *exemplum* VI se ponen en juego dos visiones del mundo: la de la "Iglesia de los Lobos" o cristianos que defienden el Creacionismo y la de los herejes cátaros o *Bons Homes* que sostienen la doctrina de los Dos Principios.

BIBLIOGRAFÍA

ACEVES, OCTAVIO, *Un largo camino a Montségur. El secreto cátaro al descubierto*, Madrid: Kaydeda, 1989.

ARISTÓTELES, *Investigación sobre los animales*, intr. de Carlos García Gual, trad. y notas de Julio Pallí Bonet, Madrid: Gredos, 1992 (Biblioteca Clásica Gredos, 171).

---

[9] Este vocablo procede del griego *diabolos*, que significa "calumniador", "perjuro" o "adversario". Cuando se tradujo el Antiguo Testamento al griego (siglo II a. C.), se utilizó *diabolos* como palabra equivalente a Satán que significa *adversario* en hebreo (Godwin, *Angeles*, 111).

ARMIJO, CARMEN E., "La predicación en el *Libro de los gatos*", *Studia Hispanica Medievalia. Actas de las V Jornadas Internacionales de Literatura Española Medieval*, Buenos Aires: Universidad Católica Argentina, 1993, en prensa.

AQUINO, TOMÁS DE, *Suma contra gentiles*, trad. y est. introd. por Carlos Ignacio González, 3ª ed., México: Porrúa, 1991 (Sepan Cuantos... 17).

CHEVALIER, JEAN y ALAIN GHEERBRANT, *Diccionario de símbolos*, trad. de Manuel Silvar y Arturo Rodríguez, Barcelona: Herder, 1988.

DUVERNOY, JEAN, *La captura del cátaro Bélibaste. Delación ante el tribunal de la Inquisición de Pamiers, el 21 de octubre de 1321*, trad. de Mario Muchnik, Barcelona: Muchnik, 1987.

ECO, UMBERTO, *Interpretación y sobreinterpretación*, trad. Juan Gabriel López Guix, Cambridge: Cambridge University Press, 1995.

EIMERIC, NICOLAU y FRANCISCO PEÑA, *El Manual de los Inquisidores*, intr., trad. del latín a francés y notas de Luis Sala-Molins, traducido del francés por Francisco Martín, Barcelona: Muchnik, 1983 (Archivos de la Herejía).

GODWIN, MALCOLM, *Ángeles. Una especie en peligro de extinción*, trad. de Carme Geronès y Carles Urritz, Barcelona: Robin Book, 1990.

JULIEN, LUCIENNE, *La increíble odisea de los cátaros*, trad. Flavia Puppo, Madrid: Tikal, 1995 (La Otra Historia, 1).

LABAL, PAUL, *Los cátaros: herejía y crisis social*, trad. de Octavi Pellisa, Barcelona: Grijalbo-Mondadori, 1995 (Libro de Mano, 27).

LAMBERT, MALCOLM D., *La herejía medieval. Movimientos populares de los bogomilos a los husitas*, trad. de Demetrio Castro Alfín, Madrid: Taurus, 1986 (Ensayistas-262. Serie Maior).

Libro de los gatos, ed., intr. y notas de Bernard Darbord, avant-propos de Daniel Devoto, Paris: Klincksieck, 1984 (Seminaire d'Études Médiévales Hispaniques de l'Université de Paris, XIII).

MESTRE GODES, JESÚS, *Los cátaros. Problema religioso, pretexto político*, trad. de M. Dolores Gallart, Barcelona: Península, 1995.

NELLI, RENE, *Los cátaros. ¿Herejía o democracia?*, trad. F. García-Prieto, México: Roca, 1989 (Enigmas del Cristianismo).

NIEL, FERNAND, *Albigenses y cátaros*, trad. de María del Carmen Carlé, Buenos Aires: Compañía General Fabril Editora, 1962 (Los Libros del Mirasol, 78).

PIKE, E. ROYSTON, *Diccionario de religiones*, adapt. Elsa Cecilia Frost, 3ª ed., México: Fondo de Cultura Económica, 1986.

ROUGEMONT, DENIS DE, *El amor y Occidente*, trad. Antoni Pániker, Barcelona: Kairós, 1979.

URBANO, RAFAEL, *El diablo. Su vida y su poder*, Barcelona: Humanitas, 1990.

ZAMBON, FRANCESCO (ed.), *El legado secreto de los cátaros*, trad. César Palma, Madrid: Siruela, 1997 (Selección de Lecturas Medievales, 45).

DOS CHISTES SOBRE LA HONRA DEL RUFIÁN. UNO DE FERNANDO DE ROJAS Y OTRO DE FRANCISCO DE VILLALOBOS

Gustavo Illades Aguiar
Universidad Autónoma de Guerrero

Médico de los reyes españoles a partir de 1509, polígrafo y traductor, Francisco de Villalobos era tenido entre sus contemporáneos por el hombre "más chocarrero y de burlas" que había en Castilla. Villalobos, lo mismo que el irónico Fernando de Rojas, fue judío converso. Ambos estudiaron en Salamanca durante unos mismos años; ambos problematizaron el concepto de *honra* y describieron el mundo como contienda incesante; uno y otro leyeron a Petrarca desde su propia perspectiva de cristianos nuevos (Gilman, *La España*, 183-186); los dos parodiaron la retórica del amor cortés. En fin, Villalobos hizo la primera traducción al castellano de *Anfitrión*, obra ésta familiar a Rojas, quien, hasta la muerte, conservó en su biblioteca la versión del médico. En 1498, Villalobos publicó en Salamanca *El sumario de la medicina*. Éste y otros tratados suyos presentan correspondencias tales con *La Celestina*, que he intentado inferir, a partir de las mismas, un amplio diálogo entre los dos escritores. Un momento de dicho diálogo serían las dos facecias analizadas más adelante.

***

"Ley es de fortuna que ninguna cosa en su ser mucho tiempo permanesce: su orden es mudanças", dice Celestina (Rojas, *Comedia o Tragicomedia* IX, 418). Esta incesante mutabilidad del mundo y su escasa reciprocidad con los valores morales al uso abre espacio a la mirada distanciada, des-

337

creída y crítica. Alterada al máximo, la vida de los conversos ofreció el espacio —irónico privilegio— para una mirada así. Uno de los objetos favoritos de ésta fue la honra inconsecuente de los españoles cristiano-viejos. Escuchemos a Villalobos:

> ¿Qué trabajos son los de la honra y ambición, que un punto de sosiego no dejan á su dueño? Si no, véase por los que andan en bandos sobre esta negra honra, que por sostenerla la derriban mil veces con mil traiciones y fealdades hechas en servicio de la honra.
>
> (Villalobos, *Curiosidades bibliográficas*, 456).

En las obras de Rojas y Villalobos, el rebajamiento de la honra, ya en un pasaje, ya en otro, cumple una trayectoria que abarca al cuerpo social, desde la alta nobleza hasta los bajos fondos sociales. Detengámonos en estos últimos.

La prostituta Areúsa, doble paródico de Melibea,[1] reclama para sí, enardecida por los elogios que Sempronio dedica a la hija de Pleberio, el

---

[1] Joven y bella como Melibea, Areúsa es también persuadida por Celestina con el fin de que se entregue a un hombre; el contrapunto lo dan el contraste entre situaciones y la retórica y decoro que emplea la alcahueta en cada caso. Adviértase, por otra parte, el paralelismo de las siguientes situaciones y actitudes y la identidad de las frases conclusivas: al calor de su diatriba política contra la servidumbre de las criadas, Areúsa, orgullosa y libre, exclama: "Por esto me vivo sobre mí desde que me sé conocer"; al calor de su diatriba feminista contra la servidumbre del matrimonio, Melibea, asimismo orgullosa y libre, exclama: "*No tengo otra lástima sino por el tiempo que perdí de no gozarlo* [a Calisto], *de no conocerlo, después que a mí me sé conocer*" (Rojas, *Comedia o Tragicomedia* IX, 415 y XVI, 536). La relación entre Melibea y su doble paródico se intensifica tanto que las figuras se invierten (¿ambivalencia de la honra?) al punto de convertirse Areúsa, por efecto de su discurso (¿envidia de clase?), en *señora* de sí misma: "Que jamás me precié de llamarme de otrie sino mía, mayormente destas señoras que agora se usan"; y Melibea, también por efecto de su discurso (¿envidia de la *otra* clase?), tiende a convertirse en mujer de todos: "*el amor no admite sino sólo amor por paga* ["*Amor amore compensandus est*": obsérvese la aplicación naturalista que Rojas hace del Índice petrarquesco] [...] *Haga y ordene* [Calisto] *de mí a su voluntad* [...] *si venderme* [quiere] *en tierra de enemigos, no rehuyré su querer*". El nexo de los personajes y la inversión de sus figuras adquieren todavía mayor expresividad en el retrato des-cortés que Areúsa compone de Melibea. Este retrato (parodia del muy cortés que hace Calisto a propósito de su amada) es el del vencido cuerpo de una puta ("unas tetas tiene, para ser donzella, como si tres vezes hoviesse parido; no parecen sino dos grandes calabaças. El vientre, no se le [he] visto, pero juzgando por lo otro, creo que le tiene tan floxo como vieja de cincuenta años"), compuesto por otra, Areúsa, cuyo cuerpo correspondería al del retrato parodia-

derecho a la honra, anticipando de paso el fundamento moral-religioso de la literatura picaresca:[2]

> Ruyn sea quien por ruyn se tiene. Las obras hazen linaje; que, al fin, todos somos hijos de Adán y Eva. Procure de ser cada uno bueno por sí y no vaya buscar en la nobleza de sus pasados la virtud.
>
> (Rojas, *Comedia o Tragicomedia* IX, 409).

También la vieja Celestina blasona la honra anexa al trabajo:

> Vivo de mi oficio, como cada qual oficial del suyo, muy limpiamente [...] En esta cibdad nascida, en ella criada, manteniendo honrra como todo el mundo sabe, ¿conoscida, pues, no soy? [...] Mi honrra llegó a la cumbre, según quien yo era.
>
> (Rojas, *Comedia o Tragicomedia* XII, 482; III, 283 y IX, 418).

En carta al Comendador Griego —Hernán Núñez—, Villalobos se hace eco de las opiniones de Areúsa y Celestina:

> que en esto de la honrra no hay una regla general á todos, porque la honrra del pellegero es hazer buenos puntos en la çamarra, y sobre esta razon passan ellos entre sí grandes competençias y congojas. Ninguna cosa destas toca á la honrra de un cauallero sino aprovecharse bien de las armas y muy poco de las palabras.
>
> (Villalobos, *Algunas obras*, 99).

do, según la descripción que Celestina hace de la joven prostituta en el Sétimo Auto (Rojas, *Comedia o Tragicomedia* IX, 415; XVI, 535 y IX, 408).

[2] "El pícaro, desde Lázaro de Tormes, no tiene otro remedio de hacerse oír que por la afirmación entre ingenua y cínica de su no-nobleza, de su marginalidad con relación al grupo hegemónico, al que se arrima, pero cuya prepotente e improductiva autoridad discute ahora en nombre de la moral universal y de la religión. Precisamente ese carácter discursivo es el que confiere al pensamiento picaresco, y a los libros que de él emanan, una poderosa originalidad: pensamiento crítico [...]. Frente a un honor improductivo, la práctica improductiva del trato conduce al pícaro a evadirse a una trascendencia igualitaria en la que las almas, idénticas entre sí, no valen sino por su calidad espiritual intrínseca, y no por un linaje que sólo en el mundo se precia. De modo que aquí también la originalidad del pensamiento picaresco es problematizar, a través de las vicisitudes del pícaro protagonista, el estatuto temporal del hombre, y concretamente el del hombre español que, desvencijado por la crisis, asiste conjuntamente a la ruina de los valores tradicionales del linaje y de la sangre, y a la del sector mercantilista que un siglo antes [el XVI] había sido el primero en ponerlos en tela de juicio" (Molho, *Semántica y poética*, 94-95).

Aplicado a los distintos estratos sociales, el tema de la honra sirve, en manos de nuestros escritores, a dos clases de discurso, uno crítico y otro propositivo: desautorizar el mundo y los valores de los cristianos viejos y, a la vez, autorizar la ética judía del trabajo (el negocio enfrentado al ocio de los hidalgos) y el principio según el cual la dignidad de las almas, aun las de los seres marginales, es universal. Así pues, el discurso propositivo postula, según los textos que hemos citado, la intrínseca dignidad del individuo, la cual oblitera la indignidad de oficios moralmente condenables (es el caso de Areúsa). A su vez, el discurso crítico exhibe el carácter reversible de lo alto y lo bajo en el cuerpo social,[3] ya sea en el sistema de rangos o clases sociales (Areúsa como doble paródico de Melibea), ya sea en los rangos y hábitos morales del cuerpo religioso. De esta última versión de reversibilidad es muestra la indignada carta que Villalobos escribe al "General de la orden de san Francisco" con motivo del "maltrato" y "vituperio" sufrido por franciscanos procedentes de Francia en algunos conventos españoles de la misma Orden. El motivo de la acogida: los religiosos eran conversos. Cito el fragmento que viene puntualmente al caso:

> Así que en lugar de sanar y cazar almas, que se os vienen al señuelo hechas ya y domadas, las perdeis; y cuanto en vosotros es, todo se trabaja porque se tornen judíos ó moros [...]. Y consentís que haya entre vosotros linajes como entre las rameras [...]. Qué podemos decir de los malos discípulos de San Francisco [...] que [...] vinieron á la religion para [...] escapar de la ignominia de acemileros y alcanzar la honra de la religion para librarse de ser pecheros y tributarios [...]. Y pues toman la religion por las utilidades y preeminencias temporales, no son discípulos de Jesucristo más son fariseos hipócritas [...]. Estos no quieren que haya letrados ni hombres de sustancia en la órden; estos son los que no entienden la misa que dicen, ni los psalmos que rezan: ántes pronuncian grandes capitales errores en las santas palabras de los Evangelios, donde se encierran los altos misterios; estos son los que estiman mucho la honra, porque la ganaron con el hábito
> (Villalobos, *Algunas obras*, 165-167).

---

[3] Reivindicar lo bajo del cuerpo social y lo marginal de un oficio (dos marcas del futuro pícaro en la literatura) implica reivindicar al excluido y alienado por antonomasia: el converso.

La equivalencia entre una orden religiosa y una casa de rameras corre pareja con la promiscua relación entre la nobleza y el mundo prostibulario que aparece en *La Celestina* (así la figura de Melibea desdoblada en la de Areúsa).

Ante tal orden de cosas, la renuncia inherente al neoestoicismo mitigó, pero no remedió, la angustia de los conversos. Por ello, Villalobos y Rojas recurrirían al remedio antirrepresivo del humor. Dicho de otro modo: mientras el discurso crítico exhibe las contradicciones de su objeto, el chiste convierte la exhibición en rebajamiento. Rebajar, volver risible el objeto, equivale a proyectar en él, liberándolos catárticamente, deseos prohibidos (libido) del sujeto que rebaja. La risa tiene por función rescatar al sujeto de su asimilación al objeto, según Freud (*El chiste*).

∗∗∗∗

Apremiado por dos rameras, un *rufián*[4] llamado Centurio[5] (linajudo nombre, pues lo era del abuelo y del padre, que *"fue rufián de cient mugeres"*) promete a dichas rameras vengarlas de cierto caballero. En su repertorio de muertes con la espada (por ella es *"temido de hombres y querido de mugeres"* tiene *"treynta [...] en la putería"*), en su repertorio, digo, figura el *tiro mortal*, que significa 'golpe mortal' o 'burla', lo cual hace mucho al caso. *"Dios te dé buena manderecha"*, le dice una de las fulanas y vánse ambas. Pero como el tal Centurio es *"manco de la mano*

---

[4] Dice el refrán: "Ni a la puta por llorar, ni al rufián por xurar, ni los has de creer ni te has de fiar" (Correas, *Vocabulario de refranes*, 230). "RUFIÁN [...] el que trae mugeres para ganar con ellas, y riñe sus pendencias"; "Arrufaldado, el que haze demostración de rufián o valiente; por término propio valentón" (Covarrubias, *Tesoro*, 1984, 916). En nota, Russell (Rojas, *Comedia o Tragicomedia*, 519) observa que el rufián era un tipo de criminal que ya abundaba en las ciudades hispánicas en la época de los Reyes Católicos, y contra quien se legislaba con frecuencia, pero con poco éxito; la *Colección de documentos inéditos para la historia de España* (CXII, pp.117 y ss.) "contiene una serie de provisiones reales entre 1479 y 1520 contra las mujeres del partido y sus rufianes en Córdoba y otras ciudades andaluzas".

[5] "CENTURIA. El número de ciento en la milicia. Contiene cien hombres, los quales militan debaxo de un capitán, que por esta razón llaman centurión [...], el centurión de la primera cohorte se llamava *primi pilus*; y Marcial en los lugares donde usa deste nombre *pila*, entiende por el soldado centurión, hecho de paja, como nosotros vestimos al dominguillo que ponemos al toro para que haga golpe en él" (Covarrubias, *Tesoro*, 406). Para los antecedentes latinos y medievales del personaje de *La Celestina*, véase María Rosa Lida de Malkiel (*La originalidad artística*, 646 y ss.).

del espada" y más inclinado —eso presume— a alojar ésta en las partes más nobles del cuerpo ("*Mejor cevara ella en otra parte esta noche, que estava concertada*"), si no es que a manosear los dados, con poca fortuna pero menor esfuerzo, traza una artimaña que a todos deje conformes y a él ileso: que *Traso*[6] *el coxo* dé un "*repiquete de broquel a manera de levada, para oxear unos garçones*".[7] O sea, que golpee el escudo con el pomo de la espada, amago éste eficaz para ahuyentar mancebos licenciosos. Viene la noche. *Traso el coxo y vellacos* que lo acompañan se aproximan al lugar de la venganza, donde el caballero acostumbra batirse en furtivos lances amorosos, y pasan de largo *bozeando*. Afrentado por la reciente pérdida de dos criados y previniendo quizá un escándalo mayor, el caballero Calisto, al oír las voces, retira el miembro y, empuñando la férrea espada, se dispone a dar alcance al cojo. Se encarama al muro, resbala, cae y muere. El *tiro mortal* ha dado en el blanco. A esta facecia, que Rojas cuenta por partes, yuxtapongamos un chiste de Villalobos:

> Un ladrón muy malvado y muy borracho osa decir en medio desa plaza que él no es hombre que ha de hacer cosa que no deba, y sobre esta razon no duda de matarse con otros dos, y dan con él en el infierno; y dicen luego los que le llevan á enterrar, que juran á Dios que hizo bien, ¿para que es la vida? y que dan al diablo la vida que no se pone al tablero por la honra; y sale otro mas fiero de entre ellos, y dice: 'No, no [...] que hago voto á Dios, la vida y el alma pierda cien veces si me tocan en la honra en tanto como este pelito;' y saca el pelito de la capa, que apenas le halla, y sóplalo.
>
> (Villalobos, *Curiosidades bibliográficas*, 492).[8]

---

[6] "TRAZAR [...] es quando se delinea alguna obra [...]. Tracista, el artífice que da la traça; por semejança dezimos dar traza a un negocio concertarle y dar medio para que se efetúe". (Covarrubias, *Tesoro*, 972). Para la procedencia terenciana del nombre del personaje, véase la nota de Russell (Rojas, *Comedia o Tragicomedia*, 558).

[7] Reproduzco a continuación las notas de Russell (Rojas, *Comedia o Tragicomedia*, 558 ns.41-44): *Repiquete de broquel*: el ruido que se hacía golpeando el broquel repetidamente con las hojas o los pomos de las espadas. *Levada*: 'señal de intención agresiva'; explica Covarrubias: "es término de juego de la esgrima, quando el que se va para su contrario, antes de ajustarse con él, tira algunos tajos y reveses al aire, para facilitar el movimiento del braço y entrar en calor". *Oxear*: 'ahuyentar'; de '¡ox!', voz para espantar la caza y las aves domésticas. *Garçones*: 'garzón'; antiguamente "joven mancebo que lleva vida disoluta con las mujeres".

[8] El fragmento corresponde al Capítulo X de las *Sentencias*, tratado sobre el amor que el autor anexó a su traducción de *Anfitrión*.

De la figura rufianesca, común a ambos casos, destaco los atributos de su honra: la valentía ostensiva (o cobardía), el estatuto discursivo (la honra es sólo voz, sólo significante), la impotencia, el carácter reversible (honra=deshonra) y el devenir tragicómico del miedo que la anima. En el primer caso, Centurio amaga con desenvainar (doble amago el suyo, pues es manco); el incumplido movimiento se transfiere a otro lisiado o carente de miembro, Traso el cojo, quien, a su vez, repercute el gesto traduciéndolo en amago verbal (*bozea*). Calisto, ofendido por un simulacro, amaga con la espada y sufre una caída mortal por seguir la amenaza inconsistente, la sola voz. Doble impotencia, que lo iguala a la que ostenta la espada-falo de Centurio o la cojera inofensiva de Traso: la impotencia para concluir el encuentro sexual y la impotencia para defender la honra y la vida de los suyos y de él mismo.

Cobarde, fanfarrón, impotente, Calisto pone en lid la honra (eco urbano y grotesco de la tradicional lucha entre caballeros), una honra que revela su propia imagen invertida porque provoca por accidente (de ahí el chiste) lo que rehúye de propósito: la muerte. Voz vana que sólo se significa a sí misma, vanidad de la voz cuyo alarde no es sino *levada* o amago, la honra genera deshonra y muerte. Cierto: el *bozeo* de Traso, sucedáneo de la espada, al ventilar los amoríos de Calisto y Melibea, sopla[9] la deshonra con voz y hálito que, a un mismo tiempo, bastan para llamar y empujar a Calisto hacia la muerte. El *tiro* de Centurio —apenas un eco, un soplo, una sombra— es burla multiplicada, pero también trágica, por ser *mortal*.

En la facecia de Villalobos, a modo de oración fúnebre por el muerto, cuyo entierro convoca a la canalla, un ladrón (rufián) jura por su honra, es decir, ostenta valentía ante semejante auditorio: "hago voto á Dios, la vida y el alma pierda cien veces si me tocan en la honra en tanto como este pelito". Fanfarrón, el reto supera *levadas* precedentes (las de quienes han jurado que "dan al diablo la vida que no se pone al tablero por la honra"). Honrarse de este modo es emitir una voz vana y vanidosa, pues

---

[9] "Soplar a la oreja, es dar aviso secretamente de alguna cosa, de donde se dixeron soplones los malsines" (Covarrubias, *Tesoro*, 945). "Malsines son los que descubren el secreto de sus amigos para hacer que los maten y que los roben, y algunas veces con levantamiento de falso testimonio" (Villalobos, *Curiosidades bibliográficas*, 414).

su consecuencia no está en los actos, sino en la impotencia de éstos y en el disimulo de la cobardía: "saca el pelito de la capa, que apenas le halla, y sóplalo". Si algo como un pelo ofende la honra del rufián, el soplido, como la voz del juramento, equivale a la honra. Mínima honra la suya e ínfimo pelo ese "pelito" de una pelada capa. En semejante lid, el honroso triunfo revela su propia imagen invertida: "Quedarse soplando las manos, [es] quedarse en vacío" (Covarrubias, *Tesoro*, 786). Una nada, un soplo, alarde de un amago, la honra se desdobla en deshonra y muerte, tal como ocurre en el caso de *La Celestina*. Sí, porque, soplón (piénsese en el tragicómico *bozeo* de Traso el cojo), el rufián se delata, en este caso a sí mismo, con lo cual provoca el accidente (de ahí otra vez el chiste) que de propósito rehúye. No es otra cosa la que nos comunica el entierro de su mísero antecesor, del cual nuestro valiente es copia viva: el fulano muere por vociferar en plaza "que él no es hombre que ha de hacer cosa que no deba". En efecto, se consume en sostener el puro discurso de su honra. Empecinarse en decir "no voy a hacer lo que no deba" es provocar con *levada* verbal al prójimo y, por consecuencia, es precipitar con cobardía disimulada la tragedia. Es agotarse en la voz de una frase sin objeto (fúnebre ironía de una oración), gratuita y vana como el soplar a un pelo. Es, en fin, la siniestra burla de otro *tiro mortal*.

En ambos casos actúa la dialéctica negativa de la honra, tan certeramente descrita por Villalobos en un fragmento antes citado, el cual podemos ahora elevar a la dignidad de sentencia: "los que andan en bandos sobre esta negra honra [...] por sostenerla la derriban mil veces con mil traiciones y fealdades hechas en servicio de la honra". Y en ambos casos el chiste, estriba en rebajar, en volver risible la honra de la figura rufianesca,[10] que, como la del converso, empieza a asomar en la sociedad urbana. Si, como hemos observado, los discursos propositivos de Villalobos y Rojas referidos a la honra reivindican la intrínseca dignidad del individuo, el discurso humorístico, a contracorriente de los otros,

---

[10] Para Lida de Malkiel (*La originalidad artística*, 693 y 707-708) la figura de Centurio, dentro y fuera de España, es una creación nueva, basada en la observación de la realidad social coetánea. En sus frases y usos piadosos corrientes, en sus fórmulas devotas, que decoran desmesuradas bravatas, tan absurdas como sonoras, asoma la sátira de las costumbres contemporáneas. "La entusiástica acogida dispensada al nuevo personaje sin duda se debe, en parte, a que los lectores reconocían en él un tipo real de la sociedad contemporánea".

permite la liberación catártica de deseos inconfesables, porque proyecta las formas de su violencia en una figura a un tiempo próxima y remota.

De tal suerte, la *negra honra* del rufián viene a ser reflejo especular de la mancha del converso. Los atributos de ésta son, asimismo, la ostentación (así el personaje chocarrero de Villalobos o el personaje evasor del calculador Rojas); la impotencia (de los marginales ante la unidad hegemónica del culto religioso); la reversibilidad (judíos-católicos). Los dos últimos atributos (el devenir tragicómico del miedo, implícito en la honra del rufián, y el estatuto puramente discursivo de la honra) al invertir su signo hacen posible, entre otras cosas, las facecias del abogado y del médico, esto es, la distancia respecto del objeto rebajado, la aniquilación, catártica y simbólica, de un grupo social —los rufianes— que amenazaba con su sentido de la honra, con su machismo analfabeto (tan útil para *malsinar*, para ejecutar un pogromo o festejar un auto de fe), la frágil condición y la delicada inteligencia de numerosos judíos convertidos.

Los discursos humorísticos de Rojas y Villalobos hacen de la honra rufianesca, puramente discursiva, su objeto, la trascienden y se trascienden a sí mismos gracias a su *telos* creador. El eco —la escritura— consiste en mundos imaginarios, ahora depósitos de un miedo,[11] cuya transferencia a esos mundos imaginarios convierte la palabra en remedio: la muerte es, al fin, privilegio de entes de papel. Por lo tanto, el devenir tragicómico del miedo pasa a ser hechura trágica y cómica de esos entes —los personajes— y, por consecuencia, pasa a ser *tiro mortal*, es decir, 'golpe' y 'burla' para los risueños lectores y oyentes cristiano-viejos de España.

BIBLIOGRAFÍA

CORREAS, GONZALO, *Vocabulario de refranes y frases proverbiales (1627)*, ed. de Louis Combet, Bordeaux: Institut D'Etudes Ibériques et Ibéro-Américaines de L'Université de Bordeaux, 1967.
COVARRUBIAS, SEBASTIÁN DE, *Tesoro de la lengua castellana o española*, ed. facs., Madrid-México: Turner, 1984.

---

[11] La alusión paremiológica de Covarrubias (*Tesoro*, 720) es por demás elocuente: "Tener el judío en el cuerpo, [es] estar con miedo".

FREUD, SIGMUND, *El chiste y su relación con lo inconsciente*, Madrid: Alianza, 1970.

GILMAN, STEPHEN, *La España de Fernando de Rojas. Panorama intelectual y social de "La Celestina"*, trad. de Pedro Rodríguez Santidrián, Madrid: Taurus, 1978 [1a. ed., Princeton University Press, 1972].

LIDA DE MALKIEL, MARÍA ROSA, *La originalidad artística de "La Celestina"*, Buenos Aires: EUDEBA, 1970.

MOLHO, MAURICE, *Semántica y poética (Góngora, Quevedo)*, Barcelona: Crítica, 1977.

ROJAS, FERNANDO DE, *Comedia o Tragicomedia de Calisto y Melibea*, ed. de Peter E. Russell, Madrid: Castalia, 1991.

VILLALOBOS, FRANCISCO DE, *Algunas obras*, pról. de Antonio María Fabié, Madrid: Sociedad de Bibliófilos Españoles, 1886.

——, *Curiosidades bibliográficas*, Madrid: Atlas, 1950 (Biblioteca de Autores Españoles, 36).

EL DISCURSO DE LA VIDA CABALLERESCA

ENTRE EL "DESEO" Y EL "MIEDO": EL CASO DEL "CABALLERO ATREVIDO" EN EL *LIBRO DEL CAUALLERO ÇIFAR*[1]

ANTHONY J. CÁRDENAS
The University of New Mexico

Para Carlos Clarimón

E este cuento deste Cauallero Atreujdo vos conte porque njnguno non deue creer njn se meter en poder de aquel que non conosçe, por palabras fermosas njn falagueras que le diga, njn por promesas que le faga, mayormente en logar peligroso; ca por auentura puede ende saljr escarnjdo mas esquiuar las cosas dubdosas mayormente sy algund peligro vee al ojo, assy commo acaesçieron a los del reyno de Menton, ca luego que vieron el peligro de aquel lago se partieron dende e se fueron para su señor.
(*Cauallero Çifar*, 71).[2]

Con esta declaración de propósito justifica el narrador la inclusión de lo que, al llegar al Lago Sulfúreo, le "contesçio a vn cauallero que fue a ver estas maraujllas" (66) puesto que "el cauallero era muy syn mjedo e muy atreujdo, ca non dubdaua de prouar las maraujllas e las auenturas del mundo, e por esto auje nonbre el Cauallero Atreujdo" (67). Así quedan nombrados tanto el protagonista del episodio en cuestión como el lugar en que ocurre la aventura. A pesar de lo dicho por previos críticos del episodio, concretamente Charles Philip Wagner ("The Sources") y

---

[1] Aquí cabe reconocer y agradecer al Comité Editorial, cuyos dictaminadores han ayudado generosamente a mejorar este trabajo. Claro que cualquier deficiencia que permanezca es responsabilidad sólo del autor.
[2] Todas las citas de la obra son de la edición de Olsen.

Kenneth R. Scholberg ("The Structure"),[3] su intercalación mantiene una relación directa con el cuerpo central de la obra, ya que refleja a su modo lo que le precede, esto es, la traición frustrada del conde Nasón, al tiempo que presagia lo que ocurrirá a Roboán en el episodio de las Islas Dotadas. El cuento constituye además una interpolación que entronca con varios aspectos de la obra principal, a saber: 1) la idea de que los pecados de los padres recaen en los hijos; 2) el ideal de que hay que cumplir con los deberes; 3) la manera en que se mantiene un reino después de ganarlo; y 4) la noción de cuán importante es ser "esforzado" aunque no "atrevido" para, de hecho, cumplir con los deberes.

Varios críticos, entre ellos Roger M. Walker, James F. Burke, Cristina González, y Marilyn A. Olsen, ya han tratado con detalle esta anécdota desde sus propias perspectivas; su tratamiento, aunque valioso y de mérito, a mi modo de ver, deja algo que desear.

Walker ("The Genesis", 93) por ejemplo, haciendo hincapié en la unidad estructural de la obra, llega a la conclusión de que

> as the author seems clearly to be committed to a system of structural parallels that demands a supernatural adventure in the middle of the earthly episodes in each book, he has to find a suitable protagonist for an excursion into the marvellous at this point. It is for this reason, I think, that the Cavallero Atrevido is brought into the story. Apart from his role in the episode of the Enchanted Lake he plays no part in the romance at all. He appears to be used simply to get the author out of a dilemma in which he found himself at this juncture, caught between the demands of his structural pattern for a supernatural adventure and the lack of a suitable protagonist for such an adventure amongst the major characters.

Acaso sería más apropiado decir que el mismo Walker se encuentra en el dilema creado por su propio deseo de establecer una unidad estructural a través de paralelismos, situación que él plantea entre las diversas partes de la obra.[4] Propongo demostrar en este análisis cómo el episodio

---

[3] Wagner describe el episodio como "obscure allegory" ("The Sources", 29) y Scholberg opina que el cuento es "unnecessary and foreign to the affairs of Cifar or his family" ("The Structure", 123).

[4] Cristina González, de acuerdo con la observación de Ronald G. Keightly ("The Story of Zifar", 321), aclara que "El episodio del Cavallero Atrevido no está en el centro de la primera parte, sino cerca del final" (*Reino lejano*, 108, nota 43).

y su protagonista no son creaciones forzadas por un esquema establecido previamente; si así fuera, implicaría bastante torpeza artística de parte del creador anónimo del *Çifar*.

Burke, por otro lado, admitiendo cierta inseguridad, expone una perspectiva más acertada. Concede Burke: "Although I am not sure in regard
to the meaning of the episode, I think it is an allegorical representation
illustrating in some manner the evils of treason" (*History and Vision*,
50).[5] Considero pues, de acuerdo con el planteamiento que se irá exponiendo en este trabajo, si bien de manera aún tentativa, que se trata de
una acertada observación, en especial al admitir como válida otra idea
de Burke: que uno de los principales enfoques de la obra reside en el
dicho latino "redde quod debes" (*History and Vision*, 40), porque lo que
más debe un vasallo a su señor, o un caballero a su dueña, es lealtad.

La perspectiva más llamativa es la de González (*Reino lejano*, 103-
104), quien se interesa en particular por la manera en que se integra la
intercalación y por su función dentro de la obra. Para ella este episodio,
tanto como el de las Ynsulas Dotadas, cumple la misma función de apertura a otros mundos que las dos ventanas que se abren por primera vez
en el fondo de un cuadro español en 1445, casi siglo y medio más tarde,
cuando Lluis Dalmau pinta su encantadora *Verge dels Concellers*. Por las
ventanas se ven prados y bosques, caminos retorcidos y ascendentes, y
palacios de torres apuntando al cielo pálido del amanecer. Puede haber un
caballero desconocido, venido de lejanas tierras, como el Cavallero Atrevido, o puede haber un caballero conocido, salido de cercanas salas, como
el Infante Roboán, dirigiéndose al palacio, al reino lejano. La cuestión es
que éste está ahí, lejano y misterioso, como una fantástica posibilidad,
como una feliz ampliación del espacio y del tiempo del reino cercano.

He aquí otro acierto indiscutible. Sin embargo, lo que no convence
en su análisis; posible resultado de basar su estudio en la morfología
proppiana y en otras teorías de la morfología del cuento en vez de con-
centrarse en el personaje principal del mismo, son los siguientes dictá-
menes: "Efectivamente, en el episodio del Cavallero Atrevido, la Dueña

---

[5] Cristina González duda que la alegoría desempeñe un papel aquí puesto que, según
sus razonamientos, "en la novela medieval, no se puede hablar de alegoría a menos que
el texto contenga una indicación explícita de su existencia y de cómo interpretarla"
(*Reino lejano*, 107).

del Lago, que parece buena, resulta ser un diablo y la *mujer tentadora*, que parece mala, *libera al héroe del poder del diablo*" (*Reino lejano*, 99; énfasis añadido) y lo que añade después: que "El Cavallero Atrevido regresa del viaje escarmentado y *alegre*: ha aprendido que las mujeres son buenas y malas al mismo tiempo y *está alegre de haberlas perdido de vista por el momento*" (*Reino lejano*, 100; énfasis añadido). "Escarmentado" posiblemente, pero ¿"alegre"? Lo que nos informa el texto es que el Caballero Atrevido está de acuerdo con la sugerencia de que se replieguen él y sus mesnadas, así como vimos que lo hicieron las del rey de Mentón, "ca" —como se queja el mismo Caballero Atrevido— "nunca tan quebrantado salj de cosa que començase commo desta" (71), palabras exentas de la menor traza de alegría. Además, y sin querer hilar muy fino, cabe preguntarse ¿el Caballero es liberado del diablo por la segunda mujer? Seguramente, por su propia carencia de espíritu heroico, es expulsado con su hijo, al que se describe así:

> E este fue muy buen cauallero de armas e *muy atreujdo* e *muy sin mjedo* en todas cosas, *ca non auje cosa en el mundo en que dubdase e que non acometiese*. E deste linaje ay, oy dia, caualleros en aquel reyno de Panfilia, mucho *endiablados* e muy *atreujdos* en sus fechos.
>
> (*Cavallero Çifar*, 71; énfasis añadido).

Recordemos que con anterioridad se ha descrito al padre con palabras, si no idénticas, muy similares; helas aquí: "el cauallero era muy syn mjedo e muy atreujdo, ca non dubdaua de prouar las maraujllas e las auenturas del mundo, e por esto auje nonbre el Cauallero Atreujdo" (67).

Al hijo le conviene el dicho "de tal palo, tal astilla", ya que padre e hijo muestran iguales características. No me parece, con esto, que se vea el Caballero liberado del poder del diablo. La declaración de que de ese linaje han surgido "caballeros mucho endiablados e muy atreujdos en sus fechos" revela que ni el Caballero Atrevido ni su linaje han sido, de hecho, liberados del poder del diablo.[6]

---

[6] Es interesante que, según la versión manuscrita de Madrid, de acuerdo con lo que ha editado Joaquín González Muela (*Libro del caballero Zifar*, 225), tanto como Cristina González (251) que sigue a Wagner, en vez de "endiablados," el de Madrid reza "entendidos". Me parece que aquella lectura tiene más sentido que ésta, al menos según la perspectiva del héroe fracasado, según se va elaborando en estas páginas.

Finalmente, Olsen trata el episodio en forma breve desde la perspectiva de que el contraste entre la "cobdiçia" y la "mesura" forma el meollo ideológico de la obra. Para Olsen, "cobdiçia" significa ignorar el momento adecuado para cesar de hacer algo, yendo más allá de lo debido
(*"Mesura* and *Cobdiçia"*, 232-233, nota 3). Este punto empalma bien con
lo que se propondrá, aunque con un énfasis distinto.

Aquí procede dirigirme a las preguntas de uno de los dictaminadores, y cito: "Por
otra parte, cabe preguntarse si la interpretación de Cristina González, en cuanto a que
este Caballero es liberado del diablo por la segunda mujer (la cual Cárdenas pone en
duda), se refiere a una participación indirecta de esta segunda mujer, en el sentido de
que si ella no se hubiera cruzado en su camino, el Caballero Atrevido no hubiera quebrantado el juramento hecho a la Dueña-Diablo del lago y no hubiera sido expulsado de
éste" (comunicación privada).

Es posible que esto sea lo que quería decir mi colega Cristina González. Quise convencer al lector de que el Caballero Atrevido en realidad no fue liberado del diablo, ya
que su propio hijo, Alberto *Diablo*, regresa con él al mundo más allá del lago. Y, para
colmo, propuse, citando del texto, que de ese linaje habían surgido "caballeros mucho
endiablados e muy atreujdos en sus fechos". No puedo convencerme de otra lectura,
excepto de la que he presentado: no es liberado. Ahora bien, resulta interesante que el
dictaminador (utilizo la forma masculina sólo por conveniencia) haya referido a la dueña del lago como "Dueña-Diablo". Me pregunto, ¿es ella una "Dueña-Diablo" desde el
principio, o es que se convierte en diablo como vengo proponiendo? Veamos lo que
dice Campbell (*The Hero*, 116) sobre el asunto: "Woman, in the picture language of
mythology, represents the totality of what can be known. The hero is the one who
comes to know. As he progresses in the slow initiation which is life, the form of the
goddess undergoes for him a series of transfigurations: she can never be greater than
himself, though she can always promise more than he is yet capable of comprehending.
She lures, she guides, she bids him burst his fetters. And if he can match her import, the
two, the knower and the known, will be released from every limitation. Woman is the
guide to the sublime acme of sensuous adventure. By deficient eyes she is reduced to
inferior states; by the evil eye of ignorance she is spellbound to banality and ugliness.
But she is redeemed by the eyes of understanding. The hero who can take her as she is,
without undue commotion but with the kindness and assurance she requires, is
potentially the king, the incarnate god, of her created world".

Siento una cita tan larga como necesaria, dado que me parece que vengo influido por
esta perspectiva: la "dueña" es sólo una "dueña" y no una "Dueña-Diablo" y, si llega a
ser diablo, esto se debe a la incapacidad del héroe, de acuerdo con lo que dice Campbell
en la página anterior del susocitado pasaje. Habla Campbell de un místico hindú,
Ramakrishna, que una tarde ve una mujer bella que sube el Ganges y se acerca al soto
donde él meditaba. Se da cuenta él de que ella está encinta y que está para dar a luz. Lo
hace, amamanta al niño, asume un aspecto horrible y luego mete al niño dentro de sus
mandíbulas horrorosas, donde lo mastica y luego lo traga, sólo para luego desaparecer
de donde vino. Dice Campbell que esto no es nada más ni menos que la diosa represen-

Vale la pena reiterar aquí que mi propósito no es desacreditar el trabajo de mis distinguidos colegas, sino el de tratar de acercarnos a la obra
desde otra perspectiva, la del héroe (en este caso) fracasado, para así
apoyar lo ya dicho y a la vez afinarlo. Por lo tanto, he aquí, con esta
aproximación mía, otro análisis, que sin duda podría ser, a su vez, afina-
do por otros.

Importa recordar que el episodio del Lago Sulfúreo ocurre inmediatamente después de la infructuosa rebelión del conde Nasón contra el
rey de Mentón. Al ser derrotado, el conde pide perdón, el cual le es
rehusado por el rey, quien lo maldice, haciendo que se le saque la lengua
por la garganta a causa de las palabras traidoras del conde; se le degüelle,
puesto que fue el conde quien encabezó las incursiones contra el reinado, y finalmente manda que su cuerpo sea incinerado, ya que el mismo
conde había abrasado los dominios reales durante estas incursiones re-
beldes. De esta manera se evita la posibilidad de que la traición del conde contamine cualquier otra cosa, salvaguardando incluso a los perros y
aves de la traición porque no comerán las cenizas. Finalmente dispone

---

tándose al espectador con un aspecto de acuerdo con sus poderes subdesarrollados (*The
Hero*, 115). Añade el maestro otros ejemplos, entre ellos el caso de Acteón, el de Fergus,
es decir, de aventureros que no eran capaces de hacer pecho a las demandas porque les
faltaba "what the troubadours and minnesingers termed the 'gentle heart'" (116-118).
Esto, creo, es lo que le falta al Caballero Atrevido, "un corazón bondadoso" (118), un
corazón que permite al héroe ver a la mujer sin "un corazón infantil" regido por armó-
nicos altos y bajos del deseo, la sorpresa y el miedo (i.e., infantile) "over-and undertones
of desire, surprise, and fear" (*The Hero*, 116).

Que la responsabilidad recae sobre el hombre también se ve en el mito del minotauro
como cito de Campbell en la nota 11 más abajo.

En fin, no es ella una "Dueña-Diablo" sino una dueña que se convierte en diablo
por los ojos deficientes del héroe fracasado.

Ahora bien, el mismo dictaminador sugiere que examine la vinculación del episodio
del lago, y específicamente de la dueña con otras creencias supersticiosas —"la tradición
de la Dama del Lago (mitología céltica) [...] las *xanas* de Asturias, las moras encantadas,
etc."—, proponiendo además "la rica veta abordada por Menéndez y Pelayo en su *Orígenes de la novela* (vol. 2)" (comunicación privada). Aunque sean sugerencias valiosas, en
un trabajo como éste no se puede decir todo, y así, no creo necesario meterme en esto,
dado mi enfoque, es decir, el del héroe fracasado. Para quien le interese, además de la
citada obra de Menéndez y Pelayo, se pueden tomar en cuenta los estudios de Alexander
H. Krappe ("La leggende", "Le mirage celtique" y "Le lac enchanté"), de Charles Philip
Wagner ("The Sources") y de Roger M. Walker ("The Genesis"), incluidos en la bibliografía al final de este estudio.

el rey: "mas que coxan vuestros poluos e los lançen en aquel lago que es en cabo de mj reyno al qual dizen lago sulfureo, do nunca ouo bestia njn pez njn cosa bjua del mundo" (66). Añade el rey otros datos cruciales para la plena comprensión de este episodio, cuando le explica al conde:

> Ca bien creo que aquel lago fue maldito de Dios, ca segund a mj fizieron entender aquella es la sepultura de vn vuestro visahuelo que cayo en otra trayçion asi commo vos feziste. E yd vos de aqui e nunca Dios vos saque de allj.
>
> (*Cavallero Çifar*, 66).

En otro estudio, "Names and the Significance of Etymology in the *Libro del Cavallero Zifar*", Burke ha aclarado la importancia del significado de los nombres en la obra. Si bien trata los más esotéricos con éxito, hace caso omiso de los nombres del lugar y del protagonista de nuestro episodio. De todos modos, el significado, tanto del nombre dado al lago, "Sulfúreo", como aquél dado al caballero, "Atrevido", son claves para la valoración de la obra. "Sulfúreo" quiere decir, según el *Diccionario de la lengua española*, "perteneciente o relativo al azufre" y aunque ningún diccionario de español que se ha consultado lo aclare,[7] al menos en inglés, según el *Webster's Seventh New Collegiate Dictionary* se establece una relación entre "sulfúreo" y el fuego del infierno,[8] una connotación que también existe, si no me equivoco, en español, a pesar de que no aparece como tal en los diccionarios consultados. El infierno es, por excelencia, y en las mismas palabras del rey de Mentón para el Lago Sulfúreo, un lugar "maldito de Dios". Me remito al *Apocalipsis* para apoyar tal afirmación, dado que 19:20 reza: "Y fue aprisionada la bestia, y con ella el falso profeta [...], vivos fueron arrojados ambos al lago de fuego, que arde con azufre", o al 20:10: "El diablo, que los extraviaba, será arrojado en el estanque de fuego y azufre [...]".[9] Esta conexión entre

---

[7] El de María Moliner, el de Sebastián de Covarrubias, el *Diccionario de autoridades*, o el mismo *Diccionario de la lengua española*, por ejemplo, no dicen nada al respecto. Tampoco se encuentra nada en el *Diccionario ideológico de la lengua española* de Julio Casares.

[8] *Sub voce "sulfurous* or *sulphurous"* se encuentra como la segunda definición "of, relating to, or dealing with the fire of hell: INFERNAL".

[9] Véase también en el capítulo 20 del *Apocalipsis* los versículos 14 y 15, y del 21 el versículo 8, para otras referencias bíblicas a este lugar.

el Lago Sulfúreo y el "lago de fuego que arde con azufre" debe tomarse
en cuenta. Así se relaciona la traición del conde Nasón con la suprema
traición de Lucifer al declarar éste: "Non serviam!" Es imprescindible
ahora recordar a la Dueña del Lago, que al final se convierte en diablo y
expulsa al Caballero Atrevido y a su progenie, el llamado Alberto Diablo. Aquí también, como en el caso del conde Nasón, se establece un
contacto entre la Dueña, la autodenominada "Dueña de la Traición",
con los entes bíblicos puestos en "el estanque de fuego y azufre", y quizá
aún más cuando ella se convierte en diablo. Finalmente, vale recordar el
prólogo evaluativo del narrador, con el que empieza el episodio: "Mas
commo todo este fecho era obra del diablo, non quiso Dios que el mucho durase allj asy commo adelante oyredes" (67).

La definición que ofrece Sebastián de Covarrubias también viene al caso:

> DIABLO. *Latine diabolus.* Es dición griego, DIABOLOS, *calumniator, deceptor,*
> *delator,* que vale acusador, calumniador, engañador, soplón y malsín; por-
> que siendo el que nos induce a pecar, él mesmo es el que nos pone delante
> de la Justicia Divina, acusándonos y vendiéndonos por manera que es atri-
> buto del ángel malo, el qual comunicó con Judas, commo el mayor traydor
> de los hombres.
>
> (*Tesoro de la lengua,* s.v. "diablo", 468).

La Dueña de la Traición seguramente es una engañadora ("*deceptor*")
y, al arrojarlos del Lago, una delatora. Pero todo esto resulta, insisto,
porque el Caballero Atrevido se deja engañar, porque no tiene ni el
esfuerzo ni la entereza del verdadero héroe. Prestemos, por lo tanto,
atención al personaje del Caballero Atrevido.

A pesar de que se nos presenta al Caballero Atrevido como "muy syn
mjedo [...] ca non dubdaua de prouar las maraujllas e las auenturas del
mundo" (67) y, por eso, no sorprende que viniera a investigar o "probar" el Lago, sí sorprende, sin embargo, que al aparecer la "dueña muy
fermosa", nuestro caballero "non se osaua llegar al lago" (67), es decir,
sintió temor. Cuando la Dueña lo adula con bastante ironía, como luego veremos, llamándole "esforçado caballero", al caballero "semejole
que mostrarie couardia si non fiziese lo que ella queria" (67). Cuando se
analiza lo que está ocurriendo aquí, es relevante que el Caballero no
sólo experimenta miedo —"non osaua llegar al lago"— sino que también
teme que los demás se den cuenta de ello. Está nuestro Caballero Atre-

vido preso en las fauces del temor de adentrarse en el lago, así como preso del deseo de que nadie advierta que esto es lo que teme. El deseo adquiere otra faceta cuando la Dueña le asegura que el Lago no es muy profundo, levanta y le muestra el pie, y al "caballero semejole que nunca tan blanco njn tan fermoso njn tan bien fecho pie viera como aquel. E cuydando que todo lo al se seguje asy segund aquello paresçie" (67). Al "miedo" se añade con esto más "deseo"; así como también se demuestra la dualidad que existe entre el Caballero Atrevido y el Otro en forma de la Dueña. La unidad que una vez existía en el Jardín desaparece. Joseph Campbell (*The Power of Myth*, 107) escribe:

> The Garden is the place of unity, of non duality of male and female, good and evil, God and human beings [...]. We're kept out of the Garden by our own fear and desire [...]. The difference between everyday living and living in those moments of ecstasy is the difference between being outside and inside the Garden. You go past fear and desire, past the pair of opposites [...]. Into transcendence [...]. You die to your flesh and are born into your spirit.

Trascender la carne y nacer al espíritu es el eje de toda jornada heroica:

> The hero, therefore, is the man or woman who has been able to battle past his personal and local historical limitations to the generally valid, normally human forms [...]. The hero has died as a modern man; but as eternal man —perfected, unspecific, universal man— he has been reborn. His second solemn task and deed therefore [...] is to return then to us, transfigured, and teach the lesson he has learned of life renewed.
> (Campbell, *The Hero*, 19-20).

En esto precisamente fracasa nuestro protagonista: no es capaz de autodominarse. Además, como hemos visto, si el hijo, Alberto Diablo, sigue los pasos del padre "atrevido" y "sin miedo", ¿no será porque el padre, de vuelta sin ser transfigurado, es incapaz de enseñarle la lección supuestamente aprendida? Cristina González, en su excelente "Salvajismo y barbarie en la *Estoria de España*" nos ofrece seis tipos de cuentos folclóricos, de los cuales el quinto ejemplifica mejor el cuento del Lago Sulfúreo: "La mujer animal: un hombre se casa con una mujer de otra naturaleza, que le hace una prohibición. El hombre la infringe y pierde a la mujer para siempre" (64). Añade en el mismo estudio ("Salvajismo", 65):

> Estos cuentos pueden interpretarse como diferentes tipos de conflicto entre la civilización y la otredad, en sus variantes de salvajismo o barbarie [...]. En el cuento de la mujer animal, el héroe sufre una pérdida, la de la mujer animal, que puede interpretarse como su *anima*, su *alter ego*, es decir su salvajismo, lo que le permite civilizarse y triunfar posteriormente.

Atrapado como está entre las dos grandes emociones del miedo y del deseo, es inevitable que nuestro casi-héroe fracase en su aventura. Cuando el Caballero Atrevido se acerca al borde del Lago "ella le fue tomar por la mano e dio con el dentro en aquel lago" (67), o como dice González: "la Dueña del Lago rapta al Caballero Atrevido" (*Reino lejano*, 101). La misma Dueña sirve de guía. Escribe Campbell (*The Hero*, 97): "Once having traversed the threshold, the hero moves in a dream landscape of curiously fluid, ambiguous forms, where he must survive a succession of trials". En verdad nuestro héroe experimenta algo del Otro Mundo. De nuevo nos remitimos a Campbell (*The Hero*, 109): "The ultimate adventure, when all the barriers and ogres have been overcome, is commonly represented as a mystical marriage of the triumphant hero-soul with the Queen Goddess of the World". El Caballero Atrevido y la Dueña pasan la noche juntos "en una cama tan noble que en el mundo non podie ser mejor, e ssalieron se luego de la camara e cerraron las puertas, asy que esa noche fue la dueña ençinta" (68). Es posible que aquí tengamos una inversión de los eventos porque el héroe se casa con la "Reina Diosa" del Otro Mundo y luego tiene que enfrentarse con otras pruebas, aunque si esta unión llega a ser "un maridaje místico" es muy discutible.[10] Aunque la sintaxis de las variables de esta aventura del hé-

---

[10] Califico esto de "muy discutible" por dos razones. Primero, no sé en qué sentido utiliza Campbell la palabra "místico". De todos modos, si pasamos por alto el ambiente misterioso (no "místico"), el maridaje entre el Caballero Atrevido y la Dueña del Lago es, en mi opinión, bastante físico. Segundo, dado que Campbell, como acabo de citar, describe el maridaje como "the ultimate adventure" y el problema reside en que "ultimate" puede significar tanto "última" como "culminante". Si Campbell hace hincapié en este significado, dadas mis inclinaciones, diría que el maridaje no es la aventura culminante, esto es reservado para la traición o infidelidad que comete. A la vez no es la "última" aventura. Ahora bien, esto es obvio, mientras que aquello es discutible. Quiero decir que no pretendo tener la última palabra sobre esta cuestión.

roe sea única, muchas de éstas se encuentran en este episodio, entre ellas el elemento de las pruebas. Cuando la Dueña lo lleva a su reino submarino, por ejemplo, "en señal de muy grande amor e verdadero" le hace señor de ella y de "toda aquella çibdat e otrosy de quanto yo tengo e he" (67). El Caballero "se touo por muy rico e por muy bien andante con tantos caualleros e con tanta riqueza que vido ante sy" (68). Es bien sabido ya que el Caballero demostrará la falta de autocontrol y que romperá su palabra de fidelidad a la Dueña. Al entrar en el Otro Mundo de su reino y al preguntar por qué nadie habla, le impone ella la primera prohibición y prueba: "«Catad, non fabledes vos», dixo ella, «a njnguna dueña, maguer que ellas vos fablen, ca sabed que luego en punto me perderedes por ello»" (67). Vez tras vez manifiesta el Caballero su inmadurez al querer saber por qué el reino es tal como es. Como todo crece casi instantáneamente —las mujeres dan a luz en siete días, cada día los frutales presentan fruta nueva— el Caballero "penso en su coraçon de yr a andar por la çibdat e preguntar a otros que podrie ser esto" (68). Al efectuar su plan, con su ya crecido hijo, y mientras cabalga por el reinado, ve a una mujer aun más bella que su propia mujer "pero que era amada de muchos e non se pudo tener que le non oujese de fablar" (68), y le hace una pregunta. Ella le recuerda su prohibición: "«¿E non vos defendio nuestra señora», dixo ella, «antes que entrasedes en la villa que non fablasedes a njnguna dueña, sy non que la perderiedes?»" (68). A su respuesta afirmativa sigue ella: "«¿E commo vos atreujstes», dixo ella, «pasar su mandamjento?»" (68). A lo cual responde él: "Sseñora [...] forçado fuj de amor" (68-69).[11]

Ni entre las maravillas del Otro Mundo, ni después de lo que Cambpell denota como "The Meeting with the Goddess", ni en vista de su propia promesa —"vos veredes, señora, que vos serujre muy bien con ello" (67)— puede nuestro Caballero renunciar a su deseo y al concomitante miedo. Dice Campbell (*The Hero*, 115): "Not by the animal desire of an Actaeon, not by the fastidious revulsion of such as Fergus, can she [the Goddess] be comprehended and rightly served, but only by gentleness". El Caballero Atrevido no ha podido sobrepasar la esfera de la acción animalística

---

[11] Después de presenciar este diálogo entre los dos, es difícil ver a esta mujer, tal como la ve González (*Reino lejano*, 99), en el papel de seductora o al Caballero Atrevido "tentado" por ella, como expondré dentro de poco.

y entrar en lo que sería "properly human and spiritual" (Campbell, *The Power Myth*, 174). Es por esta debilidad de carácter y no porque fue raptado por la Dueña ni porque fue "tentado por una mujer" (según González, *Reino lejano*, 99) más bella que su Dueña, por lo que fracasa el Caballero Atrevido. En él ha de recaer la mayoría de la responsabilidad por la debacle.[12]

Recordando la importancia de los nombres, tal como Burke nos ha demostrado, prestemos atención al nombre de nuestro héroe fracasado. "Atrevido" según el *Diccionario de la lengua española* significa "que se atreve" y "atreverse" significa "determinarse a algún hecho o dicho arriesgado".[13] Esto en sí parece positivo. Covarrubias ofrece para "atrevido", con la idea clave en cursiva, lo siguiente: "El determinado y arrojadizo en acometer una cosa *sin considerar primero lo que se podría seguir de hazerla*" (165; énfasis añadido). Ahora bien, si examinamos la etimología de estas palabras, Joan Corominas nos constata que "atreverse" se deriva de "TRIBUERE SIBI" (1:404) y "esforçar" de "EXFORTIARE" basada ésta en el latín tardío "FORTIA", que reemplazó la palabra latina "VIS" (2:972) que quiere decir "fuerza, poder, vigor".[14] "Atreverse", según el *Diccionario de autoridades* es "Determinarse, arrojarse, emprender con intrepidez y ossadía algún hecho, o acción arriesgada, sin atender al peligro que en executarla puede haver" (1:477). "Esforzarse", de nuevo según el *Diccionario de autoridades*, significa "intentar alguna cosa con eficacia" (2:582). Así que, en resumen, la diferencia entre "atreverse" y "esforzarse" reside en la manera en que el agente ve el resultado de su acción: en un caso el resultado es arriesgado e inseguro, en el otro el esfuerzo denota eficacia o competencia y un resultado que parece asegurado.

---

[12] Igual ocurre en el mito del minotauro, según Joseph Campbell, quien aclara que en general es la reina Pasiphaë quien es culpada, pero Minos comparte la culpa, y según Campbell, tiene la culpa principal puesto que, al recibir el toro de la mar, en vez de sacrificarlo, prefirió guardarlo para sí. De este toro nació el minotauro (*The Hero*, 13-15). Campbell describe al héroe así: "The hero is the man of self-achieved submission" (16). Ni Minos ni el Caballero Atrevido tienen esta capacidad y en eso reside la culpabilidad, la responsabilidad por los fracasos.

[13] También indica "Insolentarse, faltar al respeto debido" lo cual viene al caso aquí sólo en la idea de ir más allá de lo que se debe, es decir, en la manera en que Olsen entiende la palabra "cobdiçia".

[14] "Force, power, strength" son las palabras que se encuentran en *Cassell's New Latin Dictionary*.

Recordemos ahora la información que tenemos de Nasón y de su bisabuelo, éste también traidor y también arrojado al Lago Sulfúreo (66), porque esto nos lleva a otro tema importante de la obra, como ha elucidado Colbert I. Nepaulsingh (*History of Literary Composition*, 92) que "the sins of past generations can be redeemed by the good deeds of one member of a family", lo que nos remite a un secreto que Çifar había compartido con Grima anteriormente. Confesó Çifar: "Yo seyendo moço pequeño en casa de mj avuelo, oy dezir que oyera que mj padre que venja de ljnaje de rreys, e *commo moço atreujendo me* a el, pregunte le que commo se perdiera el ljnaje" (11; énfasis añadido). Su abuelo le responde con la pregunta de que si él cree que es fácil hacer o deshacer a un rey, añadiendo que

> "Cierto, con grand fuerça de maldad se [des]faze e con grand fuerça de bondat e de buenas costunbres se ffaze. E esta maldat e esta bondad vjene tanbjen de parte de aquel que es o ha de ser rey commo de aquellos que lo desfazen o lo fazen señor".
>
> (*Cavallero Çifar*, 77).

Entonces pregunta Çifar cómo es que perdieron tan alto rango social y resultaron tan pobres: "Respondio mj abuelo e dixo: «Por maldad de aquel rey onde desçendemos, ca por la su maldad nos abaxaron assy commo tu vees»", añadiendo que no tiene esperanza de recuperación "«fasta que otro venga de nos que sea contrario de aquel rey e faga bondad e aya buenas costunbres»" (11). El joven Çifar le pregunta a su abuelo:

> "E sy yo fuere de buenas costunbres, [...] ¿yo podria llegar a tan alto logar [sic]?" E el rriendo se mucho me respondio, e dixo me assy: "Fijo amigo, pequeño de dias e de buen entendimjento, digote que ssy con la merçed de Dios, *si bjen te esforçares* a ello e non te enojares de fazer bjen, puede ombre sobjr en alto logar [...]".
>
> (*Cavallero Çifar*, 11; énfasis añadido).

Obrar bien, en cierto sentido, constituye parte del tema central: "redde quod debes". Vemos que ambos, el bisabuelo del conde y el conde Nasón, son culpables de traición, lo cual contrasta con la trayectoria de Çifar. Además, dos palabras claves aparecen en estas citas y son acepciones de "atrever" y "esforçar", tal como demostrará el siguiente diálogo entre Çifar y su mayordomo. Çifar pregunta al mayordomo cómo podrán levantar el cerco del Rey Ester, pensando Çifar que "«la aventura ayuda al que se quiere esforçar e tomar osadia en los fechos»" (47), a lo cual el mayordomo pregunta: "¿«E commo?», dixo el mayordomo. «Ya vjmos otras vegadas *atreuerse* muchos omes a tales fechos commo estos e fallan se ende mal por ello»" (47; énfasis añadido). Ahora la respuesta fundamental:

> "Non digo yo eso", dixo el Cauallero de Dios, "de los *atreujdes* [sic], mas de los *esforçados*, ca muy grand departimjento ay entre *atreujmjento* e *esfuerço*, ca el *atreujento* [sic] *se faze con locura e el esfuerço con buen seso natural*".
> (*Cavallero Çifar*, 47; énfasis añadido).

Incluso el más escaso examen de estos dos términos en otras secciones del texto revela que las formas de "atrever" ocurren en contextos negativos y las de "esforçar" en contextos positivos. He aquí unos ejemplos de formas de "atrever" con las palabras clave en cursiva: "el cauallero mas *atreujdo* que el tenje e el mas *ssoberbjo*" (14) o "E los alcaldes preguntaron al cauallero que por que se *atreuiera* a cometer tan grand cosa commo aquella en *quebrantar las pressiones del rrey por que non se cunpliese la justiçia*" (39), o "E tengo por muy *loco* e por muy *atreujdo* al que te enbio..." (114). Las formas de "esforçar", por otro lado, suelen aparecer en contextos positivos tales como: "e el, por la su *mesura, esforçose* a lo demandar" (2) o "era muy *buen cauallero* e muy *esforçado*" (57) o "vençio la batalla a gujssa de muy *buen cauallero* e muy *esforçado*" (117).

Sin lugar a dudas el Caballero Atrevido —y no "esforçado" como lo ha llamado la Dueña de la Traición— emprendió una aventura arriesgada e insegura sin reparar mucho en los posibles resultados. Pero parece ser que su mayor error fue emprender una aventura sin tener el debido esfuerzo ni el corazón del héroe. El caballero se encontró atrapado entre el deseo y el miedo, y por lo tanto, totalmente fuera de la integridad, que es sinónimo a estar plenamente dentro del Jardín.

En resumen, los paralelismos del episodio con el cuento principal del protagonista Çifar son varios. En primer lugar, aparece la noción de cómo los pecados del padre pueden recaer en los hijos, o ser redimidos por ellos. Çifar recupera su estado regio y acaudalado y lo mantiene eficazmente, mientras que el Caballero Atrevido no puede mantener lo ganado por no tener calibre de héroe. Después, el hijo de Çifar, Roboán, será así mismo incapaz de mantener el dominio de las Islas Dotadas por el "deseo" carnal que demuestra. Parece que Alberto Diablo perpetuará las mismas debilidades de su padre al igual que el conde Nasón perpetúa la traición de su bisabuelo. En segundo lugar, y en cuanto al tema de "redde quod debes" sugerido por Burke, mientras el Çifar puede cumplir con lo que debe, el Caballero Atrevido sucumbe. También sucumbe Roboán. Tercero, como cabalmente ha escrito González, "el episodio del Caballero Atrevido, que llega a ser rey, pero que pierde el reino, da más valor al logro de Zifar" (*Reino lejano*, 105) y también, como apunta a continuación: "Por otra parte, sirve para que los de Zifar, Garfin y Roboán, vean el contraste entre el caballero que logra el reino y sabe mantenerlo y el caballero que logra el reino y no sabe mantenerlo" (105). Finalmente, la explicación que da Çifar a su mayordomo de la distinción entre "atreverse" y "esforzarse" está muy bien ejemplificada en el episodio del Caballero Atrevido, que en otras palabras es una forma mimética que ilustra la diégesis entre Cifar y su mayordomo con respecto a la diferencia entre actuar con "esfuerzo" y actuar con "atrevimiento".

Para concluir, aunque se pudiera aceptar el juicio de Burke (*History and Vision*, 50) en cuanto a que se podría omitir el episodio sin alterar de manera apreciable el significado del primer *exemplum*, no cabe la menor duda de que, al hacer esto, la obra se vería falta de esta joya del episodio del héroe fracasado, del héroe atrapado entre el "miedo" y el "deseo", en otras palabras, falta del episodio del Caballero Atrevido.

BIBLIOGRAFÍA

BURKE, JAMES F., *History and Vision: The Figural Structure of the "Libro del Cavallero Zifar"*, London: Tamesis, 1972.
——, "Names and the Significance of Etymology in the *Libro del Cavallero Cifar*", *Romanic Review*, 59, 1968, 161-173.
CAMPBELL, Joseph, *The Hero with a Thousand Faces*, Princeton: Princeton University Press, 1973 [Bollingen Series, 17, 1948].
—— y Bill Moyers, *The Power of Myth*, New York: Doubleday, 1988.
CASARES, JULIO, *Diccionario ideológico de la lengua española*, Barcelona: Gustavo Gili, 1982 [1959].

CASSELL'S NEW LATIN DICTIONARY: Latin-English English-Latin, D.P. Simpson, New York: Funk & Wagnalls, 1959.

COBARRUVIAS OROZCO, SEBASTIÁN, *Tesoro de la lengua castellana o española*, Madrid: Turner, 1984 [1611].

COROMINAS, JOAN CON JOSÉ A. PASCUAL, *Diccionario crítico etimológico castellano e hispánico*, Madrid: Gredos, 1980-1991 [6 ts., t. 1. *A-Ca*, (1984); t. 2. *Ce-F*, (1980); t. 5, *Ri-X*, (1986)].

Diccionario de autoridades, Madrid: Gredos, 1984 [Ed. facs., 6 ts., 1726-1739, reimp. en 3 ts.].

Diccionario de la lengua española, 21ª ed., Madrid: Real Academia Española, 1992.

GONZÁLEZ, CRISTINA, *"El Cavallero Zifar" y el reino lejano*, Madrid: Gredos, 1984.

—— (ed.), *Libro del Caballero Zifar*, 2ª ed., Madrid: Cátedra, 1983 (Letras Hispánicas, 191).

——, "Salvajismo y barbarie en la *Estoria de España*", *Nueva Revista de Filología Hispánica*, 40, 1992, 63-71.

GONZÁLEZ MUELA, JOAQUÍN (ed.), *Libro del Caballero Zifar*, Madrid: Castalia, 1982 (Clásicos Castalia, 115).

KEIGHTLY, RONALD G., "The Story of Zifar and the Structure of the *Libro del Cavallero Zifar*", *The Modern Language Review*, 63.2, 1978, 308-327.

KRAPPE, ALEXANDER H. "La leggende di S. Eustachio", *Nuovi Studi Medievali*, 3, 1926-1927, 223-258.

——, "Le Mirage celtique et les sources du *Chevalier Cifar*", *Bulletin Hispanique*, 33, 1931, 97-103.

——, "Le Lac enchanté dans le Chevalier Cifar", *Bulletin Hispanique*, 35, 1933, 107-125.

MOLINER, MARÍA, *Diccionario del uso del español*, 2 ts., Madrid: Gredos, 1983.

NEPAULSINGH, COLBERT I., *Towards a History of Literary Composition in Medieval Spain*, Toronto: University of Toronto Press, 1986.

OLSEN, MARILYN A. (ed.), *Libro del Cauallero Çifar*, Madison: Hispanic Seminary of Medieval Studies, 1984.

——, "*Mesura* and *Cobdiçia*: The Ideological Core of the *Cauallero Çifar*", *Hispanic Studies in Honor of Alan D. Deyermond: A North American Tribute*, ed. de John S. Miletich, Madison: Hispanic Seminary of Medieval Studies, 1986, 223-233.

Sagrada Biblia, ed. de Eloino Nacar Fuster y de Alberto Colunga Cueto, O.P., 19ª ed., Madrid: Biblioteca de Autores Cristianos, 1973 [1969].

SCHOLBERG, KENNETH R., "The Structure of the *Caballero Cifar*", *Modern Language Notes*, 79.2, 1964, 113-124.

WAGNER, CHARLES PHILIP, "The Sources of *El Cavallero Cifar*", *Revue Hispanique*, 10, 33-34, 1903, 5-104.

WALKER, ROGER M. "The Genesis of *El Libro del Caballero Zifar*", *Modern Language Review*, 62, 1967, 61-69.
——, *Tradition and Technique in "El libro del Cavallero Zifar"*, London: Tamesis, 1974.
Webster's Seventh New Collegiate Dictionary, Springfield, MA: G. & C. Merriam, 1963.

LA GUERRA, LA PAZ Y LA VIDA CABALLERESCA SEGÚN LAS CRÓNICAS CASTELLANAS MEDIEVALES

NOEL FALLOWS
University of Georgia

Como punto de partida de este estudio, quisiera comentar los últimos momentos de uno de los cercos más cruentos de la Reconquista en España —el cerco de Loja (1486)— tal como lo describe Hernando del Pulgar, el cronista oficial de los Reyes Católicos. Tras la victoria de las tropas reales, la reina Isabel tomó medidas características diplomáticas para visitar a los caballeros cristianos que habían quedado heridos durante el cerco. Según Pulgar, la reina habló directamente con los caballeros lesionados, "diçiéndoles que debían ser alegres, porque como caballeros se ofresçieron a los peligros por ensalzar la fe y ensanchar la tierra, e que si ella gelo agradeçía para gelo remunerar en esta vida, Dios cuya era la causa, no se olvidaría de gelo remunerar en la otra. E junta con esta consolaçión les embió su Tesorero que les diese dineros para ayuda de sus gastos, a cada uno según la manera de su estado" (Pulgar, *Crónica*, 439a).

De acuerdo con la terminología legal de la época, los fondos que distribuyó la reina se llamaban "erechas", del latín ERIGERE, que, tal como se explica en *Las siete partidas*, significa literalmente "levantar la cosa que cayó" (Alfonso X, II, xxv, 1 [II, 513b]). Las *Partidas* decretan que las erechas se determinen según la gravedad de la herida sufrida y la posición que ocupa la víctima, tanto en la jerarquía social, como en la jerarquía militar (II, xxv, 2). Así, por ejemplo, una herida que atraviesa cualquier parte del torso, penetra la mitad de un miembro, o da lugar a un brazo o a una pierna quebrados, garantiza una indemnización de 10 maravedís. Si la víctima no pierde miembros, pero sufre una herida en el cráneo que resulta imposible de disfrazar con el pelo, ha de recibir 12 mrs. Cada uno de los incisivos laterales superiores e inferiores vale 40 mrs. Los dedos se tasan según su importancia: 50 mrs. por el dedo pulgar (sin el cual sería sumamente difícil sujetar y manejar las armas);[1] 40 mrs. por el dedo índice; 30 mrs. por el dedo del corazón; 20 por el dedo anular; 10 por el dedo meñique, y 80 mrs. si se cortan todos los dedos menos el dedo pulgar.

El reparto de indemnización pecuniaria al final de las batallas campales a quienes habían sufrido heridas y lesiones era habitual en la Edad Media y la cantidad dependía mayormente del botín que se ganaba en la batalla; lo extraordinario en el caso del cerco de Loja fue que la reina distribuyera la recompensa en persona, usando los fondos de la Hacienda Real. Cabe notar también que la reina ofreció consolación y justificó el sufrimiento físico de sus súbditos en términos espirituales.

Al igual que la reina, bien sabido es que, según la ley, el oficio de los eclesiásticos durante la guerra era exhortar a los súbditos del monarca a pelear en el nombre de Dios y de la patria.[2] Las armas principales de los clérigos no eran la lanza y la espada, sino la Biblia y el derecho canónico y civil, junto con la explicación convincente de estos textos en un contexto bélico. Así el obispo de Burgos, Alfonso de Cartagena, en su tratado teórico titulado *Doctrinal de los caualleros* (escrito hacia 1444), justifica la guerra contra los musulmanes, citando el evangelio de san Mateo y los escritos del Papa Gregorio Magno (Fallows, *Chivalric Vision*, 117-118). Desde luego, el insigne obispo manejaba la pluma con mucha más fluidez que la espada. Según Cartagena, cuya retórica se hace eco de las palabras de la reina Isabel citadas más arriba, la guerra contra los musulmanes en la península Ibérica era lícita, tanto por razones morales como por razones judiciales, ya que los cristianos no sólo luchaban contra los enemigos de la fe católica, sino que también, desde un punto de vista legal, luchaban por un territorio usurpado. De este modo, el obispo

---

[1] *Cfr.* por ejemplo, la siguiente descripción del cerco del castillo de al-Sawr (1113-1134). En palabras del caballero árabe, Usamah Ibn-Muniqidh (1095-1188): "Immediately after taking possession of the castle, the atabek summoned the arbalesters, nine in number, who came with their bows strung around their shoulders. Zanki ordered that their thumbs be cut off from their wrists. Consequently, their hands became weak and useless" (*An Arab-Syrian*, 186).

[2] *Cfr.* por ejemplo, *Partidas*, II, xix, 3 (II, 455b-456b).

cumple con sus propias obligaciones y apremia a los caballeros cristianos a arrebatar el reino de Granada al enemigo.

Es preciso subrayar que las opiniones de Cartagena son opiniones teóricas. En la práctica, los clérigos a menudo dejaban a un lado la elocuencia verbal y optaban por tomar las armas con la intención de pelear físicamente contra el enemigo común de la Cristiandad. En un episodio de interés particular, durante los primeros años del reinado de Enrique III (1390-1406), presenciamos el conflicto entre la teoría y la práctica. Tras calcular y sumar las cuentas de la enorme cantidad de gastos necesarios para continuar el avance militar hacia Andalucía, los procuradores del rey sugirieron que éste pidiese dinero a los prelados del reino. Éstos, más por avaricia que por piedad, respondieron en seguida que, como prelados, no estaban obligados a hacer contribuciones pecuniarias por cuestiones de guerra. El rey, con sorna, les respondió de la siguiente manera: "que pues la guerra se hace a los infieles enemigos de nuestra santa fe católica, que no solamente deben contribuir, mas poner las manos en ello" (*Crónica del Rey Don Enrique III*, 261b-262a). Para consolidar su réplica, el rey posteriormente les facilitó una lista de los prelados castellanos que, a través de la historia de la Reconquista, habían peleado en la guerra como esforzados y leales caballeros.

Las palabras del monarca subrayan la importancia de la elocuencia verbal en la vida caballeresca. Efectivamente, según los estatutos de la Orden de la Banda de Castilla, redactados alrededor del año 1331 durante el reinado de Alfonso el onceno, "el fablar [del caballero] que non sea muy a priesa nin muy a voçes, e que pare siempre mientes en su lengua, que nunca diga palabra torpe" (Ceballos-Escalera y Gila, *Orden y Divisa*, 62). Se repite consejo parecido en la *Crónica de Don Juan II*, cuando al joven infante Fernando de Aragón se le recuerda que "muy poco cuesta el bien hablar, e mucho aprovecha" (Pérez de Guzmán, *Crónica*, 344b).

En el campo de batalla, además de demostrar proeza física peleando desenfrenadamente con todas las armas que tuvieran a su disposición, una de las funciones primordiales de los caballeros nobles era apremiar a sus vasallos para que ellos también atacaran al enemigo sin temor. Así, según *Las siete partidas* (II, xxi, 22) los caballeros "han de esforçar los suyos e darles voluntad de fazer bien" (II, 476b), ya que "atal es la palabra e el esfuerço del buen cabdillo a su gente quando han miedo como el físico al enfermo quando cuyda morir" (II, xxiii, 22 [II, 503b]). Los caballeros más elocuentes reciben menciones de paso en las crónicas. Un tal Garciméndez, por ejemplo, alentó a sus vasallos durante la batalla de Osuna en 1407, evocando el nombre del apóstol Santiago; y el año siguiente, en la batalla de Ronda, luchando contra fuerzas abrumadoras, el caballero castellano Fernán Darias de Sayavedra animó a sus vasallos diciéndoles que aunque había más tropas en el campo enemigo, mayor era el poder de Dios y que los que murieran en la batalla salvarían su alma. En ambas batallas, la de Osuna y la de Ronda, los cristianos se llevaron la victoria gracias, en parte, a la cordura y la elocuencia de sus comandantes (Pérez de Guzmán, *Crónica*, 289b-290a, y 308a, respectivamente).

La elocuencia a la que aspiraban los caballeros cristianos presenta un gran contraste con la verbosidad grosera que, según las crónicas castellanas del Medioevo, caracterizaba a los musulmanes en el ámbito bélico. Los últimos años de la Reconquista se caracterizaron por una larga serie de cercos y sitios, y los enfrentamientos cuerpo a cuerpo entre guerreros de los dos campos enemigos ya se presenciaban con poca frecuencia. En vez de eso, los musulmanes preferían —lógicamente— encerrarse en sus ciudades fortificadas y defenderse desde las almenas de la ciudad contra el avance ineludible de las fuerzas cristianas. La táctica de los arqueros musulmanes era gritar insultos y obscenidades mientras lanzaban descargas de flechas, hostigando así psicológica y físicamente al enemigo.

Los equivalentes técnicos de lo que podríamos llamar la corrupción de la elocuencia eran las armas envenenadas que los musulmanes supuestamente usaban con regularidad. De este modo, los arqueros y ballesteros musulmanes llegaron a ser el azote de los castellanos. Según la *Crónica de Don Juan II*, por ejemplo, el caballero vizcaíno, Martín Ruiz de Avendaño, fue muerto por un pasador envenenado tirado con una ballesta durante el cerco de Antequera en el año 1410 (Pérez de Guzmán, *Crónica*, 322a). La depravación de las estrategias musulmanas llegó a adquirir dimensiones míticas, como, por ejemplo, en el incidente —seguramente ficticio— que se describe en la misma crónica, cuando el rey de Fez envió al rey de Granada una aljuba ricamente adornada, y, según la crónica: "en el punto que la vistió se sintió tomado de yerbas, y dende a treinta días murió, cayéndosele a pedazos sus carnes" (Pérez de Guzmán, *Crónica*, 313b).[3]

---

[3] El tema de las prendas envenenadas se remonta a la tradición folclórica. Puede verse, por ejemplo, Thompson, *Motif-Index*, §D1402.5 y §H1516.

Además de flechas y prendas, los musulmanes eran tan viciosos que —según Fernán Pérez de Guzmán (*Crónica*, 298a)— hasta ejecutaban a sus presos y los convertían en proyectiles, echando sus cadáveres desnudos y mutilados a los enemigos desde las almenas de la ciudad sitiada, como por ejemplo en el cerco de Setenil, en 1407. Lo que omiten los cronistas castellanos es precisamente que, por inhumana que fuese esta táctica, no se limitaba de ninguna manera a la cultura árabe y se encuentran ejemplos parecidos a través de toda Europa en la Edad Media (*cfr.* Bradbury, *Medieval Siege*, 250-281). No obstante, la fama de la táctica musulmana de tirar saetas y otros proyectiles envenenados tuvo un gran alcance, no sólo durante la Reconquista, sino también posteriormente en las campañas españolas en el norte de África. En palabras de Alonso de Santa Cruz, el cronista oficial del emperador Carlos V, las tropas imperiales en Túnez: "por una parte estaban temerosos y por la otra muy apercibidos, principalmente de saetas con hierba, a cuya causa todos los soldados que fueron heridos con ellas a cabo de pocos días murieron todos" (Santa Cruz, *Crónica*, I, 449).

La realidad de las descargas de flechas era que dependían de una variedad de factores importantes para poder dar en el blanco, tales como la velocidad del viento, el estado de ánimo físico y mental de los arqueros, el ángulo del impacto, y las propiedades defensivas de la armadura que llevaban los caballeros a quienes los arqueros tiraban sus saetas.[4] Es cierto que las flechas envenenadas compensarían algunos de estos factores, pero huelga decir también que sería sumamente peligroso manejar la ponzoña, y que los efectos del veneno se disiparían si no se tirasen las flechas con la mayor prontitud. Habitualmente los arqueros infligían muchas heridas pero causaban pocas fatalidades. Debido al atrasado estado de la tecnología médica y quirúrgica en el mundo occidental en la Edad Media, es más que probable que la mayor parte de las infecciones mortales en el campo de batalla no se debieran tanto a las flechas envenenadas, como a las condiciones insalubres o a la ignorancia y la brutalidad de los cirujanos militares.[5] Es decir, que la reputación ignominiosa

---

[4] Sobre la balística de las descargas de flechas, véase sobre todo Jones, "Metallography".

[5] Sobre la brutalidad de los cirujanos cristianos, véase, por ejemplo, el siguiente testimonio del caballero árabe, Usamah Ibn-Munqidh (1095-1188): "They brought before me a knight in whose leg an abscess had grown; and a woman afflicted with imbecility. To the knight I applied a small poultice until the abscess opened and became well; and

de los musulmanes se basaba más en las fantasías propagandísticas de los cronistas castellanos, que en la realidad histórica.

Los cristianos no carecían de pecado. Efectivamente, los rigores de la cultura caballeresca eran tan extremos, que algunos partidarios de esta cultura estaban tentados a actuar en nombre de la gloria personal en vez de en nombre de la razón o del bien común. Una de las virtudes caballerescas más importantes era la cordura, que se adquiría mediante la experiencia, y a menudo no era suficiente ser hábil en el campo de batalla o en las lizas y no ser también un táctico cabal. Los caballeros luchaban con este conflicto en tiempos de guerra y en tiempos de paz. Tanto en la ficción caballeresca como en las crónicas se repite una y otra vez que las guerras se ganan más por estrategia y previsión que por fuerza. Así es que, según el caballero ficticio, Tirant lo Blanch, "en les guerres més val abtesa que fortalesa" (Martorell y Galba, *Tirant*, I, 38), y, según Fernán Pérez de Guzmán, "conviene a los capitanes considerar las cosas que pueden acaeçer, y en aquellas proveer quanto su poder o humano juiçio abasta": El cronista sigue precisando que "en las cosas de la guerra no solamente es menester esfuerzo e osadía, mas gran discreçión e destreza" (*Crónica*, 502a, y 578b, respectivamente).

No obstante las ideas cuerdas de los teóricos militares, consta que el deseo apremiante de cobrar gloria y renombre personal a veces dominaba la vida de los jóvenes caballeros y a menudo este impulso acarreaba consecuencias catastróficas. En una escaramuza que se trabó en las afueras de Jaén en el mes de mayo de 1410, por ejemplo, a pesar de su valentía, más de sesenta caballeros cristianos fueron muertos y 233 fueron presos, debido a la impetuosidad y a la imprudencia de sus jóvenes comandantes. Los dos jóvenes ignoraron porfiadamente el consejo de sus oficiales, y pusieron a sus tropas en peligro en nombre de la valentía. La

the woman I put on a diet and made her humor wet. Then a Frankish physician came to them and said, "This man knows nothing about treating them". He then said to the knight, "Which wouldst thou prefer, living with one leg or dying with two?". The latter replied, "Living with one leg". The physician said, "Bring me a strong knight and a sharp ax". A knight came with the ax. And I was standing by. Then the physician laid the leg of the patient on a block of wood and bade the knight strike his leg with the ax and chop it off at one blow. Accordingly he struck it —while I was looking on— one blow, but the leg was not severed. He dealt another blow, upon which the marrow of the leg flowed out and the patient died on the spot" (*An Arab-Syrian*, 162).

moraleja, acierta Pérez de Guzmán, es que "todos los que están en guerra deben mucho mirar de no tomar consejo de los mançebos" (*Crónica*,
321b). Este tipo de precipitación juvenil también afectó a los deportes.
Así, en unas justas que se celebraron en Picardía en 1433, el caballero
francés, Enrique de Remestán, cortó pequeñas muescas en la cabeza de
su hacha de armas con la intención de cortar y desceñir la armadura de
su contrincante, Juan de Merlo, y así engañar a los jueces y ganar el
combate. El engaño fue descubierto cuando don Enrique hirió grave-
mente a su contrincante, y los jueces dieron la honra de las armas a Juan
de Merlo (Pérez de Guzmán, *Crónica*, 513a).

Es decir, que los actos valiosos en sí eran loables con tal que se supri-
mieran los deseos impetuosos de la juventud, que muchas veces engen-
draban estos actos. El conflicto estriba en que, a pesar de los horrores del
combate, la gran mayoría de los caballeros que habían sobrevivido a las
peleas ostentaban sus cicatrices con orgullo, como emblemas grotescos
del ideal caballeresco, símbolos de su tenacidad e invencibilidad. Al fin y
al cabo, las heridas y las cicatrices constituían un componente íntegro de
la genealogía de algunos de los guerreros ficticios más consumados en la
literatura de la Europa occidental, desde Ulises y Alejandro hasta Guige-
mar, Tristán y Lanzarote. Como vimos al principio de este estudio, hasta
cierto punto la ley también fomentaba un culto a las heridas. La presencia de la reina Isabel al final del cerco de Loja sirvió no sólo para confirmar la victoria cristiana, sino también para subrayar la paradoja de que
aunque en teoría tanto los caballeros de la ficción literaria como los de la
realidad histórica estaban de acuerdo con que, en la guerra eran más
importantes la astucia y la estrategia que la fuerza bruta y la proeza física, estaban de acuerdo también en que infligir y sufrir heridas para demostrar sus proezas en batalla podrían constituir actividades nobles en el
momento oportuno, sobre todo durante la Reconquista, en el contexto
de una "guerra justa" en defensa de la Cristiandad. Así es que según la
Floresta de philósophos, una colección de sentencias del siglo XV: "Las feridas
del hombre dadas en nobles batallas son señales de nobleza" (Foulché-
Delbosc, "*Floresta*", 28).

Uno de los nobles europeos más conocidos por sus heridas fue Federico de Montefeltro, el duque de Urbino (1422-1482). El duque perdió
su ojo derecho y el caballete de la nariz en una justa que se celebró en
1448. Posteriormente se perfiló en varios medallones y en un célebre

retrato de Piero della Francesca.[6] Para no ser menos, algunos caballeros castellanos también buscaban a sabiendas los peligros y daban acogida felizmente a las heridas. Entre las muchas descripciones de justas y torneos en las crónicas europeas medievales, destaca sobre todo el relato pormenorizado de Pero Rodríguez de Lena, testigo ocular y cronista oficial del "Paso honroso", un paso de armas patrocinado y organizado por el caballero castellano Suero de Quiñones en 1434. La crónica se titula simplemente *El passo honroso de Suero de Quiñones*, y constituye un antídoto poderoso contra las descripciones idealizadas de las justas que saturan la ficción caballeresca. En este texto presenciamos directamente la terquedad, la temeridad y la imprudencia de los caballeros medievales, cuya intención principal, al menos en este paso de armas, fue perpetuar el mito de su propia invencibilidad. El capítulo 58, por ejemplo, describe una larga disputa entre Suero de Quiñones y los jueces del paso en la que Suero insiste en que los jueces le permitan contravenir las reglas del paso y desceñirse ciertas piezas claves de su armadura. Desea hacer esto no por razones prácticas sino porque quiere impresionar a una espectadora particular, o sea que el propósito principal de su petición es exponerse a más peligros. Aunque sea verdad que los caballeros a menudo se desceñían piezas de armadura en plena batalla campal —Malcolm Vale ha notado, por ejemplo, que con frecuencia los caballeros se quitaban la babera porque esta pieza restringía la respiración (*War and Chivalry*, 119)—, esta práctica estaba explícitamente prohibida en las justas. En este caso los jueces, conscientes sin duda de las posibles consecuencias de esta acción, unánimamente denegaron la petición.

Por cierto, los jueces del paso honroso eran mucho más prudentes que Suero de Quiñones. En el ámbito deportivo y en el ámbito bélico, los riesgos de sufrir una desfiguración menos "en boga" que una nariz quebrada, o de sufrir una herida mortal, eran altos. Es inquietante que sepamos tan poco de la manera en que se tanteaban las justas y los torneos medievales, precisamente porque los cronistas que describen estas actividades prefieren hacer hincapié en los accidentes y los muchos desastres e infortunios que se presenciaron con regularidad. Además de las grandes cantidades de dinero que se consumían en la organización de los

---

[6] Para los medallones y el retrato, puede verse Cole, *Piero della Francesca*, 134, y 129, respectivamente.

torneos lujosos, y la responsabilidad económica que tenían que cargar los individuos que participaban en ellos, es más que probable que una de las razones principales por las que dejaron de celebrarse los torneos fuese simplemente que resultaban demasiado peligrosos para los practicantes. Una simple caída de un caballo podía causar daños irremediables. En unas justas que se celebraron en Ávila en 1423, por ejemplo, don Ruy Díaz de Mendoza desensilló a don Fernando de Castro con un golpe despedazador del escudo. El golpe fue tan fuerte, explica el cronista, "que don Fernando e su caballo fueron al suelo, e tan grande fue la caída, que estuvo fuera de sí amortecido dos o tres horas, y estuvo en la cama tres días" (Pérez de Guzmán, *Crónica*, 424a). Las festividades se aplazaron hasta otro día, mientras el joven caballero se recuperaba del susto. Asimismo, el rey Juan I falleció inesperadamente a los treinta y dos años de edad, cuando cayó de su caballo en un accidente en las afueras de Alcalá de Henares, el 9 de octubre de 1390 (*Crónica del Rey Don Juan I*, 143b-144b).

Las octavas reales buriladas en la tumba de alabastro del difunto monarca fueron escritas por Alfonso Álvarez de Villasandino. Estos versos sirven como conclusión a este breve estudio sobre las paradojas que plagaban el mundo caballeresco de la Edad Media en Europa. En la primera copla, Villasandino describe un ideal, declarando que, por una parte, el rey don Juan fue: "Discreto, onrador, e franco, esforzado, /Católico, casto, sesudo, paçible". Por otra parte, en la última copla del elogio, el ideal se transforma en una realidad mucho más siniestra, y Villasandino lamenta con franqueza la muerte abyecta e innoble del joven rey. Así es que:

> Estando los fechos en aqueste estado
> Este Rey Don Juan, lozano, orgulloso,
> Buscando sus trechos, como deseoso
> De padescer muerte, o ser bien vengado,
> Cabalgó un domingo por nuestro pecado:
> Y en Alcalá estando (oíd los nascidos,
> Que son los secretos de Dios escondidos)
> Cayó del caballo: murió arrebatado.[7]
> (*Crónica del Rey Don Juan I*, 159b).

---

[7] Dado el tono moralizador de esta copla, es bien probable que Villasandino percibiese una relación entre la muerte del rey y el versículo bíblico: "Antes del quebrantamiento es la soberbia; y antes de la caída la altivez de espíritu" (*Proverbios*, 16, v. 18).

BIBLIOGRAFÍA

ALFONSO X, *Las siete partidas*, en *Códigos españoles*, ts. 2-5, Madrid: Rivadeneira, 1848.

BLIESE, JOHN R. E., "Rhetoric and Morale: A Study of Battle Orations from the Central Middle Ages", *Journal of Medieval History*, 15, 1989, 201-226.

BRADBURY, JIM, *The Medieval Siege*, Woodbridge: Boydell, 1994.

CEBALLOS-ESCALERA Y GILA, Alfonso de, *La orden y divisa de la Banda Real de Castilla*, Madrid: Prensa y Ediciones Iberoamericanas, 1993 (Colección Heráldica Persevante Borgoña, 9).

COLE, BRUCE, *Piero della Francesca. Tradition and Innovation in Renaissance Art*, New York: Harper Collins, 1991.

Crónica del Rey Don Enrique, tercero de Castilla e de León, en *Crónicas de los Reyes de Castilla, II*, ed. de Cayetano Rosell, Madrid: Rivadeneira, 1953, 161-272 (Biblioteca de Autores Españoles, 68).

Crónica del Rey Don Juan, primero de Castilla e de León, en *Crónicas de los Reyes de Castilla, II*, ed. de Cayetano Rosell, Madrid: Rivadeneira, 1953, 65-159 (Biblioteca de Autores Españoles, 68).

FALLOWS, NOEL, *The Chivalric Vision of Alfonso de Cartagena: Study and Edition of the "Doctrinal de los caualleros"*, Newark: Juan de la Cuesta, 1995.

FOULCHÉ-DELBOSC, RAYMOND (ed.), *"Floresta de philósophos"*, *Revue Hispanique*, 11, 1904, 5-154.

IBN-MUNQIDH, USAMAH, *An Arab-Syrian Gentleman and Warrior in the Period of the Crusades*, trad. de Philip K. Hitti, Princeton: Princeton University Press, 1987 [1a. ed., 1929].

MARTORELL, JOANOT, Y MARTÍ JOAN DE GALBA, *Tirant lo Blanch*, 2 ts., ed. de Albert G. Hauf, Valencia: Conselleria de Cultura, Educació i Ciència, 1992 (Clàssics Valencians, 7-8).

PÉREZ DE GUZMÁN, FERNÁN, *Crónica del serenísimo príncipe Don Juan, segundo rey deste nombre en Castilla e en León*, en *Crónicas de los Reyes de Castilla*, t. 2, ed. de Cayetano Rosell, Madrid: Rivadeneira, 1953, 273-695 (Biblioteca de Autores Españoles, 68).

PULGAR, HERNANDO DEL, *Crónica de los Señores Reyes Católicos Don Fernando y Doña Isabel de Castilla y de Aragón*, en *Crónicas de los Reyes de Castilla*, t. 3, ed. de Cayetano Rosell, Madrid: Rivadeneira, 1953, 223-511 (Biblioteca de Autores Españoles, 70).

RODRÍGUEZ DE LENA, PERO, *El passo honroso de Suero de Quiñones*, ed. de Amancio Labandeira Fernández, Madrid: Fundación Universitaria Española, 1977.

SANTA CRUZ, ALONSO DE, *Crónica del Emperador Carlos V*, 5 ts., ed. de Antonio Blázquez y Delgado-Aguilera y Ricardo Beltrán y Rózpide, Madrid: Imprenta del Patronato de Huérfanos de Intendencia e Intervención Militares, 1920-1925.

THOMPSON, STITH, *Motif-Index of Folk Literature*, 6 ts., Bloomington: Indiana University Press, 1955-1958.

VALE, MALCOM, *War and Chivalry. Warfare and Aristocratic Culture in England, France and Burgundy at the End of the Middle Ages*, Athens: University of Georgia Press, 1981.

VALDOVINOS Y SEVILLA: LA MORA
Y EL HÉROE CRISTIANO

BEATRIZ MARISCAL HAY
El Colegio de México

Creadores, intermediarios y censores del conocimiento, los clérigos dominaron durante el Medioevo el ámbito de las ideas, a la vez que sus valores regían la conducta de todos los estamentos sociales. En lo que concierne al ámbito de la acción, dominio de los caballeros, el clero intervenía indirectamente, a través de sancionar la participación de los juglares, rimadores y cantadores populares, en la confección y transmisión de relatos que cantaban sus hazañas y demás hechos de armas; estos cantos juglarescos eran, a la vez, fuente de recreación y de información que, si bien no era admitida como verdad absoluta, sí se consideraba esencial para el conocimiento cabal de la historia.[1]

El lugar prominente que ocupaban en la España medieval los caballeros llevaba consigo la exigencia de comportamientos congruentes con su calidad y función, de ahí la importancia de regular todo lo que pudiera orientar sus acciones, como era el caso de los relatos que escuchaban de boca de los juglares.

Constancia de la preocupación por la influencia que podrían tener sobre los caballeros los cantos y relatos que escuchaban, es la legislación contenida en las *Siete partidas* del rey Alfonso el Sabio, que en la Partida IIa. dice:

---

[1] Ramón Menéndez Pidal cita el tratado *De septem sacramentis* que reconoce que los juglares "cantant cum instrumentis et de gestes ad recreationem et forte ad informationem", como testimonio de su aprobación por la moral eclesiástica (*Poesía juglaresca*, 171).

Cómo los caballeros deben leer las hestorias de los grandes fechos d'armas quando comieren [...] et sin todo esto aún fazían más los antiguos caballeros que los juglares non dixiesen ant'ellos otros cantares sinon de gesta o que fablasen de fechos d'armas. E eso mesmo facíen que quando non podíen dormir cada uno en su posada se facíe leer et retraer estas cosas sobredichas et esto era porque oyéndolos les cresciesen los corazones, et esforzábanse faziendo bien, queriendo llegar a lo que los otros fiçieron o passara por ellos.

(Título XXI, Ley XX).

La ley, al hacer referencia a un rigor mayor por parte de los "antiguos caballeros", insiste en la importancia de controlar la naturaleza de los cantares, preocupación que continúa ya avanzado el siglo XIV, según podemos constatar por las recomendaciones que hace don Juan Manuel al soberano en *El libro de los estados* (1332):

Desque hobiere comido et bebido, lo cual conviene con templanza et con mesura, a la mesa debe oír, si quisiere, juglares que le canten et tengan estormentes ante él diciendo buenos cantares et buenas razones de caballería et de buenos fechos que muevan los talantes de los que los oyeren para facer bien.

Cabe recordar que los juglares participaban en toda clase de celebraciones y eventos: actuaban lo mismo ante nobles que ante el pueblo y sus relatos no versaban siempre sobre "fechos d'armas", tal sería el caso por ejemplo de las bodas del Conde Fernán González:

Alanzavan tavlados todos los cavalleros;
Ataval et cantares sonavan escuderos;
Et avíe muchas cítolas et muchos violeros[2]

y de las bodas de las hijas del Cid o, según el registro cronístico, en las de las hijas de Alfonso VI, que de acuerdo con la *Crónica general de 1344*: "fueron en aquellas bodas muchas maneras de yoglares, así de boca como de péñola [venidos] de todas partes del mundo".[3] Sin embargo, cuando trataban de hazañas guerreras, tanto el sujeto como el destinatario principal de los cantos eran los caballeros, por lo que podían ser utilizados

[2] Tomamos el dato del *Poema de Fernán González* que, si bien no es un registro historiográfico, seguramente correspondería a la realidad.

[3] Estas bodas tuvieron lugar *c.* 1095 (Ríos, *Historia crítica*).

para incitarlos a combatir con fiereza,[4] o para proponer modelos de conducta deseables; el "facer bien" de don Juan Manuel hace referencia a una conducta ética propia de gobernantes y caballeros dentro y fuera del campo de batalla.

No contamos con registros completos de los repertorios de juglares, y la parte que ocupaban los romances en esos repertorios tampoco es fácil de precisar;[5] las versiones textuales más antiguas de ese género datan precisamente del ocaso de la Edad Media, cuando la imprenta los recoge en pliegos sueltos o 'os recopila en cancioneros, silvas y romanceros, algunos de ellos reimpresos varias veces, que se difundían ampliamente, lo mismo en la corte que en las plazas públicas;[6] pero sí sabemos que entre esos cantos de "fechos d'armas", de aceptación cortesana, estaban algunos que recordaban gestas francesas, gracias al testimonio de principios del siglo XII que nos proporciona el *ensenhamen* del vizconde de Gerona y Urgell, Guerau III Ponc de Cabrera, a su juglar Cabra (c. 1150), en el cual le echa en cara deficiencias en el arte musical y poética y en el repertorio, ya que Cabra desconoce la épica francesa. Entre las *chansons de gestes* que le indica que debería conocer están las de *Aigar et Maurin, Aiol et Mirabel, Amis et Amile, Anseös de Cartage, Aye d'Avignon, Beuve de Hantone, Daurel et Beton, Elie de Saint-Gilles, Girart de Rossilhó, Gormont et Isenbart, Mainet, Ogier, Raoul de Cambrai, Roncevaux,* y la *Chanson des Saisnes* (c. 1150. Riquer, "El Ensenhamen", 378-406).

La difusión de esos cantares de gesta de tema francés en Cataluña no es de extrañar, dada la vinculación cultural entre ambos lados de la zona fronteriza de Francia con España; lo que no sabemos es si se cantaban en francés o en español.

La reconquista de la cuenca del Ebro bajo dominio almorávide realizada por Alfonso I, el Batallador,[7] con ayuda de caballeros francos trajo consigo una estrecha relación de esa zona con el sur de Francia; en lo que concierne a la penetración de sus cantares más allá de la región

---

[4] William de Malmesbury cuenta que antes de comenzar la batalla de Hastings (1066) se cantó una *Chanson de Roland* (Menéndez Pidal, *Poesía juglaresca*, 184).

[5] Partimos, en todo caso, de la premisa pidalina de que esos relatos breves constituyen un desgajamiento de poemas épicos largos.

[6] Son raras las transcripciones de romances anteriores a estos testigos impresos, la más antigua que conocemos es de 1420 y fue hecha por un estudiante mallorquín en un cuaderno (Catalán *et al.*, *La dama y el pastor*).

[7] Alfonso I, rey de Aragón (1084-1134) fija su corte en Zaragoza en 1119.

lingüísticamente afín a Francia, los peregrinajes a Santiago de Compostela habían de jugar un papel primordial.

Por los puertos de Cízara y Aspa y por Fuenterrabía entraban peregrinos provenientes de Francia y de otros países de la Europa cristiana para encontrar el camino que los llevaría a la tumba del apóstol Santiago, bordeado de santuarios regidos por clérigos franceses y de burgos colonizados por francos. En los santuarios establecidos a lo largo de la ruta jacobea, se propugnaba el culto de reliquias que les proporcionaban óbolos y donaciones, siendo de especial importancia para ellos las reliquias de los "mártires" de Roncesvalles, esos héroes profanos que la Iglesia privilegió en el período de entre cruzadas como modelo de caballero cristiano.

Episodio importante de las hazañas de Carlomagno y sus pares fue la lucha contra los sajones, pero si bien sabemos que existieron relatos de esas gestas elaborados por juglares, sólo tenemos constancia de circulación antes de la segunda mitad del siglo XII, época de oro de las peregrinaciones al santuario del apóstol Santiago, por el poeta cortesano Jehan Bodel, que comienza su *Chanson des saxons*, 7500 versos alejandrinos consonantados, con unos versos en los que expresa su desprecio por otros relatos sobre Guiteclin, rey de los sajones, tachándolos de desarticuladas obras de juglares harapientos:[8]

> Cil bastart jugleor qi vont par cez vilax,
> A ces grosses vieles as depennez forriax,
> Chantent de Guiteclin si com par asenax;
> Mès cil qui plus an set, ses dres n'est pas biax,
> Qar il ne sevent mie les riches vers noviax
> Ne la chançon rimée que fist Jehan Bordiax
>
> (II).

No tenemos registro de una versión española del poema de Bodel, pero sí contamos con varios romances españoles que se relacionan con diferentes secciones del poema épico, razón por la cual Ramón Menéndez Pidal propuso en sus estudios sobre la *Chanson de Saisnes* la existencia de una perdida *Canción de Sansueña* de la que surgirían los romances, ya que sería casi imposible que éstos hubieran derivado directamente de la

---

[8] Cito por la edición de Francisque Michel, quien basa su edición en el manuscrito "Lacabane" del siglo XII con variantes del ms. 6985 de la Biblioteca Real y del ms. *A*, letra de fines del siglo XIII, no. 175 de la Biblioteca del Arcenal.

gesta francesa, debiendo mediar entre la *chanson* y los romances una versión en lengua castellana ("La *Chanson*", 251-256).

La tradición romancística española, a través de relatos de hazañas particulares tomadas de la *chanson de gestes* francesa, organiza y valora los hechos narrados de acuerdo con concepciones culturales que no son necesariamente las que rigen al poema francés. En este trabajo que ofrezco a su consideración, contrasto dos de los romances españoles derivados de la *Chanson des saxons* con el poema de Jehan Bodel, los romances de *Nuño Vero* y el *Suspiro de Valdovinos*, ambos considerados como "muy antiguos", en busca de los códigos de conducta que proponen, mismos que debieron llegar a los caballeros españoles a través de las recitaciones durante los *yantares* y ratos de ocio.

Las versiones más antiguas del romance de *Nuño Vero* se conservan en el *Cancionero de romances, s.a.* (Amberes, *c.*1548); en la reimpresión de 1550 de ese cancionero, adonde aparecen cuatro versos adicionales, en la *Silva de romances* (Zaragoza 1550-1551); en el *Romancero general* y, glosado por Alonso de Alcabdete, en un pliego suelto del siglo XVI.

Transcribo a continuación la versión reproducida en el *Cancionero de Amberes*, a modo de ejemplo:

> —Nuño Vero, Nuño Vero,   buen cavallero provado,
> hinquédes la lança en tierra   y arrendedes el cavalho.
> Preguntaros he por nuevas de Baldovinos el Franco.
> —Aquessas nuevas, señora,   yo vos las diré de grado:
> Esta noche, a media noche,   entramos en cavalgada
> y los muchos a los pocos   lleváronnos en arrancada;
> hirieron a Baldovinos de una mala lançada:
> la lança tenía dentro,   de fuera le tiembla el asta.
> Su tío, el emperador,   la penitencia le dava;
> o esta noche morirá o de buena madrugada.
> Si te pluguiesse, Sebilla,   fuesses tú mi enamorada;
> adamédesme, mi señora,   que en ello no perderéis nada.
> —Nuño Vero, Nuño Vero, mal cavallero provado,
> yo te pregunto por nuevas,   tú respóndesme al contrario,
> que aquesta noche passada   conmigo durmiera el Franco:
> él me diera una sortija   y yo le di un pendón labrado.—

El relato deriva del episodio de la *chanson* que refiere el encuentro de la reina Sebile, esposa de Guiteclin, rey de los sajones, con un caballero

que viste las armas de Justamont, señor de Persia, quien había ido a
combatir con el caballero franco Baudoin, sobrino de Carlomagno y
amante de Sebile. Al verlo llegar, la reina le pide noticias de su enamo-
rado:

> Et dit: "Justamont sire, estes-vos repairiez?
> Contez-nos voz noveles, s'en orrons volentiers.
> Trovastes Baudoin? onques no me noiez,
> Bien pert à vostre escu que ancontrè l'avez
>
> (CXLIV).

El caballero contesta con una declaración de amor a Sebile, lo que la
hace temer por la suerte de Baudoin. Al constatar la angustia que ha
provocado en su amada, el falso Justamont se descubre el rostro: se trata
de Baudoin, que ha dado muerte al guerrero sajón y ha vestido sus armas
para burlar al ejército enemigo. Los amantes se abrazan y se besan.

El caballero francés aprovecha el disfraz para cruzar la guardia enemiga y llegar hasta el pabellón de la reina de los sajones, y además se vale
de él para probar a su enamorada; pero la verdadera prueba vendrá con
la petición del anillo que ella lleva puesto, prenda exigida por el emperador Carlomagno a fin de perdonarle sus desobedientes y temerarios ires
y venires al· campo enemigo para encontrarse con la esposa del rey
Guiteclin.

En el romance, Nuño Vero pretende ser un "buen cavallero provado",
pero en realidad resulta ser un "mal cavallero provado", ya que intenta
obtener el amor de Sebilla con un engaño: la falsa noticia de la muerte
de Baldovinos el Franco. Con su fracaso, se reprueba la "astucia" del
caballero, cuya valentía en tanto sobreviviente de una batalla desigual:
"los muchos a los pocos/ lleváronnos de arrancada" (*i.e.* nos vencieron)
queda desvalorada por la cobardía del pretendido engaño. El valor
propuesto como superior es la fidelidad demostrada por Sebilla al rechazar la oferta de amor que le hace el caballero, un amor con el que,
supuestamente, no perdería nada.

En contraste, en la *chanson* la estratagema sí funciona, el caballero
logra su cometido de llegar ileso al pabellón de su amada gracias a su
astucia, mientras que el amor de Sebile, más que cuestión de fidelidad es
cuestión de retribución, el premio debido al caballero franco dispuesto
a exponer de esa manera su vida:

Après a dit la dame: "Baudoin, bien vaigniez.
Forment vos doi amer, qant por moi travailliez

(CLXIV).

Es importante detenernos un poco en la personalidad de Sebile, según se desarrolla en el poema de Bodel. En primer lugar está su papel
calculado y activo en el enamoramiento: es ella la que escoge a Baudoin
después de haberlo visto entre los caballeros franceses, cuando ambos
bandos están acampados a uno y otro lado del Rhin; es ella la que convence al rey Guiteclin de que serviría a la causa sajona si, junto con sus
damas, se hace notar del enemigo:

—Sire, ce dit Sebile, miaz vos sauroie aprandre:
Se vos volez François angignier et sorprendre,
Desor l'agigue de Rune feroie mon trè tandre,
Si menroie compaignes, tant com an vodrai prandre:
Regarz de bele dame fait bien folie anprandre.
Qant François nous verront cointoier et estandre,
Sovant vanront à nos donoier et descendre,
Et vos vanroiz si tost com chevax porra randre:
Ce q'il bargigneront lor porroiz molt cher vandre

(LXIV).

Con ese argumento, se muestra ante los francos ricamente vestida de
grana y oro[9] y hace colocar su pabellón junto a la ribera del río más
próxima al campo del enemigo, con lo que facilita las visitas de su amante.

No es la fidelidad el sentimiento que prevalece en las acciones de la
reina, sino la sensualidad, una clara conciencia de que la belleza es para
gozarse: "Que vaut biautez de dame, s'an jovant ne l'amploi?" (LXV).

El segundo de los romances viejos derivados de la *Chanson des saxons*,
que comentaré brevemente, es el romance del *Suspiro de Valdovinos*,
registrado también en pliegos sueltos y cancioneros del siglo XVI, de
muy amplia difusión; citado parcial o totalmente en obras dramáticas,
imitado, glosado y tan conocido, que el verso que le da nombre llega a

[9] Léon Gautier dedica muchas páginas al estudio del poema de Jehan Bodel en *Les
épopées*. En su opinión, el atuendo con el que la reina Sebile aparece a los ojos del enemigo corresponde al de una mujer galante (665 y 666).

utilizarse como frase hecha, y en pleno siglo XX, es recogido de la tradición oral, integrado al romance de *La condesita*.[10]

El *Suspiro de Valdovinos* trata igualmente de los amores de Valdovinos, el caballero franco, con la mora Sevilla. Relacionado con la *chanson* a través del verso: "Sospirastes Valdovinos/ amigo que yo más quería", que corresponde a: "Lors sospire dou cuer, la chiere tint ancline,/ l'eve des oilz li cort contreval la poitrine" (CXLV), el romance lo utiliza para señalar la toma de conciencia de Valdovinos de que, por su relación con la mora, ha estado violando las normas de su religión:

> Más vos mora y yo cristiano   hacemos muy mala vida:
> comemos la carne en viernes,   lo que mi ley defendía;
> siete años avía, siete,   que yo missa no la oía.

a lo que responde Sevilla: "—Por tus amores, Valdovinos,   cristiana me tornaría". Una solución muy acuerdo con la práctica de los caballeros cristianos de contraer matrimonio con mujeres moras, previa conversión, y que aparece igualmente en la *chanson*, si bien ahí la oferta de conversión por parte de la reina mora surge cuando se da cuenta de que la guerra entre francos y sajones está perdida y de que Carlomagno conquistará Sajonia:

> Karles vanra çà outre à coite d'esperon,
> Et conquerra Soissoigne, s'iert de sa region;
> Puis si tanroiz Coloigne et Berart à baron,
> Et moi menra an France à Rains ou à Loon,
> Là serai baptisie, et guerpirai Mahom
>
> (CVI).

En lo que concierne al Baudoin de la *chanson*, el suspiro no expresa remordimiento alguno por el carácter pecaminoso de su relación con Sebile, sino por el pesar que le causa la negativa de la reina a entregarle la sortija que le ha pedido su tío, el emperador, como "penitencia". Le preocupa su suerte si no lleva a Carlomagno lo que le pidió y se queja de todo lo que ha tenido que sufrir para verla:

---

[10] En *La condesita* sirve como secuencia inicial del relato. Estudio las relaciones del romance con otros géneros literarios en "Sospiraste Valdovinos", 131-146.

—Dame, dist Baudoins, de verté le sachiez,
Onques de vostre amor ne fui jor enuiez;
Et sachiez que de France sui por vos essilliez:
Karles li rois, mes oncles, qi tant est sorcuidiez,
M'a gité de sa cort non pas par amistiez;
Ne vuet baron oïr, tant fort, haut ne prisiez;
Jamais, en dit, nul jor n'iere à lui apaiez,
Se n'anport cel anel q'an vostre doi fichiez

(CXLIV).

Baudoin no encuentra firmeza en la mujer, sino todo lo contrario:

Molt est fame muable toz jorz an son termine:
Ce q'au matin promet leaument en plevine,
Por fin neant le tot et aillors le destine

(CXLV).

A pesar de la estrecha relación que existe entre los hechos narrados por el poema francés y por los romances españoles, no buscan comunicar los mismos valores; un mismo episodio sirve para transmitir mensajes diferentes.

El poema de Jehan Bodel era tan cuidadoso en la forma y tan lleno de ciencia que, en la opinión de sus contemporáneos, merecía ser escuchado en todas las cortes:

Que Jehan Bodiaux fist à la langue polie,
De bel savoir parler et science aguisie,
Por quoy de Guitequin et de Saignes tratie.
À l'estoire, si bel et si bien desclarcie
Que des bien entendans doit estre actorisie,
Et de tous volentiers en toutes cours oye.[11]

Sin embargo, al no contar con una vida tradicional que hubiera permitido su apropiación por parte de transmisores y re-creadores y su consecuente ajuste a códigos de conducta adecuados a otros contextos espaciales y temporales, la *Chanson des saxons* no adquirió esa flexibilidad y "actualidad" que adquirieron otros cantares de gesta que sí se tradicionalizaron.

---

[11] Girard d'Amiens, fol. 165, r°, B, v°A, cit. por Gaston Paris *Histoire poétique*, 290.

En la opinión de Léon Gautier, uno de los más importantes estudiosos modernos de la epopeya francesa, la obra de Bodel no es un verdadero poema épico, sino un relato de hazañas indignas del hermano de Roland, el héroe muerto en Roncesvalles; además, entre todas las mujeres que aparecen en las canciones de gesta francesas, ninguna le parece tan odiosa como la reina Sebile: a su ver, se trata de una mujer adúltera que no desea más que besos y relaciones carnales, cuya voluptuosidad surge en todas sus palabras y acciones (Gautier, *Les épopées*, 668).

En contraste, gracias a la apertura que caracteriza a la literatura tradicional, a la adecuación que tienen sus mensajes a un referente dinámico, las hazañas que nos cantan los romances, realizadas por héroes en contextos necesariamente ajenos a la experiencia de cantores de épocas posteriores, han podido servir lo mismo en siglos pasados que en la actualidad como comentarios a problemas y situaciones de la vida real y como propuestas de comportamiento.

La infanta Sebilla de los romances —que no la reina, esposa adúltera de un rey— puede pertenecer a la ley de Mahoma y mostrarse apasionada, pero en su fidelidad y deseo de convertirse a la fe cristiana, se propone como la compañera ideal de Valdovinos, el héroe cristiano.

BIBLIOGRAFÍA

ALFONSO X, EL SABIO, *Siete partidas*, en *Leyes de Alfonso X*, Ávila: Fundación Sánchez Albornoz, 1991.

CATALÁN, DIEGO *ET AL.* (eds.), *La dama y el pastor: romance, villancico y glosas, Romancero tradicional de las lenguas hispánicas*, ts. 10 y 11, Madrid: Seminario Menéndez Pidal-Gredos, 1978.

GAUTIER LEÓN, *Les épopées françaises. Études sur les origines de l'histoire de la litérature nationale*, Paris: Société Générale de Libraire Catholique, 1880.

JUAN MANUEL, *El libro de los estados*, ed. de J. R. Araluce, Madrid: Porrúa Turanzas, 1976.

MARISCAL HAY, BEATRIZ, "*Sospiraste Valdovinos*: de sajones y de moros en el Romancero español", en M. E. Venier (ed.), *Varia lingüística y literaria: 50 años del CELL*, t. 2, México: El Colegio de México, 1997, 131-146.

MENÉNDEZ PIDAL RAMÓN, "La *Chanson de Saisnes* en España", en *Los godos y la epopeya española. "Chanson de geste" y las baladas nórdicas*, Madrid: Espasa Calpe, 1956 [1a ed. en *Mélanges Mario Roques*, 1951].

——, *Poesía juglaresca y juglares*, Madrid: Espasa Calpe, 1942.

PARIS, GASTON, *Histoire poétique de Charlemagne,* Paris: Libraire A. Franck, 1865.

Poema de Fernán González, ed. de Alonso Zamora Vicente, Madrid: Espasa Calpe, 1963.

RIQUER, MARTÍN DE, "El *Ensehamen* de Guirat de Cabrera", Apéndice II en *Los cantares de gesta franceses (Sus problemas, su relación con España),* Madrid: Gredos, 1952.

RÍOS, JOSÉ AMADOR, DE LOS, *Historia crítica de la literatura española,* Madrid: Gredos, 1969 [Ed. facs. 1862].

FUENTEOVEJUNA Y MARTOS, LUGARES DE LA
GENTE MENUDA. CONFLICTOS Y OPCIONES
A FINES DEL SIGLO XV

Tatiana Bubnova
Universidad Nacional Autónoma de México

Francisco Delicado, autor del *Retrato de la Lozana Andaluza* (Venecia, 1528) y de una serie de otros textos menores, menos conocidos, nació, según su propia confesión, en la diócesis de Córdoba. Su padre era cordobés, su madre venía de la cercana población de Martos (aproximadamente a 95 km de Córdoba), pero situada en el reino de Jaén. Allí fue su "cuna" o, dicho de otro modo, Delicado creció en aquel lugar, entonces llamado la Peña de Martos, por la prominencia del relieve en cuyas faldas se extiende la villa de Martos.[1] La época de su nacimiento tenía que ser, verosímilmente, entre 1475 y 1485. No hay muchos datos acerca de su patria más allá de lo que él mismo cuenta de las curiosidades históricas relacionadas con este lugar en *La Lozana Andaluza*, así como en el tratado sobre el leño de Indias Occidentales (1530), y apenas hay menciones

---

[1] Más exactamente, desde el punto de vista administrativo, Martos y la Peña se distinguían, pues en la Peña se encontraba el castillo principal, baluarte de los calatravos, y Martos era la villa, que no obstante también tenía fortalezas: "Hay dos fortalezas, una en la altísima peña, y otra dentro de la villa, y el Almedina, que es otra fortaleza, que hace cuarenta fuegos, y la villa de Santa María, que es otra forteza, que hace cien fuogos, y toda la tierra hace mil y quinientos [...]" (Delicado, 397). Martos, lugar como vemos sumamente fortificado, era cabeza administrativa de una serie de "tierras" que pertenecían a su jurisdicción, como se verá más adelante. Pero Delicado usa "la Peña de Martos" como colectivo, para la villa y el castillo; lo mismo encontraremos en muchos otros textos antiguos, desde el Romancero hasta crónicas, mientras que los investigadores actuales a veces hacen la diferencia entre la Peña y la villa.

fugaces en otros textos. Por lo general, los estudiosos de la obra del oscuro clérigo andaluz tienden a no tomar en serio los datos que él aporta acerca de su lugar de origen, inclinándose incluso a relacionar dichos datos con el folclor jocoserio. Sin embargo, a pesar de que Martos, en efecto, está rodeado de tradiciones, leyendas y folclor, perfectamente serios, jocoserios o jocosos, prácticamente todos los elementos de los que disponemos, con base en las obras de Delicado, en torno a este lugar son hechos, o bien reflejan, a veces en forma estrambótica, las creencias populares (muchas veces impulsadas por ideologías dominantes), acerca de los hechos. Dichas creencias y valoraciones implícitas son las que más pueden contribuir a entender qué significan las menciones de Martos en los textos de Delicado. En esta medida considero pertinente y necesario revisar el significado de las referencias a Martos en el contexto de *La Lozana Andaluza*, para entender mejor la función y el lugar de lo autobiográfico en la totalidad de la obra. A pesar de que el contexto histórico-social que evoco aquí rebasa las referencias de Delicado, estoy abarcándolo en función de mi objetivo principal, que es una reconstrucción —en la medida de lo posible, claro— del ambiente social e ideológico que podía rodear los primeros años de vida del escritor.

Martos, descrito por Delicado con bastante detalle, es una población poco conocida fuera de su zona, a pesar de que se trata de un lugar muy interesante desde el punto de vista histórico y cultural. Con Martos están relacionadas algunas fascinantes leyendas históricas españolas, como la del despeñamiento de los hermanos Carvajales y el emplazamiento a muerte del rey Fernando IV, entre otras.[2] Fuenteovejuna, en cambio, es una de las poblaciones más conocidas de la España literaria, debido a la famosa *comedia* de Lope de Vega, así como al dicho perpetuado por la paremiología: *¿Quién mató al Comendador? ¡Fuenteovejuna, señor!* Escogí este pueblo como punto de comparación con Martos, justamente porque el célebre levantamiento de los villanos en contra de las arbitra-

---

[2] Delicado menciona a los Carvajales como "hombres animosos", sacrificados injustamente. La leyenda, que se remonta a los sucesos del siglo XIV, es recordada por las crónicas y fue reelaborada por el Romancero. Ahora bien, para el presente análisis es relevante el hecho de que la leyenda del despeñamiento de los Carvajales repite y/o coincide en sus rasgos generales con el juicio del gran maestre de los templarios. Los datos en torno a estos sucesos, en apariencia remotamente relacionados entre sí, considero que pueden resultar de interés, justamente para entender qué podía significar Martos para Delicado. *Cf. infra*, nota 6.

riedades del comendador de Calatrava tuvo lugar en una fecha (1476) muy cercana al nacimiento de Delicado. Ambas villas son más o menos equidistantes de Córdoba (con Fuenteovejuna al NO y Martos al SE), ciudad con la que la vida del escritor también parece estar estrechamente vinculada, lo mismo que con toda su zona, tal vez por lazos de parentesco, entre otras cosas (hay indicios de que Delicado también había vivido en Córdoba). Nació en la "diócesi" de Córdoba, según su propio decir, y Fuenteovejuna, en particular, es de la misma diócesis.[3] Las tierras jiennenses entre Martos y la frontera con Córdoba se mencionan profusamente en *La Lozana Andaluza*. En la obra se manifiesta también un excelente conocimiento de toda la tierra andaluza, en particular del reino de Córdoba.

Pero el rasgo más sobresaliente que permite comparar estas dos villas en la segunda mitad del siglo XV es la sujeción de ambas al dominio de la orden de Calatrava. Delicado dice en *La Lozana Andaluza*: [Martos] "[...] es [...] una villa çercada, y cabeça de maestradgo de Calatrava" (mam. 47). Y Fernán Gómez, victimado por la villa rebelde, fue su comendador de la orden de Calatrava. Esta orden, en la Andalucía del siglo XV, tuvo una importancia política y económica que jamás recuperaría después de haber sido asumida su dirigencia por la corona. Al parecer, muchas peculiaridades de organización interna de las poblaciones que tuvieran que ver con la orden, de su vida diaria, de participación en campañas militares, de problemas económicos y hasta de valores morales, estaban en una estrecha relación con la presencia y la inferencia de los calatravos. Desde luego, no eran el único elemento en el panorama vivencial de los andaluces, pero en los lugares donde estaban presentes su participación podía afectar la vida de un pueblo de un modo decisivo, como de hecho sucedió con Fuenteovejuna. Qué podía significar la preeminencia de los calatravos en Martos se verá mejor si contrastamos la relación de las dos villas con la orden. Como resultado, espero obtener un esbozo del ambiente político, económico, derivando de ahí un sistema de valores y los modos de tomar posición frente a complejas circunstancias vitales por parte de aquellos que se veían en una situación de sumisión a la orden de Calatrava. Lo anterior espero me ayude a com-

---

[3] Ni remotamente pretendo sugerir que hubiese podido tratarse del lugar de su nacimiento, ni por conjeturas: a la diócesis de Córdoba pertenecen varias docenas de villas y lugares, algunos de los cuales aparecen mencionados en *La Lozana Andaluza*.

prender de dónde venía Delicado, en un sentido un poco más amplio que la simple referencia que a algunos investigadores les ha resultado mitologizante y paródica, a un lugar de Andalucía desde el tercer cuarto del siglo XV, es decir, en la víspera de su nacimiento.

Por supuesto, para afrontar tal tarea hay que indagar en un contexto histórico más amplio que la mera presencia de los calatravos.[4]

Muy verosímilmente, los acontecimientos de Córdoba y de los pueblos de su diócesis, así como de Jaén y Martos, que dista tan sólo unos 20 kilómetros de ésta última, entre 1470 y 1480, tenían que ser trasfondo de vivencias cotidianas y canción de cuna de nuestro escritor. Los de la época inmediatamente anterior afectarían en alguna medida la existencia de sus padres. Eran años de las guerras civiles, de la vida de frontera, de bandos políticos, de arbitrariedades de los grandes, de hambres, de pestes y de *pogroms* de los judíos y conversos.

Es necesario puntualizar sobre algunas generalidades para acercarnos a los posibles estilos de vida de la gente que nos interesa. Vayamos pues a los procesos sociales e históricos más generales, para ir reduciendo el enfoque y la distancia, hasta rozar los límites de una microhistoria, la mera puerta hacia la vida de Francisco Delicado.

Políticamente, Andalucía era, como es sabido, una región marginal todavía en el siglo XV: se trataba de un territorio nuevo en el que "no se hallaban los resortes fundamentales que conferían o privaban del poder político". No obstante, el conjunto de riquezas agrarias y comerciales producidas en el valle bajo y medio del Guadalquivir, así como la existencia de una frontera, y una frontera absolutamente hostil —la granadina—, donde el prestigio de los gobernantes del país, tanto del rey como de las oligarquías nobles, se ponía a prueba de fuego diariamente (Ladero Quesada, *Andalucía en el siglo XV*, 97), la convertían en una zona de primer importancia en la península.

¿Cómo era la estructura social en la Andalucía de aquella época? Entre las clases dominantes, en primer lugar están la alta nobleza (los grandes de España) y las órdenes militares, así como el alto clero. Por otra parte, están el clero menor, los caballeros e hidalgos, y, finalmente, "gente menuda" (Delicado dice ser de "los mínimos de sus conterráneos", a

[4] El presente artículo forma parte de la investigación "Delicado en la Peña de Martos", que espero crezca hasta dimensiones de libro, acerca de los antecedentes hispánicos de Francisco Delicado y su importancia para la comprensión de su obra.

quien su "offiçio" le hizo noble, es decir, se ordenó sacerdote).[5] Algunos investigadores dividen la población en dos grandes grupos: los privilegiados (nobleza y alto clero) y los no privilegiados (pecheros y bajo clero, judíos pobres, mudéjares, marginados, esclavos).

La división en los tres estados: oradores, defensores y labradores, era más bien una acomodación ideológica de unos conceptos obsoletos que no se ajustaban a la realidad, si bien el esquema predomina en la representación simbólica de la sociedad (Rodríguez Molina, "Los no privilegiados", 135-136); de ahí que, por ejemplo, Delicado diga que el oficio le hizo noble, pero de hecho no puede decirse que perteneciera a grupos privilegiados, a pesar de buscar una posición mejor, sino más bien todo lo contrario.

Los privilegios consistían en exención de impuestos; acceso a honores y títulos; derecho a vestido, armas y adornos determinados, a ser juzgado por un determinado organismo; derechos de patronato sobre conventos, iglesias, etc.; derechos políticos (acceso a altos cargos y a la mayoría de cargos públicos), acceso a dignidades eclesiásticas (obispos, canónigos, abades); acumulación de grandes propiedades; sólo los privilegiados tenían acceso a educación e iniciación en las ciencias de la época; no se debe descartar el privilegio de servicios reales (Rodríguez Molina, "Los no privilegiados", 136-137). Todos estos aspectos del poder y de la cultura eran, pues, privativos de las clases dominantes. Los no privilegiados sólo tenían obligaciones, y la principal era la pagar todo género de impuestos, los "pechos".

La población de Andalucía era fundamentalmente rural. Incluso cuando la gente vivía en las ciudades y villas, su sustento procedía de las actividades agropecuarias propias de la zona. Tal era la base de un campesinado formado por pequeños agricultores y braceros que proporcionaban la plataforma a un patriciado urbano caballeresco de hondas raíces rurales al cual las luchas fronterizas, por otra parte, le ofrecían una justificación ideológica en su calidad de capa privilegiada militar (Rodríguez Molina,"Los no privilegiados", 142). Los artesanos, los pequeños comerciantes, todos ellos pecheros, excluidos de los privilegios, participa-

---

[5] "[...] A todos los clérigos se les reconoce en el Ordenamiento de 1351 parecido honor social al de hidalgo y caballeros en sus mejores tiempos" (Rodríguez Molina, "Los no privilegiados", 152).

ban intensamente en los arrendamientos de tierras, es decir, la mayoría eran campesinos de tiempo compartido.

La vida de la "gente menuda" era vulnerada por grandes desastres naturales, como inundaciones del Guadalquivir o sequías periódicas. Era el tiempo de recurrentes hambrunas, a menudo provocadas no sólo por malas cosechas o catástrofes naturales, sino por las guerras permanentes en medio de las cuales vivía la población andaluza de la segunda mitad del siglo XV. La peste se presentaba, asimismo, de tiempo en tiempo.

Durante la repoblación de Andalucía, iniciada en el siglo XIII en el proceso de la Reconquista, se establecieron dos tipos de jurisdicción y dos regímenes de donación de las tierras, dentro del orden fundamentalmente feudal (con las reservas pertinentes al caso de España): el realengo y el señorío, en lo esencial análogos, con la diferencia de que las poblaciones pertenecientes a la jurisdicción real eran nominalmente dependientes del centro, aun estando lejos de él, mientras que los señoríos se regían casi siempre más localmente (salvo en los casos de absentismo de los señores), con todas las ventajas y los eventuales inconvenientes que tal situación propiciaba. Todos los nuevos pobladores de las tierras recién reconquistadas eran jurídicamente libres. Los campesinos casi nunca estaban sometidos a servidumbres personales ni a situaciones de semilibertad o de vinculación forzosa a la tierra. La población estaba básicamente sujeta a la legislación regia y, en cada caso, al mismo fuero municipal (Ladero Quesada, *Andalucía en torno a 1492*, 91). Éste es el realengo.

> Pero [a]lgunos sectores de la Andalucía bética se organizaron desde el primer momento y de forma estable dentro de la jurisdicción señorial. [...] La mayor parte de aquellos señoríos iniciales estuvieron en manos de las diversas Órdenes Militares (Santiago, Alcántara, Calatrava, San Juan, Temple[6] hasta su extinción en 1312) [...]. En todos ellos se aprecia una simplificación empobrecedora de la estructura social: no hay grupos poderosos o privilegiados sujetos a la jurisdicción señorial, ni núcleos urbanos de importancia. Los municipios disponían de una autonomía menor que en el realengo, y la población estaba formada por campesinos de condición económica y social modesta, aunque en algunos hubiera también grupos de caballeros.
>
> (Ladero Quesada, *Andalucía en torno a 1492*, 92).

[6] Martos, desde 1240 posesión de la Orden de Calatrava, tenía, como ya he dicho, una capilla templaria (Delicado, 397). Queda aún abierta la cuestión acerca de la posible presencia de los templarios en Martos, así como su relación concreta con los calatravos.

Ésta era la situación de Martos desde 1240[7] hasta, probablemente, bien entrado el siglo XVI, cuando Carlos V, neutralizando el poder de las órdenes militares, se hizo cargo paulatinamente de sus posesiones. Además, Martos no era una simple villa entre tantas otras pertenecientes a Calatrava en el reino de Jaén, sino que era "cabeza de maestrazgo[8] de Calatrava" (Delicado, 396; Ladero Quesada, *Andalucía en torno a 1492*, 115; Cazabán, "Los calatravos", 219). Su posición física en el relieve circundante la hace destacar sobre el paisaje jienense: se trata de una imponente montaña, de apariencia inexpugnable, que domina la campiña. En la cumbre todavía se aprecian las ruinas de un castillo, erigido por los árabes en los restos de una fortaleza romana, y en los siglos XIII-XV en poder de los calatravos, que ampliaron y reconstruyeron el castillo hacia 1340. Cabe suponer que antes, en algún momento, el castillo de la peña llegó a pertenecer a los templarios, que participaron activamente en la reconquista de Andalucía.[9]

Según Delicado, "[...] cada uno de los que allí moran son un Marte en batalla, que son hombres inclinados al arte de la milicia y a la agricultura" (396),[10] y en efecto, dentro de las condiciones que se le imponían a Martos en cuanto plaza fuerte en la frontera, su población, que se mantenía de la agricultura (en el siglo XV predominaban el trigo y la vid, actualmente son los extensos olivares los que se aprecian en toda la ex-

---

[7] Según otras fuentes, desde 1266: "vino la Peña de Martos a poder de los maestres y orden de Calatrava, como parece bien por la carta de privilegio y donación que el dicho rey Don Fernando hizo al maestre y orden" (Villalta, *Historia*, 187).

[8] "Comprendían la vicaría de Martos las Encomiendas de Torreximeno, Vívoras, Xamilena, Santiago, La Higuera, Porcuna, Lopera, la Torre de Vanzalá y otros pequeños lugares, defendidos por torres y castillos, después en ruinas" (Cazabán, "Los calatravos" 219). En cambio, Ladero Quesada (*Andalucía en torno a 1492*, 115), citando a E. Solano, menciona que "[e]n el sudoeste del alto Guadalquivir, con centro en Martos, se encontraban Arjona, Arjonilla, Porcuna, Lopera, Torredonjimeno, Jamilena, Higuera de Martos, Santiago de Martos, el castillo de Bívoras con su término, la dehesa y antiguo poblado de Fuente el Moral, y diversos bienes en Andújar y Jaén." Toda una geografía mencionada en *La Lozana Andaluza*: Delicado 188.

[9] Delicado menciona la existencia en la iglesia de Santa Marta de una capilla "que fue de los Templares que se dice de san Benito" (397-398). En Martos existía un Priorato de san Benito, a cuya regla se sometían tanto los templarios como los calatravos (Cazabán, "Los calatravos").

[10] Un perfil que sorprendentemente corresponde al descrito ya para este siglo por Ladero Quesada.

tensión de la campiña), estaba además sujeta a una obligación militar, dentro de la cual, desgraciadamente, no sólo cabían las hostilidades contra los moros sino, sobre todo en la época que nos interesa, la participación en las "correrías", acciones militares e incluso asedios (como el perpetrado en 1465 contra la vecina Jaén, capital del reino, por el maestre de Calatrava Pedro Girón) durante la guerra civil de 1465-1469 y, posteriormente, las de la lucha por la sucesión de la corona de Castilla.[11] El estricto control militar que sin duda existía en una fortaleza fronteriza como Martos, impediría una expresión demasiado explícita de los eventuales descontentos. Además, cabe suponer que los marteños militarizados, así como sufrirían los estragos de las guerras civiles y de las incursiones de los moros, también se beneficiarían de las participaciones exitosas en las acciones militares de los calatravos, con los consecuentes saqueos.

Desde el punto de vista de la administración civil y religiosa, Martos es, en cierta forma, un caso típico de la inferencia de los calatravos en la organización eclesial y civil. Las divisiones administrativas coincidían, en lo que respecta a los dominios de las órdenes, con las religiosas. Así, Jaén era un obispado (dependiente del Arzobispado de Toledo; lo mismo que Córdoba), con su diócesis y parroquias correspondientes. Pero los dominios de las órdenes eran a menudo un caso aparte, y Martos representaba su propia vicaría. Se trataba de una especie de doble administración, lo cual no dejaba de producir fricciones. Así, desde que se concediera nuestra villa a la orden de Calatrava,

> quedaron los Obispos de Jaén con derecho a visitar dicho partido, ejercer en él actos pontificales y aún percibir parte de diezmos y primicias, tanto el prelado como el cabildo catedral. Esto produjo no pocas diferencias y litigios entre los calatravos y la diócesis giennense, haciéndose diferentes concordias en el transcurso de los años para poner término a enojosas cuestiones que, de vez en vez, se reproducían [...]
>
> (Cazabán, "Los calatravos", 219).

Esta independencia *de facto* de la administración marteña en cuanto pertenencia de Calatrava con respecto al poder central del reino de Jaén,

---

[11] "[E]ntre 1470 y 1477 vive Andalucía a su aire una violencia autónoma, regida por los grandes nobles del país, en medio de la cual se forjan las alianzas y las vías del porvenir" (Ladero Quesada, *Andalucía en el siglo xv*, 98).

tiene por consecuencia la prácticamente absoluta ausencia de nuestra villa en las cuentas fiscales y en otras estadísticas de la época accesibles al investigador actual. Habrá que buscar tales documentos en los archivos de la orden de Calatrava.

Ésta era "la única Orden cuyas posesiones andaluzas daban la posibilidad de intervención política en el país" (Ladero Quesada, *Andalucía en el siglo XV*, 65), y esta circunstancia fue ampliamente aprovechada por los calatravos justamente en la época de que estoy hablando, recibiendo en donación villas y tierras, participando en guerras civiles y haciendo presencia propia en la guerra sobre la "banda morisca". Así es como, en particular en los tiempos del maestre don Pedro Girón, la Orden obtiene, en las tierras del obispado de Córdoba, Belmez y, sobre el papel, Fuenteovejuna (en 1454), ambas separadas de la jurisdicción de Córdoba a fuerza de tal adjudicación. En el obispado de Córdoba, la Orden poseía el lugar de Villafranca. Pero en el obispado de Jaén el poder de los caballeros calatravos era mucho mayor. Poseían, por ejemplo, un buen número de castillos: Vilches, Canena, Jimena, Torres, Jamilena, Sabiote y Bívoras, entre otros. Y, además, dominaban un territorio amplio en los límites con la zona cordobesa, en torno a Arjona y Arjonilla, Porcuna, Martos y la Peña de Martos, Lopera e Higuera de Arjona. "De todos estos lugares, el único incorporado a la Orden con posteridad a 1400 era Arjona" (98).[12]

En la época que nos interesa, en la zona de Jaén sale al primer plano político la figura del condestable de Castilla, Miguel Lucas de Iranzo, quien se constituiría en el pilar del partido enriqueño durante las diversas etapas de las guerras civiles. La aparición de un nuevo poder en el alto valle del Guadalquivir, el de Miguel Lucas, hace un notable contrapeso al de los calatravos.[13] Pedro Girón, contando con la infraestructura

[12] La última observación quiere decir, sobre todo, que la población tenía que tolerar con una mayor "naturalidad" la presencia impositiva de los calatravos.

[13] Ya que se trata de una aproximación a la microhistoria, creo importante destacar las circunstancias particulares que rodeaban la enemistad entre el condestable y el maestre de Calatrava. Miguel Lucas ascendió en la escala social desde muy abajo hasta convertirse en uno de los privados de Enrique IV. Pero da la casualidad de que procedía de los vasallos de don Juan Pacheco, Marqués de Villena, que era hermano del maestre Pedro Girón. Tal circunstancia sin duda aportaba un matiz personal a la inquina que tendría el último frente al poder de Miguel Lucas, difícil, supongo, de legitimar a la luz de los valores de una sociedad tan rígidamente estratificada.

mencionada, en 1465 le pone cerco a Jaén, capital del reino, sede del condestable desde hacía años. La guerra civil de 1465-69

> fue una guerra de táctica muy tradicional: destrucción de los molinos harineros cercanos a Jaén para provocar el hambre en la ciudad, intentos de traición interna por parte de ciertos grupos para abrir las puertas al maestre, salidas por sorpresa y cabalgadas de los sitiados [...]
>
> (Ladero Quesada, *Andalucía en el siglo xv*, 118).

Pero el hambre y escasez afectaron más a los sitiadores, porque todas las aceñas del Guadalquivir estaban en manos de los enriqueños, y traer harina de las tierras del maestrazgo de Calatrava era lento y peligroso. Martos, apenas a escasos 20 km de Jaén, era un enclave militar de los calatravos. La "gente menuda", con obligación militar directa y con las cosechas continuamente destruidas en las correrías mutuas y enfrentamientos, los ganados secuestrados, etc., tenía que resentir esta situación de una manera muy concreta. Específicamente, el territorio entre Jaén, una especie de capital privada de Miguel Lucas, y la "capital" calatraveña de la zona que es Martos, es víctima de despojos y asaltos mutuos. Así, en 1465, el maestre Pedro Girón, al poner cerco a Jaén, "le quebró sus molinos, y robó sus ganados, y fizo otros daños et talas de panes". A su vez, el condestable "enbió fasta docientos caualleros a correr la villa de Martos y toda su tierra, de donde arrancaron e troxeron muchas vacas et yeguas et ovejas" (Mata Carriazo, *Hechos*, 272, 273).

Antes del famoso sitio, el maestre Pedro Girón, después de participar con las fuerzas del condestable Miguel Lucas en una incursión conjunta en la tierra de moros, coincide con éste en Martos:

> Not long after the fall of Archidona, Girón collaborated with Miguel Lucas de Iranzo in an incursion into Moorish territory. Joining forces on October 11 near the castle of Locovin, they advanced to Alcalá la Real and thence into the vega of Granada. After skirmishing near Huécar, Roma, Almuñecar, and Alcázar Genil, they returned to Martos on October 15. There they parted, the master for Porcuna, the constable for Jaén [...].
>
> (O'Callaghan, *The Spanish Military Order*, 35).

En efecto, la crónica del condestable describe la situación de amistad y cooperación entre los magnates durante y después de la mencionada incursión en la tierra de los moros. Pero apenas unos meses después empiezan las hostilidades entre los bandos cristianos.

Martos, plaza fuerte de los calatravos, estaba de hecho en poder del linaje baezano de los Carvajales. En aquel momento el comendador de la Peña era Juan de Mendoza, de la familia Carvajal. Cuando había conflictos entre la gente de Pedro Girón y la del condestable, los calatravos atacaban desde Martos. Así sucedió cuando, por ejemplo, el asistente de Miguel Lucas, Fernando de Villafañe, mandó (mediante el condestable) a su mujer, doña Elvira, de Jaén a Sevilla, acompañada de los hermanos del condestable, los comendadores de Oreja y Montizón,

> con fasta çiento et çincuenta de cauallo. Y pasando por çerca de la villa de Martos, Diego de Caruajal y el comendador de la Peña su hermano, que eran grandes priuados del dicho maestre de Calatraua, y personas a quien amaba mucho, salieron al camino a ellos, con çierta gente del dicho maestre. Y estouieron para pelear; pero al fin los Caruajales se boluieron"
>
> (Mata Carriazo, *Hechos*, 263).

Además, todas estas tierras estaban en peligro todavía de los ataques relativamente frecuentes de los moros, como sucedía un

> domingo que fueron veynte e nueue de septienbre, día de Sant Miguel, del dicho año de setenta e vno, antes que amanesçiese, dieron sobre dos lugares de la dicha Orden, que al vno dellos dicen Santiago y al otro la Figuera de Martos, que están a vna legua de la villa de Porcuna. Los quales fueron entrados y robados, y quemados de todo punto, y presos y muertos los onbres, mugeres y niños que en ellos avía; saluo algunos que en vna torre de la dicha Figuera se saluaron.
>
> Y no perdonaron algunos onbres y mugeres que a la yglesia se retrayeron, ni a vn clérigo que reuestido estaua; que tantas y tan grandes feridas les dieron en las caras y por todo el cuerpo, que no era persona que a la ora los vido ninguno pudiese conosçer. Y robaron todo el ganado que en aquella tierra avía. Fueron los catyuos que leuaron, entre onbres y mugeres y niños, quatroçientas personas, poco más o menos. E los muertos otros tantos o más.
>
> El rebato de lo qual llegó a la çibdad de Jaén el dicho día a ora de misas; y como luego las canpanas se repicaron, el señor Condestable caualgó con fasta seysçientos o seteçientos de cauallo, y tres mill e quinientos o quatro mill peones, que a la ora se juntaron. Y fue a todo andar fasta Martos, y pasó allende, fasta vna torre que dicen del Atalaya, que es media legua

allende de Martos. Donde el alcayde e vecinos della, y de otros que antes
avían salido al rebato, fue çerticficado como los moros eran desde la mañana bueltos.

(468).

El aspecto exterior de la villa de Fuenteovejuna, por lo que parece, coincide en ciertos aspectos con Martos. "Su situación, en la ruta más concu-
rrida por quienes se dirigían desde Toledo a Sevilla, y la importancia de
sus dehesas, de gran tradición ganadera, que ha subsistido hasta nuestros
días, explica el auge que alcanzó la villa, sobre todo en el siglo xv" (Cabrera y Moros, *Fuenteovejuna*, 39). Está situada a 93 km de Córdoba. La
villa tenía un indudable valor estratégico, por estar situada sobre un
cerro, a modo de atalaya, lo cual por cierto le confiere un cierto parecido con Martos. Las empinadas calles de Fuenteovejuna estaban dispues-
tas unas en forma radial buscando la cima, y otras circulares, siguiendo
las curvas del nivel, lo mismo que en Martos. En la cima también se
encontraba un castillo, ocupando el centro de la población, a diferencia
de Martos cuya fortaleza principal estaba separada de la villa por las
empinadas laderas de la peña, si bien dentro del pueblo mismo había dos
o tres fortalezas más, según recuerda Delicado. De la fortaleza de
Fuenteovejuna no queda rastro alguno, porque justamente debido a los
sucesos de 1476 fue demolida, y en su lugar se edificó una iglesia (Cabrera y Moros, *Fuenteovejuna*, 41-42).

La riqueza agraria de Fuenteovejuna era, desde tiempos inmemoriales,
el ganado ovejuno y la apicultura, a tal punto que el nombre del pueblo
alguna vez se interpretara como Fuente Abejuna, tratando de relacio-
narla con la ciudad romana de Mellaria, sobre cuya base supuestamente
se había construido nuestra villa. Fuenteovejuna era una villa de los
términos de Córdoba hasta mediados del siglo xv, cuando, en una coyuntura social y política diferente y, dentro del proceso de refeudalización
que se acentuaba en Andalucía, fue donada a particulares, y después pasó
de mano en mano entre las casas nobles (los Sotomayor, la Orden de
Alcántara, los Guzmán, los Girón),[14] para así quedar directamente, des-

---

[14] El rey Enrique IV "compensó a Girón con Belmez y Fuenteovejuna" (Ladero
Quesada, *Andalucía en el siglo xv*, 112). No obstante, no era empresa fácil tomar pose-

de 1460, en poder de los calatravos. El conflicto que estalla en esta villa en 1476 traía una larga cola de antecedentes, de pleitos e insumisiones, así como un primer ensayo de rebelión en 1453. En general, en el reino de Córdoba las órdenes militares no tuvieron una presencia tan notable como en Jaén, donde en el siglo XV, como hemos visto en el caso del asedio que hiciera el maestre don Pedro Girón a Jaén, baluarte enriqueño, aparecen como una verdadera subversión a la autoridad real. El caso de Fuenteovejuna, villa de la ciudad de Córdoba, es representativo de la lucha entre dos poderes señoriales (el concejo de Córdoba, en manos de la nobleza local, estaba bajo el mando de don Alonso Fernández de Córdoba, señor de la casa de Aguilar, tal vez el magnate más importante de la zona). Detrás de la sublevación campesina contra el poder del comendador de Calatrava Fernán Gómez de Guzmán, estaba el concejo cordobés (Ladero Quesada, *Andalucía en torno a 1492*, 114). La ominosa carga impositiva, las obligaciones militares y otras participaciones costosas humana y económicamente de los campesinos en las aventuras militares de Calatrava resultan ser, según los investigadores, las razones profundas de tal sublevación (el de Fuenteovejuna no era el único caso en la época, Cabrera menciona los casos de Andújar y de Plasencia, entre otros). Para los de Fuenteovejuna, la carga bélica no estaba relacionada (como en Martos) sobre todo con los asuntos de la frontera, sino directamente con las campañas político-militares de las guerras civiles entre los bandos enriqueño y alfonsino o, posteriormente, el portugués (el de la Beltraneja), y el de los futuros Reyes Católicos.

El conflicto es conocido sobre todo por la obra de Lope,[15] basada en la crónica de Rades y Andrada,[16] por la crónica de Palencia,[17] y, recien-

sión de Fuenteovejuna, y la propiedad quedó durante años sobre el papel, hasta que el rey tuviera que persuadir personalmente a los villanos de no resistirse a la voluntad real y al poder del comendador mayor.

[15] Existe una comedia de Cristóbal de Monroy (1612-1649). *Cf.* Lope de Vega y Cristóbal de Monroy, *Fuenteovejuna (Dos comedias)*, ed. F. López Estrada, Madrid: Castalia, 1978.

[16] F. Rades y Andrada, *Chrónica de las tres órdenes y cauallerías de Santiago, Calatrava y Alcántara*, Toledo: 1572 (reimp. Barcelona: 1976).

[17] La traducción en romance de la obra de Palencia, la *Perfección del triunfo militar*, "fue dirigida al malogrado comendador de Calatrava, Fernán Gómez de Guzmán, a quien debemos considerar como ejemplar de la nobleza culta y disciplinada, simpática a la actividad pacifista de Palencia" (Tate, "La sociedad castellana", 16).

temente, según los datos de Cabrera y Moros. Lope hace al comendador Fernán Gómez de Guzmán (que fue comendador mayor en la jerarquía de la Orden de Calatrava, de la encomienda de Fuenteovejuna, es decir, lugar sobre todo de explotación económica, por supuesto también con una obligación militar, pero sin duda en menor medida que Martos) culpable de abusos perpetrados en los campesinos (sobre todo las violaciones de las mujeres; Cabrera y Moros sugieren otros motivos aún más ofensivos), de desprecio a la autoridad del concejo local y sobre todo de alta traición, por apoyar el partido portugués en la lucha por la sucesión castellana. En cambio, Alonso de Palencia,[18] contemporáneo de los sucesos, merece más confianza en términos históricos por parte de los investigadores actuales que la *Chrónica* de Rades: de hecho, "la saña de los campesinos se volcó sobre la cabeza de un apreciado amigo íntimo, Palencia. Según la interpretación del cronista, el comendador se hallaba involucrado en una turbia situación provocada por Téllez Girón (hijo de don Pedro Girón-*TB*), maestre de Calatrava, y su pariente Alfonso de Aguilar; y murió como víctima inocente de una conjuración de cuya existencia no sospechaba" (Tate, "La sociedad castellana", 15). El hecho es que su muerte fue terrible. Cuenta Rades: los campesinos enfurecidos de Fuenteovejuna

> llegaron al Comendador y pusieron manos en él; y le dieron tantas heridas, que le hizieron caer en tierra sin sentido. Antes que diesse el ánima a Dios, tomaron su cuerpo con grande y regozijado alarido, diziendo ¡Viuan los Reyes y mueran los traydores!; y le echaron por una ventana a la calle; y otros que allí estauan con lanzas y espadas, pusieron las puntas arriba, para recoger en ellas al cuerpo, que aún tenía ánima. Después de caýdo en tierra, le arrancaron las barbas y cabellos con grande crueldad; y otros con pomos de las espadas le quebraron los dientes. A todo esto añadieron palabras feas y deshonestas, y grandes injurias contra el Comendador mayor y contra su padre y madre. Estando en esto, antes que acabase de espirar, acudieron las mugeres de la villa, con panderos y sonages, a regozijar la muerte de su señor; y auían hecho para esto una Vandera, y nombrado Capitana y Alférez. También los muchachos a imitación de sus madres hizieron su Capitanía, y puestos en la orden que su edad permitía, fueron a solenizar la dicha muerte, tanta era la enemistad que todos tenían contra

---

[18] *Tratado de la perfección*; *Crónica de Enrique IV*, 3 ts., Madrid: 1973 (Biblioteca de Autores Españoles).

el Comendador mayor. Estando juntos hombres, mugeres y niños lleuaron el cuerpo con grande regozijo a la plaça; y allí todos los hombres y mugeres le hizieron pedaços arrastrándole y haziendo en él grandes crualdades y escarnio; y no quisieron darle a sus criados, para enterrarle [...]

(*apud* Cabrera y Moros, *Fuenteovejuna*, 149).

Dos meses y medio antes del suceso, el "4 de febrero de 1476 se publicaba la sentencia de excomunión contra don Fernando de Guzmán, comendador mayor de la orden de Calatrava, con un dramático texto que parecía predecir los acontecimientos futuros" (Nieto Cumplido, *Islam*, 211); sus términos, que han de ser necesariamente formulaicos, no dejan de evocar la *Carta de descomunión* en verso refundida por Delicado para su *Retrato de la Lozana Andaluza*".[19]

Desde luego, el de Fuenteovejuna no fue el único caso de violencia antiseñorial en la Andalucía de fines del siglo XV. Caso paralelo al de Fuenteovejuna, el de "Alcaraz en 1475, amenazado con la dominación del marqués de Villena, tiene cierto parentesco con el dramatismo de Fuenteovejuna. Dos representantes del pueblo *duo cives libertatis amici* —la misma frase retórica—[20] se entrevistaron con Fernando e Isabel «y en nombre de sus convenios les expusieron sus vivos deseos de sacudir el yugo de los tiranos». Los Reyes Católicos miraron con favor «el valor de aquellos buenos ciudadanos prontos a arrostrar los peligros de la libertad por la fidelidad a la corona». Los habitantes se levantaron contra el alcaide y destrozaron el castillo" (Tate, "La sociedad castellana", 14). Hubo problemas análogos en Andújar y en otros lugares de Jaén.

Otro aspecto de la época que necesariamente tenía que afectar la vida de la gente "menuda" era el antisemitismo, que se agudiza en Castilla con la subida al trono de la dinastía Trastámara. El sentimiento antijudío fue una de las armas que Enrique de Trastámara utilizó durante la guerra civil en contra de su hermano, el legítimo rey Pedro I (el Cruel), pero una vez subido al trono el bastardo, el nuevo rey y sus nobles se dieron cuenta —lo que siempre tenía que suceder con los asuntos de la

---

[19] *Cf.* Delicado 495-501. La recuerdo tan sólo porque la tal carta, si bien refundida de un texto del siglo XV del Comendador Ludueña, como demostró Ugolini, contiene términos (sin duda tomados de las fórmulas usadas para excomuniones reales, no ficticias, que Delicado como sacerdote tenía que conocer) que aparecen en la excomunión del comendador, pero están ausentes en la estilización de Ludueña.

[20] Apta para describir el caso de Fuenteovejuna.

nobleza— de que los servicios prestados por los judíos eran imprescindibles para desempeñar muchas funciones técnicas, burocráticas, etc., pero sobre todo las financieras, con lo que los judíos recobran su posición privilegiada en la sociedad. La "traición" de Enrique II a la "causa" antisemita es lo que la plebe, al parecer, no podía perdonar, y los disturbios antijudíos se acentúan a partir de 1375 (Romero-Camacho, "Antisemitismo", 57). A partir del famoso *pogrom* sevillano de 1391,[21] que repercutía por toda Andalucía, se intensifica el proceso de conversión forzada de los judíos al cristianismo. Pero la integración de algunos judíos a la sociedad castellana mediante la conversión, y su rápido encumbramiento produce un descontento popular más o menos latente, con periódicas revueltas (MacKay, "Popular Movements", 35, enlista, año por año, las de 1406, 1449, 1459-64, 1461, 1462-63, 1464, 1465, 1467, 1468, 1469, 1470, 1471, 1473, 1474, 1476).[22] En Andalucía, la hostilidad redunda en un estallamiento de rebelión anticonversa en Córdoba en 1473, que se propaga rápidamente por toda la zona, y en particular por el reino de Jaén. Muy a pesar de que, en realidad, los judíos llevaran en este "espacio geográfico una vida muy similar a la de sus correligionarios en otras zonas del valle (del Guadalquivir- *TB*) y de Castilla, en buen número dedicados a modestas tareas agrícolas, artesanales y comerciales" (Rodríguez Molina, "Los no privilegiados", 154-155), el hecho de que los oficios odiosos de recaudadores de impuestos, y varios más, fueran desempeñados tradicionalmente por sus correligionarios o bien por los conversos, hacía de todos los conversos y judíos el blanco de la agresión popular.

El antisemitismo es quizás el conflicto social más destacado de todos cuantos se detectan en el reino de Jaén durante los siglos xiv y xv. "Pese al aspecto religioso bajo el cual la buena parte de la historiografía ha pretendido o entendido mostrárnoslo, los hechos nos inclinan a ver en él un conflicto notablemente motivado por influencias económico-sociales [...] «un conflicto social enmascarado de enfrentamiento religioso»" (Rodríguez Molina, "Los no privilegiados", 159).

---

[21] Los días 5 y 6 de junio de 1391. Se extendió a Córdoba el 8 y 9 de junio (Romero-Camacho, "Antisemitismo", 62-63).

[22] Tómese en cuenta que no son los datos sólo para Andalucía, sino para toda Castilla.

Una coyuntura de malas cosechas, alza de precios, carestía de alimentos y, en definitiva, una época de terrible escasez de trigo..., creó una situación en que *"muchas personas miserables se mantenían e pasavan con cardos e otras raizes del campo"* (*Repertorio de príncipes...*) [...]. Las masas populares [...] no sólo arremetieron contra los conversos sino también contra los protectores de éstos.

> *y dende la çibdad* [de Córdoba] *saltó luego como çentella de fuego en todos los lugares comarcanos así como Montoro, Bujalance y Cañete y la Rambla y Baeza y Alcaudete, Arjona y Porcuna, Andújar y Jaén en ella, sobre querellos defender* [a los conversos] *mataron con aquel ýnpetu al condestable don Miguel Lucas. Y en ese mismo peligro se vido y estuvo don Alonso* [de Aguilar] *en Córdoba, y el Conde de Cabra en Vaena, y Martín Alonso de Montemayor en Alcaudete con sus mismos vasallos y quien governaba la çibdad de Andújar* (*apud* Rodríguez Molina, "Los no privilegiados", 161).

Los ejecutores de los *pogroms* eran, como siempre ha sido, "gente menuda".

La tierra de Jaén, exhausta de las estériles guerras civiles, empobrecida por los inútiles esfuerzos, el hambre, la peste, al filo del peligro árabe, es escenario del estallido antisemita de 1473, que se transmite, por cierto, desde Córdoba. En marzo de ese año, el condestable Miguel Lucas, supuesto protector de conversos, perece de un golpe de ballesta mientras está rezando en una iglesia de Jaén. Es más que probable que su muerte obedezca también a razones políticas, como tres años después, en las tierras de Córdoba, moriría el comendador mayor de Calatrava, Fernán Gómez de Guzmán. Acto seguido, la plebe enfurecida ataca a los "herejes", mata, despoja, viola. La familia del condestable, aterrorizada, se esconde en el castillo de Jaén. Muchos conversos de Córdoba y de Jaén, después de esta experiencia, emigran a las distintas partes de Andalucía, por ejemplo a Gibraltar, pero a poco tiempo son expulsados de ahí. Algunos vuelven a Córdoba y otros lugares de origen.

De Delicado sabemos poco. Pero los escasos y fragmentarios datos de que disponemos en todo caso se arman en un sistema que se presta a ser leído como un todo altamente significativo. El lugar: entre Córdoba y Jaén, entre la tierra cordobesa y Martos y villas aledañas. El tiempo: una época muy cercana a grandes acontecimientos históricos que anteceden a la expulsión de los judíos de 1492: *pogroms*, persecuciones, desplazamientos, primeras acciones de la Inquisición, primer decreto de expulsión de los judíos andaluces (1483). ¿Quién puede ser un individuo que nace por esta época de padre cordobés y madre marteña, en la tierra de Córdoba, pero crece en Martos? Después lo encontramos en Roma, justo entre la gente *ex illis*. El enorme interés, dentro de una perspectiva ambivalente, que muestra por ellos en su obra, sin identificarse con ellos, es único en la literatura española y aun en la historia.

Antes la crítica sostenía que era necesariamente converso; ahora la balanza se inclina más bien por su antisemitismo. En mi opinión, lo único que sostiene positivamente la primera versión (la de su judaísmo) es su conocimiento de la vida de los judíos y conversos en Roma y un interés muy fuera de lo común por ellos, pero considero esta razón irrefutable. Creo que, en el supuesto caso de que fuera antisemita, tenía que ser un converso antisemita. Caso nada extraño en la historia. En realidad, también este antisemitismo está aún por demostrarse. Pero volvamos a sus antecedentes andaluces.

Nace entre 1475 y 1485. ¿Qué tal el año 1473 como fecha de nacimiento para alguien que nace en las tierras de Córdoba, pero crece en Martos? No es posible precisar las circunstancias de tan irregular situación (su "castísima madre" y su "cuna" fue en Martos, tierra de gente animosísima, peleonera, con un historial de nobleza impuesto como ideal de vida a través de las patrañas históricas en torno a los Carvajales, transmitidas por el Romancero). Es bien sabido que muchas veces los romances se encargaban a propósito, como consta en la crónica del condestable Lucas de Iranzo. El ciclo sobre el despeñamiento de los Carvajales, sin embargo, parece auténticamente remontarse al siglo XIV.[23] Supongamos que Delicado naciera de la "gente menuda" de Córdoba y Martos, genuinamente antisemita y promotora de los *pogroms*, tanto en Córdoba como en Jaén. El interés de Delicado por los judíos no parece ser el de Bernáldez, por ejemplo, y su ambivalente "antisemitismo" tiene mucho de participación interesada en la vida de la gente que, como él, pudo haber salido de Andalucía hacia Italia desde el año en que "se puso la Inquisición", es decir, desde 1482. Nada hay en su actitud de la saña de los defenestradores del comendador mayor,[24] ni del entusiasmo

[23] *Cf.* G. di Stefano, "Emplazamiento y muerte", 879-923.
[24] Como es bien sabido, Lope es quien, en su siglo y circunstancia, aporta una semilla de antisemintismo al asunto de Fuenteovejuna, con sus "hidalgos cansados"; pero la suya era una problemática de otros tiempos.

anticonverso que mostraba aquel famoso herrero de Córdoba, a cuyo llamado la "gente menuda" acudió a destrozar la hacienda y los cuerpos de los conversos. Tampoco parece ser un auténtico admirador de la gloria guerrera de los "animosísimos" Carvajales, que lo mismo dominaban el panorama de Martos en 1312, cuando dos de ellos fueron despeñados por orden de Fernando IV el Emplazado, que en 1464-1469, cuando un día utilizaban la ayuda de los moros para despojar las tierras de Jaén, y otro iban a combatirlos con sus contrincantes; y cuando ora apoyaban el bando enriqueño encabezado por el condestable y Pedro de Escavias, alcaide mayor de Andújar, ora encabezaban el bando del maestre Pedro Girón. Todo, con los resultados demasiado conocidos para la "gente menuda". Pero forzosamente todos aquellos acontecimientos tenían que estar bien inscritos en la memoria de sus padres: de su madre, marteña, de su padre, cordobés, sin importar de qué lado estaba cada uno de ellos. Su perfil humano, sin embargo —terreno movedizo, por lo demás, el de los perfiles psicológicos, ya lo sé— resiste la inscripción psicológica de cristiano viejo.

BIBLIOGRAFÍA

AVALLE-ARCE, JUAN BAUTISTA, *El cronista Pedro de Escavias. Una vida del siglo XV*, Chapel Hill: The University of North Carolina Press, 1971.

CABRERA, EMILIO y ANDRÉS MOROS, *Fuenteovejuna. La violencia antiseñorial en el siglo XV*, Barcelona: Crítica, 1991.

CAZABÁN, ALFREDO, "Los calatravos en Jaén. El priorato de san Benito", *Don Lope de Sosa* (Crónica mensual de la provincia de Jaén, ed. facs. Jaén 1982), 169, enero 1927, 219-221.

DI STEFANO, G., "Emplazamiento y muerte de Fernando IV: entre prosas históricas y romancero. Una aproximación", *Nueva Revista de Filología Hispánica*, 36, 1988.

CORONAS TEJADA, LUIS, *Conversos and Inquisition in Jaén*, Jerusalem: The Magnes Press-The Hebrew University, 1988.

DELICADO, FRANCISCO, *La lozana andaluza*.

LADERO QUESADA, MIGUEL ÁNGEL, *Andalucía en el siglo XV. Estudios de historia política*, Madrid: Consejo Superior de Investigaciones Científicas, 1971.

——, *Andalucía en torno a 1492. Estructuras. Valores. Sucesos*, Madrid: Mapfre, 1992.

LÓPEZ MOLINA, MANUEL, *Apuntes históricos de Martos. Siglos XVI-XVII*, Jaén: Caja de Jaén- Excmo. Ayuntamiento de Martos, 1995.

MacKay, Angus, "Popular Movements and Pogroms in Fifteenth-Century Castile", *Past and Present*, 55, 1972, 33-67.

Mata Carriazo, Juan de, *Hechos del Condestable don Miguel Lucas de Iranzo (Crónica del siglo xv)*, Madrid: Espasa-Calpe, 1940.

Nieto Cumplido, Manuel, *Islam y cristianismo*, Córdoba: Publicaciones del Monte de Piedad y Caja de Ahorros de Córdoba, 1984.

O'Callaghan, Joseph F., *The Spanish Military Order of Calatrava and its Affiliates*, London: Variorum Reprints, 1975 (Collected Studies).

Palencia, Alonso de, "Tratado de la perfección del triunfo militar", ed. de M. Penna, en *Prosistas castellanos del siglo xv*, Madrid: 1957 (Biblioteca de Autores Españoles, CXVI).

——, *Crónica de Enrique IV*, Madrid: Biblioteca de Autores Españoles, 1973.

Rades F. y Andrada, *Chrónica de las tres órdenes y cauallerías de Santiago, Calatrava y Alcántara*, Toledo: 1572 (reimp. Barcelona: 1976).

Rodríguez Molina, José, "Los no privilegiados en Jaén (siglos xiv y xv)", *Actas del III Coloquio de la Historia Medieval Andaluza*, Jaén: Diputación Provincial de Jaén, 1984, 133-163.

Romero-Camacho, Isabel, "Antisemitismo sevillano en la Baja Edad Media: el *pogrom* de 1391 y sus consecuencias", *Actas del III Coloquio de la Historia Medieval Andaluza*, Jaén: Diputación Provincial de Jaén, 1984, 57-75.

Tate, B., "La sociedad castellana en la obra de Alfonso de Palencia", *Actas del III Coloquio de la Historia Medieval Andaluza*, Jaén: Diputación Provincial de Jaén, 1984, 5-23.

Villalta, Diego de, *Historia de la antigüedad y fundación de la Peña de Martos* [1579], Madrid: Hijos de M. G. Hernández, 1923.

LA POBREZA COMO UN IDEAL MEDIEVAL

ELIA NATHAN BRAVO
Universidad Nacional Autónoma de México

Jacques de Vitry, en su *Historia del Occidente*, del siglo XIII, describió a los franciscanos de la siguiente manera:

> Pobres de Cristo, no llevan para su camino ni saco, ni alforjas, ni dinero, ni la menor moneda en su cinturón, ni poseen oro, ni plata, ni zapatos en los pies, pues no le está permitido a ningún hermano de la orden poseer absolutamente nada. No tienen monasterio, ni iglesias, ni tierras, ni viñas, ni animales, ni casas, ni otros lugares, ni nada en donde puedan reposar la cabeza. Se ha multiplicado en tan poco tiempo, que no hay región de la cristiandad en donde no tengan algunos hermanos.
> (Cit. en Christophe, *Para leer*, 82).

Al igual que los franciscanos, anteriormente otros religiosos habían aspirado a ser pobres; y así como los franciscanos se multiplicaron en poco tiempo, también los amantes de la pobreza se habían propagado por toda la cristiandad del Medioevo tardío. Ciertamente, este fenómeno de la amplia adopción del ideal de pobreza durante los siglos XI al XIV requiere de una explicación. En este ensayo ofreceré algunas sugerencias.

Comencemos por aclarar ciertas cuestiones generales. Siguiendo a Mollat (*Les pauvres au Moyen Age*), podemos decir que el pobre es el que carece de los medios de poder y de consideración social necesarios para satisfacer sus necesidades básicas. Estos medios varían de acuerdo con las épocas y las sociedades, y pueden ser el dinero, las relaciones, la calificación técnica, el nacimiento honorable, el vigor físico, etc.; en el Medioevo tardío, el pobre fue, básicamente, el que carecía de dinero (Boff, *San Francisco*, 81; Christophe, *Para leer*, 7-8).

411

Generalmente la pobreza es pensada como algo que hay que evitar o modificar porque produce sufrimiento. Sin embargo, para el cristianismo, como para muchas otras religiones, la pobreza, en ciertos sentidos específicos, es una virtud, un bien deseable. Durante los siglos XI al XIV, la concepción religiosa de la pobreza como virtud cobró gran importancia; tanta, que el ideal de pobreza llegó a ser un factor crucial para la renovación espiritual que se dio en esta época (Little, *Religious Poverty*, VII, 146).

En el Medioevo tardío, dos fueron las principales razones por las que se adoptó este ideal. La pobreza voluntaria se buscó por un interés ascético, y por un interés caritativo. Examinémoslos con detenimiento, ya que son éstos los que explican por qué en este periodo resultó tan atractivo dicho ideal.

I. EL IDEAL ASCÉTICO DE POBREZA

En esta sección, primero ofreceremos algunos comentarios generales sobre el ascetismo, y posteriormente hablaremos de los grupos que adoptaron este ideal.

El ascetismo es un camino hacia Dios, o hacia la perfección religiosa, que en el cristianismo consta de tres elementos principales: la pobreza, la castidad y la obediencia.[1] La pobreza, en particular, ha sido considerada en casi todas las religiones, como un requisito necesario para obtener la santidad (Boff, *San Francisco*, 96; James, *The Varieties*, 317). Se piensa que la pobreza es necesaria porque su práctica permite *desprenderse* o *desapegarse* del mundo material, lo cual es indispensable para poder acceder al mundo divino. Esta idea puede aclararse recordando que para la mayoría de las religiones, el mundo sagrado es algo otro, diferente, del mundo cotidiano, por lo cual para entrar a él hay que romper con el mundo profano. Dado que uno de los elementos importantes en este último es el tener posesiones y disfrutar de gozos materiales, se requiere practicar la pobreza para romper parcialmente con la vida cotidiana —digo "parcialmente" porque se requiere de la castidad para distanciarse del cuerpo y de la obediencia para liberarse del *ego*.

---

[1] Hay otras prácticas ascéticas, como el ayuno, la flagelación, etc.

Para precisar más las razones en favor de la pobreza, destaquemos que en el cristianismo se han defendido dos distintos tipos de ésta. Algunos han abogado por una *pobreza moderada*; para ellos, lo importante no es tener o no bienes, sino la relación que uno establece con ellos, y que debería ser de desapego o indiferencia; o sea, lo crucial es que, aunque se tengan posesiones, la mente no esté ocupada en adquirirlas, conservarlas o aumentarlas, con el fin de que pueda interesarse en las cuestiones espirituales (James, *The Varieties*, 317, 369). Otra manera de argumentar en favor de una pobreza moderada, consiste en sostener que debe hacerse un uso moderado de los bienes, porque esto es lo que mantiene libre al espíritu de las ataduras mundanas (Boff, *San Francisco*, 96). Es interesante notar que la pobreza moderada generalmente ha sido defendida por la Iglesia romana.

Otros han abogado por una *pobreza radical*, por no tener posesión alguna, como dice la cita con que se abre este ensayo. Generalmente, ellos también sostienen que se debe romper con las relaciones sociales, con la búsqueda de poder y, en general, con todo aquello que da seguridad e identidad. Así, lo que se buscaría con la pobreza extrema es romper lo más radicalmente posible con el mundo profano.

Algunas veces se ha defendido la pobreza radical con base en una posición dualista: dado que todo lo material y lo psicológico son malos (porque el mundo material fue creado por un dios maligno), es necesario romper con lo mundano, lo cual permite al espíritu reconocerse como lo que verdaderamente es, como miembro del mundo divino. Vauchez (*La espiritualidad*, 53-54), por ejemplo, es un autor que relaciona fuertemente el ideal de pobreza, y más generalmente, el ascetismo, con el dualismo. Él sostiene que, a partir del siglo XI, el ideal feudal de la vida cristiana fue el de un estilo de vida heroico, caracterizado por la búsqueda de proezas ascéticas dirigidas contra la carne, *i.e.*, contra el cuerpo, por considerarse que era el principal receptáculo del mal. Asimismo, sugiere que a partir del siglo XI hubo un gran auge del ascetismo, porque los herejes populares que aparecieron en esta época revivieron el dualismo religioso. Por mi parte, pienso que esta idea es equivocada por dos razones. En primer lugar, no todos los herejes tardío-medievales fueron dualistas (Russell, *Dissent*, 192). En segundo lugar, y más importante aun para el tema que tratamos, el ascetismo extremo y el dualismo no están indisolublemente unidos, ya que es posible dar razones no dualistas en favor del ascetismo (o de uno de sus miembros, como es la pobreza). En efecto, lo mundano puede ser entendido no como algo malo, sino meramente como algo distinto a lo sagrado, por lo cual resulta necesario desligarse de él mediante la pobreza radical y otros métodos ascéticos extremos. En fin, hay otros pensadores que sostienen que las prácticas ascéticas, debido a que ellas anulan o limitan la satisfacción de ciertas funciones básicas, permiten que se fortalezca el poder del practicante (Van der Leeuw, *Fenomenología*, 440).[2]

Una vez que hemos visto las razones generales en favor de la pobreza, y que ésta puede proponerse en forma moderada o radical, presentemos una breve historia del ideal ascético de pobreza de los siglos XI al XIV.

Durante estos siglos se dio una serie de movimientos religiosos dentro y fuera de la Iglesia, que pueden ser caracterizados como movimientos de renovación espiritual, o sea, de mejoramiento de la calidad de la vida religiosa. Hubo varios factores que propiciaron dicha renovación, entre ellos están el fin de las guerras y las invasiones, que permitieron a la Iglesia mirarse a sí misma; la extrema feudalización de la Iglesia, que, al hacerla una institución guiada por intereses laicos, era poco responsiva a las necesidades espirituales de sus miembros; el surgimiento del comercio, la industria y las ciudades, que crearon una situación de crisis para el sistema feudal.

Un elemento fundamental para estos movimientos de renovación espiritual fue el ascetismo, y particularmente la pobreza, ya que, como vimos, el ascetismo es una de las vías más conocidas para lograr el desarrollo espiritual. Examinemos cómo lo plantearon los distintos grupos.

El primer movimiento pauperista fue el de los ermitaños, que comenzaron a aparecer a partir del siglo XI, y que, generalmente, eran monjes insatisfechos con la vida laxa de los monasterios (Christophe, *Para leer*, 64; Labal, *Los cátaros*, 51; Little, *Religious Poverty*, 146). Los ermitaños eran personas que buscaban despojarse de todo, ser radicalmente pobres, para poderse presentar desnudos ante el Señor. Por ello, abandonaban sus riquezas materiales, y además se aislaban de la socie-

---

[2] Van der Leeuw, señala que también los curanderos y los reyes están sujetos a tabús o prácticas ascéticas, porque esto les permite fortalecer ciertas funciones. En este caso es muy claro que el ascetismo no tiene un fundamento dualista: la ruptura de ligas mundanas se debe a que esto incrementa el poder del hombre en otras áreas, y no a que el mundo sea malo.

dad, con el fin de dejar la arrogancia y la seguridad que van ligadas al poder y a la pertenencia a grupos solidarios.

En el siglo XI también comenzó un movimiento de reforma de la Iglesia romana, llamado "Reforma Gregoriana" (Cantor, *Medieval History*, 314; Christophe, *Para leer*, 73; Thompson, *The Middle Ages*, 420). El principal papa reformador fue Gregorio VII, que buscó mejorar la vida religiosa, extendiendo al clero regular el ideal ascético de vida de los monasterios. A partir de ello, se le exigió a todo miembro de la Iglesia ser casto y pobre, pero pobre en el sentido religioso tradicional de no poseer bienes personales, o sea, pobre en el sentido de tener una vida comunitaria en que los bienes eran poseídos en común. Es de notarse que este ideal tradicional de pobreza, aunque significó carencia de propiedad privada *individual*, no significó que la Iglesia, como institución, se volviese pobre, y tampoco que los individuos vivieran una vida pobre, ya que podían disfrutar de los bienes de la Iglesia, aunque no fuesen sus propietarios. Como dice Christophe (*Para leer*, 70), la pobreza individual quedó anulada por la seguridad material colectiva que ofrecía la institución. Claramente, la pobreza de la que habla la Reforma Gregoriana es de tipo moderado.

Durante el Medioevo tardío también surgieron dentro de la Iglesia muchas nuevas órdenes, como las de los cartujos, los premostratenses, los cistercienses, etc., que abogaron por un ascetismo un poco más radical que el existente en el resto de la Iglesia. Es importante destacar que, por la clausura característica de los conventos, o sea, por el rechazo del mundo, el ascetismo monástico tenía por fin permitir sólo la santificación personal.

Al margen de la Iglesia Romana, y movidos por el descontento con una Reforma Gregoriana que les parecía lenta y poco profunda, surgió una serie de grupos ortodoxos y heréticos que podemos agrupar bajo el denominador común de "predicadores errantes". Como lo indica su nombre, eran religiosos o laicos que vivían una vida errante y pobre, dedicada a la predicación. Ellos decían seguir el "ideal apostólico" (Christophe, *Para leer*, 73; Little, *Religious Poverty*, 143; Vauchez, *La espiritualidad*, 71), expresado en Lucas 9:1-6, Mateo 10:5-15 y Marcos 6:7-13, en donde Jesús encomienda a los doce apóstoles proclamar el reinado de Dios sin morral, ni dinero, ni pan, ni sandalias y con sólo un vestido. El ideal de pobreza afirmado aquí es bastante radical, ya que propone la mendicidad como forma de vida. Claramente fue este ideal radical el que siguieron los predicadores errantes.[3] Esta característica de ser extremo, distingue al ideal de pobreza de los predicadores del de la Iglesia. Para ser más precisos, los predicadores proponían (i) una pobreza individual extrema, mientras que la Iglesia proponía una pobreza individual moderada o decorosa; (ii) la carencia de bienes temporales (o muy pocos) y de poder político, mientras que para la Iglesia, ella, en tanto que institución, debía ser rica, por ser la riqueza indispensable para poder cumplir con el ideal caritativo de ayuda material a los pobres (Christophe, *Para leer*, 73; Vauchez, *La espiritualidad*, 94), y también debía tener poder político, por creerse que éste era necesario para cumplir con su misión de cristianizar a la sociedad. Cabe destacar que, para ambos grupos, la pobreza que era valiosa en sentido religioso era la pobreza espiritual (mencionada pricipalmente en el Sermón de la Montaña);[4] ésta consiste en ser humilde, sencillo, desprendido, dispuesto a dar y recibir (Cantor, *Medieval History*, 318; Christophe, *Para leer*, 17-18). En cambio, en lo que diferían era respecto de la pobreza material: los predicadores pensaban que la material era condición necesaria para que pudiera obtenerse la espiritual, mientras que la Iglesia no la consideraba como una condición fundamental.[5]

Hay otra diferencia importante. Vimos que en el caso de la espiritualidad monástica, la pobreza se inscribía dentro de la vida contemplativa y tenía por objetivo sólo la santificación personal. En cambio, en el caso de los predicadores, el ideal de pobreza se encontraba íntimamente unido a la vida activa, por guardar una estrecha relación con la predicación. Por ejemplo, san Francisco, heredero de algunas tesis de los predica-

---

[3] De todos los predicadores errantes, sólo un grupo —el de los cátaros— era dualista, aunque todos ellos defendían una pobreza radical; es por ello que anteriormente hablé de dos fundamentos teóricos diferentes —el dualista y el no-dualista— para el ascetismo radical.

[4] Esta valoración la encontramos muy agudamente expresada por san Agustín en su carta 211,6: "De qué sirve repartir los bienes entre los pobres y hacerse uno pobre, si nuestra alma se enorgullece más en el desprecio que en la posesión de las riquezas" (cit. en Christophe, *Para leer*, 40).

[5] En efecto, ya desde los Padres de la Iglesia se sostuvo que los ricos (ya fuesen éstos individuos o instituciones) podían salvarse, siempre y cuando hicieran buen uso de su riqueza, esto es, si la utilizaban para ayudar a los necesitados (Christophe, *Para leer*, 21, 32, 42).

dores,[6] sostuvo que "un hombre posee conocimiento sólo en la medida en que lo manifiesta en la acción, y un monje es un buen predicador sólo en tanto sus actos lo proclamen como tal, pues cada árbol se conoce por sus frutos (*De Speculum Perfectionis*, cit. en James, *Varieties*, 320). La idea que aquí nos expresa, y que se asemeja a la de los predicadores, es que lo que avala a alguien a proclamar el Reino de Dios, es vivir de acuerdo con los principios que allí rigen, o sea, con los ideales evangélicos, uno de los cuales es la pobreza. En otros términos, la propuesta es que única- mente los que actúan de acuerdo con la palabra divina, y no meramente la conocen, son capaces de predicarla. Con esta afirmación, los predica- dores errantes y san Francisco se opusieron a la concepción tradicional de la Iglesia, para la cual lo que autoriza a alguien a predicar es tener una licencia, o aval institucional —como lo tenían los sacerdotes.[7] Así, para la Iglesia la calidad moral del predicador no era algo relevante para su prédica, mientras que para los predicadores errantes era fundamental; es precisamente por esto que ellos consideraron que la pobreza era necesa- ria. Sin embargo, notemos que en los predicadores la relación entre po- breza y predicación es aún más profunda, ya que para ellos la santidad personal, que se obtenía a través de la pobreza, debía manifestarse en la acción, en el servicio a los demás, como por ejemplo, en la predicación. Por ello, puede afirmarse que para los predicadores errantes, pobreza y predicación se requerían mutuamente.

En síntesis, vimos en esta sección que el ideal de pobreza fue muy socorrido en el Medioevo tardío porque hubo un importante movimiento de renovación —tanto ortodoxo como herético— que retomó al ascetis- mo, y con ello a la pobreza, como el medio idóneo para obtener un mejoramiento espiritual.

---

[6] La afirmación implícita en el texto, de que san Francisco sostuvo algunos plantea- mientos que también tenían los herejes, requiere mayor especficación y una amplia justificación —éstas pueden encontrarse en mi artículo "Órdenes mendicantes"

[7] Conviene aclarar que la Iglesia tuvo posiciones variadas con el paso del tiempo —así, por ejemplo, fue sólo hasta 1201 que el Papa Inocencio III aprobó la predicación laica, para el caso de los *Humiliati*, pero bajo la condición de que ésta no versara sobre cuestiones teológicas o sacramentales (Little, *Religious, Poverty*, 117). De cualquier ma- nera, ella siempre defendió el principio de que era la institución eclesial la que determi- naba quiénes podían o no predicar.

II. El ideal caritativo de pobreza

El ideal de la pobreza voluntaria, entendido como el ideal de una pobreza que se opone a la riqueza, tuvo en el Medioevo tardío por lo menos dos distintos sentidos.

En primer lugar, la pobreza voluntaria se contrapuso a la excesiva riqueza que había acumulado la Iglesia a partir del siglo XII (Labal, *Los cátaros*, 52; Lambert, *La herejía*, 62; Vauchez, *La espiritualidad*, 93) —en virtud de que la Reforma Gregoriana le permitió administrar en su favor las tierras y los monasterios que antes estaban en manos de los señores laicos—.[8] Podemos distinguir tres distintos motivos para criticar la riqueza de la Iglesia.

a) Que la Iglesia no debería ser rica, ni tampoco tener poder político, porque éstos corrompen, o sea, porque son malos en sí mismos o porque impiden el crecimiento espiritual. Por ello, el fin último al que se aspira es que todos los cristianos, sean religiosos o laicos, se vuelvan pobres.[9] Un defensor de esta posición fue el hereje Arnoldo de Brescia (Russell, *Dissent*, 99-100).

b) Que la Iglesia no debe ser rica, porque su riqueza se basa en la explotación de los pobres, de tal suerte que si dejara de ser rica, dejaría de haber pobres, siendo la ausencia de pobreza lo que se busca obtener en última instancia.[10] En esta línea se encuentran algunos herejes, como Tanquelmo de Holanda, que sostuvieron que los fieles no deberían de pagar los diezmos, camelajes, primicias, indulgencias, etc., que la Iglesia les cobraba, porque ésta se enriquecía a base de empobrecerlos (Le Roy, *Montaillou*, 536, 548).

c) Que la Iglesia no debería acumular riquezas, porque el único sentido positivo que tiene la riqueza es el de aliviar la miseria. En este caso, lo

---

[8] Una cuestión a investigar es la de si la crítica a la riqueza era sólo a la riqueza de la Iglesia, o también a la de los laicos.

[9] Esta posición ya había sido defendida en el siglo IV d.C. por los pelagianos, quienes sostuvieron que la renuncia absoluta a la riqueza era indispensable para poder salvarse (Christophe, *Para leer*, 25).

[10] Esta idea también es de viejo cuño. Por ejemplo, en un tratado pelagiano (*Sobre las riquezas*, 2,2) se dice: "Suprime al rico y no encontrarás al pobre. Que nadie posea más de lo necesario, y todos tendrán lo necesario. El número pequeño de ricos es el que engendra la muchedumbre de pobres" (cit. en Christophe, *Para leer*, 26).

que se le reclamaría a la Iglesia es su falta de solidaridad con el pobre. Por ejemplo, Joaquín de Fiore sostuvo que los cátaros tenían éxito porque "denuncian a los cristianos ricos, y principalmente a los sacerdotes y al clero quienes deberían, dice, observar la vida apostólica y aliviar las miserias del pobre y del indigente para que no haya indigentes en la religión cristiana puesto que ninguno había en la Iglesia primitiva" (Labal, *Los cátaros*, 13). Dado que esta idea acerca del uso positivo de la riqueza constituye el segundo sentido del ideal de pobreza, pasemos a examinarlo. Aunque antes conviene aclarar una cuestión: Vauchez (*La espiritualidad*, 13) sostiene que el ideal de pobreza sólo pudo proponerse hasta que existió mucha riqueza visible. Cierto es que el ideal de pobreza en este primer sentido que hemos examinado, y que consiste en oponer una pobreza voluntaria a la excesiva riqueza, sólo pudo fructificar en un momento histórico en que había mucho lujo y despilfarro —no tiene sentido proponerle ser pobre al pobre—. Sin embargo, recordemos que hay otras razones en favor de este ideal, como son el ascetismo, y la razón que veremos a continuación, por lo que la situación histórica de una fuerte acumulación de riqueza podría tan sólo explicar la aparición de un sentido del ideal de pobreza, y/o el gran entusiasmo por este ideal, pero no el surgimiento mismo del ideal de pobreza, como parece sugerir Vauchez.

En segundo lugar, el ideal de pobreza puede entenderse como el deber de ayudar a los necesitados o pobres; éste es el sentido que, estrictamente hablando, puede llamarse el ideal caritativo de pobreza. La ayuda que se ofrecía era de dos clases: material y, por así llamarla, psicológica.

En relación con la ayuda material, es importante recordar que, desde el cristianismo primitivo, siempre existió el ideal caritativo de ayuda a los necesitados. Así, la Iglesia siempre ayudó a los necesitados de comida y techo, creó hospitales para los enfermos, dio protección a los perseguidos, etc. Sin embargo, hacia finales del siglo XI comenzaron a aparecer muchos pobres, esto es, personas sin dinero, y pobres de un nuevo tipo, ya que, por ejemplo, aparecieron muchos trotamundos que eran campesinos que habían perdido sus tierras o que huían para no pagar sus deudas; en las ciudades surgieron los absolutamente pobres, o sea, pobres que, por el anonimato típico de las ciudades, no pertenecían a ninguna comunidad que los protegiera (Christophe, *Para leer*, 59-60; Little, *Religious Poverty*, 28-29; Vauchez, *La espiritualidad*, 67). Dado este aumento de la pobreza, el ideal caritativo cobró una gran fuerza a partir del siglo XI. Por una parte, la Iglesia reorganizó sus instituciones caritativas (Christophe, *Para leer*, 57) y planteó algunas nuevas (como los montes de piedad). Por otra parte, desarrolló una ideología en favor de los pobres; por ejemplo, gracias a la insistencia del clero en que los ricos tenían el deber de ayudar a los pobres, se multiplicaron las instancias de caridad (así, las cortes crearon sus propias limosnerías, y con el paso del tiempo, los laicos crearon hospitales y leprosarios), así como las cofradías (Christophe, *Para leer*, 62; Vauchez, *La espiritualidad*, 110); a nivel jurídico se apoyó a los pobres (v. gr. en los siglos XIII y XIV en las facultades de derecho y teología se enseñó que el hambriento que estaba obligado a robar (porque el rico no cumplía con su obligación) era inocente (Christophe, *Para leer*, 65).[11] Cabe notar que el ideal caritativo de pobreza, entendido como ayuda material, fue desarrollado sobre todo por la Iglesia, y no por los predicadores errantes, ya que éstos carecían de la riqueza necesaria para poder brindar ayuda material a los pobres. En cambio, los predicadores se abocaron más que la Iglesia a dar ayuda "psicológica" a los pobres. Hablemos de ésta.

La pobreza es penosa no sólo por lo difícil de vivir con pocos recursos, sino porque es una condición mal vista, rechazada. Por ejemplo, en la temprana Edad Media se creía que la pobreza era consecuencia del pecado (Vauchez, *La espiritualidad*, 110). Como esto era creído por los pobres —al igual que por los ricos—, tenían una imagen negativa, desacreditada, de sí mismos: se veían como gente de poco valor.[12] Frente a esta situación se propuso un ideal caritativo de pobreza, que buscaba darle un carácter respetable y digno a la vida pobre (Boff, *San Francisco*, 113; Christophe, *Para leer*, 83, 85, 90; Vauchez, *La espiritualidad*, 110). Los predicadores errantes, así como los frailes mendicantes, intentaron llevar a cabo esta revaloración de la pobreza convirtiéndose ellos mismos en pobres, ya que se pensó que aparecería como una forma de vida honorable si había personas que la elegían libre y voluntariamente.

Para algunos autores, este sentido "psicológico" es el crucial. Por ejemplo, Russell (*Witchcraft*, 82) sostiene que los movimientos apostólicos o

---

[11] O sea, la ayuda a los pobres se llegó a entender como un deber de justicia y no sólo como expresión de la caridad, o del amor a los otros (Boff, *San Francisco*, 85).

[12] La "vergüenza de ser pobre" se recrudeció en esta época, porque muchos sufrieron un proceso de degradación socioeconómica.

pauperistas no buscaban una mejora material (entre otras razones, porque creían que la pobreza económica no se podía erradicar), sino que "lo que los empujaba era la búsqueda de la dignidad y el sentido dentro de una sociedad que comenzaba a parecer dislocada". Ciertamente, esta búsqueda de dignidad por parte de los pobres es muy importante, ya que el no sentirse devaluado es una condición necesaria para luchar por mejorar la situación en que se vive. Sin embargo, en contra de Russell, cabe señalar que los datos históricos que hemos visto en este ensayo muestran que estos movimientos también ofrecieron una ayuda material a los pobres (o predicaron que los ricos debían dar esta ayuda), aun cuando ésta haya consistido en dar alivio al necesitado y no en cambiar las estructuras sociales que generaban la pobreza.

Cabe preguntarse qué tan efectiva fue la ayuda "psicológica" que daban los seguidores del ideal de pobreza. De acuerdo con Le Roy (*Montaillou*, 529, 540), el estudio detallado de una aldea cátara, Montaillou, muestra que, aunque la pobreza voluntaria fue respetada, continuó la valoración social negativa de los pobres involuntarios. Sea o no correcta esta afirmación, lo que sí parece claro es que la revaloración de los pobres fue eficaz, en el sentido de que mejoró la imagen que los ricos tenían de los pobres, lo cual suscitó un nuevo impulso en favor de los necesitados (Christophe, *Para leer*, 112-113).

Para terminar esta sección, hablemos de algunas relaciones entre los dos sentidos del ideal de pobreza. El ideal caritativo ha sido muy importante dentro de la tradición cristiana. Por ello, algunos autores afirman que la búsqueda de la pobreza y el servicio al pobre están indisolublemente unidos (Christophe, *Para leer*, 8). Pienso que hay que matizar esta afirmación, ya que, en el cristianismo, la pobreza también ha sido adoptada por ser una vía ascética, y en ocasiones ha predominado este sentido ascético, como en el monasicismo medieval, en la Reforma Gregoriana, en el franciscanismo,[13] etc. Sin embargo, es cierto que en el cristianismo, y esto es algo distintivo de él, hay la fuerte tendencia a considerar que el ascetismo debe culminar en el amor a los otros, en la caridad.

---

[13] Es interesante notar que santo Tomás argumentó en contra de los franciscanos, que la caridad, y no la pobreza (en sentido ascético), es la base para una vida perfecta (Douie, *The Nature*, 160).

En términos generales, podemos decir que el ideal ascético de pobreza y el caritativo pueden o no estar unidos en un mismo grupo religioso; el único caso de incompatibilidad objetiva se da entre el ideal ascético de pobreza absoluta y el ideal caritativo de ayuda material, ya que, sin cierta riqueza, no es posible ayudar al pobre.

III. Conclusión

En este ensayo, buscamos responder la pregunta de por qué en el Medioevo tardío tuvo tanto éxito el ideal de pobreza. Encontramos que hubo dos razones principales. Una, de tipo religioso, por el clima de renovación espiritual que había en aquel período, se adoptó la pobreza, ya que se consideró que, al ser una vía ascética hacia Dios, contribuiría al desarrollo espiritual.

La otra razón está relacionada con la situación socioeconómica de aquel momento histórico. Ésta se caracterizó por la existencia de una gran riqueza concentrada en pocas manos, y una gran pobreza para las mayorías. Frente a esto se propuso un ideal caritativo de pobreza, según el cual los ricos debían usar su riqueza para ayudar a los pobres.

Bibliografía

Boff, Leonardo, *San Francisco de Asís. Ternura y vigor*, 3ª ed., Santander: Sal Terrae, 1982.

Cantor, Norman F., *Medieval History. The Life and Death of a Civilization*, New York: Macmillan, 1964.

Christophe, Paul, *Para leer la historia de la pobreza*, Navarra: Verbo Divino, 1989.

Douie, Decima L., *The Nature and the Effect of the Heresy of the Fraticelli*, Manchester: Manchester University Press, 1932.

Lambert, Malcolm D., *La herejía medieval. Movimientos populares de los bogomilos a los husitas*, Madrid: Taurus, 1986.

James, William, *The Varieties of Religious Experience. A Study in Human Nature*, New York: Penguin, 1982.

Labal, Paul, *Los cátaros. Herejía y crisis social*, Barcelona: Crítica, 1984.

Le Roy Ladurie, Emmanuel, *Montaillou, aldea occitana de 1294 a 1324*, Madrid: Taurus, 1981.

Little, Lester K., *Religious Poverty and the Profit Economy in Medieval Europe*, Ithaca: Cornell University Press, 1983.

LITTLE, LESTER K., *Dissent and Reform in the Early Middle Ages*, Berkeley: University of California Press, 1965.

NATHAN BRAVO, ELIA, "Órdenes mendicantes: integración de elementos marginales de la Iglesia", en A. González, L. von der Walde, *Edad Media: oficialidad y marginalidad*, México: Universidad Nacional Autónoma de México, 1998, 183-205.

RUSSELL, JEFFREY BURTON, *Witchcraft in the Middle Ages*, Ithaca-London: Cornell University Press, 1972.

THOMPSON, JAMES WESTFALL, *The Middle Ages. 300-1500*. New York: Cooper Square, 1972.

VAN DER LEEUW, G., *Fenomenología de la religión*, México: Fondo de Cultura Económica, 1975.

VAUCHEZ, ANDRÉ, *La espiritualidad del Occidente medieval. Siglos VIII-XII*, Madrid: Cátedra, 1985.

EL DISCURSO SOBRE LA MUJER

LOS MÓVILES DE LOS ENGAÑOS FEMENINOS EN ALGUNOS *EXEMPLA*[1]

Graciela Cándano
Universidad Nacional Autónoma de México

La literatura medieval encierra —mucho más de lo que generalmente se supone— contenidos psíquicos valiosos. En particular, los marcos narrativos y los cuentos ejemplares de las obras didácticas de la Baja Edad Media constituyen una fuente inagotable de estos contenidos, sobre todo en lo que respecta al tema de la mujer.

En colecciones de *exempla* tales como *Disciplina clericalis*, *Calila e Dimna* y *Sendebar*, en catecismos morales como *Castigos e documentos del rey don Sancho*, al igual que en las compilaciones de derecho canónico del siglo XIII, la mujer es, con frecuencia, denostada. Las imputaciones que tácita o explícitamente se le hacen son, en esencia, tres: *a*) su insaciable sexualidad; *b*) su ingenio para engañar, particularmente al hombre, y *c*) su faceta de crueldad, manifiesta en la frialdad con que puede dañar a otros cuando busca su propio beneficio. Aunque se le achacan más defectos, las tres grandes categorías señaladas los engloban a todos de algún modo.

Enseguida se expondrán los motivos que, según el discurso de las obras didácticas citadas arriba, habrían llevado a las mujeres de la Baja Edad Media a la deslealtad, el engaño y la impiedad. Interpretaré los actos cometidos por los personajes literarios femeninos como si hubieran sido

---

[1] La procedencia de los *exempla* (cuentos o narraciones ejemplares, moralizantes) es, como se sabe, folclórica, y su transmisión en España se realizó fundamentalmente a través de versiones al castellano tomadas de otras escritas en latín o en árabe, cuyos contenidos se referían a aleccionamientos acerca de la conducta humana y sus secuelas morales.

perpetrados por personas reales, ya que considero que las protagonistas de los *exempla* eran —por lo menos a los ojos de los patrocinadores de las obras didácticas— totalmente representativas de la mujer de la época.[2] Asimismo se realizará, en la medida de lo posible, un contraste entre dichos motivos y las disposiciones contenidas en las *Decretales*.[3]

I. "Qu'el enganno de las mugeres non an cabo nin fin"

La mujer hábil embustera se presenta sin atenuantes y profusamente en relatos de las cuatro colecciones. Se deduce de aquéllos que sus engaños responden a ciertas causas específicas y que, al menos, provocan dos efectos: la calamidad o destrucción, y la comicidad, voluntaria o involuntaria.[4]

En lo que se refiere a las causas, he determinado —rastreando detenidamente en cada uno de los *exempla* seleccionados— que los móviles que habrían orillado a la mujer al engaño se pueden subdividir en cinco grandes rubros: la lujuria, la codicia, la venganza, el anhelo de justicia... y su "propia naturaleza". Pasemos ahora a establecer hasta qué grado de artificio podían llegar las mujeres dentro de cada uno de los móviles, comenzando por el más evidente y citado de ellos: la lujuria.[5]

a) Engaños por lujuria

Según los *exempla*, la mujer es capaz de concebir notables argucias, ya sea para saciar la inveterada incontinencia sexual de que se le acusa, o bien para satisfacer la lujuria de clientes, protegidos(as) o víctimas, como es el caso de las proxenetas. Así pues, a la mujer le sobran capacidad y

---

[2] Las *Decretales* confirman nuestra interpretación, como se verá más adelante.

[3] Esta recopilación de decretos pontificios lleva por nombre *Decretalium Gregorii IX Compilatio*. El Papa Gregorio IX asoció a sus trabajos de compilación "al sabio jurista español fray Raimundo de Peñafort, su capellán y penitenciario, [quien] a principios de 1234 la tuvo terminada" (*Diccionario de historia eclesiástica*, 1245).

[4] Más adelante se retomará el tema de las consecuencias de los engaños de las mujeres.

[5] Para hacer referencia a los diversos relatos en los que se manifiestan rasgos misóginos, según las categorías seleccionadas, se utilizarán las siguientes abreviaturas, seguidas del número de cuento respectivo: *S* para *Sendebar*, *D* para *Disciplina clericalis*, *CD* para *Calila e Dimna* y *C* para *Castigos e documentos...*

agallas para planificar y ejecutar las arriesgadas acciones siguientes: adiestrar subrepticia y tramposamente a un insólito papagayo, realizando una suerte de contraespionaje a su marido, con objeto de ocultar su infidelidad (*S*-2); hacer creer a una casta e ingenua dama que una perrita es una improbable mujer metamorfoseada, con el fin de inducirla al adulterio (*S*-10 y *D*-XIII); usar con felonía la capa de un mercader —obtenida mediante una treta— para comprometer, y así obligar a la infidelidad, a la honorable esposa de éste (*S*-13); adaptar un caño de desagüe de su vivienda para que por él se escape fácilmente su amante (*CD*-I); embriagar a un hombre para poder echarle veneno por la nariz, mediante una pajilla, y así liberar de éste a su pupila (*CD*-II); con el propósito de desorientar a su cónyuge, simular gran molestia porque su querido es ahora su vecino —proximidad que ella misma ha auspiciado— (*CD*-V), o ingeniárselas para emborrachar todas las noches a su marido y, con ello, salir de su casa libremente para entregarse a su galán (*D*-XIV).

Pero lo más sorprendente de tales capacidades radica en la velocidad mental y audacia de la mujer para salvarse airosamente cuando es sorprendida *in fraganti*, generalmente por su esposo. Entonces idea vertiginosamente las más extraordinarias estratagemas, tales como hacer creer a su marido que sus dos amantes son, uno de ellos, un pobre hombre perseguido —a quien ella había ocultado en un cuarto— y, el otro, su temible perseguidor (*S*-5 y *D*-XI); convencer a su consorte de que ella le preparó una prueba de fidelidad a él, por medio de una alcahueta, cuando en realidad la infiel es ella (*S*-10); dirigirse a su galanteador de tal manera que su marido —que la espía debajo de la cama— crea que es amado por su desleal esposa (*CD*-IV); tapar con la boca, pretextando curarlo, el único ojo bueno de su cónyuge, a fin de que éste no vea salir por la puerta de su propia casa al amante de turno (*D*-IX); "echarle una mano" a su hija al hacer salir al querido de ésta, oculto tras una sábana extendida —ante los timoratos ojos de su yerno— (*D*-X), o, para encubrir su adulterio, hacerle creer a su cornudo marido que el ruido que hace una gran piedra —que ella ha arrojado a un pozo— lo provoca su propio cuerpo al caer en el agua (*D*-XIV).

Los ejemplos de engaños que se recogen en las colecciones son viva muestra de la concepción negativa que se tenía en la época, tanto de la moral de las mujeres, como de la índole de su inteligencia. Tal es así, que precisamente en las *Decretales* —documentos que contienen la esencia del derecho canónico medieval— no es difícil advertir que muchas de sus sentencias y argumentaciones obedecen, precisamente, a la masculina necesidad de protegerse de la gran astucia y fingimientos de las mujeres. Por ello, entre los pecados femeninos a que explícitamente se hace referencia en estos documentos están los "engannos", los "enfenimientos" (simulaciones), el perjurio, los falsos testimonios y la mentira.

La desconfianza hacia la sinceridad de la mujer se percibe en múltiples resoluciones de las *Decretales*:

a) Se duda, por ejemplo, de la veracidad de las desposadas[6] que declaran —para anular su compromiso— que sus prometidos padecen alguna terrible enfermedad... y se las castiga por si acaso (L.III. xxxii.14, 429 y L. IV. i. 28, 18).[7]

b) Como medida precautoria y en defensa del hombre, se sanciona a las casadas que se niegan a cohabitar con sus esposos, o que quieren separarse de ellos, aduciendo la impotencia sexual de éstos; y basta con que su marido las desmienta, sin necesidad de pruebas, para que sean penadas severamente (L.III.xxxii.7, 426; L.IV.xv.6, 59; L.IV.xv.8, 61-62). Lo último constituye un caso opuesto al del varón, donde no se considera verdadero su casamiento si él declara, por ejemplo, que "ensayó de yazer con ella, e non pudo" (L.IV.i.32,20), pues a éste se le cree ¡sin pruebas!

c) Se recela de las casadas con viudos, al suponerlas capaces de cometer solapados adulterios y hasta brujerías y asesinatos... y se obra en consecuencia con base en puras conjeturas (L.IV.vii.3,39; L.IV.vii.6,40).

d) No se descarta la posibilidad de que las viudas se hayan desembarazado de sus cónyuges, ya sea por medio de hechizos, envenenamientos o de cualquier otro engañoso procedimiento (L.III.xxxiii.1, 433; L.IV.xix.1, 77).

Observamos, pues, en las *Decretales*, que los eclesiásticos medievales suponían que la mujer no jugaba limpio, que fingía para sacar provecho, especialmente en el ámbito del matrimonio. La sospecha social, referente a la falsedad natural de las mujeres, a su deshonestidad —sin duda sistemática, en virtud de su agudísima astucia—, se refleja a lo largo de

---

[6] Es decir, de las que se comprometen a contraer matrimonio.

[7] Se trata de un comportamiento análogo al posiblemente ficticio "ajusílenlos y luego virigüen" (fusílenlos y luego averigüen) de la Revolución Mexicana.

numerosos decretos papales.[8] Éstos constituyen la base jurídica justificatoria del discurso misógino reinante en la época, y tan evidente en los marcos narrativos y *exempla* de nuestras colecciones.[9]

b) Engaños por codicia

El actuar impropiamente, movidas por el afán de obtener una ganancia pecuniaria, es clásico en las alcahuetas (*S*-10, *S*-13 y *CD*-II); mas también se percibe en ellas cierta perversidad, pues su móvil es, además de ganar dinero, satisfacer el apetito sexual de mujeres casquivanas o de hombres atraídos por honestas casadas o jovencitas solteras. La alcahueta, mientras realiza su negocio:

a) Corrompe a castas esposas y las orilla al ocultamiento de sus deslices.

b) Induce y somete a doncellas a la prostitución, sin importarle las sanciones que la Iglesia impone a las meretrices...

> ...e dize Nuestro Señor que los nacidos de putia e fornecinos fata la dézima generatión non entrarán en la eglesia (L.IV.xvii.13, 73).[10]

De hecho, en los *Fueros* se castiga muy severamente a la alcahueta, hasta con la muerte (*Fuero real*, L.I.x.Ley VII, 136).

Sin embargo, no es el comercio sexual de las viejas proxenetas la única muestra, en los ejemplos, de la codicia femenina, sino que hay también una doncella que decide hacer pan para la venta con una masa que, antes, le sirvió de emplasto para curar a su padre de ampollas y podredumbres. Ella comete este latrocinio con tal de ¡no perder la inversión

---

[8] La mujer adúltera es aquí considerada peor que una "malata" (leprosa), digna de ser repudiada aunque se enmendase (L.III. XXXII.19, 431), pues "segunt el evvangelio aquel que casa con la que otro dexó, faze adulterio" (L.IV.XIX.8, 82).

[9] A su vez —en una interactuación permanente— el discurso misógino provoca la base jurídica.

[10] En el siglo XV, el arcipreste de Talavera se refiere sin ambages a las alcahuetas: "¡O malditas, descomulgadas, disfamadas, traydoras, alevosas, dignas de todas byvas ser quemadas! ¡Quántas preñadas fazen mover, por la vergüeña del mundo, asy casadas, biudas, monjas, e aún desposadas! ¡O quien osase escrevir en este caso lo que oyó, vido o se le entiende, sería por dezir la verdad ganar enemistad, e, lo peor, avisar por ventura a quien dello es ynocente, o dar logar a mal fazer con la esperança del remedio! Por ende, la pluma cesa" (*Corbacho*, 174).

pecuniaria hecha en los ingredientes de la masa!: harina, manteca y miel
(S-4); y una mujer casada —adúltera en potencia— aprovechando la oportunidad, obtiene de su cornudo marido un jugoso y superfluo obsequio
como consolación por las supuestamente injustas sospechas de éste hacia ella (S-10).

Así como en las *Decretales* se manifiesta la desconfianza hacia la honestidad de la mujer, también ha quedado reflejada en ellas la codicia
femenina, como cuando la hija de un rey quiso despojar a su marido de
unos castillos propiedad de éste.[11]

c) Engaños por venganza

Aunque el poder en general era un privilegio del sexo masculino, la
mujer demostraba su singular poder —siempre que fuera posible— en el
campo del ingenio. En los *exempla* se presenta a la esposa que, molesta
por el cinismo de su cónyuge —a quien una diablesa le ha concedido la
mágica prerrogativa de poder pedir tres deseos—, con gran talento y
revanchismo, le hace malgastar tan gran poder (S-17). Y más que nada se
destaca la joven y hermosa esposa de un posadero que, ante la confidencia de un joven soberbio acerca del conocimiento de éste sobre los engaños de las mujeres, decide, en represalia, darle una lección y lo hace caer,
con gracia y fácilmente, en un terrible ridículo (S-18); después le advierte —con sarcasmo— que los hombres jamás podrán conocer los infinitos
artilugios de las mujeres.

Aquí ya no se da la batalla entre el *eros* (pasión, propiedad femenina)
y el *logos* (razón, atributo masculino), sino entre un *logos* femenino y
uno masculino, en donde resulta triunfante la inteligencia intuitiva de la
mujer sobre el saber almacenado del hombre. Se percibe en los ejemplos, por tanto, una cierta crítica a esa sapiencia estática del varón medieval, pues mientras el hombre, con gran esfuerzo, estudia y acumula,
la mujer, divertida y ligera, crea sobre la marcha.[12]

---

[11] El papa Inocencio III tuvo que enviar un decreto —al arzobispo de Santiago de Compostela— en el que ordenó excomulgar a ¡la hija del rey de Castilla! mientras no devolvie-
ra los castillos que, injustamente (por codicia), le retenía al rey de León (L.IV.xx.5, 84).

[12] En los decretos encontramos que, con tal de deshacerse de sus maridos —o con un
ánimo de venganza contra el hombre—, la mujer es capaz de sacarle provecho, incluso,
a sus enemigos de religión: los moros.

d) Engaños por anhelo de justicia o supervivencia

En los *exempla* se presenta una sola mujer casada que, siendo honrada, logra salir indemne de los acosos de un hombre lujurioso. Se trata de una joven que embauca nada menos que a un rey —sabio por defini-ción—, haciéndole creer que le brindará su amor después de que éste haya leído cierto libro. Pero ese libro es un tratado sobre el adulterio, hecho por reyes, razón por la cual el lascivo monarca la deja en paz (*S*-1). Y está la anciana que, haciendo gala de un ingenio incomparable, consigue que un hombre recupere lo que otros le habían robado (*D*-XV). Por últi-mo, aunque no se trata de un engaño, se recurre a la aparición sobrena-tural de una monja para narrar el hecho justiciero que ella realiza contra su forzador (*C*-II).

No obstante que estos últimos ejemplos de rectitud favorecen a la mujer, no dejan de provocar asombro y temor las grandes facultades femeninas para el fingimiento, así como su oportunismo y audacia para resolver problemas que los propios hombres serían incapaces de enfren-tar (*D*-XV). En las *Decretales* se observa, por ejemplo, que por bueno que fuera el prestigio de una viuda, siempre se encontraba en el umbral de ser considerada, ya sea como una mujer doliente, ya como una astuta conspiradora.

e) Engaños por la propia "naturaleza" femenina

Hay un único caso en los cuentos estudiados en que una mujer, sin ha-ber cometido ningún acto negativo, miente a su esposo, bien por no poder ir contra su índole simuladora, o bien para defenderse de la eterna sospecha del varón sobre su conducta (*S*-16), pues es factible que le crean una mentira, ya que la verdad provocaría recelo.[13]

En cuanto al arte para engañar al hombre, sea éste noble, sabio o villano, joven o viejo, tanto los *exempla* como las *Decretales* no dejan lugar a dudas: la astucia de la mujer es muy digna de ser temida... y la emplea más para el mal, que para el bien.

---

[13] Hay cierta relación con la esposa "títere" de *Pallium* (*S*-13).

II. "Que non podrían escrevir las maldades de las mugeres"

Aunque se han deducido varios móviles de los engaños de las mujeres medievales, el *leitmotiv* de éstas, según hemos comprobado en las diversas fuentes, es su lascivia. Esa sexualidad que, desde Eva —al menos en nuestra cultura—, ha sido tan agraviada.

Haciendo una recapitulación sobre otros aspectos del mismo tema, en los *exempla* estudiados se encuentran ocho casos de mujeres que deshonran a sus respectivos esposos en su propia casa, en el dormitorio mismo (*S*-2, *S*-5, *CD*-I, *CD*-III, *CD*-IV, *D*-IX, *D*-X y *D*-XI). De estos ejemplos, en los seis primeros las esposas les son infieles a sus maridos apenas salen éstos a trabajar y, en los dos últimos, en cuanto se van de viaje. Este oportunismo, esta debilidad por el sexo, hace que una de las desleales (*S*-5) seduzca incluso al mensajero de su amante; y otra de ellas, poseedora de marido y de amante, tenga amores adicionales con su propio siervo (*CD*-III), creándose en las anécdotas una situación semejante a una poliandria clandestina.

Para mayores evidencias de la maldad femenina, dos de las adúlteras son alcahueteadas por sus propias e inescrupulosas madres (*D*-X y *D*-XI); y otra, esposa de un hombre que la custodiaba las 24 horas del día, logra engañarlo y ponerle los cuernos todas las noches y, al ser descubierta por él, vuelve a burlarlo de manera definitiva, desprestigiándolo (*D*-XIV).

En otro orden de ideas, hay una mujer que es entregada por su corrupto marido a un obeso impotente, con quien inesperadamente logra una satisfacción sexual (S-9); tres más que, siendo honestas, sucumben y devienen infieles ante las marrullerías de sendas proxenetas (S-10, S-13 y *D*-XIII) —la del segundo cuento realiza el adulterio, aun cuando ni siquiera desea hacer el amor con el hombre a quien ha sido subrepticiamente facilitada.

La moraleja es que tampoco se puede confiar en las mujeres castas o en los amantes impotentes; de cualquier manera, ya sea por sus mujeriles debilidades, o bien por sus femeninas habilidades, la mujer hará cornudo al hombre.

Las *Decretales* y las casadas y comprometidas

La desbordada lascivia de la mujer en general, pero especialmente la de *la casada* —la lujuria que lleva al adulterio—, está ampliamente tratada, con lujo misógino, en las *Decretales*. Veamos: encontramos resoluciones sobre casadas y comprometidas consistentes en que, habiendo entrado su hombre a una orden religiosa, fueron obligadas a ingresar a un convento "para evitar complicaciones de linaje" (un tosco eufemismo para referirse a la incontinencia sexual de aquéllas).[14]

Con tal de evitar el adulterio, la Iglesia determinaba que las desposadas que hubieran sido abandonadas por sus prometidos antes de la boda no podían unirse a ningún otro hombre y debían hacer penitencia hasta nuevo aviso (no fuera que el informal prometido se arrepintiera algún día de su decisión). Había veces en que se decretaban hasta siete años de espera al marido o prometido desaparecidos (L.IV.i.19, 14; y L.IV.iii.4, 31).

Una mujer "estrecha" para su marido, con el que por ello, sin lugar a dudas, no había efectuado la cópula, fue castigada a volver con éste por no haber guardado *castidad* con un segundo marido —para quien, obviamente, no resultaba estrecha (L.IV.7,61).

III. Viudas y otras bagatelas

A las viudas "ciertas",[15] y a las abandonadas, se les exigía continencia para que no cayeran en la lujuria. No en vano se encuentra también en las *Decretales* la mención de pecados tales como el "desseo", la "sin vergüença", el "adulterio" y las "sospechas malas".

En otro tenor, un decreto de Gregorio IX ordena que ningún clérigo debe convivir con su tía, hermana... ¡o madre!, puesto que muchas veces el diablo interviene para hacer pecar a los sacerdotes con ellas:[16]

---

[14] Varios decretos dan constancia de ello; valgan como ejemplo los casos del libro III.xxxii.5 y 6, 425, donde las respectivas esposas deben prometer castidad y "tomar velo".

[15] Es decir, las que no habían asesinado —o hecho asesinar— a su marido; y que habían cumplido el lapso obligatorio de espera para poder establecer relaciones con otro hombre.

[16] Tema que escabrosamente se aborda no sólo en *Castigos y documentos*, sino también en una obra posterior, como es el *Libro de los enxenpla por A.B.C.*

...que ningún preste non tenga consigo mugeres de las quales pueda nascer sospecha mala, nin aquellas las quales los establecimientos de los Sanctos Padres otorgan, conuiene a saber: nin madre, hermana nin tía, ca es fallado que muchas uegadas ffaze pecar el diablo con aquestas o con sus mancebas. Mas si por auentura alguna daquestas fuere puebre, dénles las cosas necessarias en otra casa que sea en otro barrio o que sea alexos de la suya.

Otrossí estableçe que ninguna muger non sea osada de llegar al altar nin de ministrar al preste nin de seer nin de estar dentro de los cancellos [ámbitos vedados también por Alfonso X en las *Partidas*].

(L.III.ii.1, 273).[17]

Pero otro decreto, todavía más sorprendente, resuelve que una joven que fue entregada a un pariente por su traidor prometido, no puede casarse con éste por haber cometido adulterio —aunque hubiera sido forzado—, ni tampoco casarse con el segundo porque ¡viviría en adulterio! (L.IV.xii.6, 51).

Y para concluir con la gastada categoría de la concupiscencia, recordemos a santo Tomás, quien en el siglo XIII afirmó que los demonios podían dejar preñadas a las mujeres mientras dormían, especialmente a las más castas; y que ellas podrían conseguir un lugar en el cielo si aceptaban con humildad las habladurías de los malintencionados (Fernández de Castro, *La otra historia*, 24).

Como en los *exempla*, tampoco las mujeres honorables son exculpadas de pecado en los preceptos de la Iglesia de la época. He aquí a la didáctica y a la jurisprudencia unidas para presentar batalla contra la "naturaleza" lujuriosa de la mujer.

Por último, parece importante destacar que, con respecto al tema de los efectos o consecuencias de los engaños femeninos —señalado páginas atrás—, las obras didácticas nos presentan, por una parte, secuelas desastrosas, cuyas víctimas son personas destruidas física o moralmente por la mujer; en casos extremos, hombres inocentes pierden la reputación, la libertad, la razón e, incluso, la vida.

Sin embargo, no sólo vemos mujeres perversas y desalmadas en esta clase de textos, sino también varones engreídos, timoratos, cobardes y

---

[17] Así como en el caso del laico que puede faltar a su promesa (*supra*, nota 4), los clérigos que "tenién barraganas [si pueden ocultar la evidencia y evitar un escándalo] non les deue condemnar [el obispo] por testimonio, mas por testigos" (L.III.xi.8, 276).

torpes, a quienes las mujeres hacen quedar en ridículo. Ellas, aunque malas, derrochan ingenio y gracia para vencer a la autoridad: el hombre, poderoso, sí, pero, asimismo, risible.

De ahí que el mensaje de las colecciones de *exempla* contenga dos sentidos simultáneos —en virtud de las funestas acciones de las mujeres y de la comicidad voluntaria e involuntaria que hay en sus relatos y encuadres novelescos—: el sentido posible, que pretendieron darle las autoridades de la época y que se sintetiza en despreciar a la mujer, cuidarse de tal *harpía*, y el real, que sin duda le dio una importante fracción de los receptores de los *exempla*: reírse del varón, del *babieca*, y admirar a la mujer.

BIBLIOGRAFÍA

ALFONSO X, *Fuero real*, Madrid: Imprenta Real, 1836.

ALFONSO, PEDRO, *Disciplina clericalis*, ed. de M.J. Lacarra, Zaragoza: Guara, 1980.

Calila e Dimna, ed. de J. M. Cacho Blecua y M.J. Lacarra, Madrid: Castalia, 1984 (Clásicos Castalia, 133).

Castigos e documentos para bien vivir ordenados por el rey don Sancho, Bloomington: Indiana University Press, 1952 (Humanities Series, 24).

Decretales de Gregorio IX, publicadas por Jaime Mans Puigarnau, Barcelona: Universidad de Barcelona, 1940.

Diccionario de historia eclesiástica, ed. Vaqueiro, Martínez y Vives Gatell, Madrid: Instituto Enrique Flores, CONSEJO SUPERIOR DE INVESTIGACIONES CIENTÍFICAS, 1973.

FERNÁNDEZ DE CASTRO, CH., *La otra historia de la sexualidad*, México: Roca, 1990.

MARTÍNEZ DE TOLEDO, ALFONSO, *Corbacho (o Arcipreste deTalavera)*, ed. de J. González Muela, Madrid: Castalia, 1970.

Sendebar, ed. de M.J. Lacarra, Madrid: Cátedra, 1989.

"DONOSAS" Y "PLAZENTERAS". LAS MUJERES EN EL *LIBRO DE BUEN AMOR*

MARÍA TERESA MIAJA DE LA PEÑA
Universidad Nacional Autónoma de México

Rabi'a, la santa de Basora,[1] pretendía que "si se apagaba el infierno y se incendiaba el paraíso, Dios sería adorado por sí mismo" (Bonard, *Introducción al sufismo*, 11). Esta concepción subyace mejor que en ninguno de los textos de la literatura española medieval, o quizá con mayor acierto en el *Libro de buen amor* de Juan Ruiz, Arcipreste de Hita. ¿Dónde comienza el paraíso o el infierno? y ¿dónde termina cada uno? es algo imposible de delimitar, al igual que el castigo o la gloria que conllevan. Entre el buen amor y el loco amor están el placer y el dolor, y ambos se rigen por la sublimación del amor. Erotismo y misticismo, sexualidad y espiritualidad van jalando a un extremo y a otro, pero jamás son totalmente contrarios, en tanto que son finalmente dos aspectos del amor divino, el amor entre Dios y sus criaturas y el de ellas entre sí.

Sin embargo, y curiosamente además, con frecuencia se ha pensado, e incluso llegado a afirmar por algunos críticos como Menéndez Pidal, que la literatura española de la Edad Media incluía la castidad como una de sus características cardinales, al grado de que éste mismo comentara en relación precisamente con el *Libro de buen amor*, que no sabe "por qué Juan Ruiz había de pedir perdón a las dueñas por el cazurro atrevimiento de su maravilloso zéjel de Cruz, la tan bien y tantas veces *cruzada*" panadera (López Baralt, *Erotismo*, 9-10).

---

[1] Perteneciente a la Doctrina del Puro Amor. Rabi'a al'adawy.ya (m. 185), mujer que proclamó su amor (*mahabba*) apasionado a Dios y —cosa excepcional en Islam— se negó a casarse (Bonard, *Introducción al sufismo*, 80).

El juego entre un plano divino y uno erótico es permanente en el texto del *Libro de buen amor* y su autor lo maneja con infinito cuidado, consciente en todo momento del poder de la censura, pero va tocando cada uno de los aspectos, abordándolos con pericia y a la vez con osadía. Como afirma James F. Burke: "La cuestión del matrimonio en el *Libro de buen amor* es un problema porque es imposible decidir cúal es la actitud del autor, sacerdote de la Iglesia, en cuanto al fenómeno" ("La cuestión", 285). Sin embargo, precisamente por su investidura religiosa puede permanecer en el justo medio, con conocimiento pleno de ese infierno que hay que apagar y de ese paraíso que debiera arder, como tan bien lo comprendieron los místicos.

El hombre y la mujer de la Edad Media tuvieron una fuerte marca religiosa, relacionada con la culpa por el deseo carnal. La visión bíblica de la naturaleza humana se asociaba fuertemente con la esencia carnal del hombre y más aún de la mujer, causa primera y última de la lujuria; así pues, la Iglesia encuentra en este aspecto un bastión de control y de sujeción que niega toda posibilidad de libertad (y de libertinaje) a los cristianos, provocando una permanente lucha entre la doble realidad: lo carnal y lo espiritual del ser humano. Ésta es, entonces, una religión que se opone y recela "de la corporeidad del hombre, de sus pasiones, enemiga de la mujer, considerada más 'material' que el hombre, más inmersa en lo físico y por ello mismo peligrosa" (Fumagalli, *Solitudo*, 67).

Según santo Tomás, el placer es natural en el hombre y, aunque no debe ser un fin en sí mismo y puede ser controlado gracias a la virtud de la templanza, la presencia del deseo carnal es inherente a él. A través de la templanza, virtud cardinal que sirve como fundamento a otras, tales como la vergüenza, la honestidad, la abstinencia, la sobriedad, la castidad, el pudor, la modestia, la austeridad y la continencia, el hombre puede evitar el vicio de la lujuria.

Las actitudes atrevidas en el hablar, vestir o actuar provocan en el hombre deseos ilícitos; de ahí que el pudor y la modestia sean virtudes afines a la templanza. Castidad significa "castigo" y éste consiste en refrenar todo aquello que pueda conducir al pecado.

Por ello, la moderación en el comer y en el beber son fundamentales para evitar los deseos carnales. La carne atrae a la carne y ésta al pecado, como lo afirma en su texto el propio Arcipreste de Hita.

Con la mucha vianda e vino creçe la flema:
duermes con tu amiga, afógate postema,
liévate el diablo, en infierno te quema;
tú dizes al garçon que coma bien e non tema.

Adán, el nuestro padre, por gula e tragonía,
porque comió del fruto que comer non devía,
echól' del paraíso Dios en aquesse día:
por ello en el infierno, desque morió, yazía.

(LBA, 293-294).

Feçiste por la gula a Lot, noble burgés,
bever tanto que yugo con sus fijas, pues ves,
a fazer tu forniçio: ca, do mucho vino es,
luego es la loxuria e todo mal después.

(LBA, 296).

Además, la mujer por su debilidad moral (misma que la hizo ser fácil presa de la tentación de Satanás en el Paraíso terrenal), sólo se siente bien sometiendo al hombre, al provocar en él lascivia. Toda mujer lleva dentro de sí una Eva y, con ella, la culpa del pecado original.

De ahí que los hombres al llegar a la madurez deban, según la Iglesia católica, casarse y procrear, ejerciendo únicamente su derecho a la *fecunditas carnis*, don divino otorgado al hombre por Dios; o profesar la castidad en el *ordo clericorum*. Esto se difundió no sólo como parte de la doctrina cristiana, sino que incluso

> La literatura eclesiástica elaboró la teoría de la castidad entendida como rechazo de la sexualidad extraconyugal, interiorizándola y enriqueciéndola hasta hacer de ella una virtud.

Igualmente castas debían ser las vírgenes y las viudas. El matrimonio era considerado pecado, pero pecado necesario, tolerado como "una concesión a la debilidad de la carne y a la necesidad de la naturaleza humana" (Giordano, *Religiosidad*, 135). De ahí la importancia de distinguir o diferenciar entre *voluptas carnis* y *fecunditas carnis*; la primera como pecado y la segunda como don divino. Tan es así, que los propósitos del oficio de madre (que es la forma como se concibe al matrimonio en las *Partidas* de Alfonso X) sólo podían ser dos: "la reproducción y el poner remedio a la lujuria" (González, "De amor y matrimonio", 33).

Ocasión de pecado, mal necesario, y otros atributos semejantes fueron lanzados sobre la mujer de la Edad Media. Ajenas al proceso de salvación, contrarias a él, las mujeres fueron paulatinamente apartadas de los encargos y menesteres relacionados con el culto religioso y los divinos misterios, pues su propia condición las obligaba a ser sucias y viciosas, proclives al pecado de la sexualidad, el cual era considerado como "actividad puramente bestial o como deshonestidad diabólica" (Giordano, *Religiosidad*, 138). La sexualidad ocupaba, por ende, "un lugar primordial en lo relacionado a la penitencia", desde el punto de vista paulino y agustino, por lo que éstos

> aconsejaban y exhortaban a la continencia dentro del matrimonio ya que un matrimonio sin continencia no es legal, sino pecado, en tanto éste es permitido por Dios no para el placer, sino para la gestación
>
> (Guies, *Marriage*, 62).

Pocas son las mujeres que escapan de esta imagen de pecadoras o causantes del pecado, son aquellas que eligen el camino religioso como vocación de vida. Sin embargo, aun ellas están expuestas al pecado de la lujuria, y son muchos los casos documentados o literarios que hacen mención a ello.

En la Edad Media, hombres y mujeres luchaban entre sus creencias religiosas y sus deseos sexuales, buscando alcanzar a Dios a través del control de la sexualidad, como comenta Jeffrey Richards (*Sex*, 1-2), pues la Iglesia católica insistía en regular la sexualidad y definir la castidad y el celibato como únicas vías de acceso a la salvación. Así, en la lucha "entre la autoridad y el disentimiento, entre lo común y lo individual, entre lo material y lo espiritual, entre el erotismo y el ascetismo" (Huizinga, *El otoño*, 14) se desataba el conflicto entre estas fuerzas opuestas, compartiendo esa perpetua oscilación entre los extremos, que tan atinadamente señaló Johan Huizinga como característica primordial de la vida medieval.

La mujer, "tabernáculo del mal, compendio de las tentaciones de la carne [...] es débil, envidiosa, pendenciera, cruel, manirrota y símbolo de la lujuria, el trato con ella no es más que fuente de pecados y supone un muy lamentable «error» de la Creación" (Fossier, *La Edad Media*, 313).

Juan Ruiz presenta en su *Libro de buen amor*, este antagonismo hacia la mujer que procedía más de la imagen que propagaba la Iglesia católica de la mujer como Eva, toda lujuria, sensualidad, pecado, corrupción y muerte: *voluptas carnis*; opuesta a la imagen mariana, no sólo *fecunditas carnis*, sino además virgen. Como afirma Phillips

> La virginidad conserva al cuerpo sellado como símbolo poderoso de la ofrenda que el cristianismo hace a la humanidad, de la posibilidad de un retorno a un estado de inocencia o paraíso: un nacimiento sin sexo que no puede terminar en la muerte. La obediente castidad de María surge en contraste con la ávida aceptación de Eva de que su cuerpo sea penetrado, lo que conduce a un nacimiento que sólo puede terminar en la muerte.
>
> (*Eva*, 222).

Sin embargo, los personajes femeninos que aparecen en el *Libro de buen amor*, que son los más variados en la literatura española de su época —dueñas, doncellas, viudas, moras, barraganas, monjas, serranas, adúlteras—, son mujeres que, no sólo se saben voluptuosas, sino que además están orgullosas de serlo. En todas y cada una de ellas predomina por encima de todo su sensualidad, no una sensualidad pecaminosa, como a la que nos hemos estado refiriendo, sino plena de naturalidad y, sobre todo, libre de culpa. ¿Cómo entender algo así, tan ajeno a la visión cristiana de la sexualidad de la época, sin percibir detrás de estos personajes una influencia oriental que los permea de una especial sensualidad y erotismo?

La influencia de lo que se conoce como la España mora, es evidente en Juan Ruiz, más que en ningún otro escritor de la época. Su *Libro de buen amor* se aleja de muchos aspectos del cristianismo para acercarse a lo árabe, principalmente en el manejo de su concepción amorosa. El "loco amor" y el "buen amor" son a la vez experiencias eróticas y místicas. López Baralt cita un pasaje en el que Abu Otman, maestro argelino autor del *Ktab* o *Libro de las leyes secretas del amor*, aboga entusiastamente por la simultaneidad del amor humano y el divino:

> [...] luego de haber sido durante unos segundos más que un hombre un colaborador de Dios, del Dios creador, un obrero del gran arquitecto de la naturaleza, recobraréis dulcemente el aliento en los brazos de vuestra compañera, también fatigada y feliz [...]. De este modo [...] realizaréis un triple fin: un acto de verdadero creyente al aseguraros la vida supraterrestre, de la que el coito no es sino el vestíbulo; aumentaréis vuestro goce corporal añadiendo a él el doblemente inefable de vuestro espíritu creyente, satisfe-

cho y tranquilo; [y] dareis vida a hijos sanos [...] tanto física como moralmente.

(Erotismo, 231).

Al respecto, también señala como algo a destacar, que "este pasaje
contrasta de una manera dramática con las enseñanzas cristianas tradicionales" (*Erotismo*, 231), al ubicar en último lugar la procreación de los
hijos y centrarse más en la pareja y en su espiritualidad y, sobre todo, en
su propio placer, considerando al sexo como algo que nos acerca a la
acción transformadora con Dios. Algo que hubieran censurado san Jerónimo o san Agustín, como ella misma afirma. Finalmente, para este
último, el sexo siempre era pecado, al menos venial, aun dentro del
matrimonio. El amor como experiencia espiritual está en total oposición a la moral cristiana tradicional.

Para el Arcipreste es entonces imposible sustentar su visión del amor
carnal en la concepción cristiana y debe por ello recurrir a otros pensadores.

> Como dize Aristótiles, cosa es verdadera,
> el mundo por dos cosas trabaja: la primera,
> por aver mantenençia; la otra cosa era
> por aver juntamiento con fenbra plazentera.
>
> *(LBA*, 71).

Y por su parte, recomienda a las mujeres ser:

> [...] con el amor ardientes:
> en cama solaz, trebejo, plazenteras e rientes,
> en casa cuerdas, donosas, sosegadas, bienfazientes
>
> *(LBA*, 1609a-c).

Dámaso Alonso demostró asimismo y ampliamente, cómo el Arcipreste se cobijó más cómodamente bajo las fuentes arábigas, que a la
sombra del *Ars amandi* de Ovidio, especialmente "en lo relacionado con
la estética femenina" (Miaja, "Busqué y fallé", 166).

> Cata muger fermosa, donosa e loçana,
> que non sea muy luenga nin otrosí enana;
> si podieres non quieras amar muger villana,

> que de amor non sabe, es como bausana.
> Busca muger de talla, de cabeça pequeña;
> cabellos amarillos, non sean de alheña;
> las çejas apartadas, luengas, altas, en peña;
> ancheta de caderas; ésta es talla de dueña.
>
> Ojos grandes, someros, pintados, reluzientes,
> e de luengas pestañas, bien claras, paresçientes;
> las orejas pequeñas, delgadas; páral mientes
> si ha el cuello alto: atal quieren las gentes.
>
> La nariz afilada, los dientes menudillos,
> eguales, e bien blancos, poquillo apartadillos
>
> (*LBA*,431-434a-c).

En especial lo "ancheta de caderas", "los dientes menudillos" "poquillo apartadillos", elementos físicos tan alejados de los cánones estéticos europeos del momento.

Para el Arcipreste, las monjas "encobiertas" son "donosas plazenteras" (*LBA*, 1340b). Lo "encobierta" va con lo discreta y de lo demás qué añadir a la afirmación del autor de que "quien a monjas non ama non vale un maravedí" (*LBA*, 1339d), porque ellas son:

> Como imágenes pintadas de toda fermosura,
> fijasdalgo muy largas e francas de natura,
> grandes doñeaderas: amor sienpre les dura,
> comedidas, conplidas e con toda mesura.
>
> Todo plazer del mundo e todo buen doñear,
> solaz de mucho sabor e el falaguero jugar,
> todo es en las monjas más que en otro lugar:
> provadlo esta vegada e quered ya sossegar
>
> (*LBA*, 1341-1342).

Sin embargo, estas características de "donosas" y "plazenteras" no sólo les corresponden a las monjas, sino que se pueden aplicar en general a los personajes femeninos del *Libro de buen amor*, por lo que el texto choca, según afirma Juan Goytisolo, "con la concepción autoritaria y dogmática de quienes defendían a rajatabla el inmovilismo del poder y el orden sacrosanto del Mundo" gracias a esa "alegría" de Juan Ruiz que "pone de relieve el fecundo mestizaje de cultura en el que floreció la literatura erótica" (López Baralt, *Erotismo*, 160-161).

Ahora bien, por muy sensuales que sean los personajes femeninos del *Libro* del Arcipreste, son muy distintas las formas en que lo expresan. Para una dueña es preciso disimular sus sentimientos y deseos:

Por mejor tiene la dueña de ser un poco forçada,
que dezir: "Faz tu talante", como desvergonçada,
con poquilla de fuerca finca más desculpada:
en todas las animalias és. cosa provada.

(LBA, 632).

Pero el Arcipreste conoce bien a las mujeres y afirma a continuación:

Todas [las] fenbras han en sí estas maneras:
al comienço del fecho siempre son referteras,
muestran que tienen saña e son [muy] regateras,
amenazan mas non fieren, en çelo son arteras.

(LBA, 632).

A veces "el miedo e la vergüença faze a las mugueres / non fazer lo que quieren [...]" (*LBA*, 634ab), pero para otras, esto no es una limitante:

Tomóme por la mano e fuémosnos en uno;
era nona passada e yo estava ayuno;
desque en la choza fuimos, non fallamos ninguno,
díxome que jugásemos al juego por mal de uno.

(LBA, 981).

Las mujeres del *Libro de buen amor* son: "loçanas", "fermosas", "donosas", "plazenteras", "alegres", "gentiles", "corteses", "falangueras", "graciosas", "risueñas", "deseosas", "apuestas", "comedidas", "conplidas"...

Son [muy] frías de fuera, con el amor ardientes:
en cama solaz, trebejo, plazenteras e rientes,
en casa cuerdas, donosas, sosegadas, bienfazientes.

(LBA, 1609a-c).

Todo lo anterior nos indica que estas mujeres no pueden ser ni pecadoras, ni causa de pecado y mucho menos reprimidas, pues el Arcipreste las rodea y adorna una y mil veces de adjetivos que hablan de su sensualidad y belleza (aun en las que no lo son), pero sobre todo, de su plenitud de vida. Y finalmente el hombre ama a la mujer porque hacia ella lo orientó Dios, quien culmina su creación con ella:

> Si Dios, quando formó el omne entendiera
> que era mala cosa la muger, non la diera
> al omne por conpañera nin d'él non la feziera;
> si para bien non fuera, tan noble non saliera.
>
> (*LBA*, 109).

En el *Libro de buen amor* a la mujer se la ama por su sensualidad, por su carnalidad, y el conquistarla forma parte de la pelea amorosa (de ahí los consejos de don Amor, el cortejo, las promesas de regalos, las "[...] palabras muy dulces, con dezires sabrosos" (*LBA*, 625c), que hacen crecer los amores y hacerlos más deseosos); y la entrega, por ende, se constituye entonces en un acto creador surgido del deseo, una unión en la que se reconoce la presencia de lo divino en la necesidad de querer pertenecerse uno a otro.

Porque la mujer, *fragilis sexus*, como la llama Vito Fumagalli (*Solitudo*, 98) es "la tentación y el hombre resiste, pero se trata de un juego sutil donde el amor no está nunca aislado de la carnalidad, tan temida por los clérigos y burgueses, a veces considerada la única manifestación de la relación entre los dos sexos". Con ello, Juan Ruiz desdobla, a la vez que unifica, la dualidad del buen amor, pues en él se conjuntan los sentidos y surge la ambigüedad. ¿Cuál es entonces el infierno que hay que apagar y cuál el paraíso que debiera arder? ¿Cuál el loco amor y cuál el buen amor?

Dios, todo amor, por un lado y las exigencias de la Iglesia con las enseñanzas de la patrística por otro. El hombre escindido entre su deseo y la culpa. He ahí la gran riqueza de este texto que logra demostrar que finalmente el buen amor es un don de Dios y de la naturaleza, y por ello termina por ser el propio bien del hombre. El Arcipreste humaniza el amor a la sombra o bajo el cobijo de Dios, y lo carnal se transforma en celestial; la concepción del buen amor del Arcipreste tiene sentido sin ser blasfema, así don Melón puede decirle a doña Endrina "[...] ámovos más que a Dios" (*LBA*, 661c). Como señala Gariano (*El mundo* 70-72), por ser éste su mismo bien, en el *Libro de buen amor* "se enaltece el triunfo de la mujer real, criatura salida de Dios para compartir con el varón lo bueno y lo malo de esta vida, logrando con ello acentuar lo bueno de la existencia y aliviar lo malo". Porque no debemos olvidar que, el *Libro de buen amor* es, ante todo, "una síntesis del arte de amar, una búsqueda del sentido del amor a través del «loco amor», el amor humano, para llegar al encuentro y al reconocimiento del «buen amor», es decir el «amor divino» o el amor a Dios. Esto, vivido y descrito como parte de una trayectoria, de una experiencia didáctica, moralizadora, en la que cada paso y cada etapa van delimitando el camino hacia el verdadero amor, el de Dios" (Miaja, "Busqué e fallé", 157).

De las mujeres que "enamora" (directa o indirectamente) el narrador-arcipreste: la dama celada, Cruz, doña Endrina (su primera victoria), la que fue su amor a primera vista, las serranas Chata, Gadea, Mengua y Alda, la viuda lozana, la viuda piadosa, la monja Garoza y la mora, las que mejor ilustran su ideal humano de mujer son, seguramente, doña Endrina y doña Garoza, "trozos de vida que se trasplantan en el mundo del arte" (Gariano, *El mundo*, 82), por ser plenamente mujeres "donosas" y "plazenteras", ya que, como afirma este mismo autor, "la mujer vulgar no entiende nada de eso" y cita al Arcipreste: "si podieres, non quieras amar muger villana, / que de amor non sabe, es como bausana" (*LBA*, 431cd). Las serranas representan entonces más bien el bajo instinto, lo primitivo, en tanto que en las dueñas, quizá por influencia del amor cortés —de este *fin' amors* que irrumpió en el Languedoc a fines del siglo XI (González, "De amor y matrimonio", 36)—, el amor se convierte en algo poético, se eleva e incluso diviniza, como señalamos hace un momento, y con ello se acerca más al "buen amor", pero sin perder esos rasgos tan plenamente humanos con que lo caracteriza el Arcipreste.

Finalmente, la mujer es también creatura de Dios, y por voluntad de Él surge del hombre: fue creada para la felicidad,[2] y como bien señala el poema: "ca en muger loçana, fermosa e cortés, / todo en d'este mundo e todo plazer es" (*LBA*, 108cd).

---

[2] "En el amor cortés o *fin' amors* la mujer se ha idealizado y por lo tanto es alcanzable, situación muy distinta de la que se planteará en el petrarquismo, y en sus derivaciones renacentistas posteriores, donde la mujer es ideal y por lo mismo inalcanzable, pues si se obtiene, deja de ser ideal" (González, "De amor y matrimonio", 37).

BIBLIOGRAFÍA

BONAUD, CHRISTIAN, *Introducción al sufismo. El tasawwuf y la espiritualidad islámica*, Barcelona: Paidós Orientalia, 1994.

BURKE, JAMES E., "La cuestión del matrimonio en el *Libro de buen amor*", *Actas del VIII Congreso de la Asociación Internacional de Hispanistas*, Berlin: edbril, 1986, 285-291.

FOSSIER, ROBERT, *La Edad Media. El despertar de Europa, 950-1250*, vol.2, Barcelona: Crítica, 1982.

FUMAGALLI, VITO, *Solitudo carnis. El cuerpo en la Edad Media*, Madrid: Nerea, 1990.

GARIANO, CARMELO, *El mundo poético de Juan Ruiz*, Madrid: Gredos, 1974.

GIORDANO, ORONZO, *Religiosidad popular en la Alta Edad Media*, Madrid: Gredos, 1983.

GONZÁLEZ, AURELIO, "De amor y de matrimonio en la Europa medieval", en C. Company (ed.), *Amor y cultura en la Edad Media*, México: Universidad Nacional Autónoma de México, 1991, 29-42.

GUIES, FRANCES Y JOSEPH GUIES, *Marriage and the Family in the Middle Ages*, New York: Harper & Row, 1987.

HUIZINGA, JOHAN, *El otoño de la Edad Media*, Madrid: Alianza, 1982.

LÓPEZ BARALT, LUCE Y FRANCISCO MÁRQUEZ VILLANUEVA (eds.), *Erotismo en las letras hispánicas. Aspectos, modos y fronteras*, México: El Colegio de México, 1995.

MIAJA DE LA PEÑA, MARÍA TERESA, "«Busqué e fallé dueña de qual so deseoso». La figura femenina en el *Libro de buen amor*", en C. Company, A González, L. von der Walde y C. Abellán (eds.), *Voces de la Edad Media*, México: Universidad Nacional autónoma de México, 1993, 157-167.

PHILLIPS, JOHN A., *Eva, La historia de una idea*, México: Fondo de Cultura Económica, 1988.

RICHARDS, JEFFREY, *Sex, Dissidence and Damnation. Minority Groups in the Middle Ages*, London: Routledge, 1994.

RUIZ, JUAN, ARCIPRESTE DE HITA, *Libro de buen amor*, ed. de Jacques Joset, Madrid: Espasa Calpe, 1974.

PORNOGRAFÍA, POLÍTICA SEXUAL Y *PERFORMANCE ANXIETY*: EL 'ENXIEMPLO' DE LA FIERECILLA DOMADA (*CONDE LUCANOR* XXXV)

Louise O. Vasvári
State University of New York

El 4 de octubre de 1995, un jurado declaró inocente al futbolista americano O. J. Simpson por la muerte sangrienta de su mujer y de un amigo de ella. El mismo día el *San Francisco Chronicle* comentó lo siguiente sobre el caso: "a un año de haberse graduado de un *high school* en 1976, la muy briosa Nicole Brown fue *domada* por O. J. Simpson" [subrayado mío].

Mi propósito aquí es investigar por qué el tema de la llamada "fierecilla domada", donde el nuevo marido doma a la mujer con tácticas sádicas, se ha renovado tan obsesivamente a través de los siglos, tanto en la tradición oral como en la literatura. El trabajo bibliográfico del folclorista Brunvald, *"The Taming of the Shrew": A Comparative Study of Oral and Literary Versions*, nos da una idea de la extensión del tema (ver además Brunvald, "The Folktale", "The Taming"; Smith, "The Power"). Brunvald recoge 35 versiones textuales y casi 400 orales del tema y de sus varios submotivos, y esto sin fijarse en la media docena de películas (por ejemplo, una de 1929, con Mary Pickford; la película 3-D hecha de la comedia musical de Cole Porter en 1948; una de 1953 con Elizabeth Taylor y Richard Burton; y las dos versiones en español de los años cincuenta, una con Carmen Sevilla y otra con María Félix y Pedro Armendáriz). También propongo demostrar que tales obsesiones culturales no siempre son tan inocentes como quiere aparentar la crítica.

Lo que propongo aquí es una relectura revisionista y feminista de la versión de la fierecilla domada textualizada por don Juan Manuel en *El conde Lucanor*, llamada "De lo que contesçió a un mançebo que casó con una mujer muy fuerte y muy brava ('enxiemplo' XXXV). Estudio *la mujer brava* en el contexto de tres 'enxiemplos' que tratan el matrimonio en *El conde Lucanor* y también en comparación con media docena de versiones en otras literaturas, por ejemplo, la del *fabliau* francés, un siglo anterior a la versión española, que describe la "castración" sangrienta de una suegra. De los cuatro 'enxiemplos' de relaciones matrimoniales en *El conde Lucanor*, sólo *la mujer brava* ha atraído la atención sostenida de la crítica. De hecho, es este cuentecillo el más conocido de los cincuenta 'enxiemplos' recogidos en la primera parte de la obra. A veces se convierte en emblema de toda la literatura medieval española; por ejemplo, es justamente este cuento el que ilustra toda la Edad Media en una antología utilizada en muchas universidades de los Estados Unidos.

Para no reducir los ejemplos de *El conde Lucanor*, como ha querido hacer la crítica "masculinista", a simples cuentos amenos pero sin trascendencia, es imprescindible releerlos dentro del contexto sexual y político de toda la obra de don Juan Manuel, importante noble y sobrino de Alfonso X. Tal lectura demuestra que la "crisis de masculinidad", es decir, el temor del hombre ante la mujer, no es un concepto moderno de las supuestas mujeres liberadas de nuestra época, sino que era aún más fuerte en la sociedad estamentaria del siglo XIV, donde los hombres dependían de la subordinación de la mujer para autorizar su propia identidad sexual, social y política.

Mi lectura es una revisión feminista donde estudio el cuento de la mujer brava en su contexto oral folclórico y en el proceso por el cual don Juan Manuel lo eleva a un nivel textual dentro de una estructura didáctica de un libro de conducta para la nobleza, donde el marco narrativo también provee instrucción en la lectura "correcta" de los ejemplos (sobre la relación entre el texto de don Juan Manuel y sus "fuentes" orales ver Deyermond, "Editors"; England, "Et non el día"; Ayerbe, *"El conde Lucanor"*; Marín, "El elemento oriental"). Tal lectura puede ser saludable al revelar nuevas cuestiones y a veces forzar la reinterpretación de antiguas suposiciones aceptadas. La crítica feminista funciona a menudo como el psicoanálisis, demostrando que lo que encontramos en la obra de autores (y de críticos) masculinos no siempre representa las verdades universales que quieren aparentar, sino conflictos sexuales, emocionales y de poder.

El enfoque feminista también permite la discusión de las técnicas justificatorias para las creencias, como el recurrir a la autoridad intachable de la religión, de las costumbres, de la tradición, o del "sentido común" de la autoridad masculina como verdades universales. El feminismo ha respondido que tales epistemologías tradicionales excluyen sistemáticamente a las mujeres como agentes posibles del saber (Harding, "Introduction", 3). Cuando sólo se legitima la limitada realidad masculina, la lectora se ve forzada a participar en una experiencia de lectura tradicional de la cual queda explícitamente excluida: se le pide identificarse con las experiencias y perspectivas masculinas como las auténticamente humanas, en contra de sus propios intereses. La erudición motivada por el feminismo ha permitido que la mujer pueda emerger como *sujeto* en contraste con la perspectiva "masculinista", donde está ausente o se objetifica. La crítica feminista le ayuda a funcionar como lectora *resistente*, lo que permite la revisión de antiguos textos desde nuevas perspectivas, sea en la literatura o en la crítica (Harding, "Introduction", 3; Fetterley, "*The Resisting Reader*", ix-xx; Stoeltje, "Introduction", 141; Fuss, "Reading", 136).

Cuando los productos culturales masculinos hablan de la mujer, el tema no es la mujer en sí, sino la sexualidad. Es decir, los hombres utilizan a la mujer como instrumento de pensamiento acerca de sus propios deseos, temores e ideologías sexuales. Un tema común es la lucha humorística de los sexos, pero tal lucha logra divertir sólo a los que suponen que el *statu quo* es el orden natural de las cosas. Las muchas narraciones de la lucha de los sexos, como el tema de la fierecilla domada, tienen como propósito agradar a un auditorio de hombres que se complacen con los placeres sexuales sádicos que ofrecen. Las lectoras, que se encuentran fuera de esta comunidad y no comparten sus valores implícitos, pueden no participar en el humor del chiste.

El cuento de la mujer brava trata de la negociación de los términos de un matrimonio entre dos jóvenes durante el período liminal después de la ceremonia oficial, pero antes de su consumación sexual. Nos dice el texto que el novio es pobre, pero de buenas maneras, mientras que la novia es lo opuesto en todo: rica, pero tan "mala" que se le identifica con el diablo y se le describe negativamente como *fuerte y muy brava* —adjetivos que cuando se atribuyen a un hombre representan atributos positivos. El padre del joven y hasta su futuro suegro tratan de disuadirlo de

tal matrimonio desastroso. Aunque el padre de la muchacha quiere deshacerse de ella, por solidaridad masculina no quiere engañar al novio.
Por lo tanto le advierte que si entra en tal matrimonio corre el peligro
de perder la vida. (Aquí falta la motivación adicional de algunas versiones, como, por ejemplo, de la *Fierecilla domada* de Shakespeare, donde
el hombre es padre de dos hijas, la menor obediente y la mayor muy
brava, y no puede casar a la buena sin primero encontrar matrimonio
para la mayor). A pesar del consejo de los viejos, el joven, que quiere
mejorar su situación económica, insiste en el matrimonio. Después de la
boda, cuando los parientes dejan a la joven pareja en su casa, temen que para
la mañana siguiente encontrarán al joven muerto o muy maltrecho.

Tan pronto los jóvenes se encuentran solos y "ante que ella ubiasse a
dezir cosa" ("*El conde Lucanor*", 189), el novio inicia el primer acto de su
"teatro disciplinario". Entiende que para vencer en la lucha de los sexos,
tiene que atacar primero y domar a la mujer como si fuera un animal.
Compárese, en el *Libro de buen amor*, el consejo parecido que da doña
Venus al Arcipreste sobre cómo *doñear* a la mujer brava:

> maguer que faze bramuras la dueña que se doñea
> nunca el buen doñeador por esto se faronea
> la mujer mucho sañuda e qu'el omne bien guerrea
> los doñeos bien la vencen por mucho brava que sea
>
> ("*Libro de buen amor*", 633a-d).

El novio mira alrededor de sí, fingiendo estar muy sañudo, y, viendo
al perro, le manda le dé agua a las manos. Cuando el pobre animal no
cumple con la orden, se enoja aún más, le corta la cabeza y lo despedaza,
ensangrentando "toda la casa et toda la mesa et la ropa" (189). Se repite
la misma escena, primero con un gato y luego con su propio caballo,
pero aumentando cada vez las amenazas y el nivel de violencia. Al gato
lo amenaza con: ¿No has visto lo que hice con el perro que no quiso
hacer lo que le mandé? Cuando este animal tampoco obedece, lo aplasta
contra la pared "et fizo dél más de çient pedaços" (190). Finalmente, al
caballo lo amenaza con: ¡No creas que porque eres mi único caballo no
te voy a matar si no me obedeces! Cuando el caballo tampoco obedece,
también le corta la cabeza y lo despedaza.

No nos debe sorprender que la "educación" de la mujer empiece con
el estrago de los animales, pues es una táctica común en la violencia

doméstica en la vida real. Véase el caso similar en un estudio reciente que informa sobre un hombre que para dar una lección de obediencia a su mujer la fuerza a presenciar como él cava su sepultura, mata al gato doméstico y decapita al caballo de la familia (Jones, "*Women*, 298; Adams, "Woman-Battering").

La equivalencia de los animales domésticos y la mujer también se basa en la larga tradición de describir a la mujer, sobre todo en su función sexual, como un animal; por ejemplo, en inglés *chick*, pollo/mujer joven y deseable; *old hen*, gallina/mujer vieja, ya no deseable; *dog*, perro/mujer fea; *foxy*, zorra/muy 'sexy'; y en español *loba*, *cisne*, *leona*, *yegua*, *vaca*, en donde todos significan 'prostituta'. En particular, es muy apto el ejemplo de la dominación del caballo porque es un motivo de la cultura popular la igualdad metafórica entre caballo y mujer "desenfrenados", vistos dentro de la oposición binaria entre hombre/animal, naturaleza/cultura, hombre/mujer, reforzando así los privilegios de la "cultura" (=hombre) sobre la "naturaleza" (=mujer/animal) —percibida ésta como violenta, salvaje, y potencialmente destructiva—. Tal pensamiento sinecdótico ha llevado incluso a la práctica literal de embridar, ensillar y montar a las mujeres desobedientes en ceremonias de humillación pública (Boose, "Scolding", 199; Chadwick, "The Fine Art"). También es muy común en la sabiduría popular de los refranes la ecuación mujer/animal de carga, como en los siguientes ejemplos: esp. "al asno y la mujer, a palos han de vencer" —cuya versión moderna mexicana es "asnos y mujeres a palos entienden" (Jiménez, *Picardía*, 45)—, "al caballo y a la mujer al ojo se ha de tener", "una buena cabra y una buena mula y una buena mujer, son muy malas bestias todas tres"; it. "buon cavallo e mal cavallo vuole sprone, / e buona femina e mala femina vuol bastone"; ing. "a woman, a horse, a hickory tree,/the more you beat them the better they be". El motivo caballo/mujer desenfrenados también representa un motivo consistente de la literatura pornográfica, que identifica el cuerpo de las mujeres con los animales para poder articularlo como el *locus* del ejercicio de control masculino.

En nuestro cuento una vez que el novio ensangrentado ha terminado el estrago de los animales, se identifica totalmente con su espada, una imagen fálica obvia (Márquez Villanueva, "Sangre y matrimonio", 328):

> Et assentóse et cató a cada parte, teniendo la espada sangrienta en el regaço; et desque cató a una parte et a otra et non vio cosa viva,

> bolvió los ojos contra su muger muy bravamente et díxole con
> gran saña, teniendo la espada en la mano:
> —Levantadvos et datme agua a las manos
>
> (191).

El pedir a los tres animales le diesen agua a las manos había servido de
preludio grotesco para esta escena, pero aquí el pedido tiene pleno sentido porque ambos entienden perfectamente que el ritual de dar agua a las
manos simboliza la servilidad femenina. Según el Talmud es uno de los
tres servicios más íntimos que una mujer puede hacerle al marido
—junto con tenderle la cama y prepararle la bebida—. Hasta la actualidad, en ciertas regiones de Europa central existe una ceremonia parecida
de degradación, donde la mujer tiene que lavar los pies al marido y al
suegro (Erlich, *Family*). La pobre mujer del 'enxiemplo', que no había
dicho palabra durante la carnicería de los animales, teme que si no obedece inmediatamente le toque a ella ser la próxima "bestia muda" que su
marido enloquecido va a matar. Por lo tanto, aterrorizada, le trae el
agua y le sirve la comida, todo sin abrir la boca. Vale la pena notar que
en la adaptación teatral de la pieza que en los años cuarenta hizo Alejandro Casona (*Retablo jovial*) para una farándula ambulante, la cual se
llevó a más de trescientos pueblos para "auditorios sin letras", se añadió
la siguiente explicación del comportamiento sumiso de la mujer aterrada, que ni don Juan Manuel en el siglo XIV pensó necesario: "prodigando
sonrisas, [la mujer] queda en pie mientras él cena" (179).

A pesar de tanta violencia por parte del novio, hay que notar que la
escena del *Lucanor* no es, ni con mucho, la versión más brutal del tema
físicamente. En algunas versiones alemanas el novio fuerza a la mujer a
coger el gato entre las piernas mientras él pega al animal, de tal modo
que el gato la rasguña. La excusa algo ingenua por esta tortura indirecta
es que el novio había prometido al suegro no pegar a su mujer. Sin
embargo, inmediatamente se sugiere otra explicación, psicológicamente
más convincente: recordemos que en muchas lenguas el término *gat[it]o*
connota el órgano sexual de la mujer, visto en sus dos aspectos contradictorios para el hombre, ahora como pequeño animal peludo deseoso
de caricias, ahora como *vagina dentata* devoradora (cf. el fr. *minou*,
minette; al. *Mietze[katze]*; húng. *cica*, ing. *pussy*; ver Vasvari, "Joseph").
Es decir, el joven marido siente la necesidad de pegar a la mujer/gat[it]o

para animarse lo suficiente para luego poder domarla sexualmente. Recordemos también que a través de las lenguas se sobreponen los campos semánticos de la violencia y de la copulación, como en el ing. *bang, boff, screw*; esp. *clavar*, etc. En una de las versiones medievales alemanas el marido, después de matar al caballo en el camino, ensilla y monta a la mujer para continuar el viaje hasta su casa (Hagen, "Gesammtabenteuer"); no hace falta mencionar las connotaciones sexuales de *montar, cabalgar, hacer cabalgadas por Francia* 'contagiarse de enfermedades venéreas', e ideas afines (cf. también Alzieu *et al., Poesía*, no. 25: "si está desnuda es fácil cosa / subille encima y dalle una espolada"). Quizás la "disciplina" más cruel es la de versiones baladísticas inglesas del siglo XVI: el marido, para domar a la mujer, la azota y luego envuelve su cuerpo sangriento en el cuero salado de su caballo, al cual había mandado desollar.

Si en el *conde Lucanor* el teatro disciplinario inventado por el novio, con su reiteración ritual de la carnicería de los tres animales, parece menos cruel que la violencia física directa que comete el marido con la mujer en las otras versiones que hemos revisado, hay que tener en cuenta que la tortura psicológica donde la víctima es forzada a presenciar y a ser cómplice en la tortura de otros, puede tener efectos aun más destructivos para su integridad personal que la tortura física.

La estructura ritual tripartita de la escena clave del cuento —matanza del perro, del gato y del caballo— por una parte obedece a leyes folclóricas, pero al mismo tiempo su estructura de teatro disciplinario de violencia y de terror crecientes también es un escenario estereotipado del sadismo. Según el sexólogo Stoller ("Observing") la excitación sexual, sea perversa o cotidiana, tiene una estética tan compleja como otras formas de la narrativa o del teatro o el arte. Y mientras más perverso el escenario sexual, más requiere una estructura muy estricta e invariable, donde cada detalle tiene significado narrativo. Es decir, los escenarios del sadomasoquismo son un género artístico muy formulaico (cf. el famoso ejemplo, *El Balcón*, de Jean Gênet). Asimismo, una de las características principales del género pornográfico es la repetición compulsiva de escenarios reiterados con incremento del nivel de violencia o de la variedad de actos sexuales.

No nos debe sorprender que pronto se hace evidente que la bravata exagerada del novio y el copioso verter de sangre sirven de preludio necesario para vencer su *performance anxiety* ante el desafío temible de la noche de bodas. El acto tiene repercusiones más que sexuales, pues no es por casualidad que la incapacidad del hombre de penetrar a la mujer se describa como "impotencia". Esta falta de poder implica que quien es incapaz de penetrar a la mujer, es también incapaz de ejercer poder sobre ella, y, por extensión, sobre los otros hombres.

El novio ya había aterrorizado a la mujer lo suficiente para tenerla totalmente obediente durante la primera noche: "Assí passó el fecho entre ellos aquella noche, que / nunca ella fabló, mas fazía lo quel mandavan (191). Es decir, a través de esta humillación final, más bien una violación, el joven logra reducir a la mujer a otra "bestia muda" más. "Bestia/res muda" es otro término que connotaba el sexo femenino, visto como un pequeño animal con boca/vulva que se abre, que "bosteza", que "come" pero que no habla. Compárese en el *Libro de buen amor* 990e, donde la serrana *dominatrix* Gadea de Riofrío amenaza al protagonista con "non sabes el uso como se doma la res muda" (Vasvari, "Peregrinaciones").

Para "domar" a la mujer es necesario hacerle enmudecer en las dos "bocas", pues la característica estereotípica de la mujer fuerte es la actividad excesiva de su boca en todos los sentidos: su locuacidad, su chismografía, su violencia verbal y su glotonería. En las mujeres peligrosas para el buen orden de la sociedad, como la brava, la inteligente o la ligera, se igualan boca y boca inferior, ambas abiertas cuando deben permanecer cerradas. La vigilancia social de las mujeres se concentra en tres campos: la boca, la castidad, y el umbral de la casa. Éstos se confunden a menudo porque la boca cerrada se hace señal de castidad, y el silencio y la castidad son homólogos del encerramiento de la mujer dentro de la casa. Políticamente, el signo de la "mujer" normativa puede servir de emblema de la integridad del Estado (Stallybras, "Patriarchal", 126-129). Tal como el cuerpo clásico de la cultura oficial de Bakhtin o como la virgen, es un *hortus conclusus*, un huerto impenetrable. La voluntad de rebelión de la mujer se manifiesta a través de su lengua, que funciona como una especie de falo prostético, de tal modo que para reducirla al silencio y a la impotencia hay que silenciarla "castrándola", lo que a veces opera literalmente cuando se le corta la lengua (ejemplos literarios en Debax, "Et voilà"; Boose, "Scolding Brides").

En *la mujer brava* cuando a la mañana siguiente vuelven los parientes y encuentran un silencio absoluto, temen que el novio esté muerto. Pronto les abre la novia, de cuya bravura se han quejado tanto, pero que, irónicamente, sólo ahora abre la boca por primera vez, y no es sino para silenciarlos: "callad, sinon todos, también vós commo yo, todos somos muertos" (192).

En el "final feliz" del cuento se nos explica que la mujer fue "muy bien mandada", y que el joven matrimonio vivió feliz desde allí en adelante. En un mini-cuento que funciona de coda, la noche siguiente el suegro, pensando beneficiarse de esta excelente lección de disciplina, mata un gallo para impresionar a su propia mujer brava. Pero ésta se ríe de él, advirtiéndole que después de tantos años de matrimonio ya lo conoce tanto que ni siquiera le serviría matar a cien caballos. El pobre hombre es tan ingenuo que no se da cuenta que ha escogido mal el animal sacrificado, pues con matar un *gallo* no ha hecho otra cosa que castrarse simbólicamente. En contraste con el simbolismo sexual femenino de "gato" y de "bestia muda", el "gallo" connota el pene. La analogía se basa en parte en la lujuria proverbial del gallo que es capaz de pisar a diez gallinas, y en parte en la semejanza imaginativa entre el órgano masculino y el cuello del gallo, a veces tieso y a veces muy arrugado (cf. esp. *gall[it]o*, it. *gallo*, ing. *cock*, al. *[Pip]hahn*, sueco *kuk*, húng. *kakas*; discusión en Vasvari, "Fowl Play"). Compárese también el famoso "gallito inglés" mexicano documentado por Jiménez (*Picardía*, 127) en el siguiente grafito, en una pulquería: "éste es el gallito inglés / míralo con disimulo / quítale el pico y los pies / y métetelo en el c...." El cuento, con su coda, puede leerse como una prueba doble de hombría del joven, donde primero logra vencer su miedo a la sexualidad y luego logra destronar al padre, representado por el suegro impotente, el tipo de hombre manso proverbial (como en el refrán, "el marido manso, la mujer brava").

El matrimonio, desde la selección correcta del cónyuge hasta el comportamiento apropiado dentro del matrimonio, es el tema de tres 'enxiemplos' adicionales en *El conde Lucanor*: el XXV, XXVII y el XLIII. En el XXV se da el caso del yerno ideal, el cual deja a la joven esposa sin consumar el matrimonio para volver sólo años después, una vez que ha logrado su primera prioridad: demostrar el poder de su espada, sacando al suegro del cautiverio moro. En el XLIII, en contraste, se propone el ejemplo de la mujer ideal, la cual, cuando su marido pierde un ojo en la guerra, para mostrarle simpatía se horada el propio ojo. El 'enxiemplo' XXVII, el más relacionado con *la mujer brava*, cuenta dos casos contrarios. En el primero el emperador Fadrique se casa con una mujer aparentemente dócil, pero que al casarse se convierte en "la más brava et la más rebassada cosa del mundo" (157-158). Como buen cristiano, el emperador no puede divorciarse, y por lo tanto inventa la feliz estratagema de ponerle una trampa a la mujer, de tal modo que ésta por su falta de obediencia se mata a sí misma con un ungüento venenoso.

El ejemplo contrario que se cuenta en el mismo 'enxiemplo' XXVII tiene como protagonista a Alvar Fáñez, un personaje histórico o pseudohistórico que figura como sobrino del Cid en el *Poema de mio Cid*. En el cuento de don Juan Manuel, sin embargo, aparece Alvar Fáñez como un hombre ya mayor, cuyo propio sobrino critica su falta de hombría. Le dice el sobrino que aunque encuentra al tío que es un excelente caballero, pero que tiene una gran falla: le da demasiada autoridad a su mujer sobre sus asuntos. La respuesta de Alvar Fáñez consiste en una lección sobre la gran obediencia de la mujer mediante una prueba tripartita. Sobrino, tío y la mujer de éste, doña Vascuñana, salen de paseo. Cuando topan con unas vacas, Alvar Fáñez insiste en que son caballos; poco después encuentran unos caballos y dice que son vacas, y, finalmente, mantiene que el río fluye agua arriba. El sobrino cree que su tío ha enloquecido, pero cuando doña Vascuñana le da la razón en todo, el sobrino comprende que su tío la había "disciplinado" lo suficiente para que ella mereciera su confianza en los asuntos domésticos.

En términos folclóricos el cuento de Alvar Fáñez, a pesar del nombre despistador tan castellano del protagonista, no tiene nada de autóctono, sino que forma parte del mismo complejo de motivos que aparecen en versiones de la fierecilla domada. Por lo tanto, el comportamiento de doña Vascuñana y de la mujer brava se pueden elucidar mutuamente y también sirven para iluminar la política sexual de la obra. Doña Vascuñana participa voluntariamente en el juego absurdo que consiste en la aniquilación de su propia razón, para redefinir el mundo externo según los caprichos de su marido. La misma escena aparece en el *Taming of the Shrew*, donde la joven casada Kate también se conforma con la fantasía patriarcal de su marido Petruchio, quien llama luna al sol y virgen joven a un viejo. Pero la escena en Shakespeare representa la capitulación juguetona e irónica de una mujer verdaderamente fuerte, que sabe que para ganar hay que exagerar la sumisión femenina. En contraste, en la escena con doña Vascuñana no se aparenta ningún tono ligero y ningún conflicto interior en ella. De hecho, en la primera parte del cuento cuando Alvar Fáñez piensa casarse, le pone una prueba de fidelidad a tres hermanas. Explica, primero a la mayor y luego a la segunda, que quiere casarse a pesar de ser ya viejo y sufrir a veces de momentos de locura y de violencia. Naturalmente ambas hermanas rechazan tal oferta de matrimonio, pero la hija menor, que según las leyes folclóricas siempre tiene que ser la más astuta, le responde que se siente honrada al casarse con un hombre tan importante y que ella muy bien sabrá sufrir cualquier tratamiento que le quiera dar. Es decir, doña Vascuñana es la mujer ejemplar justamente porque el marido ni siquiera tuvo que domarla. Ella supo aceptar la ley patriarcal y ser cómplice en hacerse espejo inerte de la voluntad masculina. Es ésta la representación típica femenina necesaria en la cultura androcéntrica, donde el poder indirecto de las mujeres reside en su poder de reconocer al marido voluntariamente como su maestro y de tal modo autorizar tanto la identidad sexual como social de éste (Irigaray, *Speculum*; Kahn, *Comic Women*). En el *Taming* se revela la táctica de Kate de dominar aplacando al marido bufonesco, pero en el *conde Lucanor* no se nota ningún tono crítico, ni en el caso de doña Vascuñana, que se doma a sí misma, ni en la mujer brava, que se doma por el terror.

Antes de terminar esta breve revisión del tema de la fierecilla domada es imprescindible discutir el *fabliau* francés "De la dame que fut escul-liée" ('la mujer que fue descojonada'), la versión que más claramente ilustra mi tesis, que es el temor que tienen los hombres al poder sexual de la mujer —ocasionado por el temor a la propia impotencia— que los lleva a la obsesión de domarlas. El título del *fabliau* francés ofendió tanto a ciertos editores del siglo XIX que lo "castraron" doblemente, cambiando el título por el insulso "De la dame qui fut corriegée" y eliminando la escena ofensiva de la castración de la suegra (ver *supra*; el texto completo en Montaiglon y Renaud, I, 95-116; traducción inglesa en Brians, *Bawdy Tales* 25).

En la introducción del *fabliau* se explica el gran peligro en que cae un aristócrata si quiere demasiado a su mujer, dando el ejemplo de un caballero rico que se dejó dominar por su esposa, abandonando el manejo de su casa y de sus tierras en manos de ella. Su recompensa fue que la mujer empezó a despreciarlo, odiarlo y contradecirlo en todo, y a educar a la hija en su propio ejemplo. Por lo tanto cuando la hija se casa, el nuevo marido, un conde, se ve forzado a "reeducarla". Empieza con el mismo rito disciplinario que el novio en el *conde Lucanor*: primero mata dos galgos que le había regalado el suegro, con la excusa absurda de que no cogieron una liebre, y luego mata a su propio caballo porque no deja de pacer. Tercero, le corta una oreja y una mano al cocinero por una ofensa menor que éste había cometido por orden de la mujer del conde. Finalmente, ataca brutalmente a la mujer, agarrándola por el pelo y pegándole con una porra con púas. Cuando la mujer está ya medio muerta, la lleva a la cama en estado inconsciente. La pobre tiene que guardar cama por tres meses, pero el texto nos asegura que durante este tiempo el marido la trata muy bien. Un crítico medievalista comenta que el cariño que demuestra el marido a la mujer durante su convalecencia comprueba que le ha pegado ¡motivado por el amor que le tiene! (Lacy, *Reading Fabliaux*). De hecho, es parte integral del rito teatral del sadomasoquismo que el sádico mime y acaricie a su víctima después de haberla maltratado (ver el escenario repetido en la famosa novela *L'histoire d'O* de Pauline Réage sobre la educación progresiva de una joven en la disciplina sádica). Recordemos, además, que la escena tiene lugar en la noche de bodas. Por lo tanto, cuando se nos detalla que el conde pega a la mujer con una *porra*, que hasta la actualidad connota "pene", y que la llevó a la cama inconsciente, el auditorio medieval hubiera entendido que es bajo tales condiciones que se llevó a cabo la consumación del matrimonio. Es decir, motivado por su *performance anxiety*, el novio en el *conde Lucanor* tiene que inventarse un rito preliminar donde la espada sangrienta le sirve de pene prostético, y aun así, sólo se atreve a meterse en la cama con una mujer aterrorizada y muda. Pero el conde francés, con su porra como prótesis, necesita tener a la mujer inconsciente para funcionar sexualmente. Nótese de pasada que otra obsesión cultural masculina, a través de los siglos, es la fantasía sexual de la pasividad virtuosa y la muerte erótica sensual, donde el objeto sexual preferido es la mujer frágil, desmayada, inválida o hasta muerta (véanse, por ejemplo, desde la bella durmiente hasta los muchos ejemplos iconográficos en Dijkstra, "Dead Ládies").

El conde francés no se contenta con la subyugación violenta de la mujer y decide jugar la última escena de su teatro sádico con la suegra, por cuya mala influencia desobedeció la hija. Después de mandar a un criado que le traiga los cojones muy grandes de un toro, el conde informa a la vieja que es por el exceso de "cojones" que es tan brava y que por lo tanto él se los va a sacar. Sigue la descripción detallada de la operación grotesca en que le hace una incisión honda en las dos caderas con una navaja y mete el puño en la llaga, de donde finge sacar los cojones sangrientos del toro. En términos psicológicos la operación representa simultáneamente la castración y la violación sexual de la suegra, donde el puño del conde funciona de pene y la llaga de vagina (compárese el ing. *fist fucking* 'penetración anal con el puño', un ritual del sadomasoquismo; véase también la iconografía recurrente en la religiosidad popular de la llaga de Cristo en la cruz, representada como un sexo femenino, por donde es brutalizado por picas fálicas y por donde "da luz" a la iglesia [Vasvari, "Festive"]).

Terminada la operación, la pobre vieja está tan dolorida y tan aterrada que acepta la eficacia de la castración mimética y promete nunca más ser brava, reintegrándose así a la ley patriarcal. Pero el conde, para asegurarse de la eficacia total de la lección, previene a la mujer que si no se comporta bien, también tendrá que sufrir la misma operación, porque si las mujeres son necias y desobedientes es por sus "nueces".

***

La recepción por la crítica de textos misóginos medievales, como el 'enxiemplo' de la mujer brava, difiere poco de la del auditorio original masculino aristocrático de don Juan Manuel. O, para decirlo más directamente, la crítica masculinista hoy en día sigue siendo tan misógina como los textos medievales que examinan. Mientras algunos críticos se han divertido con el tratamiento "humorístico" de la mujer, otros han preferido ver "las verdades cristianas" encerradas en estos cuentos ejemplares. Lo que pocos han querido ver es que tales representaciones de la mujer son proyecciones de las ansiedades masculinas, y que, al final de cuentas, sea con humor, sea con doctrina cristiana, su propósito es marginar, controlar y oprimir a las mujeres.

Sírvanos de ejemplo de la crítica actual la obra de cuatro críticos, dos de los cuales mantienen la ausencia de misoginia medieval castellana en general, y otros dos se dedican específicamente a la exculpación del cuento de la mujer brava (pero contrástese con las lecturas revisionistas de Sandoval, "De-centering Misogyny", y de Márquez Villanueva, "Sangre y matrimonio"). Ornstein ("Misogyny", 233) alaba la supuesta escasez relativa de documentos antifeministas en España en comparación con otros países, hecho que atribuye a la "galantería española" que, según él, prohibe la calumnia del sexo al cual hay que respetar y venerar. Por su parte, Cantarino ("El antifeminismo") explica que sería un anacronismo grave proponer la existencia de la misoginia medieval, puesto que la igualdad de los sexos era un concepto desconocido en la Edad Media. A pesar de catalogar ejemplos de textos misóginos, teológicos y literarios, asegura que éstos tampoco pueden considerarse como tales, puesto que los puntos de vista que expresan son simplemente la conclusión lógica de seguir "una ética cristiana, no de antifeminismo eclesiástico" (106). Para Cantarino también es irrelevante que los argumentos en contra de la mujer se basen en premisas falsas, porque

> [...] no es la actitud ante la mujer el factor que determina las doctrinas teológicas y morales, sino que, por el contrario, es la aceptación de unas premisas teológicas y de valor universal la que impone las conclusiones concretas que se aplican a la mujer [...].
>
> (106).

Como argumento adicional, añade Cantarino que si después de todo existe algo de antifeminismo en la Edad Media española, no es parte del cristianismo, y hay que atribuirlo "más o menos directamente" a la tradición helénica y árabe (107). El argumento final de Cantarino es que textos como las anécdotas de la corriente del "llamado" antifeminismo, como las del *Libro de los enxemplos*, de la *Disciplina clericalis*, y del ejemplo de la mujer brava, son más literarios, paródicos y humorísticos que "producto de seria y grave diatriba" (116).

Otro crítico, Arias, que escribe en una revista teológica, propone una lectura alegórica de "la mujer brava", ensalzando su originalidad, belleza literaria, gran seriedad y didactismo, y su utilidad como "medicina para el alma" (224), bajo cuya jocosidad hay una seria lección moral. Según Arias, por la "severa lección" que el marido da a su mujer, ella sinceramente cambia completamente de carácter en un brevísimo tiempo. Supuestamente, la lección que nos propone don Juan Manuel es que la felicidad en el matrimonio y la salvación del alma consisten en la armonía conyugal, y, por lo tanto, el joven no hace otra cosa que imitar desinteresadamente los preceptos de san Pablo en el matrimonio cristiano. Entiende que para salvar a su mujer es necesario destruir la "locura" de sus predilecciones pecaminosas y de sus instintos animales destructivos. Por lo tanto, con el sacrificio de los tres animales la aterra lo suficiente para que pueda pasar de su estado puramente animal, al de reflexión; y despertar así a la verdadera vida del alma.

En oposición diametral a la teoría didáctica de Arias, para Keller ("A Re-examination", 49) el 'enxiemplo' de "la mujer brava" carece totalmente de significado oculto y existencial. En su opinión, es un cuentecillo delicioso donde Juan Manuel logra que el lector se identifique tan completamente con el protagonista atractivo y "tan hombre", cuando finalmente se rinde la novia: "He [el lector] finds in her surrender a pleasure and warm sense of masculine satisfaction".

Es decir, para Keller sólo existen los lectores masculinos, los cuales gozan tanto de esta historia porque el final sádico les proporciona una especie de descargo sexual.

La pornografía, sobre todo la pornografía violenta, tiene una larga historia como un género producido por y para los hombres, pero enfocado obsesivamente en el cuerpo de la mujer. La pornografía violenta tiene menos que ver con la sexualidad que con la deshumanización de la mujer como objeto sexual y/o como víctima de violencia (Stoller, *Observing*; Diamond, "Pornography"). Pero no es sólo el llamado género pornográfico, sino que en gran parte de la literatura se convierten en forma narrativa las fantasías y las ansias sexuales, que siempre siguen patrones argumentales muy repetitivos. Gran parte del público quiere participar vicariamente en escenas de placeres eróticos, pero sólo si el texto maneja el contenido tabú en una manera suficientemente recóndita (Holland, *Dynamics*, 32-33). El tema obsesivo y repetitivo de la "fierecilla domada" o "mujer brava" que hemos trazado en este artículo, es un ejemplo típico de la narrativización de las ansias sexuales. El hombre, cuya autodefinición reside en su capacidad para preñar a la mujer y proteger y proveer a su familia, se ve constantemente amenazado en todas estas actividades (Bullough, "Medieval Medical"). En particular, cuando la mujer se ha arrogado un papel demasiado fuerte, el único modo de proteger su propia masculinidad y de evitar acusaciones de ser afeminado es mediante la exageración caricaturesca de su propia masculinidad, con el fin de reestablecer las distinciones sexuales y sociales, que ha desordenado la actuación inapropiadamente masculina de la mujer. Y las representaciones imaginarias de mujeres fuertes en la literatura, como las mujeres épicas sangrientas, las *serranas* viriles, pero heterosexuales, y las mujeres bravas, tienen una función didáctica importante: sirven de ejemplos negativos de mujeres peligrosas, porque usurpan la autoridad de los hombres y, por lo tanto, representan una amenaza grave para todo orden social, el cual sólo se puede restablecer con el castigo constantemente reiterado (Ratcliff, "Urraca"; Knickerbocker, "The Legend"; Vasvari, "Peregrinaciones"). Propongo, pues, que las narraciones de la fierecilla domada pueden leerse como la realización teatral/ritual de una fantasía comunitaria de la humillación y la subyugación de la mujer fuerte.

BIBLIOGRAFÍA

ADAMS, CAROL J., "Woman-Battering and Harm to Animals", en C. J. Adams y Josephine Donovan (eds.), *Animals and Women: Feminist Theoretical Explorations*, Durham: Duke, 1995.

ARCIPRESTE DE HITA, *Libro de buen amor*, ed. de Jacques Joset, Madrid: Taurus, 1990:

ARIAS, R., "El matrimonio cristiano en el ejemplo XXXV de *El conde Lucanor* (del «mancebo que casó con mujer brava»)", *Teología Espiritual*, revista cuatrimestral de los Estudios Generales Dominicanos de España, 31, 1987, 223-234.

AYERBE-CHAUX, REINALDO, *El "Conde Lucanor": material tradicional y originalidad creadora*, Madrid: Porrúa Turranzas, 1975.

ALZIEU, PIERRE *et al.*, *Poesía erótica del Siglo de Oro*, Barcelona: Crítica, 1984.

BOOSE, LINDA E., "Scolding Brides and Bridling Scolds: Taming the Woman's Unruly Member", *Shakespeare Quarterly* 42, 1991, 179-213.

BOLTE, JOHANNES, "Der Schwank von der faulen Fraue und der Katze," *Zeitschrift des Vereins für Volkskunde* 18, 1908, 53-60.

BRIANS, PAUL, *Bawdy Tales from the Courts of Medieval France*, New York: Harper and Row, 1972.

BRUNVALD, JAN HAROLD, *"The Taming of the Shrew": A Comparative Study of Oral and Literary Versions*, London: Garland, 1991 [1a. ed., 1961].

——, "The Folktale Origin of the *Taming of the Shrew*", *Shakespeare Quarterly*, 17:4, 1968, 345-359.

——, "The Taming of the Shrew Tale in the U. S.", en *The Study of American Folklore*, New York: W.W. Norton, 1978.

BULLOUGH, VERN L., "Medieval Medical and Scientific Views of Women", *Viator*, 4, 1973, 485-501.

CANTARINO, VICENTE, "El antifeminismo en la literatura medieval castellana", en Josep Roca-Pons (ed.), *Homenaje a Don Agapito Rey*, Bloomington: Indiana University, 1980, 93-116.

CASONA, ALEJANDRO, *Retablo jovial: cinco farsas en un acto*, Buenos Aires: El Ateneo, 1949.

CHADWICK, WHITNEY, "The Fine Art of Gentling: Horses, Women and Rose Bonheur in Victorian England", en Kathleen Adler y Marcia Pointon (eds.), *The Body Imaged. The Human Form and Visual Culture Since the Renaissance*, Princeton: Princeton University Press, 1993, 89-107.

CHILD, FRANCIS J. (ed.), *The English and Scottish Popular Ballads*, t. V, Boston: Houghton and Miffin, 1894.

DEBAX, JEAN-PAUL, "Et voilà porquoi votre femme est muette", *Caliban*, 16:1, 1980, 23-37.

DEYERMOND, ALAN, "Editors, Critics, and *El conde Lucanor*", *Romance Philology*, 31:4, 1978, 618-30.

DIAMOND, IRENE, "Pornography and Repression: A Reconsideration", en Catherine Stimpson and Ethel Spector Person (eds.), *Women: Sex and Sexuality*, Chicago: University of Chicago, 1982.

DJIKSTRA, BRAM, "Dead Ladies and the Fetish of Sleep", en *Idols of Perversity: Fantasies of Feminine Evil in Fin-de-Siècle Culture*, Oxford: Oxford University Press, 1986, 25-63.

ENGLAND, JOHN, "«¿Et non el día del lodo?»: The Structure of the Short Story in *El conde Lucanor*", en Ian MacPherson (ed.), *Juan Manuel Studies*, London: Tamesis, 1977, 69-86.

ERLICH, VERA S., *Family in Transition: A Study of Three Hundred Yugoslav Villages*, Princeton: Princeton University Press, 1966.

FETTERLEY, JUDITH, *The Resisting Reader: A Feminist Approach to American Fiction*, Bloomington: Indiana University Press, 1978.

FUSS, DIANA, "Reading like a Feminist", *Differences*, 1:2, 1989, 77-92.

HAGEN, FRIEDRICH HEINRICH VON DER, *Gesammtabenteur: Hundert altdeutsche Erzählungen*, t. I, Stuttgart: J. G. Cotta'scher Verlag, 1850.

HARDING, SANDRA, "Introduction", en *Feminist Methodology*, Bloomington: Indiana University Press, 1987, 1-14.

HOLLAND, NORMAN, *Dynamics of Literary Response*, New York: Oxford University Press, 1988.

IRIGARAY, LUCE, *Speculum of the Other Woman*, Ithaca, Cornell University Press, 1985 [ed. original, 1974].

JIMÉNEZ, ARMANDO, *Picardía mexicana*, México: Editores Mexicanos Unidos, 1960.

——, *Dichos y refranes de la picardía mexicana*, México: Editorial Diana, 1982.

JONES, ANN, *Women Who Kill*, New York: Holt, Rinehart and Winston, 1980.

JUAN MANUEL, *El conde Lucanor*, ed. de José María blecua, Madrid: Castalia, 1969.

KAHN, COPPÉLIA, *Comic Women, Tragic Men: A Study of Gender and Genre in Shakespeare*, Stanford: Stanford University Press, 1982.

KELLER, JOHN ESTEN, "A Re-examination of Don Juan Manuel's Narrative Techniques: «la mujer brava»", *Hispania*, 58, 1975, 45-51.

KNICKERBOCKER, DALE F., "The Legend of the *Siete infantes de Lara* and the Problem of *Antifeminismo*", *La Corónica*, 23:1, 1994, 12-22.

LACY, NORRIS J., *Reading Fabliaux*, London: Garland, 1993.

MARÍN, DIEGO, "El elemento oriental en Don Juan Manuel: síntesis y reevaluación", *Comparative Literature*, 7, 1955, 1-14.

MÁRQUEZ VILLANUEVA, FRANCISCO, "Sangre y matrimonio: 'El mancebo que casó con una muger muy fuerte et muy brava'", en Luce López-Baralt y Francisco Márquez Villanueva (eds.), *Erotismo en las letras hispánicas. Aspectos, modos, y fronteras*, México: Colegio de México, 1995, 315-334.

ORNSTEIN, JACOB, "Misogyny and Pro-feminism in Early Castilian Literature", *Modern Language Quarterly*, 3, 1942, 221-234 [Impreso por primera vez como "La misoginia y el profeminismo en la literatura castellana", *Revista de Filología Española*, 3, 1941, 219-232].

RATCLIFF, MARJORIE, "Urraca: de heroína épica a heroína romántica", en Juan Paredes (ed.), *Medioevo y literatura. Actas del V Congreso de la Asociación Hispánica de Literatura Medieval*, t. IV, Granada: Universidad de Granada, 1995, 1313-1322.

SANDOVAL, ALBERTO, "De-centering Misogyny in Spanish Medieval Texts: The Case of Don Juan Manuel's XXXV Exemplum", *Ideologies and Literature*, 4, 1989, 65-94.

SMITH, SUSAN, *The Power of Women. A Topos in Medieval Art and Literature*, Philadelphia: University of Pennsylvania, 1995.

STALLYBRAS, PETER, "Patriarchal Territories: The Body Enclosed", en Margaret W. Ferguson *et al.* (eds.), *Rewriting the Renaissance. The Discourse of Sexual Difference in Early Modern Europe*, Chicago: University of Chicago Press, 1986, 123-142.

STOELTJE, BEVERLY J., "Introduction: Feminist Revisions", *Journal of Folklore Research*, 25:3, 1988, 141-153.

STOLLER, ROBERT, *Observing the Erotic Imagination*, New Haven: Yale University Press, 1985.

VASVÁRI, LOUISE O., "Festive Phallic Discourse in the *Libro del Arcipreste*", *La Corónica*, 22.2, 1994, 89-117.

——, "Joseph on the Margin: the Mérode Tryptic and Medieval Spectacle", *Medievalia*, 18, 1995, 163-188.

VASVÁRI, LOUISE O., "Peregrinaciones por topografías pornográficas en el *Libro de buen amor*", en *Actas del VI Congreso Internacional de la Asociación Hispánica de Literatura Medieval*, 1997.

——, "Fowl Play in My Lady's Chamber: Textual Harassment of a Middle English Pornithological Riddle and Visual Pun", en Jan Ziolkowsi (ed.), *Obscenity: Social Control and Artistic Creation in the European Middle Ages,* Amsterdam: Brill, 1997 [en prensa].

WILLIAMS, LINDA, *Hard Core: Power, Pleasure, and the "Frenzy of the Visible"*, Berkeley: University of California Press, 1989.

EL DISCURSO DEL TIEMPO Y EL ESPACIO

¿LO GRAVE O LO LEVE?

MARUXA ARMIJO
Universidad Autónoma Metropolitana-Iztapalapa

A partir del siglo XII, el lugar privilegiado que las bibliotecas medievales reservaban a las Sagradas Escrituras será compartido por el conjunto de traducciones latinas que en poco tiempo llegarían a conformar el acervo de libros paganos más venerados en la Edad Media tardía: el *corpus aristotelicum*.

Inmediatamente después le seguían —en orden de importancia— los comentarios a los tratados aristotélicos y los comentarios que comentaban los comentarios.

Con esto quiero decir que Aristóteles fue el involuntario gurú de la ciencia medieval, y que para hacer concebible la filosofía de la naturaleza que mejor expresa —según mi opinión y sin pretender que sea la única— el espíritu del Medioevo fue menester el genio de Aristóteles.

Claro que entre el Aristóteles griego y *El Filósofo* medieval se dio el cristianismo y que éste, no obstante no ser una filosofía, modificó significativamente las condiciones en que los pensadores de la Europa cristiana ejercitaron la razón y la manera como interpretaron a Aristóteles. Para integrar la *physica* aristotélica a la religión cristiana en una estructura intelectual consistente se necesitaron el temple y el talento de aquel santo dominico nacido entre los años de 1224 y 1225 en el castillo de Roccasecca, muy cerca de Aquino, Terra di Lavoro del Reino de Sicilia, y apodado por sus contemporáneos: *el Doctor angélico*.

Resumir la tarea que Tomás de Aquino se impuso a sí mismo y dejar ver en pocas palabras la magnitud de su obra no es fácil.

Josef Pieper ("Scholasticism", 597) utiliza la analogía del arco de Ulises, del que se dice era tan difícil de doblar que sólo una fuerza sobrehumana podía lograrlo: uno de los extremos era la Biblia y el otro la visión aristotélica.

Decimos *visión* aristotélica porque, para santo Tomás, Aristóteles no era un autor individual, sino una visión específica del mundo, la afirmación de la realidad natural como un todo, incluyendo al cuerpo humano y su razón.

Como estudiante, primero de las artes liberales y después de teología, santo Tomás conoció en la forma más pura ambos extremos del arco, y se fijó como objetivo de su vida entera llegar a unirlos. El resultado fue una soberbia construcción intelectual: la *Summa theologica*. En esta obra —gracias al impresionante esfuerzo de su autor por deducir el conocimiento de premisas racionales— la filosofía aristotélica cristiana ha adquirido ya plena conciencia de sus derechos en cuanto conocimiento de la naturaleza.

En vista de que el propio santo Tomás nos enseña, en el proemio a su comentario a la *Physica*, que el estudio ordenado de la ciencia de la naturaleza debe comenzar con la *Physica* y el *De caelo* de Aristóteles, decidí detenerme en estos dos textos fundamentales —y obligados para cualquier estudioso medieval— para urgar en ellos la vieja teoría aristotélica del movimiento.[1]

Con el propósito de inyectarle vida a una teoría que satisfizo durante siglos el pensamiento de quienes nos precedieron y declarada por la modernidad francamente derrotada, este ensayo intenta recrear, a través de una reflexión filosófica libre y desinteresada, la teoría aristotélica del movimiento para concurrir a la siguiente conclusión: los esfuerzos de generaciones enteras han sido insuficientes para percibir todas las consecuencias de una sola teoría. Tiene sentido estudiar hoy la física de ayer para entender nuestro mundo y para entendernos mejor.

He leído a quienes afirman que los conceptos del ayer y los del hoy son absolutamente incomparables;[2] he escuchado a los que sostienen la inutilidad de cualquier esfuerzo de comunicación interdisciplinaria; conozco a quienes han calificado de "un diálogo entre sordos" a la comunicación entre científicos y humanistas.

---

[1] El orden de estudio que propone el teólogo y filósofo dominico en el proemio a su comentario a la *Physica* de Aristóteles es el siguiente: *Physica, De caelo, De generatione et corruptione, Meteorologica*, y finalmente *De anima*.

[2] El término que usan Thomas Kuhn y Paul Feyerabend es *inconmensurables*.

Sé también que la traducibilidad es una presuposición de la historiografía *whig* que ha sido duramente criticada, en particular cuando se recurre a la formalización de expresiones empleadas en cierto momento histórico en un lenguaje cronológicamente posterior como sucede, por ejemplo, cuando se presentan las ideas sobre la física griega o medieval, bajo el ropaje matemático newtoniano.

Crombie coteja la "ley" del movimiento de Aristóteles con la "ley" del movimiento del erudito medieval del siglo XIV Thomas Bradwardine, adjudicándoles respectivamente las siguientes fórmulas: $v = kF/R$, $v = (k)\log(F/R)$. La tentación *whig* sería aquí comparar ambas "leyes" con las de Newton y concluir "la falsedad" de las leyes del movimiento de Aristóteles y de Bradwardine. El procedimiento puede justificarse en ciertos casos, sobre todo cuando se invocan razones didácticas, pero en otros el anacronismo puede desvirtuar seriamente la historia real como sucede con la exposición que hace Sambursky de la teoría del movimiento de Aristóteles en su libro *The Physical World of the Greeks*.[3]

Indudablemente que la historia de la ciencia que se limita a condenar o glorificar a la ciencia del pasado según los patrones de la ciencia actual resulta estéril, seca y aburrida y, a veces, además, peligrosa.

Es un tanto absurdo, por ejemplo, ponerse a pedirle cuentas a la ciencia aristotélica, y decir: "Miren, ahí está la ciencia de Aristóteles; la mera verdad lo hubiera podido hacer mejor".

Si de lo que se trata es de preguntar a los textos de la Antigüedad cuánto sabían Aristóteles y los aristotélicos de mecánica clásica, con seguridad la respuesta será: "muy poco" y a mí no me parece razonable emprender una investigación histórica, filosófica, sociológica o de cualquier otro tipo para llegar a una conclusión tal.

Lo que yace en el fondo de esta controversia es, si con lo que tienen en común las ciencias de todos los tiempos, es posible inventar espacios donde dialogar:

—si no lo es, es evidente que no nos podemos escuchar y por lo tanto no nos podremos entender,

—si sí lo es, por lo menos no está cerrada la posibilidad.

[3] Al final de su exposición, después de *demostrar* todos los "errores" de la teoría aristotélica (89-93), Sambursky le reconoce dos "aciertos": *Although the law of motion of Aristotle is not correct, its formulation is, in two respects, akin to the spirit of our own time: it is mathematical in form, and its validity is qualified by reference to experience* (93).

Esta última es la postura de quienes plantean que la estabilidad relativa de los términos del lenguaje común y corriente explica cómo es posible que gente de distintas épocas o de diferentes culturas podamos entendernos —y entendernos tan bien.[4]

Es verdad que en cualquier comunicación el autor asume que sus lectores u oyentes ya conocen algo, y omite ese algo simplemente para no caer en la repetición o en la trivialidad. Desde luego, qué es lo trivial depende del autor y de su audiencia, lo que para mí lo es, para otros puede no serlo, lo que para ustedes lo es, para mí puede no serlo; y correr el riesgo de omitir algo que no debía omitirse o de expresar verdades que podrían haberse obviado, es el precio de toda comunicación interdisciplinaria honesta.

Puesto que creo posible la comunicación interdisciplinaria, puesto que pienso que vale la pena intentar tender nuevos y mejores puentes entre la cultura científica y la humanística, y puesto que creo hallar en la exploración filosófica de las teorías científicas un eficaz medio para crear tales puentes, deseo empezar destacando algunas de las ideas de la teoría aristotélica del movimiento —vinculada a un tema tan inagotable y misterioso como es la vida misma— para terminar planteándole al lector un inquietante enigma que el estudio de la *Physica* y el *De caelo* me han dejado.

Aristóteles define la naturaleza o *physis* como "el principio del movimiento y del cambio", y a la *physica* o ciencia de la naturaleza como el estudio de las cosas que se mueven y transforman continuamente. Por lo tanto, comprender el cambio es condición necesaria para comprender la naturaleza y todo físico o filósofo de la naturaleza debe suponer que el movimiento existe:

> Nosotros, los filósofos naturales tenemos que aceptar que las cosas que existen en la naturaleza están —todas o algunas de ellas— en movimiento, lo cual puede demostrarse por inducción.
>
> (*Physica*, I, 2, 185a).

Hacer caso omiso de nuestra percepción sensorial para poder sostener, como hicieron los eleáticos, la teoría que dice que todas las cosas

---

[4] Otto Neurath dice: *the common language, or more exactly the common languages, some how contain within themselves all humanity known to us* (*Philosophical Papers 1913-1946*, Dordrecht: D. Ridel, 1983, 151).

están en reposo, que el ser es uno e inmutable sería para Aristóteles renunciar al conocimiento de la naturaleza (*cfr. Physica*, I, 1, 200b). A pesar de que los sentidos nos proporcionan el mejor conocimiento que podemos tener de lo particular, este tipo de conocimiento no es para Aristóteles *sabiduría* (*cfr. Metaphysica* I,1, 981b).

Es decir, la evidencia de los sentidos, aunque incontrovertible, es para Aristóteles únicamente el punto de partida. La facultad de aprehender los primeros principios implicados en toda ciencia es la razón. La razón, sin la percepción sensorial, se encuentra indefensa, pero la razón no está limitada al conocimiento de lo concreto y sensible; ella es capaz de alcanzar lo universal y abstracto.

Aristóteles aborda el cambio y el movimiento de dos maneras: al tiempo que reiterativamente afirma que los sentidos nos proporcionan la evidencia de su realidad, los considera problemas ontológicos, y elabora una teoría que le permite reconciliar la idea de *ser* con la idea de *cambio*.

He aquí una diferencia radical entre la física moderna y la de la antigua Grecia. Tanto la una como la otra han querido encontrar explicaciones verdaderas a los fenómenos del universo, pero mientras los científicos modernos buscan explicaciones a una realidad parcelada y pasan por alto cualquier objeción metafísica, los filósofos griegos y los medievales pretendieron una explicación única y racional que englobara a todos los hechos, a todos los pensamientos y a todas las acciones.

Por lo tanto, al considerar la teoría aristotélica del cambio de lugar, conviene tener en mente el esquema general de la *Physica* en el cual este movimiento tiene lugar. No sólo el movimiento local no es un estado para Aristóteles, sino que no puede ser aislado así nada más de los otros dos tipos de *kinesis*, la alteración y el cambio cuantitativo.[5]

Sin lugar a dudas, el meollo de su teoría del cambio y del movimiento radica en la idea de que, por su propia naturaleza, a cualquier cosa le podemos atribuir dos modos distintos de ser: su ser en acto y su ser en potencia. No es posible definir el ser inequívocamente, porque las cosas pueden "ser" de dos maneras distintas.

Las características completamente realizadas de un sujeto o substancia determinan su ser en acto. Pero nada ni nadie puede ser definido exclusivamente en términos de su actual existencia porque todo ser con-

---

[5] Más adelante presentamos la clasificación aristotélica del cambio (metabolé) y del movimiento (*kínesis*).

creto es capaz de adquirir un número virtualmente infinito de nuevas cualidades (un trozo de bronce puede convertirse en una estatua, un puñado de barro en una cazuela, una semilla en un árbol, un vicioso en un virtuoso, una niña en una mujer, un ignorante en un sabio) (Cfr. *Metaphysica*, IX, 5 y 6).[6]

De ahí que debamos tratar a todo sujeto como un ser potencial, es decir, considerar todas las cualidades que ese ser es capaz de actualizar.

Esta genial distinción entre el ser en acto y el ser en potencia convierte en falso dilema el argumento que usaron los filósofos eleáticos para demostrar que el ser es incompatible con el cambio.[7]

Lejos de ser incompatibles, en la teoría aristotélica el ser y el movimiento están ontológicamente fusionados. Los cambios en la naturaleza no deben ser interpretados como el paso del no ser al ser (lo que, al violar el axioma de la lógica, los haría ininteligibles), sino como el proceso por el cual, lo que ya es, en potencia, se convierte, a través de la *forma*, en un ser en acto o entelequia.[8]

La *physica* de Aristóteles no es un conjunto de toscos enunciados del sentido común; es una auténtica teoría científica pues, partiendo de los datos sensibles, los somete al tratamiento coherente y sistemático, propio de toda ciencia altamente elaborada.

Al tratarlos como algo más que estados aparentes o procesos irracionales, Aristóteles fue el primero en construir una ciencia del cambio

---

[6] En realidad, los *estados adquiridos*, sean del alma o del cuerpo (salud, enfermedad, maldad, bondad, etc.) no son cambios cualitativos para Aristóteles. Ni las excelencias, ni los defectos son cambios (las excelencias son perfecciones y los defectos imperfecciones) pero unas y otras van acompañados de un cambio, *i.e.*, son necesariamente el resultado de cambios en la parte sensitiva del alma.

[7] La doctrina eleática fue elaborada por Parménidas de Elea y seguidores (Zenón y Meliso) entre los siglos VI y V a.C. Todos ellos sostienen la inmutabilidad, necesidad y unidad del ser. "Hay sólo un ser sin ninguna diferenciación". El rigor lógico los llevó a considerar al movimiento y a la particularidad de las cosas individuales como meras apariencias.

[8] La *forma* es aquello por lo cual una cosa es lo que es y asegura su unidad en el presente y su continuidad en el tiempo. Es gracias a su forma actual que un ser existe en acto; y es en referencia a sus formas posibles que tiene una existencia potencial. A la *materia* Aristóteles la concibe como el *locus* en que determinadas potencialidades se actualizan por medio de la forma. Con estos principios de *materia* y *forma* y la paralela distinción entre *ser en acto* y *ser en potencia*, Aristóteles pretende haber resuelto las dificultades que los pensadores eleáticos vieron en la existencia del cambio: la irreconciliabilidad lógica entre *ser* y *movimiento*.

y del movimiento. De hecho, uno de los grandes méritos de la física aristotélica fue precisamente su intento de mostrar que a la idea de cambio podía otorgársele un sentido sin necesidad de sacrificar el rigor lógico. La noción de "ser potencial" hace posible introducir en el *no ser* un modo del *ser* sin negar el axioma del tercero excluso:

> Estamos de acuerdo con ellos (los eleáticos) en que, sin cualificar, no se puede decir que el ser surja del no ser. Pero en un sentido cualificado el ser puede venir del no ser, porque una cosa llega a ser a partir de la *privación*, que en su propia naturaleza es no ser.
>
> (*Physica* I, 8, 191b).

La *privación* (*stéresis* [gr.] o *privatio* [lat.]) es solamente una manera de definir lo que la existencia potencial significa para cualquier substancia. Un ser sólamente puede estar *privado* de los atributos que ya están en él (en potencia) pero que no ha actualizado.

Esta idea de que el ser potencial no actualizado es experimentado como *privación* es una de las más importantes aportaciones de Aristóteles. Al definir potencialidad como privación, Aristóteles está simplemente afirmando que todo ser concreto está constantemente impelido *desde sí mismo* a cambiar.

En la medida en que la existencia potencial es privación, el cambio es la única manera en que las propiedades ausentes de, pero virtualmente contenidas en, una substancia, pueden ser actualizadas.

Aristóteles define el movimiento en un famosísimo pasaje del libro tercero de la *Physica*: "e tou dinámei ontos entelexeia e toioutou kinesis estis" (*Physica*, III, 1, 201a, 10-11).

El movimiento es la actualización de lo que existe en potencia en tanto potencia. O, lo que es lo mismo, el movimiento es el tránsito de la potencia al acto. O, dicho de otro modo, el movimiento es *el proceso* de actualización de las potencialidades de un ser. Este proceso de llegar a ser necesariamente implica la preexistencia de algo que potencialmente ya es, pero que no es en acto.

Santo Tomás traduce a Aristóteles: "Actus entis in potentia in quantum est in potentia". El movimiento es la realidad (o entelequia) de aquello que es según la potencia en cuanto que es tal. Esta celebérrima definición aristotélica-tomista de movimiento —que Descartes encontrara ininteligible— explica admirablemente el continuo devenir de todo ser contingente:

— el movimiento es la realización de lo que es en potencia en tanto potencia,

— *i.e.*, el movimiento es *el ser* de todo lo que tiene existencia potencial,

— Dios es el único ser que no tiene existencia potencial (Dios es inmóvil porque es *acto puro*),

— por lo tanto, el movimiento es *el ser* de todo lo que no es Dios

— *i.e.*, el movimiento es el ser de toda la naturaleza creada por Dios,

— por lo tanto, "ignorato motu, ignoratur natura": quien desconoce al movimiento, desconoce a la naturaleza (*Physica*, III,1, 200b).

Nadie antes de él había dicho esto.

Ahora ya podemos apreciar la precisa función ontológica que Aristóteles otorga al cambio: únicamente cambiando puede un ser actualizar su esencia, la naturaleza es algo dinámico donde el cambio es real, espontáneo y continuo.

Pero Aristóteles no sugiere una explicación mecánica del cambio. Ni siquiera el movimiento local, *i.e.*, el cambio de lugar, puede explicarse por el simple choque. La explicación que da Aristóteles es teleológica: cada cuerpo tiene su *lugar natural*, al que se dirige irremediablemente cuando no encuentra obstáculo.

Aristóteles concibe al cambio (*metabolé*) como un *proceso* de actualización que asegura la transición de un *estado* a otro *estado*. En este pasar al acto lo que es en potencia, en esta realización de la forma en la materia, Aristóteles distingue dos clases de *procesos*, igualmente reales pero muy diferentes en sus funciones ontológicas:

I. Cambios con respecto a la substancia (o entre contradictorios):
   1) la generación (*génesis*)
   2) la corrupción (*fthora*)
II. Cambios que afectan el estado de las substancias (o entre contrarios):
   3) el movimiento (*kínesis*)
      3.a) cambios cualitativos o alteraciones (*áloiósis*),
      3.b) cambios cuantitativos (el desarrollo —*aúxesis*— y la disminución —*fthísis*),
      3.c) cambio de lugar (*forá*) o locomoción.

Reconstruir la ciencia aristotélica del movimiento local o cambio de lugar sin tomar en cuenta sus lazos con las otras formas de *kinesis* es un acto legítimo de simplificación y abstracción siempre y cuando no olvidemos que el movimiento es inseparable de su función actualizadora.

En el caso particular del movimiento local, la función actualizadora del movimiento implica la existencia de lugares predeterminados en donde los cuerpos dejarán de moverse: "Cada cuerpo tiende naturalmente hacia su lugar que le es propio y, si no es violentado, allí permanece" (*cfr. Physica*, IV, 4, 210b).

El movimiento es esencialmente transitorio; cesa *naturalmente* en cuanto alcanza su objeto porque nada que sea *contranatura* puede ser perpetuo (*cfr. Physica*, VIII, 8). Sin embargo, la estructura del ser material (asociada a la potencialidad) le impide al mundo material alcanzar el estado de perfección que implica la noción de reposo absoluto. Por eso, para los seres contingentes, el movimiento es un fenómeno eterno. Como acabamos de decir, el movimiento es *el ser* de todo lo que no es Dios.

De esta manera el movimiento natural de una cosa responde a la tendencia inherente que tiene dicha cosa a ocupar su lugar, es decir, el lugar que le corresponde en el cosmos:

> ¿Qué es, después de todo, el lugar natural de una cosa? El lugar no es una parte de la cosa. El lugar inmediato de una cosa no es ni mayor ni menor que la cosa, puede ser abandonado por la cosa y es separable de ella.
>
> (*Physica*, IV, 4, 210b).

> El lugar puede pensarse como una vasija, es decir, como el contenedor de una cosa.
>
> (*Physica*, IV, 4, 212a).

Dos son los principios del movimiento natural en el mundo sublunar, la *levedad* y la *gravedad*.

> Esto es precisamente lo que significan ligero y pesado: que tienden naturalmente hacia arriba o hacia abajo respectivamente
>
> (*De caelo*, IV, 4, 312a; *cfr. Physica*, VII, 4, 255b).

> Los cuerpos livianos tienden naturalmente hacia arriba; los cuerpos pesados tienden naturalmente hacia abajo
>
> (*Physica*, IV, 4, 212a).

El hecho de que Aristóteles introduzca esta idea tan abruptamente, no debe cegarnos a su novedad e importancia.

Hay que buscar el elemento más original de su teoría en la palabra *natural*. Los cuerpos livianos tienden naturalmente hacia arriba; los pesados tienden naturalmente hacia abajo. La naturaleza es el principio del movimiento y del cambio.

A juicio de Parménides, el mundo sensible tiene su explicación en una lucha entre principios contradictorios. Uno de los polos de la contradicción es positivo, el otro negativo.[9]

La luz es lo positivo, la obscuridad lo negativo; el calor es positivo, el frío negativo... y así sucesivamente. Semejante división puede parecer puerilmente simple, con una excepción: ¿qué es lo positivo, el peso o la levedad?

Platón y los atomistas contestaron: el peso es lo positivo, la levedad lo negativo. El peso *es*, la liviandad *no es*.[10] Parménides, por el contrario, respondió: la levedad es positiva; la gravedad, negativa. La liviandad *es*, el peso *no es*.

Ambas soluciones, aun siendo contrarias, descansan sobre la misma idea: de las dos cualidades —la pesadez y la liviandad— una es *el ser* y la otra es *el no-ser*.

Mucho más sorprendente fue la respuesta del filósofo más célebre de la Antigüedad. Cuando Aristóteles describe lo liviano como aquello que tiende naturalmente hacia arriba y lo pesado como lo que tiende naturalmente hacia abajo se está refiriendo claramente a dos tendencias o principios *de* y *en* el cuerpo que se mueve. En otras palabras, la liviandad y la pesantez deben concebirse como cualidades *absolutas*: la gravedad *es* y la liviandad igualmente *es*.

---

[9] Según Parménides, el mundo de los sentidos es un mundo de apariencias. Al mundo verdadero sólo podemos conocerlo a través de la razón y, para la razón, no existe otra cosa que la unidad (el *uno* inmutable e inmóvil).

[10] Para Platón, la gravedad y la liviandad eran simples conceptos cuantitativos. Dice Aristóteles: *En el Timeo está escrito que el cuerpo que está compuesto de un número mayor de partes idénticas es relativamente más pesado, mientras que el que está compuesto de un número menor es más ligero* (*De caelo*, IV, 2, 308b). Según los atomistas la pesantez no es necesariamente una función del volumen; los cuerpos se hacen ligeros por el vacío contenido en ellos y por eso a veces los cuerpos más grandes son más ligeros (cfr. *De caelo*, IV, 2, 308b y 309a).

La teoría de los elementos de Aristóteles establece una relación esencial entre cada elemento y su movimiento natural:

> El elemento absolutamente liviano es el fuego; el absolutamente grave, la tierra. [...] En vista del carácter genérico de los términos "grave" y "liviano", uso el término "absolutamente" con el objeto de limitar su aplicación a los cuerpos que *no combinan liviandad con gravedad*
> (*De caelo*, IV, 4, 311a).

Los cuerpos livianos tienden naturalmente hacia arriba simplemente porque predomina en ellos el elemento leve. En los cuerpos que tienden naturalmente hacia abajo, predomina la gravedad.

De algún modo estas viejas teorías científicas han moldeado el significado que en nuestro lenguaje ordinario damos a los términos *grave* y *leve*.

Hombres y mujeres de todos los tiempos hemos creído poder expresar nuestros dramas vitales mediante una metáfora referida al peso. Decimos que cuando la carga de los acontecimientos se hace insoportable, sucumbimos bajo su *peso*, o caemos agobiados por la *gravedad* de las circunstancias.

Sin embargo, hay ocasiones en las que lo insoportable de nuestras tragedias —recordemos a Sabina, el personaje de Kundera— no radica en la gravedad de los acontecimientos sino en su levedad. La carga se vuelve entonces imagen de plenitud, de vida llena; la levedad signo de privación, de carencia; y el sufrimiento la marca visible de nuestro ser potencial no actualizado que exige a gritos su realización.

¿Cómo explicarnos por qué a veces es terrible el peso y maravillosa la levedad, y a veces terrible la levedad y maravilloso el peso? ¿Es el exceso de peso o es la carencia de levedad? ¿es el exceso de levedad o la carencia de peso? ¿o es el exceso de levedad *y* la carencia de peso y el exceso de peso *y* la carencia de levedad?

En la era de la cibernética y de la ingeniería genética, somos incapaces de responder con certeza a la interrogante que se plantearon Parménides, Platón, Aristóteles y los atomistas en la prehistoria de la ciencia: ¿qué es lo positivo? ¿El peso? ¿la levedad? ¿o el peso *y* la levedad?

Los esfuerzos de generaciones enteras han sido insuficientes para percibir todas las consecuencias de una sola teoría. Sólo una cosa es segura, la contradicción entre peso y levedad es la más misteriosa y equívoca de todas las contradicciones.

BIBLIOGRAFÍA

ARISTÓTELES, *ΑΠώΤΟΤΕΛΟΨώ ῷΨώΙΚΗώ*, ed. bilingüe griego-inglés de la *Física*, trad. de Philip H. Wicksteed and Francis M. Cornford, 2 ts., New York: Putnam's Sons, 1929 (The Loeb Classical Library).

——, *Physica*, trad. de R.P. Hardie y R.K. Gaye, en *The Works of Aristotle*, t. 1 de *The Great Books of Western World. Encyclopaedia Britannica*, Chicago: University of Chicago Press, 1990.

——, *De caelo*, trad. de J.L. Socks, en *The Works of Aristotle*, t. 2 de *The Great Books of Western World. Encyclopaedia Britannica*, Chicago: University of Chicago Press, 1990.

——, *Metaphysica*, trad. de W.D. Ross, en *The Works of Aristotle*, t.1 de *The Great Books of Western World. Encyclopaedia Britannica*, Chicago: University of Chicago Press, 1990.

AQUINO, TOMÁS DE, *Summa theologica*, trans. by the Fathers of the English Dominicane Province, revised by Daniel J. Sullivan, ts. 19 y 20 de *The Great Books of Western World. Encyclopaedia Britannica*, Chicago: University of Chicago Press, 1990.

NEURATH, OTTO, *Philosophical Papers 1913-1946*, Dordrecht: Riedel, 1983.

PIEPER, JOSEF, "Scholasticism", *Encyclopaedia Britannica*, t. 25.

SAMBURSKY S., *The Physical World of the Greeks*, trad. de Merton Dagut, Princeton: Princeton University Press, 1956.

EL PROBLEMA DEL CONTINUO
EN THOMAS BRADWARDINE (1290-1349)

Patricia Díaz Herrera
Universidad Nacional Autónoma de México

Creo conveniente decir algo sobre la historia e importancia del asunto que nos ocupará, antes de abordar las tesis expresadas en el *Tractatus de continuo* (1328-1335, *TC* en adelante) —obra atribuida al geómetra, filósofo y teólogo oxoniense Thomas Bradwardine—, que ha sido considerado como la obra medieval más impresionante acerca del tema.[1]

¿Está el espacio compuesto por puntos o átomos y el tiempo por instantes? O, por el contrario, ¿consiste el espacio de espacios y el tiempo de tiempos, es decir, de partes cuya característica es la divisibilidad sin fin? Estas preguntas han dado mucho qué pensar desde tiempos de Zenón de Elea quien, en sus conocidos argumentos contra la existencia del movimiento, muestra también las dificultades que se siguen al aceptar cualquiera de las respuestas posibles, ya sea la atomista o la divisibilista. El escéptico Pierre Bayle (1647-1706), autor del monumental *Dictionaire historique et critique*, retoma las paradojas de Zenón para negar que exista la extensión. Razonaba así: si la extensión existiera, estaría compuesta o bien de puntos matemáticos, o de átomos, o bien de partes divisibles al infinito. Sin embargo, ninguna de las tres opciones puede ser verdadera, pues conduce a absurdos. Por tanto, la extensión no existe. Respecto a la primera opción, argumenta lo siguiente: lo que carece de extensión nun-

---

[1] *Cf.* Murdoch y Synan, "Two Questions on the Continuum", 221. La importancia del *TC* radica no solamente en que es el mayor texto medieval dedicado al problema del continuo, sino en que llevó a su expresión más completa un conjunto de pruebas geométricas contra el atomismo que pueden rastrearse hasta Al-Gazel (†1111).

ca formará algo extenso, así que es imposible o, al menos, inconcebible, que el continuo esté formado por puntos inextensos. Los átomos tampoco serían la respuesta: si se trata de corpúsculos indivisibles y extensos, tendrán lados, mismos que ocuparán distintos lugares, pues esto es característico de todo lo extenso. Entonces, el átomo tendrá partes, podremos distinguir en él izquierda y derecha. Si éstas son distintas es porque son separables y, por ende, el átomo será, en realidad, divisible.

Ahora bien, el divisibilismo es la doctrina adoptada por Aristóteles y la mayoría de los autores medievales. Bayle expone varias objeciones a esta tesis, pero sólo mencionaré una: la extensión supone necesariamente el contacto inmediato de sus partes —en general, en eso consiste la continuidad según el Filósofo. No obstante, tal tipo de contacto se vuelve imposible con la divisibilidad al infinito: cualesquiera dos partes están separadas por una infinidad de otras partes y ni Dios podría hacer que se tocasen. De aquí concluirá Bayle, además de que la existencia de la extensión es imposible, que los cuerpos existen sólo idealmente en nuestro espíritu: "Decimos, entonces, que el contacto de las partes de la materia no es sino ideal; es en nuestro espíritu que se pueden reunir las extremidades de varios cuerpos" (Bayle, "Zénon d'Elée", 541a).

Los objetos que se presentan a nuestro espíritu no poseen, en realidad o de manera absoluta, la propiedad de ser extensos; únicamente aparecen con cierta extensión, figura, situación, color, etc.

Negarle realidad a la extensión recurriendo a las paradojas que entraña la composición del continuo, ha sido un expediente popular en la historia de la filosofía. Otro conspicuo representante de esta postura fue Leibniz, para quien el problema del continuo y el de la libertad constituyen inquietantes enigmas que deben ser resueltos si se quiere construir una metafísica firme. Leibniz sale del laberinto distinguiendo tres tipos de entidades, las ideales (espacio y tiempo), las reales (mónadas o sustancias simples, indivisibles pero no materiales ni extensas) y los fenómenos bien fundados (objetos materiales, aquello que aparece). Las cosas ideales pueden dividirse una y otra vez pero sólo idealmente. Es decir, no tienen partes reales, mientras que la materia sí las tiene, es un compuesto de lo simple. Pero las entidades divisibles no llenan los requisitos de unidad sustancial necesarios para ser un verdadero individuo; tales condiciones sólo se dan en las mónadas. Tanto buscar partes reales en lo ideal o pensar que debería haber un límite de su divisibilidad, como creer que los fenómenos bien fundados son infinitamente divisibles, cuando son agregados de mónadas, es confundir estos planos de realidad, lo que acarrea contradicciones inexplicables (Sleigh, "Leibniz, G.W.", 478b-479a).

El problema del continuo se encuentra estrechamente ligado, como hemos visto, con el de la existencia del mundo externo y el estatus ontológico de que posean espacio y tiempo —pues también son aplicables a este último las paradojas del continuo. Bertrand Russell ("Las implicaciones", 68-71; *Our Knowledge*, 159 ss.) señala que la realidad del mundo sensible ha sido cuestionada arguyendo que las nociones de infinito y continuo son autocontradictorias, pero que los matemáticos (Cantor) han probado que esto es falso, así que no hay mejores razones para apoyar una teoría idealista que una realista sobre espacio y tiempo.

Después de esta introducción al problema —la cual no pretende ser exhaustiva—, analizaré las tesis de Bradwardine, quien defiende la infinita divisibilidad del continuo. Las estrategias seguidas en el *TC* son ejemplo de los métodos típicos de la filosofía natural del siglo XIV: se esgrimen argumentos geométricos —en el caso del espacio— y se efectúa un análisis lógico-semántico de los términos empleados para asignar límites a procesos de cambio (en lo tocante al tiempo). A continuación, expondré únicamente el punto de vista de Bradwardine sobre el continuo espacial y haré mención de los que considero son aciertos o desaciertos de algunos de sus argumentos.

Bradwardine reacciona contra varios atomistas contemporáneos suyos. Sostiene tesis aristotélicas, aunque de manera poco usual, pues el *TC* no sigue la tradicional estructura de las discusiones escolásticas, sino que imita la forma axiomática de los *Elementos* de Euclides. Además, el grueso de la argumentación se apoya en la verdad de la geometría y en la opinión de que la filosofía natural debe siempre tomar en cuenta esta ciencia, perspectiva que no es afín al espíritu de la física aristotélica.

¿Cuáles son esas tesis? En primer lugar, Bradwardine define lo que entenderá por "continuo":[2] "Un continuo es una cantidad (cuánto) cuyas partes se unen mutuamente".

---

[2] Para todas las citas del texto de Bradwardine, *vid.* Murdoch, "Thomas Bradwardine", apéndice. Las traducciones del latín son de Carolina Ponce.

Esto equivale a la definición que aparece en la *Física*: los límites de las cosas continuas son, en realidad, uno y el mismo (227a 11-12). Recordemos que Aristóteles distingue entre lo continuo, lo contiguo y lo sucesivo. Las cosas continuas están en contacto. Las contiguas también pero sus límites son distintos, mientras que las cosas sucesivas se encuentran separadas y no tienen nada de la misma especie entre sí. Los puntos no pueden conformar un continuo. Ni siquiera podría decirse que se tocan, pues el contacto se da entre totalidades, entre partes o entre una parte y una totalidad. Y, como el punto no tiene partes, entonces el contacto entre puntos sería entre el todo de un primer punto y el todo de un segundo. No obstante, este tipo de contacto no originaría un continuo ya que, según Aristóteles, la continuidad "implica partes separadas localmente" (*Physics*, 231a29), mientras que, con el contacto entre la totalidad de un punto y la totalidad de otro punto, no se produciría una extensión en la cual existan partes separadas o diferenciables, sino, más bien, puntos encimados.

Cito, a continuación, cuatro conclusiones (C) del *TC*:

1 *C20*: Toda recta puede dividirse en muchas líneas rectas.
2 *C66*: Toda línea recta tiene infinitas líneas particulares.
3 *C141*: Ningún continuo se integra de átomos. Todo continuo se compone de infinitos continuos de especie semejante a él.
4 *C151*: La superficie, la línea o el punto no existe de ningún modo. El continuo no se continúa ni se limita por medio de tales cosas, sino por medio de sí mismo.

La infinita divisibilidad de la línea, establecida en las dos primeras conclusiones, no es demostrada a partir de la posibilidad de efectuar innumerables bisecciones, como hacen Aristóteles y muchos otros, sino recurriendo al tercer postulado de los *Elementos*, según el cual es posible construir un círculo tomando cualquier punto como centro y con cualquier distancia como radio. De acuerdo con esto, puede trazarse un número infinito de arcos pertenecientes a círculos cada vez mayores, de modo que corten una recta dada. Las secciones, obtenidas por bisección, pueden representarse con una fracción m/n, donde $m < n$ y n es alguna potencia de 2. La ventaja del procedimiento de Bradwardine consiste en que permite una distribución más homogénea o arbitraria de los cortes que la que se obtiene empleando potencias de 2, lo cual da una idea más exacta de la infinita divisibilidad del continuo (Murdoch, *Geometry and the Continuum*, 320-321).

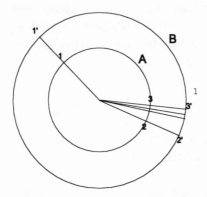

Respecto a las dos últimas conclusiones, Bradwardine no ofrece pruebas directas de que el continuo está compuesto y limitado por continuos, sino que va refutando diversas versiones del atomismo, con el fin de hacer ver que sólo la opción divisibilista queda en pie. Al asumir que el continuo está formado por indivisibles, sostiene, se producen múltiples absurdos, contradicciones o "herejías" en la geometría y en las demás ciencias:

> *Introd. de C57 a 114*: La aseveración que expone que el continuo se compone de indivisibles finitos es enemiga de todas las ciencias, impugna todas, y de la misma manera es impugnada por todas de acuerdo. En primer lugar, la matemática contra ella combate y vence.

Por tanto, el atomismo tiene que ser falso, pues la matemática es "la reveladora de toda verdad sincera, conoce todo secreto escondido y da la clave de todas las letras sutiles" (Murdoch, *Geometry and the Continuum*, 320-321).

Una contribución notable del *TC* al debate entre atomistas y divisibilistas, es la identificación de diversas posturas que estaban en juego. Además de la doctrina de la infinita divisibilidad, Bradwardine menciona dos vertientes del indivisibilismo: 1) la que considera el continuo como formado por indivisibles extensos o corpóreos (los átomos democríteos) y 2) la que sostiene que está compuesto de indivisibles no extensos o puntos. Existen dos variantes de esta última opinión: *a*) el continuo se compone de un número finito de puntos (Pitágoras, Platón y Walter Chatton) y *b*) de un número infinito de puntos, tesis que, a su vez, se bifurca en: *b.1*) los puntos son inmediatos entre sí (Henry Harclay) y *b.2*) los puntos son mediatos (Robert Grosseteste).

En lo que sigue, expondré su refutación de la tesis b.1 y comentaré por qué me parece una refutación exitosa, para luego pasar a algunos argumentos contra *a*) y *b*), mismos que, en mi opinión, no logran cabalmente su objetivo.

REFUTACIÓN DE B.1 (LOS CONTINUOS ESTÁN COMPUESTOS DE UN NÚMERO INFINITO DE PUNTOS INMEDIATOS ENTRE SÍ)

Esta argumentación no se ocupa de las paradojas surgidas de la admisión de un número infinito de átomos, sino del hecho de que la inmediatez no genera continuidad.

Aunque Bradwardine conserva la definición aristotélica del continuo, no repite tal cual la objeción contra la composición de éste a partir de indivisibles. Lo que sí hace es refutar a otro oxoniense, Henry Harclay (1270-1327), quien sostuvo que el continuo está compuesto por un número infinito de indivisibles, inmediatos entre sí (Murdoch, "Infinity and Continuity", 577-578). Harclay intenta mostrar, contra Aristóteles, la posibilidad de que los puntos entren en contacto y conformen un verdadero continuo. Debido a que carecen de partes, el contacto entre puntos tendrá que darse con respecto al todo de cada uno de ellos. Y, para lograr que este tipo de contacto produzca un continuo, cuyas partes estén "separadas localmente", como exige Aristóteles, Harclay propone lo siguiente: todo el punto está en contacto con el otro "según distintos lugares" (*secundum distinctos situs*) y no "en uno y el mismo lugar" (*in eodem situ*).

Quizá podría entenderse así lo anterior: los puntos se tocarían, pero manteniendo cada uno determinada posición, para evitar así el "encimamiento" de todos ellos en un solo lugar y lograr que se formase una cadena en la cual fuera posible distinguir partes, de manera similar a como se encuentran reunidas las perlas en un collar.[3] Esta interpreta-

---

[3] Bonaventura Cavalieri (1598-1647), discípulo de Galileo, propuso una tesis con la misma analogía puntos-perlas del collar. La lógica de su argumentación, como en este

ción tiene un defecto que, tal vez, sea imputable a Harclay mismo: se asume que da igual hablar de puntos matemáticos —y por ello, inextensos— que de indivisibles extensos —en este caso, las perlas. Carezco de datos suficientes para establecer qué quiso decir exactamente Harclay. Lo que sí es seguro es que Bradwardine traducirá a términos geométricos la idea de su adversario: el contacto "según distintos lugares" será entendido como *superposición* de una línea a otra. Superponer es "adherir toda la línea o una parte de ella a la otra, sin que medie espacio entre ellas" (*Def.* 15). La relación que guardan entre sí los puntos de dos líneas superpuestas, también es entendida geométricamente: la superposición consiste en que la primera línea tenga, al menos, un indivisible *inmediato* a, por lo menos, un indivisible de la segunda línea. Los puntos contenidos en las cosas superpuestas son *distintos*.

Sin embargo, la superposición no produce continuos, sino figuras como las siguientes:[4]

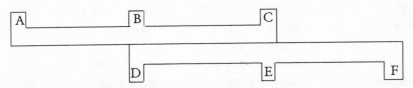

El segmento *CB*, que forma parte de la línea *ACB*, está superpuesto al segmento *DF* de la línea *DFE*.

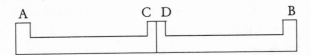

Los puntos *C* y *D* están superpuestos uno al otro, no impuestos. El segmento *AC* está superpuesto en su punto *C* al segmento *DB*. La línea superpuesta a otra no tiene, en realidad, ningún "punto intrínseco común con ella" (*C* 9).

caso, no es perfecta. Su justificación era pragmática: si al suponer la tesis obtenía resultados correctos, entonces la tesis era válida.

[4] La idea de ejemplificar gráficamente la superposición y la imposición fue tomada de Murdoch (*Geometry and the Continuum*, 131), pero consideré pertinente emplear figuras de dos dimensiones para representar líneas pues, con las líneas originales, no se aprecia claramente la superposición.

Es más bien otro concepto, la *imposición*, el que puede dar cuenta de la continuidad: *"D16:* Imponer total o parcialmente una línea a otra, es continuar tal línea hacia la otra siguiendo la longitud total o parcial de la misma".

La imposición de dos líneas consiste en que la primera línea posee un indivisible que se encuentra *en el mismo lugar indivisible* que un indivisible de la segunda. Pero esto equivale a decir que las líneas impuestas comparten, al menos, un mismo punto. La línea *AC* de la siguiente figura está impuesta a *CB* en el punto *C*:

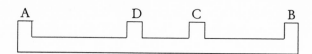

Asimismo, el segmento *AB* está impuesto en su totalidad al segmento *AB:* una misma línea continua puede considerarse como dos o más líneas continuas, iguales en longitud e impuestas entre sí. Por último, las líneas *AC* y *DB* están impuestas en una parte, *DC*.[5]

Lo importante es que Bradwardine: *a)* transita de la teoría aristotélica del continuo, que está fundada físicamente, a una aproximación matemática al tema y *b)* acepta la propuesta de Harclay, le concede que los puntos pueden tocarse, lo cual es de plano imposible según el Filósofo. Después deslinda este tipo de contacto de la verdadera continuidad, introduciendo la distinción entre superposición e imposición. Considero que mejora las objeciones de Aristóteles, pues incluye un caso vedado por éste.

ARGUMENTOS CONTRA *A)* Y *B)* (COMPOSICIÓN DEL CONTINUO A PARTIR DE UN NÚMERO FINITO O INFINITO DE PUNTOS, RESPECTIVAMENTE)

La propuesta *a)* fue sostenida por Walter Chatton, un tercer oxoniense contemporáneo de Bradwardine, quien examinó el problema del

---

[5] Esta noción de imposición no parece ser otra que la contenida en el llamado axioma de congruencia de la geometría euclídea: "Dos figuras son *congruentes* si pueden hacerse coincidir exactamente entre sí, en cuyo caso se dice a veces que son iguales en todo respecto. El método para establecer esta coincidencia es, al menos en principio, el movimiento de una figura hasta que es situada exactamente sobre la otra" (Gray, *Ideas*, 26).

continuo en el segundo libro de sus *Comentarios a las "Sentencias"* (1323). Este autor afirma que tanto los puntos matemáticos como los llamados *minima naturalia*,[6] existen de manera independiente del continuo. Para sostener su tesis de que el continuo está formado por un número finito de indivisibles, ataca la doctrina contraria. Si aceptamos la divisibilidad infinita, se seguiría el absurdo de que dos magnitudes continuas desiguales tendrían el mismo número de partes —es decir, infinito— o que la parte es igual al todo (absurdo que más tarde sería considerado propiedad esencial del continuo). Si el continuo es infinitamente divisible, no podría explicarse la diferencia de tamaño entre esas magnitudes, dado el principio según el cual no hay infinitos mayores que otros, mismo que pocas veces fue cuestionado en la época (Murdoch y Synan, "Two Questions on the Continuum", 215, n. 11).

Bradwardine replica, curiosamente, empleando los mismos ejemplos para ilustrar los inconvenientes del atomismo. Si el continuo está formado por un número finito de indivisibles:

a) figuras de tamaño desigual estarán compuestas por la misma cantidad de puntos: al trazar los radios de dos círculos concéntricos (A y B), estos radios intersectarían igual número de puntos en ambos círculos. Entonces, la parte y el todo coinciden en el número de indivisibles que las conforman (ver ilustración siguiente).

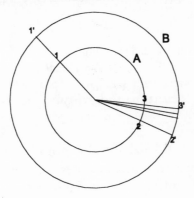

<hr />

[6] Los *minima naturalia* son las partículas más pequeñas en que puede ser dividida una sustancia sin que pierda sus atributos esenciales. Por ejemplo, una mínima parte de un trozo de carne, que conserve las propiedades de la carne.

b) la diagonal y el lado del cuadrado medirán lo mismo, contra el teorema de Pitágoras. Si suponemos que el lado de un cuadrado está compuesto de un número finito de indivisibles (puntos 1, 2, etc.) y si trazamos líneas paralelas que vayan de cada uno de ellos a los indivisibles del lado opuesto, resultará que la diagonal, cortada por esas líneas en tantos puntos como indivisibles tiene el lado, estará compuesta, también, por la misma cantidad de indivisibles (puntos 1', 2', etc.) y su magnitud será igual a la de éste (ver ilustración siguiente).

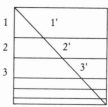

Estas pruebas geométricas eran bien conocidas en la época, pues Roger Bacon y Duns Scoto habían empleado variantes de las mismas con anterioridad. Bradwardine las trae nuevamente a colación para descalificar la hipótesis infinitista, consignada en el inciso *b)*. Si un continuo finito *A* está formado por infinitos indivisibles, será igual al continuo finito *B*, sin importar las medidas de *A* y *B*, entre otros resultados extraños:

> *C137*: Si es así (si es verdadera la hipótesis infinitista), toda línea circular es igual a cualquier línea circular y el lado del cuadrado al diámetro, y toda recta, necesariamente será igual a toda recta.
> *C136*: Si es así, la cuarta parte del círculo o del triángulo y sus mitades son iguales.

Esto es, la parte será igual al todo. Y no hay escape porque, para Bradwardine, no existen infinitos mayores o menores que otros, ni puede pensarse que el todo infinito sea, en algún sentido, más grande que su parte infinita:

> Cantidades iguales son las que, comparadas en relación a una sola cantidad, tienen proporciones iguales. Porque si tienen igual proporción a una tercera (cantidad), es igual el exceso de ellas sobre aquella tercera ...

un solo infinito no es mayor que otro infinito, porque es igual el exceso de todos los infinitos en relación a una sola magnitud o multitud finita ...
(*Apud* Murdoch, "William of Ockam", 136, no. 58).

Bradwardine nos quiere conducir, por lo visto, a una paradoja: el continuo no puede estar compuesto ni por un número finito ni por un número infinito de puntos, porque cualquiera de estas opciones trae como consecuencia la negación de la quinta de las llamadas "nociones comunes" de los *Elementos*, *i.e.* que el todo es mayor que la parte. Mucho depende, entonces, de este axioma inconmovible. Nuestro autor nunca cuestionará tal principio; no se separa del aristotelismo en este aspecto.

Para terminar, haré dos observaciones sobre esta cuestión. Primero: Bradwardine olvida desvincular, de algún modo, el divisibilismo de la acusación del finitista Chatton. Las pruebas geométricas se le aplican igualmente a su doctrina. Si el continuo está formado por continuos y éstos son infinitamente divisibles, el todo continuo estará compuesto de un infinito número de partes y ellas, a su vez, de un sin fin de partes ... No se entiende, pues, cómo se va a distinguir el todo de sus partes ni cómo evitar que éstas sean consideradas iguales al todo.

Esta situación se acentúa debido a la misma estrategia argumental del *TC*, ya que todo el tiempo se indica lo que el continuo geométrico *no* es, dejándose para el final una demasiado breve explicación de lo que sí es. Por otro lado, parece que, en lo concerniente a este problema, no basta extraer las dificultades implicadas en el atomismo para concluir, inmediatamente, que el divisibilismo es *la* vía de escape del laberinto, la opción que no ofrece dificultades. Bradwardine no lo sabe, pero poco a poco se ha ido internando en el pantanoso territorio que para Kant constituye la segunda antinomia —callejón sin salida— de la razón pura.

Un segundo y último comentario: hemos visto que Bradwardine elimina la hipótesis del número infinito de puntos bajo la premisa de que, si se acepta, se viola el axioma según el cual el todo es mayor que la parte, lo cual es considerado absurdo. Parece seguro que ni él ni, en general, los autores medievales, podían haber cuestionado la validez universal de tal axioma y menos podían haber llegado a definir lo infinito como aquello que tiene, al menos, una parte propia que, en algún sentido, es igual al todo, definición que sí elaboraron Bolzano, Dedekind y Cantor ya en el siglo XIX.

No obstante, en el turbulento clima intelectual característico del siglo catorce, se dieron las condiciones para el surgimiento de casi cualquier heterodoxia. El mismo Harclay mencionado más arriba, aceptaba que el todo es mayor que la parte solamente en relación a cantidades finitas. A las colecciones infinitas no puede aplicárseles el axioma exactamente, aunque sí pueden distinguirse desigualdades entre los infinitos: si una colección infinita contiene otra también infinita "y algo más allá que ella, o en adición a ella" (cit. en Murdoch, "Infinity and Continuity", 571) funcionará como un todo respecto a la segunda. Otro caso es el del agustino italiano Gregorio de Rimini (*c.* 1300-1358), quien sostuvo que sí existen infinitos más pequeños que otros (Murdoch, "Infinity and Continuity", 571-573; Moore, *The Infinite*, 52-54). Por "más pequeño" se entiende que un infinito está contenido en otro (en términos modernos, que es subconjunto propio de ese otro). Pero no debe entenderse que "más pequeño" hace referencia al número de elementos de cada colección infinita, pues en este respecto son iguales.

Esto significa que se sospechaban algunas características de las colecciones infinitas, las cuales, posteriormente, se tornaron sus propiedades definitorias, como lo es la de poseer partes equivalentes al todo. Asimismo —contra lo que solían afirmar Cantor y Russell— , desde entonces se sabía que no todo lo que vale para lo finito puede transferirse a lo infinito; que este último no puede comprenderse con las categorías acostumbradas para dar cuenta de lo finito.[7] Por tanto, dado que se encontraban a la mano, no sería anacrónico señalar que Bradwardine pudo haber tenido en cuenta tales peculiaridades para elaborar una mejor argumentación contra la hipótesis infinitista, pues tal como están expresadas sus objeciones, podrían resultar desfavorables incluso para su tesis.

---

[7] Así, por ejemplo, no pueden aplicarse a las colecciones infinitas —o al menos, no en idéntico sentido— expresiones como "igual a", "mayor que" o "menor que", ni el axioma todo-parte, so pena de incurrir en contradicciones. Los infinitos son incomparables entre sí. Esto fue sostenido a finales del siglo XIV por Nicole Oresme (†1382) y, más tarde, por Nicolás de Cusa (1401-1464), Galileo e incluso Newton. El Cusano insistió en que las dificultades con el infinito se originaban al intentar apresarlo con nuestra razón limitada (Moore, *The Infinite*, 55-56). Galileo, por su parte, afirmó: "la multitud de los cuadrados no es menor que la de todos los números, ni ésta mayor que aquélla [..], .los atributos de mayor, menor e igual no se aplican a los infinitos, sino sólo a las cantidades finitas" (*Consideraciones*, 109-110).

Cabe aquí mencionar lo que Bayle ("Zénon d'Elée", 540b ss.) anticipando de algún modo las antinomias kantianas, diría de intentos como el de Bradwardine. Cada una de las "sectas" que proponen cierta composición del continuo, cuando ataca a las demás, triunfa y destruye a sus oponentes. Pero, a su vez, le tocará el turno de ser anulada por las otras. El beneficio que podemos obtener de estas especulaciones no radica —y en esto, estoy de acuerdo con Bayle— en la adquisición de nuevos conocimientos, sino en hacernos conscientes de los límites de nuestro entendimiento.

BIBLIOGRAFÍA

ARISTÓTELES, *Physics*, trad., introd. y com. de D. Ross, Oxford: Clarendon Press, 1936.

BAYLE, PIERRE, "Zénon d'Elée", en *Dictionaire historique et critique*, t. 4, 4ª ed., Leide: Chez Samuel Luchtmans, 1730, 536-542.

GALILEI, GALILEO, *Consideraciones y demostraciones matemáticas sobre dos nuevas ciencias*, trad. de Javier Sádaba, Madrid: Editora Nacional, 1976.

GRAY, JEREMY, *Ideas of Space. Euclidean, Non-Euclidean and Relativistic*, 2a. ed., Oxford: Clarendon Press, 1989.

MOORE, A.W., *The Infinite*, London and NewYork: Routledge, 1990.

MURDOCH, J.E., *Geometry and the Continuum in the Fourteenth Century: A Philosophical Analysys of Thomas Bradwardine's "Tractatus de Continuo"*, tesis doctoral, University of Wisconsin, 1957.

——, "William of Ockham and the Logic of Infinity and Continuity", en N. Kretzmann (ed.), *Infinity and Continuity in Ancient and Medieval Thought*. Ithaca: Cornell University, 1979, 165-206.

——, (1982) "Infinity and Continuity", en *The Cambridge History of Later Medieval Philosophy from the Rediscovery of Aristotle to the Disintegration of Scholasticism, 1100-1600*, ed. de Kretzmann, Kenny y Pinborg, Cambridge: Cambridge University Press, 1982, 364-591.

——, "Thomas Bradwardine: Mathemathics and Continuity in the Fourteenth Century", en Grant y Murdoch (eds.), *Mathemathics and its Applications to Science and Natural Philosophy in the Middle Ages*, Cambridge: Cambridge University Press, 1987, 103-137.

MURDOCH, J. y E. SYNAN, "Two Questions on the Continuum: Walter Chatton O. F. M. and Adam Wodeham, O. F. M.", *Franciscan Studies*, 26, 1966, 212-288.

RUSSELL, BERTRAND, "Las implicaciones filosóficas de la lógica matemática" en J.A. Robles (ed.), *Antología de Bertrand Russell*, trad. de Héctor de León, México: SEP-Setentas, 67-81.

RUSSELL, BERTRAND, *Our Knowledge of the External World as a Field for Scientific Method in Philosophy*, London: G. Allen & Unwin, 1961.
SLEIGH, R.C., "Leibniz, Gottfried Wilhelm", en Honderich (ed.), *The Oxford Companion to Philosophy*, Oxford: Oxford University Press, 1995, 477b-480a.

ETERNIDAD CON DURACIÓN EN FRANCISCO SUÁREZ

GIANNINA BURLANDO
Pontificia Universidad Católica de Chile

Representantes del teísmo de todos los tiempos —y de las más variadas culturas, desde la griega hasta la islámica, judía y cristiana— afirman unánimemente que Dios es una entidad eterna, existente "en la eternidad"; sin embargo, la mayor dificultad de estas locuciones se encuentra en cómo analizar el término "eternidad". En este último tiempo, tanto R. Sorabji (*Time, Creation, and the Continuum*)[1] como Stump y Kretzmann ("Eternity") han discutido en detalle la cuestión de si la famosa y clásica definición de Boecio de eternidad —i. e., "posesión perfecta toda a la vez de una vida interminable" (*"interminabilis vitae tota simul et perfecta"*)—niega o acepta inequívocamente el criterio de duración. Decidir sobre esta cuestión parece de suma importancia para poder formular una concepción adecuada, ya sea de eternidad *atemporal* o de eternidad (*siempre*) *duradera*.

En esta ocasión, quisiera, en primer lugar, presentar la interpretación metafísico-teológica[2] elaborada por Francisco Suárez durante la edad de plata del escolasticismo —como ha denominado Gracia ("Francisco Suárez", 259) a la época que va desde 1525 a 1625.

Como buen metafísico —que ya ha distinguido entre *res successiva* y *res permanens*— a Suárez le interesa responder de manera especial a las cuestiones filosóficas acerca de si *es* y *qué* es la eternidad; si la eternidad es una entidad real u objetiva o un mero constructo mental. En tanto

---

[1] En adelante *TCC*.

[2] Desde las disputaciones 30 y 50 en las *Disputaciones metafísicas* (en adelante, *Disp. Met.*) y del *Opúsculo teológico segundo* (en adelante, *Opusc. Teol.* II).

teólogo católico —que, a su vez, reflexiona desde la amplia tradición judeocristiana medieval, por lo menos desde Agustín, Boecio, Anselmo, hasta santo Tomás, Ockham e incluso la de algunos tomistas del siglo xv— a Suárez le preocupa dar cuenta de cómo la eternidad se relaciona con la *temporalidad* y más significativamente, me parece a mí, de por qué no se puede afirmar que las cosas temporales sucesivas están *presentes* —o co-existen, como dice él— real y *simultáneamente* con la eternidad divina.

En segundo lugar, me interesa mostrar que la eternidad en Suárez aparece *prima facie* como una concepción alejada de la posición de Aquino y más cabalmente de acuerdo con la eternidad *siempre duradera* de Ockham, en un sentido que se precisará en el desarrollo de este estudio; sin embargo, una lectura atenta revela en definitiva que la eternidad suareciana conserva de manera peculiar la tradición realista de Aristóteles.

Efectivamente, (i) a diferencia de santo Tomás, Suárez trata explícita-mente la eternidad, antes, y sin presuponer un tratamiento del tiempo, bajo el concepto general de duración. Tal concepto lo aplica igualmente a todas las cosas reales; (ii) también, a diferencia de santo Tomás, no acepta que la carencia de sucesión sea un ingrediente esencial de esa du-ración y (iii) al igual que Ockham, no admite que la *medida* integre tal definición. No obstante, a diferencia de este último, lo crucial y más notorio en su propia concepción de duración, es que en cuanto tal, ella no es un atributo (exclusivo) de la *cosa cuanta sucesiva*, pues se identifica con la misma permanencia intrínseca o *perseverancia* de un ser. Para Suárez, es el mismo modo y grado de permanencia en el ser —o su *stabilitas*, como a veces dice (recordando a Agustín)— lo que determina los varios tipos de duración; luego análogamente, así como no hay dife-rencia real entre el tiempo y el modo de existencia de las cosas sucesivas del mundo, tampoco hay diferencia real entre la eternidad y el modo de existencia del ser estable de Dios. Tiempo *y* eternidad, diría con Aristóteles, existen (extramentalmente) o son reales.

Por otra parte y por lo que revela su análisis lógico de las locuciones: "*ex aeternitate*" "*ab aeterno*" o "*in aeternum*", tal como aparecen en su *Opúsc. Teol.* II, L. I 7 7-18, a menos que se hagan las especificaciones relevantes, me parece que Suárez encontraría inadecuada la definición de "*et simultaneity*" de la manera en que ha sido elaborada por Stump y Kretzmann, respecto a entidades o eventos eternos y temporales respecti-vamente. A mi juicio, la argumentación de Suárez en favor de la *eterni-*

dad real permite elucidar el sentido en que se debe entender la últimamente descalificada *a*temporalidad[3] de, al menos, algunas entidades eternas.

Lo que sigue de este estudio se divide en cuatro partes. Por lo pronto aquí sólo expondré las tres primeras, es decir, las que constituyen la teoría metafísica de la eternidad en Suárez. La primera parte consiste en el preámbulo al tema de la eternidad, a saber, la *metafísica* de la duración en Suárez. La segunda parte trata acerca de la naturaleza de la eternidad y de las condiciones necesarias para que una cosa sea eterna. La tercera hace referencia al estatus de la eternidad, a si es real o un ente de razón. La cuarta parte, que aquí omitimos, debe discutir la cuestión teológica —con obvias consecuencias filosóficas— sobre la simultaneidad entre tiempo y eternidad, como asimismo la inteligibilidad de la idea de un ser eterno *a*temporal.

I. Metafísica realista de la duración en Suárez

Como ha hecho notar Gracia, tanto en Suárez como en Aristóteles, la metafísica se preocupa de lo real en vez de lo mental[4] y su objeto (un tanto modificado frente al de Aristóteles) es "el ser en cuanto ser *real*" ("*ens in quantum ens reale*"), lo cual abarca incluso el estudio de Dios, las substancias inmateriales y sus accidentes reales, excluyendo de ella el estudio de los seres mentales, imaginarios y abstractos.

Dentro de este marco de referencia, Suárez considera la duración ante todo, como *algo* que se da en la realidad de modo evidente y que no se atribuye a los cuerpos ni al movimiento,[5] tampoco a las cosas mentales o imaginarias (*Disp. Met.* d. 50 1 1, 129), sino más propiamente a las cosas *existentes*. En segundo lugar, a diferencia de la mayoría de sus pre-

---

[3] Es bien conocido que esta noción ha sido calificada de "ininteligible" y también de "antibíblica" por serios comentaristas de la tradición analítica. *Cf.* Kenny (1969), Davis (1983), y Pike (1970); o bien de "odiosa" e "incoherente" por los autores, tanto filósofos como teólogos, citados por Sorabji en *TCC*, 136.

[4] Esta línea de argumentación es defendida por Gracia en "Suárez's Conception of Metaphisics", 287-309.

[5] En pensadores del Medioevo de la tradición tanto árabe como judía, se hallan definiciones del tiempo que incluyen los atributos de extensión y duración, los que se dicen ya sea de los cuerpos (en Saadiah), o del movimiento (en Algazali). *Cf.* Wolfson, *Crescas's Critique of Aristotle*, 639 ss.

decesores escolásticos,[6] pero a la vez, coincidiendo con Ockham, Suárez no considera la duración como característica primaria de las substancias en cuanto cantidad, cualidad o relación de ellas, tampoco piensa que el "estatus ontológico de duración confunda con un modo de existencia, sino más bien que idéntica a la existencia; se distinguen de ella sólo conceptualmente *ex natura rei*".[7] Por esta razón, creo que Suárez estaría también en desacuerdo con la descripción de Stump y Kretzmann de que la *condición* de eternidad coincide con un "modo de existencia".

La duración de una cosa, así, no es una duración intelectualizada ni imaginaria, a la manera de una "sucesión perpetua en la cual pueden existir las cosas y durar más o menos, esa duración", existan o no las cosas (d. 50 6, 134). Tampoco es una duración espacializada, o *extrínseca* —como dice él— con la que la cosa se relacione a manera de medida, ni por la que la duración de la cosa se *conoce*. Se trata más bien de la duración real y verdadera, por la que se dice propiamente "que una cosa dura o con la que cada cosa existe intrínsecamente" (d. 50 5, 134). A esta duración, Suárez la denomina *intrínseca*, porque está integrada al ser, existencia o substancia de la cosa que dura; de ahí que se puede hacer sólo una distinción conceptual con respecto a la misma "*entitas seu existentia de una cosa*".[8]

En Suárez, entonces, la duración intrínseca de una cosa es algo muy real, de ningún modo sugiere una construcción mental, pues conforma la entidad de una cosa, siendo "en virtud de su existencia y de ninguna otra cosa adicional a ella, que la cosa dura" (d. 50 1 7, 135). Así, pues, "existencia" y "duración" vienen a ser términos coextensivos y sólo intencionalmente distintos.

La distinción intencional entre "existencia" y "duración", que le asignaban Ockham y Gabriel, nota Suárez, era con base en que la existencia significa que la cosa existe absolutamente fuera de sus causas; en cambio la duración, para ellos, significaba existencia con sucesión, "con la cual coexiste o puede coexistir la cosa que se dice que dura" (d. 50 2 1, 138). Sin embargo, esta distinción es insuficiente para Suárez, él argumenta que,

---

[6] Véase la interpretación de Van Frassen, *An Introduction to the Philosophy*, 20.

[7] Como referencia Suárez cita a Ockam, *In Opusc. Teol.* II q. 10 y a Gabriel Biel, In II, dist. 2, q. 1, a Escoto q.1 y a Capréolo, q.2, a 1, concl. 5 y o 19 2.

[8] Suárez, *Commentarium et Disputationes in Tertiam Partem Summae Theologicae*, en *Opera Omnia*, 21, Paris: 1866. Cit. por Daniel, "Seventeenth-Century", 594.

aunque el término "duración" se tome de la duración sucesiva, con la cual nosotros estamos más familiarizados, el término no se ha impuesto para significar sólo la duración sucesiva, ni la cosa o existencia que coexiste con ella

(d. 50 2 3).

De hecho, él considera que no es necesario que el significado de la palabra duración incluya "nuestro modo de concebir la sucesión". Además, a diferencia de la cantidad, la cual incluye extensión y divisibilidad, la duración como tal no significa para Suárez ni extensión ni sucesión.

Me parece que el origen de esta modificación en el análisis metafísico de la duración en Suárez, se puede rastrear en las discusiones de algunos filósofos medievales judíos. Es bien conocido que H. A. Wolfson ha establecido importantes conexiones entre las doctrinas filosóficas de Spinoza y la de aquellos pensadores.[9] Por lo mismo, ha sido Wolfson (*Crescas's Critique of Aristotle*, 289) quien ha notado que la palabra clave para entender la definición del tiempo en Maimónides, Gersónides y especialmente Crescas, es la palabra hebrea "התדבקות" (*htdbqôt*).[10] En el caso de Crescas esta palabra se toma no en el sentido general de continuidad, sino en el sentido específico de duración. Esta última corresponde en griego a la palabra συνεχεια donde también tiene dos significados: uno de continuidad y otro de duración. Pero aquí lo que resulta más interesante es que Wolfson muestra que "Crescas mismo interpreta el término "מתדבק" (*mtdbq*) en Maimónides en el sentido no de duración temporal, sino de «*duración eterna*»" (*Crescas's Critique of Aristotle*). En el caso de Suárez, él llama duración a la existencia misma en tanto es un tipo de existencia que no transcurre súbitamente —y explica— que cuando se dice que Dios ha "durado desde la eternidad" se quiere decir que "ha permanecido en el ser" en el sentido de que no "ha podido ser destruido ni disminuir" (d. 50 2 6).

Ciertamente, para Suárez, como en Maimónides y Crescas, el término duración adquiere un nuevo matiz, *i.e.*, un matiz que se torna en una extensión más amplia del término. Por eso Suárez dice que el concepto

[9] Véase Ariew, "The Infinite in Spinoza's Philosophy", 16-31.

[10] Esta palabra hebrea no aparece vocalizada en la citada publicación de Wolfson. En el diccionario hebreo-inglés de G. Kittel, la misma palabra ha sido traducida como "to cleave" y "to adhere", lo cual lleva a pensar que expresan un sentido de agarrar(se) o sostener(se) en la existencia.

de "duración" es "más universal que el tiempo",[11] en tanto que excluye de ese concepto la sucesión, tanto divisible como indivisible (d. 50 2 5). Esta misma extensión del término duración se verá aplicada posteriormente en la recreación moderna que Spinoza hace de ella.[12]

Para Suárez, el primer miembro incluido en la extensión del término duración es la duración *in*creada, permanente (la cual él identifica con la eternidad de Dios), el segundo miembro es la duración *creada*, permanente (que Suárez identifica con el *aevum*),[13] y el último miembro, que corresponde al predicado "cuando", es la duración creada, sucesiva y continua, la que "no permanece más que mientras una parte suya sucede a otra" (y que Suárez identifica con el tiempo).[14]

Con respecto a la intención del mismo término, el verbo "durar" —explica Suárez— del latín "*durandi*", expresa una cierta permanencia en la cosa o acción que se ha empezado e incluye una permanencia positiva en el existir (d. 50 2 10, 144). Luego, se entiende que *toda cosa*, sea ella sucesiva y/o permanente, tiene duración o permanencia positiva en la misma existencia; esta permanencia o perseverancia, insiste Suárez,

---

[11] En el siglo VI, Juan Filopono de Alejandría, en el *De aeternitate mundi contra Proclum*, argumentó que la eternidad tiene duración; sin embargo, a diferencia de Suárez, la eternidad en Filopono tiene duración *porque* "debe ser una extensión (*paratasis*)". *Cf.* Sorabji, *TCC*, 117. Se sabe, por otra parte, que los escritos de Filopono fueron bien conocidos para los filósofos árabes y que fueron transmitidos a los siglos XI y XII por la Escuela del Kalam, por medio de Saadiah Gaon (escritor Kalam judío). Éstas son las fuentes directas de Maimónides y santo Tomás para conocer los argumentos de Filopono. Por cierto, Suárez cita con frecuencia a Simplicio, quien es interlocutor coetáneo de Filopono.

[12] *Cf.* Wolfson, *The Philosophy of Spinoza*, especialmente el cap. 10. Por su parte, Ariew ("The Infinite in Spinoza's Philosophy", 18), haciendo referencia a la carta de Spinoza a Meyer sobre el infinito, nota que para Spinoza un tipo de infinito tiene el sentido de "affections of substance or as mode (and duration)".

[13] La duración creada permanente tiene un doble sentido en Suárez: *uno*, corresponde a la duración creada verdaderamente permanente, la que, a su vez, se divide en: (i) una duración que por naturaleza es inmutable y permanente como el caso del ángel, y (ii) otra duración que, siendo permanente, no tiene de suyo una permanencia inmutable, sino defectible (por ejemplo, el instante del tiempo discreto, o tal vez, el caso de una constitución política permanente, pero no incambiable); mientras que el *otro* sentido del *aevum* tiene relación con la duración de las cosas incorruptibles, y significa la duración de las realidades creadas incorruptibles (como el caso de las estrellas).

[14] Para un estudio comparativo reciente de la concepción del tiempo en Suárez y Burgersdijk, véase Daniel, "Seventeenth-Century".

no es algo distinto de la existencia, sino que connota, de acuerdo con nuestra *manera de concebir*, un modo de preexistencia de la misma existencia. En este caso, si es verdad como se ha señalado,[15] que el objetivo de Suárez es evitar caer en el "nominalismo puro" y si, en efecto, es la introducción de relaciones la que, según el filósofo, lo llevaría inevitablemente a ese camino, su salida para explicar la duración será *reducir* la duración a "la permanencia en el mismo existir". En vez de decir con Ockham, que duración "es existencia connotando sucesión *con la* cual coexiste o puede coexistir la cosa que dura" (d. 50 2 13, 147), o como santo Tomás y Capréolo, quienes hacen una distinción entre la existencia y la duración, porque piensan que la duración agrega una relación de medida; Suárez dirá que la duración de una existencia permanente e incambiable *es* ella misma permanente e incambiable, mientras que la existencia sucesiva y continua es ella misma una duración sucesiva y continua. Con esta integración de duración y existencia, Suárez ha metido, por así decir, ya sea la temporalidad o bien la eternidad dentro de la estructura ontológica de las cosas sucesivas o permanentes, respectivamente. Este desplazamiento jerárquico en la estructura ontológica de las cosas, también se deja ver con claridad en el llamado giro heideggeriano, donde, por ejemplo, la temporalidad viene a ser un constituyente ontológico unificante de la existencia humana y de todo ser.

La "duración permanente", que aquí nos interesa investigar, para Suárez tiene dos sentidos: el primero tiene que ver con la existencia misma, en cuanto de suyo es suficiente para permanecer largo tiempo en el ser, y en este sentido la duración comienza con la existencia, o lo primero de su ser; un segundo sentido tiene que ver con el acto de durar o perseverar en el ser, y en este sentido se dice que la duración comienza por "lo último de su no-ser". Esto en palabras del autor quiere decir que:

> aún cuando las cosas permanentes comienzan a existir por lo primero de su ser, sin embargo comienzan a durar propiamente por su último no-ser, de la misma manera en que aún cuando la creación de una cosa comienza por su primer ser, sin embargo su conservación como tal comienza por su último no ser...
>
> (*Disp. Met.*d. 50 2 14, 147).

---

[15] *Cf.* Mahiew, *François Suarez, sa philosophie et les rapports qu'elle a avec sa théologie*, 385; cit. por Daniel, "Seventeenth-Century", 591.

Ockham parece haber pensado la duración permanente en el primer sentido de Suárez, por eso algunos piensan que su eternidad es sempiternidad. Suárez, en cambio, piensa la duración permanente en el segundo sentido, análogo a la conservación de la cosa, e insiste en que no agrega nada a la existencia de una cosa, ni siquiera (como santo Tomás y algunos tomistas creen) una relación de *medida*, sino que, cuando ella es ejercitada actualmente en la realidad, más bien señala una negación, negación precisamente de variación, cambio o destrucción y terminación (d. 50 2 16). Es, pues, en este segundo sentido, que Suárez le atribuye duración a la existencia permanente divina. Prestemos atención ahora a *qué* es esta peculiar duración permanente.

II. Naturaleza de la eternidad y condiciones necesarias para que una cosa sea eterna

Hemos visto que, al excluir la sucesión de la definición general de la duración, Suárez permite que la eternidad quepa bajo el concepto general de duración. Pero la eternidad es una duración especial, una cuya naturaleza *es real*, y por sobre todo, una que *"no existe en otro"*; en este sentido se entiende como una duración existente primaria e intrínsecamente *en* el ser mismo de Dios. La eternidad, afirma Suárez, siguiendo en este punto la opinión de la mayoría de los medievales: "es un atributo *sólo* de Dios, que le conviene *per se* y esencialmente" (d. 50 3 3; agrego cursivas).

Así, en sentido estricto, para Suárez, como luego para Descartes, la eternidad le pertenece exclusivamente a Dios y no a cosas tales como el universo, los universales y los números.

Ahora bien, con respecto al sentido estricto de eternidad, podemos precisar que Boecio, en la *Consolación de la Filosofía* V, haciendo referencia indirecta a Dios, definía la eternidad cercanamente a como lo había hecho ya Plotino (Stump y Kretzmann, "Eternity", 431 nota 6), esto es, como "posesión perfecta toda a la vez de una vida interminable". Santo Tomás la definía como "una *medida* de duración [...] medida de la existencia [...] que no admite ninguna sucesión" (*ST* I a 10 1; I a 10 5; I a 14 13; I a 4 2). Suárez, por su parte, formula dos definiciones de ella, la primera, aparecida en las *Disp. Met.* (d. 50 5 1, 172), podría expresarse así:

(DE1) Una cosa *x* es eterna en sentido estricto si y sólo si: es la duración de un ser tal que incluye toda la perfección de ese ser y por lo tanto toda su actividad interna

(d. 50 3 10, 160).

Una segunda definición aparecida en el *Opúsc. Teol.* II L. I 7 7, quedaría expresada como:

(DE2) Una cosa *x* es eterna si y sólo si: es siempre la misma permanencia entera indivisible y toda a la vez "*aeternitas eadem omnino semper permanens, ac propterea dicitur etiam indivisibilis, ac tota simul*".

Una leve variación de la DE2 dice:

(DE2*) Una cosa *x* es eterna si y sólo si: es una duración tal que persevera toda a la vez sin sucesión de partes "*quae tota simul perseverat absque successione*".

(*Disp. Met.* D. 50 5 1).

En la DE1 sin duda, Suárez distingue la eternidad o duración divina de cualquier otra duración. Así, por no tener una duración plena que incluya la actividad de la cosa, quedan inmediatamente excluidas de la eternidad entidades tales como las formas platónicas y los números. Las dos versiones de la DE2 parecen combinar algunos de los elementos de las definiciones de Boecio y santo Tomás, aunque Suárez introduce modificaciones notorias, palabras como, por ejemplo, "perseverar" o "permanencia" para describir la eternidad, y asimismo una semántica distinta para la palabra duración. En general, según Suárez, para que una cosa sea eterna debe cumplir con las siguientes condiciones necesarias: ser una duración tal que (i) sea increada; (ii) que persevere en el ser; (iii) sea toda a la vez y (iv) sin sucesión.

Por lo pronto, las diferencias inmediatas con Boecio son que: (a) Suárez no contrasta necesariamente la duración sucesiva que es el tiempo con la duración permanente que es la eternidad; (b) la duración infinita de la que él habla (como veremos inmediatamente) no quiere decir infinita únicamente en el sentido de sin comienzo/fin; y (c) en vez de decir que la cosa eterna debe "ser una vida", Suárez dice que debe (i) ser una *duración tal que es increada*. Esto quiere decir que él está hablando de una duración intrínsecamente necesaria (*i.e.*, independiente de toda causa externa o poder), infinita (pero no en cantidad, sino en perfección, *i.e.*, absolutamente indivisible, la cual es en sí actual y completa),[16] e inmutable (pues no puede cambiar ni variar su ser ni substancial ni accidentalmente),[17] de tal manera que no puede perecer ni fallar (*Opúsc. Teol.* II 7 7).

Lo distintivo aquí, es que es en su condición de increada (en el sentido de infinita, inmutable o necesaria) y no en la condición de "carecer de sucesión en el ser o en las operaciones" como había señalado santo Tomás, donde reside la diferencia primaria y más esencial que distingue a la eternidad de cualquier otra duración (d. 50 3 8 , 138). Y aunque Suárez admita, con santo Tomás y Boecio, que efectivamente la eternidad carece de sucesión, el punto central en su argumentación es que la sucesión en cuanto tal, a la que apelaba claramente santo Tomás para establecer la diferencia relevante, no indica atinadamente tal diferencia, porque en Suárez la sucesión/variación/cambio es algo *agregado* y *externo*, que no pertenece al concepto esencial de duración; ilustra este punto conjeturando:

> aun cuando si por un imposible imagináramos que en Dios se da alguna variación o sucesión en sus actos internos, por ej., en el conocer o querer

[16] La *infinitud* en Suárez debe entenderse como una perfección que expresa negación de límites; ésta no se trata de una infinitud de cantidad, sino de una "infinitud de perfección absolutamente indivisible, la cual es en sí actual y completa" (d. 30 2 24). Esta interpretación sugiere una similitud con el lenguaje del "*esse intensivum*" de Dionisio y que santo Tomás adopta (véase Fran O'Rourke, *Pseudo-Dionysius*, 156-180). En vez de adoptar una interpretación de la ilimitabilidad con base en el punto o el instante, Suárez explícitamente afirma que el instante no es duración, sino principio de duración (d. 50 2 3); por otra parte, una cosa que existe en un único instante no tiene permanencia en su existir, por lo tanto no puede decirse que *dure* en aquel instante (d. 50 2 10). Suárez construye una prueba modal de la infinitud de la duración con elementos aristotélicos. Argumenta así:
P1 el ente primero es un ser absolutamente necesario, porque no existe por otro, sino por sí.
P2 luego el ente primero no puede tener comienzo ni fin de su existencia.
Por lo tanto, es de duración infinita.
[17] Para Suárez la *inmutabilidad* divina tiene que ver con su existencia necesaria. Argumenta, otra vez, en forma modal: por existir necesariamente, Dios no puede por acción o mutación alguna adquirir su ser, y por no depender de nadie, no puede perderlo; luego no puede cambiar ni substancial ni accidentalmente (*i.e.* Dios no puede sufrir mutaciones accidentales corpóreas, espirituales, ni acciones inmanentes) (d. 30 8, 472).

a las criaturas, sin embargo, la duración del ser divino retendría el concepto esencial de eternidad, pues la *eternidad* sería de todas maneras *una duración independiente y totalmente necesaria*, y al contrario, aun cuando se imaginara una substancia creada incapaz de accidentes o variaciones en ellos, a pesar de todo la duración de su ser mismo no sería eternidad, porque simplemente sería dependiente y mutable por poder extrínseco.

(d. 50 3 9, 159; agrego cursivas).[18]

En la metafísica de Suárez esto es indicio de que la eternidad *es* la duración del ser mismo por esencia. Su mayor diferencia con Boecio —a pesar de que Suárez no hace una distinción *real* entre ser / vivir / durar (en Dios)— es que él nunca incluye explícitamente el término "vida" en su definición intencional de eternidad. Por cierto, en otra parte, y apelando a su tesis psicológica fundamental de que tanto el alma es principio vital como asimismo los actos mentales en general son actos vitales,[19] Suárez le atribuye una *vida intelectual* a Dios, la cual caracteriza como un tipo de *processio ad intra* (*Disp. Met.* d. 30 14 8, 601-5).

Volviendo al análisis de la eternidad, la segunda condición para que una cosa sea eterna es que (ii) "persevere en el ser", y la duración increada, como vimos, se identifica con la permanencia o perseverancia en el ser. Ahora bien, el *modo* de permanecer en el ser de esta duración increada es la *estabilidad* (o "*stabilitas*"). La permanencia establece, a su vez, que queda explicada por la condición, (iii) *i.e.*, permanecer en el ser "todo a la vez" ("*tota simul*"), condición que se puede explicar de dos maneras: de una, sería en tanto la eternidad excluye las diferencias de pretérito y futuro, en el sentido de que "si una cosa es verdaderamente eterna cuanto hay en ella también dura por una verdadera eternidad", de modo que "ninguna cosa puede pasar, ni suceder en la eternidad, sino que debe *permanecer siempre*".[20] Luego, y esta vez por contraposición con el tiempo, en la

---

[18] En la d. 30 14 8, 60, refiriéndose al sentido en que Dios tiene vida; comenta, "el teólogo podría añadir que en Dios hay también *processiones ad intra*, las cuales son manifiestamente actos de vida [... y agrega] "Por eso a nosotros, que creemos en ellas, nos explican acertadamente la vida perfectísima de la naturaleza divina". La palabra "*processio*", es usada aquí por Suárez, como sinónimo de "proceso", pero no en el sentido de movimiento local progresivo, sino en el sentido de un proceso eterno o *tota simul* y que está dirigido hacia el interior.

[19] Véase Burlando, "Arquitectura mental" , 99-126.

[20] "[...] *nihil horum transire potest nec succedere in ipsa, sed **semper manere**"* (*Disp. Met.* d. 50 3 11, énfasis mío).

eternidad, según Suárez, no cabría el mito del "pasar", transcurrir, ni fluir, lo cual será consistente con su teoría objetiva de la eternidad.

Ahora bien, este "siempre" del permanecer (*"semper manere"*), que aparece en su segunda definición (DE2), o la "siempre permanencia" (*"semper permanens"*) de la eternidad, se puede ilustrar con el símil favorito que Suárez utiliza para explicar la presencia de los futuros contingentes sucesivos en el conocimiento divino, esto es, el del árbol que permanece estable sosteniendo su ser o agarrado a su ser en el fluir continuo y mutable de las torrentes aguas de un río (*cf. Opusc. Teol.* II, L. I 7 7 1), símil que incidentalmente también fue recurso conocido entre algunos autores judíos, tales como Abraham bar Hiyya y Hillel de Verna, quienes más bien lo usaban para describir el comportamiento del tiempo.[21] Pero se debe notar que en Suárez, esta "siempre permanencia" difiere de cualquier otro *siempre temporal*, como el caso del *"siempre prolongado"* (*"longissimae"*) de algunas duraciones creadas, y que suele llamarse *sempiternidad* (o en palabras de Boecio, *perpetuidad*), atribuida por él al mundo (*cf.* Boecio, *De Trinitate*, 4 11, 64 -77, cit. por Sorabji, *TCC*, 116) y aplicable a lo que dura mucho tiempo o en todos los tiempos, entendiendo incluso que esto no tiene principio ni fin. Éste es el sentido en que precisamente se suele interpretar la eternidad en Ockham (*i.e.*, como una *"everlasting duration"*). Por el contrario, en Suárez, hay condiciones de identidad para una cosa eterna y para una cosa sempiterna. Así, se puede decir que una cosa sempiterna ha sido creada desde la eternidad (*"ex aeternitate creata sit"*), pero no se le puede confundir con algo eterno, porque, aunque se diga en ese sentido que dura desde la eternidad (*"durare ex aeternitate"*), ella no posee una duración intrínseca que *sea* la eternidad (*"non tamen duratio quae sit aeternitas"*) (*cf. Disp. Met.* d. 50 3 5, 157). Para ser una duración que *sea* la eternidad, requiere ser una duración que no tenga *ni pueda* tener principio ni fin, es decir, ser una duración absolutamente necesaria, infinita (*cf. Opúsc. Teol.* II 7 7).

---

[21] Es notable que la misma idea de "estabilidad y permanencia" sea efectivamente usada por Abraham bar Hiyya para explicar, por contraposición, la naturaleza del tiempo: *"Time has no more stability and permanency than the turn of the wheel"* (*Megillat ha Megalleh*, 6), mientras que el mismo ejemplo del río es mencionado por Hillel de Verona en la Prop. IV, para explicar la continuidad del tiempo, como ha observado Wolfson (*Crescas' Critique of Aristotle*, 641).

La otra manera de explicar la siempre permanencia "*toda a la vez*" de la duración increada, es haciendo referencia a la condición (iv) de la definición (DE2) de Suárez, *i.e.*, una cosa es eterna, *porque* "no admite sucesión". Por una parte, Suárez acepta que la carencia de sucesión sea, como la describen Boecio y santo Tomás, ya respecto al ser mismo de la cosa eterna, o con respecto a cualquier acto interno de la cosa eterna; en este sentido, comenta, ella no se comporta como un transcurrir, ni siquiera como un transcurrir súbito, sino a la manera del *reposo* (lo cual es lo mismo que la privación del movimiento sucesivo). Sin embargo, por otra parte, insiste en que la falta de sucesión no es la característica esencial de la eternidad (*cf. Disp. Met.* d. 50 3 9). A ésta prefiere llamarla "negación" de sucesión, e interpretarla como una indivisibilidad de partes, en el sentido también de que en la cosa eterna en sí, no se dan diferencias de pretérito o futuro, ni fluir alguno. Así pues, cuando con frecuencia decimos que "Dios siempre ha existido, que existe y que existirá", este modo de hablar, según Suárez, corresponde a una mera descripción epistemológica o *denominación externa* de la duración permanente en sí. Esta descripción externa, en efecto, es el resultado de que, en palabras del filósofo:

> no concebimos una realidad eterna *tal como es en sí*, sino a nuestra manera por comparación con una sucesión verdadera e imaginaria [...] De este modo aprehendemos toda la eternidad [...] a manera de un cierto *espacio o de una extensión fluida sin principio y pensamos que en toda ella existió Dios* [...], sin embargo en realidad de verdad, en la eternidad misma de Dios no se da ningún fluir [...] a no ser por una *denominación extrínseca* tomada de la coexistencia con nuestro tiempo, según nuestra manera de pensar [...].
> (*Disp. Met.* d. 50 3 12, , 161; agrego cursivas).

Una primera conclusión general hasta aquí, en el análisis de la definición estricta de eternidad en Suárez, es que, en tanto él articula la definición de eternidad como una duración intrínseca del ser de la cosa eterna, la duración permanente es una entidad real de perfección plena. Por consiguiente, en el modelo de Suárez, ella no sólo es compatible con sino reducible a las categorías metafísicas aristotélicas de necesidad, infinitud e inmutabilidad, en los sentidos ya especificados.

Con respecto a las otras categorías, la de "*siempre* permanencia *toda a la vez*", se debe entender que, en Suárez, ella no es una categoría temporal. En efecto, cabría decir que la doctrina de la eternidad en Suárez es también *a*temporal o no-temporal, pero no porque Dios no tenga una duración, sino en el sentido de que la duración de Dios no se debe entender como una extensión precisamente temporal: compuesta de partes que fluyen o se dan esparcidas en etapas unas después de otras. Por el contrario, la atemporalidad de la duración queda adscrita a la estabilidad, siempre permanencia *tota simul* —en vez de sucesiva— del ser y de la actividad interna de la entidad divina.

Y respecto de la última categoría que él denomina "negación de la sucesión", se debe destacar que ella cumple un rol secundario. Efectivamente, él piensa que las dos primeras condiciones de la cosa eterna —la de duración necesaria y permanente— son las que le confieren el principio de identidad y por consiguiente, la entidad a la eternidad divina, frente a la identidad y entidad de cualquier otra duración. Además, al cambiar la "carencia" o "falta" de sucesión de Aquino por una "negación" de la sucesión, Suárez le está confiriendo un carácter no físico, sino más bien lógico y mental a la sucesión misma; puesto que somos nosotros los que la espacializamos en la medida en que la *aprehendemos*, *concebimos*, *pensamos* y más aún, la *contraponemos* a otro acto mental que él suele llamar, "sucesión temporal imaginaria".[22] ¿Pero cuál es el estatus distintivo de la eternidad como tal?

III. Objetividad de la duración necesaria

En las *Disp. Met.*, d. 50 4, Suárez avanza en su concepción filosófica de la eternidad, formulando la pregunta típica aristotélica concerniente, en este caso, a la entidad de la eternidad. La pregunta de Suárez es: "¿En su definición esencial la eternidad implica alguna relación de razón (*respectum rationis*)?". Cuestión equivalente a: ¿Es la eternidad una entidad mental o una entidad independiente de la mente? Pues, su razonamiento es: si fuera una relación de razón, entonces sería una entidad mental. Las relaciones de razón relevantes, nota Suárez, pueden ser de dos tipos: uno, es la relación de *medida* y otro, la *negación*. En claro desacuerdo con santo Tomás, para quien la eternidad es una "*medida de*

---

[22] Esta sucesión temporal imaginaria se contrapone a su concepción del tiempo real intrínseco de las cosas sucesivas (*cf. Disp. Met.* d. 40 9 10; d. 50 9 15).

duración" y también con tomistas como el ferrariense, para quien la eternidad como tal es "la medida del ser divino, en un sentido no real sino *conceptual*"; además, en desacuerdo con filósofos como Alberto Magno y Enrique de Gante, quienes llaman eternidad a la "medida del ser divino según *nuestra aprehensión*"; sin embargo, de acuerdo con Ockham, Suárez responde negativamente, tanto a que la eternidad en sí, esté constituida por una relación de medida, "ni siquiera es medida en sentido propio" (*cf. Disp. Met.* 50 4 1) —dice— como a que la negación (de la que hablan, por ejemplo, Duns Escoto y Cayetano) se incluya en el concepto de eternidad.

Comienza así su argumentación, primero en contra de la proposición de santo Tomás, *i.e.*, que la eternidad no es una relación de medida. Si se divide la medida en pasiva y activa, y la medida activa en intrínseca de Dios mismo, y en extrínseca de las otras cosas. Entonces, razona Suárez, no se puede decir que sea (i) medida activa extrínseca de las otras cosas, porque primero, la eternidad no es una medida cuasi cuantitativa de la duración y segundo, ella es desproporcionada para tal fin por ser infinita y carecer de toda cantidad. Tampoco se debe decir, sostiene Suárez, que sea (ii) medida activa extrínseca, ya que si fuera "la medida de Dios, ¿qué es lo que mide en él?" (d. 50 3 4); decir que mide la duración, como dicen santo Tomás y otros tomistas, no es muy informativo, objeta enfáticamente, porque la duración de Dios *es* la eternidad. Por consiguiente, "si la eternidad mide la duración de Dios, entonces la eternidad mide la eternidad" (d. 50 3 3). Con todo esto, la eternidad termina siendo medida de sí misma, lo cual es absurdo, porque ninguna cosa puede ser medida de sí misma, si recordamos, además, los dilemas de Agustín.

A la segunda propuesta del ferrariense, Suárez responde argumentando que la eternidad no es medida de la duración de Dios en el sentido conceptual, porque en primer lugar, la eternidad de Dios y su duración no se distinguen conceptualmente, sino que se identifican totalmente; luego ni en el orden conceptual, según Suárez, puede imaginarse una relación entre la medida (la eternidad) y lo mensurado (la duración de Dios), y en segundo lugar, esto se explica, dice Suárez, porque nadie usa naturalmente la eternidad como medio para conocer la duración de Dios; por el contrario, afirma, conociendo la eternidad se puede conocer —de manera formal— la duración divina (d. 50 3 4). Por consiguiente, la conclusión aquí es que el concepto de medida activa no es aplicable a la eternidad.

Tampoco el concepto de medida pasiva es aplicable a la eternidad, continúa argumentando Suárez, en tono definitivamente aristotélico —para Aristóteles, recordemos, la magnitud infinita era imposible (*cf. Física* III, 6, 206 a 10)—[23] porque, según Suárez, ni el entendimiento divino, ni el creado pueden *medir* la eternidad, puesto que ella carece de principio y de fin, y enfatiza, "la razón *a priori* por la que concretamente la eternidad no es mensurable, es que es infinita, y lo infinito en cuanto tal, es inconmensurable" (*cf. Disp. Met* d. 50 4 5).

Por otra parte, él piensa que la eternidad tampoco puede medirse con una medida infinita, es decir, por correlación con un "tiempo infinito imaginario", mental. La razón, observa, es que como este tiempo no es nada real, no puede ser un medio para conocer la eternidad, sino que más bien sirve —como notó santo Tomás— para que *concibamos* la uniformidad de la eternidad, mediante la negación de toda sucesión (*cf. Disp. Met* d. 50 4 6).

Finalmente, con respecto a las propuestas (que Suárez atribuye tanto a Escoto, *Quodl.* L. 1 6 como a Cayetano) de que la eternidad queda completada por una negación, Suárez acepta más bién la interpretación de Cayetano, de que la eternidad consiste en la *uniformidad* —en tanto negación de toda variedad y sucesión— del ser divino. Pero explícitamente agrega "no pienso que tal negación quede incluida en el concepto de eternidad" (d. 50 4 9).

Para Suárez, así, la eternidad divina es aprehendida por nuestro entendimiento como uniformidad del ser divino (la cual consiste en cierta unidad de la forma); sin embargo, al igual que Russell, en su *History of Western Philosophy*, él separa entre nuestro modo de aprehender por una parte, y aquello en sí que aprehende nuestro modo de aprehender, por otra, por ello no me parece que aceptaría un recuento de la eternidad en términos similares a los de santo Tomás. Éste dice en la S T Ia 10 1:

[23] Aristóteles también niega la posibilidad de un número infinito, éste no puede existir *actualmente*, ni ser atravesado. El problema que se le presenta a Aristóteles es, que si negó la magnitud infinita, el número infinito, ¿por qué afirmó la existencia de *series infinitas* en las cuales cada miembro anterior es construido como la causa del siguiente? Los más diversos problemas de la relación entre infinitud y eternidad son tratados en detalle por Davidson en su artículo magistral —como lo califica Sorabji—, "*John Philoponus as a Source of Medieval Islamic and Jewish Proof of Creation*", 356-391.

nosotros sólo podemos llegar a conocer la eternidad *por medio* del tiempo, el cual es meramente la enumeración del antes y después en el cambio [...]. Ahora bien, algo que no cambia y nunca varía en su modo de existencia no mostrará un antes y después. Así entonces como la enumeración antecedente y consecuente en el cambio produce la noción de tiempo, así el *reconocimiento* de la invariabilidad en algo junto con la carencia de cambio, produce la noción de eternidad (agrego las cursivas).

En este pasaje, efectivamente, santo Tomás hace que nuestra noción de tiempo sea dependiente de nuestro reconocimiento del cambio y paralelamente, que nuestra noción de eternidad sea dependiente, *producto de* nuestro *reconocimiento* de la uniformidad e incambiabilidad.[24] A diferencia de santo Tomás, Suárez niega que conozcamos la eternidad *por medio* del tiempo, y no está de acuerdo en que sea nuestro "reconocimiento" de la incambiabilidad lo que *produce* la idea de eternidad, y menos la eternidad en sí. Para Suárez, nuestra aprehensión de la uniformidad no produce, sino que más bien "*explica* la *ratio* de la eternidad por medio de un *concepto objetivo* que corresponde a nuestra aprehensión cuando *concebimos* la eternidad" (d. 50 4 12).

Pues bien, el concepto objetivo, en Suárez, como ha hecho ver Gracia ("Suárez's Conception", 298-299), no es ni conceptual, ni una representación mental; al contrario, a diferencia del concepto formal,

el concepto objetivo [...] es lo que es representado en el acto, o cualidad, que es el concepto formal. El concepto objetivo no es un concepto a la manera que lo es un concepto formal, es decir, como una forma que modifica el intelecto, determinando su concepción. Ciertamente, es llamado concepto sólo por derivación, dada su relación con el concepto formal. Es objetivo en tanto es el objeto con el cual se ocupa el concepto formal; no es objetivo en el sentido de ser una imagen o representación de otra cosa.[25]

---

[24] Para una minuciosa interpretación de la concepción del tiempo y su relación con la eternidad en santo Tomás de Aquino, dentro del marco de la tradición de Boecio, véase Davies, *The Thought of Thomas Aquines*.

[25] Como evidencia textual, Gracia hace referencia a las *Disp. Met.* d. 2 1 1. En su artículo, Gracia argumenta que el estatus de algunos conceptos objetivos en Suárez es real. Citando un pasaje de las *Disp. Met.* d. 2 1 1, Gracia afirma: "Desde estos textos es claro que mientras el concepto formal es real, siempre «una cosa positiva y verdadera», el concepto objetivo no necesita ser siempre algo real; puede ser mental o real, dependiendo del concepto objetivo en cuestión. Si, por ejemplo, el concepto objetivo en cuestión es la ceguera, claramente lo que tenemos es un ser mental, porque la ceguera

La diferencia entre el concepto objetivo y el formal se hace más conspicua cuando se indica que corresponde a la distinción entre lo que aprehendo (algo objetivo) y aquello a través de lo cual aprehendo (algo formal). Así, siguiendo la interpretación de Gracia, resultaría que el concepto formal de eternidad es el acto que la mente produce mientras piensa "la eternidad"; en cambio, el concepto objetivo de eternidad es lo que sea que uno piensa cuando uno aprehende la eternidad.

Por lo demás, en Suárez no existe una relación o dependencia causal entre nuestro acto cognitivo de reconocimiento de la uniformidad y el caso particular de la (realidad de la) eternidad, porque la idea misma de eternidad, para él, "no consiste en el hecho de ser cognoscible bajo su relación con la sucesión imaginaria" (d. 50 4 7). Por último, Suárez pensaría que, si el reconocimiento de la uniformidad produjera causalmente la idea de eternidad, la eternidad misma dependería de nuestro reconocimiento de ella, y consecuencia de esto, en palabras de Suárez, sería que la eternidad "le convendría a Dios sólo por nuestro entendimiento" (d. 50 4 13).

Segunda conclusión general, esta vez respecto a la pregunta por el estatus ontológico de la eternidad. A mi juicio, la respuesta de santo Tomás, en tanto acepta que la eternidad es *medida* de la duración, su existencia aparece dependiente de la existencia de un ser capaz de medir, de *concebir* o de re-conocer. Así, al menos en este sentido, santo Tomás le confiere un estatus lógico de concepto subjetivo a la eternidad. Suárez, por su parte, basándose en la argumentación de la *Física* III de Aristóteles y apoyado, a su vez, por la propuesta de Ockham, responderá que la eternidad no es medida de la duración, básicamente porque su definición esencial no está constituida por relaciones mentales de medida, ni tampoco de negación. Estas consideraciones dan como resultado inmediato que la eternidad como tal en Suárez no tenga un estatus lógico, sino el de una entidad real-objetiva. En suma, su opción es un realismo metafísico moderado. Así, en vez de derivar a un tipo de conceptualismo realista de la eternidad, como el que se aprecia en Aquino, o a un "conceptualismo puro" *a la* Ockham, el realismo metafísico de Suárez desemboca en un conceptualismo objetivo. Este podría expresarse diciendo: en tan-

no es una entidad real. Por ejemplo, si el concepto objetivo en cuestión es la humanidad, lo que tenemos es un ser real, es decir, una substancia actual o posible". Según esta interpretación de Gracia, este mismo sería el caso del concepto objetivo de eternidad en Suárez.

to la eternidad es duración real, en vez de *medida* de la duración, su existencia es independiente de la mente, porque la duración real y genuina lo es, y a ella corresponde un concepto objetivo también real.

En suma, el tratamiento suareciano de la eternidad, aunque recorre el camino hecho por la tradición de Boecio y Aquino, y atiende cuidadosamente a la crítica moderna de Ockham, retoma al mismo tiempo el concepto de duración ya presente en los pensadores judíos del Medioevo, amplifica su alcance y *conserva* algunos marcados visos aristótelicos, particularmente en lo que respecta a su programa de investigación. Me parece que el aristotelismo de Suárez se revela en primer lugar, en su respuesta a qué *es* la eternidad, a saber, que la eternidad (de Dios) es : (i) una cosa real, en vez de mental, por lo tanto perfectamente investigable dentro del ámbito de la metafísica; (ii) más específicamente, ella es idéntica a una duración intrínsecamente necesaria, infinita, luego y hasta aquí, su respuesta corresponde al tipo de substancia eterna y necesaria que Aristóteles describiera en su Libro Lambda de la *Metafísica* y que por estar acompañada de una negación de sucesión debía ser estudiada por una ciencia otra que la física, que él denominara metafísica. Por último, Suárez también se revela como un aristotélico realista en su respuesta a la pregunta por el estatus ontológico de la eternidad, pero menos ambiguamente que Aristóteles no acepta que sea una medida de ningún tipo; por consiguiente, tampoco puede ser un constructo mental de ningún tipo. Un corolario, entonces, del tratamiento suareciano realista de la eternidad es, que así como la teoría del tiempo en Aristóteles se puede considerar reducible a una teoría adecuada de la duración (Van Frassen, *An Introduction to the Philosophy*, 96), la teoría de la eternidad en Suárez se puede reducir a una teoría de la duración necesaria. La originalidad, sin embargo, de su investigación filosófica sobre el tema con respecto a sus predecesores, queda ilustrada de la mejor forma en cuanto concibe una eternidad *con* duración, en virtud de que primero ha logrado introducir esta categoría dentro de la estructura metafísica existencial constitutiva del ente real.

BIBLIOGRAFÍA

ARIEW, ROGER, "The Infinite in Spinoza's Philosophy", en *Spinoza: Issues and Directions. The Proceedings of the Chicago Spinoza Conference*, Leiden: E.J. Brill, 1990.

BOECIO, *Consolación de la filosofía*, trad. de S. J. Tester, Cambridge, Mass.: Loeb Classical Library, 1978.

BURLANDO, GIANNINA, "Arquitectura mental en el escolasticismo", *Revista de Filosofía*, 1995, 45-46, 99-126.

DANIEL, STEPHEN H., "Seventeenth-Century Scholastic Treatments of Time", *Journal of The History of Ideas*, 42, 1981.

DAVIDSON, H. A., "John Philoponus as a Source of Medieval Islamic and Jewish Proof of Creation", *Journal of American Oriental Society*, 89, 1969, 356-391.

DAVIES, Brian, *The Thought of Thomas Aquines*, Oxford: Oxford University Press, 1993, 98-117.

GRACIA, Jorge J. E., "Francisco Suárez: The Man in History", *American Catholic Philosophical Quarterly*, 65, 1991, 259.

——, "Suárez's Conception of Metaphysics: A Step in the Direction of Mentalism?", *American Catholic Philosophical Quarterly*, 1991, 298-299.

O'ROURKE, FRAN, *Pseudo - Dionysius and The Metaphysics of Aquinas*, New York: E.J. Brill, 1992, 156-180.

SORABJI, RICHARD, *Time, Creation, and The Continuum*, Ithaca: Cornell University Press, 1983.

STUMP, ELEONORE and NORMAN KRETZMAN, "Eternity", *The Journal of Philosophy*, 78.8, 1981.

SUÁREZ, FRANCISCO, *Disputaciones metafísicas*, ed. y trad. de Sergio Rábade *et al.*, Madrid: Gredos, 1966.

——, *Opúsculo teológico segundo*, ed. de L. Vivès, t. 11, Paris: 1856.

SWINBURNE, RICHARD, "On *Simul*", en *The Coherence of Theism*, Oxford: Oxford University Press, 1877.

VAN FRASSEN BAS C., *An Introduction to the Philosophy of Time and Space*, New York: Columbia University Press, 1941.

WOLFSON, H.A., *The Philosophy of Spinoza*, t. 1, Cambridge: Cambridge University Press, 1934.

——, *Cresca's Critique of Aristotle*, Cambridge: Cambridge University Press, 1929.

EL DISCURSO, LA PERCEPCIÓN
Y LA REPRESENTACIÓN

INFLUJO DE LA PSICOLOGÍA DE LA PERCEPCIÓN AVERROÍSTA EN LA FILOSOFÍA LATINA MEDIEVAL

Miguel Alejandro García Jaramillo
Universidad Panamericana

Con el advenimiento de la *Gestalttheorie*, empezaron a publicarse diversos estudios sobre los denominados sentidos internos según los concibieron los filósofos medievales (Moore, "Gestalt Psychology and Scholastic Philosophy"). Aunque el personaje central de estos trabajos es Tomás de Aquino, se han buscado últimamente las fuentes de este autor napolitano. Sin embargo, la mayoría considera que el principal influjo ejercido sobre el monje de Roccasseca ha sido Averroes. A la cabeza de esta interpretación se encuentra, sin duda alguna, Cornelio Fabro y su principal estudio *Percepción y pensamiento*, en el que realiza un especial análisis del filósofo cordobés en relación con el tema que nos ocupa. Por mi parte, considero que esta opinión es desatinada y ese lugar debe ocuparlo —al menos en la psicología de la percepción— Avicena.

El influjo de Averroes en metafísica, religión y la teoría de la inteligencia[1] ha sido reiteradamente tratado, discutido, y poco tendría que aportar en ese rubro. La intención del presente estudio es abordar su teoría de la percepción y su peso en el mundo latino medieval, no desde el punto de vista de la sensibilidad externa, en la que poco o nada se aleja de Aristóteles, sino de la sensibilidad interna. Si tenemos en cuenta que dicha influencia fue antecedida por la de Avicena, como lo ha hecho ver atinadamente Gilson ("Les sources gréco-arabes de l'agustinisme avi-

---

[1] Al respecto puede consultarse Davidson, *Alfarabi, Avicenna, and Averroes, on Intellect*. Además de la discusión sobre el intelecto, se puede acudir a Gómez Nogales, "Hacia una nueva interpretación de Averroes", en *Al encuentro de Averroes*, obra que contiene estudios profundos sobre metafísica y religión en el filósofo cordobés.

cennisant"), debo decir que, dada la ambigüedad de Averroes en este tema, la impronta de este filósofo sobre Occidente ha sido más bien negativa.

Delimitando aún más mi objeto, no pretendo siquiera desarrollar la teoría general de los sentidos internos según Averroes,[2] sino en particular el peso del folio 21 de la *Paraphrasis de memoria et reminiscentia.*

Aunque fuertemente influido por Avicena,[3] cuya autoridad desconoce injustamente, el folio 21 de la *Paraphrasis de memoria et reminiscentia* de Averroes dio lugar a una doble concepción —correspondiendo a los párrafos F y G— sobre la memoria, cuyos efectos han permanecido en buena parte ocultos y silenciosos.

1) EL FOLIO 21 G DE LA *PARAPHRASIS DE MEMORIA ET REMINISCENTIA* DE AVERROES Y SUS ANTECEDENTES AVICENIANOS

Para efectos expositivos, comenzaré con la segunda concepción a que dio lugar el citado folio, fundada en el fol. 21 G, donde afirma: "juzgar que este significado es de esta imagen [...] se realiza en el hombre por la cogitativa".[4]

---

[2] Se puede consultar al respecto la extraordinaria obra de Klubertanz, *The Discursive Power,* donde, en la sección que trata de Averroes, destaca aspectos importantes. Igualmente, desde un punto de vista completamente filológico, la obra de Wolfson "The Internal Senses in Latin, Arabic and Hebrew Philosophic Text", es particularmente imprescindible. Se puede acudir también a un estudio que hemos realizado (García Jaramillo, *La cogitativa*), donde se presenta una crítica a la concepción de Wolfson de la imaginativa en Avicena y Averroes.

[3] El estudio de Averroes se basa en parte en Avicena, *Sextus de naturalibus,* parte IV, cap. 1; 10 [38-44]. En el caso particular de Avicena, después del título de la obra anotaremos además la parte de la obra y el capítulo correspondiente; señalaremos además entre corchetes el número de línea referido en la cita.

[4] Además de que la traducción de *"intentio"* por "significación" ya ha sido usada por Soheil F. Afnan (*El pensamiento de Avicena*) y de acercarse más al uso que Piaget (*Biología y conocimiento,* 7 y ss.) y Von Weiszäcker dan a los contenidos con significado, evitamos deliberadamente una exégesis de la traducción de dicho término porque se desvía de nuestro objetivo principal. Considero, en síntesis, que Avicena, Averroes y Tomás de Aquino dividen el conocimiento en contenidos sin significado, denominados *'formae',* y contenidos con significado, denominados *'intentiones'.* Para Tomás de Aquino, aprehender un objeto con significado es percibirlo como principio o término de acción o pasión, mientras que los meros contenidos formales son vitalmente neutros, es decir, no engendran acciones o pasiones (Aquinatis, *In II de An.,* lect. 13, n. 398). En este punto el monje de Roccasseca se basa en Aristóteles (*Tratado del alma,* III, cap. 3, 427b 23-25).

Este breve pasaje supone completamente la doctrina de Avicena encontrada en el *Liber sextus de naturalibus* partes I y V, en donde, respecto de nuestro interés, se pueden encontrar las siguientes tesis:

a) La imaginación y la memoria son facultades inoperantes.

Antes de exponer y caracterizar el número de sentidos internos, Avicena da tres criterios de distinción de las facultades:

a.1) Las facultades se distinguen en primer lugar por sus objetos (formas-significados). Avicena a este respecto afirma:

> La diferencia entre aprehender formas y aprehender intenciones es la siguiente: la forma es aquella que aprehende tanto el sentido exterior como el interior [...] como cuando la oveja aprehende la forma del lobo, a saber, su figura, sus accidentes y su color, aunque primero lo aprehenda el sentido exterior y luego el interior; pero el significado es aquello que el alma aprehende acerca de las cosas sensibles, aunque aquello no lo aprehenda antes el sentido exterior, razón por la cual debe temerle y huir [del lobo], aunque esto no lo aprehenda el sentido [exterior] de ningún modo.
> (Avicenna, *Sextus de naturalibus*, I, cap. 5, 86, [93-6]).

a.2) El segundo criterio es relativo a los actos de los sentidos internos, respecto de lo cual dice:

> La diferencia entre aprehender operando y aprehender no operando es la siguiente: componer algunas de las formas y de las significaciones aprehendidas con otras y separarlas de otras, es una acción propia de algunas de las facultades interiores [..]. Pero aprehender no operando, sucede cuando la forma y la intención sólo permanecen impresas en la facultad, de modo que no se pueda obrar sobre ellas de ningún modo.
> (*Sextus de naturalibus*, I, cap. 5, 86-87 [7-13]).

Como más adelante se verá, el sentido fuerte del término 'aprehender' corresponde a las facultades activas, esto es, a aquellas que componen, enlazan o sintetizan los contenidos sensitivos, sean o no con significado; o a la inversa, sólo equívocamente se puede decir que las facultades que no operan sean aprehensivas.

a.3) Por último, las facultades se distinguen por el momento de su
intervención en el proceso cognoscitivo, es decir, por su temporalidad:

> Pero la diferencia entre aprehender en primer lugar y en segundo es la
> siguiente: aprehender en primer lugar (*principaliter*) es cuando la forma se
> obtiene por un tipo de adquisición que corresponde a la cosa en cuanto
> tal; pero aprehender en segundo lugar sucede cuando la adquisición de la
> cosa es a partir de algo que la ha inducido.
>
> (*Sextus de naturalibus*, I, cap. 5, 87).

Aunque el creador de estos criterios de distinción y poseedor de una
doctrina de las facultades sea Avicena, por raro que parezca no hay en él
una designación explícita de las facultades a las que les corresponden los
objetos y los actos antes mencionados de acuerdo con su temporalidad.

No obstante, en Jean de la Rochelle encontramos tal doctrina, quien
asevera:

> Ha de observarse la diferencia de las facultades antes mencionadas según la
> división que presenta Avicena: entre las facultades aprehendentes interio-
> res, algunas aprehenden formas sensibles, como el sentido común, la ima-
> ginación, y la imaginativa o la cogitativa; algunas aprehenden intenciones
> sensibles, como la estimativa y la memorativa. Además, entre éstas y aqué-
> llas, algunas aprehenden y operan, como el sentido común, la imaginativa
> y la estimativa; pero algunas aprehenden y no operan, como la imagina-
> ción y la memoria. Además, algunas aprehenden de modo primario y otras
> de modo secundario: y entre las que aprehenden formas sensibles, el senti-
> do común, junto con los sentidos exteriores, aprehenden primariamente;
> pero de modo secundario, la imaginación y la imaginativa; igualmente, en
> la aprehensión de las intenciones sensibles, principalmente aprehende la
> estimativa y secundariamente la memoria.
>
> (Rochelle, *Tractatus de divisione multiplici potentiarum
> animae*, II pars, cap. X, 77-78 [293-305], fol. 149r).[5]

---

[5] "Nota tamen differentiam virium praedictarum secundum hanc divisionem, quam
ponit Avicenna: Virtum intrinsecus apprehendentium quedam apprehendunt formas
sensibilium, sicut sensus communis et ymaginatio, ymaginativa sive cogitativa, quedam
apprehendunt intentiones sensibilium, ut estimativa et memorativa. Item harum et
illarum quedam apprehendunt et operantur, ut sensus communis, ymaginativa et estimativa, quaedam vero apprehendunt sed non operantur, ut imaginatio et memorativa.

Según esta interpretación, podemos elaborar el cuadro siguiente.

Esquema 1

		formas	significados
aprehenden y operan	**primaria**	sentido común	estimativa
	secundaria	imaginativa	
aprehenden y no operan	**primaria**		memoria
	secundaria	imaginación	

De acuerdo con este cuadro, se puede observar que la imaginación y la memoria son facultades inoperantes y secundarias, cabría denominar, pasivas. Avicena sustituirá el criterio de facultades inoperantes secundarias por el de conservadoras, que obedece a la naturaleza material de la facultad que conserva, según se verá en el siguiente párrafo.

b) La imaginación y la memoria son facultades conservativas.

Después de exponer estos criterios, Avicena procede a caracterizar los sentidos internos de la siguiente manera:

La primera de las facultades [...] aprehendentes ocultas es [...] el sentido común, la cual es una facultad ordenada en la primera concavidad del cerebro, recibiendo por sí misma todas las formas que se imprimen en los cinco sentidos [...]. Después de ésta, está la imaginación que es también una facultad ubicada en el extremo posterior de la parte anterior de la concavidad del cerebro, reteniendo lo que recibe el sentido común de los cinco sentidos y permanece en ella después de la remoción de aquellos sensibles [...]. Recibir es una propiedad de una facultad diferente a aquella de la cual es propio retener; [como se observa] en el agua que tiene potencia de recibir las [...] figuras y no tiene potencia de retenerlas [...]. Luego está la facultad de estimación, que es la facultad ubicada en la parte más alta de la concavidad media del cerebro, aprehendiendo las significaciones no sentidas que están en las cosas singulares, como la facultad que está en la

Item quaedam apprehendunt principaliter, quedam secundario: et in apprehensione formarum sensibilium principaliter apprehendit sensus communis cum sensibus exterioribus, secundario vero ymaginatio et ymaginativa; similiter in apprehensione intentionum sensibiium principaliter apprehendit estimativa, secundario memorativa".

oveja que juzga que de este lobo debe huir, y que debe seguir a esta oveja; parece también que esta facultad opera en las cosas imaginadas una composición y división. Después está la facultad memorial y la reminiscencia, que es una facultad ubicada en la concavidad posterior del cerebro, reteniendo lo que aprehende la facultad de la estimación acerca de las significaciones (*intentiones*) no sentidas de los singulares sensibles.

(Avicenna, *Sextus de naturalibus*, I, cap. 5, 87-90, [19-56]).[6]

A partir de este texto, podemos presentar el siguiente esquema:

Esquema 2

Sentidos Interiores
- Formales
  - Recibir: sentido común
  - Conservar: imaginación
- Intencionales
  - Recibir: estimativa
  - Conservar: memoria

[6] "Virium autem apprehendentium occultarum vitalium prima est fantasia quae est sensus communis; quae est vis ordinata in prima concavitate cerebri, recipiens per seipsam omnes formas quae imprimuntur quinque sensibus [...] Post hanc est imaginatio vel formans, quae est etiam vis ordinata in extremo anterioris concavitatis cerebri, retinens quod recepit sensus communis a quinque sensibus [...] Recipere est ex una vi, quae est alia ab ea ex qua est retinere; et hoc considera in aquae quae habet potentiam recipienid [...] figuram, et non habet potentiam retinendi [...] Deinde est vis aestimationis; quae est vis ordinata in summo mediae concavitatis cerebri, apprehendens intentiones non sensatas quae sunt in singulis sensibilibus, sicut vis quae est in ove diiudicans quod ab hoc lupo est fugiendum, et quod huius agni est miserendum; videtur etiam haec vis operari in imaginatis compositionem et divisionem. Deinde est vis memorialis et reminiscibilis; quae est vis ordinata in posteriori concavitate cerebri, retinens quod apprehendit vis aestimationis de intentionibus non sensatis singulorum sensibilium". He seleccionado para nuestros fines lo más representativo de este pasaje. Quien conozca este texto íntegro podría reprocharme que he dejado de mencionar a la imaginativa, pero lo considero irrelevante para nuestros fines. Dejo de lado la discusión de la reducción de la división de las cinco facultades aprehendentes ocultas a la de cuatro, toda vez que en nuestra opinión, o la distinción entre sentido común e imaginativa es opcional, como el mismo Avicena (*Sextus de naturalibus,* I, cap. 5, 60-66) dice, al parecer basado en Aristóteles (Acerca de los ensueños, cap. 1, 459a 15-17), o porque es una subfunción de la estimativa en relación con las formas sensitivas, una actualmente sentida, otra imaginada. Por ello, nos alejamos en este punto de la interpretación que da santo Tomás en *Summa theologiae* I, q. 78, a. 4, c. En otro estudio (García Jaramillo, *La cogitativa.* caps. II y IV) hemos expuesto extensamente la posibilidad de dicha reducción en el propio Avicena y la errónea interpretación de santo Tomás a este respecto.

Comparándolo con el cuadro anterior, las antes calificadas como facultades inoperantes, son las ahora conservativas. Aunque pueda tacharse de imprecisa la ubicación asignada a cada una de estas facultades, no puede negarse que este intento constituye un paso en la constitución de la psiquiatría actual. Pero lo fundamental no es eso, sino la visión que tuvo Avicena —y la tradición de la que forma parte, que se remonta hasta Aristóteles y Galeno— al determinar los principios que animaban a esta división y las exigencias teóricas que percibió al concebir estas facultades y sus interacciones.

c) La estimativa es una facultad operante.

Para comentar esta tesis, nos limitamos a referir al esquema 1, donde se ve que las facultades operantes son el sentido común y la estimativa. Pero no se debe perder de vista que la actividad propia de estas facultades consiste en enlazar, juzgar, sintetizar o componer, sea entre los contenidos externos (sentido común), o entre éstos y los internos (estimativa).

d) La estimativa es responsable del juicio sensitivo.

Al final del *Sextus de naturalibus* V, cap. 1, Avicena expone de una manera verdaderamente maravillosa y sintética, las relaciones que guarda la estimativa con los diferentes sentidos internos: •

> Parece que la facultad estimativa es la facultad cogitativa y la imaginativa y la memoria. [Sin embargo, debe tenerse en cuenta] que ella misma es la que juzga. [En efecto] por sí misma es la que juzga. [Pero] por su movimiento y sus acciones es imaginativa y memoria: es imaginativa por lo que se opera en las formas, y memoria por lo que es su última acción, pero la retentiva es la facultad de su archivo.
>
> (IV, cap. 1, 11, [44-49]).[7]

Así pues, hay dos aspectos desde los que se puede abordar el estudio de una facultad, a saber, por sí y por sus movimientos y acciones. Desde el primer punto de vista, Avicena incluye a la estimativa y a la retentiva.

---

[7] "Videtur autem quod virtus aestimativa sit virtus cogitativa et imaginativa et memorialis, et quod ipsa est diiudicans: sed per se ipsam est diudicans; per motus vero suos et actiones suas est imaginativa et memorialis; sed est imaginativa per id quod operatur in formis, et memorialis per id quod est eius ultima actio, sed retentiva est virtus sui thesauri".

Desde el segundo punto de vista, debe incluirse a la imaginativa y a la memoria. Pero estas últimas no deben considerarse como facultades realmente distintas de las incluidas bajo la denominación de retentiva, pues su diferencia es como la existente entre un ser y su movimiento. Si atendemos al cuadro 1, la imaginación y la memoria están incluidas entre las no operativas. Siendo que en este pasaje están caracterizadas dinámicamente (*operatur...*, *ultima actio*), han de interpretarse como movimientos, esto es, como la evocación realizada por la imaginación y la memoria, y no como son en sí, esto es, como meramente rententivas.

Pero también debe tenerse presente que dicha evocación es una función de estas facultades en tanto que subordinadas o como instrumentos de la estimativa. Ésta puede ser vista: *a*) por sí, es la facultad que juzga; *b*) por sus movimientos y acciones, es la imaginativa y la memorial. Así, dos o más facultades pueden intervenir en una sola acción (la evocación) conservando sus diferencias.

En Avicena, en efecto, la imaginativa compone formas, pero no como lo entiende santo Tomás, esto es, como cuando imaginamos una montaña de oro, (*Summa theologiae* I, q. 78, a. 4, c.),[8] sino formas que están en el sentido exterior con formas que están en el archivo de la imaginación.

e) Las facultades que conservan y no operan son diferentes realmente de la facultad del juicio.

Tratando sobre la memoria intelectiva, Avicena afirma:

> Cuando el alma se aleja de [las formas imaginadas], éstas son depositadas en las facultades conservativas, las cuales no son verdaderamente aprehendentes (si así fuera, serían aprehendentes y conservantes al mismo tiempo), sino son los archivos a los que se convierte la facultad que aprehende y juzga, esto es, la estimación, sea el alma o el intelecto [...]. A cada facultad le han sido atribuidos separadamente unos instrumentos: a las formas —que a veces no son contempladas por la estimativa— les ha sido asignado su archivo; a las significaciones —a las que algunas veces la estimativa no considera— también se les ha sido asignado el archivo de las significaciones [...]. No es la estimación el lugar donde se conservan

---

[8] En lo sucesivo, en ésta y en otra obras citadas, abreviamos *quaestio* con "*q.*" y *articulus* con "*a.*".

estáticamente, sino quien las juzga; y por esto decimos que la estimación algunas veces contempla las formas y las significaciones depositadas en estas dos facultades, y algunas veces se desvía de ellas.

(Avicenna, *Sextus de naturalibus*, V, cap. 6, 145, [75 y ss]).

Evidentemente, Avicena ha dejado aquí de utilizar la palabra aprehensiva en su sentido amplio, para utilizarla en sentido estricto. Desde este punto de vista, aprehender, operar, componer y juzgar vienen a ser sólo distintos puntos de vista de una misma función. Más adelante agrega:

> [...] aprehender la forma no es propio del archivo, al cual le corresponde retener. De una facultad distinta es el aprehender. Las significaciones guardadas en la memoria y las imágenes están estáticamente en algo y no les corresponde aprehender, como las cualidades sensibles que están en los objetos no son el sentido: de donde los cuerpos en los cuales están las formas sensibles no son aprehendentes [...].
>
> (Avicenna, *Sextus de naturalibus*, V, 6; 146, [10 y ss.]).

Aunque suene paradójico, lo que Avicena está diciendo aquí es que la imaginación no imagina, ni la memoria recuerda, sin ayuda de la estimativa. Si la facultad que aprehende, es la que conserva, ¿cómo podría distraerse de su objeto? Este planteamiento, que nos hace evocar el análisis de la conciencia del yo en el *De trinitate* de san Agustín, nos lleva a plantear lo siguiente: si ver —por decirlo así— fuera propio de la facultad que conserva, ¿cómo librarse de ver lo que se conserva? El principio de economía no tiene lugar en una exposición de los sentidos internos.

***

Estas ideas no sólo están presentes en Averroes en el fol. 21 G que hemos puesto al principio de este texto, sino también en su *Comentarium magnun in libros "De anima"*, al afirmar la analogía entre el sentido común y la estimativa. Al respecto, en un importante pasaje, Averroes afirma:

> Se ha declarado, pues, que la facultad cogitativa no es sino la facultad que distingue el significado de la cosa sensible de la representación imaginada; esta facultad es aquella cuya proporción a estos dos contenidos, a saber, a la imagen de la cosa y al significado de su imagen, es como la proporción del sentido común a los cinco sentidos.
>
> (Averrois, *Comentarium magnum in Aristotelis "De anima" librum tertium*, 415 [63]).

Esta comparación es importante, pues establece una analogía entre el sentido común y la estimativa: del mismo modo que el sentido común integra los datos de los sentidos externos, la estimativa —estrictamente considerada— integra los datos de los sentidos internos, esto es, de la imaginación y la memoria.

Con estas bases, creemos que en el fol. 21 G supone completamente la doctrina de Avicena. Y es precisamente en esta línea que Averroes afirma:

> [...] hay tres acciones de tres facultades, de las cuales dos están sin movimiento [y en posesión] de dos contenidos simples, pero a partir esas dos facultades se elabora por síntesis una forma compuesta a partir de esos contenidos simples. Uno de esos contenidos es evidentemente la imagen de la cosa, y el segundo es la significación de la imagen de la cosa. Ahora bien, la tercera facultad es la que compone estos dos contenidos entre sí. En los contenidos imaginables hay algo como sujeto [o materia], a saber, la línea y la figura, y algo como forma, que es el significado de aquella figura. Dado que el individuo (existente) fuera del alma es compuesto, en alma está de la siguiente manera: la recepción de estos dos tipos de contenidos (a partir de los cuales se [re]compone [la unidad del individuo]) es propio de dos facultades distintas, pero la composición de aquellas partes es propio de una tercera facultad. Se ha explicado que son tres facultades, a saber, la facultad que hace presentarse a la imagen de la cosa, la facultad que hace presentarse la significación de aquella imagen, y la facultad que compone aquella intención con su imagen [...].
>
> (Averrois, *Paraphrasis de memoria,* cap. 4. fol. 21, H-M).[9]

---

[9] "Sunt igitur tres actiones triun virtutum: quarum duae sunt fixae propter duas res simplices, ex quibus componitur forma composita ex eis, quarum scilicet rerum una est imago rei, et secunda intentio imaginis rei: tertia autem est virtus componens has duas intentiones adinvicem. In formis n. imaginabilibus est aliquid quasi subiectum, scilicet lineatio, et figua: et aliquod quasi forma, et est intentio illius figurae. Individuum extra anima, quia est compositum, accidit ei ut sit in anima secundum hoc: et quod receptio duarum partium, ex quibus componitur, sit duarum virtutum diversarum et quod compositio earum sit tertie virtutis. Declaratum est igitur ex hoc sermone hoc esse tres virtutes, virtutem scilicet quae facit praesentari imaginem rei: et virtutem, quae facit praesentari intentionem illius imaginis: et virtutem, quae componit illam intentionem cum sua imagine. Et ideo investigatio per rememorationem completur per istas tres virtutes, quoniam una quecunque earum facit praesentari suum proprium".

Como muy bien interpreta Klubertanz,

> [...] este texto parece estar hablando de imaginación, memoria y facultad
> compositiva. El acto de la imaginación es la imagen; el acto de la memoria
> es el conocimiento de que la imagen es una imagen [= la intención de la
> imagen]; y la facultad compositiva asocia estos dos conocimientos [...].
> (Klubertanz, *The Discursive*, 113).

Además, la consideración destacada por Klubertanz, por un lado, del
desfile de imágenes frente a la estimativa cuando va en busca de la forma
correspondiente a la intentio (*The Discursive*, 114) y, por otro, la analogía que ha puesto entre la estimativa o, como él le llama, facultad
compositiva, y la vista es muy aclaradora: la estimativa, la facultad activa y compositiva, tiene un ojo puesto en las formas y otro en las intenciones, comunicando en su acción a la imaginación y a la memoria (*The
Discursive*, 119). La idea básica de este texto es que con la estimativa es
con la facultad que vemos y sentimos realmente pues, como ya había
dicho Aristóteles, es, por ejemplo, con esta facultad con la que vemos y
sentimos los sueños.[10]

2) INFLUJO DEL FOLIO 21 G DE LA *PARAPHRASIS DE MEMORIA ET REMINISCENTIA* DE AVERROES EN LA FILOSOFÍA OCCIDENTAL

El influjo de dicho folio se encuentra en primer lugar en Alberto
Magno. En efecto, en la *Summa de homine* afirma:

> [...] debemos decir que la memoria tiene dos aspectos. Uno en cuanto que
> es potencia pasiva, a saber, recibir y conservar. Pero otro, en cuanto que
> obra en cierto modo: y esto es un volver a la cosa a través de la especie
> conservada en sí. Y puesto que lo primero lo tiene por sí, pero lo segundo

---

[10] Debemos aclarar que mientras el denominado sentido común opera exclusivamente en la vigilia (Aristóteles, *Acerca del sueño y de la vigilia*, cap. 2, 455a 25), la estimativa opera tanto en sueño como en vigilia (Aristóteles, *Acerca de los ensueños*, cap. 3,
461b 17). Algazel lo manifiesta explícitamente en los siguientes términos: "Es propio de
esta facultad [la estimativa] la movilidad, y por eso no cesa ni siquiera durante el sueño"
(Algazel, *Māqasid al Falāsifa*, 171). Esto implica una relación de subordinación del sentido común a la estimativa durante la vigilia, pues que cada una de ellas corresponde a
un nivel distinto de conciencia sensitiva.

no, sino por el acto de la estimación y la fantasía. Y por esto es definida por Algazel de la primera manera y no por la segunda. Y esta es la razón que mueve a Avicena, quien la define de la misma manera.

(*q.* XL, *a.* 1, *ad diffin* 1, ad. 1).[11]

Lo que ha dificultado la atribución de la doctrina del fol. 21 G a Tomás de Aquino, es que en éste la facultad cogitativa-estimativa se encuentra oculta bajo términos como "facultad aprehensiva", "atención" o "alma". Pero además de que no se encuentra ningún pasaje donde se esté la doctrina del fol. 21 F, si sustituimos el término cogitativa por los antes aludidos, es claro que la concepción de este último folio se encuentra en el Aquinate.

En efecto, precisamente comentando el mismo texto que Averroes explica, a saber, el *De memoria et reminiscentia* de Aristóteles, Aquino distingue en la misma imagen dos aspectos: uno, en cuanto que es una imagen en sí misma; otra, en cuanto que la imagen lleva o remite a otra cosa (Aquinatis, *Summa theologiae* III, *q.* 25, *a.* 3, c).[12] La primera es la que hemos venido denominando forma; la segunda, la significación.

Y afirma:

> [...] si el alma se convierte al mismo en cuanto tal (*secundum se*), así parece estar presente a ella o algún inteligible que el intelecto contempla en la imagen, o simplemente la imagen que la facultad imaginativa aprehende. Pero si se convierte a la imagen en cuanto que es imagen de otra cosa, y considera a la misma como imagen de aquello que antes sentimos o entendimos, como ha sido dicho acerca de la pintura, y como aquel que no ve a Corisco y considera su imagen como una imagen de Corisco, esto ya es

---

[11] "Dicendum quod memoria duo habet. Unum inquantum est potentia passiva, scilicet recipere et conservare. Aliud autem inquantum aliquo modo agit: et hoc est redire in rem per speciem apud se conservatam. Et quia primum habet per se, secundum autem non nisi per actum aestimationis et phantasiae, propter hoc ab Algazele a primo diffinitur et non a secundo. Et haec est ratio quae movet Avicen. quod ab eodem diffinit".

[12] "Sicut Philosophus dicit, in libro De mem. et remin., duplex est motus animae in imaginem: unum quidem in imaginem ipsam secundum quod est res quaedam; alio modo, in imaginem inquantum est imago alterius. Et inter hos motus est haec differentia, quia primus motus, quo quis movetur in imaginem prout est res quaedam, est alius a motu qui est in rem: secundus autem motus, qui est in imaginem inquamtum est imago, est unus et idem cum illo qui est in rem".

una pasión de esta consideración, pues evidentemente esto ya pertenece a la memoria.

(Aquinatis, *In de mem.* lect. II, n. 341).[13]

En este texto, el alma hace las mismas veces que la estimativa, tal como la entendió Avicena, y el intelecto.[14] Pero un influjo más claro de parte de Avicena, porque precisamente está en discusión con él, se observa en la *Summa contra gentiles*, donde Tomás de Aquino afirma:

Las facultades que conservan las formas no aprehendidas en acto, no son aprehensivas, sino archivos de las facultades aprehensivas; como la imaginación, que es el archivo de las formas captadas por los sentidos, y la memoria, que como tal es el archivo de las intenciones aprehendidas sin el sentido [externo]. Así aprehende la oveja la enemistad del lobo. Y tales facultades conservan las formas no aprehendidas en acto, en cuanto tienen ciertos órganos corporales en los que se reciben las formas de manera muy cercana a la aprehensión. Por ello la capacidad aprehensiva, volviéndose a tales archivos, aprehende en acto.

(*Summa contra gentiles*, II, cap. 74).[15]

---

[13] "Si vero anima convertat se ad phantasmata inquantum est phantasma alterius, et consideret ipsum tam quam imaginem eius quod prius sensimus vel intelleximus, ut dictum est circa pictuam; et sicut ille qui non videt coriscum et considerat eius phantasma ut Corisci imaginem, haec iam est alia passio huius considerationis, quia videlicet iam hoc ad memoriam pertinet".

[14] El estudio de la inteligencia en este contexto rebasa los intereses de esta exposición. Sólo quiero decir que dado que hay dos facultades conservativas sensitivas, la *applicatio* de los contenidos intelectivos tiene dos direcciones : a la imaginación y a la memoria. Según Tomás de Aquino, las matemáticas, que no hacen abstracción del espacio, se fundan en la *applicatio* de la inteligencia a través de la estimativa únicamente a la imaginación. La física, que no hace abstracción del espacio y el tiempo, se funda en la *applicatio* a la memoria.

[15] "Vires autem quae conservant formas non apprehensas in actu, dicit non esse vires apprehensivas, sed thesauros virtutum apprehensivarum: sicut imaginatio, quae est thesaurus formarum apprehensarum per sensum; et memoria, quae est, secundum ipsum, thesaurus intentionum apprehensarum absque sensu, sicut cum ovis apprehendit inimicitiam lupi. Hoc autem contingit huiusmodi virtutibus quod conservant formas non apprehensas actu, inquantum habent quaedam organa corporea, in quibus recipiuntur formae receptione propinqua apprehensioni. Et propet hoc, virtus apprehensiva, convertens se ad huiusmodi thesauros, apprehendit in actu".

Por último, sustituye la estimativa por la atención, al afirmar:

> [...] la facultad cognoscitiva no puede conocer nada en acto a no ser que
> ponga en ello su intención. Por ello no imaginamos en acto ni siquiera las
> imágenes conservadas orgánicamente, porque no referimos a ella nuestra
> intención. El apetito en los agentes mueve las otras potencias al acto me-
> diante la voluntad. Por tanto no vemos simultáneamente muchas cosas
> cuando no se dirige la atención a la vez a todas ellas. Más cuando varios
> objetos caen bajo la misma intención, necesariamente los entendemos si-
> multáneamente. Por ejemplo, quien contempla dos cosas, dirige a ambas
> la atención, así ve ambas simultáneamente [...].
>
> (*Summa contra gentiles*, I, cap. 55).[16]

3) EL FOLIO 21 F DE LA *PARAPHRASIS DE MEMORIA ET REMINISCENTIA* DE AVERROES Y SU INFLUJO EN OCCIDENTE

Según dijimos anteriormente, hemos dejado por razones de claridad
expositiva la primera concepción a que dio lugar el folio 21 de la
Paraphrasis de memoria de Averroes. Es la primera porque en el texto
aparece en primer lugar, esto es, la primera concepción fue originada a
partir del fol. 21 F, donde Averroes dice expresamente: "La actividad de
la facultad rememorativa es hacer presente la intención de la cosa imaginada después de su ausencia y juzgar que ella es la misma intención, que
antes fue sentida e imaginada".

Según esta versión, la memoria conserva las así llamadas *intentiones*
por Avicena y las evoca, atribuyéndole un poder reflexivo que no se
dejó esperar, como se observa evidentemente en la *Summa de homine* o
en el *Liber de apprehensione* de Alberto Magno.

La filiación averroísta de Alberto Magno no es difícil advertirla en la
Summa de homine, dado que este autor atribuye a Alfarabi doctrinas
que encontramos textualmente —casi palabra por palabra— en Averroes,
según la siguiente comparación:

---

[16] "Vis cognoscitiva non cognoscit aliquid actu nisi adsit intentio: unde et phantasmata
in organo conservata interdum non actu imaginamur, quia intentio non fertur ad ea;
appetitus enim alias potentias in actum movet in agentibus per voluntatem. Multa igitur
ad quae simul intentio non fertur, non simul intuemur. Quae autem oportet sub una
intentione cadere, oportet simul esse intellecta: qui enim comparationem duorum
considerat, intentionem ad utrumque dirigit et simul intuetur utrumque".

Albertus: *Summa de homine. q.* XL, *a.* 4: "Et dicit Alpharabius, quod actus virtutis rememorativae est facere praesentari post eius absentiam intentionem rei ante imaginem, et iudicare illam intentionem esse quam prius imaginabatur".

Averrois: *Paraphrasis de memoria...* cap. 4, fol 21 F: "Actio n. virtutis rememorative est facere presentare post eius absentiam intentionem rei imaginatae, et iudicare ipsam esse illam intentionem, quam ante sensit, et imaginabatur".

Si sostenemos que, al menos en la *Summa de homine*, cuando Alberto Magno menciona Alfarabi, quiere decir Averroes, se descubre fácilmente el influjo de este último.

En el *Liber de apprehensione* afirma:

> Filosofía: La memoria no sólo conserva, sino también regresa a través de la intención no sentida a la imagen de la cosa, y a través de la imagen de la cosa a la cosa adquirida en el pretérito. Discípulo: a partir de esto, se ve que esta potencia es tanto pasiva, porque recibe y conserva, como activa, porque reflexiona. Filosofía: verdad dices [...].
> (Albertus, *Liber de apprehensione*. IV, cap. 7, 586).[17]

Esta concepción se ve también en otro autor, de cuya interpretación toman muchos así llamados tomistas sus teorías sobre la sensibilidad: Juan de santo Tomás. En efecto, el fol. 21 F dio origen a una visión más atómica de las facultades, tal como se encuentra en Juan de santo Tomás, según el cual la imaginación, la memoria y la cogitativa "no pueden conocer comparativamente, pues no se reúnen ni hablan entre sí, sino que cada una tiende a su objeto absolutamente y sin comunicación" (*Phil. nat.* III, *q.* VIII, *a.* I.).[18]

Para sostener esta tesis, tendrá que afirmar que la imaginación y la memoria no sólo conservan, sino también evocan o conocen.

---

[17] "Philosophia: Memoria non tantum reservat, sed tiam redit per intentionem non sensatam in imaginem rei, et per imaginem rei in rem im praeterito acceptam. Discipulus: ex his haec potentia et passiva esse, quia recipit et reservat: et etiam activa, quia reddict. Philosophia. Verum dicis".

[18] "Non conferunt nec loquuntur inter se, sed unaquaeque tendit ad suum objectum absolute sine communicatione cum alia".

La fantasía [afirma Juan de santo Tomás] que es una facultad especial, denominada imaginativa, no sólo es retentiva de los contenidos cognoscitivos (*specierum*), sino también verdadera y propiamente cognoscitiva. Lo opuesto a esto enseñó Avicena, a quien se refiere Tomás de Aquino en *Summa contra gentiles*, cap. LXXIV, quien dice que la imaginativa (que conserva los contenidos sentidos), como la memoria (que conserva los no sentidos), no aprehenden, sino sólo conservan los contenidos (species) (Joanis A S. Thoma, *Phil. nat.* III, *q.* VIII, *a.* II).[19]

Y en cuanto a la memoria más adelante afirma:

La memoria es una potencia distinta de la estimativa, y es cognoscitiva, no sólo conservativa de los contenidos (*specierum*). Que sea conservativa, nadie lo duda, pues si no conservara los contenidos, no sería memoria. Pero que sea también cognoscitiva, aunque lo negó Avicena, citado por Tomás de Aquino en *Summa contra gentiles* II, cap. *LXXIV*, sin embargo el mismo Tomás de Aquino lo afirma, tanto en *De veritate q.* X, *a.* 3, c, donde dice: "que en la parte sensitiva, que se dirige al presente en cuanto es presente, si se dirige al pretérito, requiere una facultad más alta que el sentido, y este es la memoria, que sin embargo en la parte intelectiva no se distingue del mismo intelecto aprehendente"; como también lo dice en *Summa theologiae* I, *q.* 79, *a.* 6, "la memoria sensitiva es aprehensiva del pretérito", como, por último, también lo sostiene en la *Cuestión sobre el alma*, a. XII, donde enseña que se requiere que aquello que antes fue aprehendido por el sentido, y conservado por el sentido interior, sea evocado nuevamente para la actual consideración.

(*Phil. nat.* III, *q.* VIII, *a.* II).[20]

[19] "Phantasía ut est specialis potentia, quae dicitur imaginativa non solum est retentiva specierum, sed etiam vere et proprie cognoscitiva. Oppositum hujus docuit Avicenna, quam refert S. Thomas II contra Gentil. cap. LXXIV, qui dicit tam imaginativam quae servat species sensatas, quam memoriam, quae servat insensatas non apprehendere, sed solum conservare species".

[20] "Memoria est potentia distincta ab aestimativa, et est cognoscitiva, non solum conservativa specierum. Quod sit conservativa nullus dubitat, alias non esse memoria, si non conservaret species. Quod vero sit etiam cognoscitiva, licet id negaverit Avicenna citatus a D. Thoma II SCG, cap. LXXIV, id tamen affirmat D. Thomas, tam in q. X de Verit. art. III, in corpore ubi dicit: "Quod in parte sensitiva, quae fertur ad praesens in quantum praesens est, si feratur in praeteritum requiritur altior virtus quam ipse sensus, et haec est memoria, quae tamen in parte intellectiva non distinguitur ab ipso intellectu apprehendente; tum etiam I part. q. LXXIX, art. VI, dicit: "memoria sensitivam esse appehendensivam praeteriti"; tum denique in quaetione de Anima, art. XII, docet requiri, quod ea quaee prius fuerant apprehensa per sensum, et interius conservata, iterum revocentur ad actualem considerationem".

Como se observa, Juan de santo Tomás apoya su argumentación en cuatro pasajes: *Summa contra gentiles* II, cap. 74; *De veritate q.* X, *a.* 3, c, *Summa theologiae* I, *q.* 79, *a.* 6 y *Cuestión sobre el alma*, a.XII. Estas dos últimas son irrelevantes en nuestra argumentación. En efecto, en ninguna de ellas se afirma que la misma facultad sea aprehensiva y conservativa, por lo que el uso que hace de estos pasajes no es concluyente. Pero las dos primeras sí tocan directamente nuestro tema. Sin embargo es necesario afirmar que en ambos casos Tomás de Aquino está hablando de la memoria intelectiva y la sensitiva, afirmando que mientras en ésta la facultad aprehensiva difiere de la conservativa, en aquélla se identifican.

Aunque Juan de santo Tomás atribuye esa doctrina a Tomás de Aquino, en éste no se encuentra sino la tesis opuesta precisamente en aquellos pasajes que aquél utiliza como autoridad para sustentar su pensamiento. Lo que critica Tomás de Aquino en *Summa contra gentiles* II, cap. 74 no es que a nivel sensitivo no sea la misma facultad la que aprehende y conserva, sino que ese criterio se aplique al intelecto.

Igualmente el uso que hace de *De veritate q.* X, *a.* 3, c. es muy libre. El pasaje referido por el dominico español, no se encuentra tal cual en el del napolitano. En cualquier caso, este último habla precisamente de lo mismo que hemos sostenido: en las facultades sensitivas, la que aprehende y la que conserva son distintas, aunque en las intelectivas se identifiquen estas funciones.

Si, como quiere Juan de santo Tomás, las facultades "non conferunt nec loquuntur inter se, sed unaquaeque tendit ad suum objectum absolute sine communicatione cum alia" (*Phil. nat.* III. *q.* VIII, *a.* 1), entonces se les deberá atribuir un poder reflexivo y un poder para pasarse a sí mismas del hábito a la atención, es decir, de la potencia al acto. En la misma línea de Juan de santo Tomás, está, por ejemplo, Marcos Manzanedo ("Existencia y naturaleza de la memoria según santo Tomás", "La memoria en sus relaciones con otras facultades anímicas", "La memoria en la vida humana según santo Tomás"), entre muchos otros autores.

Esta consideración atómica o monádica de los sentidos internos ha desembocado en el asociacionismo, para el cual la integración de las sensaciones se vuelve un problema: para el asociacionismo los elementos básicos del conocimiento son las sensaciones puras (Guillaume, *Psicología*, 9), es decir, aquel acto sensitivo en el cual un sentido no se comunica en absoluto con ningún otro. Es por esta razón por la que Domet de Vorges ("L'estimativa", 433-454) interpretó erróneamente la estimativa tomista en términos asociacionistas.

Es importante resaltar que la opinión de Juan de santo Tomás está motivada por la de Francisco Suárez, para quien existe un sólo sentido interno (Suárez, *De anima* III, cap. XXX). No obstante sus diferencias, ambos fueron motivados por una tesis claramente aristotélica: las facultades se identifican por sus actos y los actos por sus objetos. Pero mientras F. Suárez atribuyó erróneamente dicha doctrina al acto en el que las facultades interactúan entre sí, sacrificando la pluralidad de los sentidos, Juan de santo Tomás la atribuyó acertadamente a las facultades en sí mismas, pero pensó que no había algún acto más allá del propio, de modo que sacrificó su interacción o confundió el acto propio con el sinérgico. Ambos olvidaron que para el Aquinate "ser uno en la acción no es lo mismo que ser uno en el ser" (*Summa contra gentiles*, II, 57). El criterio aludido para definir las facultades se aplica cuando éstas no interactúan y esto no impide que realicen conjuntamente un acto sinérgico, por el cual no se definen. El acto propio de la imaginación y de la memoria es conservar y por este acto se definen; imaginar y recordar no son sus actos propios, sino sinérgicos, en cooperación con la estimativa.

4) Importancia de la doctrina derivada del folio 21 G.

Esta discusión sobre los efectos de uno u otro folio no llama la atención solamente porque exista entre ellos una separación de un renglón, sino, sobre todo, porque permite analizar los actos de la sensibilidad externa, la interna y los actos intelectuales.

En efecto, encontramos un lenguaje muy próximo entre, por ejemplo, Alberto Magno cuando habla de los actos de la memoria, y Aristóteles, cuando explica los actos de los sentidos externos.

En *De somno et vigilia* (2; 455a 12 y ss), Aristóteles afirma:

> Cada sentido desempeña a la vez una función especial y una común. La función especial de la vista es ver; la del oído, oír; lo mismo sucede con los demás sentidos. Pero hay además una facultad común que acompaña a todos los sentidos, y que a la vez ve, oye y siente. Y así, no es ciertamente por la vista como se ve que se ve. Si se juzga y se puede juzgar que los sabores dulces son distintos de los colores blancos, no se forma este juicio

por el sentido del gusto, ni por el de la vista, ni por ambos reunidos, y sí únicamente mediante cierta parte del alma, común a todos los órganos sin excepción, porque entonces la sensación es una y el órgano que domina a todos los demás es uno.

Para el Estagirita la mera recepción del estímulo no implica necesaria y estrictamente conocimiento: se necesita añadir la conciencia sensitiva que aporta el sentido común. En otros términos, la conciencia acompaña todo acto cognoscitivo propiamente dicho o, para decirlo negativamente, el simple movimiento del tímpano o la coloración de la pupila no son propiamente actos cognoscitivos. En contra del asociacionismo, debemos decir que para la *Gestalt* y para la filosofía aristotélico-arabo-tomista, no existen sensaciones puras.

Entre el sentido común y los sentidos externos hay una relación de instrumentalidad, tal como quiere el texto de *De somno et vigilia* que hemos citado, del mismo modo que existe esa misma relación entre la estimativa, por un lado, y la imaginación y la memoria, por otro, tal como pensaba Averroes y Alberto Magno. Pero si a su vez, durante la vigilia, la referida relación también se da entre la estimativa y el sentido común, como lo planteaba el tratado *Acerca de los ensueños* de Aristóteles, y la acción se atribuye fundamentalmente al agente principal (la estimativa) y sólo secundariamente al instrumento (a la imaginación, la memoria y a los sentidos externos), debemos concluir que el acto de la facultad que reúne toda la sensibilidad (tanto interna como externa, aquella directamente, ésta a través del sentido común), es anterior a todo acto de la sensibilidad que a la estimativa está subordinada.

En efecto, sin la atención de la estimativa, la imaginación no imagina ni la memoria recuerda; pero también sin la atención del sentido común, subordinado durante la vigilia a la estimativa, ni el ojo ve ni el oído oye. De modo que el acto de la facultad que conoce y juzga en verdad es anterior al acto de las partes: tal es la conclusión de la filosofía aristotélico-arabo-tomista con la que coincide maravillosamente la nueva psicología de la forma o *Gestalttheorie* y a la que aporta un fundamento metafísico. La atención de la estimativa puede dirigirse directamente a los sentidos internos (a la imaginación o a la memoria) o, a través del sentido común, a los sentidos externos. Por ello, el problema de cómo se reunifica el objeto cuya unidad había sido dislocada por los sentidos externos, que es uno de los puntos de la crítica de la *Gestalt* al asociacionismo, de acuerdo con el folio 21 G de Averroes es un pseudoproblema.

BIBLIOGRAFÍA

AQUINATIS, THOMAE, *In Aristotelis libros de anima comentarium,* a cargo de P. F. Angeli y M. Pirota, 5ª ed., Torino-Roma: Marietti, 1959.

———, *In Aristotelis libros de memoria et reminiscentia comentarium,* a cargo de R.M. Spiazzi, 3a ed., Torino-Roma: Marietti, 1973.

———, *Summa contra gentiles,* 11ª reimp., Torino-Roma: Marietti, 1905.

———, *Summa theologiae,* Primae Pars, 3ª ed., t. 1, Madrid: Biblioteca de Autores Cristianos, 1961.

———, *Summa theologiae,* Tertia Pars, t. 4, Madrid: Biblioteca de Autores Cristianos, 1964.

ALBERTUS MAGNUS, *Summa de homine,* en *Opera omnia,* t. XXXV, Parisiis: Ludovicum Vivès, Bibliopolam Editorem, 1986.

ALGAZEL, *Māqasid al Falāsifa,* trad., pról. y notas de Manuel Alonso Alonso, Barcelona: Juan Flors, 1963.

ARISTÓTELES, *Acerca del sueño y la vigilia,* en *Tratados breves de historia natural,* Madrid: Gredos, 1987.

———, *Tratado del alma,* trad. de A. Ennis, Buenos Aires-México: Espasa-Calpe, 1944.

AVERROIS CORDUBENSIS, *Comentarium magnum in Aristotelis "De anima" librum tertium,* ed. de F. S. Crawford, Cambridge, Mass.: The Medieval Academy of America, 1953.

———, *Paraphrasis de memoria et reminiscentia,* en *Opera omnia Aristotelis cum Averrois comentariis.* t. 6, Venice apud Juntas, 1574.

AVICENNA LATINUS, *Liber de anima seu sextus de naturalibus,* partes IV-V, Lovain: Éditions Orientalistes; Leiden: E.J. Brill, 1972. [Édition critique de la traduction latine médiévale par S. Van Riet. Introduction sur la doctrine psycholgique d'Avicenne par Verbeke G., Le "Anima" d'Avicenne. Une conception spiritualiste de l'homme].

CORNELIO, FABRO, *Percepción y pensamiento,* Pamplona: EUNSA, 1978).

DAVIDSON, HERBERT, A, *Alfarabi, Avicenna, and Averroes, on Intellect (Their Cosmologies, Theories of the Active Intellect, and Theories of Human Intellect),* New York-Oxford: Oxford University Press, 1992.

GARCÍA JARAMILLO, MIGUEL ALEJANDRO, *La cogitativa en Tomás de Aquino y sus fuentes,* Pamplona: EUNSA, 1997,

GILSON ETIENNE, "Les sources gréco-arabes de l'agustinisme avicennisant", *Archives d'histoire doctrinale et littéraite du Moyen Age,* 4, 1929.

GÓMEZ NOGALES, SALVADOR, "Hacia una nueva interpretación de Averroes", en *Al encuentro de Averroes*, Madrid: Trotta, 1993.

GUILLAUME, P., *Psicología de la forma*, Buenos Aires: Psique, 1984.

JOANIS A. S. THOMA, *Philosophiae naturalis*, pars III, Torino: B. Reiser, 1930-1937.

KLUBERTANZ, GEORGE, *The Discursive Power. Sources and Doctrine of the Vis Cogitativa According to St. Thomas Aquinas*, Saint Louis, Missouri: The Modern Schoolman, 1952,

MANZANEDO, MARCOS, "La memoria en la vida humana según santo Tomás", *Studium*, 15, 1975, 103 y ss.

——, "Existencia y naturaleza de la memoria según santo Tomás", *Studium*, 13, 1973, 281 y ss.

——, "La memoria en sus relaciones con otras facultades anímicas", *Studium*, 14, 1974, 66 y ss.

MOORE, THOMAS VERNER, "Gestalt Psychology and Scholastic Philosophy (I)", *The New Scholasticism*, 7:2, 1933, 298-325.

——, "Gestalt Psychology and Scholastic Philosophy (II)", *The New Scholasticism*, 8:1, 1934, 46-80.

PIAGET, JEAN, *Biología y conocimiento*, México: Siglo XXI, 1967.

ROCHELLE, JEAN DE LA, *Tractatus de divisione multiplici potentiarum animae*, Paris: Librairie Philosophique J. Vrin, 1964 [Texte critique avec introduction, notes et tables par Pierre Michaud-Quantin].

SOHEIL F. AFNAN, *El pensamiento de Avicena*, México: Fondo de Cultura Económica, 1978.

SUÁREZ, FRANCISCO, *De anima*, en *Opera omnia*, Parisiis: Ludovicum Vives, 1856-1878.

VORGES, DOMET DE, "L'estimativa", *Revue neo-Scholastique*, 11, 1904, 433-454.

WOLFSON, HARRY AUSTRIN, "The internal senses in Latin, Arabic and Hebrew Philosophical texts", *Harvard Theological Review*, 28:2, 1935, 69-133.

CIENCIA Y CULTURA VISUAL EN EL MEDIOEVO

J. Rafael Martínez
Universidad Nacional Autónoma de México

La ciencia medieval fue una ciencia libresca. Se aprendía y se hacía con libros. Si bien es cierto que la observación y la experiencia eran la sustancia de la que se nutrían la astronomía, la medicina y la historia natural, una vez establecidos los hechos y las teorías que los explicaban, su testimonio y difusión se hacía mediante imágenes y la palabra escrita.

Esta actitud ya era evidente en las *Etimologías* de Isidoro de Sevilla, donde todo parecía indicar que las palabras contenían en sí mismas la esencia de las cosas, ya que, ante la ausencia de los objetos o sus imágenes, parecería que el análisis de los elementos lingüísticos bastaría para remitir a los objetos tal y como existían en la realidad (Edgerton, *The Heritage*, 26-28).

Mucho se ha repetido que en los tiempos medievales estudiar la naturaleza significaba, las más de las veces, analizar textos o discutir en las universidades los temas propuestos en las temidas y afamadas "disputationes". Sólo en contadas ocasiones parecía necesario ponerse en contacto con la naturaleza. No se estaría muy lejos de la verdad si se dice que se había alcanzado a generar una ciencia o filosofía natural sin una naturaleza como referente. En su lugar, se asentaba una naturaleza definida por lo que se decía o escribía acerca de ella. Una ciencia así construida requería de pocos elementos, además de los mismos libros que la contenían (Le Goff, *Los intelectuales*, 88-95). Ello explica el comentario de Chaucer: "Y de los viejos libros venía toda esta nueva ciencia que los hombres leían", al referirse a la explosión de copistas y vendedores de libros que avencindados junto a las universidades contribuían a la difusión de las ideas y a la reforma de lo que se consideraba digno de estudio (Murdoch, *Album*, 3).

Sin embargo, el edificio que constituía la ciencia medieval no era monolítico, y había también voces que pugnaban por un acercamiento a los objetos y a los fenómenos naturales. Entre los siglos XII y XV hubo quienes, interesados en la caza de animales y en la flora que cubría los campos, se unieron a los reclamos de médicos, como Enrique de Mondeville, que buscaban en la "experiencia de los sentidos" la guía hacia el conocimiento del mundo.

Para entonces, la observación y el contacto con lo palpable ya habían recibido un impulso por parte de hombres como Rogerio Bacon, Pedro de Maricourt y Roberto Grosseteste. Este último ejerció una gran influencia a través de sus ideas acerca de la luz, mismas que permitieron valorar la utilidad del ojo, y colocar a la visión precisa y al escrutinio directo en la vanguardia de las estrategias de investigación sobre los modos de ser de la naturaleza (Grosseteste, *Metaphysics*, 124-143; McEvoy, *Philosophy*, 278-289).

Para los médicos, que habían dejado de lado sus reticencias respecto del carácter ilusorio de la información que aportaban los sentidos, era evidente que el doctor debe "confiar en la vista y el tacto, los cuales revelan la presencia y estado de los abscesos". El diagnóstico, en palabras de Mondeville, debe realizarse "tocando con la mano y mirando con los ojos", y no puede realizarse a la distancia. El conocimiento entra primero por la vista, decían Guillermo de Saliceto y Lanfranco de Milán. En total acuerdo con ellos Mondeville fue de los primeros en incluir de manera sistemática ilustraciones anatómicas y de ello queda el testimonio de su maravilloso tratado de cirugía (1306). Con el afán de hacer visible la morfología humana sin que pasara por las imprecisiones del lenguaje, llegó a recomendar el uso de cráneos artificiales a todos aquellos estudiantes que no poseían los medios para proveerse de un cráneo verdadero (Pouchelle, *Body*, 24; Mondeville, *Chirurgie*, 102).

Pero ante la ausencia física del objeto de estudio, la mímesis o imitación de la naturaleza constituía un sustituto aceptable. Esta actividad, para lograr los fines que se proponía, debió desarrollarse en paralelo con las prácticas tradicionales de representación y con aquéllas que buscaban ajustar la evidencia visual a un orden con frecuencia matemático, que supuestamente organizaba lo creado.

A pesar de lo mucho que se conoce sobre las técnicas artísticas utilizadas para ilustrar los manuscritos iluminados del Medievo, lo mismo dista de ser cierto en el caso de los diagramas e ilustraciones de carácter científico. Tratados como el *De arte illuminandi* explican con detalle algunas de las técnicas para lograr bellísimas letras y demás imágenes en miniatura, como serían las que aparecen en los bestiarios y los herbarios, y si bien muchos detalles de las ilustraciones caen dentro de la categoría de miniaturas, en su inmensa mayoría las ilustraciones científicas se realizaban mediante dibujos, y no a través de pinturas (Hamel, *Scribes*, 45-61).

Se sabe que, por lo general, el texto precedía a la imagen, para la cual se dejaban espacios apropiados que después eran llenados por los mismos escribanos, por iluminadores especializados o, en ocasiones, por el mismo lector a quien la obra iba dirigida. Para el siglo XIII este trabajo requería tanta destreza que no resultó inusual que miembros de las órdenes monásticas corrieran la aventura de abandonar la seguridad del claustro y abrieran sus propios talleres de iluminación de libros.

El análisis de muchos de los manuscritos que se han conservado muestra que con frecuencia el original no incluía ilustraciones, en tanto que a copias posteriores se les han añadido dibujos en los márgenes y versiones aún más tardías ya incluyen imágenes insertas en el texto. Estos cambios ilustran con toda claridad una especie de avance en el entendimiento de una obra. Por otra parte, el copiado de ilustraciones de un manuscrito a otro sufría de los mismos tipos de errores y corrupciones a los que se veía sujeto el copiado de textos.

Era común que el escribano dejara huecos en el texto y esbozara el tipo de ilustración que se debía acomodar en dicho sitio, tal y como se observa en este detalle tomado de un manuscrito sobre lógica que data del siglo XV, el *Expositio summularum* (fig. 1). El dibujo pretende ilustrar lo expresado en el texto adjunto y se refiere a las reglas a las que se sujetan las proposiciones que guardan relaciones de oposición, equipolencia y transformación modal. Aunque es sólo un esquema, su estructura ya era familiar para quienes leían obras sobre lógica y que fácilmente lo identificaban como un diagrama preparatorio para uno más completo. Así ocurre con el esquema que Buridan utiliza para representar los tipos de relaciones que se podían establecer entre proposiciones no categóricas, como serían las que existen entre proposiciones modales, hipotéticas y compuestas (fig. 2). Las primeras tres proposiciones de las nueve que aparecen en el círculo superior izquierdo son del tipo "para toda B es necesario que sea A", "para toda B es imposible que no sea A", "para todo B no es posible que sea A". Dado que los demás círculos también incluyen 9 proposiciones, el diagrama de Buridan no está haciendo sino ilustrar las 72 relaciones que se pueden establecer entre las proposiciones modales incluidas en los 8 círculos que integran el cuadro.

La falta de preparación o de concentración en sus tareas por parte de los copistas queda documentada en el texto que precede a las siguientes figuras, tomadas del *Liber de calculationum* de Richard Swinehead, y a las que presenta como ejemplos de ciertas nociones "que aparecerán en el margen" (fig. 3) (Clagett, *Mechanics*, 290-304). Las figuras en cuestión ilustran tres diferentes maneras en que se puede distribuir una cualidad en un sujeto: el rectángulo corresponde a una cualidad de 8 grados distribuida de manera constante en un sujeto dado, por lo que se le calificaría como "*uniformiter uniformis*". La figura intermedia corresponde a una cualidad que varía uniformemente desde 0 hasta 8 y a la que se califica como "*uniformiter diformis*". En el tercer caso la primera mitad muestra una cualidad constante de 8 grados, en tanto que la segunda se comporta de igual manera, sólo que con grado 4. El efecto global en cuanto a la cualidad se traduce en asignarle un grado 6 a la figura. Estas ideas correponden a un primer esbozo de la teoría de la latitud de las formas que de manera tan brillante presentaría Oresme en su *Tratato de configurationibus*, escrito en la década de 1350 (Clagett, *Oresme*).

Entre las figuras que corrieron con mayor fortuna por su persistencia en el Medioevo latino están las llamadas "hombres anatómicos", que no son sino diagramas donde se presentan figuras humanas en cuclillas exhibiendo los aspectos más relevantes de las estructuras consideradas básicas y que se detallan en los textos que rodeaban a las imágenes (fig. 4). En la parte superior izquierda aparece el "hombre con huesos", a su derecha "el hombre con nervios", abajo el "hombre con músculos", y estarían faltando el "hombre con venas" y el "hombre con arterias", mismos que aparecen en otra página de este mismo manuscrito. Lo relevante en este caso es que, a falta de cuerpos reales que mostrar, la figura al lado del texto venía a cubrir los huecos que la imaginación podía llenar de manera errónea en cuanto a la interpretación de la palabra escrita.

Si se observa con cierto detenimiento al "hombre con arterias", no deja de llamar la atención que el cuerpo aparece literalmente rodeado por el texto como si fuera un cuerpo opaco puesto encima del testimonio escrito (fig. 5). El hecho de que también obstruya los bordes superior e inferior que limitaban el espacio de expresión refuerza la idea de una separación entre el discurso y el objeto de éste.

La evolución de los estilos y las doctrinas que dominaban la presentación de ideas se hace manifiesta al observar que para 1491 ya existen imágenes del cuerpo humano que anuncian el estilo de Vesalio, en el que la superposición de cuerpo y texto ha desaparecido para dar paso a la estructura "dentro" del cuerpo, con lo cual posiblemente se hace alusión a que el peso del conocimiento anatómico debe residir en el cuerpo y no tanto en el discurso, el cual pasa ahora a ser un elemento de apoyo a la imagen. La figura femenina en estado de gravidez, tomada del *Fasciculus medicinae* (1491), semeja más un producto de la nueva cartografía que durante el Renacimiento se afanaba por dar cuenta de las recién descubiertas tierras y de las rutas que a ellas conducían (fig. 6). El cuerpo "exhibía" una agrupación de cavidades que al no mostrar definición parecían estar en espera de ser exploradas.

En una versión de 1493 del mismo *Fasciculus* se observa una profunda transformación en la conceptualización del aparato explicativo de la imagen (fig. 7). En este caso la página aparece dividida en un rectángulo central donde se inserta la figura humana, y a su alrededor se colocan rectángulos que acomodaban los textos hacia los que se desplaza la atención del observador por el hecho de seguir las líneas que los conectan con las secciones correspondientes en el cuerpo.

Esta reorganización apuntaba hacia una clasificación más estricta del conocimiento, como si cada segmento del cuerpo hubiera sido a su vez atomizado, es decir, partido y separado para ser colocado en su propia caja. Mientras que en la imagen de 1491 el texto se repartía sometiéndose a los contornos y los espacios corporales, la imagen de 1493 se ordena atendiendo a las necesidades y a las nuevas convenciones impuestas por la novedosa industria del libro y su búsqueda de aumentar la clientela a través de la mejora de su oferta (Grendler, *Schooling*, 111-123).

Bajo esta modalidad el cuerpo existía en su espacio propio, y el texto —ahora también con mayor frecuencia en las lenguas vernáculas— en la colección de espacios que le habían sido asignados. El cuerpo humano pasaba a ser un compendio o epítome de la obra divina de igual manera que Vesalio había escrito uno de su propio libro de anatomía. El "lector" de anatomía, al situarse frente a su público en el teatro de anatomía, tenía ante sí dos textos, uno que contenía las observaciones y comentarios de quienes le precedieron en el estudio del cuerpo, y el otro, "escrito" por Dios, y que se componía de todos los diferentes miembros, secciones y órganos que se revelaban a través de los cortes del cirujano (fig. 8). La tarea que enfrentaba quien se ocupaba de la disección era, ni más ni menos, que recrear el orden y revelar los misterios o sistemas de división que constituían el cuerpo.

Esta manera de entender el cuerpo como metáfora libresca queda explícitamente manifiesta en *La sagesse* (1601), obra del platónico Pierre Charron en la que se refiere al hombre como "esa recapitulación de todas las cosas, el epítome del mundo [...] recolectado en un solo volumen" (Sawday, *Body*, 135). No estaba lejano el momento en que, recuperando la metáfora en beneficio de las matemáticas, Galileo escribiría que el libro del mundo estaba escrito en lenguaje matemático.

Pero ya desde los inicios del siglo XII, artistas, artesanos e ingenieros habían recurrido a la geometría con el propósito de recrear el mundo y, como un ejercicio menor, representar sobre una superficie escenas que ocurrían en el espacio tridimensional en el que se vive. El resultado de estos esfuerzos culminó en el siglo XV con las técnicas de la perspectiva que se atribuyen a Brunelleschi y que con el paso de los años fueron perfeccionadas, primero por artistas-artesanos como Piero della Francesca y Leonardo y, finalmente, por la corriente matemática que culminó en Desargues, habiendo pasado por Guidobaldo del Monte, Danielle Barbaro y otros más (Taton, "Le problème").

Sin menospreciar lo que las técnicas de la perspectiva hicieron por el arte, lo que enfatizará este análisis es la manera en que condicionó al ojo de la mente a "mirar" la tridimensionalidad de las imágenes. El éxito de Brunelleschi y la rápida diseminación de las técnicas que globalmente producían la ilusión de espacialidad llevó a sus practicantes, ávidos de contar con un vocabulario inteligible para todos, a generar un conjunto de convenciones pictóricas hábilmente estructurado. En nuestros días se entiende fácilmente que una línea inclinada puede significar una orilla de algo que, al ser recorrido, se aleja de nuestra vista, y que una zona sombreada puede indicar la parte de un objeto que por su posición recibe menos luz. Sin embargo, para el hombre o mujer del Medioevo esto no sucedía así, y podría ser que aun gente docta no supiera identificar lo

que sería una "longitud sin latitud", que es como Euclides definió a la
línea recta. Menos podría reconocer, a partir de la mera repetición de
fórmulas escolásticas, cómo luciría lo cóncavo y lo convexo. Según
Pecham, la concavidad se percibe "cuando la distancia hasta el punto
medio es mayor que hacia los extremos, y viceversa para la convexi-
dad". Para salvar estas limitantes León Battista Alberti recurrió a imágenes familiares, definiendo a la línea como el borde de un pedazo de tela
y a la concavidad como una curvatura semejante a la superficie interior
de una cáscara de huevo (Alberti, *De la pintura*, 66).

Pero mucho antes de que la ciencia de la perspectiva rindiera sus frutos, los artesanos-ingenieros desarrollaron una serie de convenciones que
permitieron transmitir imágenes de instrumentos, de edificaciones y de
maquinarias de guerra para los que la mera descripción contenida en los
textos resultaba insuficiente. Inspirados en obras como el *Secretum
secretorum* (Eamon, *Secrets*, 45-53), atribuido erróneamente a Aristóteles,
los artesanos del siglo XII compitieron por lograr las mejores ilustraciones para los viejos manuscritos que se ocupaban de cuestiones tecnológicas. Si se toman como ejemplo dibujos que provienen de los textos de
Villard d'Honnecourt (*c.* 1230) y de Guido da Vigevano (1328-1349), en
ellos se encuentra una relativa pobreza en cuanto al desarrollo de un
vocabulario diagramático que permitiera la transmisión clara y directa
de las ideas tecnológicas (figs. 9 y 10). En su lugar tenemos dibujos en los
que las diferentes partes que componen la ilustración aparecen mostrando su aspecto más característico de manera que el diagrama luce como si
sus elementos hubieran sido aplastados o prensados sobre la superficie
que contiene el dibujo. Si contemplamos el dibujo que proviene del
Bellifortes (1405) de Konrad Kieser, es difícil imaginar el funcionamiento de ese vehículo provisto de 2 ruedas y lanzas y cuchillas, que al ser
arrastrado por dos caballos causará grandes pérdidas a la infantería del
enemigo (fig. 11). El nivel de comprensión es muy diferente si lo que se
contempla es la versión de Leonardo (1490) de una máquina semejante
(fig. 12) (Kemp y Roberts, *Leonardo*, 138).

En el *Libro de instrumentos de guerra, escrito con figuras y falsas letras*,
escrito y también ilustrado por Giovanni Fontana (1395-1455), encontramos una serie de dibujos que revelan su fascinación por los trucos
basados en reflexiones de la luz, uso de espejos y de trucos ópticos. Entre ellos destaca el "castillo de sombras" (*castellum umbrarum*), hecho

con pergamino translúcido y en cuyas paredes se colgaban cilindros giratorios adornados con figuras de cazadores, bestias salvajes y caballeros. Colocado en un sitio oscuro e iluminado por detrás, las figuras, al rotar, parecían cobrar vida (fig. 13). El mismo principio se ponía en juego para que con la "lámpara mágica" que aparece en la ilustración se proyectara sobre una pared una imagen de tamaño natural del diablo, con lo cual provocaría el terror de "cualquiera que lo viera durante la noche" (fig. 14) (Edgerton, *The Heritage*, 120-122).

Volviendo a las técnicas de ilustración de los ingenieros, encontramos que el paso siguiente fue dado por Mariano di Jacopo, mejor conocido como Taccola (1381-1453), y por su alumno, Francesco di Giorgio Martini (1435-1501). De una página del *De ingeneis* (*De las máquinas*) de Taccola se toma este diagrama de un cañón que muestra por separado la cámara donde se almacena la pólvora, el barril del cañón y la bala a su derecha, aparentemente sostenida en el aire (fig. 15).

Además de suponer el observador que estas tres piezas deben acomodarse adecuadamente una dentro de la otra, lo relevante aquí es notar la convención mediante la cual los extremos que embonan están ligeramente girados de manera que el observador puede analizar cómo están constituidos, aun cuando en la práctica sería imposible contemplar dichas partes simultáneamente si se les colocara tal y como aparecen en la figura.

Al mismo Taccola debemos otras dos convenciones para la ilustración de máquinas y edificios: una consiste en seccionar una parte del objeto, usualmente la frontal, para observar su interior, y la otra, que persigue los mismos fines, lo que hace es presentar algunos objetos como si fueran transparentes (figs. 16 y 17).

Leonardo de Vinci también adaptó las convenciones heredadas de Taccola y de Francesco de Giorgio y las utilizó de manera brillante en una miríada de diagramas, esbozos y dibujos que dejó para deleite de la posteridad.

El análisis de su obra nos lleva a reflexionar sobre la importancia que le otorgó a los estudios anatómicos del cuerpo humano, mismos que abordó desde una perspectiva geométrica inspirada en las convenciones diagramáticas de las tradiciones de los artistas-artesanos-ingenieros. Al dibujar el cuerpo humano con base en las convenciones de Taccola y de Francesco de Giorgio, Leonardo equiparaba al cuerpo con una máquina, estructurada y sostenida a la manera de un edificio que funciona sobre la base de principios de equilibrio arquimedianos.

●

Entre los estudios anatómicos más antiguos de Leonardo están los dibujos del cráneo y de la columna vertebral, ambos formando parte de la colección depositada en el palacio de Windsor. El primer dibujo muestra el cráneo bajo la modalidad del corte seccional, mostrando en su parte derecha la superficie del cráneo y en la izquierda la disposición de las cavidades interiores (fig. 18). El segundo dibujo presenta una magnífica exposición de detalles en la columna vertebral que permite visualizar la flexibilidad de las articulaciones de la espina y los maravillosos alardes de ingeniería que constituyen la estructura de las siete vértebras cervicales, cuyo detalle aparece en la parte inferior izquierda (fig. 19). Cabe destacar que para ilustrar la alineación de tres de estas vértebras Leonardo recurre a la representación expuesta de ellas para que sepamos cómo se enlazan, y para ello utiliza la convención que indica mediante líneas paralelas los sitios donde embonan las diferentes partes que se corresponden (Kemp y Roberts, *Leonardo*, 194).

La tercera imagen nos remite al afán de Leonardo por resolver uno de los misterios que durante siglos perturbaron al hombre (fig. 20). Confiado en que debería existir una correlación entre las proporciones matemáticas del cráneo y el acomodo de elementos clave del aparato intelectual, Leonardo concluyó que ahí donde la línea *am* se intersecta con la línea *cb* se encuentra la confluencia de todos los sentidos, y donde la línea *rn* es intersectada por la línea *hf*, ahí se localiza el punto de apoyo del cráneo, a un tercio medido a partir de la línea que pasa justo debajo de la cabeza.

El punto referido, donde confluyen todos los sentidos, no es otro que el *"sensus communis"* del que nos habla la teoría aristotélica, refiriéndose al sitio en el que convergen para ser coordinadas las impresiones sensoriales provenientes de los distintos órganos del cuerpo humano. Este punto no era otro que el sitio donde se localiza el alma, el lugar donde la línea horizontal que corre a lo largo del canal óptico se intersecta con la vertical que desciende desde el agujero de la fosa craneal. Esta búsqueda mantenía ocupados a los filósofos, a los anatomistas y a los pintores del siglo XVII, como bien lo atestiguan las discusiones cartesianas que declaran a la glándula pineal como el asiento del alma, como el sitio donde alma y cuerpo coincidían dentro del cerebro (Descartes, *Las pasiones*, 46-48).

Leonardo encarnó a la perfección esa mezcla de filósofo, anatomista, y pintor que podía transmitir por la vía del sentido de la vista los resultados de la experiencia. Sus palabras nos remiten a la necesidad de buscar el conocimiento en los datos que nos aportan los sentidos:

> Se dice que el conocimiento que surge de la experiencia es mecánico, en tanto que el conocimiento que nace y se afianza en la mente es científico, y que el conocimiento que se origina en la ciencia y que lleva a operaciones de tipo manual es semimecánico. A mi parecer son vanas todas las ciencias que no surgen de la experiencia, la madre de toda certeza, y que de igual manera no terminan en la experiencia. Esto es, todas las ciencias que en sus inicios, etapas intermedias o culminación, no pasan por alguno de los cinco sentidos.
>
> (Leonardo da Vinci, *Notebooks*, 5).

Estas afirmaciones acerca de la preeminencia de la experiencia y de la necesidad del conocimiento por la vía de los sentidos enlazan el pensamiento de Leonardo con algunos aspectos esenciales de la tradición aristotélica de la ciencia medieval, dotándolo de lo que él consideraba una ruta infalible para superar los obstáculos librescos que a su paso lanzaban los humanistas, a los que se les calificó de "pedantes", término que todavía en tiempos de Bruno era utilizado para referirse a aquellos que seguían prefiriendo la autoridad de la palabra escrita en lugar de usar sus propios ojos para observar al mundo (*La cena*, 79-88).

Siendo la visión el sentido más apreciado, la ilustración del objeto pasó a ser sujeto esencial de la transmisión del conocimiento acerca de la naturaleza (Leonardo da Vinci, *Notebooks*, 4), haciendo del arte y de la ciencia compañeros inseparables durante una de las etapas más estimulantes y fructíferas en cuanto a cambios en los modos del pensar. La siguiente revolución en cuanto a la transmisión del conocimiento acerca del mundo natural surgiría en el seno de las matemáticas.

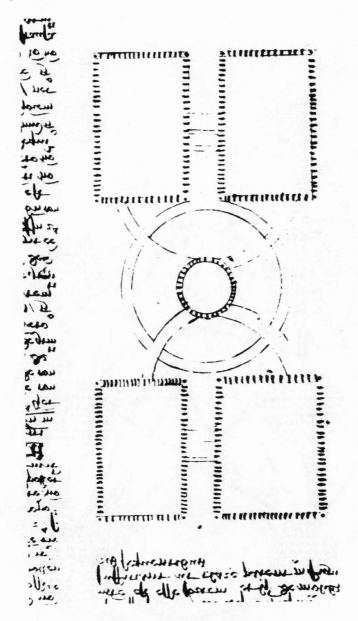

Fig. 1. El diagrama corresponde a un "cuadrado de opuestos" y aparece
en *Expositio summularum* de Buridan (s. XIV).
Bibliothèque Nationale, Paris

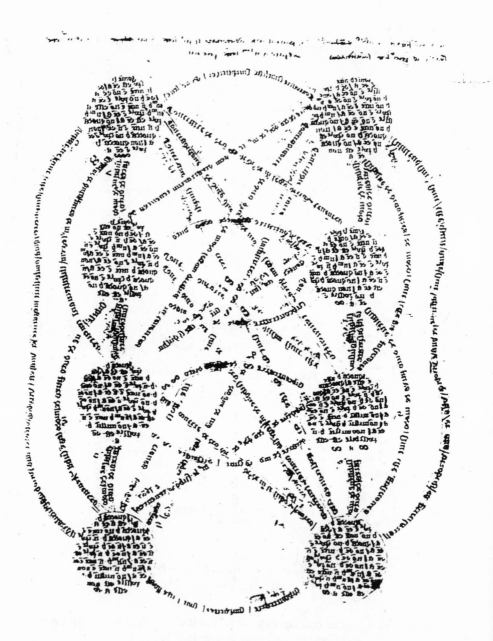

Fig. 2. Diagrama en el *Expositio summularum magistri Petri Hispani* (s. xv)

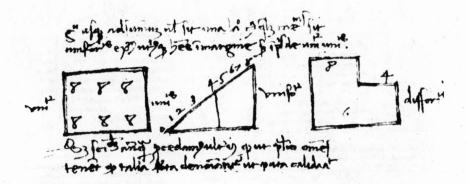

Fig. 3. De un comentario al *Liber calculationum* de R. Swinwhead (s. xv)

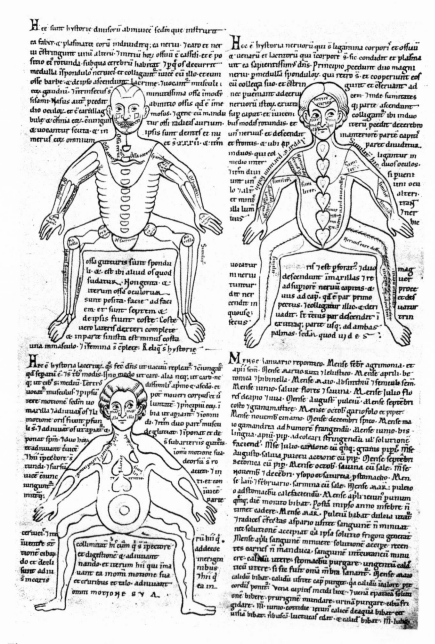

Fig. 4. La anatomía del hombre (s. XIII). Bayerische Staatsbibliothek, Munich

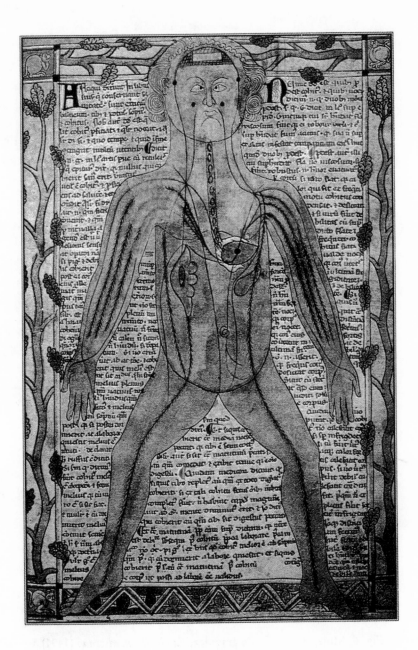

Fig. 5. El "hombre arterial" (s. XIII). Bodleian Library, Oxford

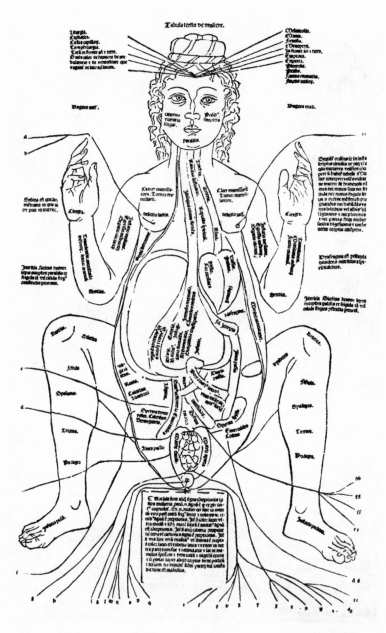

Fig. 6. Mujer en estado de gravidez, *Fasciculus medicinae* (1491)
de Johannes Ketham

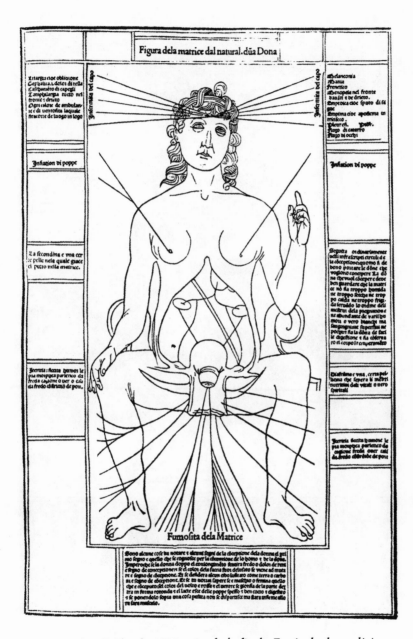

Fig. 7. En la edición de 1493, con el título de *Fasciculo de medicina*, aparece una variante de la figura 6

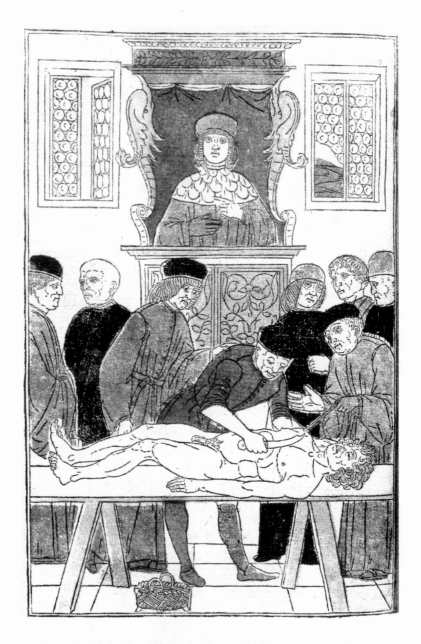

Fig. 8. Escena de una disección en el *Fasciculo de medicina*

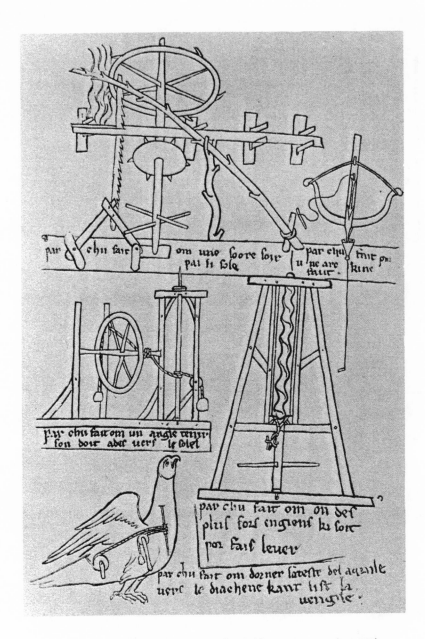

Fig. 9. Página del cuaderno de Villard d´Honnecourt (*c.* 1230).
Bibliothèque Nationale, Paris

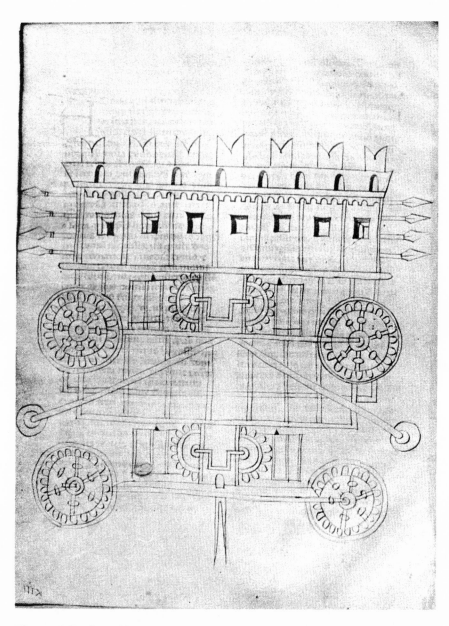

Fig. 10. Máquina militar tomada del *Texaurus* de Guido de Vigevano (1375).
Yale University Center for British Art

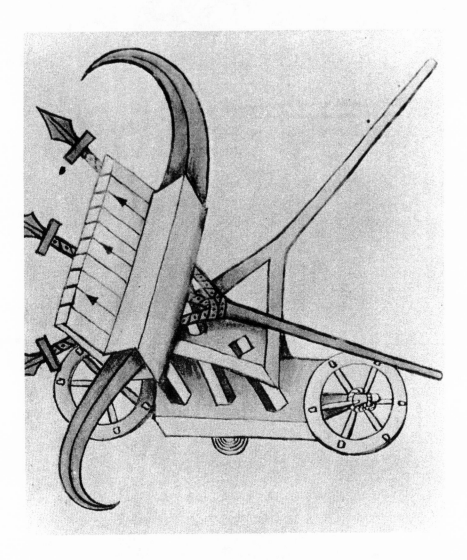

Fig. 11. Figura de una máquina de guerra que aparece en el *Bellifortis* (1405)
de Konrad Kyeser. Universittsbibliothek, Gotinga

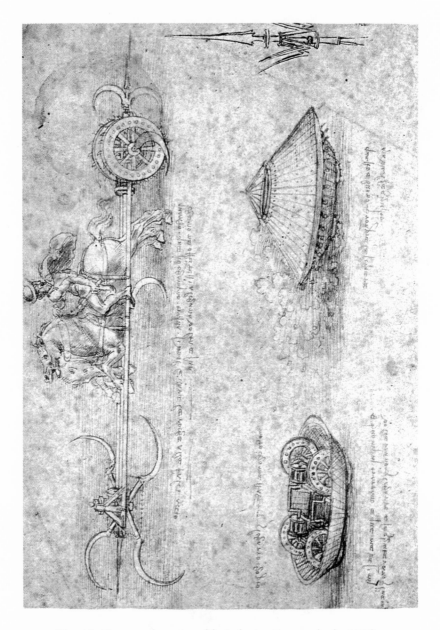

Fig. 12. Carroza de guerra dibujada por Leonardo (*c.* 1487).
British Museum, London

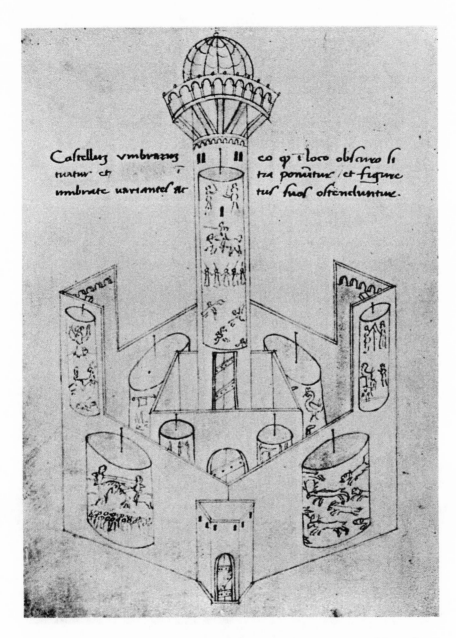

Fig. 13. Castillo de sombras en el *Bellicorum instrumentorum liber...* de
Giovanni Fontana (*c.* 1420). Bayerische Staatsbibliothek, Munich

Fig. 14. Lámpara mágica del *Bellicorum...* de Giovanni Fontana

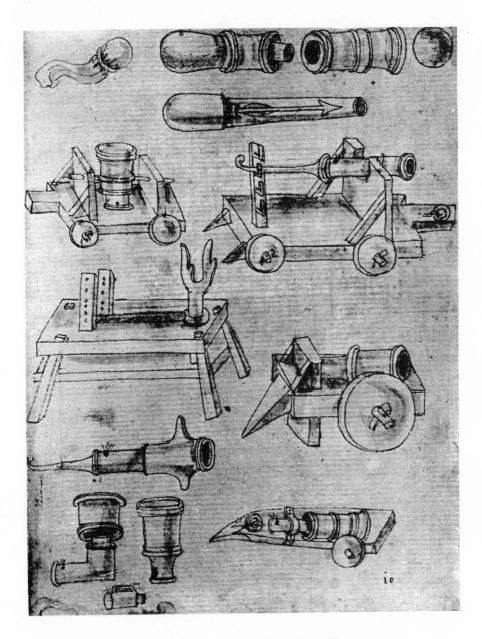

Fig. 15. *De ingeneis* (*c.* 1427), de Mariano di Jacopo.
Biblioteca Nazionale, Florencia

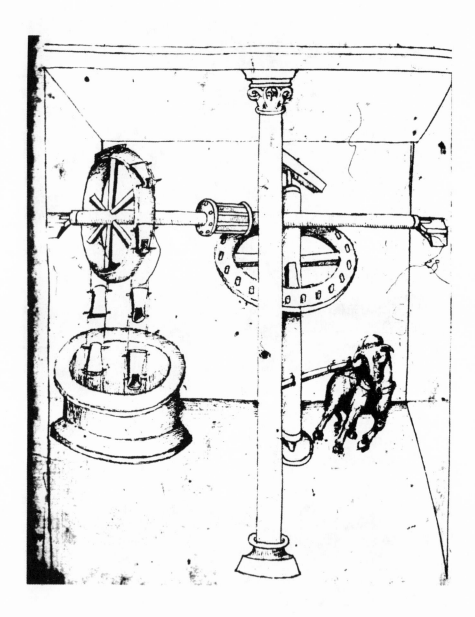

Fig. 16. *De machinis* (c. 1443), de Mariano di Jacopo.
Bayerische Staatsbibliothek, Munich

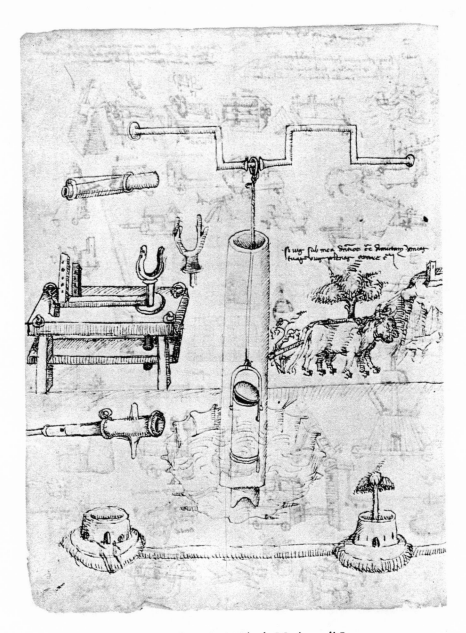

Fig. 17. *De machinis* (c. 1443), de Mariano di Jacopo.
Bayerische Staatbibliothek, Munich

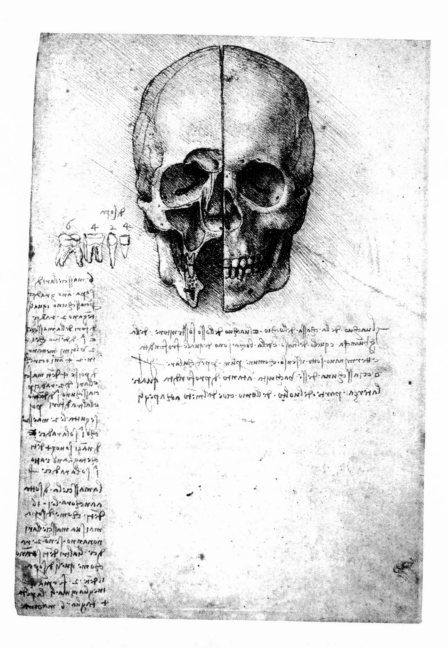

Fig. 18. Leonardo da Vinci (1489), Royal Library, Windsor

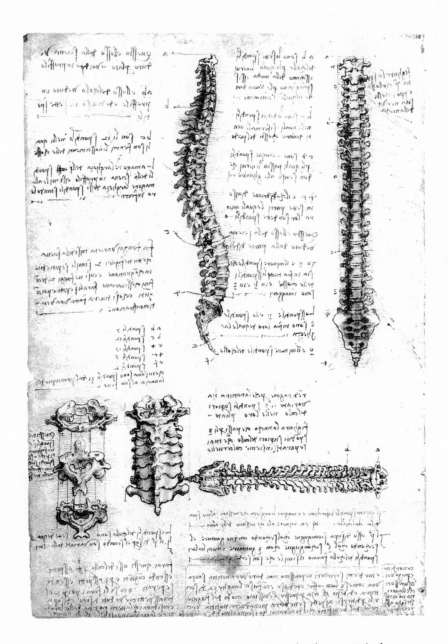

Fig. 19. Leonardo da Vinci (*c.* 1510), Royal Library, Windsor

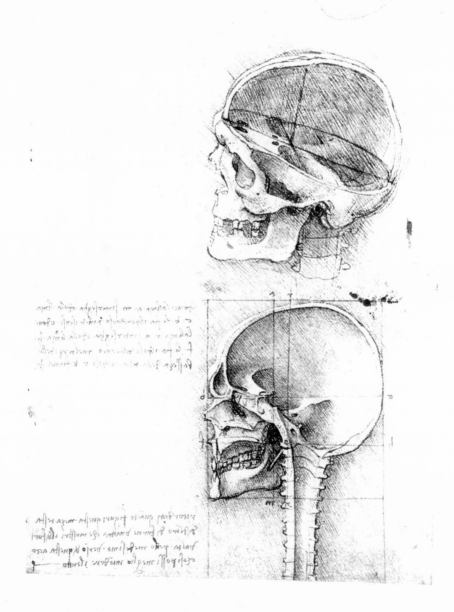

Fig. 20 Leonardo da Vinci (*c.* 1489), Royal Library, Windsor

BIBLIOGRAFÍA

ALBERTI, LEON BATTISTA, *De la pintura*, introd. de J. V. Field, trad. y est. introductorio de J. Rafael Martínez E., México: Facultad de Ciencias, Universidad Nacional Autónoma de México, 1996 (Colección Mathema).

BRUNO, GIORDANO, *La cena de las cenizas*, ed. de Miguel Ángel Granada, Madrid: Editora Nacional, 1984.

CLAGETT, MARSHALL, *The Science of Mechanics in the Middle Ages*, Madison: The University of Wisconsin Press, 1979.

——, *Nicole Oresme and the Geometry of Qualities and Motions*, Madison: The University of Wisconsin Press, 1968.

DESCARTES, René, *Las pasiones del alma*, trad. de Consuelo Berges, México: Consejo Nacional para la Cultura y las Artes, 1993 (Cien del Mundo).

EAMON, W., *Science and the Secrets of Nature. Books of Secrets in Medieval and Early Modern Culture*, Princeton: Princeton University Press, 1994.

EDGERTON, SAMUEL Y., *The Heritage of Giotto's Geometry. Art and Science on the Eve of the Scientific Revolution*, Ithaca and London: Cornell University Press, 1991.

LE GOFF, JACQUES, *Los intelectuales en la Edad Media*, México: Gedisa, 1987.

GRENDLER, R. F., *Schooling in Renaissance Italy*, Baltimore & London: The Johns Hopkins University Press, 1989.

HAMEL, CHRISTOPHER DE, *Scribes and Illuminators*, London: British Museum Press, 1992.

HONECORT, WILLARS DE, *Su manuscrito*, ed. de Carlos Chanfón Olmos, México: Facultad de Ingeniería, Universidad Nacional Autónoma de México, 1994.

KEMP. M. y J. ROBERTS, *Leonardo da Vinci*, London: Yale University Press-South Bank Centre, 1989.

McEVOY, J., "The Metaphysics of Light in the Middle Ages", *Philosophical Studies*, 26, 1979, 124-143.

McEVOY, J., *The Philosophy of Robert Grosseteste*, Oxford: Clarendon Press, 1982.

[MONDEVILLE, HENRI DE], *Chirurgie de maitre Henri de Mondeville*, (ed. and transcrip. de E. Nicaise, Paris: 1893.

MURDOCH, JOHN E., *Album of Science*, New York: Charles Scribner's Sons, 1984.

POUCHELLE, MARIE-CHRISTINE, *The Body and Surgery in the Middle Ages*, New Jersey: Rutgers University Press, 1990.

SAWDAY, JONATHAN., *The Body Emblazoned*, London-New York: Routledge, 1995.

TATON, RENÉ, "Le problème historique des rapports entre perspective et géometrie", *Destin de l'Art. Desseins de la Science*, Actes de colloque A.D.E.R.H.E.M., Caen: Université de Caen, 1991, 161-184.

VINCI, LEONARDO DA, *The Notebooks of Leonardo da Vinci*, ed. by I. Richter, Oxford: Oxford University Press, 1980.

LA LITERATURA Y EL ARTE INFERNAL

Nora M. Gómez
Universidad de Buenos Aires

La percepción medieval del "más allá" traía consigo angustia y miedo. El ámbito social guerrero y violento, vidas privadas licenciosas, una prédica eclesiástica punitiva, hacían que se desvanecieran las esperanzas del paraíso y recrudecieran los temores al infierno.

El concepto de infierno como lugar subterráneo y ctónico se fue prefigurando desde épocas remotas. En el antiguo Egipto, el dictamen de un tribunal de cuarenta y dos jueces, presidido por Osiris, determinaba la morada definitiva del difunto: si en la balanza de Anubis pesaban más las acciones réprobas, el destino era el infierno. Los *Textos de las pirámides*, el *Libro de los muertos*, los libros de Amduat, dedicaban muchos capítulos a los castigos infernales: Todos los tormentos imaginables, la omnipresencia del fuego devorador, las serpientes con boca llameantes, los ríos ígneos, e inmensos calderos hirvientes completan el cuadro. El infierno egipcio presenta una organización topográfica y espacial, ausente en otras culturas contemporáneas.

En Mesopotamia el hemisferio inferior del universo estaba asignado a los muertos. La propia tumba o un viaje al extremo occidente eran los accesos al mundo subterráneo. El dios Enki-Ea y sus secuaces Anunaki, vivían en el palacio de Lapislázuli; cuando el muerto llegaba a sus puertas se le designaba el lugar a ocupar, sin tener en cuenta sus méritos. Tinieblas, inmovilidad, silencio, barro y aguas cenagosas caracterizan el lugar donde se deploraba por la vida perdida, pero no había crueldad ni tormentos.

En Siria ugarítica se ingresaba por dos montañas al desolado y polvoriento páramo subterráneo: es la morada de Mot, que más que un demonio, es la personificación de la muerte. Sus fauces son el acceso definitivo al más allá y su vientre es la cavidad fangosa que contiene a los muertos.

El Hades de la Grecia homérica designa tanto al dios infernal como a la morada de los muertos. Una caterva de demonios inferiores reciben y conducen a las almas: Ceres, Erinias, Harpías, Sirenas. Ríos de fuego, lagunas heladas y pestilencias insoportables, caracterizan el lugar. Posteriormente los componentes del hades griego, serán utilizados en clave romana. Las catábasis de Eneas configurará un descenso infernal arquetípico.

Con respecto al antiguo Israel contamos con fuentes escriturarias cuantiosas y accesibles. La concepción veterotestamentaria no reconoce la existencia de otro mundo, ni en sentido espacial, ni como fuerza numínicas, ni como morada de divinidades subterráneas. Al establecerse el canon, se seleccionan los textos que ratificaban la unicidad monoteísta de Jahvé y su poder absoluto en la vida y en la muerte.

En los textos Sapienciales y Proféticos se menciona el *Seol* como un lugar de olvido y silencio, donde iban los buenos y los malos, sin juicio divino, sin resurrección, ni castigos póstumos.

Los libros canónicos del Nuevo Testamento tampoco ofrecen descripciones ni consideraciones precisas acerca del más allá. Cristo anuncia la llegada del Reino de Dios, la resurrección de los muertos y un juicio final condenatorio o absolutivo. Los condenados por sus pecados irán a la *gehena*: un lugar concreto en las afueras de Jerusalén, asimilado posteriormente al infierno.

En los siglos II y III la creciente influencia de cultos orientales repletos de demonios, la angustia escatológica de muchas sectas, hicieron que se generalizara la idea del infierno. Surge entonces una literatura extracanónica denominada apócrifa o apocalíptica. En el ámbito judío, el *libro de Enoch*, el *Apocalipsis de Baruc*, el libro de *Esdras*, describen con precisión los lugares infernales, los castigos, la tortura con fuego. Imponen la idea de un infierno purificador y curativo.

En la literatura apócrifa cristiana el *Apocalipsis de Pedro* (c. 150) aporta una larga serie de castigos infernales. La *Visión de san Pablo* (c. 250) (véase Louis Reau, *Iconographie*) fue traducida del latín y tuvo gran difusión e influencia en toda la Edad Media.

Un ángel conduce a Pablo en su recorrido infernal; tomando elementos de mitologías egipcias y orientales describe la especificidad de los castigos de acuerdo con el pecado. El *Evangelio apócrifo de Nicodemo* (*c.* 240) (en *Evangelios Apócrifos*) narra el descenso de Cristo a los infiernos para liberar a los justos; pese a la discusión entre Satán y Hades para prohibirle la entrada, Cristo cumple su cometido.

De estos textos de los siglos II y III se desprende lo que podríamos denominar una *visión apócrifa*, no oficial, del infierno, que cumple con todas las expectativas de la fantasía popular primitiva. Tuvo amplia recepción en los medios clericales, que utilizaron sus imágenes terribles para persuadir acerca de los inconvenientes de una vida pecaminosa.

I. INFIERNO TEOLÓGICO

Paralelamente, los Padres Apologistas del siglo III[1] comenzaron una tarea de reflexión lógica y analítico-teológica; diferenciaron entre un infierno provisional y otro eterno después del juicio. Los padres origenistas[2] con sede en Alejandría confiaron en un infierno purificador e indulgente. Los más rigoristas[3] confirmaron la función punitiva sobre la curativa, los tormentos serán eternos y el fuego actuará sobre el cuerpo y alma.

San Agustín sentó las bases para la doctrina oficial de la Iglesia, con respecto al mal y su consecuente castigo. Afirma que el mal no es un principio independiente, sino que se generó con el pecado de Lucifer. Dios lo había creado ángel bueno pero en pleno uso de su libre albedrío pecó por soberbia, lo cual produjo su caída definitiva de las huestes angélicas. La primera pareja humana también opta libremente por el pecado y la humanidad quedó condenada. La acción redentora de Cristo se vio obstaculizada por sucesivas opciones pecadoras de los hombres, que los conducirán al castigo eterno.

Esta versión teológica del infierno, apoyada en la revelación escrituraria canónica, con influencias neoplatónicas, quedará estructurada, oficializada y definida por siglos.

En el siglo XII, Anselmo de Laon, Alano de Lille, Hugo de San Víctor, elaboran una teología del pecado diferenciando en faltas veniales y mortales. Se concreta el concepto de purgatorio, se construyen precisos y complejos sistemas dialécticos.

[1] San Justino, san Irineo, Minucio Felix, Tertuliano.
[2] Orígenes de Alejandría, Clemente de Alejandría, Dídimo el Ciego, Gregorio de Nisa.
[3] San Cipriano, Hipólito de Roma, san Juan Crisóstomo.

La escolástica del siglo XIII hará una gran depuración del infierno. Rechazan de plano todos los elementos de la literatura apócrifa, del folclor, de las visiones y viajes infernales. Santo Tomás afirma que el pecado se contrae por el ejercicio del libre albedrío, y confirma la eternidad de los castigos. Este infierno teológico, racionalizado, depurado, intelectual, será ratificado en los concilios (Letrán 1215; Lyon 1274).

El tratamiento teológico del tema infernal se centraba en la conceptualización del mal, en la clasificación de los pecados y sus correspondientes castigos. La exégesis de las fuentes escriturarias se basó fundamentalmente en el Nuevo Testamento, en Cartas y Hechos de los Apóstoles. Enfatizamos que la Iglesia, el clero secular, los círculos intelectuales adoptarán esta visión teológica-racionalizada del aspecto punitivo del "más allá".

II. Infierno monástico

A partir del siglo IV, se va forjando otra lectura de la zona infernal: los relatos de los Padres del desierto (véase *Apotegmas de los Padres del desierto*), los Evangelios apócrifos coptos, donde confluyen elementos del antiguo Egipto, aportan terribles evocaciones de seres infernales, tinieblas ardientes y una presencia permanente y persecutoria de Satanás. La vida ascética de estos anacoretas egipcios se contrapone con la riqueza y ostentación descriptiva de sus versiones infernales.

En los siglos siguientes los monjes benedictinos e irlandeses, alejados del mundo racional-teológico de los Padres, y teniendo que evangelizar un mundo barbarizado, adoptarán la pastoral del miedo al infierno, como arma de adoctrinamiento y conversión. Incestos, asesinatos infantiles, homicidios, violaciones, idolatría, zoofilia eran pecados corrientes en época merovingia y carolingia: la imagen infernal, para ser creíble debía ser peor que el espectáculo cotidiano.

Los monjes monopolizan el tema y lo canalizan en sus homilías y sermones en lengua vernácula, en la redacción de vidas de santos, y en relatos de visiones del más allá.[4] El tono admonitorio y preventivo con respecto a los castigos futuros, comporta una clara intención didáctica y moralizante.

[4] Beda el Venerable, Aelfric, Wulfstan, en el ámbito sajón; Cesáreo de Arles, san Bonifacio en el continente.

En el siglo XII, los monjes cistercienses,[5] por medio de historias edificantes, *exempla* y sermones logran que el temor al infierno penetre las estructuras mentales colectivas e individuales.

En el ámbito anglosajón y siguiendo al género poético del *Imram* (relatos de navegación mítica), se desarrolla una literatura de visiones: la *Visión de Tungdal* (c. 1150), el *Viaje de san Brandán* (c. 1120), el *Purgatorio de san Patricio* (c. 1190).[6] Tungdal acompañado por un ángel testimonia los diferentes castigos: homicidas sobre braseros, perjuros en aguas ardientes, orgullosos en el borde del abismo, avaros devorados por demonios, glotones y lujuriosos descuartizados. Su relato graba una imagen espantosa de Satanás: atado en una parrilla sobre carbones encendidos, inhala y exhala las almas de los condenados.

El arzobispo Beneiit reelabora en versión anglonormanda el viaje de san Brandan (monje irlandés del siglo VI). En los capítulos 24, 25 y 26 se explaya detalladamente en la visión infernal: una isla envuelta en humo, con fétidas emanaciones, sumida en oscuridad total, sólo encendida por llamas de fuego, rocas ardientes y ríos de fuego. Un solo pecador, Judas, es la víctima y síntesis arquetípica de todos los castigos posibles y eternos. Este relato ejerció una notable influencia aún en la cartografía: hasta el siglo XVII se representaba en los mapas la isla de san Borondón cerca de las Canarias.

El tercer texto, también conocido como el *Viaje de Owen*: monje irlandés que siguiendo el recorrido de san Patricio, por una caverna de la isla del lago Deig (este pozo real fue cerrado por orden del Papa en el siglo XV por la gran afluencia de público; se reabrió y se clausuró definitivamente por orden de Enrique VIII), penetra al más allá; un paisaje flamígero, una atmósfera irrespirable y pestilente, un sadismo total en los castigos, enmarcan la experiencia de este viajero.

Estos viajes irlandeses se traducen a lenguas vernáculas, se hacen accesibles a un público mayor; tendrán honda repercusión en la prédica monástica y en la representación plástica.

En el presente estudio acotaremos la literatura "infernal" a los géneros literarios antes citados y comentados: relatos narrativos de ascetas, evangelios y escritos apócrifos judíos y cristianos, viajes y visiones anglo-

---

[5] Julián de Vezelay, Guillermo de Thierry, Esteban de Borbón.
[6] *Cf.* Burton Russell, *El diablo*, y Benedeiit, *El Viaje*.

sajonas. La representación plástica tardo-medieval encontró allí sus principales fuentes iconográficas.

Es insoslayable mencionar la gran obra dantesca, pero su influencia en la imagen artística-infernal supera los parámetros medievales, tanto en lo formal como en lo íconológico.

III. Infierno folclórico

Frente a la pastoral del miedo clerical, frente a los inaccesibles sistemas teológicos medievales, el folclor y la leyenda presentan al diablo como ridículo e impotente, con varias personalidades y nombres, con rostro en el abdomen y trasero, cuernos, colas, pezuñas, pelos. Esta versión diabólica es un sincretismo total de elementos de viejas culturas mediterráneas, de religiones celtas, teutónicas y eslavas. Según esta tradición, transmitida generalmente por vía oral, Satanás será tema predilecto de los sermones, poemas y teatro a partir del siglo XIII. Entre sus múltiples actividades el diablo folclórico escribe cartas, lo que generará un verdadero género satírico anticlerical en los siglos XIII y XIV.

IV. Infierno artístico

En el arte medieval, el infierno no será representado hasta el siglo XII; de hecho no aparece como motivo iconográfico independiente, sino dentro de la temática del Juicio Final. Éste fue anunciado por el mismo Jesús, sin precisiones de fechas ni lugares.[7] La representación infernal ocupa un lugar bastante relegado, en el lado izquierdo del dintel del portal de la iglesia. Así lo demuestra el tímpano de San Lazaro d'Autun o el de Beaulieu, y la mayoría de los portales de las catedrales góticas francesas del siglo XIII.[8]

La puerta de la iglesia marcaba el límite entre lo profano exterior y la sacralidad interna, razón por la cual la representación del juicio definitivo de cada hombre, comporta un carácter admonitorio y preventivo: sólo las almas virtuosas podrán traspasar las puertas celestiales en la instancia trascendental. La figura majestuosa de Cristo Juez se impone,

---

[7] San Mateo Cap.IV, 30 y XXV, 31 a 46.

[8] Notre Dâme de París (*c.*1230) portal occidental. Notre Dâme de Reims (*c.*1235) portal occidental. Notre Dâme de Amiens (*c.*1230) portal norte.

confirmando la postura monoteísta de la teología cristiana; su juicio inapelable dividirá a los justos de los réprobos. Éstos serán encadenados y conducidos por Satán y sus acólitos a la boca del infierno.

En esta procesión de réprobos hay personajes con mitra y báculo obispal, otros con hábitos monacales, cabezas coronadas, hombres con pesadas bolsas: en forma muy sucinta se está condenando el orgullo de los obispos y príncipes, la lujuria de monjes y mujeres, la riqueza y avaricia de los burgueses. La imagen comporta una clara crítica social, más que una aterradora visión de los castigos. El infierno queda simbolizado en la boca de Leviatán: el maestro de piedra traduce literalmente los versículos de Job (cap. XLI).

Creemos poder afirmar que en estas representaciones escultóricas no hay traslación visual de las densas imágenes infernales de los escritos apócrifos, ni de los viajes y visiones anglosajonas, como tampoco de los elaborados y abstractos sistemas teológicos del siglo XIII. El programa iconográfico ideado por el obispo comitente y ejecutado por el escultor, se ciñe a las fuentes escriturarias canónicas, con sus escasas y austeras alusiones al más allá. Sólo se concede la irrupción del elemento popular y folclórico en el tratamiento de la figura del diablo y sus acólitos.

La postura moderada del clero secular, la autoridad dogmática de la Iglesia francesa y el Papado, la imposición iconográfica al artista, la falta de ductilidad del material pétreo, explican estas imágenes infernales, deslucidas y débiles frente a la frondosa fantasía literaria infernal contemporánea.

Pero hacia 1300, el arte occidental se sacude de ciertos autoritarismos impuestos, y tal vez por una necesidad inconsciente de espacializar el destino del alma humana, se permite representar el infierno, según las versiones apócrifas, monásticas y visionarias que reseñábamos anteriormente. Tradiciones diferentes convergen para transformarse en fuente y reservorio iconográfico del infierno artístico de la baja Edad Media:

a) la corriente mediterránea oriental con sus visiones apocalípticas hebreas y apócrifas neotestamentarias (ya mencionadas arriba).

b) las tradiciones celtas a través de las visiones y viajes anglosajones del siglo XII. La traducción de los mismos a lenguas vernáculas, su amplia circulación y difusión en el Occidente medieval, los transforman en fuente innegable y recurrente de los artistas.

c) La tradición monástica occidental, que con su prédica, su pastoral del miedo pretendidamente convincente, sus sermones, sus relatos moralizantes, sus libros penitenciales, habían conformado una visión más cercana y cotidiana del más allá, plagada de elementos populares y folclóricos.

Sólo teniendo en cuenta estas determinadas fuentes (no siempre aceptadas por la historiografía del arte), podemos comprender el gran cambio, que se da en el siglo XIV, en la representación del infierno.

A principio de dicho siglo se concluye la decoración en mosaicos de la bóveda del Baptisterio de Florencia (fig.1). La escena del Juicio Final es atribuida a Cappo di Marcovaldo. La mano izquierda de Cristo Juez puesta de dorso, implica un gesto de rechazo hacia los condenados, e indica la ubicación espacial del infierno. Una caótica masa de condenados llega al lugar. Demonios azulados, rojizos y desnudos los conducen al centro donde domina por tamaño y ubicación el rey del infierno. Su figura antropomorfa y antropófaga devora condenados. Serpientes y otros animales asociados tradicionalmente al diablo colaboran con su tarea. No hay una explicitación de castigos correspondientes a determinados pecados. Los cuerpos invertidos, las figuras colgando de sus miembros, hombres y mujeres hundiéndose en las profundidades, son datos tomados de las visiones paulinas y apócrifas griegas. Los cuernos de poder, la barba hirsuta, los ojos encendidos de Satán reflejan préstamos folclóricos y populares.

Hacia 1305, Giotto entrega la obra terminada a Enrico Scrovegni: la decoración al fresco de la Capilla de la Arena (fig.2). Focalizamos nuestra atención en la pared de la entrada: un impresionante Juicio Final ocupa toda la pared de soporte.

La representación infernal no sólo se impone por su cuota colorista o tratamiento formal, sino que el motivo iconográfico del infierno se ha enriquecido; parodiando lo que ocurre en el jardín edénico, cuatro ríos de fuego encuadran el lugar; los demonios azulados y alados se han multiplicado; los réprobos afirman su condición humillante apareciendo desnudos; una violencia deliberada, un gran dinamismo.

El lago de aguas heladas recibe a los envidiosos, los pozos hediondos y sulfurosos están repletos de lujuriosos, los cuerpos doblados de los golosos obligados a comer carroña, los orgullosos arrastrando piedras: o abrevan en la pastoral del miedo monacal, o bien colaboran con su propósito. La figura devoradora del demonio coincide con la representación de viejas divinidades mediterráneas. El tratamiento realista del Giotto le insufla un soplo más vital.

A fines del siglo XIV, Rafael Destorrents ilumina el misal de santa Eulalia (fig. 3), para la catedral de Barcelona. En la página del códice correspondiente al primer domingo del Adviento, el iluminador representa un Juicio Final. El destino de la raza humana depende exclusivamente del veredicto de Cristo Juez. Lo más inocente de la representación infernal son las llamas totalmente estilizadas y decorativas; los demonios gastrocéfalos, monstruos con garras y garfios infligen todo tipo de castigos: cuerpos colgantes, hombres empalados, aplastados, inmovilizados y atados. Figuras tonsuradas y coronadas nos hablan del carácter incondicionado e igualitario del Juicio Final.

Los ejemplos artísticos considerados ponen en evidencia:

a) Las fuentes literarias que proveyeron los modelos iconográficos.

b) La traslación a imágenes de textos inaccesibles para los iletrados.

c) La intención admonitoria de estas imágenes infernales en frescos y mosaicos monumentales en espacios públicos o en misales de uso cotidiano.

d) Una prédica escatológica a partir de la imagen plástica.

Podríamos seguir ejemplificando con programas escultóricos franceses, con miniaturas o retablos flamencos del siglo XV: ello nos conduciría a corroborar que si bien en los siglos XII y XIII la literatura infernal fue más pródiga que la representación plástica, en los dos siglos siguientes la ecuación se invierte: los suplicios del mundo subterráneo invaden el arte infernal. Esta percepción inmediata del destino humano ¿hizo cambiar la actitud del hombre medieval ante el pecado?

Figura 1

Figura 2

Figura 3

BIBLIOGRAFÍA

APOTEGMAS DE LOS PADRES DEL DESIERTO, Buenos Aires: Lumen, 1979.

BENEDEIT, *El viaje de san Brandán*, Madrid: Siruela, 1995

Biblia latinoamericana, Madrid: Ediciones Paulinas, 1972.

BASCHET, JEROME, *Les Justices de l´au delà*, Roma: École Française de Rome, 1993.

BURTON RUSSELL, Jeffrey, *El príncipe de las tinieblas*, Santiago de Chile: Andrés Bello, 1994

——, *Lucifer, el diablo en la Edad Media*, Barcelona: Laertes, 1995.

COHN, NORMAN, *En pos del milenio*, Madrid: Alianza, 1983.

GUADALAJARA MEDINA, JOSÉ, *Las profecías del Anticristo en la Edad Media*, Madrid: Gredos, 1996.

Los evangelios apócrifos, Madrid: Edaf, 1993.

LINK, LUTHER, *The Devil*, New York: H. Abrams, 1996.

MINOIS, GEORGE, *Historia de los Infiernos*, Barcelona: Paidós, 1994.

REAU, LOUIS, *Iconographie de l'art chretién*, Paris: Presses Universitaires, 1957.

XELLA, PAOLO, *Arqueología del Infierno*, Barcelona: Ausa, 1991

LA PERMANENCIA DEL DISCURSO MEDIEVAL

EL ÚLTIMO TROVADOR GALAICO.
EL MUNDO MEDIEVAL DE CUNQUEIRO

María José Rodilla
Universidad Autónoma Metropolitana-Iztapalapa

El escritor gallego Álvaro Cunqueiro (1911-1981) es una "cámara de ecos" como diría Barthes, lleno de resonancias y murmullos de textos ajenos del Medioevo. En forma de cita textual, alusión, parodia e imitación, evoca a menudo a Dante, Boccaccio, Villon, Chaucer, el Arcipreste, los trovadores gallegos, etc. La seducción que experimenta por el Medioevo va más allá de los viajes por la cartografía medieval o imaginaria de las mitologías celta, escandinava y artúrica o de las peregrinaciones a Santiago de Compostela. Además de un recreador excelente, es capaz de reencarnarse en un trovador o inventar un milagro en cuaderna vía y atribuírselo a Santiago o al obispo de Mondoñedo, san Gonzalo.

La intención de este trabajo es ceñirse a las referencias intertextuales o transtextuales, como diría Genette, porque se limitan a relaciones entre textos literarios (Pfister, "Concepciones", 85-108); ver de qué manera esos pre-textos medievales se insertan en su obra periodística, compuesta por reseñas literarias, notas de viaje, crónicas, pequeños ensayos, "hojas sueltas", recopiladas en títulos tan sugerentes como *Fábulas y leyendas de la mar*, *Tesoros y otras magias*, *Viajes imaginarios y reales* o *La bella del dragón*.

Américo Castro opina que "los libros son correlatos de las vivencias de cada lector. La literatura se hace visible y el vivir individual se aureola de posibilidades poéticas" ("La palabra escrita", 65). Éste es el caso de la literatura de Álvaro Cunqueiro, que se construye —como dijo Castro refiriéndose al *Quijote*— sobre intencionales vivencias literarias, que además son estructurantes.

591

Uno de sus procedimientos intertextuales más claros es la utilización del espacio como "reconstrucción del pasado, de los sueños" (Molina, "Prólogo", 18-19). Así, una plaza, una fuente, la niebla de Bretaña lo envuelven en una suerte de ensoñación que hace que se dispare el recuerdo de personajes históricos o legendarios que en algún tiempo recorrieron los mismos lugares. La tala de un bosque vecino lo remite a la Brocelanda de Arturo y Merlín. El sol de Orense le despierta la imaginación de otro sol antiguo, el de los calores de Provenza "cuando los primeros, alegres y claros trovadores, de dulcedumbre heridos y vestidos, inventaron del amor el juego —es decir, el fuego—, y las leyes" (Cunqueiro, "El viaje", 61), leyes que Cunqueiro transgrede inventando que el atrevido Gautier de Montfauçon recomendaba decir el nombre de la amada en voz alta y luego besar. Este tipo de "reminiscencias ocasionales", para algunos críticos como Laurent Jenny (Pfister, "Concepciones", 96), son consideradas como forma "débil" de intertextualidad, pero yo creo importantes todas las referencias medievales en Cunqueiro porque nos hablan de una frecuencia, de una acumulación impresionante de huellas de textos pasados, retos que el lector debe afrontar y conectar como elementos primordiales en su proceso de escritura.

Cunqueiro escribe para viajar continuamente al pasado. El *viaje* es entonces una experiencia poética; más que un desplazamiento físico, es la recuperación de la memoria. El autor se desplaza en busca del objeto de la escritura y va a Bretaña para comprobar si se asemeja la Bretaña real con la que él ha imaginado e inventado en sus escritos y en el paisaje bretón va descubriendo partes de su obra *Las crónicas del Sochantre* (1959).

Su recorrido por el Camino de Santiago se convierte en una continua remembranza de textos medievales de Chaucer, Dante, Villon y de lugares famosos por la leyenda, la historia, el milagro, etc. En él se dan cita personajes de ayer y de hoy: un peregrino francés, don Germán, que hacía coplas por los años cuarenta, para Cunqueiro es Germain Nouveau, "el provenzal, poeta y mendigo, pordiosero a las puertas de las iglesias del Midi, peregrino de Compostela y romero de Roma" (Cunqueiro, "El pozo", 32) que trovaba en francés, pero se le entendía en gallego porque uno de los pequeños milagros de Santiago es que el Camino tiene don de lenguas. En la ruta jacobea, los fantasmas de la viuda de Bath y madama Englantina de Chaucer, Gaiferos de Mormaltán y el mendigo francés abandonan sus espacios históricos y poéticos para hu-

manizarse y revivir la peregrinación al lado de Cunqueiro. Al atravesar
Roncesvalles no falta el recuerdo de los paladines, el remedo de una
conversación religiosa de Roldán con el gigante Ferragudo y la muerte
de aquel después de tocar el cuerno, mientras su tío jugaba plácidamente
al ajedrez en Aquisgrán, broma sorpresiva que desinfla la tensión patéti-
ca de la muerte de Roldán.

La "cosecha literaria", como diría Borges, de lecturas medievales de
Cunqueiro, aflora en la taberna, otro de sus espacios preferidos: mientras bebe con sus amigos, canta el romance del conde Olinos o recita los
versos de un *rondeau* de 1500 que escribió Cristina de Pisán. El vino de
un restaurante de Burgos es "un burgalés de pro" porque junto a sus
cepas pasaron cabalgando el Cid, Álvar Fáñez y compañía. El vino de
Ribadavia es motivo de preguntas retóricas para establecer el juego con
Manrique: "de aquellos ribeiros qué se hizo, de tanta galanura e invención como trajeron" (Cunqueiro,"Cuando bebía", 73).

Nuestro escritor gallego demuestra una continua necesidad de inventar —como expresa él mismo— "por consolar mi imaginación con milagros antiguos, sorpresas de otros tiempos".

Los *Milagros* de Berceo y de Alfonso son el fondo estructural sobre el
que el lúdico Cunqueiro innova y atribuye otros milagros a san Gonzalo, defensor de las invasiones normandas, a quien le inventa prodigios
marineros con ballenas, animales por los que siente verdadera seducción, así como por los salmones, a los que se dirige Santiago Apóstol en
una epístola burlesca para que se resignen con su sacrificado destino de
servir de alimento a los peregrinos. La bendición final a tan singulares
oyentes es digna de transcribirse:

> Y no os importe que os cuezan, os pongan en parrilla, os trufen o
> empapilloten, o enteros vayáis a un solemne pastelón envueltos en una
> masa inventada en Alejandría y que llamamos hojaldre.
>
> (Cunqueiro, "Epístola", 282).

Sus hagiografías de santo Domingo de la Calzada y de san Juan de
Ortega, constructores de puentes y caminos, lo incitan de un modo humorístico a explayarse en milagros y en el tema de las reliquias en la
Edad Media, sobre todo los robos de cuerpos de santos, que todas las
ciudades vecinas quieren para sí, pues las peregrinaciones suponen comercio y progreso. Se cuentan irónicamente sus milagros en vida y

después de muertos, como el del año 1582, "en que se hincharon las narices de todos los ríos de España y se fueron muchos puentes, el de san Juan Ortega resistió con sólo que los riojanos gritasen el nombre del constructor" (Cunqueiro,"Por san Juan", 146). La ironía grotesca toca de lleno el tema de las reliquias en otro artículo de geografías imaginarias, en donde los arzobispos de Rennes se empeñan en encontrar en la sumergida catedral de Fraîcheterre los huesos y aun las orejas de los sabios doctores, carne que no se pudo corromper pues por ella había pasado la palabra del Señor (Cunqueiro, "Pleito", 97-98). También la ironía grotesca alcanza su culmen en relatos históricos sobre la muerte del rey Sancho en manos de Bellido Dolfos no cuando iban cabalgando, sino cuando Sancho reconoció el cerco de Zamora y "se sintió flojo de vientre y se apeó, y estando haciendo mayores, en cuclillas, aprovechó Bellido Dolfos para clavarle" (Cunqueiro, "Las preñadas", 133).

Cunqueiro aboga porque la historia dé cuenta de "los apetitos, sueños, nostalgias, inquisiciones y fantasmas del hombre", entonces la gastronomía erótica se vuelve un tema preferente en su obra: los alimentos, plantas y recetas afrodisíacas están engarzados a sus recuerdos de lecturas medievales: Merlín, a quien imagina al anochecer contemplando en la redoma el escorpión, era experto en afrodisíacos como el aceite de sésamo; la canela, nombrada por primera vez en *El Libro de Alexandre*; los electuarios de las monjas que pondera la Trotaconventos y el afrodisíaco, el diasaturión "que es para doñear, preçiado e noble don"; el salmón que arruina al hidalgo de una cantiga de escarnio al comprárselo a su mujer que estaba de antojo; los *fabliaux*, fuente abundante de condimentos afrodisíacos en los cuentos del caballero de Borgoña, que recupera su potencia viril gracias a las ancas de rana, al agua de anís y a una viuda posadera que le preparaba un envoltorio de ubre de cabra, o el sastre de Montpellier que tomó bayas de enebro para conquistar a otra viuda. No menos copiosa es la fuente de cantigas de escarnio y maldecir, de donde recupera a María Balteira y su baúl de cosméticos e hierbas y a la que Alfonso X ayudó a construir una casa con vigas que cupieran entre las piernas.

Dos parodias recogidas en *Fábulas y leyendas de la mar* no se pueden dejar de mencionar aquí: "Alejandro submarino" del *Libro de Alexandre* y "De la armada piscícola contra don Carnal" del *Libro de buen amor*. De la primera, destacan los amores que Alejandro sostuvo con la sirena por ósmosis a través de la cuba de cristal donde iba encerrado el rey macedonio y la segunda da cuenta de la mesnada de doña Cuaresma, toda la fauna de las pescaderías de Toledo y sobre todo, el "fidalgo" salmón, que viene de Castro Urdiales, y al que el Arcipreste le concede el honor de lidiar con el mismo don Carnal.

Cunqueiro no sólo parodia leyendas, milagros o narraciones medievales, su atención también se vuelve hacia la historia.

El efecto paródico al interpolar el presente en la historia medieval o viceversa lo consigue por varios procedimientos: a través de la acronía al insertar galicismos o símiles de nuestro siglo en el relato histórico que está actualizando. En la descripción de ciudades: "Sahagún estaba lleno de cabarets en el siglo XIII", "Sahagún volvía a ser la cosmopolita, la pervertida, la Place Pigalle del Camino", Ys, la ciudad sumergida de los armoricanos, es "como una especie de Place Pigalle" por los "pecados que allí había"; por la cita de autores como Villon, "nada queda de las *boîtes* y de los cabarets de antaño"; por el abuso de arcaísmos en su nuevo texto: *cabe* la fuente, *hogaño*, *por mor de*.

Espacio recurrente, feraz en leyendas y en una fauna temible digna de los bestiarios más prestigiosos, el mar ejerce una fascinación en Cunqueiro emparentada tal vez con el culto que los pueblos celtas tenían por las aguas. Lo maravilloso celta irrumpe poderosamente en relatos sobre ciudades sumergidas como la Ys armoricana, la Antioquía de Galicia en la laguna de Antela, las ciudades irlandesas perdidas en el aire, las atlántidas paradisíacas hacia las que navegó san Brandán y que confundió con la bestia Jasconius, en cuyo lomo cocinaban el cordero en la Pascua de Resurrección. La nostalgia por ese bestiario marino maravilloso se trasluce en algunos artículos sobre barcos petroleros de los que salen humo y llamas, como Leviatán en el mito hebreo, que derraman la muerte en el alimento básico del pueblo gallego.

Sus metáforas y comparaciones se basan en los tópicos maravillosos de la literatura celta: en la luz de La Coruña, reconoce el país bajo las olas,

la luz de las ciudades sumergidas, de la Avalon de la *matière de Bretagne*, de los palacios de paredes ámbar gris y cristal de roca de las sirenas. Es la luz de los mediodías submarinos en los países que al fondo del Atlántico llevó la fantasía de antaño [...]

(Cunqueiro, "Imaginando", 31).

Espejos mágicos, el sombrero de Virgilio, cestos voladores y personajes maravillosos también abundan en sus relatos con hadas y enanos, guardianes de fuentes y tesoros. A lo largo de tres artículos sobre la bajada a una cueva con unos espeleólogos para hacer la crónica al periódico *Faro de Vigo*, Cunqueiro inventa un reino subterráneo, del que emerge un enano portador de un mensaje del rey Cintolo. El enano sostiene una conversación con el propio Cunqueiro, al que entrega la misiva: la historia del rey Cintolo en latín, que Cunqueiro debe verter al román paladino para los espeleólogos. En lugar de documentar el trabajo de estos científicos, subvierte la crónica, introduce dentro del relato su ser histórico como traductor e inventa una historia digna de la materia de Bretaña, pues Cintolo es primo del mismo Arturo, las estalactitas son los brazos y espadas de sus héroes y el *hall* de la cueva que han pisado los espeleólogos, "fue y volverá a ser la Tabla Redonda, y arderán de nuevo, el día del reino restaurado, los dos cirios de cera caldea y teúrgica, ahora cal fría y húmeda" (Cunqueiro,"Epístola de Cintolo", 53).

Este "fiel artúrico", como se nombra a sí mismo Cunqueiro, además de la nostalgia por las lecturas de juventud de las novelas de la Tabla Redonda, en sus notas periodísticas también trasluce el fervor por la poesía de los cancioneros.

El autor de *Merlín y familia* confiesa no poder quitarse de los ojos "las telarañas de la literatura" y adapta los finales de los pre-textos que actualiza en un nuevo texto, por ejemplo, la cantiga 172 de Don Dionís de Portugal, recogida en el *Cancionero da Vaticana*, de la doncella que sale al alba a lavar las camisas que "o vento llas llevaba no alto" e imagina las blancas batistas volando en el prado como cuerpos femeninos que huyen en el viento y termina "Me sorprende que no haya en la cantiga dos estrofas más, en las que, con las camisas, el viento se lleve a la hermosa [...]" (Cunqueiro, "El baile", 38). Otro caso es el de una cantiga de ciervas, al estilo de Pero Meogo, en la que Cunqueiro se imagina que dialoga con una cierva: "dime a onde vas/ miña cerva ferida/ dime a onde vas, polo meu amor/vou para o verso dunha cantiga/ meu cazador" (Cunqueiro, "Ciervos", 193).

Uno de los rasgos definitorios de la narrativa periodística de Cunqueiro es la humanización, animalización y cosificación de personajes y obras del pasado medieval en el ámbito del presente histórico del escritor. Si pasa por cierto lugar se acuerda del trovador Ayras Nunnes, tal vez reencarnado en un malvís; cuando ve una mariposa blanca la saluda cortésmente por si es el alma de Isolda: "—Boa tarde, miña blanca señor!"; una noticia sobre el pleito de dos ayuntamientos por una isla de la ría de Vigo lo remite igualmente a sus precedentes literarios: ante el destino inexorable de un presente abrumador de edificaciones turísticas, Cunqueiro interviene en el pleito reivindicando a la isla para la literatura, pues se trata de la isla de san Simón, "propiedad de la patética-amorosa de una poesía —es decir, de una lengua, de una nación, de una cierta idea sentimental, de la memoria amorosa de los gallegos" (Cunqueiro, "Pleito por una isla", 210).

En forma de cita textual, Cunqueiro nos sorprende con los versos de los "años floridos" de 1200 de Paio Gómez Charinho y Fernando Esquío, a quien considera uno de los compositores más brutales de cantigas de escarnio y maldecir, aunque siente tanta debilidad por sus cantigas de amigo que propuso a los habitantes de Lugo que escribiesen en una piedra de Porta Miña: "Por esta porta entrou namorado, no ano de mil douscentos e pico, o trovador Fernando Esquío" (Cunqueiro, "Un poeta", 144). Los nombres de las ciudades le evocan mil imágenes de antaño: Vigo es lo mismo que decir Martín Códax o "amor, ondas que van y vienen, doncellas que en el atrio bailan, envueltas en una dulcísima niebla o música que duerme, tibia, en el regazo de los siglos" (Cunqueiro, "Vigo I", 170). El mar, omnipresente en toda su obra, lo remite a Mendiño y a la isla de san Simón donde "fue fingida la tempestad más hermosa de la lírica medieval", donde la doncella morirá fermosa en las olas del mar mayor porque no tiene barquero ni remador (Cunqueiro, "Otra vez", 24).

Cunqueiro pertenece junto a Fermín Bouza-Brey y otros poetas de los años treinta a un movimiento llamado neotrovadorismo, que descubrió los antiguos cancioneros gallego-portugueses e introdujo, como él mismo apunta "el decir surrealista en las cantigas de amor y de amigo de nuestra lírica de antaño" (Cunqueiro,"Paul Eluard", 166). Es autor, entre otros muchos, de un poema dedicado a la esposa de don Felipe de Castilla, hermano de Alfonso X, doña Leonor de Castro, que fue enterrada en el camino de Villalcázar de Sirga en el siglo XIII. Conocedor de los códigos trovadorescos, no sólo lo escribió en gallego, sino que adoptó los formulismos, como el de llamar a la dama "mi señor", por más que el antologador Molina anuncie en su prólogo que se trata de "femeninos en gallego que son masculinos en español". El mismo Cunqueiro insiste en un artículo acerca de don Sem Tob sobre el tópico de llamar "señor" a la reina o a las damas, además de citar a su maestro, Bernal de Bonaval: "A dona que eu amo e teño por señor", y componer algunos poemas como "Soedades da miña branca señor" o este otro, mixtura asombrosa de cantiga de amigo y elegía:

> Sempre mais que os cabalos o corazón corre/ mais que o corpo mortal i-a luz dos ollos/ mais que o vento./¡Miña señor, amor é unha ley mui estreita!/ Un pais de rulas sae do teu corazón/misturado con bágoas quentes, quentes,/con herbiñas de aroma./
> ¡Miña señor, amor é unha lei mui estreita!/ E a hora de morrer i-os salgueiros fan o pranto/novado, onde a auga ainda se lembra dos teus pes/ dos teus beizos, que coido eran una mapoula/ ¡Miña señor, amor é unha lei mui estreita!/ Voltas a memoria ó lonxano pais de color verde/ ó cheiro de mazá, o reiseñor de val de Lemos?/ O sabor do primeiro bico volve amargue./ ¡Miña señor, amor é unha lei mui estreita!/
> ENVOI
>
> Aloumiño a tua man feita de rosas e de frio./ Morta estás e ningunha canción pode anainarte/Soio desexo ter de pedra pra bicarte/ pra dondearte como croio fai o río!/ Morta estás. Vacante o corpo, a tua sorte esta feita./ ¡Miña señor, amor é unha lei mui estreita!
>
> (Molina, "Prólogo", 17-18).

François Villon es también uno de los modelos favoritos de Cunqueiro. No solamente recrea las historias de las damas de antaño en sus relatos *Flores del año mil y pico de ave*, sino que además inventa otras historias de mujeres, a partir de unas pinturas del ábside de la iglesia de Vilar, de la época de Juan II de Castilla sobre Doña Vela y su amiga, a las que dedica

> De tódol-os amores/ o voso amor escollo!/Miñas donas Giocondas: en vos ollo/tódalas donas que foron no país,/ unhas brancas camelias, outras frores de lís./Le temps s'en va!/ ou dádesme ise bico/ que cheira a rosas de abril de mil e pico,/ou finarei, chocando na miña soedá:/Le temps s'en va, mesdames!/
> Le temps'en va!
>
> (Cunqueiro, "Descanso", 116).

Otra composición al Miño, deja ver la nostalgia por los tópicos perdidos de la cantiga de amigo, la confidencia de la doncella a la madre y el deseo imperioso de que vuelva el amado, identificado aquí con Ulises:

> Onde vai, madre, o tempo de masálo liño?/ -Leváronlo ao mare as aguas do Miño./ Chamarei, madre, cervas que as volvan a fonte!/ Xa non quedan cervas de amigo no monte./ Póla ribeira, madre, iréinas catar!/ (Ulises, colga o remo i-acorga no teu lar)
>
> (Cunqueiro, "Orense", 175).

Crítico, poeta, narrador, empapado de lecturas medievales, este melancólico y generoso erudito es consciente de que la parte más importante del juego intertextual es el lector, cuya simpatía capta regalándole noticias curiosas sobre el castillo de Melusina, la tumba de Arturo o el pleito por el roble de Merlín de la ciudad galesa de Camarthen contra el ministro británico de transportes. Sin olvidar los datos precisos que brinda sobre joyas bibliográficas como el ejemplar de la Biblioteca de la Universidad de Oviedo, *El baladro del sabio Merlín con sus profecías* ; un manuscrito iluminado de los *Cuentos de Canterbury* y su subasta; la edición del Nobiliario de Don Pedro, el *Livro das Linhagens* con sus crímenes, traiciones e incestos o la antología de poesía gallega de Xosé Landeira, que selecciona una cantiga de Fernando Esquío, "fidalgo y trovador, que regresa portador de penes franceses para una señora abadesa".

La intertextualidad en Cunqueiro es evidente, intencionada, consciente, no es ninguna máscara que oculte su nostalgia por el pasado, porque además constantemente reflexiona y justifica el carácter intertextual de su escritura. Creo que él mismo nos da la clave cuando afirma: "privaban en mi nostalgia tanto o más los textos literarios que lo vivido, presto ya para ser resoñado y resucitado por la melancolía" (Cunqueiro, "*Ubi sunt*", 216).

Su obra periodística es un arsenal de vivencias culturales del mundo medieval y un continuo viaje literario por los que él nombra siglos "de saetas y armaduras": "Viajamos con nuestras imaginaciones y recuerdos, y lo que vamos creando o soñando son memorias y nostalgias. Quizá sea verdad que el fin último de toda cultura es la invención y la melancolía" (Cunqueiro, "Ir y venir", 73).

BIBLIOGRAFÍA

CASTRO, AMÉRICO, "La palabra escrita y *El Quijote*", en George Haley, *El Quijote de Cervantes*, Madrid: Taurus, 1980, 55-90.

CUNQUEIRO, ÁLVARO, "El viaje a Orense", *El pasajero en Galicia*, Barcelona: Tusquets, 1989, 61-62.

——, "El Pozo del Goiro", *El pasajero en Galicia*, Barcelona: Tusquets, 1989, 31-32.

——, "Por san Juan de Ortega a Burgos", *El pasajero en Galicia*, Barcelona: Tusquets, 1989, 144-147.

——, "Epístola de Cintolo a los espeleólogos", *El pasajero en Galicia*, Barcelona: Tusquets, 1989, 52-54.

——, "Vigo I", *El pasajero en Galicia*, Barcelona: Tusquets, 1989, 170-171.

——, "El baile de los vientos", *El pasajero en Galicia*, Barcelona: Tusquets, 1989, 37-38.

——, "Orense", *El pasajero en Galicia*, Barcelona: Tusquets, 1989, 174-176.

——, "Descanso en Vilar de Donas, donde se enterraron los caballeros santiaguistas y fueron las ilustres damas de antaño", *El pasajero en Galicia*, Barcelona: Tusquets, 1989, 113-118.

——, "Cuando bebía el Licenciado Vidriera", *Los otros caminos*, Barcelona: Tusquets, 1988, 71-73.

——, "Imaginando geografías", *Los otros caminos*, Barcelona: Tusquets, 1988, 30-31.

——, "Epístola de Santiago Apóstol a los salmones del Ulla", *Fábulas y leyendas de la mar*, Barcelona: Tusquets, 1982, 279-282.

——, "Pleito por un reino submarino", *Fábulas y leyendas de la mar*, Barcelona: Tusquets, 1982, 95-98.

——, "Otra vez el mar", *Fábulas y leyendas de la mar*, Barcelona: Tusquets, 1982, 22-25.

——, "Las preñadas hanseáticas", *La bella del dragón*, Barcelona: Tusquets, 1991, 133-135.

——, "Pleito por una isla", *Papeles que fueron vidas*, Barcelona: Tusquets, 1994, 207-210.

——, "Un poeta entra por puertas", *Papeles que fueron vidas*, Barcelona: Tusquets, 1994, 143-145.

——, "Paul Eluard en Compostela", *Papeles que fueron vidas*, 165-167.

——, "*Ubi sunt* y otras notas", *Papeles que fueron vidas*, Barcelona: Tusquets, 1994, 214-216.

——, "Ciervos y corzos poéticos", *Papeles que fueron vidas*, Barcelona: Tusquets, 1994, 191-193.

CUNQUEIRO, ÁLVARO, "Ir y venir", *Viajes imaginarios y reales*, Barcelona: Tusquets, 1991, 71-73.

MOLINA, CÉSAR ANTONIO, "Prólogo", *El pasajero en Galicia*, Barcelona: Tusquets, 1989, 11-19.

PFISTER, MANFRED,"Concepciones de la intertextualidad", *Criterios*, La Habana, 31: 1-6, 1994, 85-108.

Discursos y representaciones en la Edad Media,
editado por el Instituto de Investigaciones Filológicas,
siendo jefe del departamento de publicaciones
Sergio Reyes Coria.
Se terminó de imprimir el 16 de noviembre de 1999,
en los talleres de Impresos ENACH.
La composición en Garamond de 9:10, 10:12, 11:13 y 12:14
estuvo a cargo de Astrid Velasco Montante.
La edición consta de 500 ejemplares.